[제 4 판]

생활법률도우미

내용증명·고소(발)장 진정서·탄원서 서식

– 작성방법 및 사례·해설 –

김 덕 원 저

진 원 사

제4판 머리말

이 책은 제4판으로, 제3판 발간 이후 주택·상가건물임대차보호법 등이 개정됨에 따라 일부 내용을 수정·보완하였다.

사례중심으로 구성된 이 책은 일상생활에서 자주 발생하는 금전거래, 상품거래, 부동산거래, 임대차계약 및 해제·해지, 건축공사, 각종 권리침해 및 노무관련 등과 관련된 내용증명과 사기, 횡령, 배임, 명예훼손, 무고, 성관계 범죄 등 여러 유형의 고소(발)장 및 위법·부당한 문제해결 등을 위한 진정서의 예시와 구속된 남편을 석방하여 달라는 등의 각종 탄원서 등을 실었다.

특히 이 책은 각종 내용증명에 관한 전반적인 사례와 함께 해설을 부가하였고, 최근 개정된 법률에 맞춰 다양한 사례의 고소(발)장 및 진정서, 탄원서 등을 수록하였다.

따라서 이 책을 잘 활용한다면 법의 부족한 일반인들도 법률문제로 번질 수 있는 사항을 미연에 방지할 수 있을 것이고, 누구나 타인의 권리침해로 인한 피해를 최소화할 수 있을 것이다.

2019. 12. .

김 덕 원 드림

제3판 머리말

이 책은 제3판으로, 제2판 발간 이후 주택·상가건물임대차보호법, 우편법, 형법 및 형사소송법 등이 개정됨에 따라 일부 내용을 수정·보완하였다.

이 책은 일상생활에서 흔히 발생하는 금전거래, 상품거래, 부동산거래, 임대차계약 및 해제·해지, 건축공사, 각종 권리침해 및 노무관련 등과 관련된 내용증명과 사기, 횡령, 배임, 명예훼손, 무고, 성관계 범죄 등 여러 유형의 고소(발)장 및 위법·부당한 문제해결 등을 위한 진정서의 예시와 구속된 남편을 석방하여 달라는 등의 각종 탄원서 등을 실었다.

특히 이 책은 각종 내용증명에 관한 전반적인 사례와 함께 해설을 부가하였고, 최근 개정된 형법 및 형사소송법에 맞춰 다양한 사례의 고소(발)장 및 진정서, 탄원서 등을 수록하였다.

따라서 이 책을 잘 활용한다면 법의 부족한 일반인들도 법률문제로 번질 수 있는 사항을 미연에 방지할 수 있을 것이고, 누구나 타인의 권리침해로 인한 피해를 최소화 할 수 있을 것이다.

2017. 12. .

김 덕 원 드림

제2판 머리말

이 책은 제2판으로 제1판 발간 이후 정부조직법의 개편과 주택·상가건물임대차보호법 등이 개정됨에 따라 일부 내용을 수정·보완하였다.

사례 중심으로 구성된 이 책은 일상생활에서 흔히 발생하는 금전거래, 상품거래, 부동산거래, 임대차계약 및 해제·해지, 건축공사, 각종 권리침해 및 노무관련 등과 관련된 내용증명과 사기, 횡령, 배임, 명예훼손, 무고, 성관계 범죄 등 여러 유형의 고소(발)장 및 위법·부당한 문제해결 등을 위한 진정서의 예시와 구속된 남편을 석방하여 달라는 등의 각종 탄원서 등을 실었다.

이 책 한권으로 모든 것을 해결할 수는 없겠지만, 해당부분을 충분히 이해하고 활용한다면 누구나 타인의 권리침해로 인한 피해를 최소화 할 수 있을 것이다.

2014. 10. .

김 덕 원 드림

머 리 말

본서는 일상생활 속에서 자주 일어나는 금전거래, 부동산거래 등에 필요한 각종 내용증명과 고소, 고발, 진정, 탄원 등 법률문제를 쉽게 이해하고 그 해결책을 모색하는데 실질적인 도움을 주고자 이론적 논의는 배제하고 실제 사례 위주로 담은 생활법률실무서이다.

일상생활에서 동떨어져 있는 법률문제는 생략하고 꼭 필요하다고 생각되는 부분만을 다루었고, 법을 잘 모르는 일반인들에게도 어렵지 않게 다가갈 수 있도록 이해하기 쉽게 수록하였으므로 이 책을 잘 활용한다면 각종 법적분쟁을 해결하는데 큰 도움이 될 것이다.

본서는 사례 중심으로 구성하여 각종 내용증명, 고소·고발, 진정, 탄원 등의 사건을 효과적으로 대처하기 위하여 법이 부족한 일반인들도 법률문제로 번질 수 있는 사항을 미연에 방지하거나 사건을 정확하게 이해하고 해결할 수 있도록 수록하였고, 이에 관한 활용법을 제시하였다.

제1편에서는 각종 최고장, 통지서 등의 내용증명에 관한 사항을 법적논리에 맞게 쉽게 풀었고, 제2편에서는 사기, 횡령, 배임, 성관련 범죄 등 여러 유형의 고소, 고발장의 사례를, 제3편에서는 위법·부당한 문제해결 등을 위한 진정서의 사례를, 제4편에서는 구속된 남편을 석방하여 달라는 등의 각종 탄원서를, 마지막으로 부록란에 관련 법규를 각 수록하였다.

법은 고도화된 전문분야이므로 법을 오랫동안 익힌 법률전문가들 조차도 법을 잘못 해석하여 피해자의 권익을 몽땅 날려 보낼 수 있고, 오히려 피해를 당할 수가 있다. 그러므로 일반인들의 의식 속에는 법은 어려운 것이라는 선입견이 자리 잡을 수밖에 없다. 법은 결코 어려운 것은 아니며 일반인들과 유리한 전문가들의 것만도 아니다.

너무나 다양하고 예측할 수 없는 법률문제를 이 책 한권으로 모든 것을 해결할 수 없겠지만, 해당부분을 충분히 이해하고 활용한다면 법의 무지로 인한 피해를 최소화 할 수 있으리라 여겨진다.

끝으로 본서를 출간하기까지 적극적인 관심과 도움을 주신 진원사 양진수 사장님을 비롯한 편집부 직원 여러분께 깊은 감사를 드린다.

2012. 11. .

김 덕 원 드림

목 차

제 1 편 내 용 증 명

제 3 편 진 정 서

제 4 편 탄 원 서

부 록

제1편

내용증명

| 제1장 내용증명서 작성방법 |

1. 의 의

가. 내용증명이란 발송인이 수취인에게 어떤 내용의 문서를 언제 발송하였다는 사실을 우체국에서 공적으로 증명하는 특수취급우편제도이다.

나. 내용증명서는 분쟁발생 시 수취인에게 어떠한 내용을 보냈다는 증명력을 갖는 공신력 있는 문서로 서면내용의 정확한 전달은 물론 보낸 사실에 대한 증거로 활용한다.

다. 내용증명서는 상대방에게 자신의 권익보호를 위해 최선의 노력을 한 사실을 입증할 수 있는 문서로 주로 상호간에 채권, 채무관계의 증거보전이나 채무자에게 채무변제를 독촉하기 위한 수단으로 사용되고 있다.

라. 상대방에게 최고장을 내용증명으로 보내는 것은 소송의 전 단계로서 일정기간(채권자 등이 지정한 기간 등) 내에 변제(이행)를 하지 않을 경우 변제를 촉구하고 의무이행자(채무자 등)는 이행지체 등의 효력이 발생하여 채권자 등은 권리행사에 제한을 받게 된다.

2. 내용증명서 발송의 목적

내용증명서의 발송목적은 증거보전의 필요와 상대방(채무자 등)에게 심리적 압박감을 주어 그 이행을 실현하게 하거나 어떠한 사실(계약해제 등)을 정확하게 알리는 목적이 있다.

가. 증거보전의 경우

내용증명 그 자체로서는 직접적인 법적 효력은 발생하지 않으나 어떠한 내용에 대하여 그 이행 등을 독촉한 사실을 증거로 확보할 필요가 있을 때나 어떠한 채권이 소멸시효에 임박하였을 때에는 시효를 중단시킬 필요가 있고, 이를 중단시키기 위해서는 최고를 한 후 일정기간 이내에 소송(법적절차를 진행시킴)을 제기하여야 그 중단효과가 발생하는데, 그 최고를 증명할 수 있는 방법이 내용증명에 의한 방법이다.

나. 상대방(채무자 등)에게 심리적 압박을 주어 그 이행을 실현하게 하는 경우

채무자 등이 차일피일 그 이행을 지체하는 경우 그 이행(채무의 변제 등)을 하지 아니하면 소송비용액의 부담 등 손실과 기타 불이익을 초래할 수 있음을 상기시켜 채무자 등으로 하여금 그 채무 등의 이행을 실현하고자 함이다.

다. 계약해제(해지 등) 통보의 경우

계약당사자 중 일방의 불이행으로 그 계약을 해제하고자 할 때나 기타 무능력, 사기, 강박 등으로 인하여 그 계약을 취소하고자 할 경우 등에는 후일의 분쟁을 방지하는 차원에서 그 증거를 확실히 남길 필요가 있고 이를 위하여 필요한 증거확보 차원에서 내용증명을 발송하는 것이 바람직하다.

라. 기 타

이 밖에도 채권양도에 따른 채권양도통지의 경우 등도 내용증명서 발송으로 이를 명확히 하여 둘 필요가 있다.

3. 내용증명서 기재요령

가. 내용증명의 기재형식에는 특별한 규정이 없고 제목도 '최고서'나 '통지서' 등 어떠한 제목을 선택하여 기재하여도 좋으나 단순히 '내용증명'이란 제목은 피한다. 다만 그 내용에 있어서는 육하원칙에 맞추어 상대방에게 전달하고자 하는 내용을 간단, 명료하게 기재하되 자기의 권익 및 상대방의 불이행 사실을 빠뜨리지 않아야 한다(문안이 길면 추후 소송에서 불리한 증거로 이용될 수 있다). 이는 후일 분쟁의 발생 시 중요한 증거로 소송의 승패에 상당한 영향을 미칠 수 있기 때문이다.

나. 내용문서는 한글 또는 한자로써 자획을 명확하게 기재한 문서(첨부물 포함)라야 한다.

그러므로 영문, 일어문, 중국문의 내용증명우편을 허용되지 않는다.

다만 영문자는 보고서의 고유명사(외국의 씨명, 회사명, 지명, 상품명)와 첨부물의 전부에 걸쳐 사용할 수 있으며 숫자, 괄호, 구두점, 기타 일반적으로 사용하는 기호는 함께 기재할 수 있다.

다. 내용문서는 1통의 문서를 내용으로 하는 것이어야 하며 2건 이상의 내용을 1통의 내용증명으로 발송할 수 없다.

라. 정정, 삽입 또는 삭제한 글자 수를 난외의 빈자리나 끝부분 빈곳에 기재하고 그곳에 발송인의 인장이나 지장을 찍되 정정 또는 삭제된 문자나 기호를 명확하게 알아볼 수 있도록 그 자체를 남겨주어야 한다.

마. 내용문서의 서두와 끝부분에는 발송인 및 수취인의 주소, 성명을 반드시 기재하여 누가 누구에게 발송한 문서인지를 확실히 해두어야 한다.

4. 내용증명서 작성시 유의사항

가. 내용증명취급은 국내우편의 특수취급이기 때문에 외국으로 발송되는 우편물에는 이용할 수 없다. 다만 국내에 거주하는 외국인이 국내우편물로서는 발송이 가능하다.

나. 내용증명은 단지 문서의 내용과 발송사실만을 우편관서에서 증명해줄 뿐이고 법적효력은 사법기관의 판단사항이므로 내용증명서를 발송하였다는 사실만으로 법적효력이 발생되는 것은 아니다.

다. 내용증명은 여러 가지 이점이 있는 반면, 때로는 부작용을 야기하기도 한다. 즉, 채무자 등이 성심을 다해 채무 등을 변제(이행)하고자 노력하는 중임에도 불구하고 독촉장이나 최고서(내용증명)를 발송하여 상대방(채무자 등)으로 하여금 오해 등을 일으키게 할 수 있다. 또한 실질적 이행능력이 전혀 없는 자에게의 독촉 등은 그 의미가 없이 오히려 상대의 반감을 일으키는 소지가 있다.

라. 따라서 그 사정을 신중히 고려하여 내용증명의 발송 여부를 결정하여야

하고, 또 내용증명서의 내용이 너무 과격하거나 권리의 남용에 해당하지 않게 신중히 작성해야 한다.

5. 내용증명서 처리절차

가. 내용증명서 3통을 작성하여 가까운 우체국 접수창구에 제출하고 내용증명 우편이라는 사실을 알려주면 우체국에서 내용증명우편의 확인 확인의 인을 찍어 이를 처리하여 준다(1통은 발송인 보관, 1통은 우체국 보관, 1통은 수신자에게 보낸다). 또한 내용증명 문건이 2매 이상일 경우 이를 합철하고 합철한 부분에 발송인의 인장 등을 찍어야 한다(날인, 간인, 계인).

나. 우체국에서 보관한 1통은 이를 우체국에서 3년간 보관하며, 3년 이내에 발송인이 내용증명을 분실하였을 경우 발송우체국에서 열람 또는 등본을 교부 청구할 수 있다.

6. 수취인이 알아두어야 할 사항

가. 내용증명서를 받은 자(채무자 등)는, 내용증명을 받은 경우 내용증명의 내용을 면밀히 검토하여 상대방(채권자 등)의 주장이 틀리거나 부당한 경우에는 그 내용을 기재하여 내용증명 우편으로 발송해야 한다.

나. 만약 이를 받고도 방치하거나 아무런 조치가 없으면 상대방의 주장을 그대로 인정하는 것이 되어 후일 분쟁발생시 불리하게 작용할 수 있으므로 신중하게 대처하여야 한다.

7. 내용증명서 발송 후 조치사항

내용증명서를 발송하였으나 수취인이 답변이 없을 경우 다음과 같은 조치를 취할 수 있다(반드시 사본을 첨부하고 원본은 잘 간직해 둔다).

가. 지급명령 등의 신청

내용증명으로 계약의 이행 등을 최고하였음에도 불구하고 이행하지 않을 경우에는 계약을 파기함과 동시에 그에 따른 손해를 받아야 하므로 먼저 간편한 절차인 지급명령 등을 신청한다.

나. 가압류, 가처분

손해를 본 당사자는 그 손해를 보상받기 위하여 지급명령이나 민사소송 등의 법적 절차를 이행하게 되는데, 그 이행기간 중에 계약불이행자가 그의 재산을 처분하는 등의 행위를 하면 승소하고도 배상을 받지 못하는 등의 사유가 될 수 있으므로 이를 방지하기 위하여(채권확보) 소송의 제기나 또는 이에 앞서 채권을 확보하기 위하여 가압류나 가처분을 하는 것이 바람직하다.

다. 소송의 이행(본안)

위 절차이행 후 지급명령에 이의신청이 있거나 사안이 복잡하거나 그 금액이 많을 경우 등에는 곧바로 본안소송으로 진행하는 경우가 많은데 이 경우에도 먼저 채권확보를 위하여 가압류나 가처분을 함과 동시에 소송을 제기하여야 한다. 소송을 제기할 경우에는 상대방의 인적사항과 재산정도 등을 파악하고 필요 시 공시송달 등의 필요한 절차나 소송에 관한 제반 절차를 확인하고, 필요시 변호사를 선임하는 등의 조치도 필요하다. 물론 소송진행과정 등에서 민사조정이나 제소전화해를 할 수도 있겠지만 일단은 소송상의 진행절차를 파악하여 이에 대비함이 타당하다.

라. 민사집행(경매 등)

소송이 종결되고 승소판결 등을 받은 경우 상대방으로부터 금전을 지급받아야 그 손해를 배상받을 수 있다. 이 경우 상대방이 직접 금전으로 지급하여 주면 별문제가 없으나 그렇지 않을 경우에는 이를 지급받기 위하여 가압류나 가처분한 것을 본압류 등으로 이전하고 집행권원을 갖고 집행절차를 진행하여 손해를 배상 받음으로써 분쟁은 종결된다.

8. 내용증명의 용도

가. 시효중단의 경우 : 채무의 이행을 최고하였을 때, 그 내용증명을 발송하였다고 하여 바로 시효가 중단되는 것은 아니다. 시효의 중단은 내용증명을 보내고 6개월 이내에 재판상의 절차를 진행시켜야만 시효중단의 효력이 발생한다. 이러한 의미에서 내용증명을 제출할 경우에는 시효기간이 만료되는 무렵에 제출하는 것이 효과적일 것이다.

나. 계약해제(해지)의 경우 : 보통의 계약에 있어서 상대방이 이행을 하지 아니할 경우에는 상당한 기간을 정하여 그 이행을 독촉을 하고 그 기간 내에 이행을 하지 아니할 경우에는 계약을 해제할 수 있는 것이고 이러한 계약해제의 경우 증거를 확실히 남긴다는 의미에서 내용증명으로 하는 것이 현명한 방법이다.

다. 무능력, 사기, 강박, 무권대리인에 의한 계약을 취소하는 경우 : 이와 같은 경우에도 그 취소의 의사표시를 내용증명으로 하는 것이 좋을 것이다.

라. 채권양도의 통지 : 채권양도의 통지라는 것은 갑이 을에 대하여 외상대금채권을 가지고 있고 갑이 병에 대하여 외상채무를 가지고 있을 경우에 갑은 병에게 현금으로 채무를 변제하는 대신에 을에 대한 외상채권을 병에게 양도하여 결재하는 경우가 있는데 그와 같은 경우 "귀하에 대한 외상대금채권은 병에게 지급하여 달라"는 내용의 채권양도통지를 내용증명우편으로 하는 것이다.

제2장 금전거래

[사례 1] 대여금 반환을 청구할 때

최 고 서

받는 사람 성 명 :
주 소 :

보내는 사람 성 명 :
주 소 :
연락처 :

1. 삼가 귀댁의 안녕을 기원합니다.
2. 다름이 아니옵고, 귀하는 본인에게 20○○. ○. ○.까지 변제하기로 약정하고 금 ○○○원을 차용하였습니다.
3. 그러나 귀하는 위 지급기일인 20○○. ○. ○.이 지났음에도 불구하고 아직까지 변제하지 않고 있어 이에 따른 변제를 독촉하기 위하여 본 최고서를 발송하는 바이오니 20○○. ○. ○.까지 변제하여 주시기 바랍니다.
4. 만일 위 기일까지 위 돈의 지급을 지체할 시에는 본인은 귀하를 상대로 대여금 반환청구의 소송을 제기함은 물론 이에 따른 제반비용까지 전가할 것이오니 부디 불미스러운 일이 발생하지 않도록 협조하여 주시기 바랍니다.

20 년 월 일

발신인 (인)

[주] 1. 채무이행의 확정한 기한이 있는 경우에는 채무자는 기한이 도래한 때로부터 지체책임이 있고, 채무이행의 불확정한 기한이 있는 경우에는 채무자는 기한이 도래함을 안 때로부터 지체책임이 있다. 또한 채무이행의 기한이 없는 경우에는 채무자는 이행청구를 받은 때로부터 지체책임이 있다.

2. 금전채무의 불이행의 손해배상액은 법정이율에 의한다. 그러나 법령의 제한에 위반되지 아니한 약정이율이 있으면 그 이율에 의한다.

3. 대여금 등의 금전채권의 청구는 전화 등 여러 가지 방법이 있으나 혹 상대(채무자)가 채무의 지급기한을 연장해주었다는 등의 주장이 있을 수 있으므로 문서로서 확실히 하여둘 필요가 있다.

4. 대여금청구 등의 경우 작성요령은 먼저 당사자(채권자, 채무자)를 특정하여 기재한 후 채권의 금액과 반환일자 및 이율을 기재하고 채무자가 그 반환기일이 지났음에도 그 변제를 지체한 사실 등을 기재한 후 그 변제를 촉구하는 내용의 글을 기재하면 된다.

[사례 2] 대여금 반환을 청구할 때

통 보 서

받는 사람 성 명 :
주 소 :

보내는 사람 성 명 :
주 소 :
연락처 :

귀하의 가내에 안녕을 기원합니다.

아뢰올 말씀은 본인이 귀하에게 20○○. ○. ○. 이자 월 ○%, 변제기일 20○○. ○. ○.로 정하여 금 ○○○원을 빌려 주었으나 귀하는 위 변제일이 지난 지금까지 위 돈을 변제하지 아니하고 있습니다.

이에 본인은 귀하에게 위 돈을 20○○. ○. ○.까지 지급하여 주실 것을 청구함과 아울러 위 기간 내에 지급치 아니할 경우 부득이 법적 조치를 취할 수밖에 없음을 통보하는 바입니다.

20○○. ○. ○.

위 청구인(채권자) ○ ○ ○ (인)

[사례 3] 대여금 반환을 청구할 때

최 고 서

받는 사람 성 명 :
주 소 :

보내는 사람 성 명 :
주 소 :
연락처 :

1. 귀하의 가내에 안녕을 기원합니다.
2. 다름이 아니오라 본인이 귀하에게 20○○. ○. ○. 이자 월 ○%, 변제일 20○○. ○. ○.로 정하여 금 ○○○원을 빌려 주었으나 귀하는 위 변제일이 지난 지금까지 위 돈을 변제하지 아니하고 있습니다.
3. 이에 본인은 귀하에게 위 대여금을 20○○. ○. ○.까지 지급하여 주실 것을 청구하오며 아울러 위 기간 내에 지급치 아니할 경우 부득이 법적 조치를 취할 수밖에 없음을 통보하는 바입니다.

20 년 월 일

위 발신인 : (인)

[주] 1. 채무이행의 확정한 기한이 있는 경우에는 채무자는 기한이 도래한 때로부터 지체책임이 있고, 채무이행의 불확정한 기한이 있는 경우에는 채무자는 기한이 도래함을 안 때로부터 지체책임이 있다. 또한 채무이행의 기한이 없는 경

우에는 채무자는 이행청구를 받은 때로부터 지체책임이 있다.

2. 금전채무의 불이행의 손해배상액은 법정이율에 의한다. 그러나 법령의 제한에 위반되지 아니한 약정이율이 있으면 그 이율에 의한다.
3. 대여금 등의 금전채권의 청구는 전화 등 여러 가지 방법이 있으나 혹 상대(채무자)가 채무의 지급기한을 연장해주었다는 등의 주장이 있을 수 있으므로 문서로서 확실히 하여둘 필요가 있다.
4. 대여금청구 등의 경우 작성요령은 먼저 당사자(채권자, 채무자)를 특정하여 기재한 후 채권의 금액과 반환일자 및 이율을 기재하고 채무자가 그 반환기일이 지났음에도 그 변제를 지체한 사실 등을 기재한 후 그 변제를 촉구하는 내용의 글을 기재하면 된다.

[사례 4] 대여금 채무변제를 대리할 때

통 지 서

받는 사람 성 명 :
주 소 :

보내는 사람 성 명 :
주 소 :
연락처 :

1. 귀댁의 안녕과 번영을 기원합니다.
2. 귀하와 채무자 ○○○과의 대여금 채무관계에 있어 채무자 ○○○의 채무를 동인의 부득이한 사유로 채무자 ○○○의 형인 본인이 본 채무의 만기일에 위 ○○○을 대리하여 착오 없이 변제할 것임을 통고하오니 이를 허락하여 주시기 바랍니다.
3. 또한 본 서면이 도달된 뒤에도 아무런 연락이 없으시면 이를 허락하는 것으로 간주하고 만기일에 착오 없이 변제할 것임을 통고하는 바입니다.

20 년 월 일

위 발신인 : (인)

[주] 본건은 주채무자인 동생을 대신하여 그의 형이 채권자에게 채무를 변제할 것을 통고하는 것으로 이 경우는 주채무자인 동생에게 채무액을 지급하거나 할 경우 동생이 이를 채무변제에 사용하지 않고 다른 용도로 사용할 경우를 대비하여 채권자에게 직접 채무를 변제함으로써 주채무자와 채권자와의 채권을 변제하고 채권관계가 소멸되는 형태로 채권자로서도 채무를 변제하겠다는데 그 대상이 누구든지 간에 채권만 행사하면 되므로 이를 거부할 하등의 이유가 없다.

[사례 5] 대여금 청구채권을 양수인에게 지급하라는 통지

통 지 서

받는 사람 성 명 :
주 소 :

보내는 사람 성 명 :
주 소 :
연락처 :

1. 다름이 아니오라 양도인인 ○○○이 귀하로부터 지급받을 대여금 청구채권 금 ○○○원에 대하여 20○○. ○. ○.자로 수령권을 본인에게 양도하였습니다.

2. 따라서 양도인이 귀하로부터 지급 받을 대여금 ○○○원을 20○○. ○. ○. 까지 양수인인 본인에게 지급하여 주실 것을 통지합니다.

20 년 월 일

위 발신인 : (인)

[사례 6] 대위변제 후 구상금을 청구할 때

통 지 서

받는 사람 성 명 :
주 소 :

보내는 사람 성 명 :
주 소 :
연락처 :

1. 삼가 귀댁의 안녕을 기원합니다.

2. 주채무자 ○○○는 20○○. ○. ○. ○○은행으로부터 ○○대출금으로 ○○○원을 대출받은 사실이 있으며, 귀하와 본인은 ○○을 조건으로 하는 ○○보증인으로 등재되어 있습니다.

3. 주채무자 ○○○는 20○○. ○. ○.인 대출만기일까지 대출금을 변제하지 아니하여 채권자인 ○○은행은 보증인인 귀하와 본인에게 채무변제에 대한 독촉장을 발송하였습니다.

4. ○○○ 신분인 본인은 신분상의 불이익과 ○○○때문에 ○○○을 피하기 위하여 20○○. ○. ○. 주채무자 ○○○의 대출금 ○○○원을 우선 변제하여 채권자인 ○○은행으로부터 대위변제확인서를 받았습니다.

5. 현재 행방불명인 주채무자에게는 청구하기가 힘들어 ○○은행에서 발행한 대위변제확인서를 근거로 보증인으로 함께 등록된 귀하에게 구상금으로 청구합니다.

6. 행방불명된 주채무자는 돈을 갚을 의도가 없이 도주한 것이 분명하므로 내용증명을 받은 즉시 본인이 변제한 금액 중 2분의 1의 금액을 20○○. ○. ○.까지 본인에게 변제하여 주시기 바랍니다. 만약 불이행 시에는 법적 조치를 취할 수밖에 없으므로 협조하여 주시길 부탁드립니다.

20 년 월 일

위 발신인 : (인)

[사례 7] 대위변제 후 주채무자와 연대보증인에게 구상금을 청구할 때

통 지 서

받는 사람 성 명 :
주 소 :

보내는 사람 성 명 :
주 소 :
연락처 :

1. 삼가 귀댁의 안녕을 기원합니다.

2. 본인과 김○○는 20○○. ○. ○. 박○○가 ○○은행으로부터 금 ○○○원을 대출 받음에 있어 공동으로 연대보증하였습니다. 그런데 박○○은 위 돈을 대출받은 직후부터 이자를 연체하더니 20○○. ○. ○. 현재 원리금의 합계가 ○○○원에 이르렀는바, 본인은 부득이 ○○은행과 협의 끝에 ○○○원을 감액받고 ○○○원을 대위변제하여 마무리 지었습니다.

3. 따라서 본인은 주채무자인 박○○에 대하여는 위 변제금 전액을, 공동연대보증인인 김○○은 본인이 부담한 위 대위변제금의 2분의 1인 금 ○○○원을 20○○. ○. ○.까지 지급하여 주시기 바랍니다.

4. 귀하께서는 위 기일까지 지급하지 아니하면 부득이 법적 조치를 취할 수밖에 없음을 통지하는 바입니다.

20 년 월 일

위 발신인 : (인)

[사례 8] 차용금 반환을 청구하고자 할 때

통 지 서

받는 사람 성 명 :
주 소 :

보내는 사람 성 명 :
주 소 :
연락처 :

1. 귀하는 본인으로부터 20○○. ○. ○. 금 ○○○원을 차용하면서 20○○. ○. ○.까지 반환하기로 약정하고도 반환하지 않아 수차에 걸쳐 차용금을 반환하여 줄 것을(직접 찾아가서 또는 전화를 요청하였으며, 반환) 요청할 때는 언제 준다고 약속하고 또 약속하고는 주지 않고 있는 것을 볼 때 귀하는 거짓말을 계속하고 있습니다.

2. 따라서 위 돈을 20○○. ○. ○.까지 변제하지 않을 때에는 부득이 법적조치를 취할 수밖에 없사오니 어떠한 피해도 감수하시기 바라며, 제반 비용에 대하여도 귀하가 책임지시기 바랍니다.

20 년 월 일

위 발신인 : (인)

[주] 1. 채무이행의 확정한 기한이 있는 경우에는 채무자는 기한이 도래한 때로부터 지체책임이 있고, 채무이행의 불확정한 기한이 있는 경우에는 채무자는 기한이 도래함을 안 때로부터 지체책임이 있다. 또한 채무이행의 기한이 없는 경우에는 채무자는 이행청구를 받은 때로부터 지체책임이 있다.
2. 금전채무의 불이행의 손해배상액은 법정이율에 의한다. 그러나 법령의 제한에 위반되지 아니한 약정이율이 있으면 그 이율에 의한다.
3. 대여금 등의 금전채권의 청구는 전화 등 여러 가지 방법이 있으나 혹 상대(채무자)가 채무의 지급기한을 연장해주었다는 등의 주장이 있을 수 있으므로

문서로서 확실히 하여둘 필요가 있다.

4. 대여금청구 등의 경우 작성요령은 먼저 당사자(채권자, 채무자)를 특정하여 기재한 후 채권의 금액과 반환일자 및 이율을 기재하고 채무자가 그 반환기일이 지났음에도 그 변제를 지체한 사실 등을 기재한 후 그 변제를 촉구하는 내용의 글을 기재하면 된다.

[사례 9] 차용금 상환을 독촉하고자 할 때

통 지 서

받는 사람 성 명 :
주 소 :

보내는 사람 성 명 :
주 소 :
연락처 :

1. 본인은 20○○. ○. ○. 금 ○○○원과 20○○. ○. ○. 금 ○○○원, 합계금 ○○○원을 귀하로부터 차용한 사실이 있습니다. 귀하는 채권자 ○○○로부터 차용하여 본인에게 빌려준 것으로 알고 있습니다.

2. 귀하는 20○○. ○. ○. 채권자 ○○○가 상환을 요구한다고 하여 본인에게 위 돈을 변제할 것을 독촉하였습니다.

3. 그러나 본인의 형편을 생각하여 상환시기를 ○달만 미루어주시면 차용금 전부를 상환할 것이오니 그 때까지만 기다려 주시기 바랍니다.

20 년 월 일

위 발신인 : (인)

[사례 10] 변제기한이 경과되어 차용금을 독촉할 때

최 고 서

받는 사람　　성　명 :
　　　　　　　주　소 :

보내는 사람　성　명 :
　　　　　　　주　소 :
　　　　　　　연락처 :

1. 삼가 귀댁의 안녕을 기원합니다.

2. 귀하는 본인에게 20○○. ○. ○.까지 변제하기로 약정하고 금 ○○○원을 차용하였습니다.

3. 그러나 귀하는 위 지급기일인 20○○. ○. ○.이 지났음에도 불구하고 아직까지 변제하지 않고 있어 이에 따른 변제를 독촉하기 위하여 본 내용증명을 발송하는 바이오니 20○○. ○. ○.까지 변제하여 주시기 바랍니다.

4. 만일 귀하에게 위와 같은 변제의 기회를 주었음에도 불구하고 이를 이행하지 않을 경우 본인은 귀하를 상대로 대여금반환 청구의 소송을 제기함은 물론 이에 따른 제반 비용까지 전가할 것이오니 서로 간 불미스러운 일이 발생하지 않도록 협조하여 주시기 바랍니다.

20　년　월　일

위 발신인 :　　　　　(인)

[사례 11] 보관금액 반환을 요청할 때

통 지 서

받는 사람 성 명 :
주 소 :

보내는 사람 성 명 :
주 소 :
연락처 :

- 보관금액 : 금 원(₩)
- 보 관 일 : 20○○. ○. ○.
- 반환약정일 : 20○○. ○. ○.

1. 본인은 귀하에게 위와 같이 금 원을 보관키로 한 사실이 있습니다.

2. 그러나 귀하는 약정일에 반환을 해주지 않으므로 수차에 걸쳐 전화로 보관금액 반환을 요청하였더니 20○○. ○. ○.에 만나 주겠다고 약속하여 본인은 그 장소에 갔더니 귀하는 어떠한 연락도 없이 약속장소에 나오지도 않아 20○○. ○. ○. 귀하의 집을 찾아가서 보관금액 반환을 요청하였으나 이번에는 틀림없이 며칠 후에 반환하여 준다고 약속을 하고도 반환하지 않고 있습니다.

3. 따라서 위 보관금액을 20○○. ○. ○.까지 반환하지 않으면 부득이 법적조치를 취할 수밖에 없사오니 이에 따른 제반 피해에 대하여 감수하시고 비용 등에 대하여도 귀하께서 책임지시기 바랍니다.

20 년 월 일

위 발신인 : (인)

[사례 12] 보증인에게 채무변제를 독촉하고자 할 때

통 지 서

받는 사람 성 명 :
주 소 :

보내는 사람 성 명 :
주 소 :
연락처 :

1. 귀하의 건승과 사업의 번창을 기원합니다.

2. 본인은 귀하의 보증 하에 ○○물품을 거래하여 오던 ○○시 ○○로 ○○(○○동)에 거주한 김○○가 20○○. ○. ○. 현재 본인에게 지불해야 할 대금은 ○○○원으로써 동 금액의 변제가 장기간 지체되고 있습니다.

3. 귀하는 ○○○와 연대하여 위 ○○○원과 변제 시까지 약정된 연체이자를 지급할 의무가 있으므로, 위 채무자 ○○○와 연대하여 20○○. ○. ○.까지 위 금원을 전액 변제하여 주시기 바랍니다.

4. 만일, 위 기한까지 변제치 않을 시에는 귀하가 제공한 담보 및 귀하의 일반재산도 법적 조치를 당하게 됨을 통지하오니 양지하시기 바랍니다.

20 년 월 일

위 발신인 : (인)

[사례 13] 사망한 채무자의 상속인에게 대여금 청구

통 지 서

받는 사람 성 명 :
주 소 :

보내는 사람 성 명 :
주 소 :
연락처 :

1. 삼가 귀댁의 안녕을 기원합니다.

2. 본인은 귀하의 부친이자 남편인 ○○○에게 20○○. ○. ○.까지 변제하는 것을 조건으로 하고 금 ○○○원을 빌려주었습니다.

3. 그러나 위 변제기일이 초과되어도 ○○○에게 아무런 연락이 없어 수소문하여 알아본 결과 ○○○가 위 지급기일 2개월 전에 운명하였다는 사실을 알게 되었습니다. 이에 본인은 위 금 ○○○원의 채권, 채무를 모두 상속받은 귀하와 다른 상속인에게 위 차용금을 청구하는 바이오니 20○○. ○. ○.까지 지급하여 주시기 바랍니다.

20 년 월 일

위 발신인 : (인)

[사례 14] 상속된 채무를 갚지 못하겠다고 통지할 때

통 지 서

받는 사람 성 명 :

주 소 :

보내는 사람 1. 성 명 :
주 소 :
연락처 :

2. 성 명 :
주 소 :
연락처 :

1. 삼가 귀댁의 안녕을 기원합니다.

2. 본인들은 망 ○○○의 상속인들로서 귀하에게 다음과 같이 통보합니다.

3. 귀하는 망 ○○○에게 ○○○원 상당의 채권이 있어 이를 상속인들인 본인들에게 청구를 하였던 바, 본인들은 위 망인이 사망한 다음 달 모든 상속을 포기한다는 내용으로 ○○지방법원에 상속포기신청을 하여 20○○. ○. ○. 자로 이를 허가받아 더 이상 망 ○○○의 채권과 채무에 대해서는 전혀 관련이 없음을 본 내용증명을 통하여 통보하는 바입니다.

4. 아울러 더 이상 위의 사항으로 문제삼고 싶지 않으니 이점 양지하시어 착오 없으시기 바랍니다.

20 년 월 일

발신인 (인)

발신인 (인)

[사례 15] 채권자가 연대보증인에게 채무변제를 청구할 때

통 지 서

받는 사람 성 명 :
주 소 :

보내는 사람 성 명 :
주 소 :
연락처 :

1. 삼가 귀댁의 안녕을 기원합니다.

2. 다름이 아니옵고 본인이 주채무자인 ○○○에게 금 ○○○원을 빌려주면 20○○. ○. ○.까지 변제하겠다고 하자 본인은 처음에는 거절을 하였으나, 귀하가 위의 연대보증인으로 서명하겠다고 하여 이를 수락하고 대여하여 주었습니다.

3. 그러나 위 변제기일이 지나도 ○○○는 아무런 연락이 없어 수소문하여 찾아보았지만 아무리 찾아도 찾을 길이 없습니다. 따라서 위 차용금의 연대보증인인 귀하가 부득이 위 차용금을 지급하여야 할 것이므로 본 내용증명을 통하여 금 ○○○원을 청구하는 바이오니 20○○. ○. ○.까지 지급하여 주시기 바랍니다.

4. 만약 귀하가 위의 지급기한을 무시할 경우 본인은 귀하를 상대로 대여금 청구의 소를 제기함은 물론 이에 따른 제반비용 또한 청구할 것이오니 부디 불미스러운 일이 발생하지 않도록 협조하여 주시기 바랍니다.

20 년 월 일

위 발신인 : (인)

[사례 16] 주채무자의 채무 미변제로 보증인에게 변제청구할 때

통 지 서

받는 사람 성 명 :
주 소 :

보내는 사람 성 명 :
주 소 :
연락처 :

1. 삼가 귀하의 사업이 번창하시길 기원합니다.

2. 다름이 아니옵고 본인은 20○○. ○. ○. 귀하를 보증인으로 하여 ○○○(채무자)에게 이자 월 ○%, 변제기일 20○○. ○. ○.로 정하여 금 ○○○원을 빌려 주었는데, 채무자가 위 변제기일에 채무를 변제하지 아니하므로 동 채무의 보증인인 귀하께서는 20○○. ○. ○.까지 위 채무를 변제하여 주시기 바랍니다.

3. 아울러 위 기일까지 채무를 변제하지 아니할 경우에는 법적조치를 취하겠음을 통보하는 바입니다.

20 년 월 일

위 발신인 : (인)

[주] 1. 보증인은 주채무자가 이행하지 아니하는 채무를 이행할 의무가 있고 보증은 장래의 채무에 대해서도 할 수 있다(민법 제428조).
2. 보증채무는 주채무의 이자, 위약금, 손해배상, 기타 주채무에 종속한 채무를 포함하고 보증인은 그 보증채무에 관한 위약금 기타 손해배상액을 예정할 수 있다.
3. 본 예는 주채무자가 채무를 변제하지 않아 채권자가 보증인에게 채무를 변제하여 줄 것을 통지하는 경우이다. 통상 보증인은 채무자와 평소 친분관계나

인척관계 등의 위치에 있는 경우가 대부분이다. 그러므로 보증인에게 채무의 독촉은 채무자로 하여금 심리적 압박이 강하고 또 채무자가 변제능력 등이 없을시 보증인에게 채무를 변제받을 수 있으므로 보증인은 상당히 중요한 것이다.

통상 금전관계 등 채권채무관계에서의 채권자는 이를 확실히 하기 위하여 보증인을 선택하도록 하는 것이 타당하다.

4. 위와 같은 경우 내용증명의 작성방법은 먼저 당사자를 특정하여 기재하고 채무의 내용(즉, 계약일자, 금액, 이자, 변제일 등)과 주채무자가 변제일에 채무를 변제하지 아니한 사실(채무지체)을 기재한 후 보증인에게 채무를 변제(채무의 이행)할 것을 간단명료하게 기재하면 될 것이다.

[사례 17] 차용은 해주었으나 차용증이 없을 때

통 지 서

받는 사람 성 명 :
주 소 :

보내는 사람 성 명 :
주 소 :
연락처 :

1. 귀하께서는 본인으로부터 20○○. ○. ○. 금 ○○○원을 ○○시 ○○로 ○○(○○동) 에서 차용해 가면서 1년간만 사용하고 이자는 월 1.5%로 정하여 지급해준다는 약속을 하고 이자는 온라인으로 송금 또한 직접 지불해 오다가 요즘에는 이자조차도 주지 않고 있습니다.

2. 그러나 차용해간 기간도 2년이나 되었고 저의 형편상 위 돈을 반환 받아야 생활에 도움을 줄 수 있는 일을 하여야 하므로 부득이 내용증명을 발송하는 바이오니 이해하시고 20○○. ○. ○.까지 반환해 주실 것을 부탁드리고 이로 인하여 서로 간에 사이가 나빠지지 않도록 협조하여 주시기 바랍니다.

20 년 월 일

위 발신인 : (인)

[주] 차용증이 없을 때에는 이의 내용증명에 대하여 회신이 오면 그 자체가 차용증이 되며 내용증명의 회신이 없다고 하여도 차용금액을 부정하지는 않을 것이므로 이 자체가 차용해준 입증이 되겠습니다.

[사례 18] 약속어음공정증서에 기한 차용금을 지급하지 않을 때

통 지 서

받는 사람 성 명 :
주 소 :

보내는 사람 성 명 :
주 소 :
연락처 :

1. 삼가 귀댁의 안녕을 기원합니다.

2. 귀하는 본인에게서 금 ○○○원을, 지급기일을 20○○. ○. ○.로 정하하여 차용하고, 약속어음 공정증서를 작성하여 주었습니다.

3. 그러나 귀하는 위 지급기일이 지난 현재까지 아무런 이유 없이 변제하지 않고 있으므로 본 내용증명을 발송하는 바이오니 20○○. ○. ○.까지 변제하여 주실 것을 최고하는 바입니다.

4. 만약 귀하가 위와 같은 변제의 기회를 주었음에도 불구하고 이를 이행하지 않을 경우 본인은 위 약속어음 공정증서를 토대로 귀하의 재산에 대하여 강제집행할 예정이오니 부디 불미스러운 일이 발생하지 않도록 협조하여 주시기 바랍니다.

20 년 월 일

위 발신인 : (인)

[사례 19] 차용인이 현금을 차용하고자 할 때

통 지 서

받는 사람 성 명 :
주 소 :

보내는 사람 성 명 :
주 소 :
연락처 :

1. 본인은 귀하로부터 금 ○○○원을, 이자는 연 ○○%, 변제기일은 20○○. ○. ○.로 정하여 차용하되, 이자는 매월 ○일마다 귀하의 은행계좌(농협 ○○○-○○-○○○○)로 입금하겠습니다.

2. 만일, 위 이자지급을 2회 이상 계속하여 지체할 시에는 귀하는 본인에게 모든 금액을 일시에 청구하여도 아무런 이의를 제기하지 않겠습니다.

20 년 월 일

위 발신인 : (인)

[사례 20] 채권양도통지를 채무자에게 통보할 때

채권양도통지서

받는 사람 성 명 :
주 소 :

보내는 사람 성 명 :
주 소 :
연락처 :

1. 삼가 귀댁의 안녕을 기원합니다.

2. 본인은 귀하에게 금 ○○○원의 물품대금 채권을 가지고 있었으나 이를 첨부서류와 같이 양수인 ○○○에게 20○○. ○. ○.자로 양도하였사오니 이 점 착오 없으시기 바랍니다.

20 년 월 일

위 발신인 : (인)

[사례 21] 채권양도에 따른 임대보증금을 청구할 때

통 지 서

발신인 : ○○○○ 주식회사
○○시 ○○로 ○○(○○동)
대표이사 ○○○

수신인 : ○ ○ ○ (○○○○○○－○○○○○○○)

○○시 ○○로 ○○(○○동)

귀사의 사업이 더욱 번창하시길 기원합니다.

다름이 아니옵고, 임차인 ○○○. ○○○. ○○○ 은 임대동의인 대표(○○○)에 대하여 ○○시 ○○구 ○○로 ○○(○○동) 소재에 임대보증금 ○○○원을 ○○(주)에게 양도하는 것을 동의하였기에 귀하는 당사에게 금 ○○○원을 지급하여 주시기 바랍니다.

20 년 월 일

위 발신인 : (인)

[사례 22] 채권양수인이 양수받은 채권을 지급받고자 할 때

청 구 서

받는 사람 성 명 :
주 소 :

보내는 사람 성 명 :
주 소 :
연락처 :

1. 삼가 귀하의 사업이 번창하시기를 기원합니다.
2. 다름이 아니옵고 20○○. ○. ○. 전 채권자 ○○○의 채권양도통지에 의하여 아시는 바와 같이, 위 ○○○이 귀하에 대하여 가지고 있던 대여금청구채권 금 ○○○원을 본인이 양도받았습니다.
3. 이에 본인은 위 돈을 동 대여금의 지급기일인 20○○. ○. ○.에 본인에게

지급하여 주시기 바랍니다.

20 년 월 일

위 발신인 : (인)

[주] 채권의 양수인은 비록 채권양도자가 채무자에게 채권양도 사실을 통지하였지만, 양수인은 채권의 존재 여부 및 채무자의 지급의사 등을 명백히 하기 위하여 채권의 지급을 내용증명으로 청구해 보는 것이 타당하다.
이때 내용증명(양수채권청구서)의 작성요령은, 먼저 당사자를 특정하여 당사자의 인적사항(성명, 주소 등)을 기재하고 채권의 양수사실 및 양도받은 채권을 특정하여 기재한 후, 그 청구를 하는 형태로 기재하면 되고 이렇게 양수인이 양수채권을 청구함으로써 채권의 존재를 확인하고 채무자에게는 채권의 양도사실과 양수인이 누구라는 사실을 확인시켜주는 동시에 채권의 청구를 병행할 수 있는 좋은 점이 있다.

[사례 23] 채권자가 담보설정된 대여금의 수령을 거부한 때

통 지 서

받는 사람 성 명 :
주 소 :

보내는 사람 성 명 :
주 소 :
연락처 :

부동산의 표시 :

1. 삼가 귀댁의 안녕을 기원합니다.

2. 본인은 귀하로부터 금 ○○○원을 차용하여 변제하기로 하고, 이에 따른 담보조로 본인의 위 부동산에 대하여 위 금 ○○○원을 채권최고액으로 정한 근저당권설정등기를 마쳤습니다.

3. 그리하여 본인은 위 지급기일인 20○○. ○. ○. 귀하에게 위 금 ○○○원을 지급하고 근저당권 설정등기를 말소하려고 하였으나 귀하가 본인의 변제의사에도 불구하고 계속해서 수령을 거절하고 있어 본인은 부득이 관할 법원에 변제공탁을 하고 위 근저당설정등기말소 청구의 소를 제기할 예정입니다.

4. 따라서 귀하께서는 20○○. ○. ○.까지 아무런 답변이 없을 경우 본인은 위의 청구와 함께 이에 따른 제반비용 또한 청구할 것이오니 부디 불미스러운 일이 발생하지 않도록 협조하여 주시기 바랍니다.

20 년 월 일

위 발신인 : (인)

[사례 24] 기한을 정하지 않은 금전대차의 대금변제요구

통 지 서

받는 사람 성 명 :
주 소 :

보내는 사람 성 명 :
주 소 :
연락처 :

1. 삼가 귀댁의 안녕을 기원합니다.

2. 다름이 아니옵고 본인이 20○○. ○. ○. 귀하에게 금 ○○○원을 본인이

필요시 언제라도 변제하겠다고 빌려 주었는데 금번 본인의 장남 ○○이 갑자기 혼인을 하게 되어 부득이 귀하에게 빌려준 금 ○○○원을 회수하고자 하오니 20○○. ○. ○.까지 본인에게 변제하여 주시기 바랍니다.

20 년 월 일

위 발신인 : (인)

[주] 1. 내용증명우편은 특정한 양식과 형태가 없이 그 전달하고자 하는 내용만 간단·명료하게 기재하여 발송하면 되나 내용증명우편은 후일 분쟁발생시 하나의 중요한 증빙자료로 활용될 수 있으므로 이를 유의하여 어느 정도의 형식을 갖추어 작성하여야 할 것이다. 특히, 계약의 해제와 해지 등에 관한 것일 경우 그 해제와 해지의 사유 및 그 이유를 명백히 기재하여야 함은 당연한 것이다.
2. 채무자가 임의로 채무를 이행하지 아니한 때에는 채권자는 그 강제이행을 법원에 청구할 수 있다. 그러나 채무의 성질이 강제이행을 하지 못할 것인 때에는 그러하지 아니하다.
3. 위의 채무가 법률행위를 목적으로 한 때에는 채무자의 의사표시에 갈음할 재판을 청구할 수 있고 채무자의 일신에 전속하지 아니한 작위를 목적으로 한 때에는 채무자의 비용으로 제3자에게 이를 하게 할 것을 법원에 청구할 수 있다.

[사례 25] 계금 반환을 청구할 때

계금반환통지서

받는 사람 성 명 :
주 소 :

보내는 사람 성 명 :
주 소 :
연락처 :

계금. 첫회불입일 : 20○○. ○. ○.
계금. 매월불입금 : ○○○원(₩ ○○○)
계금. 매월불입일 : 매월 ○일
계금. 불입회수 : ○○회
계금. 불입총액 : ○○○원(₩ ○○○)

1. 귀하는 계주로서 25인계(25회 불입)를 모집하면서 본인을 17회차에 탈 수 있는 지정번호를 주면서 매월 일십만원씩 불입하면 17회차에 가서 삼백만원을 지급하여 준다고 하여 계금을 불입하여 왔는데 11회차에 계금을 받아가지 않아 찾아갔더니 계가 깨뜨려졌다고 하였습니다.

2. 그리하여 본인의 계금은 어떻게 되느냐, 계가 깨뜨려진 것하고는 아무 관계없이 계주가 책임져야 되지 않느냐, 계금의 반환요청을 하였더니 준다는 말만 하고 매일 미루며 거짓말만 하고 있습니다.

3. 따라서 귀하께서는 계금불입금액 ○○○원에 대하여 20○○. ○. ○.까지 반환하지 않으면 부득이 법적조치를 취할 수밖에 없음을 통지하는 바입니다.

20 년 월 일

발신인 (인)

[사례 26] 밀린 계금의 지급을 독촉할 때

통 고 서

받는 사람 성 명 :
주 소 :

보내는 사람 성 명 :
주 소 :

연락처 :

1. 귀하는 20○○. ○. ○. 본인이 계주로 운영하는 ○○계에 가입하여 월불입액을 ○개월간 불입하여 오다가 20○○. ○월부터는 차츰 늦게 불입하는가 하면 때론 한 달을 거르고 다음 달에 납입하는 등 하여 본인이 상당한 애로를 겪게 되었는데 근자에는 아예 ○개월간 계금을 납입하지 아니하고 있습니다.

2. 따라서 그동안 밀린 계금 ○○○원을 20○○. ○. ○.까지 납입하지 아니하면 ○개월 후 귀하의 계금을 타는 순서에 계금을 지급하여 줄 수 없으며 이를 타에 양도하여 귀하가 납입한 원금만 돌려주고자 하오니 위 기간 내에 미납된 계금 ○○○원과 이에 대한 지연이자 금 ○○○원을 납입하여 주실 것을 통보하는 바입니다.

20 년 월 일

발신인 (인)

[사례 27] 약속어음금을 청구할 때

통 지 서

받는 사람 성 명 :
주 소 :

보내는 사람 성 명 :
주 소 :
연락처 :

1. 귀하는 20○○. ○. ○. 약속어음을 발행한 후 약속어음을 지급 보증한다는 뜻으로 표면에 기명날인을 하였습니다.

2. 귀하는 위 약속어음을 수취하여 ○○○에게 배서양도하였고, ○○○는 본인에 대한 물품대금의 지급방법으로 본인에게 다시 배서하였습니다.

3. 본인은 이 어음의 정당한 소지인으로 만기에 지급제시 하였으나 어음지급을 거절당하였습니다.

4. 따라서 귀하는 20○○. ○. ○.까지 약속어음 ○○○원을 지급하여 주시기 바라며 만약 불응 시에는 법적조치를 취할 수밖에 없음을 통지하는 바입니다.

20 년 월 일

위 발신인 : (인)

[사례 28] 약속어음금을 청구할 때

통 지 서

받는 사람 성 명 :
주 소 :

보내는 사람 성 명 :
주 소 :
연락처 :

1. 삼가 귀하의 사업이 번창하시길 기원합니다.

2. 청구인은 20○○. ○. ○.자 피청구인 발행 ○○만원짜리 약속어음 1매를 소지하고 20○○. ○. ○. 동 약속어음 만기일에 지급제시 하려고 하였으나 귀하께서 1주일만 연기해 달라고 하여 연기해 주었는데 1주일이 지난 현재까지 아무런 연락이 없으므로 금 ○○○원을 20○○. ○. ○.까지 지급하지

아니하면 법적비용 등 제반조치를 취할 것이오니 위 기간 내에 동 금액을 지급하여 주시기 바랍니다.

20 년 월 일

위 발신인 : (인)

[주] 1. 내용증명우편은 특정한 양식과 형태가 없이 그 전달하고자 하는 내용만 간단·명료하게 기재하여 발송하면 되나 내용증명우편은 후일 분쟁발생시 하나의 중요한 증빙자료로 활용될 수 있으므로 이를 유의하여 어느 정도의 형식을 갖추어 작성하여야 할 것이다. 특히, 계약의 해제와 해지 등에 관한 것일 경우 그 해제와 해지의 사유 및 그 이유를 명백히 기재하여야 함은 당연한 것이다.

2. 약속어음 소지인이 발행인을 상대로 동 어음금의 지급을 요구하는 형태이다. 이 경우 소지인은 약속어음의 발행인을 상대로 약속어음금 청구의 소송을 제기할 수 있고, 동 어음에 배서인 등이 있을 경우 이들에게도 그 액면금액의 청구를 할 수 있다. 또한 어음발행인이 어음을 발행한 후 지급기일에 이를 지급하지 못하거나 어음변제능력이 없으면서도 고의로 이를 발행하여 부도를 내는 등의 경우는 형사적 책임도 뒤따를 수 있다.

[사례 29] 약속어음 배서인들에게 공동청구할 때

통 지 서

받는 사람 성 명 :
주 소 :

보내는 사람 성 명 :
주 소 :
연락처 :

1. 삼가 귀댁의 안녕을 기원합니다.

2. 귀하와 강○○는 다음 기재의 약속어음을 수취인으로부터 양도받아 귀하는 제2배서를, 강○○는 제3배서를 순차로 하여 후자에게 양도하였습니다.

– 다 음 –

가. 액 면 금 : 금 ○○○원
나. 발 행 인 : 김 ○ ○
다. 발 행 일 : 20○○. ○. ○.
라. 지급기일 : 20○○. ○. ○.
마. 발행지 및 지급지 : ○○광역시
바. 수 취 인 : 박 ○ ○

3. 본인은 위 약속어음을 전자로부터 양도받아 다시 후자에게 배서 양도하였고, 만기에 소지인이 지급제시 하였다가 이 어음이 부도됨으로써 본인은 20○○. ○. ○. 후자인 소지인에게 위 어음금을 상환하여 주었으므로, 귀하와 강○○은 합동하여 본인에게 금 ○○○원을 20○○. ○. ○.까지 지급하여 주시기 바랍니다.

4. 귀하와 강○○은 위 기일까지 지급하지 아니하면 약속어음금 청구소송을 제기하겠음을 통지하는 바입니다.

20 년 월 일

위 발신인 : (인)

[사례 30] 약속어음 발행인과 배서인에게 공동청구할 때

통 지 서

받는 사람 성 명 :
주 소 :

보내는 사람 성 명 :
주 소 :
연락처 :

1. 삼가 귀댁의 안녕을 기원합니다.

2. 귀하는 20○○. ○. ○. 다음과 같은 약속어음을 발행하였습니다.

– 다 음 –

가. 액 면 금 : 금 ○○○원
나. 지급기일 : 20○○. ○. ○.
다. 발행지 및 지급지 : ○○광역시
라. 지급장소 : ○○은행 ○○지점

3. 한편 위 약속어음의 수취인인 박○○는 20○○년 본인에게 약속어음을 배서양도하였는 바, 본인은 위 약속어음을 취득하여 정당한 소지인이 되었습니다.

4. 그런데 본인은 지급기일인 20○○. ○. ○. 지급장소인 ○○은행 ○○지점에 위 약속어음을 제시하고 그 지급을 구하였으나 ○○○란 이유로 거절당하였고, 거절증서 작성의무는 면제되었습니다.

5. 따라서 귀하 및 박○○은 합동하여 본인에게 금 ○○○원을 20○○. ○. ○. 까지 지급하여 주시기 바랍니다.

6. 만약 위 기일까지 지급하지 아니하면 약속어음금 청구소송을 제기하겠음을 통지하는 바입니다.

20 년 월 일

위 발신인 : (인)

[사례 31] 약속어음시효만료 후에 채무를 독촉할 때

통 지 서

받는 사람 성 명 :
주 소 :

보내는 사람 성 명 :
주 소 :
연락처 :

1. 삼가 귀댁의 안녕을 기원합니다.

2. 귀하는 본인으로부터 금 ○○○원을 차용하며, 금 ○○○원 상당의 지급기일이 20○○. ○. ○.로 기재된 약속어음을 발행하여 주었습니다.

3. 그러나 약속어음의 존재를 잠시 잊고 있던 본인은 위 지급기일이 3년이 지난 후 귀하에게 지급을 요구하자 귀하는 약속어음의 지급시효인 3년이 지났으므로 변제할 수 없다는 답변을 하였습니다. 그러나 이 같은 귀하의 답변은 약속어음으로서의 변제 소멸시효가 완성되었다는 것일 뿐 대여금으로서의 지급시효는 아직 7년이나 남아 있어 이를 귀하에게 알리고, 이에 대한 지급 독촉 통보를 하는 바이오니 귀하는 20○○. ○. ○.까지 위 금원을 지급하여 주시기 바랍니다.

4. 만약 귀하께서 위 기일까지 위 돈을 지급하지 않을 경우에는 본인은 귀하를 상대로 대여금청구 소송을 제기하고 이에 따른 제반비용 또한 전가할 것이오니 부디 불미스러운 일이 발생하지 않도록 협조하여 주시기 바랍니다.

20 년 월 일

위 발신인 : (인)

[사례 32] 수표가 부도처리되어 변제를 독촉할 때

통 지 서

받는 사람 성 명 :
주 소 :

보내는 사람 성 명 :
주 소 :
연락처 :

1. 삼가 귀댁의 안녕을 기원합니다.

2. 귀하는 20○○. ○. ○. 본인에게 다음과 같은 선일자 수표를 발행하였습니다.

– 다 음 –

가. 종 류 : 가계수표
나. 금 액 : 금 ○○○원
다. 지 급 지 : ○○광역시
라. 발행일자 : 20○○. ○. ○.

3. 그런데 본인은 지급기일인 20○○. ○. ○. 지급장소인 ○○은행 ○○지점에 위 가계수표를 제시하고 그 지급을 구하였으나 ○○○란 사유로 지급을 거절당하였고, 거절증서 작성의무는 면제되었습니다.

4. 따라서 귀하는 본인에게 20○○. ○. ○.까지 금 ○○○원을 20○○. ○. ○.까지 지급하여 주시기 바랍니다.

5. 만일 위 기일까지 지급하지 아니하면 약속어음금 청구소송을 제기하겠사오니 이점 양지하시기 바랍니다.

20 년 월 일

위 발신인 : (인)

[사례 33] 전부금을 청구할 때

통 지 서

받는 사람 성 명 :
주 소 :

보내는 사람 성 명 :
주 소 :
연락처 :

1. 삼가 귀댁의 안녕을 기원합니다.

2. 본인은 공증인가 법무법인 ○○합동법률사무소에서 작성한 20○○년 증서 제○○호의 집행력 있는 공증정서 정본에 의하여 ○○지방법원 20○○타기 ○○호로 제3채무인 귀하에 대하여 채권압류 및 전부명령신청을 하였고, 같은 법원은 20○○. ○. ○. 채권압류 및 전부명령을 발하고 같은 법원은 이에 대한 송달을 실시하여 귀하께서는 20○○. ○. ○. 채권압류 및 전부명령정본을 수령하였습니다.

3. 그러나 귀하는 채권압류 및 전부명령정본을 송달받고도 이를 지급하지 아니하므로 본인은 수차에 걸쳐 이에 대한 지급을 청구하였으나 불응하고 있는 바, 20○○. ○. ○.까지 전부금을 지급하여 주시기 바랍니다. 만일 불응시에는 법적 조치를 단행 하겠사오니 이점 양지하시기 바랍니다.

20 년 월 일

위 발신인 : (인)

[사례 34] 추심금을 청구할 때

통 지 서

받는 사람 성 명 :
주 소 :

보내는 사람 성 명 :
주 소 :
연락처 :

1. 삼가 귀댁의 안녕을 기원합니다.

2. 본인은 김○○에게 공증인가 법무법인 ○○합동법률사무소에서 작성한 20○○년 증서 제○○호의 집행력 있는 공증정서 정본에 의하여 약속어음 채권이 있었습니다.

3. 본인은 위 공정증서 정본의 강제집행으로 위 김○○이 귀하에 대하여 가지는 ○○대금 청구채권 중 금 ○○○원을 본인이 ○○지방법원 20○○타기 ○○호 채권압류 및 추심명령을 받고, 귀하에 대하여 추심명령에 따라 위 금원을 지급할 것을 수차 요구하였으나 이에 불응하고 있습니다.

4. 따라서 귀하께서는 20○○. ○. ○.까지 위 추심금을 지급하여 주시기 바랍니다. 만일 불응시에는 법적 조치를 단행 하겠사오니 양지하시기 바랍니다.

20 년 월 일

위 발신인 : (인)

[사례 35] 물품대금 지급청구의 거절방법

답 변 서

받는 사람 성 명 :
주 소 :

보내는 사람 성 명 :
주 소 :
연락처 :

1. 삼가 귀하의 사업이 번창하시길 기원합니다.

2. 본인은 20○○.○.○. 귀하로부터 물품대금청구 통지서를 내용증명우편으로 송달받았습니다.

3. 그러나 본인은 전화상으로도 수차 말씀드렸듯이 귀하로부터 세탁기 1대와 전자렌지 1대 시가 금 ○○○원에 구입하여 이를 사용하고자 세탁물을 넣어 세탁기를 돌렸으나 이상하게 세탁물이 찢어지는 등 가동이 잘되지 않아 귀하에게 연락을 하니 귀하의 직원이 나와 수리를 하였으나 이를 고치지 못하고 제품을 교환하여야 한다는 말을 남기고 돌아갔는데 지금까지 귀하는 위 세탁기의 교환을 미루고 있으며 사용하던 세탁기는 교환이 불가능하다는 등의 이유로 이의 교환을 하여 주지 않아 본인이 수차 전화상으로 이를 교환하여 주어야 동 대금을 지급하겠다고 하였는데 귀하는 위 제품의 교환은 하여주지 않고 물품대금을 청구하는 것은 너무나 부당하오며 본인은 위 제품의 교환이 있을 때까지 물품대금의 지급을 하지 않겠음을 다시 한 번 밝혀두는 바입니다.

20 년 월 일

위 발신인 : (인)

[사례 36] 외상채무에 대한 변제를 요청할 때

통 지 서

수 신 상 호 :
사무소 :

발 신 성 명 :
주 소 :
연락처 :

1. 본인은 ○○사의 영업직원으로 20○○. ○. ○. 귀 점에 ○○만원의 제품을 납품하였습니다. 결재조건은 당월 20일 마감하여 당월 30일 유가증권을 받기로 하였습니다.

2. 본인은 귀 점에서 근무하던 ○○○사장과 친분 관계가 있어 신용을 믿고 거래를 하였습니다. 그런데 지난 ○일 수금을 하러 갔더니 사장이 바뀌었다고 결재를 못해 준다는 말을 들었습니다. ○○○사장은 ○월말까지 당사에서 제품을 납품 받고 결재를 이월시킨 후 헐값에 사업장을 팔아버린 상태였습니다. 그런데 귀 점에서는 ○일부터 주인이 바뀌었으니 이전 미수금은 모른다고 하며 이전 사장에게 받으라고 하였습니다.

3. 귀 점은 일종의 영업양수를 받은 것으로 추정되는데 우리 상법에 의하면 상호를 그대로 사용 시, 양수인은 양도인의 채무를 변제할 의무가 있습니다.

4. 귀 점에서는 예전 상호로 양수 받아 영업을 하고 계시므로 본인이 요구한 외상채무를 변제하여 주시기 바랍니다. 만일 이 내용증명을 받은 후에도 외상채무를 변제하지 않을 경우에는 법적조치를 취할 것이오니 협조하여 주시기 바랍니다.

20 년 월 일

위 발신인 : (인)

[사례 37] 공동출자한 보증금 반환을 청구할 때

통 지 서

받는 사람　　성　명 :
　　　　　　주　소 :

보내는 사람　성　명 :
　　　　　　주　소 :
　　　　　　연락처 :

1. 귀하는 본인 외 ○○○, ○○○, ○○○와 함께 서울 ○○구 ○○로 ○○(○○동) 소재 ○○빌딩 3층을 함께 사용하기 위하여 보증금조로 귀하가 금 ○○○원, ○○○와 ○○○가 각 금 ○○○원, ○○○이 금 ○○○원 등을 공동으로 출자하여 합계금 ○○○원으로 건물주와 임대차계약을 체결하였습니다.

2. ○○○, ○○○, ○○○은 그 후 사정에 의하여 사업을 중도에 포기하게 되어 사무실을 귀하가 인수하게 되었는데 각자 불입 보증금은 임대인으로부터 보증금을 회수하거나 또는 다른 사람에게 전대를 할 경우 귀하는 ○○○, ○○○, ○○○이 출자한 위 보증금 중에서 각 ○○○원씩을 공제하고, ○○○에게 ○○○원, ○○○에게 ○○○원, ○○○에게 ○○○원을 각각 반환해 주기로 합의하였습니다.

3. 그 후 귀하는 위 합의에 따라 자신의 친구에게 위 사무실을 전대하고 위 보증금을 반환 받았음에도 불구하고, 반환받은 위 금액을 반환하지 아니한 채 잠적해 버렸습니다.

4. 그동안 피고의 행방을 여러 곳에 수소문한 결과 ○○○동에 거주하고 있음을 확인하고, 위 금원을 돌려 줄 것을 요구하였는데, 귀하는 돈이 없다는 이유로 반환하지 않고 있습니다.

5. 따라서 귀하는 본인 외 ○○○, ○○○, ○○○에게 20○○. ○. ○.까지 보증금을 반환하여 주시기 바라며 만일 불응 시에는 법적조치를 취하겠사오니 이점 양지하시기 바랍니다.

20 년 월 일

위 발신인 : (인)

[사례 38] 도박으로 발생된 채무를 갚지 못하겠다고 할 때

통 지 서

받는 사람 성 명 :
주 소 :

보내는 사람 성 명 :
주 소 :
연락처 :

1. 삼가 귀댁의 안녕을 기원합니다.

2. 본인은 귀하와 20○○. ○. ○. 오후 귀하의 집에서 포커를 하다 가지고 있던 돈을 모두 잃고 판돈을 더 대기 위하여 귀하에게 금 ○○○원을 차용하며 차용증을 교부하였습니다.

3. 이에 귀하는 최근 본인에게 위 차용금을 변제하라고 계속해서 독촉하고 있습니다. 그러나 당시 본인은 잠시 유혹에 못 이겨 도박을 한 것으로서 위와 같은 행위는 사회질서를 위반한 행위로서 위 차용증은 무효임을 통보하는 바입니다.

4. 아울러 더 이상 위의 사항으로 문제삼고 싶지 않으니 이점 양지 없으시기 바랍니다.

20 년 월 일

위 발신인 : (인)

[사례 39] 도박자금 변제독촉에 대하여 거절할 때

답 변 서

받는 사람 성 명 :
주 소 :

보내는 사람 성 명 :
주 소 :
연락처 :

1. 본인은 귀하가 보낸 도박자금 변제 독촉에 대한 내용증명에 대한 답신을 보내드립니다.

2. 본인은 20○○. ○. ○. 친구 ○○○의 모친상에 참석하였다가 오랜만에 초등학교 동창들을 만났습니다. 술을 먹고 화투판이 벌어졌는데 그 자리에서 ○○○원을 잃었습니다. 잃은 돈을 찾기 위해 다시 도박을 하였는데 그러다가 ○○○원까지 잃게 되었습니다. 옆자리에서 함께 도박을 하던 귀하에게 차용증을 써 주고 도박을 계속하다 결국 총 ○○○원의 빚을 지고 도박판에서 빠져나왔습니다.

3. 며칠 후 귀하의 변제독촉 내용증명을 받았습니다. 그러나 도박으로 돈을 잃어 빚을 지고 그 빚을 갚기로 한 계약 등은 '민법' 제103조에 의한 선량한 풍속 기타 사회질서에 위반하는 행위로써 무효라 할 것입니다.

4. 따라서 본인은 그 돈을 갚아야 할 법적 책임이 없으므로 귀하의 돈을 변제할 의사가 없음을 양지하시기 바랍니다.

20 년 월 일

위 발신인 : (인)

[사례 40] 교통사고로 인한 합의금을 청구할 때

합의금청구통지서

받는 사람 성 명 :
주 소 :

보내는 사람 성 명 :
주 소 :
연락처 :

1. 본인은 지난 20○○. ○. ○. ○○시 ○○구 ○○로 ○○(○○동)에서 귀하에 의해 발생한 교통사고에 때문에 전치 ○주의 상해를 입었습니다.

2. 이에 대해 귀하는 본인에게 치료비를 포함해 휴업보상과 위자료 등으로 합의금 ○○○원을 배상하기로 합의한 바 있으며, 이에 대해 본인은 손해배상 청구권을 보유하고 있습니다.

3. 하지만 지급하기로 약속한 날짜로부터 현재 ○일이 지났음에도 불구하고 귀하는 현재 합의금을 보상하지 않고 있습니다.

4. 본인은 이에 대해 더 이상 미룰 수 없다고 판단하여, 20○○. ○. ○.까지 합의금에 대한 보상이 이루어지지 않으면 법적절차 등을 밟을 예정이오니 이점 참조하시어 빠른 시일 내에 합의금 지급에 성의 있는 노력을 기울여 주시기 바랍니다.

20 년 월 일

위 발신인 : (인)

[사례 41] 합의금 요구에 대한 답변

답 변 서

받는 사람 성 명 :
주 소 :

보내는 사람 성 명 :
주 소 :
연락처 :

1. 20○○. ○. ○. ○○시 ○○동 앞길에서 승용차를 운전하다가 본인의 과실로 귀하의 승용차를 들이받는 사고가 발생하였습니다.

2. 사고 발생 후 귀하에게 다친 곳이 없는지 물었으나 다친 곳은 없다고 하여 차량의 파손에 대하여 합의를 하던 중 경찰관의 사이렌 소리를 듣고서 운전면허증을 귀하에게 건넨 후 사고현장을 떠났습니다. 귀하 역시 자기의 차량을 운전하여 사고현장을 떠난 것으로 알고 있습니다.

3. 그런데 지난 주 귀하는 내용증명을 통해 전치 2주의 진단이 나왔으며 본인의 행위가 도주운전죄라고 주장하면서 합의금을 과다하게 요구하고 있습니다.

4. 본인은 사고 당시 귀하의 사고 여부를 물어 상태를 확인하였고 귀하 역시 본인의 차량번호도 알고 운전면허증도 교부받았으므로 더 이상 귀하를 따라가지 않고 본인의 차량을 운전하고 사고 현장을 빠져나간 것입니다. 그런데 이제 와서 도주운전이라고 합의금을 요구하는 것은 이해가 되지 않습니다.

5. 따라서 본인은 귀하를 구호하지 않고 사고현장을 이탈한 행위가 없으므로 귀하의 합의금 요구에 응할 수 없음을 통보합니다.

6. 만일 이러한 경고에도 불구하고 계속 합의금을 요구하면 법적인 조치를 취하겠음을 양지하시기 바랍니다.

20 년 월 일

위 발신인 : (인)

[사례 42] 상가운영에 따른 영업이익금 반환을 청구할 때

통 지 서

받는 사람 성 명 :
주 소 :

보내는 사람 성 명 :
주 소 :
연락처 :

1. 본인은 ○○시 ○○로 ○○(○○동)에서 근린생활시설인 상가건물을 소유하고 있는데 현재 귀하는 본인으로부터 영업이득금을 나누기로 하고 본인의 건물을 무상사용하고 있습니다.

2. 귀하는 본인에게 아는 사람을 통하여 "자신이 제작한 완구류를 외국으로 수출하면 엄청난 돈을 벌 수 있는데 2층 건물을 보증금과 월세 없이 무상으로 빌려 주면 매월 경상 이득금 중에서 10%씩을 지급하겠다"고 하였습니다. 본인은 이를 승낙하고 건물 사용계약서를 작성, 공증한 후 사무실을 빌려 주었습니다.

3. 그런데 귀하는 첫 달부터 6개월까지는 장부 등을 제시하며 이득금을 지급해 주었으나 7개월분부터는 장부에 의한 이득금이 발생하고 있으면서도 현재까지 10개월간의 이득금을 배분하지 않고 있습니다. 본인이 여러 차례 장부에 따라 이득금을 지급해 주도록 독촉하였으나 귀하는 정당한 이유 없이 지급에 응하지 않고 있습니다.

4. 따라서 귀하는 20○○. ○. ○.까지 이득금을 반환하여 주시기 바라며 만일 불응 시에는 법적인 조치를 취할 것임을 통지하는 바입니다.

20 년 월 일

위 발신인 : (인)

[사례 43] 아파트 체납관리비를 독촉할 때

통 지 서

받는 사람 성 명 :
주 소 :

보내는 사람 성 명 :
주 소 :
연락처 :

1. 귀하는 20○○. ○. ○. 내용증명으로 체납관리비 독촉장을 받아 보신 줄 알고 있습니다.

2. 당 관리소에서는 체납관리비로 어려움이 있어 체납관리비를 독촉하지 않을 수 없으며 독촉장을 발부한 후에도 독촉납부기간까지 납부하지 않으실 때에는 우리아파트 관리규약 제76조에 의거 부득이 법원에 소를 제기할 수밖에 없음을 알려드립니다.

3. 만약, 소를 제기 시에는 소요비용 또한 원인자 부담으로 과중 부과됨을 알려드립니다.

4. 귀하의 가정에도 어려움이 많으시겠지만 20○○. ○. ○.인 독촉납부기간까지 은행에 납부하시어 소의 제기로 인한 불미스러운 일이 없으시길 바라며 관리업무에 협조하여 주시기 바랍니다.

20 년 월 일

위 발신인 : (인)

[사례 44] 연체임대료 및 관리비를 독촉할 때

최 고 장

받는 사람 성 명 :
주 소 :

보내는 사람 성 명 :
주 소 :
연락처 :

1. 삼가 귀댁의 안녕을 기원합니다.

2. 본인은 귀하와 위 건물에 대하여 임대차보증금 금 ○○○원에 월임료 금 ○○○원에 관리비 금 ○○○원(품목 : ,)으로 임대차기간을 20○○. ○. ○.부터 2년간으로 하는 임대차계약을 체결하였으나 귀하는 월임대료 및 관리비를 지급하지 않아 본인은 막대한 손해를 보고 있습니다.

3. 따라서 귀하께서는 20○○. ○. ○.까지 연체된 월임대료 및 관리비를 지급하여 주시기 바랍니다. 만일 위 기간까지 연체된 월임대료 및 관리비를 지급하지 않을 경우 임대차계약서에 따라 본 계약을 해지하고자 합니다. 아울러 본 계약을 해지할 경우 귀하께서는 20○○. ○. ○.까지 본 임대차목적물을 인도하여 주시길 바랍니다.

4. 따라서 위 사항이 미이행시 임대차계약을 계속할 의사가 없는 것으로 간주하여 임대건물을 원상복구하여 20○○. ○. ○. 인도하여 주시기 바라옵고 아울러 원상복구하여 인도하지 못할 경우 원상복구 등에 따른 제비용에 대하여는 임대차보증금에서 공제하여 본인의 채권액에 충당하고 나머지 잔금에 대해서만 지급할 것임을 통지하오니 귀하께서는 상기 사항을 인지하시고 계약을 이행하시길 바랍니다.

20 년 월 일

위 발신인 : (인)

[사례 45] 수술 및 입원치료에 대한 보험금을 청구할 때

통 지 서

수 신 상 호 :
사무소 :

발 신 성 명 :
주 소 :
연락처 :

1. 본인은 20○○. ○. ○. ○○보험(주)에 '○○보험'을 가입한 보험계약자 겸 피보험자인 ○○○입니다. 본인은 20○○. ○. ○. ○○병원에서 사고를 당하여 20○○. ○. ○.부터 20○○. ○. ○.까지 수술 및 입원치료를 받았고, ○○보험회사에 위 보험금을 청구하였으나, '고지 의무위반'이라 하여 해지 통보를 받았습니다.

2. 위 보험에 가입하기 전에 디스크 등으로 치료받은 사실을 보험가입 시에 알리지 않았다 하여 해지 통보를 받은 것입니다.

3. 본인은 디스크로 치료받은 사실이 보험의 해지사유가 된다는 것을 전혀 알지 못하였고, 만약 알았다면 이 보험에 가입하지 않았을 것입니다. 또한 ○○보험회사 직원인 ○○○는 이미 본인이 사고로 허리가 아파서 치료를 받고 있다는 사실을 알고 있었습니다. 첨부한 청약서는 계약 전 보험회사 직원이 보여주지 않은 양식으로 청약서의 내용을 전혀 알지 못할 뿐만 아니라 자필로 서명 날인한 사실도 전혀 없습니다.

4. 따라서 귀 ○○보험회사는 약관 제12조 제2항 제1호에 의하여 이 보험을

해지 할 수 없으며, 암수술급여금, 암입원급여금, 암투병생활보험금을 지급하여야 할 것입니다.

20 년 월 일

위 발신인 : (인)

[사례 46] 약정투자금의 반환을 요구하고자 할 때

통 지 서

수 신 상 호 :
사무소 :

발 신 성 명 :
주 소 :
연락처 :

1. 귀 조합의 무궁한 발전을 기원합니다.

2. 본인은 20○○. ○. ○. 귀 조합을 가입하며 탈퇴 시 상환함을 조건으로 하고 투자금으로 금 ○○○원을 지급하였습니다.

3. 그러나 본인은 사정에 의하여 20○○. ○. ○.자로 귀 조합을 탈퇴하게 되어 본 내용증명을 통하여 본인이 귀 조합에 지급한 투자금 ○○○원의 반환을 요구하는 바이오니 조속히 지급하여 주시기 바랍니다.

20 년 월 일

위 발신인 : (인)

[사례 47] 약정기간만료로 인한 신문구독을 해지하고자 할 때

통 지 서

받는 사람 성 명 :
주 소 :

보내는 사람 성 명 :
주 소 :
연락처 :

1. 20○○. ○. ○. 귀하의 사원이 본인의 집에 방문하여 신문을 구독하면 상품권과 함께 무료로 구독선물을 준다고 하여 ○○신문을 구독하기로 하였습니다.

2. 본인은 귀하간에 무료로 구독 ○개월만에 상품권 ○○만원을 받고 ○○개월 약정으로 계약을 하였습니다. 이번 달은 유료로 구독 ○개월째로 약정기간이 끝나 신문을 해지하려고 하오니 귀 보급소에서는 해지하려면 그동안 무료로 본 ○개월치와 사은품을 배상하라고 하였습니다.

3. 본인은 약정기간이 종료하여 신문을 해지하는 것이므로 더 이상 ○○신문을 넣지 마시기 바랍니다. 더불어 계약 내용에 따라 귀 보급소의 배상 요구에 응할 수 없음을 밝히오니 이점 양지하시기 바랍니다.

20 년 월 일

위 발신인 : (인)

[사례 48] 채권채무를 서로 상계하고자 할 때

통 지 서

받는 사람 성 명 :
주 소 :

보내는 사람 성 명 :
주 소 :
연락처 :

1. 본인은 귀하로부터 20○○. ○. ○.자로 금 ○○○원을 차용하여 20○○. ○. ○.에 변제하기로 하였습니다.

2. 그런데 마침 귀하가 발행한 약속어음 금 ○○○원짜리 1매를 본인이 소지하고 있고 지급기일이 본인이 차용한 차용금의 변제일과 비슷하므로 아래의 상계 형태에 따라 상계하고 잔액 금 ○○○원을 지급하였으면 하여 본 통지를 하게 되었사오니 조속한 시일 내 답변하여 주시기 바랍니다.

– 아 래–

차용금 : ○○○원
연이율 : ○%
차용기간 : 20○○. ○. ○.부터 20○○. ○. ○.까지, 이자금 ○○○원,
합계 : 금 ○○○원
귀하가 발행한 약속어음금 : 금 ○○○원 1매
금 ○○○원–금 ○○○만원 = 금 ○○○원

20 년 월 일

위 발신인 : (인)

[주] 1. 내용증명우편은 특정한 양식과 형태가 없이 그 전달하고자 하는 내용만 간단·

명료하게 기재하여 발송하면 되나 내용증명우편은 후일 분쟁발생시 하나의 중요한 증빙자료로 활용될 수 있으므로 이를 유의하여 어느 정도의 형식을 갖추어 작성하여야 할 것이다. 특히, 계약의 해제와 해지 등에 관한 것일 경우 그 해제와 해지의 사유 및 그 이유를 명백히 기재하여야 함은 당연한 것이다.

2. 어느 연대채무자가 채권자에 대하여 채권이 있는 경우에 그 채무자가 상계한 때에는 채권은 모든 연대채무자의 이익을 위하여 소멸한다.
3. 상계할 채권이 있는 연대채무자가 상계하지 아니한 때에는 그 채무자의 부담부분에 한하여 다른 연대채무자가 상계할 수 있다.
4. 부진정연대채무에 있어서 부진정연대채무자 1인이 한 상계가 다른 부진정연대채무자에 대한 관계에 있어서도 공동면책의 효력 내지 절대적 효력이 있는 것인지는 별론으로 하더라도, 부진정연대채무자 사이에는 고유의 의미에 있어서의 부담부분이 존재하지 아니하므로, 위와 같은 고유의 의미 부담부분의 존재를 전제로 하는 민법 제418조 제2항은 부진정연대채무에는 적용되지 아니하는 것으로 봄이 상당하고, 따라서 부진정연대채무에 있어서는 부진정연대채무자 1인이 한 부진정연대채무자가 채권자에 대하여 상계할 채권을 가지고 있음에도 상계를 하지 않고 있다 하더라도 다른 부진정연대채무자가 그 채권을 가지고 상계를 할 수는 없는 것으로 보아야 한다.

[사례 49] 채권채무의 상계를 청구할 때

통 지 서

받는 사람 성 명 :
주 소 :

보내는 사람 성 명 :
주 소 :
연락처 :

1. 삼가 귀하의 번영을 기원합니다.

2. 다름이 아니옵고 귀하와 본인 간에 서로 다음과 같이 채권채무가 존재하므로 이를 서로 동액에서 상계하고, 나머지 잔액 금 ○○○원은 20○○. ○.

○.까지 변제하여 주시기 바랍니다.

– 다 음 –

1. 본인의 채무
   20○○. ○. ○. 본인이 귀하로부터 외상으로 구매한 ○○물품 ○○개, 개당 금 ○○○원, 합계금 ○○○원의 물품구입대금

2. 본인의 채권
   귀하가 본인으로부터 20○○. ○. ○. 차용한 금 ○○○원의 차용금

20 년 월 일

위 발신인 : (인)

[주] 1. 쌍방이 서로 같은 종류를 목적으로 한 채무를 부담한 경우에 그 쌍방의 채무의 이행기가 도래한 때에는 각 채무자는 대등액에 관하여 상계할 수 있다. 그러나 채무의 성질이 상계를 허용하지 아니할 때에는 상계를 하지 못한다.
2. 상계는 상대방에 대한 의사표시로 하되, 이 의사표시에는 조건이나 기한을 붙이지 못하고 상계의 의사표시는 각 채무가 상계할 수 있는 때에 대등액에 관하여 소멸한 것으로 본다.
3. 채권채무의 상계를 내용으로 하는 상계통지서의 작성요령은 상계 당사자를 특정하여 기재한 후 각 상계할 채무를 특정하여 기재하고 상계 후 남은 금액(잔액)의 처리관계에 대해서도 기재하여야 한다. 한편, 법률로 상계를 금지한 불법행위채권을 수동채권으로 하는 상계, 압류금지채권을 수동채권으로 하는 상계, 지급금지채권을 수동채권으로 하는 상계는 이를 금지하고 있다.

[사례 50] 채무자가 차용금의 지급기한 연장을 요청하고자 할 때

통 지 서

받는 사람 성 명 :

주 소 :

보내는 사람 성 명 :
주 소 :
연락처 :

1. 삼가 귀댁의 안녕을 기원합니다.

2. 본인은 귀하에게 20○○. ○. ○.자로 지급하기로 한 금 ○○○원의 대여금 채무가 있습니다.

3. 그러나 본인은 생활환경이 너무 어려워서 위 대여금을 위 기간 내에 지불하기가 힘들 것으로 사료되어 염치 불구하고 귀하에게 지급기한을 연장하여 주실 것을 부탁드리는 바이오니 이점 양지하시어 본인에게 통보하여 주시기 바랍니다.

20 년 월 일

위 발신인 : (인)

[사례 51] 채무자가 차용증을 고의로 훼손할 때

통 지 서

받는 사람 성 명 :
주 소 :

보내는 사람 성 명 :
주 소 :
연락처 :

1. 삼가 귀댁의 안녕을 기원합니다.

2. 다름이 아니옵고 본인은 귀하에게 20○○. ○. ○.까지 변제하는 것을 조건으로 하고 금 ○○○원을 대여하였습니다.

3. 그러나 귀하께서는 위 지급기일 전인 20○○. ○. ○.이 본인을 찾아와 갑자기 위 차용증서가 잘못됐다고 하며 보여 달라고 하여 본인은 무심결에 이를 교부하자 귀하는 본인이 보는 앞에서 이를 불질러버려 이런 귀하의 행동에 대하여 본인은 놀라움을 금치 못하고 있습니다.

4. 이에 본인은 이런 귀하의 행동은 도저히 용서할 수 없는 일로서 본인은 귀하를 상대로 문서손괴 등의 죄로 형사고소 및 대여금청구 소송을 제기할 예정이오니, 귀하는 20○○. ○. ○.까지 위 돈을 변제하여 주실 것을 통보하는 바입니다.

20 년 월 일

위 발신인 : (인)

[사례 52] 물품대금을 청구할 때

최 고 장

받는 사람 성 명 :
주 소 :

보내는 사람 성 명 :
주 소 :
연락처 :

청구금액 금 ○○○원,

1. 삼가 귀댁의 안녕을 기원합니다.

2. 위 금액은 귀하가 20○○. ○. ○. 본인으로부터 ○○물품, ○개를 개당 금 ○○○원에 있어 구입함에 있어 금 ○○○원은 물품구입 당일인 20○○. ○. ○.에 지불하고, 잔대금 ○○○원은 20○○. ○. ○.까지 지급하기로 약정하고 위 물품을 인도하였습니다.

3. 그러나 귀하가 위 약정기일에 잔대금을 지급치 아니하고 있으므로 위 돈을 20○○. ○. ○.까지 지급하여 주실 것을 통고하며 만일 위 기일까지 지급하지 아니할 경우 부득이 법적조치를 취할 예정이오니 부디 협조하여 주시기 바랍니다.

20 년 월 일

위 발신인 : (인)

[주] 1. 물품대금 청구의 독촉장의 작성법은 먼저 청구인(채권자)과 피청구인(채무자)으로 분류하고 청구인은 발신인이 되고 피청구인은 수취인이 된다. 여기서 채권자와 채무자의 기재 형태는 청구인과 피청구인 또는 발신인과 수신인 등 어떤 문구를 사용하든 관계가 없으나, 다만 누가 채권자이고 채무자인지를 명확하게 기재할 필요가 있다.

2. 청구금액 및 청구의 내용에서는 물품의 매매사실과 날짜 및 물품의 종류, 가격 등을 명확하게 기재하고(필요에 따라서는 매매계약서를 첨부하는 경우도 있음) 청구금액을 확정하여 기재하여야 한다.

3. 청구금액 및 청구내용을 확정하여 기재한 후 청구금액을 언제까지 변제하여야 할 것인가를 특정하여 기재하고(변제장소 및 변제의 방법도 기재할 수 있음), 이 특정일자까지 변제치 않을 경우 법적조치를 취할 수 있음을 명시하여 심리적 압박 및 변제의 지연, 소송에 따른 제반 비용의 추가로 금전적 손실이 있음을 명시하도록 함이 타당하다.

[사례 53] 물품대금에 대한 채권양도통지서

채권양도통지서

받는 사람　　성　명 :
　　　　　　　주　소 :

보내는 사람　성　명 :
　　　　　　　주　소 :
　　　　　　　연락처 :

1. 삼가 귀댁의 안녕을 기원합니다.

2. 본인은 귀하에게 금 ○○○원의 물품대금 채권을 가지고 있었으나 이를 양도계약서와 같이 양수인 ○○○에게 20○○. ○. ○.자로 양도하였음을 통보하오니 이점 착오 없으시기 바랍니다.

20　년　월　일

위 발신인 : (인)

[사례 54] 물품대금을 채무인수인이 변제하고자 할 때

통 지 서

받는 사람 성 명 :
주 소 :

보내는 사람 성 명 :
주 소 :
연락처 :

1. 삼가 귀하의 사업이 번창하기를 기원합니다.

2. 다름이 아니옵고 귀하(채권자)께서 ○○○(채무자)으로부터 지급받을 ○○ 물품 ○○개 합계금 ○○○원의 채권을 금번 본인(채무인수인)이 ○○○(채무자)을 대신하여 동 채무를 직접 귀하에게 변제하고자 하오니 이를 허락하여 주시기 바라고자 본 통지를 하오니 20○○. ○. ○.까지 허부를 통지하여 주시기 바랍니다.

20 년 월 일

위 발신인 : (인)

[주] 1. 제3자(즉, 주채권자와 채무자가 아닌 타인)는 채권자와의 계약으로 채무를 인수하여 채무자의 채무를 면하게 할 수 있고, 이해관계 없는 제3자는 채무자의 의사에 반하여 채무를 인수하지 못한다.
제3자가 채무자와의 계약으로 채무를 인수한 경우에는 채권자의 승낙에 의하여 그 효력이 생기고, 채권자의 승낙을 받기 위하여는 채무자나 제3자는 상당

한 기간을 정하여 채권자에게 승낙의 여부를 최고할 수 있고 채권자가 그 기간 내에 확답을 송달하지 아니한 때에는 채권자가 그 채무인수를 거절한 것으로 본다.

2. 제3자와 채무자간의 계약에 의한 채무인수는 채권자의 승낙이 있을 때까지 당사자는 이를 철회하거나 변경할 수 없고, 채권자가 채무인수를 승낙한 때에는 다른 의사가 없으면 채무를 인수한 때에 소급하여 그 효력이 생긴다.
3. 채무인수통지서의 작성요령은, 먼저 당사자를 특정하여 기재하고 인수할 채무를 특정하여 기재한 후 채무의 인수사실 및 채무인수에 대한 채권자의 동의(승낙)를 구하는 내용과 일정기간 내에 허부의 통지를 바란다는 형태로 기재하면 된다.

[사례 55] 물품교환 또는 환불을 요구하고자 할 때

통 지 서

수 신 상 호 :
사무소 :

발 신 성 명 :
주 소 :
연락처 :

1. 귀사의 무궁한 발전을 기원합니다.

2. 본인은 물품의 교환기간이 2년으로 표시되어 있는 귀사의 ○○○물품에 대하여 금 ○○○원을 주고 20○○. ○. ○. 구입하였습니다.

3. 그러나 위 물건을 구입하여 사용한지 1년여 정도 될 무렵 갑자기 작동이 되지 않아 이를 교환하여 줄 것을 귀사의 A/S센터에 두 번에 걸쳐 문의를 하였으나, 위 물건의 교환은 불가능하다고 반복하여 이야기하였습니다.

4. 그러나 위 물품의 교환시기가 구입 후 2년으로 표기되어 있는 만큼 당연히 물건에 하자가 발생하면 교환을 하여주어야 마땅할 것이므로 귀사는 20○

○. ○. ○.까지 위 물품의 교환을 하여주시던지 아니면 불량품을 반품 받고 물품의 구입대금 ○○○원을 환불하여 주시기 바랍니다.

5. 만일 위와 같은 본인의 요구에도 불구하고 계속해서 귀하가 이를 이행하지 않을 경우 본인은 귀사를 소비자보호센터에 진정할 것임은 물론이고 계약이행청구의 소송을 제기할 것이오니 부디 불미스러운 일이 발생하지 않도록 협조하여 주시기 바랍니다.

20 년 월 일

위 발신인 : (인)

[사례 56] 물품구입대금을 보증인에게 청구하고자 할 때

통 지 서

받는 사람 성 명 :
주 소 :

보내는 사람 성 명 :
주 소 :
연락처 :

1. 삼가 귀댁의 안녕을 기원합니다.

2. 다름이 아니옵고 귀하가 20○○. ○. ○.자로 ○○시 ○○구 ○○동 ○○○ [도로명 주소] ○○시 ○○구 ○○대로 ○○(○○동)에 살고 있는 ○○○의 10개월 분할로 ○○물품 구입시 ○○○의 보증인이 되었는데 동 물품을 구입한 ○○○이 물품대금을 5개월만 납입하고 나머지 5개월분 금 ○○○원을 미납하고 있으므로 동 금액을 ○○○의 보증인인 귀하에게 청구하고자 하오니 20○○. ○. ○.까지 완납하여 주시기 바랍니다.

3. 만일 위 기일 내에 완납치 아니할 경우에는 귀하의 법적조치를 취할 수밖에 없음을 통지하는 바입니다.

20 년 월 일

위 발신인 : (인)

[주] 채권관계에 있어서 주채무자 이외에 동일한 내용의 채무를 부담하는 종된 채무자를 두어서 주채무자의 채무에 대한 채권을 담보하는 제도를 보증이라 하는데, 이 보증에서 종된 채무자를 말한다. 보증인의 조건은 채권자가 보증인을 지명한 경우 외에는 보증인으로 되는 자는 행위능력 및 변제자력이 있어야 하며, 변제자력이 없게 된 때에는 채권자는 보증인의 변경을 청구할 수 있다. 보증인은 주채무자가 이행하지 아니한 채무를 이행할 의무가 있고, 보증채무에 관한 위약금 기타 손해배상액을 약정할 수 있다. 주채무자의 항변포기는 보증인에게 효력이 없고, 보증인은 주채무자의 항변으로 채권자에게 대항할 수 있다. 주채무자가 채권자에 대하여 취소권·해제권·해지권이 있는 동안은 보증인은 채권자에 대하여 채무의 이행을 거절할 수 있다. 채권자가 보증인에게 채무의 이행을 청구한 때에는 보증인은 주채무자의 변제자력이 있는 사실 및 그 집행이 용이할 것을 증명하여 먼저 주채무자에게 청구할 것과 그 재산에 대해 집행할 것을 항변할 수 있다. 그러나 보증인이 주채무자와 연대하여 채무를 부담한 때에는 그러하지 아니하다. 또 주채무자의 채권에 대한 상계로 채권자에게 대항할 수 있다.

[사례 57] 물품의 하자 등으로 인한 대금반환 청구

통 지 서

받는 사람 성 명 :
주 소 :

보내는 사람 성 명 :
주 소 :

연락처 :

청구금액 금 ○○○원,

1. 삼가 귀댁의 안녕과 번영을 기원합니다.

2. 위 금액은 본인이 귀하에게 20○○. ○. ○. ○○물품, ○개를 개당 금 ○○○원에 구입함에 있어 금 ○○○원은 물품구입 당일인 20○○. ○. ○.에 지불하고, 잔대금 ○○○원은 20○○. ○. ○.까지 지급하기로 약정하고 위 물품을 구입하였습니다.

3. 그러나 귀하의 위 물품은 ○○○(하자나 기타 원인사실을 기재)으로 20○○. ○. ○.까지 그 교환(또는 하자의 치유)을 의뢰하였으나 귀하께서는 이를 이행하지 아니하여 부득이 동 매매계약을 해지함과 동시에 기 지급한 상기 매매대금을 20○○. ○. ○.까지 반환하여 주실 것을 통고하며 아울러 동 물품도 20○○. ○. ○.까지 회수하여 가시기 바랍니다.

4. 아울러 이 기간 이후 물품의 보관상의 하자 등으로 일어난 일체의 책임은 귀하에게 있음을 통보하오니 만일 위 기일까지 지급치 아니할 경우에는 부득이 법적조치를 취할 예정이오니 상호 불미스러운 일이 없으시길 바랍니다.

20 년 월 일

위 발신인 : (인)

[주] 1. 물품대금 반환청구서의 작성법은 먼저 청구인(채권자)과 피청구인(채무자)으로 분류하고 청구인은 발신인이 되고 피청구인은 수취인이 된다. 여기서 채권자와 채무자의 기재 형태는 청구인과 피청구인 또는 발신인과 수신인 등 어떤 문구를 사용하든 관계가 없으나, 다만 누가 채권자이고 채무자인지를 명확하게 기재할 필요가 있다.

2. 청구금액 및 청구의 내용에서는 물품의 매매사실과 날짜 및 물품의 종류, 가격 등을 명확하게 기재하고(필요에 따라서는 매매계약서를 첨부하는 경우도 있음) 물품의 하자 등으로 인하여 그 교환이나 하자의 보수를 요구하였으나 이를 이행하지 아니하여 매매계약을 해지함과 아울러 기 지급한 매매대금을 반

환하라는 내용 및 목적물품의 보관이나 회수에 관한 사항을 명확히 하고 반환청구금액을 확정하여 기재하여야 한다.

3. 청구금액 및 청구내용을 확정하여 기재한 후 청구금액을 언제까지 변제하여야 할 것인가를 특정하여 기재하고(변제장소 및 변제의 방법도 기재할 수 있음), 이 특정일자까지 변제치 않을 경우 법적조치를 취할 수 있음을 명시하여 심리적 압박 및 변제의 지연, 소송에 따른 제반 비용의 추가로 금전적 손실이 있음을 명시하도록 함이 타당하다.

[사례 58] 물품제공이행을 통지할 때

통 지 서

수 신 상 호 :
사무소 :

발 신 성 명 :
주 소 :
연락처 :

1. 귀사의 무궁한 발전을 기원합니다.

2. 본인은 귀사와 20○○. ○. ○. 귀사에서 생산한 ○○○물품을 본인에게 1년간 월 ○개의 물품을 납품하기로 계약하였습니다.

3. 그런데 이번 달 수량은 당초 계약한 수량의 절반정도에 지나지 않은 ○개를 납품하였으므로 그 부족분을 20○○. ○. ○.까지 납품하여 주실 것을 통보하오며 아울러 부족분이 수일 내 납품되지 않으면 본인으로서는 상당한 손실이 우려되므로 이를 꼭 이행하여 주시기 바랍니다.

20 년 월 일

위 발신인 : (인)

[사례 59] 구매대금 지급에 대해 독촉할 때

통 지 서

수 신 상 호 :
사무소 :

발 신 성 명 :
주 소 :
연락처 :

청구금액 금 ○○○원

1. 귀사의 무궁한 발전을 기원합니다.

2. 귀사는 본사와 20○○. ○. ○.자로 물품을 납품 받기로 하는 ○○물품구매 계약을 체결하고 계약금을 지급하였습니다.

3. 그러나 본사가 위 물품을 배달하였고 귀하 또한 정해진 날짜에 인수하였음에도 불구하고 아직까지 잔금을 지급하지 않고 있어 20○○. ○. ○.까지 구매대금을 지급하여 주실 것을 다시 한 번 독촉하는 바입니다.

4. 만약 위 기한까지 지급하지 않을 경우 본사는 귀하를 상대로 물품대금 청구의 소송을 제기할 수밖에 없사오니 부디 불미스러운 일이 발생하지 않도록 협조하여 주시기 바랍니다.

20 년 월 일

위 발신인 : (인)

[사례 60] 구매한 가구에 대한 물품교환을 요구할 때

통 지 서

받는 사람 성 명 :
주 소 :

보내는 사람 성 명 :
주 소 :
연락처 :

1. 삼가 귀댁의 안녕을 기원합니다.

2. 본인은 20○○. ○. ○. 귀하가 경영하는 가구점으로부터 장롱 및 침대를 구입하였는 바, 구입 후 며칠이 지난 후 제품에 이상이 생겨서 가구점으로 문의한 결과 교환을 하여준다고 하면서 이를 차일피일 미루고만 있어 아래와 같이 가구교환을 요하는 사항을 통지하는 바입니다.

– 아 래 –

귀하께서는 20○○. ○. ○.까지 본인이 구매한 상기 가구를 새로운 것으로 교체하여 주시기 바랍니다.

3. 만약 이를 이행치 아니할 경우에는 본인은 잔여 가구대금을 지급할 수 없음을 알려드리고 아울러 법적인 조치를 취할 수밖에 없음을 통지하오니 이를 이행하시어 그동안 쌓아온 신뢰형성에 본 사안으로 인하여 상호 불미스러운 일이 없도록 협조하여 주시기 바랍니다.

20 년 월 일

위 발신인 : (인)

[사례 61] 구매한 물품을 반품하고 환불을 요구할 때

통 지 서

수 신 상 호 :
사무소 :

발 신 성 명 :
주 소 :
연락처 :

1. 귀사의 무궁한 발전을 기원합니다.

2. 다름이 아니라 본인은 귀사 판매직원의 설명을 듣고 ○○물품에 대하여 금 ○○○원을 주고 20○○. ○. ○.에 구입하였습니다.

3. 그러나 구매당시 직원으로부터 들은 설명대로 이를 사용하여 보니 당시의 설명이 과장되게 설명된 것으로서 본인이 사용하기에는 그 용도가 너무도 맞지 않으므로 본인은 위 물품을 반환함은 물론이고, 위 물품을 판매할 당시 과장된 설명으로 판매한 귀사 직원의 과실로 인하여 위 물품을 반환하오니 위 구입대금 ○○○원을 즉시 환불하여 주시기 바랍니다.

4. 만일 위 돈을 환불하지 않을 경우에는 부득이 법적조치를 취할 수밖에 없음을 통지하는 바입니다.

20 년 월 일

위 발신인 : (인)

[사례 62] 구매물품 납품지연으로 인한 위약금을 청구할 때

통 지 서

수 신 상 호 :
사무소 :

발 신 성 명 :
주 소 :
연락처 :

1. 귀사의 무궁한 발전을 기원합니다.

2. 다름이 아니옵고 본인은 ○○○에게 납품하고자 귀사가 수입하는 ○○○ 물품을 구입하기 위해 구매계약을 체결하였으며, 20○○. ○. ○.까지는 기필코 물품을 납품 받기로 하고 이를 지키지 못 할시 구매대금의 두 배를 위약금으로 지급받는 것을 조건으로 구매대금을 지급하였습니다.

3. 그러나 귀사는 계약과는 달리 물품을 납품하기로 한 시한이 수일이 지났음에도 불구하고 아직까지 납품할 생각을 하지 않아 본인은 ○○○에게 계약불이행에 따른 위약금을 지급할 입장에 놓여있어 귀사와 계약을 통하여 약정한 구매대금의 두 배를 위약금조로 청구하고자 본 내용증명을 통하여 통보하는 바입니다.

4. 만일 귀사가 아무런 권한 없이 본인의 요구를 이행하지 않을 경우 본인은 귀사를 상대로 위약금청구의 소송은 물론이고, 이에 따른 제반비용 또한 전가할 것이오니 부디 불미스러운 일이 발생하지 않도록 협조하여 주시기 바랍니다.

20 년 월 일

위 발신인 : (인)

[사례 63] 납품대금 청구를 통지할 때

통 지 서

수 신 상 호 :
사무소 :

발 신 성 명 :
주 소 :
연락처 :

1. 삼가 귀사의 무궁한 발전을 기원합니다.

2. 다름이 아니옵고 지난 20○○. ○. ○. 청구한 ○○제품의 ○○분기 납입대금이 아직 입금되고 있지 않고 있으므로 당사의 하반기 결산에 많은 애로를 겪고 있습니다.

3. 이에 당사에서 수차에 걸쳐 납입대금의 결재를 요청하였으나 여전히 대금이 입금되지 않고 있습니다.

4. 따라서 납입대금의 결재를 한 번 더 청구하오니 어려우시더라도 기한 내에 납품대금을 입금해 주시기 바라며, 이를 어길시 부득이 법적 조치를 취할 수밖에 없음을 고지하오니 납품대금 문제로 인해 오랫동안 거래해 온 귀사와의 관계가 불편해지지 않도록 협조하여 주시기 바랍니다.

20 년 월 일

위 발신인 : (인)

[사례 64] 납품한 상품에 대한 반환을 독촉할 때

통 지 서

수 신 상 호 :
사무소 :

발 신 성 명 :
주 소 :
연락처 :

1. 20○○. ○. ○. 당사와 귀사 간에 ○○제품에 대한 매매계약에 따라 당사에서는 귀사에 ○○제품 ○○○개를 납품하였습니다.

2. 그러나 귀사는 사전 동의도 없이 환율 상승을 이유로 계약해지 통보를 당사에게 요구하였습니다. 급작스런 변경사항에 당사로서는 매우 유감스럽게 생각합니다.

3. 귀사는 부득이하게 계약의 해지를 수락함과 동시에 지난번에 납품한 제품 전량 반환을 요청하였으나 현재까지 반환되지 않고 있는 실정입니다.

4. 따라서 20○○. ○. ○.까지 상기 제품을 당사로 반환하여 주실 것을 통지하는 바입니다.

20 년 월 일

위 발신인 : (인)

[사례 65] 매매계약 해제통지에 대한 답변

답 변 서

받는 사람 성 명 :
주 소 :

보내는 사람 성 명 :
주 소 :
연락처 :

1. 삼가 귀하의 사업이 번창하시길 기원합니다.

2. 본인은 매매계약해제 통지서의 내용증명우편을 20○○. ○. ○. 송달받아 이를 확인하여 본즉 물건이 부패하거나 파손되었다는 것으로, 본인이 고의로 부패한 제품 등을 귀하에게 매도한 것이 아님을 밝혀 두며 아울러 본인은 귀하와의 매매계약을 유지하고 본건을 거울삼아 더욱 좋은 제품을 공급코자 하오며 기 체결된 매매계약 물품은 본인의 과실로 기인한 것이기에 그 잔액을 받지 않고 전체 새것으로 교환하여 드리고자 하오니 부패한 물품 등을 반품하시고 새 물건으로 교환하여 가시기 바라오며 앞으로 좋은 유대관계를 유지하고자 하오니 이점 양해하여 주시기 바랍니다.

20 년 월 일

위 발신인 : (인)

[사례 66] 대금미지급으로 인한 월 납품을 중지하고자 할 때

통 지 서

받는 사람 성 명 :
주 소 :

보내는 사람 성 명 :
주 소 :
연락처 :

1. 삼가 귀하의 사업이 번창하시길 기원합니다.

2. 본인은 귀하와 사이에 20○○. ○. ○. 체결한 물품납입 계약에 따라 월 ○개의 ○○물품을 매월 10일에 납품하였습니다.

3. 그런데 귀하께서는 ○○물품 납품에 따른 대금결제 금액이 2개월이나 미납되었다는 이유로 미납된 금 ○○○원을 20○○. ○. ○.까지 지급치 아니하면 다음 달부터는 ○○물품 납품을 중단할 것임을 통보하는 바입니다.

20 년 월 일

위 발신인 : (인)

[사례 67] 납품계약에 대한 해지를 통지할 때

통 지 서

수 신 상 호 :
사무소 :

발 신 성 명 :
주 소 :
연락처 :

1. 지난 20○○. ○. ○. 당사와 주문계약을 한 ○○제품이 납입기일 ○일이 지나도록 납입이 되지 않고 있습니다.

2. 당사는 이에 대해 지난 ○일부터 수차례에 걸쳐 귀사에 납품을 요청했으나 아직도 납입이 되지 않고 있으므로 당사는 계약서에 명시된 대로 납품계약을 해지하기로 하고 계약불이행에 대한 위자료를 지급하시기 바랍니다.

3. 당사는 귀사와의 계약을 믿고 고객의 주문을 접수하는 등 사업을 진행해 왔으나 아무런 사전 연락 없이 귀사의 제품 납입이 지연되어 주문고객의 항의를 받았습니다. 뿐만 아니라 당사의 많은 고객사로부터 계약파기 통보를 받았습니다.

4. 당사는 극단적인 사태를 막기 위해 수차례 귀사에 납입계약 엄수를 요청했으나 귀사로부터 제품 납입에 대한 구체적인 답변을 듣지 못했습니다. 당사는 귀사의 계약불이행으로 인해 고객 신뢰도가 하락하는 등 막대한 피해를 입게 되었습니다.

5. 이에 당사 법률단의 자문을 거쳐 귀사와의 계약 해지는 물론, 계약불이행으로 인한 당사의 피해액에 대해 위자료를 청구하겠음을 양지하시기 바랍니다.

20 년 월 일

위 발신인 : (인)

[사례 68] 기계유지보수계약을 해제하고자 할 때

계약해제통고서

수 신 상 호 :
사무소 :

발 신 성 명 :
주 소 :
연락처 :

1. 본인은 20○○. ○. ○.에 귀사 영업부 직원 ○○○과 동 약관에 의한 월금 ○○○원에 복사기 유지보수계약을 체결하였습니다.

2. 그러나 동 계약체결 후 복사기가 고장이 나서 귀사에 연락을 하면 제때에 와서 수리하는 날이 거의 드물고 월 정기검사를 실시하게 되어 있음에도 이를 이행하지 아니하며 어쩌다 한 번씩 들러 손을 보고는 부속이 낡아서 교환을 하여야 한다고 하여 이를 교환하고 부속품의 대금을 청구하고 유지보수계약을 하면 부속품도 무상으로 교환하여 준다고 하였는데 왜 부속품 교환에 따른 비용을 청구하느냐고 하면 부속품 교환은 계약내용에 해당되지 않기 때문에 이는 별도로 지급하여야 한다는 등 당초 계약시와는 판이하게 다른 이야기를 하고 서비스도 엉망이고 월 ○○○원의 비용만 추가로 낭비하는 꼴이 되므로 더 이상 귀사와 유지보수계약을 유지할 이유가 없으므로 이에 계약해제를 통보합니다.

20 년 월 일

위 발신인 : (인)

[사례 69] 냉장고 월부금미납을 청구할 때

통 지 서

받는 사람 성 명 :
주 소 :

보내는 사람 성 명 :
주 소 :
연락처 :

1. 삼가 귀댁의 안녕을 기원합니다.

2. 다름이 아니옵고 귀하가 20○○. ○. ○. 본인의 전자제품 가게에서 냉장고 1대 시가 금 ○○○원 짜리를 계약금 ○○○원을 지급하고 나머지 금 ○○○원은 5개월로 분할하여 매월 10일에 금 ○○○원씩 갚기로 하였으나 1회만 갚고 지금까지 3회가 연체되었는데도 아무런 연락도 없이 갚지 않고 있으므로 이에 귀하께서는 변제하지 아니한 금 ○○○원 전액을 20○○. ○. ○.까지 변제하여 주실 것을 통보합니다.

3. 아울러 위 기간 내에 변제하지 아니하면 법적 절차를 취할 수밖에 없음을 알려드리오니 이점 착오 없으시기 바랍니다.

20 년 월 일

위 발신인 : (인)

[주] 1. 내용증명우편은 특정한 양식과 형태가 없이 그 전달하고자 하는 내용만 간단·명료하게 기재하여 발송하면 되나 내용증명우편은 후일 분쟁발생시 하나의 중요한 증빙자료로 활용될 수 있으므로 이를 유의하여 어느 정도의 형식을 갖추어 작성하여야 할 것이다. 특히, 계약의 해제와 해지 등에 관한 것일 경우 그 해제와 해지의 사유 및 그 이유를 명백히 기재하여야 함은 당연한 것이다.
2. 본건은 가전제품을 월부로 구입하고 월납입액을 미납하여 이의 독촉을 촉구

하는 것으로 미납액을 변제치 아니할 경우 민사소송 등의 절차에 의하여 강제집행 등을 할 수 있다는 내용을 통고함으로써 심리적 압박을 가하여 미납액을 납부하도록 유도하는 것이다.

[사례 70] 미성년자가 할부로 구입한 책을 부모가 철회하고자 할 때

통 지 서

수 신 상 호 :
사무소 :

발 신 성 명 :
주 소 :
연락처 :

1. 안녕하십니까?
다름 아니옵고 본인의 자 ○○○(17세)은 20○○. ○. ○. ○○고등학교 앞에서 ○○서적 1세트를 월 ○○○원씩 ○○개월 납입하기로 하고 구입한 바 있습니다.

2. 그런데 본인의 자 ○○○은 미성년자로 민법상 행위무능력자로서 책을 구입하는 등의 법률행위는 법정대리인의 동의를 얻어야 하는 바, 본인은 추인할 수 없으므로 취소합니다.

3. 그러므로 방문판매등에관한법률과 할부거래에관한법률의 규정에 의거 본인은 계약을 철회하며 인도받은 서적을 반환하오니 이점 양지하시기 바랍니다.

20 년 월 일

위 발신인 : (인)

[사례 71] 방문판매로 구입한 물품을 환불하고자 할 때

통 지 서

수 신 상 호 :
사무소 :

발 신 성 명 :
주 소 :
연락처 :

1. 귀사의 무궁한 발전을 기원합니다.

2. 다름이 아니옵고 귀사의 판매 담당 직원이 본인의 집을 방문하여 금 ○○○원 상당의 ○○○ 물품을 권유받아 본인은 이를 20○○. ○. ○.자로 구입하였습니다.

3. 그러나 위 물품을 구입하고 보니 실제로 본인의 집에는 위 물품이 필요로 하지 않을 것 같아 이에 20○○. ○. ○. 자로 이를 반환하고자 하오니 물품을 반환하는 대로 위 구입대금 금 ○○○원을 환불하여 주시기 바랍니다.

4. 참고로 위 물품은 구입 후 열어보기만 하였을 뿐 물품은 구입당시의 그대로이며, 원만히 처리되지 않을 경우에는 방문판매등에관한법률 등에 의거 법적절차를 취할 수밖에 없음을 통지하는 바입니다.

20 년 월 일

위 발신인 : (인)

[사례 72] 노모가 노상에서 외판원으로부터 건강식품을 속아 구입하여 이를 해약하고자 할 때

청약청회통지서

수 신 상 호 :
사무소 :

발 신 성 명 :
주 소 :
연락처 :

1. 귀사의 무궁한 발전을 기원합니다.

2. 본인은 노모(80세)가 20○○. ○. ○. 14:00경 ○○시 ○○대로 ○○ 앞 노상에서 귀사의 제품인 ○○건강식품 한 세트를 금 ○○○원에 구입하였습니다.
   본인이 확인해 본 결과, 흰 가운을 입은 외판원이 길에 트럭을 세워 놓고 혈압을 재고, 진맥을 해 준다며 지나가는 노인들을 끌어 들여 건강식품을 비싸게 판 것으로 알고 있습니다.

3. 본인은 포장지도 뜯지 않고 곧 바로 귀사에 전화를 하여 구입한 식품을 반품하겠다고 하였으나 반품은 안 받는다고 하였습니다.

4. 그러나 노모가 본래의 영업장소가 아닌 노상에서 구입했기 때문에 방문판매등에관한법률에 따라 위 청약을 철회하오니 본 제품을 받은 즉시 다음계좌로 송금하여 주시기 바랍니다.

다 음

○○은행, 계좌번호 ○○○－○○－○○○, 예금주 ○○○

20 년 월 일

위 발신인 : (인)

[주] 방문판매등에관한법률에 의하면 상품의 공급이 이루어진 날로부터 14일 이내에서는 이유를 불문하고 자유로운 해약(청약의 철회)을 허용하고 있다. 상품 포장을 뜯지 않고 재판매 가치가 현저하게 감소하지 않는 한 해약할 수 있다. 제품의 내용이 포장 표시나 광고와 다른 경우에는 해약기간이 공급일로부터 3개월 이내에, 그 사실을 안날 또는 알 수 있었던 날로부터 30일 이내에 청약철회 등을 할 수 있다.

판매자가 해약이 불가능하다고 상품 포장에 기재하였더라도 소비자가 쉽게 알 수 있도록 명기하지 않는 한 해약이 장애가 되지 않는다. 알아보기 어렵게 작은 글씨로 쓰인 해약금지문구는 효력이 없다. 해약일자가 상품공급일로부터 소정기간 이내라도 사실을 입증해야 하므로 구두로 해약을 고지했더라도 내용증명으로 통보를 할 필요가 있다. 이처럼 해약하는 경우 고객은 대금을 받기 전에 먼저 제품을 반환할 의무가 있고 판매업자는 3일 이내에 대금을 반환해야 한다.

또한 판매업자가 일방적으로 요구하는 고율의 위약금은 법적으로 인정되지 않는다. 방문판매법을 계약에서 위약금을 정하더라도 부당하게 과다한 것을 요구하지 못하도록 제한하고 있다.

[사례 73] 배송받은 물건의 파손품을 반품하고자 할 때

통 지 서

수 신 상 호 :
사무소 :

발 신 성 명 :
주 소 :
연락처 :

1. 본인과 귀사 간에 20○○. ○. ○. 수출계약을 맺고 계약조건에 따라 구매승인서를 발주하여 ○○물품 ○○점을 납품 받기로 하였습니다.

2. 이에 따라 귀사에서 발송해 주신 ○○물품이 오늘 도착했습니다.

3. 귀사의 운송 담당자와 함께 검품을 해 본 결과 수량은 문제가 없었는데 포

장, 운송과정에서 발생한 것인지 파손된 제품 ○건을 발견하였습니다.

4. 따라서 파손품을 배송 차편으로 전량 반송하오니 신속히 다른 제품을 송부하여 주시기 바랍니다. 발주 당시 말씀드렸듯이 대리점 출하시기가 촉박하므로 이러한 사정을 헤아려 빠른 시일 안에 조치하여 주시기 바랍니다.

20 년 월 일

위 발신인 : (인)

[사례 74] 변질된 제품에 대한 피해보상을 청구할 때

통 지 서

받는 사람 성 명 :
주 소 :

보내는 사람 성 명 :
주 소 :
연락처 :

1. 본인은 20○○. ○. ○. 귀 점에서 구입한 변질된 ○○을 먹고 심한 복통으로 한 달 이상을 병원치료를 받고 있습니다.

2. 서면발송 이유는 다음과 같습니다. 명절 전날이라 ○○을 다량으로 구입하여 일부는 냉동실에 보관하였습니다. 명절이 끝난 후 남은 분량을 꺼내면서 자세히 살펴보니 ○○에 ○○○○이 붙어 있었습니다. 도저히 눈을 뜨고 볼 수 없는 기름 찌꺼기로 뒤덮여 있어 기름인지 ○○인지 분간이 되지 않을 정도였습니다. 이런 변질 식품을 가족들에게 먹였다는 사실에 너무나 놀랐습니다.

3. 귀 점에 즉시 전화를 했더니 공장의 프라이팬을 잘 닦지 않아서 그럴 수도

있다고 변명하며 제품을 수거해서 조사를 하겠다고 약속하였습니다. 제품회수 후 전화가 왔는데 프라이팬의 문제가 아니라 공장에 기름찌꺼기를 걸러주는 장치가 있는데 그 곳에 끼어있던 제품이 실수로 출고된 것 같다면서 해당 공장의 실수라는 것입니다.

4. 단순히 공장의 실수로 돌리는 처사에 화가 나면서도 얼마나 여러 번 튀겼으면 이런 시커먼 기름 찌꺼기가 나오는지. 게다가 누구나 알만한 유명 회사의 제품이라 아무 의심 없이 먹었는데 식품 위생 검사를 제대로 하고 있었는지 정말 의심스럽습니다.

5. 귀 점과 말다툼을 한 며칠 후 심한 복통과 구토 증상으로 병원 응급실에 가서 위세척까지 받고 통원 치료를 받고 있습니다. 그러나 귀 점에서는 제품의 하자를 유통업체에서 보상할 수 없다고 발뺌하고 있는 실정이라 부득이하게 법적인 조치를 강구할 수밖에 없습니다.

6. 신체에 위해를 가할 정도로 변질된 제품임에도 불구하고 제조사에게 책임을 회피하며 피해 보상을 미루고 있는 귀 점에게 손해배상 책임을 다해 줄 것을 강구합니다. 만약 이에 대한 회신이 없을 시 법적책임을 물을 것임을 통지하는 바입니다.

20 년 월 일

위 발신인 : (인)

[사례 75] 사기 등을 이유로 물품반환 및 계약을 취소하고자 할 때

통 지 서

수 신 상 호 :
사무소 :

발 신 성 명 :

주 소 :
연락처 :

1. 삼가 귀사의 일익번창 하심을 기원합니다.

2. 본인은 귀사 영업직원인 ○○○로부터 20○○. ○. ○. ○○○에서 귀 회사에서 특별할인 행사기간에 한하여 ○○제품을 금 ○○○원에 판매한다는 말을 믿고 동 물건의 구입신청서를 작성하여 귀사 영업부직원 ○○○에게 주었습니다.

3. 그런데 20○○. ○. ○. 위 물건의 배달과 함께 동봉되어온 청구서는 금 ○○○원이 아닌 금 ○○○원으로 기재되어 있어 동 물건의 구입을 취소하고 반품하고자 하였으나 귀 영업부에서는 여러 가지 이유로 이를 거절하고 있습니다.

4. 귀사의 이와 같은 행위는 명백히 기망에 의한 사기에 해당하는 것이므로 본인은 귀사의 위 물품구입 계약을 취소하고 아울러 귀사의 물품은 현 상태대로 보관하고 있으니 이를 회수하여 가시던지 물품을 반품할 곳을 알려주시기 바랍니다. 아울러 본 물품의 장기방치로 인하여 손상이 있을시 귀사의 귀책사유에 인한 것임을 통지하는 바입니다.

20 년 월 일

위 발신인 : (인)

[주] 1. 사기나 강박에 의한 의사표시는 이를 취소할 수 있고 상대방 있는 의사표시에 관하여는 제3자가 사기나 강박을 행한 경우에는 상대방이 그 사실을 알았거나 알 수 있었을 경우에 한하여 그 의사표시를 취소할 수 있다.

2. 사기나 기망에 의하여 물건을 구입하였을 경우 먼저 당사자를 특정하여 기재하여야 하는데, 당사자가 개인인 경우에는 별 문제가 없겠지만 당사자 중 일방이 법인 등이나 기타 개인회사일 경우 그 행위자가 누구든 간에 그 대표자를 당사자로 지정하여야 할 것이고 당사자를 특정하여 기재한 후 물품의 구입내역에 대하여 언제, 어디서, 누구에게 무엇을 어떻게 구입하였는지 등 육하원칙에 맞추어 기재한 후 사기(기망) 등의 사유를 기재하고 물품구입 계약의

취소 및 반품관계 등을 기재하면 될 것이다.

[사례 76] 사기에 의한 할부판매물품 회수를 요구할 때

통 지 서

받는 사람 성 명 :
주 소 :

보내는 사람 성 명 :
주 소 :
연락처 :

1. 삼가 귀댁의 안녕을 기원합니다.

2. 본인은 20○○. ○. ○. ○○시 ○○동 ○○에 위치한 ○○시장 앞에서 귀사에서 나온 영업사원으로부터 ○○물품을 시가 금 ○○○원에 판매한다는 선전을 듣고 사실이냐고 물어본즉 귀사의 영업사원은 본상품의 특별선전 기간이라 금 ○○○원에 판매한다고 하여 이를 구입한 후 주소와 성명을 기재하여 주었는데 한 달 후 지로통지를 통하여 날아온 금액이 귀사의 영업사원이 이야기한 금 ○○○원이 아닌 이의 수십 배에 해당하는 금 ○○○원으로 청구되었습니다.

3. 이에 본인은 귀사의 사기적 판매수법에 이를 구입할 수 없으므로 위 ○○물품을 귀사에 반품하고자 하오니, 반품처를 알려 주시던지 아니면 귀사의 영업사원을 보내어 위 물품을 회수하여 가시기 바라오며 아울러 현재까지는 현 상태로 보존되어 있으나 본 서면이 도달된 후 계속하여 무단 방치로 인하여 훼손이 될 경우 본인은 책임을 질 수 없음을 통지하는 바입니다.

20 년 월 일

위 발신인 : (인)

[주] 1. 사람을 기망하여 재물의 교부를 받거나 재산상의 이익을 취득한 자는 10년 이하의 징역 또는 2천만원 이하의 벌금에 처한다(형법 347조).
2. 위의 방법으로 제3자로 하여금 재물의 교부를 받게 하거나 재산상의 이익을 취득하게 한 때에도 위의 형과 같다.

[판례] 1. 상품의 선전·광고에 있어 다소의 과장이나 허위가 수반되는 것은 그것이 일반 상거래의 관행과 신의칙에 비추어 시인될 수 있는 한 기망성이 결여된다고 하겠으나, 거래에 있어서 중요한 사항에 관하여 구체적 사실을 신의성실의 의무에 비추어 비난받을 정도의 방법으로 허위로 고지한 경우에는 기망행위에 해당한다(대법원 2009. 4. 23. 선고 2009다1313 판결).
2. 기망행위를 수단으로 한 권리행사의 경우 그 권리행사에 속하는 행위와 그 수단에 속하는 기망행위를 전체적으로 관찰하여 그와 같은 기망행위가 사회통념상 권리행사의 수단으로서 용인할 수 없는 정도라면 그 권리행사에 속하는 행위는 사기죄를 구성한다(대법원 2009. 7. 9. 선고 2009도295 판결).

[사례 77] 상호간의 외상대금을 상계하고 잔금을 지급하고자 할 때

통 지 서

받는 사람 성 명 :
주 소 :

보내는 사람 성 명 :
주 소 :
연락처 :

1. 귀하의 무궁한 발전을 기원합니다.

2. 본인은 귀하에게 20○○. ○. ○.자로 지급하기로 한 금 ○○○원의 대여금 채무가 있습니다.

3. 한편 본인은 귀하에게 물품을 지급받아 이를 활용하고 있는 바, 본인 또한 귀하에게 금 ○○○원 상당의 물품대금 채무가 있습니다.

4. 그런데 최근 위 차용금에 대하여 변제기일이 지났음에도 불구하고 아직까지 귀하께서 이를 변제하지 않고 있으므로 본인은 귀하에게 지급할 물품대금 채무 금 ○○○원에서 본인의 위 채권 금 ○○○원을 공제하고 남은 금 ○○○원을 귀하의 ○○은행의 1234-56-789 계좌번호를 통하여 지급하는 바이오니 이점 양지하시어 착오 없으시기 바랍니다.

20 년 월 일

위 발신인 : (인)

[사례 78] 서비스상품의 문제로 일부환불을 요구하고자 할 때

통 지 서

수 신 상 호 :
사무소 :

발 신 성 명 :
주 소 :
연락처 :

1. 귀사의 무궁한 발전을 기원합니다.

2. 다름이 아니옵고 본인은 귀사의 ○○○○ 여행상품을 광고전단지와 귀사의 직원의 추천을 받아 20○○. ○. ○. 여행을 다녀왔습니다.

3. 그러나 여행지에서의 귀사 소속 가이드는 광고전단지와 직원의 설명과는 달리 다음과 같은 행위를 하여 누락 비용상당의 손해를 보았다 할 것이고 또한 시간적, 정신적인 피해도 상당할 것으로 사료됩니다. 이에 본인은 귀사에게 본 내용증명을 발송하는 바이오니 내용증명을 받는 즉시 본인에게 피해보상을 하여 주시기 바랍니다.

가. 모든 식사가 호텔식으로 정해져 있었으나 거의 시골 백반수준의 음식을 공급하였음.
나. 관광하기로 정해진 것을 시간을 핑계로 고의로 누락하였음.
다. 팁을 지급하지 않기로 하였으나 노골적으로 요구하고 팁을 주지 않으면 이동을 하지 않았음 등.

4. 만일 귀하가 아무런 권한 없이 본인의 요구를 이행하지 않을 경우 본인은 귀하를 상대로 소비자원에 진정을 시작으로 위자료 및 손해배상 청구의 소송 제기는 물론이고, 이에 따른 제반 비용 또한 전가할 것이오니 부디 불미스러운 일이 발생하지 않도록 협조하여 주시기 바랍니다.

20 년 월 일

위 발신인 : (인)

[사례 79] 전자제품 외상대금을 청구할 때

통 지 서

받는 사람 성 명 :
주 소 :

보내는 사람 성 명 :
주 소 :
연락처 :

1. 삼가 귀댁의 안녕을 기원합니다.

2. 귀하는 20○○. ○. ○. 본인 소유의 ○○시 ○○구 ○○로 ○○(○○동) 소재 전자제품 가게에 들러 ○○○○ ○대와 ○○○○ ○대를 총 ○○○원에 구입하면서 금 ○○○원을 지급하고 나머지 금 ○○○원은 20○○.

○. ○.에 갚는다고 하여 평소 안면이 있는 관계로 귀하로부터 확인서만 받고 위 물건을 판매하였습니다.

3. 그런데 귀하께서 지급하겠다던 20○○. ○. ○.이 지난 지금까지도 아무런 연락도 없이 위 금액을 변제치 아니하여 본 통지서를 발송하오니 20○○. ○. ○.까지 위 금액을 변제해 주시기 바라며 아울러 위 기일 내에 동 금액을 변제하지 않을 시 법적 조치를 취할 수밖에 없음을 통고하는 바입니다.

20 년 월 일

위 발신인 : (인)

[주] 가전제품을 외상구입한 채무자에게 외상채무액을 변제하여 줄 것을 촉구하는 것으로 채무자가 채권자의 통지내용에 응하지 않을 경우 채권자는 외상대금 청구의 소송을 제기할 수 있다.

[사례 80] 전화판매물품에 대해 반품하고자 할 때

통 지 서

수 신 상 호 :
사무소 :

발 신 성 명 :
주 소 :
연락처 :

1. 귀사의 무궁한 발전을 기원합니다.

2. 본인은 전화 판매상담원을 통한 귀사의 ○○물품을 주문하여 20○○. ○. ○.자로 물품을 수령 받았습니다.

3. 그러나 물품을 확인해 본 결과 배달과정에서 물품이 파손된 것을 확인하게 되어 이를 교환하고자 하오니 위 물품을 반품 받는 즉시 교환하여 주시기 바랍니다.

4. 만약 교환이 불가능 할 경우 구매대금을 반환하여 주시기를 바라며, 원만히 처리되지 않을 경우에는 방문판매등에관한법률 등에 의거 법적절차를 취할 수밖에 없음을 통지하는 바입니다.

20 년 월 일

위 발신인 : (인)

[사례 81] 제품생산을 의뢰하고자 할 때

통 지 서

수 신 상 호 :
사무소 :

발 신 성 명 :
주 소 :
연락처 :

1. 삼가 귀사의 무궁한 발전을 기원합니다.

2. 다름이 아니옵고 금번 저희 회사에서 다량의 ○○제품의 수출오더를 받았으나 수출기일이 촉박한 관계로 본사 생산설비의 한계로 인하여 귀사에서 동 제품을 생산할 수 있는 설비를 갖추고 있다기에 아래와 같이 청구하오니 조속한 시일 내 회답하여 주시기 바랍니다.

– 아 래 –

품 명 : ○○형

수　량 : ○○○개
기　간 : 20○○. ○. ○.까지
단　가 : 개당 ○○○원
합계금 : ○○○원

3. 상기와 같은 조건으로 생산이 가능하시다면 동 계약을 체결하여 시급히 생산하고자 하오니 이에 응할 의사가 있으시면 조속한 기일 내에 회답하여 주시기 바랍니다.

20　년　월　일

위 발신인 :　　　　(인)

[주] 1. 내용증명우편은 특정한 양식과 형태가 없이 그 전달하고자 하는 내용만 간단·명료하게 기재하여 발송하면 되나 내용증명우편은 후일 분쟁발생시 하나의 중요한 증빙자료로 활용될 수 있으므로 이를 유의하여 어느 정도의 형식을 갖추어 작성하여야 할 것이다. 특히, 계약의 해제와 해지 등에 관한 것일 경우 그 해제와 해지의 사유 및 그 이유를 명백히 기재하여야 함은 당연한 것이다.
2. 본 내용은 자사 생산시설로는 납품기일까지 생산물량을 생산할 수 없는 관계로 초과생산량을 동 시설을 갖춘 다른 회사에 의뢰하여 생산하여 줄 것을 협조하는 일종의 협조의뢰서 형식으로 이를 명확하게 하기 위하여 내용증명으로 발송한 예이다.

[사례 82] 외상매출금에 대한 시효중단의 청구

최　고　서

수　신　상　호 :
　　　　사무소 :

발　신　성　명 :

주 소 :
연락처 :

1. 당사는 귀사에 대해 ○○제품의 상품을 ○개월 동안 거래를 한 결과, 거래 중지시점에서 약 ○○○원의 외상매출대금채권을 보유하고 있습니다.

2. 그러나 당사가 수차례에 걸쳐 대금지불을 재촉하였음에도 불구하고 귀사에서는 아직 그 대금을 결제하지 않고 있는 관계로 당사는 경영운영에 상당히 어려운 상황에 있습니다.

3. 따라서 귀사는 20○○. ○. ○.까지 위 채무전액을 지급해 주시던지 아니면 위 채권상당액의 지급보증 각서 또는 어음을 보내는 등 성의를 보여 신속히 문제해결을 하여 주시길 간곡히 부탁드립니다.

4. 만일 위 기간 내에 성의 있는 답변이나 적절한 조치를 강구하지 아니할 때에는 법적절차를 취할 것이오니 이점 양지하시기 바랍니다.

20 년 월 일

위 발신인 : (인)

[사례 83] 케이블TV 구입상품에 대해 반품하고자 할 때

통 지 서

수 신 상 호 :
사무소 :

발 신 성 명 :
주 소 :
연락처 :

청구금액 금 ○○○원

1. 귀사의 무궁한 발전을 기원합니다.

2. 다름이 아니옵고 본인은 케이블TV에서 귀사의 물품판매광고를 보고 금 ○○○원 상당의 물품을 전화로 주문하여 20○○. ○. ○.자로 물품을 수령 받았습니다.

3. 그러나 광고 당시 물품의 디자인이나 설명이 실물과는 너무나 큰 차이가 나서 본인은 20○○. ○. ○.자로 이를 반환하고자 하오니 물품을 반환하는 대로 위 구입대금 ○○○원을 환불하여 주시기 바랍니다.

4. 참고로 위 물품은 구입 후 열어보기만 하였을 뿐 물품은 구입당시의 그대로 이며, 원만히 처리되지 않을 경우에는 방문판매등에관한법률 등에 의거 법적절차를 취할 수밖에 없음을 통지하는 바입니다.

20 년 월 일

위 발신인 : (인)

[사례 84] 주문(구독)한 사실이 없음에서 상품이 배달되었을 때

통 지 서

받는 사람 성 명 :
주 소 :

보내는 사람 성 명 :
주 소 :
연락처 :

1. 본인은 귀하에게 ○○상품(○○신문)을 주문(구독)한 사실이 없음에도 20○○. ○. ○. 현재까지 ○○시 ○○로 ○○(○○동) 소재 본인 집에 ○○상품(○○신문)을 배달하고 있습니다.

2. 귀하는 위와 같은 일방적인 청약 행위는 본인에게 심적 부담을 주며 또한 매수(구독)할 생각이 전혀 없으므로 본인 집에 보관되어 있는 신문을 20○○. ○. ○.까지 전부 수거해 가시기 바랍니다.

20 년 월 일

위 발신자 : (인)

[사례 85] 할부대금에 대해 납부를 독촉할 때

통 지 서

받는 사람 성 명 :
주 소 :

보내는 사람 성 명 :
주 소 :
연락처 :

1. 귀하는 본인 간에 20○○. ○. ○. ○○물품에 대한 할부구입계약을 체결하였으나 귀하께서는 현재 ○○○원을 연체한 채 지금까지 지급하지 않고 있습니다.

2. 이에 귀하께서는 20○○. ○. ○.까지 할부금을 현금으로, 본인에게 지참 또는 송금해서 완결하여 주시기 바랍니다. 만약 기일까지 이행하지 않을 때에는 기한의 이익을 상실하여 즉시 변제할 의무가 있으므로 즉시 현금으로 지급하거나 본 계약을 해제하고 당해 상품을 반환해 주시고 소정의 사용손해금을 지급 받겠습니다.

3. 상기와 같이 통지하오니 이행하여 주시기 바라오며, 만일 기일까지 불이행 시에는 법적 조치를 취할 수밖에 없음을 통지하는 바입니다.

20 년 월 일

위 발신인 : (인)

[사례 86] 홈쇼핑전자상거래 물품을 환불하고자 할 때

통 지 서

수 신 상 호 :
사무소 :

발 신 성 명 :
주 소 :
연락처 :

1. 귀사의 무궁한 발전을 기원합니다.

2. 다름이 아니옵고 본인은 케이블 TV에서 귀사의 물품판매광고를 보고 금 ○○○원 상당의 ○○○물품을 전화로 주문하여 20○○. ○. ○.자로 물품을 수령 받았습니다.

3. 그러나 광고 당시 물품의 디자인이나 설명이 실물과는 너무나 큰 차이가 나서 본인은 20○○. ○. ○.자로 이를 반환하고자 하오니 물품을 반환하는 대로 위 구입대금 ○○○원을 환불하여 주시기 바랍니다.

4. 참고로 위 물품은 구입 후 열어보기만 하였을 뿐 물품은 구입당시의 그대로이며, 원만히 처리되지 않을 경우에는 방문판매등에관한법률 등에 의거 법적절차를 취할 수밖에 없음을 통지하는 바입니다.

20 년 월 일

위 발신자 : (인)

[사례 87] 물건의 하자로 인한 계약해지를 하고자 할 때

통 지 서

받는 사람 성 명 :
주 소 :

보내는 사람 성 명 :
주 소 :
연락처 :

1. 삼가 귀댁의 안녕을 기원합니다.

2. 상기 매수인은 20○○. ○. ○. 매도인 소유 양수기 3대를 시가 금 ○○○원에 매수하기로 하고 계약금조로 금 ○○○원을 매도인에게 지급하고, 단 물건에 하자가 있을 시 본 계약은 무효로 하며 계약금은 반환 받기로 약정하였습니다.

3. 그 후 매수인은 위 양수기 설치장소에 가서 이를 확인하여 본 결과 무단방치 등으로 본 양수기에 녹이 슬고, 가동이 안되며 이를 수리하여 사용하자면 오히려 그 비용이 새 양수기 값과 별 차이가 없을 것 같으므로 매도인과의 약속대로 본 계약을 취소하고자 하오니 계약금으로 지급한 금 ○○○원을 20○○. ○. ○.까지 반환하여 주시기 바랍니다.

20 년 월 일

위 발신인 : (인)

[주] 사용하던 중고 양수기 매매계약을 체결하였으나 차후 확인시 동 양수기가 가동

불능 등 하자가 발견될 경우 동 계약은 무효로 하고 계약금은 되돌려주는 조건으로 계약을 체결한 후 이를 확인하여 본 결과 사용불능상태이므로 동 계약을 취소하고 계약금을 되돌려 줄 것을 청구하는 경우이다.

[사례 88] 계약해제 및 위약금지급 청구시

계약해제통지서

수 신 상 호 :
사무소 :

발 신 성 명 :
주 소 :
연락처 :

1. 귀사의 무궁한 발전을 기원합니다.

2. 귀사는 본인과 20○○. ○. ○.자로 물품을 납품 받기로 하는 ○○물품구매계약을 체결하였습니다.

3. 그러나 본인은 내부의 사정에 의하여 부득이 위 물품을 귀사에게 납품할 수 없는 입장이 되어 위약금조로 계약대금의 두 배를 지급하고 구매계약을 해제하고자 하오니 이점 양해하여 주시기 바랍니다.

4. 또한 본인은 앞으로 보다 완벽한 물품을 제작하기 위하여 항상 노력하고 있사오니 앞으로도 많은 성원 부탁드립니다.

20 년 월 일

위 발신인 : (인)

[사례 89] 부동산매매계약 해제 및 계약금반환을 요구할 때

통 지 서

받는 사람 성 명 :
주 소 :

보내는 사람 성 명 :
주 소 :
연락처 :

부동산의 표시 :

1. 삼가 귀댁의 안녕을 기원합니다.

2. 위 부동산에 대하여 본인은 소유주인 귀하에게 부동산의 사용용도가 상업지역으로 되어있다는 말을 듣고, 계약금 ○○○원은 계약당일에 지급하고, 중도금 ○○○원은 20○○. ○. ○.에, 잔금 금 ○○○원은 20○○. ○. ○.에 각 지급하기로 하고 20○○. ○. ○. 부동산매매계약을 체결하였습니다.

3. 그러나 본인이 위 토지의 사용용도를 관할구청에서 확인해 본 결과 위 부동산의 사용용도는 개발제한지역으로 되어있음을 확인하게 되어 본인은 위 부동산을 매수함에 있어 귀하의 말과는 상이함을 확인하여 그 사용가치가 없다고 할 것이므로 이는 거짓된 말로 매수자를 현혹하여 성립된 매매계약으로 이는 잘못된 매매계약이라 할 것이므로 본인은 본 내용증명을 통하여 위 부동산매매계약은 해제되었음을 통보하는 바입니다.

4. 아울러 본 계약이 해제됨에 따라 해제의 사유가 귀하에게 있으므로 이에 따른 계약금 및 위약금을 본인에게 즉시 반환하기 바라며 만약 귀하가 이의 지급을 지체할 경우 본인은 귀하를 상대로 계약금 및 위약금청구의 소를 제

기함은 물론이고 이에 따른 제반비용 또한 청구할 것이오니 부디 불미스러운 일이 발생하지 않도록 협조하여 주시기 바랍니다.

20 년 월 일

위 발신인 : (인)

[주] 1. 매매잔대금의 미지급을 이유로 그 잔대금을 독촉하였음에도 이를 이행하지 아니할 경우에는 매매계약을 해제할 수 있다(물론, 이 경우 잔대금 지급과 동시에 소유권이전등기에 필요한 서류를 갖추고 이전등기 및 인도를 하려고 하였으나 매수인의 잔대금 미지급으로 매수인이 이행지체에 빠진 상태를 의미함). 이 경우 매도인이 매매계약을 해제하지 아니하고 방치한다면 매매계약은 그대로 존속된 상태이기 때문에 매수인이 언제든지 잔대금 지급을 하면서 소유권이전등기를 요구할 경우 매도인은 소유권이전등기절차에 응하여야 하는 경우가 있으므로 매도인은 즉시 내용증명 통지 등으로 매매계약의 해제를 통보하여 이에 대처하여야 한다. 또한 매도인은 매매계약해제로 인한 손해에 대한 손해배상청구도 가능하다.

2. 해제통지서의 작성요령은 매매당사자의 인적사항 및 매매의 목적물과 매매의 형태, 잔대금 미지급에 대한 독촉의 사실 등을 명료하게 기재한 후 매수인이 매매계약을 이행하지 아니하여 매매계약을 해제한다는 사실을 기재하여 기명날인하면 된다.

[사례 90] 부동산매매계약에 따른 중도금을 지급하지 않아 계약해제 방법

계약해제통보서

받는 사람 성 명 :
주 소 :

보내는 사람 성 명 :
주 소 :

연락처 :

<부동산의 표시>

<계약 내용>

매매대금 : 원(₩)
계 약 금 : 원은 20 년 월 일(계약일)에 지불한다.
중 도 금 : 원은 20 년 월 일 지급키로 한다.
잔 금 : 원은 20 년 월 일 지급키로 한다.

1. 위와 같은 계약을 체결하고 중도금을 지급해 주지 않아 계약이행을 촉구하면서 전화로 20○○. ○. ○.에 2차에 걸쳐 중도금 이행을 촉구하였습니다.

2. 그러나 귀하는 위 계약을 이행하지 않아 내용증명으로 계약이행 및 계약해제 통보를 한 바 있습니다.

3. 이에 20○○. ○. ○.자로 계약해제가 되었으나 이를 확실하게 하기 위하여 내용증명에 의한 계약해제를 통보하는 바입니다.

20 년 월 일

위 발신인 : (인)

[사례 91] 부동산매매계약에 따른 잔금지급이행을 촉구할 때

계약이행 촉구 통보서

받는 사람 성 명 :
주 소 :

보내는 사람 성 명 :
주 소 :
연락처 :

<부동산의 표시>

<계약 내용>

매매금액 : 원(₩)
계 약 금 : 원은 20 년 월 일(계약일)에 지불한다.
중 도 금 : 원은 20 년 월 일 지급키로 한다.
잔 금 : 원은 20 년 월 일 지급키로 한다.

1. 귀하는 상기와 같이 약정을 한 후 잔금의 이행을 하지 않아 제가 막대한 손해를 보고 있습니다.

2. 위의 잔금을 지급하여 달라고 수차에 걸쳐 전화 또는 상면시에 요청하였으나, 귀하는 언제 준다는 약속을 하고 그 약속일에는 다음으로 미루고 하는 등 거짓말만 하고 있어 본인은 부득이 법적 조치를 취할 수밖에 없습니다. 위 부동산 잔금을 20○○. ○. ○.까지 지급하지 않는다면 본 계약이 해제되면서(별도의 통보 없이) 계약금은 본인(매도자)의 소유로 되며 본 계약으로 인하여(계약을 이행하지 않으므로 인하여) 손해를 본 금액에 대하여는 별도로 손해배상 청구를 할 것입니다.

3. 위와 같은 불미스러운 일이 없도록 계약을 이행하시기 바랍니다.

20 년 월 일

위 발신인 : (인)

[주] 1. 매매잔대금의 미지급을 이유로 그 잔대금을 독촉하였음에도 이를 이행하지 아니할 경우에는 매매계약을 해제할 수 있다(물론, 이 경우 잔대금 지급과 동시에 소유권이전등기에 필요한 서류를 갖추고 이전등기 및 인도를 하려고

하였으나 매수인의 잔대금 미지급으로 매수인이 이행지체에 빠진 상태를 의미함). 이 경우 매도인이 매매계약을 해제하지 아니하고 방치한다면 매매계약은 그대로 존속된 상태이기 때문에 매수인이 언제든지 잔대금 지급을 하면서 소유권이전등기를 요구할 경우 매도인은 소유권이전등기절차에 응하여야 하는 경우가 있으므로 매도인은 즉시 내용증명 통지 등으로 매매계약의 해제를 통보하여 이에 대처하여야 한다. 또한 매도인은 매매계약해제로 인한 손해에 대한 손해배상청구도 가능하다.

2. 해제통지서의 작성요령은 매매당사자의 인적사항 및 매매의 목적물과 매매의 형태, 잔대금 미지급에 대한 독촉의 사실 등을 명료하게 기재한 후 매수인이 매매계약을 이행하지 아니하여 매매계약을 해제한다는 사실을 기재하여 기명날인하면 된다.

[사례 92] 부동산매매계약에 따른 위약금의 지급을 촉구할 때

통 지 서

받는 사람 성 명 :
주 소 :

보내는 사람 성 명 :
주 소 :
연락처 :

1. 귀하와 본인 간에 20○○. ○. ○. 피고 소유의 ○○시 ○○동 ○○○ 소재 대지 ○○ 및 지상 주택을 대금 ○○○원에 매매하기로 계약하였습니다. 본인은 같은 날 귀하에게 계약금 ○○○원을 지급하였고 같은 해 약속대로 귀하의 집을 방문하여 중도금 ○○○원을 지급하려고 하였습니다.

2. 그러나 집이 비어있는 관계로 중도금을 지급하지 못하였고, 귀하의 처 ○○○가 운영하는 같은 동 소재 ○○갈비집으로 찾아가 중도금의 지급의사를 밝혔으나 귀하의 처 ○○○는 귀하께서 중도금을 수령하지 말라고 했다면서 수령을 거부하였습니다.

3. 귀하께서는 20○○. ○. ○. 발신인에게 전화로 부동산가격이 올랐으므로 매

매가격을 조정할 것을 요청하였으며 발신인이 이에 대한 거부의사를 표시하자 발신인이 중도금을 제때 지급하지 아니한다는 이유로 계약금 중 ○○○원을 반환하며 계약해제의 의사표시를 하였습니다.

4. 귀하께서는 본인의 의사와 무관하게 일방적으로 부동산가격의 상승을 이유로 중도금의 수령을 거부하고 계약해제통지를 하였으므로 귀하께서는 이 건 부동산매매계약의 해제로 인한 위약의 책임을 부담하여야 할 것임을 통지하는 바입니다.

20 년 월 일

위 발신인 : (인)

[주] 1. 매매잔대금의 미지급을 이유로 그 잔대금을 독촉하였음에도 이를 이행하지 아니할 경우에는 매매계약을 해제할 수 있다(물론, 이 경우 잔대금 지급과 동시에 소유권이전등기에 필요한 서류를 갖추고 이전등기 및 인도를 하려고 하였으나 매수인의 잔대금 미지급으로 매수인이 이행지체에 빠진 상태를 의미함). 이 경우 매도인이 매매계약을 해제하지 아니하고 방치한다면 매매계약은 그대로 존속된 상태이기 때문에 매수인이 언제든지 잔대금 지급을 하면서 소유권이전등기를 요구할 경우 매도인은 소유권이전등기절차에 응하여야 하는 경우가 있으므로 매도인은 즉시 내용증명 통지 등으로 매매계약의 해제를 통보하여 이에 대처하여야 한다. 또한 매도인은 매매계약해제로 인한 손해에 대한 손해배상청구도 가능하다.

2. 해제통지서의 작성요령은 매매당사자의 인적사항 및 매매의 목적물과 매매의 형태, 잔대금 미지급에 대한 독촉의 사실 등을 명료하게 기재한 후 매수인이 매매계약을 이행하지 아니하여 매매계약을 해제한다는 사실을 기재하여 기명날인하면 된다.

[사례 93] 부동산매매계약에 따른 잔금을 지급하지 않아 계약이행을 촉구할 때

통 지 서

받는 사람 성 명 :
주 소 :

보내는 사람 성 명 :
주 소 :
연락처 :

<부동산의 표시>

<매매금액> 금 원(₩)
계 약 금 : 원은 20 년 월 일(계약일)에 지불한다.
중 도 금 : 원은 20 년 월 일 지급키로 한다.
잔 금 : 원은 20 년 월 일 지급키로 한다.

1. 위와 같이 계약을 체결하고 계약금과 중도금을 지급하고 잔금은 지불하지 않고 있습니다. 그리하여 본인은 귀하에게 수차에 걸쳐 전화로 계약이행을 요청하였으나 차일피일하면서 위 계약을 이행하지 않고 있습니다.

2. 따라서 본인은 귀하의 계약위반으로 인하여 막대한 손해를 보고 있으므로 20○○. ○. ○.까지 잔금을 지급하여 주시기 바랍니다. 또한 계약을 이행하지 않으므로 해서 손해를 보는 일이 발생하지 않도록(계약해제로 계약금이 매도자의 것으로 되는 등) 하여 주시기 바랍니다.

20 년 월 일

위 발신인 : (인)

[사례 94] 부동산매매계약에 따른 잔금을 지급하지 않아 계약해제를 통지할 때

통 지 서

받는 사람 성 명 :
주 소 :

보내는 사람 성 명 :
주 소 :
연락처 :

<부동산의 표시>

<매매금액> 금 원(₩)
계 약 금 : 원은 20 년 월 일(계약일)에 지불한다.
중 도 금 : 원은 20 년 월 일 지급키로 한다.
잔 금 : 원은 20 년 월 일 지급키로 한다.

1. 위와 같이 계약을 체결하고 계약금과 중도금을 지불하고 잔금이행을 하지 않아 전화로 20○○. ○. ○.에 2차에 걸쳐 중도금 이행을 촉구하고 잔금지급일인 20○○. ○. ○. 이후에도 3차에 걸쳐 전화로 잔금의 지불을 요청하였으나 자금사정이 좋지 않다는 말만 하고서 곧 준다는 말만 하는 등 거짓말만 하고 있습니다.

2. 따라서 본인은 귀하에게 계약이행을 할 것을 3차에 걸쳐 내용증명을 발송하였으나 계약이행을 하지 않아 내용증명 3회차 발송하면서 계약이행을 하지 않으면 20○○. ○. ○.자로 별도의 서신통보 없이 계약이 해약되어 계약금은 매도자의 것으로 되고 계약이행을 하지 않으므로 해서 손해를 본 금액은 중도금에서 공제하고 귀하에게 지급해 주겠다고 통보했으나 이를 확실하게 하기 위하여 내용증명을 발송하오니 그리 아시기 바라며 중도금 중(손해액 공제하고 남은 금액) 일부금액을 20○○. ○. ○.까지 수령해 가시기 바라며 수령해 가지 않을 경우 공탁을 할 것이오니 이점 착오 없으시기 바랍니다.

20 년 월 일

위 발신인 : (인)

[사례 95] 부동산매매계약에 따른 잔대금 지급촉구 및 계약해제방법

통 지 서

받는 사람 성 명 :
주 소 :

보내는 사람 성 명 :
주 소 :
연락처 :

<부동산의 표시>

1. 본인은 귀하 간에 20○○. 5. 10. 본인 소유의 위 부동산에 대하여 매매대금 ○○○○○원으로 정하여, 귀하는 본인에게 계약당일 계약금으로 ○○○○원을 지급하고, 중도금 ○○○○○원은 20○○. 5. 31.에 지급하기로 하며, 잔대금 ○○○○○원은 20○○. 6. 30.에 소유권이전등기절차의 이행과 동시에 지급하기로 하는 부동산매매계약을 체결하였습니다.

2. 그런데 귀하는 본인으로부터 20○○. ○. ○. 위 부동산을 인도받은 이후, 20○○. ○. ○.에 중도금 ○○○○○원을 지급하고, 나머지 잔대금 ○○○○○원을 지급하지 않고 있습니다.

3. 이에 본인은 귀하에게 수차에 걸쳐 전화로 위 계약을 이행할 것을 촉구하였으나 차일피일하면서 위 잔대금을 지급하지 않고 있으므로, 귀하께서는 20○○. 7. 20. 오후 ○○:○○부터 ○○:○○ 사이까지 ○○시 ○○동 ○○대로 ○○에 소재한 법무사 ○○○사무소로 나오시어 소유권이전등기절차의 이행과 동시에 잔대금 ○○○○○원을 본인의 예금통장계좌(농협, ○○

○－○○－○○○)입금하여 주시기 바랍니다.

4. 만약 이를 어길 시에는 20○○. 7. 20.자로 이행지체로 인한 위 매매계약이 해제됨과 동시 계약금반환청구권이 상실될 것이며, 귀하께서 점유하고 있는 부동산에 대하여 원상복구와 함께 즉시 인도하여야 할 것임을 통지하는 바입니다.

첨 부 서 류

1. 부동산 매매계약서 사본	1통
1. 매도인 주민등록초본 사본	1통
1. 매도인 인감증명서(용도 : 부동산 매도용) 사본	1통
1. 등기필증 사본	1통
1. 등기신청 위임장 사본	1통
1. 매도인 통장 사본	1통

20○○. ○. ○.

위 동지인 (인)

[주] 1. 매매잔대금의 미지급을 이유로 그 잔대금을 독촉하였음에도 이를 이행하지 아니할 경우에는 매매계약을 해제할 수 있다(물론, 이 경우 잔대금 지급과 동시에 소유권이전등기에 필요한 서류를 갖추고 이전등기 및 인도를 하려고 하였으나 매수인의 잔대금 미지급으로 매수인이 이행지체에 빠진 상태를 의미함). 이 경우 매도인이 매매계약을 해제하지 아니하고 방치한다면 매매계약은 그대로 존속된 상태이기 때문에 매수인이 언제든지 잔대금 지급을 하면서 소유권이전등기를 요구할 경우 매도인은 소유권이전등기절차에 응하여야 하는 경우가 있으므로 매도인은 즉시 내용증명 통지 등으로 매매계약의 해제를 통보하여 이에 대처하여야 한다. 또한 매도인은 매매계약해제로 인한 손해에 대한 손해배상청구도 가능하다.

2. 해제통지서의 작성요령은 매매당사자의 인적사항 및 매매의 목적물과 매매의 형태, 잔대금 미지급에 대한 독촉의 사실 등을 명료하게 기재한 후 매수인이 매매계약을 이행하지 아니하여 매매계약을 해제한다는 사실을 기재하여 기명날인하면 된다.

[사례 96] 부동산매매계약에 따른 잔금지급을 청구하고자 할 때

통 지 서

받는 사람 성 명 :
주 소 :

보내는 사람 성 명 :
주 소 :
연락처 :

1. 본인은 귀하 간에 본인 소유의 아래 기재 부동산을 20○○. ○. ○. 금 ○○○원에 매매하되 계약금으로 금 ○○○원은 계약당일에 지급하고 20○○. ○. ○. 중도금으로 금 ○○○원을 20○○. ○. ○.에 지급하며, 잔대금 금 ○○○원을 20○○. ○. ○. 소유권이전등기와 동시에 지급하기로 하는 매매계약을 체결하였습니다.

2. 이에 본인은 위 잔대금 지급일자에 소유권이전등기에 필요한 서류를 준비하여 귀하를 기다렸지만 귀하는 위 잔대금 지급기일에 잔대금을 지급하지 아니하였습니다. 이에 본인은 귀하께서 20○○. ○. ○. ○○:○○까지 ○○에 나오시어 소유권이전등기절차 및 인도와 동시에 잔대금 ○○○원을 지급하여 주시기 바랍니다.

- 부 동 산 의 표 시 -

○○시 ○○구 ○○동 ○○○ 대 ○○㎡

○○시 ○○구 ○○동 ○○○
[도로명 주소] ○○시 ○○구 ○○대로 ○○(○○동)
시멘트 벽돌조 기와지붕 단층주택 ○○㎡

20 년 월 일

위 발신인 : (인)

[주] 1. 매도인은 매수인에 대하여 매매의 목적이 된 권리를 이전하여야 하며, 매수인은 매도인에게 그 대금을 지급하여야 한다. 이는 특별한 약정이나 관습이 없으면 동시에 이행하여야 하고 매매의 목적물의 인도와 동시에 대금을 지급할 경우에는 그 인도장소에서 이를 지급하여야 한다.

2. 당사자 일방이 그 채무를 이행하지 아니하는 때에는 상대방은 상당한 기간을 정하여 그 이행을 최고하고 그 기간 내에 이행하지 아니한 때에는 계약을 해지할 수 있으나 채무자가 미리 이행하지 아니할 의사를 표시한 경우에는 최고를 요하지 아니한다.

3. 부동산 매매계약에 있어서 매수인이 잔대금 지급기일까지 그 대금을 지급하지 못하면 그 계약이 자동적으로 해제된다는 취지의 약정이 있더라도 특별한 사정이 없는 한 매수인의 잔대금 지급의무와 매도인의 소유권이전등기 의무는 동시이행관계에 있으므로 매도인이 잔대금 지급기일에 소유권이전등기에 필요한 서류를 준비하여 매수인에게 알리는 등 이행의 제공을 하여 매수인으로 하여금 이행지체에 빠지게 하였을 때에 비로소 자동적으로 매매계약이 해제된다고 보아야 하고 매수인이 그 약정기한을 도과하였더라도 이행지체에 빠진 것이 아니라면 대금 미지급으로 계약이 자동해제된 것으로 볼 수 없다(대법원 1998. 6. 12. 선고 98다505 판결).

4. 당사자 일방이 계약을 해제한 때에는 각 당사자는 상대방에 대하여 원상회복의 의무가 있으나 제3자의 권리를 해하지 못하며, 이 경우 반환할 금전에는 그 받은 날로부터 이자를 부가하여야 한다.

5. 부동산 매매잔대금을 청구하는 경우의 내용증명서의 작성요령은 먼저 매매당사자를 특정하여 기재한 후 매매계약의 형태와 매매목적물을 기재하고 미지급된 매매잔대금의 지급을 청구하여야 한다. 이때 주의할 점은 매매잔대금 지급의무와 소유권이전등기의무는 특별한 사정이 없는 한 동시이행관계에 있으므로, 매도인은 소유권이전등기에 필요한 서류를 준비하였음을 기재하여 매수인으로 하여금 이행지체에 빠지게 할 필요가 있고 또 이들 서류를 준비하여 잔대금 수령과 동시에 소유권이전등기절차 및 인도를 할 수 있음을 명시함이 타당하다.

[사례 97] 부동산매매계약에 따른 중도금을 지불하지 않아 계약해제 통보방법

통 지 서

받는 사람 성 명 :
주 소 :

보내는 사람 성 명 :
주 소 :
연락처 :

<부동산의 표시>

<매매금액> 금 원(₩)
계 약 금 : 금 원은 20 년 월 일(계약일)에 지불한다.
중 도 금 : 금 원은 20 년 월 일 지급키로 한다.
잔 금 : 금 원은 20 년 월 일 지급키로 한다.

귀하는 위와 같이 계약을 체결하고 중도금을 지급해 주지 않아 계약이행을 촉구하는 내용증명을 20○○. ○. ○.에 발송하였으나 중도금을 지급하지 아니하여 위 계약은 20○○. ○. ○.자로 해제되었음을 통보하오니 이점 착오 없으시기 바랍니다.

20 년 월 일

위 발신인 : (인)

[사례 98] 부동산매매계약을 해제하고자 할 때

계약해제통지서

받는 사람 성 명 :
주 소 :

보내는 사람 성 명 :
주 소 :
연락처 :

1. 본인은 20○○. ○. ○. ○○시 ○○동 ○○○ 소재의 대 100㎡을 매매계약을 하였습니다. 귀하와 계약을 체결할 때 총 면적이 ○○○㎡에, 평당 가격이 ○○○원이라고 하였고 계약서에도 그렇게 기재되어 있었습니다. 그런데 계약을 체결한 후 실제 토지를 측정한 결과 총면적이 90㎡로 귀하와 말한 것과 10㎡가 부족하였습니다.

2. 이것은 계약내용과 전혀 다른 내용으로 이 면적으로는 당초 본인이 계획했던 건축물을 건축할 수가 없으므로 부득이 매매계약을 해제하겠음을 통지합니다.

3. 따라서 본인이 계약금으로 지불한 금액을 20○○. ○. ○.까지 반환하여 주시기 바랍니다.

20 년 월 일

위 발신인 : (인)

[사례 99] 부동산매매대금 미지급으로 인한 계약해제를 통보할 때

부동산매매계약해제통보서

받는 사람　　성　명 :
　　　　　　　주　소 :

보내는 사람　성　명 :
　　　　　　　주　소 :
　　　　　　　연락처 :

<부동산의 표시>

<계약내용>

매매금액 :　　　원(₩　　　　)
계 약 금 :　　　원은 20　년　월　일(계약일)에 지불한다.
중 도 금 :　　　원은 20　년　월　일 지급키로 한다.
잔　　금 :　　　원은 20　년　월　일 지급키로 한다.

1. 위와 같이 계약을 체결하고 중도금 및 잔금을 지급해 주지 않아 계약이행을 요구하면서 20○○. ○. ○.에 2차에 걸쳐 중도금 이행을 촉구하고 잔금지급일인 20○○. ○. ○. 이후에도 3차에 걸쳐 전화로 중도금 및 잔금의 지불을 요청하였으나 자금 사정이 좋지 않다는 말만 하고서 곧 준다는 말만 하는 등 거짓말만 하고 있습니다.

2. 따라서 귀하께서는 20○○. ○. ○.까지 중도금 및 잔금을 지불하여 주지 않으면 계약해제하고 계약금은 본인의 소유로 된다는 것을 통보하였음에도 금일 현재까지 계약이행을 하지 않아 본 계약을 이행할 뜻이 없기 때문에 20○○. ○. ○.자로 계약이 해제되면서 계약금도 해제와 동시에 본인의 소유로 (매도인의 소유로) 됨을 알려 드리오니 이점 착오 없으시기 바랍니다.

20　년　월　일

위 발신인 : (인)

[주] 1. 매매잔대금의 미지급을 이유로 그 잔대금을 독촉하였음에도 이를 이행하지 아니할 경우에는 매매계약을 해제할 수 있다(물론, 이 경우 잔대금 지급과 동시에 소유권이전등기에 필요한 서류를 갖추고 이전등기 및 인도를 하려고 하였으나 매수인의 잔대금 미지급으로 매수인이 이행지체에 빠진 상태를 의미함). 이 경우 매도인이 매매계약을 해제하지 아니하고 방치한다면 매매계약은 그대로 존속된 상태이기 때문에 매수인이 언제든지 잔대금 지급을 하면서 소유권이전등기를 요구할 경우 매도인은 소유권이전등기절차에 응하여야 하는 경우가 있으므로 매도인은 즉시 내용증명 통지 등으로 매매계약의 해제를 통보하여 이에 대처하여야 한다. 또한 매도인은 매매계약해제로 인한 손해에 대한 손해배상청구도 가능하다.

2. 해제통지서의 작성요령은 매매당사자의 인적사항 및 매매의 목적물과 매매의 형태, 잔대금 미지급에 대한 독촉의 사실 등을 명료하게 기재한 후 매수인이 매매계약을 이행하지 아니하여 매매계약을 해제한다는 사실을 기재하여 기명날인하면 된다.

[사례 100] 부동산매매잔금을 지급하지 않아 수차 내용증명발송 후 계약해제통보

통 지 서

받는 사람 성 명 :
주 소 :

보내는 사람 성 명 :
주 소 :
연락처 :

<부동산의 표시>

<매매금액> 금 원(₩)

계 약 금 : 원은 20 년 월 일(계약일)에 지불한다.
중 도 금 : 원은 20 년 월 일 지급키로 한다.
잔 금 : 원은 20 년 월 일 지급키로 한다.

1. 위와 같이 계약을 체결하고 계약금과 중도금을 지급하고 잔금지불을 이행하지 않고 있어 내용증명을 1차에 걸쳐 발송하였으나 이행하지 않았고 또한 전화로 수차에 걸쳐 계약이행을 요청하였으나 이행하지 않아 부득이 내용증명을 발송하오며 20○○. ○. ○.까지 잔금을 지급해 주지 않으면 20○○. ○. ○.자로 별도의 서신통보 없이 본 내용증명으로 계약이 해제됨을 통지합니다.

2. 또한 계약이 해제되면서 계약금은 매도인의 소유가 되고 중도금 일부금 ○○○원은 이로 인한 손해액을 감액하고 남은 금액에 대해서는 반환 또는 공탁하겠음을 알려 드립니다.

20 년 월 일

위 발신인 : (인)

[주] 1. 매매잔대금의 미지급을 이유로 그 잔대금을 독촉하였음에도 이를 이행하지 아니할 경우에는 매매계약을 해제할 수 있다(물론, 이 경우 잔대금 지급과 동시에 소유권이전등기에 필요한 서류를 갖추고 이전등기 및 인도를 하려고 하였으나 매수인의 잔대금 미지급으로 매수인이 이행지체에 빠진 상태를 의미함). 이 경우 매도인이 매매계약을 해제하지 아니하고 방치한다면 매매계약은 그대로 존속된 상태이기 때문에 매수인이 언제든지 잔대금 지급을 하면서 소유권이전등기를 요구할 경우 매도인은 소유권이전등기절차에 응하여야 하는 경우가 있으므로 매도인은 즉시 내용증명 통지 등으로 매매계약의 해제를 통보하여 이에 대처하여야 한다. 또한 매도인은 매매계약해제로 인한 손해에 대한 손해배상청구도 가능하다.

2. 해제통지서의 작성요령은 매매당사자의 인적사항 및 매매의 목적물과 매매의 형태, 잔대금 미지급에 대한 독촉의 사실 등을 명료하게 기재한 후 매수인이 매매계약을 이행하지 아니하여 매매계약을 해제한다는 사실을 기재하여 기명날인하면 된다.

[사례 101] 부동산매매중도금 일부 및 잔금지불이행을 통보할 때

통 지 서

받는 사람 성 명 :
주 소 :

보내는 사람 성 명 :
주 소 :
연락처 :

<부동산의 표시>

<매매금액> 금 원(₩)
계 약 금 : 금 원은 20 년 월 일(계약일)에 지불한다.
중 도 금 : 금 원은 20 년 월 일 지급키로 한다.
잔 금 : 금 원은 20 년 월 일 지급키로 한다.

1. 귀하는 위와 같이 계약을 체결함과 동시에 계약금을 지불하고 중도금 지급일에 중도금 중 일부만 지급한 후 나머지 금액은 잔금지급일에 지불하겠다고 약속한 후 중도금 일부와 잔금을 지불하지 않고 있습니다.

2. 그리하여 수차에 걸쳐 전화로 계약이행을 요청하였으나 약속만 하고 이행을 하지 않고 있습니다.

3. 이로 인하여 본인은 막대한 손해를 보고 있으므로 부득이 20○○. ○. ○.까지 중도금 일부 금 ○○○원과 잔금을 지급하여 주시기 바랍니다.

4. 만약 계약을 이행치 않으므로 해서 귀하께서는 계약금을 반환받지 못하는 등의 피해를 볼 수 있으니 이러한 일이 발생하지 않도록 성실히 계약을 이행하시기 바랍니다.

20 년 월 일

위 발신인 : (인)

[사례 102] 부동산매매에 대한 채무이행거절에 대한 통지를 할 때

통 지 서

받는 사람 성 명 :
주 소 :

보내는 사람 성 명 :
주 소 :
연락처 :

1. 본인과 귀하 간에 본인 소유의 20○○. ○. ○. ○○ 소재의 대 230㎡의 토지에 대하여 매매계약을 체결하였습니다. 이후 20○○. ○월과 ○월에 각각 중도금과 잔금을 지급하기로 하고 소유권이전등기는 잔금지급과 동시에 이행하기로 하였습니다.

2. 그런데 귀하는 본인에 대하여 ○○인도 이행의 청구를 하였으나 귀하가 본인에 대하여 이행하여야 할 대금 ○○○원을 아직 제공하지 않고 있으므로, 귀하가 대금을 제공하면 본인은 언제든지 이행할 것이나 귀하가 대금의 제공을 할 때까지는 본인은 이행을 거절하겠음을 통지하는 바입니다.

20 년 월 일

위 발신인 : (인)

[사례 103] 부동산매매에 따른 중도금 지급을 독촉할 때

통 지 서

받는 사람 성 명 :
주 소 :

보내는 사람 성 명 :
주 소 :
연락처 :

1. 삼가 귀댁의 안녕을 기원합니다.

2. 본인은 귀하와 20○○. ○. ○. 본인 소유의 ○○시 ○○구 ○○동 ○번지 대 ○○㎡를 금 ○○○원에 매매하기로 약정하고 계약금 ○○○원은 계약 당일 지급받고, 중도금으로 금 ○○○원은 20○○. ○. ○.에, 잔대금 ○○○원은 20○○. ○. ○.에 지급하기로 각 약정하였습니다.

3. 그러나 귀하께서는 중도금 지급기일이 지난 현재까지도 아무런 연락도 없이 중도금 지급을 지체하고 있으므로 20○○. ○. ○.까지 중도금을 지급하여 주시기 바라며, 만일 위 기일에 중도금 지급을 하지 않을 경우 본 계약을 성실히 이행할 의사가 없는 것으로 간주하여 본 계약을 해제함을 통보하는 바입니다.

20 년 월 일

위 발신인 : (인)

[주] 1. 최고를 한 후 이를 이행치 아니하면 계약을 해제하고자 하는 경우 먼저 상대방이 계약을 불이행하여 계약해제 사유가 있어야 한다. 즉, 상대방에게 이행지체, 이행불능, 불완전이행 등의 사유가 있을 때 통지인은 상대방에게 그 계약을 이행할 것을 최고하여 기회를 준 후 그래도 이행이 되지 않을 경우 계약을 해제하겠다는 통지이다.

2. 이 경우 이행일자는 계약내용과 달리 통지인이 임의로 정하여 기재할 수 있으나 그 기한이 너무 길거나 짧을 경우 이행의 불능이나 기타 손실을 초래할 수 있으므로 적당한 기간을 선택하여 이행일자를 기재함이 좋고 이 이행일자에 이행을 하지 않을 경우 계약이행 의사가 없음을 간주하여 동 계약을 해제하고자 한다는 취지의 내용을 기재하면 된다.

[사례 104] 부동산매매에 따른 중도금 지급을 독촉할 때

최 고 장

받는 사람　　성　명 :
　　　　　　　주　소 :

보내는 사람　성　명 :
　　　　　　　주　소 :
　　　　　　　연락처 :

1. 본인은 귀하와 20○○. ○. ○. 본인 소유의 ○○시 ○○구 ○○동 ○번지 대 ○○㎡를 금 ○○○원에 매매하기로 약정하고 계약금 ○○○원은 계약 당일 지급받고, 중도금 ○○○원은 20○○. ○. ○.에, 잔대금 ○○○원은 20○○. ○. ○.에 각 지급하기로 약정하였습니다.

2. 그런데 귀하께서는 중도금 지급기일이 지난 현재까지도 아무런 연락도 없이 중도금의 지급을 지체하고 있으므로 20○○. ○. ○.까지 ○○에서 중도금을 지급하여 주시기 바랍니다.

3. 만약 위 기일까지 중도금 지급을 하지 않을 경우 본 계약을 성실히 이행할 의사가 없다고 간주하여 본 계약을 해제함을 통보하는 바입니다.

20　년　월　일

위 발신인 :　　　　　(인)

[사례 105] 부동산매매에 따른 중도금 지급을 독촉할 때

통 지 서

받는 사람 성 명 :
주 소 :

보내는 사람 성 명 :
주 소 :
연락처 :

부동산의 표시 :

1. 삼가 귀댁의 안녕을 기원합니다.

2. 위 부동산에 대하여 본인은 귀하와 계약금 ○○○원에 중도금 20○○. ○. ○.까지 금 ○○○원, 잔금은 같은 해 ○. ○.까지 금 ○○○원을 지급하기로 하는 부동산매매계약을 20○○. ○. ○. 체결하고, 계약당일 위 계약금을 지급받았습니다.

3. 그러나 귀하는 위 계약의 중도금 납입기한이 지났음에도 불구하고 아직까지 아무런 연락이 없으므로 본인은 귀하가 위 기간 내에 지급하지 못한 정당한 이유를 제시하고 지금이라도 중도금을 납입하면 위 계약은 유지된다고 하겠으나 그렇지 않을 경우에는 위 부동산매매계약은 해제되었음을 통보하는 바입니다.

4. 아울러 본 계약이 해제됨에 따라 해제의 사유가 귀하에게 있으므로 이에 따른 계약금을 본인에게 귀속될 것임을 통보하는 바이오니 이점 착오 없으시기 바랍니다.

20 년 월 일

위 발신인 : (인)

[사례 106] 부동산매매에 따른 중도금을 지불해 주지 않을 때

통 지 서

받는 사람 성 명 :
주 소 :

보내는 사람 성 명 :
주 소 :
연락처 :

<부동산의 표시>

<매매금액> 금 원(₩)
계 약 금 : 금 원은 20 년 월 일(계약일)에 지불한다.
중 도 금 : 금 원은 20 년 월 일 지급키로 한다.
잔 금 : 금 원은 20 년 월 일 지급키로 한다.

1. 위와 같이 계약을 체결하고 귀하께서 계약금을 지불하고 중도금은 위 지급일에 지불치 않고 있으므로, 본인은 귀하에게 계약이행을 요청하였으나 약속만 하고는 이행을 하지 않아 더 이상 기다릴 수만은 없습니다.

2. 따라서 본의 아니게 본 내용증명을 발송하오니 20○○. ○. ○.까지 중도금 ○○○원을 지불하지 않으면 20○○. ○. ○.자로 별도의 서신 통보 없이 계약이 해제됨을 통지하는 바입니다.

3. 또한, 계약이 해제되면 계약금은 매도인에게 귀속됨을 알려드리오니 착오 없으시기 바랍니다.

20 년 월 일

위 발신인 : (인)

[사례 107] 부동산 불법사기매매에 따른 소유권이전등기를 요청할 때

통 지 서

받는 사람 성 명 :
주 소 :

보내는 사람 성 명 :
주 소 :
연락처 :

부동산의 표시 :

1. 삼가 귀댁의 안녕을 기원합니다.

2. 본인은 위 부동산의 원 소유자로서 귀하와 부동산매매계약을 체결한 사실이 없음에도 20○○. ○. ○.자로 귀하의 명의로 매매를 원인으로 하는 소유권 이전등기가 경료되었습니다.

3. 이에 본인이 사실확인을 해 본 결과 다른 제3자가 본인의 명의를 도용하여 귀하를 상대로 부동산 사기행위를 벌여 매매한 것으로서 이는 본인과는 관계없는 불법행위에 의한 이전등기절차가 된 것이므로 본인은 본 내용증명을 통하여 위 부동산의 명의를 본인의 명의로 이전등기하여 주실 것을 통고합니다.

4. 만약 귀하가 본인의 정당한 요구에도 불구하고 위의 이전등기절차를 지체할 경우 본인은 귀하를 상대로 부동산소유권이전등기말소 청구의 소를 제기함은 물론이고 이에 따른 제반비용 또한 청구할 것이오니 부디 불미스러운 일이 발생하지 않도록 하여 주시기 바랍니다.

20 년 월 일

위 발신인 : (인)

[사례 108] 부동산의 부당소유자에게 소유권이전등기를 요구할 때

통 지 서

받는 사람 성 명 :
주 소 :

보내는 사람 성 명 :
주 소 :
연락처 :

부동산의 표시 :

1. 삼가 귀댁의 안녕을 기원합니다.

2. 본인은 위 부동산의 소유주이자 조부였던 ○○○의 손자입니다.

3. 그러나 위 부동산에 관련된 기록들이 6. 25.사변 당시 모두 멸실되고, 본인의 가족들도 모두 피난을 가게 되어 점유하고 있지를 못하고 있다가 최근 위 부동산에 관한 관련 자료를 입수하게 되어 이를 확인해 본 결과 귀하가 귀하의 이웃 2명과 함께 위 부동산이 원래 귀하의 소유였다는 거짓 증언을 하여 이를 특조법에 의하여 소유권보존등기를 한 사실이 있습니다.

4. 따라서 위와 같은 귀하의 행위는 민, 형사상의 불법행위로써 본인은 본 내용증명을 통하여 본인의 명의로 소유권을 회복하여 줄 것을 통보하는 바이오니 20○○. ○. ○.까지 소유권이전등기를 하여 주시기 바랍니다.

5. 만약 아무런 답변이 없을 경우 본인은 위 부동산에 대한 소유권이전등기말소청구 소송의 청구와 소송에 따른 제반비용을 청구할 것이고, 형사고소 또한 제기할 예정이오니 부디 불미스러운 일이 발생하지 않도록 협조하여 주시기 바랍니다.

20 년 월 일

위 발신인 : (인)

[사례 109] 가압류된 건물을 채권자 승낙없이 철거할 때

통 지 서

받는 사람 성 명 :
주 소 :

보내는 사람 성 명 :
주 소 :
연락처 :

1. 본인은 귀하에게 20○○. ○. ○. 금 ○○○원을 대여하고 변제기일이 지나도록 동 금원을 변제하지 아니하여 부득이 20○○. ○. ○. 귀하 소유의 ○○시 ○○동 ○○○ 소재 대 ○○㎡ 및 동 지상 건물에 대하여 가압류를 집행한 바 있습니다.

2. 그런데 귀하는 위 대여금을 변제하지 않고 본인의 승낙 없이 위 주택을 철거하였습니다.

3. 형법 제323조에 의하면 "타인의 점유 또는 권리의 목적이 된 자기의 물건 또는 전자기록 등 특수매체 기록을 취거, 은닉, 손괴하여 타인의 권리행사를 방해한 자는 5년 이하의 징역 또는 700만원 이하의 벌금에 처한다"라고 규정하고 있습니다. 그런데 위 사안에서와 같이 가압류 채무자가 가압류권자의 동의나 승낙도 없이 가압류된 자기 물건을 철거한 것이 위 규정에 의하여 권리행사방해죄가 성립된 지에 관한 대법원 판례를 보면 "가압류된 건물의 소유자가 채권자의 승낙 없이 그 건물을 파괴, 철거한 행위는 권리행사방해죄를 구성한다."라고 하였습니다(대법원 1960. 9. 14. 선고 4292형상537, 카5058 판결).

4. 그러므로 귀하께서는 20○○. ○. ○.까지 대여금 ○○○원을 변제하기 바

라며, 만약 이에 불응할 시에는 민,형사상의 법적 조치를 단행하겠으니 양지하시기 바랍니다.

20 년 월 일

위 발신인 : (인)

[사례 110] 부동산 저당권을 양도하고자 할 경우

통 지 서

받는 사람 성 명 :
주 소 :

보내는 사람 성 명 :
주 소 :
연락처 :

본인은 귀하 소유 부동산에 대한 본인이 보유한 다음 기재 저당권을 ○○○에게 양도하고자 그 뜻을 통지합니다.

- 저 당 권 의 표 시 -

부동산의 표시 : ○○시 ○○동 ○○○ 대 ○○㎡
○○시 ○○동 ○○○
[도로명 주소] ○○시 ○○대로 ○○
시멘트 벽돌조 기와지붕 2층 주택
1층 70㎡, 2층 70㎡
설정등기 : 20○○. ○. ○. 접수 제○○○호
원 인 : 저당권설정계약
채 권 액 : 금 ○○○원

변 제 기 : 20○○. ○. ○.
이　　자 : 연 ○%
이자지급시기 : 매월 말일
채 무 자 : ○○○, ○○시 ○○로 ○○(○○동)
채 권 자 : ○○○, ○○시 ○○로 ○○(○○동)

- 양 도 의 표 시 -

양 수 인 : ○○○, ○○시 ○○로 ○○(○○동)
양도원인 : 20○○. ○. ○. 금 ○○○원의 금전소비대차계약
양도일자 : 20○○. ○. ○.

20 년 월 일

위 발신인 : (인)

[주] 1. 저당권이란 채무자 또는 제3자(물상보증인)가 채무의 담보로서 제공한 부동산 또는 부동산물권(지상권, 전세권)의 점유를 이전하지 아니하고 관념상으로만 지배하고 있다가 채무의 변제가 없는 경우, 그 목적물로부터 다른 채권자보다 우선하여 변제를 받을 수 있는 권리이다.

2. 저당권은 그 담보한 채권과 분리하여 타인에게 양도하거나 다른 채권의 담보로 하지 못하고 저당권자는 그 채권의 변제를 받기 위하여 저당물의 경매를 청구할 수 있다.

3. 저당권은 채권의 양도나 상속 또는 대위변제 등의 사유로 인하여 저당권이 이전되며 저당권의 양도라 함은 저당권부채권의 양도를 뜻하는 것으로 저당권에 의해서 담보되어 있는 채권을 저당권과 함께 양도하는 것을 말하고 저당권의 양도는 채권양도의 합의 및 저당권이전등기 등 채권양도의 대항요건을 갖추어야 그 효력이 발생한다.

4. 저당권을 양도하고자 할 경우의 내용증명 작성요령은 먼저 당사자를 특정하여 기재한 후 양도할 당해 저당권을 특정하여 기재하고 양도의 표시로서 양수인 및 양도원인과 양도일자를 기재하여 양도인이 기명날인하면 된다.

[사례 111] 담보가등기권을 실행하고자 할 때

담보가등기 실행통지서

받는 사람 성 명 :
주 소 :

보내는 사람 성 명 :
주 소 :
연락처 :

1. 본인은 20○○. ○. ○. 귀하에게 금 1억원을 대여하면서 이자는 연 15%, 변제기일은 20○○. ○. ○.로 정하고 아래 부동산을 대물변제로 본인에게 이전할 것을 예약하고 소유권이전 담보가등기를 경료하였습니다.

2. 그런데 귀하는 변제기일이 도과하였음에도 불구하고 원금은 물론 이자조차도 지급하지 않고 있습니다.

3. 따라서 귀하 소유의 아래 부동산의 대물변제예약은 그 조건이 성취되었으므로 부동산의 평가액과 채권액을 정산하여 통지합니다.

아 래

가. 담보 가등기 표시 : ○○시 ○○동 ○○○ 대 ○○㎡
나. 부동산 평가액 : 금 ○○○원
다. 채권액 : 원금 ○○○원, 이자 ○○○원, 합계 ○○○원,

20 년 월 일

위 발신인 : (인)

[사례 112] 부동산중개 사기에 따른 피해 변상을 청구할 때

통 지 서

받는 사람 성 명 :
주 소 :

보내는 사람 성 명 :
주 소 :
연락처 :

1. 본인은 ○○시 ○○로 ○○(○○동)에 사는 가정주부이고 귀하는 ○○시 ○○동 소재 ○○번 버스종점에서 ○○부동산이란 상호로 부동산 중개업소의 보조원으로 일하는 자입니다.

2. 본인은 20○○. ○월경 이사 준비로 부동산을 드나들며 귀하를 만났습니다. 이사를 모두 마친 후 귀하는 본인에게 자주 전화를 걸고 저렴한 땅이 있으니 중개하겠다고 말하였습니다. 귀하의 말에 의하면 ○○시 ○○로 ○○(○○동) 거주한 ○○○가 얼마 뒤 공항 확장공사를 하게 이를 사두면 얼마가지 않아 몇 배의 이득을 얻을 수 있겠고 아니면 집을 지어서 살아도 좋다고 말하였습니다.

3. 부동산에 대해 아무것도 모르는 본인은 중개대상물에 대한 정확한 고지 없이 ○○○원에 계약을 하고 ○○○원을 선입금하였습니다. 그런데 나중에 알고 보니 귀하가 소개한 땅은 이미 소유주가 있는 땅이었고 개발계획 또한 꾸며낸 거짓말이었습니다. 귀하는 본인이 이체한 판매대금을 받아 착복하고 금일 현재까지 만나주지도 않고 전화를 피하고 있습니다.

4. 따라서 본 건 내용증명을 보내오니 20○○. ○. ○.까지 사과와 동시에 계약금 일체를 반환하여 주시기 바랍니다. 만일 불응 시는 부득이 민, 형사상 법적조치를 취하겠으니 이점 양지하시기 바랍니다.

20 년 월 일

위 발신인 : (인)

[사례 113] 부동산목적물의 하자로 인한 계약금을 반환청구할 때

통 지 서

받는 사람 성 명 :
주 소 :

보내는 사람 성 명 :
주 소 :
연락처 :

매매물건의 표시

○○시 ○○구 ○○동 ○○○ 대 ○○㎡
○○시 ○○구 ○○로 ○○○
[도로명 주소] ○○시 ○○구 ○○대로 ○○
시멘트 벽돌조 기와지붕 단층주택 ○○㎡

<계약내용>

매매금액 : 원(₩)
계 약 금 : 원은 20 년 월 일 계약일에 지불한다.
중 도 금 : 원은 20 년 월 일 지급키로 한다.
잔 금 : 원은 20 년 월 일 지급키로 한다.

1. 본인은 귀하와 위와 같이 계약을 체결하였으나 그 부동산에 하자가 발생하여 매매 당사자인 쌍방이 합의하에 계약금을 20○○. ○. ○.까지 반환하여 주기로 지불각서까지 제출하고 현재까지 반환하지 않고 있습니다.

2. 따라서 귀하는 수차에 걸쳐 반환하여 준다는 약속을 하고도 반환하지 않은 것을 볼 때 저를 기만한 행위이며 그 부동산을 매매계약 당시부터 계획적으

로 한 행위로 볼 수밖에 없습니다.

3. 만약 위 금액을 20○○. ○. ○.까지 반환하지 않으면 손해배상청구소송을 취할 것이오니 이에 대한 어떠한 피해도 감수하시고 제반 비용 등도 귀하의 계약위반으로 볼 수밖에 없으므로 계약금액의 배액을 배상하여 주시기 바랍니다.

20 년 월 일

위 발신인 : (인)

[사례 114] 부동산매도인이 중도금 등의 수령을 거부할 때

통 지 서

받는 사람 성 명 :
주 소 :

보내는 사람 성 명 :
주 소 :
연락처 :

부동산의 표시 :

1. 삼가 귀댁의 안녕을 기원합니다.

2. 본인은 소유주인 귀하 간에 위 부동산에 대하여 20○○. ○. ○. 계약금 ○○○원을 20○○. ○. ○.에 중도금 ○○○원은 20○○. ○. ○.까지, 잔금 ○○○원은 같은 해 20○○. ○. ○.까지 각 지급하기로 하는 부동산매매계약을 체결하고, 계약당일 위 계약금을 지불하였습니다.

3. (계속 부동산 매매계약을 성립시키고 싶은 경우)

그러나 본인이 위 중도금 납입기일에 중도금을 납입하기 위하여 귀하에게 수령할 것을 요구하였으나 귀하는 납입기한이 지났음에도 불구하고 현재까지 수령을 거절하고 있습니다. 이에 본인은 위 중도금과 잔금을 관할법원에 공탁을 하고 이를 기화로 소유권이전등기청구의 소를 제기할 예정입니다. 또한 이에 따른 제반비용도 귀하에게 전가할 것이오니 부디 불미스러운 일이 발생하지 않도록 협조하여 주시기 바랍니다.

4. (계약을 해제하고, 계약금과 위약금을 받고 싶은 경우)
그러나 본인이 위 중도금 납입기일에 중도금을 납입하기 위하여 귀하에게 수령할 것을 요구하였으나 귀하는 납입기한이 지났음에도 불구하고 현재까지 수령을 거절하고 있습니다. 이에 본인은 본 내용증명을 통하여 위 부동산 매매계약은 해제되었음은 물론 이에 따른 계약금과 위약금을 20○○. ○. ○.까지 반환하여 주시기 바랍니다. 만약 위 기일을 어길 시에는 계약금 및 위약금반환청구의 소를 제기할 것입니다. 또한 이에 따른 제반비용도 귀하에게 전가할 것이오니 부디 불미스러운 일이 발생하지 않도록 협조하여 주시기 바랍니다.

20 년 월 일

위 발신인 : (인)

[사례 115] 임차권을 양도를 승인하지 않아 건물매수청구방법

통 지 서

받는 사람 성 명 :
주 소 :

보내는 사람 성 명 :
주 소 :
연락처 :

1. 본인은 귀하가 ○○○의 임차인 ○○○으로부터 임차한 동 번지의 대 ○○○㎡의 부지 위에 임차인의 소유인 아래 부동산의 표시 기재 건물을 20○○. ○. ○. 임차인으로부터 매수함과 동시에 토지의 임차권을 양수하였습니다.

2. 그러나 귀하는 임차권의 양도를 승인하지 않고 있는 상황이므로 본인이 시가 ○○○원(○○감정사의 감정가격)으로 다음 건물의 매수할 것을 통제합니다.

－부 동 산 의 표 시－

20 년 월 일

위 발신인 : (인)

[사례 116] 매수인의 사정으로 매매계약을 해제하고자 할 때

매매계약해제통지서

받는 사람 성 명 :
주 소 :

보내는 사람 성 명 :
주 소 :
연락처 :

1. 삼가 귀댁의 안녕을 기원합니다.

2. 본인은 귀하 간에 20○○. ○. ○. 귀하 소유의 ○○시 ○○구 ○○로 ○○(○○동) 소재 목조 기와지붕 1층 주택 1동 ○○○㎡를 매수한다는 부동산 매매계약을 체결한 바 있습니다.

3. 이에 따라 본인은 귀하에게 계약당일 계약금으로 금 ○○○원을 지급하였습니다만 이번에 본인의 사정에 의하여 위 계약금을 포기하고 위 매매계약을 해제하고자 이에 통지합니다.

20 년 월 일

발신자 (인)

[사례 117] 매매대금청구를 하였으나 미지급으로 계약해제방법

통 지 서

받는 사람 성 명 :
주 소 :

보내는 사람 성 명 :
주 소 :
연락처 :

매매물건의 표시

○○시 ○○구 ○○동 ○○○ 대 ○○㎡
○○시 ○○구 ○○동 ○○○
[도로명 주소] ○○시 ○○구 ○○대로 ○○
시멘트 벽돌조 기와지붕 1층 주택 ○○㎡

<계약내용>

매매금액 : 원(₩)
계 약 금 : 원은 20 년 월 일 계약일에 지불한다.
중 도 금 : 원은 20 년 월 일 지급키로 한다.
잔 금 : 원은 20 년 월 일 지급키로 한다.

1. 위와 같이 계약을 체결하고 귀하께서는 본인에게 중도금 및 잔금을 지급해 주지 않아 계약이행을 요구하면서 20○○. ○. ○.에 2차에 걸쳐 중도금 이행을 촉구하고 잔금지급일인 20○○. ○. ○. 이후에도 3차에 걸쳐 전화로 중도금 및 잔금의 지불을 요청하였으나 자금사정이 좋지 않다는 이유로 곧 준다는 말만 하는 등 거짓말만 하고 있습니다.

2. 이에 부득이 20○○. ○. ○.까지 중도금 및 잔금을 지불하여 주지 않으면 계약해제하고 계약금은 본인의 소유로 된다는 것을 통보하였음에도 현재까지 계약이행을 하지 아니하여 20○○. ○. ○.자로 계약이 해제됨과 동시 계약금은 본인에게 귀속되었고 위 부동산의 소유권은 본인의 소유로 됨을 알려 드리오니 이점 착오 없으시기 바랍니다.

20 년 월 일

위 발신인 : (인)

[사례 118] 대항력없는 상대방이 경매부동산을 인도하지 않을 때

통 지 서

받는 사람 성 명 :
주 소 :

보내는 사람 성 명 :
주 소 :
연락처 :

부동산의 표시 :

1. 삼가 귀댁의 안녕을 기원합니다.

2. 본인은 ○○지방법원으로부터 부동산 강제경매절차를 거쳐 위 부동산을 매수한 현 소유자입니다.

3. 그러나 귀하께서는 위 부동산에 대한 대항력도 없을 뿐만 아니라 오로지 경매가 시작됨과 더불어 이사비용을 받으려는 불손한 마음으로 무단 점유하고 있는 자이므로, 20○○. ○. ○.까지 귀하는 본 건물에서 퇴거함과 동시 위 부동산을 인도할 것을 촉구하는 바입니다.

4. 만일 귀하께서 위 기일까지 위 건물에서 퇴거 및 인도하지 않을 경우에는 본인은 귀하를 상대로 인도명령 청구를 함과 동시에 형사고소를 할 것이고 이에 따른 제반비용 또한 청구할 것이오니 부디 불미스러운 일이 발생하지 않도록 이행하여 주시기 바랍니다.

20 년 월 일

위 발신인 : (인)

[사례 119] 신탁부동산의 해지를 요청할 때

통 지 서

받는 사람 성 명 :
주 소 :

보내는 사람 성 명 :
주 소 :
연락처 :

부동산의 표시 :

1. 삼가 귀댁의 안녕을 기원합니다.

2. 본인은 위 부동산의 실제 소유주이나 본인의 사정으로 위 부동산을 귀하의 명의로 소유권이전등기를 명의신탁하였습니다.

3. 그러나 현재 본인의 문제점이 원만히 해결되어 비로소 위 부동산의 소유자 명의를 본인의 명의로 회복하고자 하오니 이를 원만히 진행할 수 있도록 협조하여 주시기 바랍니다.

4. 아울러 본인이 귀하에게 본 내용증명을 발송하게 된 것은 모든 내용을 서면으로 교환하는 것이 현명할 것으로 판단되어 발송하는 것이오니 부디 오해는 하지 말아 주시기 바랍니다.

20 년 월 일

위 발신인 : (인)

[사례 120] 묘지관리 청구통지서에 대해 답변

답 변 서

받는 사람 성 명 :
주 소 :

보내는 사람 성 명 :
주 소 :
연락처 :

1. 삼가 귀댁의 안녕을 기원합니다.

2. 본인은 20○○. ○. ○. 귀하가 송부하신 묘지관리위임 청구통지서를 송달받고 여러 가지로 고심하던 중에 있습니다.

3. 귀하의 선대와의 관계 등도 있고 본인이 현재 경작하는 농경지도 많지 않으

므로 귀하의 제의를 수락합니다.

4. 앞으로 귀하 선조의 분묘 2구를 본인이 성심성의껏 관리할 것이오니 가끔씩 고향에 들러 찾아 주시기 바랍니다.

20 년 월 일

위 발신인 : (인)

[사례 121] 무단점유자에게 가건물 철거와 토지반환을 요구할 때

통 지 서

받는 사람 성 명 :
주 소 :

보내는 사람 성 명 :
주 소 :
연락처 :

부동산의 표시 :

1. 삼가 귀댁의 안녕을 기원합니다.

2. 본인은 위 토지 소유주로서 귀하께서 본인의 토지 중 대 ○○㎡ 상에 본인의 허락도 없이 무단으로 가건물을 설치하여 사용하고 있으므로 조속한 시일 내로 위 토지상의 가건물을 철거하고 토지를 즉시 반환하여 줄 것과 그간 무상으로 사용한 부당이득금 또한 반환하여 줄 것을 본 내용증명을 통하여 통보하는 바입니다.

3. 만약 본인의 통보에도 귀하가 아무런 이유 없이 이행을 지체할 경우 본인은

귀하를 상대로 가건물철거 및 부당이득금 청구소송을 제기함은 물론, 이에 따른 제반비용 또한 아울러 전가할 것이오니 부디 불미스러운 일이 발생하지 않도록 협조하여 주시기 바랍니다.

20 년 월 일

위 발신인 : (인)

[사례 122] 무단 토지사용을 금지하고자 할 때

통 지 서

받는 사람 성 명 :
주 소 :

보내는 사람 성 명 :
주 소 :
연락처 :

1. 삼가 귀댁의 안녕을 기원합니다.

2. 본인은 아래 기재 토지의 등기기록상 및 실소유자로 그 동안 부득이한 사유로 인하여 경작을 못하고 이를 방치하였던 바, 귀하가 임의로 이를 사용하고 있음을 최근에야 알게 되었습니다.

3. 따라서 귀하가 현재 사용하고 있는 아래 기재 토지는 본인의 소유이므로 그 사용을 중지하든지 사용에 따른 사용료를 아래와 같이 납부하여 주시기 바랍니다.

― 아 래 ―

○○시 ○○구 ○○동 ○○○ 전 ○○○m^2

사용료 : 연 ○○○원

4. 상기 내용에 따라 위 토지의 사용료 등에 따른 내용을 통고하오니 이에 이의가 있으시면 20○○. ○. ○.까지 이의를 제기하여 주시기 바라며 이 기간 내에 아무런 연락이 없으시면 본 내용에 따라 응하는 것으로 간주하오니 이를 참작하시어 본 통지에 응해 주시기 바랍니다.

20 년 월 일

위 발신인 : (인)

[주] 1. 내용증명우편은 특정한 양식과 형태가 없이 그 전달하고자 하는 내용만 간단·명료하게 기재하여 발송하면 되나 내용증명우편은 후일 분쟁발생시 하나의 중요한 증빙자료로 활용될 수 있으므로 이를 유의하여 어느 정도의 형식을 갖추어 작성하여야 할 것이다. 특히, 계약의 해제와 해지 등에 관한 것일 경우 그 해제와 해지의 사유 및 그 이유를 명백히 기재하여야 함은 당연한 것이다.

2. 본건은 방치된 토지를 타인이 그 주인 몰래 경작할 경우 그 토지의 주인이 본인이라는 사실을 주지시키고 이에 따른 토지사용료 등을 청구하여 사전에 차후 소유권 등에 따르는 법률적 충돌 등을 예방하고자 하는데 그 목적이 있다고 할 수 있다.

[사례 123] 본인의 임야 내에 무단분묘를 철거하고자 할 때

통 지 서

받는 사람 성 명 :
주 소 :

보내는 사람 성 명 :
주 소 :
연락처 :

1. 삼가 귀댁의 안녕을 기원합니다.

2. 본인은 경기도 ○○군 ○○면 ○○리 산○○, 임야 ○○○㎡의 소유주로서 최근 귀하가 본인의 임야 중 ○○㎡ 상에 본인의 허락도 없이 무단으로 귀하께서 귀하 선친의 분묘를 설치하여 사용하고 있으므로 조속한 시일 내로 위 토지상의 분묘를 철거하여 줄 것을 본 내용증명을 통하여 통보하는 바입니다.

3. 만약 본인의 통보에도 귀하가 아무런 이유 없이 이행을 지체할 경우 본인은 귀하를 상대로 가건물철거 및 부당이득금 청구소송을 제기함은 물론이고 이에 따른 제반비용 또한 아울러 전가할 것이오니 부디 불미스러운 일이 발생하지 않도록 협조하여 주시기 바랍니다.

20 년 월 일

위 발신인 : (인)

[사례 124] 분묘기득권을 취득한 분묘의 사용허용을 요청할 때

통 지 서

받는 사람 성 명 :
주 소 :

보내는 사람 성 명 :
주 소 :
연락처 :

부동산의 표시 :

1. 삼가 귀댁의 안녕을 기원합니다.

2. 귀하는 위 임야의 소유주로서 최근 본인에게 귀하의 임야 중 ○○○m²상에 본인의 선친분묘를 철거하라는 통보를 하였습니다.

3. 그러나 위 임야상에 본인의 선친의 분묘를 설치한 시기는 본인이 태어나기도 전인 약 100여년 전 설치하여 현재까지 본인의 일가친척들이 묘지를 지속적으로 관리하고 있었고, 그간 최근의 통보 이외에는 귀하에게서 분묘를 철거하라는 통보를 받은 바 없으므로, 본인은 분묘기지권을 취득하였다 하겠습니다. 이에 본인은 본인의 의사에 따라서 임야 ○○○m²에 대한 임대료 상당의 금액을 소유주인 귀하에게 매월 지급을 하면 계속해서 위 분묘를 사용할 수 있음을 본 내용증명을 통하여 통지하는 바입니다.

4. 본 사안에 대하여 본인은 더 이상 쟁점화하지 않고 매월 귀하가 지정하는 곳으로 월임료 상당의 금액을 지급할 것임을 통지하는 바입니다.

20 년 월 일

위 발신인 : (인)

[사례 125] 분양아파트의 하자에 대한 조치를 요청하고자 할 때

통 지 서

받는 사람 성 명 :
주 소 :

보내는 사람 성 명 :
주 소 :
연락처 :

1. 삼가 귀댁의 안녕을 기원합니다.

2. 본인은 귀하의 모델하우스를 방문하여 여러 가지를 살펴본 후 귀하의 ○○

시 ○○동 ○○, 미라보 2차아파트 ○○○동 ○○○호 [도로명 주소] ○○시 ○○대로 ○○, ○○○동 ○○○로(미라보 2차아파트, ○○동)를 분양받아 최근 입주를 하였습니다.

3. 그러나 당시 모델하우스의 내부시설 중 바닥자재는 원목, 벽지는 실크, 붙박이장은 두 개가 설치되었으나, 현재 본인이 입주를 하여 확인을 해 본 결과 바닥과 벽지가 일반 바닥재와 벽지로 시설되어 있고, 붙박이장이 한 개가 누락되어 있습니다. 이는 허위 과대광고를 하고 이를 누락한 후 공사비용 상당을 횡령하기 위한 불법적인 행동을 한 것으로서 본인은 본 내용증명을 통하여 위 부실품들의 교환 및 보수를 하여 주실 것을 통보하는 바이오니 20○○. ○. ○.까지 이행하여 주시기 바랍니다.

4. 만약 귀하가 아무런 권한 없이 본인의 요구를 이행하지 않을 경우 본인은 귀하를 상대로 소비자보호원에 진정을 시작으로 손해배상 청구의 소송 제기함은 물론이고, 이에 따른 제반 비용 또한 전가할 것이오니 부디 불미스러운 일이 발생하지 않도록 협조하여 주시기 바랍니다.

20　년　월　일

위 발신인 :　　　　(인)

[사례 126] 빌딩의 소유권이 변경될 때

통 지 서

받는 사람　성 명 :
　　　　　　주 소 :

보내는 사람　성 명 :
　　　　　　주 소 :
　　　　　　연락처 :

1. 삼가 귀하의 사업이 번창하시길 기원합니다.

2. 본인이 20○○. ○. ○. ○○시 ○○구 ○○로 ○○(○○동) 소재 ○○빌딩을 그 전 소유자인 ○○○으로부터 매입하여 귀하가 임차한 ○○빌딩의 소유자가 되었습니다.

3. 이에 위 사실을 알려 임대차관계 등에 따른 모든 권리관계는 본인이 행사하게 되었으므로 이점 착오 없으시기를 바라며, 또한 임대차관계는 그 전 계약대로 이행할 것이며 그 밖의 다른 사항이 있을 경우에는 20○○.○.○.까지 연락을 바라며 그렇지 않을 경우 기존 계약조건대로 재계약 하는 것으로 알겠습니다.

20 년 월 일

위 발신인 : (인)

[사례 127] 소유권이전등기에 따른 협력을 청구하고자 할 때

통 지 서

받는 사람 성 명 :
주 소 :

보내는 사람 성 명 :
주 소 :
연락처 :

1. 삼가 귀댁의 안녕을 기원합니다.

2. 본인은 20○○. ○. ○. 귀하로부터 아래 부동산의 표시 기재 부동산에 대하여 매매대금 ○○○원으로 정하여, 계약당일 계약금으로 금 ○○○원을 지

불하고, 잔금 ○○○원은 20○○. ○. ○. 소유권이전등기절차를 함과 동시에 지불하기로 약정하였습니다.
그러나 귀하는 위 약정에 위배하여 위 기일에 소유권이전등기절차를 이행하지 아니하였습니다. 그리하여 본인은 20○○. ○. ○.에 위 소유권등기를 이전받고자 하오니 위 일시에 등기소에 나와서 위 등기절차에 협력하여 주시기 바랍니다.

3. 만일 귀하께서 위 일시에 등기절차에 응하지 아니할 때에는 다시 계약해제의 통지를 하지 않아도 위 기일이 경과됨과 동시 본 매매계약을 해제됨을 통지하는 바입니다.

－ 부 동 산 의 표 시 －

20 년 월 일

위 발신인 : (인)

[사례 128] 토지면적부족으로 인한 매매대금반환을 청구하고자 할 때

통 지 서

받는 사람 성 명 :
주 소 :

보내는 사람 성 명 :
주 소 :
연락처 :

□ 청구금액 : 금 ○○○원(₩)

<부동산의 표시>

<매매금액> 금 원(₩)
계 약 금 : 원은 20 년 월 일(계약일)에 지불한다.
중 도 금 : 원은 20 년 월 일 지급키로 한다.
잔 금 : 원은 20 년 월 일 지급키로 한다.

1. 위와 같이 계약을 체결하고 계약금을 지불하였으나 귀하는 계약당시 토지면적이 190㎡라고 말을 하였고 계약서에도 190㎡로 기재되었습니다.

2. 본인은 위의 토지를 매수하여 단독주택을 건축하기 위하여 매수하였으며 계약체결한 후 실제로 토지면적을 확인해 본 결과 180㎡ 밖에 되지 않아 이의 면적으로는 본인이 계획하였던 대로 주택을 건축할 수가 없습니다.

3. 따라서 본 계약을 해제할 수밖에 없사오니 계약금으로 지급한 금 ○○○원을 20○○. ○. ○.까지 반환하여 주시기 바랍니다.

20 년 월 일

위 발신인 : (인)

[사례 129] 아버지가 형에게 증여한 재산에 대한 유류분 청구방법

통 지 서

받는 사람 성 명 :
주 소 :

보내는 사람 성 명 :
주 소 :

연락처 :

1. 본인은 ○년 전 아버지가 돌아가신 후 가정형편이 궁핍함에도 불구하고 어머니를 모시고 생활하고 있습니다.

2. 아버지는 돌아가시기 ○년 전 아버지 명의의 대지와 주택을 형님의 명의로 이전해주면서 어머니와 동생인 저를 잘 돌보아 줄 것을 부탁하셨습니다.

3. 그러나 형님은 아버지가 돌아가신 후 어머니를 모시려 하지도 않고 생활비도 주지 않아 다른 상속재산이 없는 어머니와 본인은 생계유지가 막막한 실정입니다. 그래서 형님께 어머니 부양비를 청구하였으나 여러 차례 외면하고 있습니다.

4. 따라서 본인은 아버지가 형님에게 증여한 재산에 대하여 유류분청구를 하려고 합니다. 형님께서 어머니 부양비를 지급해 주지 않을 경우에는 부득이 법적절차를 취할 수밖에 없음을 양해하여 주시기 바랍니다.

20 년 월 일

위 발신인 : (인)

[사례 130] 이중매매로 인한 계약금반환을 청구하고자 할 때

통 지 서

받는 사람 성 명 :
주 소 :

보내는 사람 성 명 :
주 소 :
연락처 :

1. 매매물건의 표시
가, ○○시 ○○구 ○○동 ○○○ 대 ○○㎡
나. ○○시 ○○구 ○○동 ○○○
[도로명 주소] ○○시 ○○구 ○○대로 ○○
시멘트 벽돌조 기와지붕 단층주택 ○○㎡

2. 계약내용
매매금액 : 원(₩)
계 약 금 : 원은 20 년 월 일(계약일)에 지불한다.
중 도 금 : 원은 20 년 월 일 지급키로 한다.
잔 금 : 원은 20 년 월 일 지급키로 한다.

3. 본인은 귀하와 상기와 같이 매매계약을 체결하였으나 위 부동산은 20○○. ○. ○. ○○○과 매매계약을 체결한 사실을 확인하였습니다.

4. 따라서 본인은 귀하를 사기 등의 행위로 고소하고자 하였으나 귀하가 20○○. ○. ○.까지 계약서의 명시와 같이 계약금의 배액을 반환하여 준다면 이를 묵인할 수 있으나 이를 위반 시에는 민,형사상의 모든 법적 책임을 물을 수밖에 없사오니 이점 양지하여 주시기 바랍니다.

20 년 월 일

위 발신인 : (인)

[판례] 1. 배임죄에 있어서 재산상 손해를 가한 때라 함은 현실적인 손해를 가한 경우뿐 아니라 재산상 손해발생의 위험을 초래한 경우도 포함하는 바, 부동산의 매도인으로서 매수인에 대하여 그 앞으로의 소유권이전등기절차에 협력할 의무 있는 자가 그 임무에 위배하여 같은 부동산을 매수인 이외의 제3자에게 이중으로 매도하고 제3자 앞으로 소유권이전청구권 보전을 위한 가등기를 마쳐 주었다면, 이는 매수인에게 손해발생의 위험을 초래하는 행위로서 배임죄를 구성한다(대법원 2008. 7. 10. 선고 2008도3766 판결).

2. 부동산 이중매매의 제2양수인의 행위가 공서양속에 반하는지 여부의 판단기준을 보면, 어떠한 부동산에 관하여 소유자가 양도의 원인이 되는 매매 기타의 계약을 하여 일단 소유권 양도의 의무를 짐에도 다시 제3자에게 매

도하는 등으로 같은 부동산에 관하여 소유권 양도의 의무를 이중으로 부담하고 나아가 그 의무의 이행으로, 그러나 제1의 양도채권자에 대한 양도의무에 반하여, 소유권이전에 관한 등기를 그 제3자 앞으로 경료함으로써 이를 처분한 경우에, 소유자의 그러한 제2의 소유권양도의무를 발생시키는 원인이 되는 매매 등의 계약이 소유자의 위와 같은 의무위반행위를 유발시키는 계기가 된다는 것만을 이유로 이를 공서양속에 반하여 무효라고 할 것이 아님은 물론이다. 그것이 공서양속에 반한다고 하려면, 다른 특별한 사정이 없는 한 상대방에게도 그러한 무효의 제재, 보다 실질적으로 말하면 나아가 그가 의도한 권리취득 자체의 좌절을 정당화할 만한 책임귀속사유가 있어야 한다. 제2의 양도채권자에게 그와 같은 사유가 있는지를 판단함에 있어서는, 그가 당해 계약의 성립과 내용에 어떠한 방식으로 관여하였는지를 일차적으로 고려할 것이고, 나아가 계약에 이른 경위, 약정된 대가 등 계약내용의 상당성 또는 특수성, 그와 소유자의 인적 관계 또는 종전의 거래상태, 부동산의 종류 및 용도, 제1양도채권자의 점유 여부 및 그 기간의 장단과 같은 이용현황, 관련 법규정의 취지·내용 등과 같이 법률행위가 공서양속에 반하는지 여부의 판단에서 일반적으로 참작되는 제반 사정을 여기서도 종합적으로 살펴보아야 할 것이다. 그리고 법률행위로 인한 부동산물권변동에 등기를 요구하는 민법 제186조의 입법취지 등에 비추어 보면, 제2의 양도채권자가 소유자가 같은 부동산에 대하여 이미 다른 사람에 대하여 소유권양도의무를 지고 있음을 그 채권 발생의 원인이 되는 계약 당시에 알고 있었다는 것만으로 당연히 위와 같은 책임귀속이 정당화될 수는 없다(대법원 2009. 9. 10. 선고 2009다23283 판결).

[사례 131] 저당권의 실행을 제3취득자에게 통지하고자 할 때

통 지 서

받는 사람 성 명 :
주 소 :

보내는 사람 성 명 :
주 소 :
연락처 :

1. 삼가 귀하의 사업이 번창하시길 기원합니다.

2. 본인은 20○○. ○. ○. 귀하가 갑으로부터 취득하여 소유하고 있던 ○○시 ○○구 ○○동 ○○○ [도로명주소] ○○시 ○○구 ○○대로 ○○ 철근 콘크리트조 2층 기와지붕 ○○㎡에 대하여 본인이 20○○. ○. ○. 갑과 체결한 저당권설정계약에 의하여 본인이 저당권을 가지고 있는 바, 채무자인 갑은 20○○. ○. ○.인 변제기일에 본인에게 지급하여야 할 원금 ○○○원과 이자 ○○○원을 변제하지 아니하므로 본인은 위 저당권을 실행하고자 그 뜻을 통지합니다.

20 년 월 일

위 발신인 : (인)

[주] 1. 내용증명우편은 특정한 양식과 형태가 없이 그 전달하고자 하는 내용만 간단·명료하게 기재하여 발송하면 되나 내용증명우편은 후일 분쟁발생시 하나의 중요한 증빙자료로 활용될 수 있으므로 이를 유의하여 어느 정도의 형식을 갖추어 작성하여야 할 것이다. 특히, 계약의 해제와 해지 등에 관한 것일 경우 그 해제와 해지의 사유 및 그 이유를 명백히 기재하여야 함은 당연한 것이다.

2. 채무자 또는 제3자(물상보증인)가 채무의 담보로서 제공한 부동산 또는 부동산물권(지상권·전세권)을 채권자가 그 제공자로부터 인도받지 않고서, 다만 관념상으로만 지배하여 채무의 변제가 없는 경우에 그 목적물로부터 우선변제를 받는 담보물권을 말한다. 목적물을 설정자의 수중에 남겨 두어 계속 이용할 수 있게 하는 점에서 질권과 근본적인 차이가 있다. 저당권은 생산설비를 생산에 이용하면서도 한편으로는 담보화 할 수 있게 하며, 자본주의 경제사회에 있어서의 융자의 매개수단으로서의 중요한 역할을 맡고 있다. 그러나 저당권의 존재를 공시하기 위해서는 등기 또는 등록이라는 특수한 방법을 필요로 하기 때문에, 그러한 공시제도가 갖추어져 있지 않은 것은 저당권의 목적이 되지 못한다. 민법은 저당권의 목적이 될 수 있는 것을 부동산과 부동산물권에 한정하고 있으나, 광업권·어업권·공장재단·광업재단·선박·항공기·자동차·일정한 중기 등도 특별법에 의해 저당권의 목적이 될 수 있다.

3. 저당권설정청구권이란 부동산공사의 수급인이 그 보수채권을 담보하기 위해 도급인에 대하여 그 부동산을 목적으로 하는 저당권의 설정을 청구할 수 있는 권리를 말한다. 원래 저당권은 약정담보물권이지만 현행 민법이 구민법상의

선취특권제도를 폐지하면서 특별히 규정한 법률의 규정에 의한 저당권의 발생원인이다. 이를 인정한 것은 부동산공사수급인의 보수청구권을 특별히 보호하기 위해 규정한 것이다. 저당권의 설정을 청구할 수 있는 것이므로 이에 의해 도급인의 동의나 등기 없이 법률상 당연히 저당권이 성립하는 것이 아니라 도급인이 수급인의 청구에 응하여 등기를 하여야 비로소 저당권이 성립한다.

[사례 132] 소유자에게 지상권에 대한 건물매수를 청구할 때

통 지 서

받는 사람 성 명 :
주 소 :

보내는 사람 성 명 :
주 소 :
연락처 :

1. 본인은 귀하와 20○○. ○. ○. 지상권설정계약을 체결하였습니다. 본인은 귀하의 소유인 ○○시 ○○구 ○○동 ○○의 대 ○○㎡에 대하여 기한을 정하지 않고 계약을 하였습니다. 건물의 소유를 목적으로 하는 지상권을 설정했으므로, 본인은 위 지상권에 기하여 ○○건물과 창고를 지었습니다.

2. 20○○. ○. ○. 계약일자종료 후 위 지상에 건물 및 부속물이 존재하고 있으므로 최초 계약을 갱신하여 줄 것을 청구하였습니다.

3. 그런데 귀하는 본인의 갱신청구를 거절하였습니다. 다시 귀하에게 위 건물을 시가로 매수하기를 청구했으나, 귀하는 이 또한 응하지 않고 있습니다.

4. 따라서 본인은 건물 및 부속물의 상당시가인 금 ○○○원 및 매수청구의 다음날부터 지급일까지 연 5%의 비율로 계산한 지연손해금을 지급하시기 바랍니다.

20 년 월 일

위 발신인 : (인)

[사례 133] 차용금의 담보에 대한 경매진행을 통보하고자 할 때

통 지 서

받는 사람 성 명 :
주 소 :

보내는 사람 성 명 :
주 소 :
연락처 :

1. 삼가 귀댁의 안녕을 기원합니다.

2. 귀하는 본인에게서 20○○. ○. ○.까지 변제하기로 약정하고, 금 ○○○원을 차용하며, 귀하 소유의 ○○시 ○○구 ○○동 ○○○ 대 ○○㎡에 대하여 근저당권설정등기를 하였습니다.

3. 그러나 귀하는 위 지급기일인 20○○. ○. ○.이 지났음에도 불구하고 아직까지 변제하지 않고 있어 20○○. ○. ○.까지 위 금 ○○○원을 변제하여 주시기 바랍니다.

4. 만약 위 기일까지 위 돈을 지급하지 않을 경우에는 본인은 근저당권설정등기 한 귀하의 위 부동산을 경매처분할 예정이오니 부디 불미스러운 일이 발생하지 않도록 협조하여 주시기 바랍니다.

20 년 월 일

위 발신인 : (인)

[사례 134] 채무자가 가압류된 재산을 임의로 처분할 때

통 지 서

받는 사람 성 명 :
주 소 :

보내는 사람 성 명 :
주 소 :
연락처 :

1. 삼가 귀댁의 안녕을 기원합니다.

2. 본인은 귀하에게 20○○. ○. ○.까지 변제하는 것을 조건으로 금 ○○○원을 대여하였습니다.

3. 그런데 귀하께서는 위 지급기일이 지나도 위 돈을 변제하지 않아 본인은 귀하께서 운영 중인 가게의 물품들에 대하여 유체동산가압류집행을 하였습니다. 그러나 귀하께서는 법원의 결정문을 받아 위 물품을 봉인하고, 결정문을 고시하는 방법으로 집행하였음에도 불구하고, 봉인과 고시문을 임의로 훼손한 후 위 물품을 다른 제3자들에게 양도하였습니다. 이에 본인은 다시 한번 귀하에게 대여금의 위 돈의 지급을 요구하는 바이오니 귀하께서는 20○○. ○. ○.까지 위 채무를 이행하여 주시기 바랍니다.

4. 위와 같은 기회를 주었음에도 귀하가 아무런 권한 없이 위 돈의 지급을 지체할 경우 본인은 귀하를 상대로 공무상비밀표시무효 등의 죄로 형사고소를 제기할 예정으로 있으니 부디 불미스러운 일이 발생하지 않도록 협조하여 주시기 바랍니다.

20 년 월 일

위 발신인 : (인)

[사례 135] 채무자가 재산처분 후에 채무변제를 하지 않을 때

통 지 서

받는 사람 성 명 :
주 소 :

보내는 사람 성 명 :
주 소 :
연락처 :

1. 삼가 귀댁의 안녕을 기원합니다.

2. 귀하는 본인에게 금 ○○○원을 차용하여 달라고 사정하여 본인은 귀하를 믿을 수 없어 이를 거절하였으나 귀하는 ○○시 ○○동 ○○와 강원도 등지에 부동산이 있어 변제하는 데는 문제가 없다고 이야기를 하여 귀하를 믿고, 변제기일을 20○○. ○. ○.로 정하여 위 금 ○○○원을 빌려주었습니다.

3. 그러나 귀하는 위 지급기일인 20○○. ○. ○.이 지났음에도 불구하고 변제하지 않고 있어 이에 의심이 간 본인은 귀하의 위 부동산을 확인해본 결과 ○○시 ○○동 ○○의 토지는 이미 귀하의 아들의 명의로 이전해 놓고, 강원도 등지에 있다던 부동산은 처음부터 존재하지도 않았습니다. 따라서 본인은 귀하에게 다시 한 번 변제를 촉구하기 위하여 본 내용증명을 발송하오니 20○○. ○. ○.까지 금 ○○○원을 변제하여 주시기 바랍니다.

4. 위와 같은 변제의 기회를 주었음에도 불구하고 이를 이행하지 않을 경우 본인은 귀하와 귀하의 아들을 상대로 사기, 강제집행면탈죄를 이유로 형사 고소 및 사해행위취소의 소송을 제기할 예정이오니 부디 불미스러운 일이 발생하지 않도록 협조하여 주시기 바랍니다.

20 년 월 일

위 발신인 : (인)

[사례 136] 토지를 매수하였으나 그 면적이 계약서보다 부족할 때

통 지 서

받는 사람 성 명 :
주 소 :

보내는 사람 성 명 :
주 소 :
연락처 :

1. 본인은 20○○. ○. ○. 귀하의 ○○시 ○○구 ○○동 ○○ 전 ○○㎡에 대하여 매매대금 ○○○원으로 정하여, 계약당일 계약금 ○○○원을 지급하고, 중도금 ○○○원은 20○○. ○. ○.에, 잔대금 ○○○원은 20○○. ○. ○.에 각 지급하기로 하였습니다.

2. 그런데 본인이 토지등기사항전부증명서를 발급받아 보니 실 면적이 귀하가 매도한 면적보다 ○○㎡이나 부족하여 아래와 같이 그 부족분에 따른 대금의 감액을 청구하는 바입니다.

- 다 음 -

㎡당 금 ○○○원 × ○○㎡ = ○○○원
총매매대금 금 ○○○원 — 부족분 금 ○○○원 = 총지급대금 ○○○원

20 년 월 일

위 발신인 : (인)

[주] 1. 매수인이 일정한 면적이 있는 것으로 믿고 매도인도 그 면적이 있는 것을 명시적 또는 묵시적으로 표시하며, 나아가 계약당사자가 면적의 가격을 정하는 여러 요소 중 가장 중요한 요소로 파악하고 그 객관적 수치를 기준으로 가격을 정한 경우, 매매계약서에 토지의 평당 가격을 기재하지 않았다 하더라

도 수량을 지정한 매매에 해당한다.

2. 매매의 목적이 된 권리의 일부가 타인에게 속함으로 인하여 매도인이 그 권리를 취득하여 매수인에게 이전할 수 없는 때에는 매수인은 그 부분의 비율로 대금의 감액을 청구할 수 있고 이 경우에 잔존한 부분만이면 매수인이 이를 매수하지 아니하였을 때에는 선의의 매수인은 계약전부를 해제할 수 있으며 선의의 매수인은 감액청구 또는 계약해제 외에 손해배상을 청구할 수 있다(민법 572조).
3. 민법 572조의 권리는 매수인이 선의인 경우에는 사실을 안 날로부터, 악의인 경우에는 계약한 날로부터 1년 내에 행사하여야 한다(민법 573조).
4. 민법 572조, 573조의 규정은 수량을 지정한 매매의 목적물이 부족되는 경우와 매매목적물의 일부가 계약당시에 이미 멸실된 경우에 매수인이 그 부족 또는 멸실을 알지 못한 때에도 준용한다(민법 574조).

[사례 137] 토지 인도요구에 대한 답변

답 변 서

받는 사람 성 명 :
주 소 :

보내는 사람 성 명 :
주 소 :
연락처 :

1. 본인은 귀하께서 20○○. ○. ○.자로 보낸 서신으로 ○○년 동안 사용하고 있는 텃밭을 인도하라는 요구를 받았습니다.

2. 그러나 본인은 ○○년 동안 ○○토지와 인접한 땅 ○○㎡를 텃밭으로 사용해 왔습니다. ○○년 동안 등기부상 소유자가 ○번 바뀌었어도 한 번도 본인에게 땅을 돌려달라고 하는 사람이 없었습니다.

3. 그러나 땅의 마지막 등기기록상 소유자인 귀하는 본인에게 자신의 땅을 무단으로 점유하고 있다면서 땅 반환과 함께 손해배상 소송을 제기하였습니다.

4. 만약 귀하가 주장하듯이 그 땅이 귀하의 소유물이라 하더라도 부동산을 소유하려는 의사를 갖고 20년간 평온, 공연하게 점유한 뒤 등기하면 소유권을 인정하도록 한 민법 제245조에 따라 본인에게 소유권이 있음을 알려드립니다.

5. 따라서 본인은 귀하에게 땅을 인도할 의사가 없으므로 그 사실을 회신합니다.

20 년 월 일

위 발신인 : (인)

[사례 138] 토지무단점유사실에 대한 답변

답 변 서

받는 사람 성 명 :
주 소 :

보내는 사람 성 명 :
주 소 :
연락처 :

부동산의 표시 :

1. 삼가 귀댁의 안녕을 기원합니다.

2. 귀하의 ○○○자 내용증명은 잘 받아 보았습니다. 이에 본인은 다음과 같은 답변을 개진합니다.

3. 본인은 귀하의 부동산을 점유하고 있다는 사실을 귀하의 내용증명을 받고 나서야 비로소 알게 되었고, 이에 대해서 결코 한 점의 고의성 없이 본의 아니게 발생한 문제라 하겠습니다. 그러나 현재 본인의 사정이 위 토지를

즉시 반환할 수 없는 형편으로 본인의 문제점이 해결되면 지체하지 않고 귀하에게 반환할 것을 약속하는 바이오니 이점 양지하시기 바랍니다.

20 년 월 일

위 발신인 : (인)

[사례 139] 유치권 행사를 통보하고자 할 때

통 지 서

받는 사람 성 명 :
주 소 :

보내는 사람 성 명 :
주 소 :
연락처 :

1. 본인은 부동산담보권실행에 의한 경매로 경매목적부동산에 임차인으로 거주하면서 ○○만원에 상당하는 개보수 비용을 지불하여 임대인을 채무자로 하는 개보수비용의 상환청구채권을 가지고 있습니다.

2. 따라서 보수와 비용 전액을 변제수령일까지 본 건 목적부동산을 점유하는 유치권을 행사할 수 있음을 통보합니다.

3. 만약 20○○. ○. ○.까지 회신이 없을 시 유치권 행사에 이의가 없음을 알고 유치권을 행사하겠사오니 이 점 양지하시기 바랍니다.

20 년 월 일

위 발신인 : (인)

[사례 140] 임차건물의 무단변경에 대한 원상복구를 요구하고자 할 때

통 지 서

받는 사람 성 명 :
주 소 :

보내는 사람 성 명 :
주 소 :
연락처 :

부동산의 표시 :

1. 삼가 귀댁의 안녕을 기원합니다.

2. 본인은 위 부동산의 소유주로서 이에 대하여 귀하와 임대차보증금 ○○○원, 월임료 금 ○○○원, 임대차기간을 20○○. ○. ○.부터 2년간으로 정하는 부동산임대차계약을 체결한 사실이 있습니다.

3. 그러나 귀하는 20○○. ○.월경 임대인인 본인과 사전에 한마디 상의 또는 동의없이 일방적으로 임차한 건물의 원형을 변경하고 불법으로 증축하였습니다. 따라서 본인은 귀하의 불법행위를 이유로 임대차계약의 해지를 통보하는 바이므로, 귀하는 20○○. ○. ○.까지 일방적으로 원형을 변경한 부분과 증축한 부분에 대해서 원상태로 복구하여 주시기 바라며, 이와 동시에 점유하고 있는 건물을 인도하여 주시기 바랍니다.

4. 만일 귀하가 원상복구와 인도일시를 아무런 권한 없이 지체할 경우 본인은 건물인도 및 원상회복 청구소송을 제기할 것은 물론이고 이에 따른 제반비용을 전가할 것이오니 부디 불미스러운 일이 발생하지 않도록 협조하여 주시기 바랍니다.

20 년 월 일

위 발신인 : (인)

[사례 141] 임차건물의 용도 이외의 사용중지를 촉구하고자 할 때

통 지 서

받는 사람 성 명 :
주 소 :

보내는 사람 성 명 :
주 소 :
연락처 :

1. 삼가 귀댁의 안녕을 기원합니다.

2. 본인이 귀하에게 임대중인 ○○시 ○○동 ○○○ [도로명주소] ○○시 ○○대로 ○○ 철근콘크리트조 ○○㎡의 건물은 당초 주거용으로만 사용한다는 조건으로 임대차계약을 체결하였음을 귀하께서도 잘 알고 있을 것입니다.

3. 그러나 귀하께서는 본인도 모르는 사이에 동 건물에 스탠드바를 설비하여 유흥음식점으로 사용을 하고 있습니다. 위와 같은 귀하의 행위는 명백히 계약위반일 뿐만 아니라 동 건물이 주택가 한복판에 위치하고 있는 관계로 심야에 발생하는 밴드음악이 매우 시끄러워 주위의 주민들로부터 소음을 제거해 달라는 진정이 끊이지 않고 있습니다.

4. 귀하께서는 스탠드바 영업을 즉시 중지하시고 본래 계약 내용대로 주거용으로만 사용할 것을 요구합니다.

20 년 월 일

위 발신인 : (인)

[사례 142] 임차건물의 원상복구비용을 임차인에게 청구하고자 할 때

통 지 서

받는 사람 성 명 :
주 소 :

보내는 사람 성 명 :
주 소 :
연락처 :

부동산의 표시 :

1. 삼가 귀댁의 안녕을 기원합니다.

2. 본인은 위 부동산의 소유주로서 이에 대하여 귀하와 임대차보증금 ○○○원, 월임료 금 ○○○원, 임대차기간을 20○○. ○. ○.부터 2년간으로 정하고, 임차인이 설치한 인테리어 및 그 밖의 시설에 관하여는 계약종료시 모두 원상복구한다는 내용으로 하는 임대차계약을 체결한 바 있습니다.

3. 그러나 본인은 계약이 종료됨과 동시에 귀하를 믿고 보증금을 반환하였음에도 불구하고 귀하는 자신이 설치한 시설물을 원상복구를 하지 않고 본인의 동의 없이 제3자에게 전대하였습니다. 이에 본인은 귀하에게 수차에 걸쳐 원상복구를 요구한 바, 귀하는 이에 대하여 아무런 반응이 없어 부득이 본인은 직접 금 ○○○원을 들여 건물을 원상복구한 사실이 있습니다. 따라서 본인이 원상복구 비용으로 들인 금 ○○○○원을 귀하에게 청구하오니 귀하는 20○○. ○. ○.까지 지급하여 주시기 바랍니다.

4. 만일 귀하가 아무런 권한 없이 위 지급을 지체할 경우 본인은 부득이 귀하를 상대로 원상복구비용 청구소송을 제기하고 이에 따른 제반비용을 전가할 것

이오니 부디 불미스러운 일이 발생하지 않도록 협조하여 주시기 바랍니다.

20 년 월 일

위 발신인 : (인)

[사례 143] 임차건물의 하자 등을 이유로 임차인이 수리를 요구하고자 할 때

통 지 서

받는 사람 성 명 :
주 소 :

보내는 사람 성 명 :
주 소 :
연락처 :

1. 귀하의 사업이 번창하시기를 기원합니다.

2. 다름이 아니옵고 본인은 귀하로부터 20○○. ○. ○.자로 귀하의 주거용 건물을 임차하여 현재까지 사용하고 있으나 본 건물이 너무 낡아 비가 오면 벽면 등을 통하여 빗물이 누수 되어 벽과 바닥이 물에 젖어 이를 수리하지 않으면 인체의 해는 물론 가재도구도 물기에 젖어 썩어 가는 형태이므로 이의 수리를 요구하는 바입니다.

3. 아울러 귀하가 바쁜 일정으로 인하여 수리할 수 없을 경우 본인이 수리를 의뢰하여 공사를 하고 그 비용을 청구하고자 하오니 20○○. ○. ○.까지 연락하여 주시기 바라며 아무런 연락이 없으면 이에 불응하는 것으로 믿고 주택임대차보호법에 의한 조치를 취할 것임을 알려드립니다.

20 년 월 일

위 발신인 : (인)

[주] 1. 임차건물이 노후하여 빗물 누수 등의 상태이더라도 임차인이 임의로 이를 수리할 수는 없는 일이므로 이를 임대인에게 알리고 수리하여 줄 것을 통고함과 아울러 임차인이 직접 수리를 의뢰하여 수리하더라도 이에 소모되는 비용 등을 임대인이 부담하라는 의사를 임대인에게 전하는 통지이다.

2. 임차인이 임차물의 보존에 관한 필요비를 지출한 때에는 임대인에 대하여 그 상환을 청구할 수 있고 임차인이 유익비를 지출한 경우에는 임대인은 임대차종료 시에 그 가액의 증가가 현존한 때에 한하여 임차인의 지출한 금액이나 그 증가액을 상환하여야 한다. 이 경우에 법원은 임대인의 청구에 의하여 상당한 상환기간을 허여할 수 있다(민법 제626조).

[판례] 유익비상환청구에 관하여 민법 제203조 제2항은 점유자가 점유물을 개량하기 위하여 지출한 금액 기타 유익비에 관하여는 그 가액의 증가가 현존한 경우에 한하여 회복자의 선택에 좇아 그 지출금액이나 증가액의 상환을 청구할 수 있다고 규정하고 있고, 민법 제626조 제2항은 임차인이 유익비를 지출한 경우에는 임대인은 임대차종료시에 그 가액의 증가가 현존한 때에 한하여 임차인의 지출한 금액이나 그 증가액을 상환하여야 한다고 규정하고 있으므로, 유익비의 상환범위는 점유자 또는 임차인이 유익비로 지출한 비용과 현존하는 증가액 중 회복자 또는 임대인이 선택하는 바에 따라 정하여진다고 할 것이고, 따라서 유익비상환의무자인 회복자 또는 임대인의 선택권을 위하여 그 유익비는 실제로 지출한 비용과 현존하는 증가액을 모두 산정하여야 할 것이다(대법원 2002. 11. 22. 선고 2001다40381 판결).

[사례 144] 임차건물의 하자보수를 임대인에게 청구하고자 할 때

통 지 서

받는 사람 성 명 :
주 소 :

보내는 사람 성 명 :

주　소 :
연락처 :

부동산의 표시 :

1. 삼가 귀댁의 안녕을 기원합니다.

2. 귀하는 위 부동산의 소유주로서 이에 대하여 본인과 임대차보증금 ○○○원, 임대차기간을 20○○. ○. ○.부터 2년간으로 정하는 임대차계약을 체결한 바 있습니다.

3. 그러나 본인은 위 건물을 사용하던 도중 지붕에 하자가 발생하여 비만 오면 물이 새어 생활하는데 막대한 지장을 주고 있어 이에 대하여 임대인인 귀하에게 구두상으로 수차에 걸쳐 보수를 요구하였으나 귀하가 아무런 보수를 하여주지 않아 이에 다시 한 번 보수하여 주실 것을 촉구하오니, 조속한 시일 내에 하자를 보수하여 주시기 바랍니다.

20　　년　　월　　일

위 발신인 :　　　　　　　(인)

[사례 145] 임차건물의 하자보수비용을 임대인에게 청구하고자 할 때

통　　지　　서

받는 사람　　성　명 :
　　　　　　　주　소 :

보내는 사람　성　명 :
　　　　　　　주　소 :
　　　　　　　연락처 :

부동산의 표시 :

1. 삼가 귀댁의 안녕을 기원합니다.

2. 귀하는 위 부동산의 소유주로서 이에 대하여 본인과 임대차보증금 ○○○원, 임대차기간을 20○○. ○. ○.부터 2년간으로 정하는 임대차계약을 체결한 바 있습니다.

3. 그런데 본인은 위 건물을 사용하던 도중 지붕에 하자가 발생하여 비만 오면 물이 새어 생활하는데 막대한 지장을 주고 있어 이에 대하여 임대인인 귀하에게 구두상으로 수차에 걸쳐 보수를 요구하였으나 귀하가 보수를 하여주지 않고 있습니다.

4. 주택임대차보호법을 살펴보면 임대인은 임차인이 생활을 영위하는데 필요한 조건을 만들어 주어야 한다고 명시가 되어 있어 이에 임대인인 귀하에게 보수를 요구하였던 것이나 귀하가 이에 응하지 않고 있으므로 귀하는 20○○. ○. ○.까지 귀하의 건물을 대신해서 보수한 본인에게 20○○. ○. ○.까지 금 ○○○원을 지급하여 주실 것을 청구하는 바입니다.

20 년 월 일

위 발신인 : (인)

[사례 146] 임대인이 계약연장 의사가 없어 집을 비워줄 것을 요구할 때

통 지 서

받는 사람 성 명 :
주 소 :

보내는 사람 성 명 :

주 소 :
연락처 :

부동산의 표시 :

1. 삼가 귀댁의 안녕을 기원합니다.

2. 본인은 위 부동산의 소유자로서 이에 대하여 귀하와 임대차보증금 ○○○원, 임대차기간을 20○○. ○. ○.부터 2년간으로 정하는 임대차계약을 체결하였는바, 돌아오는 20○○. ○. ○.이 임대차기간이 종료되는 날로서 본인은 더 이상 계약을 연장할 의사가 없으므로 본 내용증명을 통하여 임대차기간이 종료됨과 동시에 본 계약을 해지할 것을 통보하오니 계약이 종료되는 날까지 본인에게 위 부동산을 인도하여 주시기 바라며, 아울러 본인도 인도와 동시에 위 임대차보증금을 지급할 것임을 통보하는 바입니다.

3. 본 내용증명서를 발송하는 것은 서로간의 의사표현을 서면상으로 하는 것이 현명할 것으로 판단되어 발송하는 것이오니 이점 양해하여 주시기 바랍니다.

20 년 월 일

위 발신인 : (인)

[사례 147] 임대인이 보증금과 권리금을 반환하지 않을 때

통 지 서

받는 사람 성 명 :
주 소 :

보내는 사람 성 명 :

주 소 :
연락처 :

부동산의 표시 :

1. 삼가 귀댁의 안녕을 기원합니다.

2. 위 부동산에 대하여 본인은 소유자인 귀하와 임대차보증금 ○○○원에 권리금 ○○○원(품목 : ○○, ○○), 임대차기간을 계약일로 부터 2년간으로 정하여 임대차계약을 체결하였습니다.

3. 그러나 계약서상에 계약이 종료되면 보증금은 물론 권리금 또한 지급하겠다고 명시한 바 있으므로, 귀하는 보증금과 권리금을 지불하여야 마땅할 것이나 계약이 종료된 현재 귀하는 보증금과 권리금은 지불하지 못하겠다고 버티고 있는 실정입니다. 따라서 본인은 본 내용증명을 통하여 임대차계약의 해지를 통보하고 20○○. ○. ○.까지 보증금과 권리금의 반환할 것을 통지하는 바입니다.

4. 만일 위의 기간을 아무런 이유 없이 지키지 않을 시에는 본인은 귀하를 상대로 보증금 및 권리금반환청구의 소를 제기함은 물론, 이에 따른 제반비용 또한 아울러 전가할 것이오니 부디 불미스러운 일이 발생하지 않도록 협조하여 주시기 바랍니다.

20 년 월 일

위 발신인 : (인)

[사례 148] 임대인이 임대차계약 거절에 대해 임차인이 회답을 하고자 할 때

통 지 서

받는 사람 성 명 :

주　소 :

보내는 사람　성　명 :
주　소 :
연락처 :

부동산의 표시 :

1. 삼가 귀댁의 안녕을 귀원합니다.

2. 다름 아니옵고,
통고인은 귀하 간에 20○○. 6. 30. 위 부동산에 대하여 임대차보증금 1,000만원, 월임료 60만원, 임대차기간 20○○. 6. 30.부터 20○○. 6. 30.(2년간)로 정한 부동산임대차계약을 체결한 후, 위 보증금을 지급하고 20○○. 6. 30. 위 건물을 인도받아 점유, 사용하고 있습니다.

3. 이와 같이 위 건물에 대한 임대차기간은 20○○. 6. 30.로 되어 있으나 본인은 위 임대차기간이 종료되는 다음날부터 1년간의 계약갱신을 요구합니다.

4. 이와 관련하여 위 임대차계약은 상가건물임대차보호법 시행령 제4조에 따라 월임료의 증액청구는 약정한 월임료 60만원에 대한 100분의 5(30,000원)을 초과할 수 없으며, 상가건물임대차보호법 제10조에 의하면 "① 임대인은 임차인이 임대차기간이 만료되기 6개월 전부터 1개월 전까지 사이에 계약갱신을 요구할 경우 정당한 사유 없이 거절하지 못한다. ② 갱신되는 임대차는 전 임대차와 동일한 조건으로 다시 계약한 것으로 본다. 다만, 차임과 보증금은 상가건물임대차보호법 제11조에 따른 범위에서 증감할 수 있다. ③ 임대인이 제1항의 기간 이내에 임차인에게 갱신거절의 통지(내용증명)를 또는 조건 변경의 통지(내용증명)를 하지 아니할 경우에는 그 기간이 만료된 때에 전 임대차와 동일한 조건으로 다시 임대차한 것으로 본다. 이 경우에 임대차의 존속기간은 1년으로 본다."라고 되어 있습니다.

5. 따라서 귀하는 임차인인 본인에게 위 법 제10조 제4항에서 정한 내용증명에 의한 아무런 통지를 아니하였으므로, 위 임대차계약은 전 임대차와 동일한 조건인 임대차보증금 1,000만원, 월차임 630,000원, 임대차기간은 20○○. 7. 1.부터 20○○. 6. 30.까지(12개월)로 다시 임대차한 것으로 보시면 될 것입니다.

20 년 월 일

위 통고인 : (인)

[사례 149] 임대인이 임차인으로부터 보증금의 반환을 요구받은 때(관례)

통 지 서

받는 사람 성 명 :
주 소 :

보내는 사람 성 명 :
주 소 :
연락처 :

부동산의 표시 :

1. 삼가 귀댁의 안녕을 기원합니다.

2. 본인은 위 부동산의 소유주로서 이에 대하여 귀하와 임대차보증금 ○○○, 월임료 ○○○원, 임대차기간을 20○○. ○. ○.부터 2년간으로 정하는 임대차계약을 체결하였습니다.

3. 그러나 귀하는 계약이 종료됨과 동시에 보증금을 반환하여 달라고 요구하였으나, 본인은 가지고 있는 여유자금이 없음은 물론이고, 통상적으로 새로 계약하는 임차인인 들어오면서 종료된 임차인에게 보증금을 지급하고 인도하여 주는 것이 관례인 바, 본인은 새로운 임차인이 나설 때까지 보증금의 반환을 유보하여 주셨으면 하는 마음에 이렇게 부탁을 드립니다.

4. 또한 본 내용증명을 발송하는 것은 서로간의 의사표현을 서면상으로 하는 임대차계약을 해제함은 물론이고 건물인도 및 부당이득금 청구소송을 제기하고 이에 따른 제반비용을 전가할 것이오니 부디 불미스러운 일이 발생하

지 않도록 협조하여 주시기 바랍니다.

20 년 월 일

위 발신인 : (인)

[사례 150] 임차인이 계약연장의사가 없어 보증금반환을 청구할 때

통 지 서

받는 사람 성 명 :
주 소 :

보내는 사람 성 명 :
주 소 :
연락처 :

1. 삼가 귀댁의 안녕을 기원합니다.

2. 귀하는 위 부동산의 소유자로서 이에 대하여 임대차보증금 ○○○원, 임대차기간을 20○○. ○. ○.부터 2년간으로 정하는 임대차계약을 본인과 체결하였던 바, 돌아오는 20○○. ○. ○.이 임대차기간이 종료되는 날로서 본인은 더 이상 계약을 연장할 의사가 없으므로 본 내용증명을 통하여 임대차기간이 종료됨과 동시에 본 계약해지 할 것을 통보하는 바입니다.

3. 따라서 본인은 계약이 종료되는 대로 위 부동산을 귀하에게 인도할 것이므로 귀하 또한 차질 없이 본인에게 위 임대차보증금을 지급하여 주실 것을 부탁드립니다.

4. 본 내용증명서를 발송하는 것은 서로간의 의사표현을 서면상으로 하는 것이 현명할 것으로 판단되어 발송하는 것이오니 이점 양해하여 주시기 바랍니다.

20 년 월 일

위 발신인 : (인)

[사례 151] 임차인이 계약 이외의 면적을 무단점유하여 사용하고 있을 때

통 지 서

받는 사람 성 명 :
주 소 :

보내는 사람 성 명 :
주 소 :
연락처 :

부동산의 표시 :

1. 삼가 귀댁의 안녕을 기원합니다.

2. 본인은 위 부동산의 소유자로서 이에 대하여 귀하와 임대차보증금 ○○○원, 월임료 금 ○○○원, 임대차기간을 20○○. ○. ○.부터 2년간으로 정하는 임대차계약을 체결한 바 있습니다.

3. 그러나 귀하는 위의 임차부분 이외의 면적 ○○○㎡를 본인과 한마디 상의도 없이 무단으로 점유 사용하고 있으므로 20○○. ○. ○.까지 무단으로 점유하고 있는 면적 ○○㎡의 인도는 물론이고, 귀하가 20○○. ○. ○.부터 같은 해 ○. ○.까지 임료도 지불하지 않고 무단으로 사용하고 있는 부분에 대한 부당이득금을 지급하여 주시기 바랍니다.

4. 만일 귀하가 인도일시 및 부당이득금의 지급을 아무런 권한 없이 지체할 경우 본인은 임대차계약을 해지함은 물론이고 건물인도 및 부당이득금 청구소

송을 제기하고 이에 따른 제반비용을 전가할 것이오니 부디 불미스러운 일이 발생하지 않도록 협조하여 주시기 바랍니다.

20 년 월 일

위 발신인 : (인)

[사례 152] 임차인이 차임의 감액을 청구하고자 할 때

통 지 서

받는 사람 성 명 :
주 소 :

보내는 사람 성 명 :
주 소 :
연락처 :

1. 삼가 귀댁의 안녕을 기원합니다.

2. 본인은 귀하로부터 다음 부동산의 표시 기재 건물을 20○○. ○. ○.부터 1개월 임료 금 ○○○원에 빌려 쓰고 있습니다만, 지난 20○○년 초에 있었던 태풍으로 인하여 지붕의 일부가 파손되어 내려앉게 되었고 급기야는 외부와 맞닿게 되어 그 부분은 더 이상 방으로 쓸 수 없게 되었습니다.

3. 본인이 이와 같은 사실을 우려하여 수차에 걸쳐 귀하에게 수선해 줄 것을 통지하였으나 귀하께서는 아무런 조치를 하지 아니하였습니다. 따라서 본인은 위 건물에 대한 임대료를 20○○. ○월분부터는 본인이 사용하지 못하는 부분을 감안하여 월 금 ○○○원으로 감액하여 지불하겠사오니 양해하여 주시기 바랍니다.

– 부 동 산 의 표 시 –

20 년 월 일

위 발신인 : (인)

[사례 153] 임대인이 임차주택 매수청구거절을 하고자 할 때

통 지 서

받는 사람 성 명 :
주 소 :

보내는 사람 성 명 :
주 소 :
연락처 :

1. 귀하의 사업이 번창하시기를 기원합니다.

2. 귀하의 내용증명을 잘 받아 보았습니다.

3. 본인은 귀하께서 보낸 임차주택매수청구서를 20○○. ○. ○. 송달받아 살펴본 즉 귀하의 사정은 이해할만하나 동 주택은 금번에 본인의 아들 ○○○이 결혼을 하게 되어 아들에게 살게 하려고 하기 때문에 귀하의 청구를 거절하오며 귀하가 다른 주택을 구입하는데 차질이 없도록 임대차보증금은 귀하가 원하는 날짜에 언제든지 반환하여 줄 것이오니 다른 주택을 구입하시기 바랍니다.

20 년 월 일

위 발신인 : (인)

[사례 154] 임차인이 임차주택의 수리비에 대해 청구하고자 할 때

통 지 서

받는 사람　　성　명 :
　　　　　　주　소 :

보내는 사람　성　명 :
　　　　　　주　소 :
　　　　　　연락처 :

1. 본인은 귀하에게 여러 차례 전화를 하였으나 연락이 되지 않아 본 통지서를 발송합니다.

2. 본인은 귀하 소유의 ○○시 ○○로 ○○(○○동) ○○빌라에 전세계약을 체결하고 살고 있습니다. 그런데 지난 장마에 정화조가 터져서 교체해야 하는데 한 집당 ○○○원을 부담해야 한다고 합니다. 임대인은 임차목적물을 임차인이 사용하는데 불편함이 없도록 수선유지를 해야 할 의무가 있음에도 불구하고 지금까지 아무런 조치를 취하지 않고 있습니다.

3. 증빙서류에서 보시는 바와 같이 수리비 ○○○원을 지불하였습니다. 임차인의 상환청구권에 의해 위 비용의 상환을 청구하오니 빠른 시일 내에 수리비 전액을 상환하여 주시기 바랍니다.

4. 만일 20○○. ○. ○.까지 회답이 없을 경우 발송인이 전한 내용을 승인한 것으로 볼 것이오니 이점 양지하시기 바랍니다.

20　년　월　일

위 발신인 :　　　　　　(인)

[사례 155] 임차인이 임대차계약만료로 이사 후 보증금반환 청구

통 지 서

받는 사람 성 명 :
주 소 :

보내는 사람 성 명 :
주 소 :
연락처 :

1. 삼가 귀댁의 안녕을 기원합니다.

2. 본인은 귀하 소유의 ○○시 ○○구 ○○동 ○○○ [도로명주소] ○○시 ○○구 ○○대로 ○○ 주택 1층 ○○㎡를 임차하여 거주하다가 임대차기간이 만료하여 귀하에게 본 가옥을 인도하여 주었으나 ○개월이 지난 현재까지 임대차보증금을 반환하지 않아 이에 보증금의 지급을 받고자 아래와 같이 통고하는 바입니다.

– 아 래 –

미반환보증금 금 ○○○원
상기 대금을 20○○. ○. ○.까지 변제하기 바라며, 이를 어길 시에는 강제집행 등 법적조치를 취할 것임을 통지하는 바입니다.

20 년 월 일

위 발신인 : (인)

[주] 본 내용은 임대차기간의 만료 후 임차물을 인도하였음에도 임차보증금을 회수하지 못한 경우로 임대차보증금반환소송에 들어가기에 앞서 최후통첩 형식으로 통고하는 경우이다.

[사례 156] 임차인이 임대차보증금 반환을 청구하고자 할 때

통 지 서

받는 사람 성 명 :
주 소 :

보내는 사람 성 명 :
주 소 :
연락처 :

1. 본인인 임차인과 임대인간에 20○○. ○. ○. ○개월간의 ○○시 ○○동 ○○○ [도로명주소] ○○시 ○○대로 ○○ 소재 점포에 대한 임대차계약을 체결하였습니다. 동 계약체결 후 본인은 위 점포를 20○○. ○. ○.까지 사용하여 왔습니다.

2. 요즘 경기가 좋지 않음에 따라 수차례 지역정보지에 임대광고를 하였으나 별다른 문의도 없고 월세지급도 힘들게 되었습니다. 그래서 20○○. ○. ○. 임대인에게 임대차계약의 해지를 통보하고 20○○. ○. ○. 임대차계약의 해지를 요구하였습니다.

3. 임대인은 임대가 이루어져야 보증금을 반환하겠다고 말을 했고 이에 임차인은 해지를 잠시 유보하고 기다리게 되었습니다. 그러나 임대인의 터무니없이 높은 보증금과 월세를 고집하였고 타 점포들에 비해 보증금과 월세가 비싸 거래가 이루어지지 않고 있습니다.

4. 따라서 20○○. ○. ○.부터 20○○. ○. ○.까지 ○월간의 월세 금 ○○○원을 제외한 금액인 금 ○○○원을 20○○. ○. ○.까지 임차인에게 반환하여 주시기 바랍니다.

5. 만일 보증금을 반환해 주지 않을 경우 향후 별도의 통지없이 법적인 절차를 취할 것이오니 이점 양해하여 주시기 바랍니다.

20 년 월 일

위 발신인 : (인)

[사례 157] 임대인이 임차인에게 점포에 대한 임대료 독촉을 할 때

통 지 서

받는 사람 성 명 :
주 소 :

보내는 사람 성 명 :
주 소 :
연락처 :

1. 귀댁의 안녕을 기원합니다.

2. 귀하와 본인 간에 본인 소유의 ○○시 ○○구 ○○동 ○○○ [도로명 주소] ○○시 ○○구 ○○대로 ○○ 소재 건물 ○층 점포를 보증금 ○○○원에 월 임료 ○○○원으로 하는 임대차계약을 체결하고 특약사항으로 귀하께서 월 임료를 3개월 이상 연체시 임대차계약을 해지할 수 있도록 하였습니다.

3. 그런데 귀하께서는 20○○. ○. ○.부터 같은 해 ○. ○.까지 4개월간의 임대료 금 ○○○원이 미납하여 본인의 수차의 독촉에도 불구하고 지급하지 아니하고 있으므로, 귀하께서는 20○○. ○. ○.까지 위 연체된 임대료를 지급하여 주시기 바랍니다.

4. 아울러 이를 지급치 아니하면 본인과 귀하간의 임대차계약을 별도의 통지없이 해지됨을 알려드리오니 위 기일을 엄수하여 주시기 바랍니다.

20 년 월 일

위 발신인 : (인)

[사례 158] 임대인이 전차인에게 보증금반환을 할 수 없음을 통보하고자 할 때

통 지 서

받는 사람　　성 명 :
　　　　　　주 소 :

보내는 사람　성 명 :
　　　　　　주 소 :
　　　　　　연락처 :

부동산의 표시 :

1. 삼가 귀댁의 안녕을 기원합니다.

2. 본인은 위 부동산의 소유주로서 ○○○와 위 부동산에 대하여 2년간으로 정하는 임대차계약을 체결하였고, ○○○는 이를 다시 귀하에게 전대차기간을 위와 같은 기간으로 하고, 보증금 ○○○원으로 하여 전대차계약을 체결하였습니다.

3. 그러나 귀하는 ○○○와의 계약이 종료되어 ○○○에게 보증금을 반환 받아야 하나 ○○○이 행방불명이 되었다는 이유로 계약당사자도 아니고 단지 건물의 소유주인 본인에게 귀하의 보증금을 돌려달라고 요구하고 있으나, 본인은 귀하와 계약한 당사자도 아니고 단지 건물의 소유주이므로 ○○○와 귀하간에 발생한 보증금 분쟁에 대하여 본인이 지급하여야 할 책임은 전혀 없음을 통지하는 바입니다.

4. 따라서 귀하는 더 이상 본인에게 위와 같은 내용을 거론하지 않기를 바라며 혹 또 다시 지급당사자도 아닌 본인에게 지급을 요구하는 등의 행동을 할 경우 본인 또한 이에 적절한 행동을 취할 것이오니 부디 불미스러운 일이 발생하지 않도록 협조하여 주시기 바랍니다.

20 년 월 일

위 발신인 : (인)

[사례 159] 임차인의 지상물매수청구권에 대한 답변

답 변 서

받는 사람 성 명 :
주 소 :

보내는 사람 성 명 :
주 소 :
연락처 :

1. 귀하는 본인의 소유 토지를 20○○. ○. ○. 임차하여 자비를 들여 쇠파이프 골격 비닐하우스를 축조하고 채소를 재배하였습니다. 본인은 이번 달 말일에 임대차계약기간이 만료됨과 동시 계약갱신을 거절하고 위 쇠파이프 골격 비닐하우스의 철거 및 토지의 인도를 청구하였습니다.

2. 귀하는 내용증명을 통해 지상권매수청구권을 요구하며 쇠파이프 골격 비닐하우스의 매수를 청구하였습니다.

3. 그러나 귀하의 주장과는 반대로 쇠파이프 골격 비닐하우스는 토지임차인의 지상물매수청구의 대상이 되기 어렵습니다. 화초의 판매용지로 임차한 토지에 설치한 비닐하우스가 화훼판매를 위하여 필요한 시설물이라 하더라도 그 자체의 소유가 그 임대차의 주된 목적은 아니었을 뿐 아니라, 비용이 다소 든다고 하더라도 주구조체인 철재파이프를 토지로부터 쉽게 철거할 수 있는 점 등에 비추어 지상물매수청구권을 청구할 수 없음을 밝혀 둡니다.

4. 지상물청구권을 인정하기 위해서는 지상물의 가치가 보존할 만한 경제적 가치가 있어야 하는데 비닐하우스는 이러한 조건에 부합되지 않으므로 지상권매수청구권의 효력이 없음을 알려드리며 계약기간만료 후 계약서대로 토지를 인도하여 주시기 바랍니다.

20 년 월 일

위 발신자 : (인)

[사례 160] 임차인의 사정에 의하여 임차건물을 전대할 때

통 지 서

받는 사람 성 명 :
주 소 :

보내는 사람 성 명 :
주 소 :
연락처 :

부동산의 표시 :

1. 삼가 귀댁의 안녕을 기원합니다.

2. 귀하는 위 건물의 소유주로서 이에 대하여 본인과 임대차보증금 ○○○원, 임대차기간을 20○○. ○. ○.부터 2년간으로 정하는 임대차계약을 체결하였습니다.

3. 그러나 본인은 개인적인 사정에 의하여 위 임대차 부분을 ○○○에게 20○○. ○. ○.자로 전대하여 이를 귀하에게 통보하는 바이오니 이점 양지하여 주시고, 본인의 책임 하에 전대하였으므로 이로 인한 불이익은 전혀 없을 것입니다.

4. 따라서 본인이 내용증명서를 발송하는 것은 서로간의 의사표현을 서면상으로 하는 것이 현명할 것으로 판단되어 발송하는 것이오니 부디 너그러운 마음으로 양해하여 주시기 바랍니다.

20 년 월 일

위 발신자 : (인)

[사례 161] 임차인의 채무사실을 채권자가 임대인에게 통지할 때

통 지 서

받는 사람 성 명 :
주 소 :

보내는 사람 성 명 :
주 소 :
연락처 :

1. 임대인 ○○○은 임차인 ○○○와 20○○. ○. ○. ○○시 ○○구 ○○동 ○○○ [도로명주소] ○○시 ○○구 ○○대로 ○○ 소재의 건물에 대하여 금 ○○○원에 전세계약을 체결하였던 바, 임차인 ○○○은 20○○. ○. ○.자로 전세보증금 ○○○원을 담보로 채권자 ○○○에게 금 ○○○원을 차용하였기에 상호 약정한 변제기일 및 이자 미납시 상기 전세금에 대한 반환청구 및 양도를(민법 제450조) 임대인 ○○○에게 통지합니다.

2. 만약 임대인 ○○○이 임차인 ○○○에게 전세금을 반환할시 즉시 채권자인 ○○○에게 통보하여야 하며, 이를 어길 시에는 임대인 ○○○은 채권자인 ○○○에게 법적으로 임차인 ○○○의 채무를 연대하여 변상조치하여야 할 것임을 통지하는 바입니다.

20 년 월 일

위 발신인 : (인)

[사례 162] 임대인의 요구에 따라 이사한 경우 중개수수료 및 이사비용 청구

통 지 서

받는 사람 성 명 :
주 소 :

보내는 사람 성 명 :
주 소 :
연락처 :

부동산의 표시 :

1. 삼가 귀댁의 안녕을 기원합니다.

2. 귀하는 위 부동산의 소유자로서 임대차보증금 ○○○원, 월임료 금 ○○○원, 임대차기간을 20○○. ○. ○부터 2년간으로 정하여 임대차계약을 체결한 바 있습니다.

3. 그러나 귀하는 위의 계약과는 달리 계약한지 1년이 지난 20○○. ○. ○. 주택임대차보호법에 위배되는 요구를 하여 이에 본인이 귀하의 통보는 무효임을 통보하는 내용증명을 발송하였으나 귀하는 본인의 요구를 받아들이지 않고 위 임대차계약을 해지하고 건물을 인도하라고 통보를 하였습니다.

4. 이에 본인의 계약기간은 아직 남아 있으나 귀하가 일방적으로 본인과의 임대차계약을 종료하고 인도할 것을 강력히 촉구하여 20○○. ○. ○. 다른 집으로 이사하였으므로 이에 따른 이사비용 금 ○○○원과 부동산 중개사비용 금 ○○○○원의 합계인 금 ○○○원을 청구하는 바이오니 20○○. ○. ○.까지 지급하여 주시기 바랍니다.

5. 만일 귀하가 아무런 이유 없이 위의 이행을 지체할 경우 본인은 민사소송을 제기함은 물론 이에 따른 제반 비용까지 청구할 것이오니 부디 불미스러운 일이 발생하지 않도록 협조하여 주시기 바랍니다.

20 년 월 일

위 발신인 : (인)

[사례 163] 임대인의 임대차계약 갱신청구에 대해 임차인이 거절하고자 할 때

통 지 서

받는 사람 성 명 :
주 소 :

보내는 사람 성 명 :
주 소 :
연락처 :

1. 본인은 귀하 간에 귀하 소유의 ○○시 ○○구 ○○동 ○○ 대 ○○㎡에 대하여 임대차계약을 20○○. ○. ○. 체결하였습니다. 그리고 본인이 설정한 임차권은 20○○. ○. ○. 소멸하였습니다.

2. 귀하는 위 토지의 지상에 아직 건물이 존재한다고 하여 위 계약을 갱신할 취지로 20○○. ○. ○. 청구한 갱신청구에 대한 내용증명을 받아보았습니다.

3. 그러나 본인은 위 토지 지상에 신축건물을 건축할 예정이므로 귀하의 계약갱신의 청구를 거절함을 알려드립니다.

20 년 월 일

위 발신인 : (인)

[사례 164] 임대차계약 면적의 착오발생에 따라 임차인이 계약변경 등을 요청할 때

통 지 서

받는 사람 성 명 :
주 소 :

보내는 사람 성 명 :
주 소 :
연락처 :

부동산의 표시 :

1. 삼가 귀댁의 안녕을 기원합니다.

2. 귀하는 위 부동산의 소유자로서 본인과 임대차보증금 ○○○원, 임대차기간을 20○○. ○. ○.부터 2년간으로 정하는 임대차계약을 체결한 바 있습니다.

3. 그러나 본인은 귀하가 위의 임대차계약상의 면적이 ○○㎡이라고 주장하여 이에 계약을 체결하였으나 본인이 사용하고 있는 실제면적은 ○○㎡입니다. 이는 계약서상과 많은 차이가 나므로 본 내용증명을 통하여 이를 바로잡음은 물론이고 이에 따른 보증금의 차액을 반환할 것을 요구하오니 20○○. ○. ○.까지 이행하여 주시기 바랍니다.

4. 만일 귀하가 아무런 이유없이 위의 이행을 지체할 경우 본인은 임대차계약을 귀하의 과실을 원인으로 해지함은 물론이고 보증금의 반환 및 위약금 청구소송을 제기할 것이오니 부디 불미스러운 일이 발생하지 않도록 협조하여 주시기 바랍니다.

20 년 월 일

위 발신인 : (인)

[사례 165] 임대차계약 연장을 임대인이 거절하고자 할 때

통 지 서

받는 사람 성 명 :
주 소 :

보내는 사람 성 명 :
주 소 :
연락처 :

1. 삼가 귀댁의 안녕을 기원합니다.

2. 본인이 귀하에게 임대하고 있는 아래 기재 건물의 임대차기간은 20○○. ○. ○.까지로 약정되어 있습니다.

3. 위 임대차기간 종료 후에는 아래 건물을 본인이 사용할 필요가 있어 귀하와의 임대차계약을 갱신할 수 없으므로 주택임대차보호법 제6조에 의하여 계약갱신의 거절을 통지합니다.

4. 따라서 임대차기간 만료 시에는 아래 건물을 인도하여 주시기 바랍니다.

– 부 동 산 의 표 시 –

20 년 월 일

위 발신인 : (인)

[사례 166] 임대차계약종료에 따라 임차인이 보증금반환을 요청할 때

통 지 서

받는 사람 성 명 :
주 소 :

보내는 사람 성 명 :
주 소 :
연락처 :

부동산의 표시 :

1. 삼가 귀댁의 안녕을 기원합니다.

2. 홍길동은 등기기록상 소유자로 되어있으나 이는 명의신탁에 의한 소유자이며, 김갑동은 위 부동산의 실질적인 소유자로서 이에 대하여 임대차보증금 ○○○원, 임대차기간을 20○○. ○. ○.부터 2년간으로 정하는 임대차계약을 본인과 체결하였던 바, 본인은 계약만료일인 20○○. ○. ○. 2개월 전 이미 내용증명을 통하여 더 이상의 임대차기간을 연장하지 않겠다는 통보를 한 바 있습니다.

3. 그러나 홍길동은 이미 임대차기간이 종료되었음에도 불구하고 보증금을 지급할 생각을 하지 않고 있어 이에 본인이 구두상으로 계약당사자인 홍길동은 물론 명의상 소유자인 김갑동에게 수차에 걸쳐 요구하였으나 귀하께서는 전혀 지급할 의사가 없는 관계로 본인은 본 내용증명을 통하여 귀하에게 20○○. ○. ○.까지 보증금을 반환하여 줄 것을 요구하는 바입니다.

4. 만일 본인의 주장을 아무런 이유없이 지체할 경우 본인은 이에 따른 계약금반환 관련 민사조정신청을 법원에 청구할 것은 물론 이에 따른 제반비용 또한 청구할 것이오니 부디 불미스러운 일이 발생하지 않도록 협조하여 주시기 바랍니다.

20 년 월 일

위 발신인 : (인)

[사례 167] 임대차계약해지건물에 대하여 임대인이 사용중지를 요청할 때

통 지 서

받는 사람 성 명 :
주 소 :

보내는 사람 성 명 :
주 소 :
연락처 :

1. 삼가 귀댁의 안녕을 기원합니다.

2. 본인이 귀하에 대해 임대하고 있는 다음 기재의 건물에 대해서 본인은 20○○. ○. ○.자 내용증명 우편을 통하여 건물임대차계약을 해지한다는 요지를 알려 드렸고, 동 우편물은 20○○. ○. ○. 귀하에게 도달하였습니다. 따라서 본인과 귀하와의 본 건물에 대한 임대차계약은 적법하게 해지된 것입니다.

3. 그럼에도 불구하고 귀하는 본 건물의 사용에 대해서 아무런 권한이 없음에도 불구하고 계속 사용을 하고 있습니다. 그러므로 본 건물의 사용을 즉시 중지함과 아울러 비워주실 것을 통지하는 바입니다.

– 부 동 산 의 표 시 –

20 년 월 일

위 발신인 : (인)

[사례 168] 임대차계약해지건물에 대하여 임차인에게 건물인도를 요구할 때

통 지 서

받는 사람 성 명 :
주 소 :

보내는 사람 성 명 :
주 소 :
연락처 :

부동산의 표시 :

1. 삼가 귀댁의 안녕을 기원합니다.

2. 본인은 위 부동산의 소유자로서 이에 대하여 귀하와 임대보증금 ○○○원, 임대차기간을 20○○. ○. ○.부터 2년간으로 정하는 임대차계약을 체결하였던 바, 본인은 계약만료일인 20○○. ○. ○. 2개월 전 이미 내용증명을 통하여 더 이상의 임대차기간을 연장하지 않겠다는 통보를 한 바 있습니다.

3. 그런데 귀하는 이미 임대차기간이 종료되었음에도 불구하고 건물을 인도할 생각을 하지 않고 있어 이에 본인이 구두상으로 수차에 걸쳐 인도를 요구하였으나 귀하는 전혀 인도할 의사가 없는 관계로, 본인은 본 내용증명을 통하여 20○○. ○. ○.까지 건물을 인도할 것을 요구하는 바입니다.

4. 만일 본인의 주장을 아무런 이유없이 지체할 경우 본인은 이에 따른 건물인도 및 원상회복청구를 함은 물론 이에 따른 제반비용 또한 청구할 것이오니 부디 불미스러운 일이 발생하지 않도록 협조하여 주시기 바랍니다.

20 년 월 일

위 발신인 : (인)

[사례 169] 임대계약 만료에 의한 임차건물 인도청구를 하고자 할 때

통 지 서

받는 사람 성 명 :
주 소 :

보내는 사람 성 명 :
주 소 :
연락처 :

1. 삼가 귀댁의 안녕을 기원합니다.

2. 다름 아니옵고,
본인은 귀하 간에 20○○. ○. ○. ○○시 ○○동 ○○○ [도로명주소] ○○시 ○○대로 ○○ 소재 2층 상가건물 1층 전부에 대하여 보증금 ○○○○원, 월 차임 ○○○원, 임대차기간은 20○○. ○. ○.부터 20○○. ○. ○.까지(1년간)로 정하여 상가건물임대차계약을 체결하고, 본인은 귀하로부터 위 보증금을 지급받음과 동시에 위 건물을 인도하였습니다.

3. 그 후 위와 같이 기간이 정함이 있는 임대차에서, 귀하는 본인에게 위 임대차기간이 만료되기 전 6개월부터 1개월까지 사이에 위 계약갱신의 통지를 하지 않는 상태에서 위 임대차기간이 만료되었고, 본인은 귀하와 재계약할 의사가 없어, 본인은 귀하에게 위 임대차기간만료일인 20○○. ○. ○.에 위 보증금을 반환하였습니다.

4. 따라서 귀하께서 점유, 사용 중인 위 건물을 20○○. ○. ○.까지 본인에게 인도하여 주시기를 바라며, 동 기일까지 위 건물을 인도하지 않을 시에는 부득이 법적절차를 취할 예정이오니 서로 불미스러운 일이 발생하지 않도록 협조하여 주시기 바랍니다.

20 년 월 일

위 발신자 : (인)

[주] 1. 본건은 임대차기간이 만료하고 보증금을 반환하였음에도 임차인이 임차주택을 인도하여 주지 아니함으로 인하여 임차주택의 인도를 강요하는 것으로 임대인이 지정한 기일 내에 인도하지 않을 경우 법적절차를 거쳐 강제집행을 행할 수 있음을 통지함으로써 임차인을 압박하여 임차건물을 인도하도록 하는데 그 목적이 있다.

2. 동시이행의 항변권

민법 제536조(동시이행의 항변권)

① 쌍무계약의 당사자일방은 상대방이 그 채무이행을 제공할 때 까지 자기의 채무이행을 거절할 수 있다. 그러나 상대방의 채무가 변제기에 있지 아니하는 때에는 그러하지 아니하다.

② 당사자일방이 상대방에게 먼저 이행하여야 할 경우에 상대방의 이행이 곤란한 현저한 사유가 있는 때에는 전항 본문과 같다.

[판례] 1. 임대차계약의 기간이 만료된 경우에 임차인이 임차목적물을 명도할 의무와 임대인이 보증금 중 연체차임 등 당해 임대차에 관하여 명도 시까지 생긴 모든 채무를 청산한 나머지를 반환할 의무는 동시이행의 관계가 있다(대법원 1977. 9. 28. 선고 77다1241,1242 판결).

2. 임대차관계가 종료된 후 임차인이 목적물을 임대인에게 반환하였으면 임대인은 보증금을 무조건으로 반환하여야 하고, 임차인으로부터 목적물의 인도를 받는 것과의 상환이행을 주장할 수 없다. 그리고 이는 종전의 임차인이 임대인으로부터 새로 목적물을 임차한 사람에게 그 목적물을 임대인의 동의 아래 직접 넘긴 경우에도 다를 바 없다. 그 경우 임차인의 그 행위는 임대인이 임차인으로부터 목적물을 인도받아 이를 새로운 임차인에게 다시 인도하는 것을 사실적인 실행의 면에서 간략하게 한 것으로서, 법적으로는 두 번의 인도가 행하여진 것으로 보아야 하므로, 역시 임대차관계 종료로 인한 임차인의 임대인에 대한 목적물반환의무는 이로써 제대로 이행되었다고 할 것이기 때문이다(대법원 2009. 6. 25. 선고 2008다55634 판결).

[사례 170] 임차인에게 임차료 및 건물인도청구를 하고자 할 때

통 지 서

받는 사람 성 명 :

주 소 :

보내는 사람　성　명 :
　　　　　　주　소 :
　　　　　　연락처 :

부동산의 표시 :

1. 삼가 귀댁의 안녕을 기원합니다.

2. 본인은 위 부동산의 소유자로서 귀하와 임대차보증금 ○○○원, 월임료 금 ○○○원, 임대차기간을 20○○. ○. ○.부터 2년간으로 정하는 임대차계약을 체결한 바 있습니다.

3. 그러나 귀하는 위의 계약과는 달리 20○○. ○.월분부터 현재까지 월임료를 일체 지급하지 않은 상황으로 현재 연체된 월임료가 금 ○○○원에 달할 정도입니다. 이에 본인은 귀하에게 수차에 걸쳐 연체된 임료를 지급할 것을 촉구하였음에도 불구하고 귀하는 이에 대하여 전혀 반응이 없어 본인은 본 내용증명을 통하여 임대차계약을 해지함을 통보하는 바이오니 20○○. ○. ○.까지 연체된 임대료 금 ○○○원의 지급과 함께 귀하가 점유하고 있는 건물을 인도하여 주시기 바랍니다.

4. 만일 귀하가 인도일시와 연체된 임대료의 지급을 아무런 권한 없이 지체할 경우 본인은 건물인도 및 월임료의 청구소송을 제기할 것은 물론이고 이에 따른 제반 비용의 전가와 그간의 연체된 월임료에 대해서도 소송을 통하여 연 ○○%의 이자를 가산할 것이오니 부디 불미스러운 일이 발생하지 않도록 협조하여 주시기 바랍니다.

20　년　월　일

위 발신인 :　　　　　(인)

[사례 171] 임차인에게 임대료 인상을 통보하고자 할 때

통 지 서

받는 사람 성 명 :
주 소 :

보내는 사람 성 명 :
주 소 :
연락처 :

1. 삼가 귀댁의 안녕을 기원합니다.

2. 본인은 귀하에게 ○○시 ○○구 ○○동 ○○○ [도로명주소] ○○시 ○○구 ○○대로 ○○ 소재 본인 소유의 ○○빌딩 제5번째 층 전체를 1개월 금 ○○○원에 임대하였는바, 지난 ○월말일로 벌써 만 ○년이 경과하게 되었습니다.

3. 그러나 귀하께서 잘 아시다시피 그 동안의 물가가 상승하였을 뿐만 아니라 건물분 재산세를 포함하여 각종의 제공과금이 증액되고 있어 인근 건물의 임대료도 현저하게 상승하였습니다. 따라서 현재의 1개월 금 ○○○원은 상당하지 아니하다고 생각됩니다. 그리하여 부득이 임대료를 20○○. ○월분부터 1개월 금 ○○○원으로 인상하지 않을 수 없음을 통보하오니 양해하여 주시기 바랍니다.

4. 본 금액은 최소한의 증액이라 사료되오니, 금년 ○월분부터는 증액된 대로 매월 말일마다 다음달 분 임대료를 지급하여 주시기 바랍니다.

20 년 월 일

위 발신인 : (인)

[사례 172] 임차기간만료로 인한 이사 후 임차보증금의 반환을 청구할 때

통 지 서

받는 사람 성 명 :
주 소 :

보내는 사람 성 명 :
주 소 :
연락처 :

계 약 일 : 20○○. ○. ○.
전세보증금 : ○○○원(₩)
임대차계약기간 : 20○○. ○. ○.부터 20○○. ○. ○.까지
임차부분 : ○○시 ○○동 ○○
[도로명주소] ○○시 ○○대로 ○○○
시멘트 벽돌조 슬래지붕 2층 주택 중
1층 전부
계약해지사유 : 20○○. ○. ○.로 ○년간의 임대차기간이 만료됨으로, 임차계약을 해지하고 이사를 갔으나 임대차보증금을 반환받지 못하였기에 반환하여 주시기 바랍니다.

20 년 월 일

위 발신인 : (인)

[사례 173] 주택임대료 인상을 하고자 할 때

통 지 서

받는 사람 성 명 :
주 소 :

보내는 사람 성 명 :
주 소 :
연락처 :

1. 귀댁의 안녕을 기원합니다.

2. 본인은 귀하에게 20○○. ○. ○. ○○시 ○○동 ○○○ [도로명주소] ○○시 ○○대로 ○○ 소재 본인 소유 주택을 귀하에게 보증금 ○○○원에 임대차기간은 2년으로 정하는 주택임대차계약을 체결하였으나 20○○. ○. ○.자로 그 기간이 만료됨에 따라 본인은 물가상승 등으로 인하여 부득이 임대차보증금의 인상이 불가피하여 기존 금액에서 5%를 인상한 금 ○○○원으로 인상하여 줄 것을 통지하오니 귀하가 계속하여 본 주택을 임차하여 사용하실 의양이 있으시면 보증금액을 인상하여 주시기 바랍니다.

3. 만일 위 인상에 이의가 있으면 20○○. ○. ○.까지 이의를 제기하여 주시고 이 기간 내에 아무런 연락이나 인상금액을 지급하지 아니하면 재계약할 의사가 없는 것으로 생각하여 임대차관계가 종료하는 것으로 알고 부동산중개업소에 후임 임차인을 의뢰하겠사오니 착오 없으시기 바랍니다.

20 년 월 일

위 발신인 : (인)

[주] 본건은 주택임대차계약기간이 만료됨에 따라 임대가격을 인상하고자 하여 먼저 현재 거주하고 있는 임차인에게 임대료인상액을 제의하고 그 인상액에 따라 재계약의사 여부를 확인하기 위하여 본 통지를 한 후 임차인이 이에 대비할 수

있도록 하고 또한 임대인도 임차인의 재계약의사 여부를 확인한 후 이에 대처할 수 있도록 하기 위한 것이다.

[사례 174] 주택임대차기간만료로 임대인이 인도를 요구할 때

통 지 서

받는 사람 성 명 :
주 소 :

보내는 사람 성 명 :
주 소 :
연락처 :

1. 본인은 ○○시 ○○구 ○○동 ○○○ [도로명주소] ○○시 ○○구 ○○대로 ○○ 소재 1층 주택 ○○㎡를 보증금 ○○○원, 월세금(매월말일 지급) ○○○원, 임대차기간을 인도일로부터 24개월로 정하는 주택임대차계약을 체결하고, 보증금을 지급받음과 동시에 귀하에게 주택을 인도하였습니다.

2. 그 후 귀하는 약정한 주택임대차기간이 만료될 당시 본인에게 재계약여부 등 별도의 의사표시가 없었으며, 이로 인하여 주택임대차 계약기간이 2년간으로 묵시적 갱신된 상태에서 귀하는 현재까지 주택을 점유하면서 사용하고 있습니다.

3. 그런데 본인은 20○○. ○. ○. 내용증명 우편으로 묵시적으로 갱신된 주택임대차기간의 만료일인 20○○. ○. ○.에 보증금을 반환 받음과 동시에 주택을 인도해 달라는 주택임대차계약해지 의사를 표시하였습니다. 하지만 귀하는 임대차기간이 만료된 시점에도 주택을 인도하지 아니한 채 현재까지 주택을 점유하면서 사용하고 있습니다.

4. 따라서 본인은 귀하에 대하여 묵시적으로 갱신된 주택임대차계약의 기간만료에 따라 주택의 인도를 통지합니다. 아울러 20○○. ○. ○.까지 위 주택의 인도일까지에 해당하는 차임상당의 부당이득금을 지급하여 주시기 바랍니다.

20 년 월 일

위 발신인 : (인)

[사례 175] 토지임대차계약에 대한 임대인의 해지 요구

답 변 서

받는 사람 성 명 :
주 소 :

보내는 사람 성 명 :
주 소 :
연락처 :

1. 삼가 귀댁의 안녕을 기원합니다.

2. 본인은 귀하에게 20○○. ○. ○. ○○시 ○○동 ○○○ 소재 답 ○○㎡를 연 ○○○원에 임대해 주었는데 금번 ○○에 있던 아들 ○○○이 실직을 하여 농사를 지으려고 하는 까닭에 귀하에게 임대한 상기 토지를 올해 추수를 끝내고 그 임대관계를 해지하고자 미리 통지하오니 이점 양지하시기 바랍니다.

20 년 월 일

위 발신인 : (인)

[주] 1. 임대차기간의 약정이 없는 때에는 당사자는 언제든지 계약해지의 통고를 할 수 있고 상대방이 전항의 통고를 받은 날로부터 다음 각호의 기간이 경과하면 해지의 효력이 생긴다(민법 635조).

가. 토지, 건물 기타 공작물에 대하여는 임대인이 해지를 통고한 경우에는 6월, 임차인이 해지를 통고한 경우에는 1월

나. 동산에 대하여는 5일

2. 임대차기간의 약정이 있는 경우에도 당사자일방 또는 쌍방이 그 기간 내에 해지할 권리를 보류한 때에는 전조의 규정을 준용한다(민법 636조).

[사례 176] 임대인이 토지임대차 계약갱신 요구에 거절을 할 때

답 변 서

받는 사람 성 명 :
주 소 :

보내는 사람 성 명 :
주 소 :
연락처 :

1. 본인이 귀하에게 20○○. ○. ○.에 임대한 ○○시 ○○동 ○○○ 대 200㎡의 토지에 대하여 20○○. ○. ○. 계약기간이 만료됩니다.

2. 귀하께서는 20○○. ○. ○. 내용증명 우편으로 본인에게 전과 동일한 조건으로 계약기간의 갱신을 청구하였습니다.

3. 그러나 본인의 부득이한 사정으로 위 토지를 직접 사용하여야 하므로 계약기간을 갱신할 수 없음을 알려드리오니 이점 양지하시기 바라며, 계약기간 만료시 위 토지를 인도하여 주시기 바랍니다.

20 년 월 일

위 발신인 : (인)

[사례 177] 임대권에 대해 승계를 통지하고자 할 때

통 지 서

받는 사람 성 명 :
주 소 :

보내는 사람 성 명 :
주 소 :
연락처 :

1. 발신인의 모친과 귀하는 아래 부동산을 임대차하기 위해 다음과 같은 조건으로 임대차계약을 체결하였습니다.

– 다 음 –

가. 임대차물건 소재지 : ○○시 ○○구 ○○동 ○○ 대 380㎡
나. 임대차기간 : 20○○. ○. ○.부터 20○○. ○. ○.까지
다. 임대보증금 : ○○○(㎡)당 금 ○○○원

2. 그러나 발신인의 모친이 20○○. ○. ○. 심장질환으로 운명하시어 본 부동산을 본인이 상속하여 등기를 마쳤습니다.

3. 따라서 발신인이 모친의 권리와 의무를 승계받아 위 부동산에 대한 임대권을 가지고 있음을 통보합니다. 이 서면을 받은 후부터는 위 부동산에 대한 임대료는 발신인에게 지급하여 주시기 바랍니다.

20 년 월 일

위 발신인 : (인)

[사례 178] 임대기간의 연장 후에 임대인이 임대부동산의 인도를 요청할 때

통 지 서

받는 사람 성 명 :
주 소 :

보내는 사람 성 명 :
주 소 :
연락처 :

부동산의 표시 :

1. 삼가 귀댁의 안녕을 기원합니다.

2. 다름이 아니옵고 본인은 위 부동산의 소유자로서 이에 대하여 귀하와 임대차보증금 ○○○원, 월임료 금 ○○○원, 임대차기간을 20○○. ○. ○.부터 2년간으로 정하는 임대차계약을 체결한 바 있습니다.

3. 그러나 본인과 귀하는 20○○. ○. ○. 임대차계약이 종료되었음에도 불구하고 상호간 아무런 의사표시가 없어 이 계약이 묵시적으로 갱신되었습니다. 그러나 본인은 개인의 사정에 의하여 계약을 종료하고자 합니다. 그러므로 귀하는 계약의 해지를 통보하는 본 내용증명을 받은 후 6개월이 경과됨과 동시 본인에게 위 부동산을 인도하여 주시기 바라며, 아울러 본인도 인도와 동시에 위 임대보증금을 지불할 것임을 통보하는 바입니다.

4. 본 내용증명서를 발송하는 것은 서로간의 의사표현을 서면상으로 하는 것이 현명할 것으로 판단되어 발송하는 것이오니 이점 양해하여 주시기 바랍니다.

20 년 월 일

위 발신인 : (인)

[사례 179] 임대기간이 만료되었으나 임대인이 보증금을 반환해주지 않을 때

통 지 서

받는 사람　　성　명 :
　　　　　　　주　소 :

보내는 사람　성　명 :
　　　　　　　주　소 :
　　　　　　　연락처 :

1. 임대차 계약관계
   임대차기간 : 20○○. ○. ○.부터 20○○. ○. ○.까지
   임대차보증금 : 금 ○○○원

2. 위 임대차기간이 만료되어 가면서 임대차기간만료 ○월 전에 부동산중개업소에 의뢰하고는 임대차기간이 만료되면 이사를 가야하므로 부동산중개업소에 의뢰한 것이 임대되지 않을 경우에는 임대차보증금을 반환해 주어야 된다는 말을 전화로 수차례 말하였으나 돈이 없으니 부동산중개업소에 의뢰하여 임대금액이 들어오면 빼가라는 똑같은 말을 하고 있습니다. 또한 임대보증금의 시세가 떨어져 있음에도 똑같은 금액으로 부동산중개업소에 의뢰하고 있으니 현실에 맞지 않은 일이며, 본인은 이사를 가야 되므로 본의 아니게 내용증명을 발송하오니 이점 양해하시고 임대차보증금을 반환하여 주시기 바랍니다.

3. 만일 임대차계약 종료 시에 임대차보증금을 반환해 주지 않으면 법적 조치를 취할 것임을 통지하는 바입니다.

20　년　월　일

위 발신인 :　　　　　　(인)

[사례 180] 임대료 인상청구에 대해 임차인이 이의를 제기하고자 할 때

통 지 서

받는 사람 성 명 :
주 소 :

보내는 사람 성 명 :
주 소 :
연락처 :

부동산의 표시 :

1. 삼가 귀댁의 안녕을 귀원합니다.

2. 다름 아니옵고,
통고인(이하 '임차인'이라 한다)과 홍길동 간에 20○○. 2. 14. 위 부동산에 대하여 임대차보증금 1,000만원, 월임료 45만원, 임대차기간 20○○. 2. 15.부터 20○○. 2. 14.(2년간)로 정한 부동산임대차계약을 체결하고, 같은 날 임차인은 홍길동에게 위 보증금을 지급한 후 같은 날 입주하여 거주하다가 귀하께서는 홍길동으로부터 위 부동산을 매수하여 귀하 명의로 20○○. 5. 24. 매매를 원인으로 하는 소유권이전등기를 ○○지방법원 ○○등기소 20○○. 6. 1. 등기 접수 제○○○호로 마침으로써 귀하께서는 임대인의 지위를 적법히 승계하였습니다.

3. 한편, 20○○. 9. 10. 임차인은 귀하의 동의 하에 제3자인 장길산에게 위 건물을 전차하고, 위 전차인은 위 건물에 입주하여 사용해오던 중 최근에 이르러 귀하께서는 전차인에게 수차에 걸쳐 전화하여 위 임대차기간(20○○. 2. 15) 이후부터는 월임료를 45만원에서 55만원으로 올리겠으니 이를 지급하지 아니하면 위 건물에서 나가줄 것을 요구하고 있습니다.

4. 이와 관련하여 위 임대차계약은 실제적으로 주거부준이 상가부분보다 넓어 주택임대차보호법의 적용대상이고, 주택임대차보호법 시행령 제8조에 따라 월임료의 증액청구는 약정한 월임료 45만원에 대한 20분의 1(22,500원)을 초과할 수 없으며, 주택임대차보호법 제4조에 의하면 "① 기간을 정하지

아니하거나 2년 미만으로 정한 임대차는 그 기간을 2년으로 본다."라고 되어 있고, 같은 법 제6조에서는 ① 임대인이 임대차기간이 끝나기 6개월 전부터 1개월 전까지의 기간에 임차인에게 갱신거절의 통지(임대인이 임차인에게 내용증명에 의한 통지)를 하지 아니하거나 계약조건을 변경하지 아니하면 갱신하지 아니한다는 뜻의 통지(임대인이 임차인에게 내용증명에 의한 통지)를 하지 아니한 경우에는 그 기간이 끝나는 때에 전 임대차와 동일한 조건으로 다시 임대차한 것으로 본다."라고 되어 있습니다.

5. 따라서 귀하께서는 임차인인 통지인에게 위 법 제6조 제1항에서 정한 내용증명에 의한 아무런 통지를 아니하였으므로, 위 임대차계약은 전 임대차와 동일한 조건인 임대차보증금 1,000만원, 월차임 450,000원(다만 22,500원까지 증액 가능하므로 472,500원). 임대차기간은 20 ○○. 2. 16.부터 20○○. 2. 15.까지(12개월)로 다시 임대차한 것으로 보시면 될 것입니다.

20 년 월 일

위 발신인 : (인)

[사례 181] 임차인이 임대보증금 및 인테리어 공사비에 대해 반환요청 방법

통 지 서

받는 사람 성 명 :
주 소 :

보내는 사람 성 명 :
주 소 :
연락처 :

1. 본인은 ○○시 ○○동 ○○○ [도로명주소] ○○시 ○○대로 ○○ 주택을 20○○. ○. ○.부터 20○○. ○. ○.일까지 12개월간 임대차보증금 ○○○

원에 월세 ○○○원으로 정하여 임대차계약을 체결하였습니다.

2. 위 임대차계약을 맺은 후 본인은 ○○웨딩을 운영하며 오던 중 20○○. ○. ○. 재계약을 약속하여 귀하의 동의하에 20○○. ○. ○.부터 내부 인테리어 공사를 하였습니다.

3. 20○○. ○. ○. 이후부터는 귀하가 일부러 재계약을 회피하며 시간을 미루어 오는 것 같아 본인은 재계약을 체결하자고 수차례에 걸쳐 요구하였으나 차일피일 미루어오다 20○○. ○월 초경에 본인에게 보증금 ○억에 월세 ○○○원을 요구하기에 이르게 되었습니다.

4. 귀하의 뜻에 따라 보증금(추가금액 ○○○원)을 올려주며 재계약을 하자고 하자 다시 월세를 ○○○원과 관리비를 ㎡당 ○○○원을 요구하였습니다.

5. 귀하는 본인뿐 아니라 전 임차인 등에게도 임차인의 약점을 이용하여 지능적, 상습적으로 거액의 월세를 받고 있습니다. 귀하는 세무소에 임대사업자 등록도 없음에도 불구하고 현재에도 거액의 임대료를 거둬들이고 있고 부가세까지 탈세를 저지르고 있습니다.

6. 따라서 귀하는 임대차보증금 ○○○원과 재계약을 임의로 파기함으로 인한 인테리어 공사비 ○○○원을 지급하여 주시기 바랍니다.

20 년 월 일

위 발신인 : (인)

[사례 182] 전세권자가 소유자에게 전세보증금 반환청구에 대한 답변

답 변 서

받는 사람 성 명 :
주 소 :

보내는 사람 성 명 :
주 소 :
연락처 :

1. 삼가 귀댁의 안녕을 기원합니다.

2. 본인은 20○○. ○. ○. 귀하로부터 전세보증금 반환통지서를 송달받았습니다.

3. 그런데 본인은 귀하에게 전세보증금을 전액 돌려주었는데 미반환보증금 ○○○원을 운운하며 이를 돌려달라고 하니 이해가 가지 않습니다.

4. 귀하의 전세보증금은 금 ○○○원으로 귀하가 이사하던 20○○. ○. ○.에 본인이 귀하에게 직접 금 ○○○원을 지급하고 나머지 금 ○○○원은 귀하가 본인에게 차용한 금 ○○○원에 변제한 것으로 하여 귀하도 이를 수락한 사실이온데 이제 와서 귀하가 차용하고 변제한 금 ○○○원을 미지급 하였다고 하면 이는 귀하의 심상이 의심스럽기까지 합니다.

5. 이에 본인은 귀하가 서명하여 주신 모든 자료를 보관하고 있으니 착오가 있었다면 이를 확인하시고 본인은 보증금 전액을 돌려주었다는 사실을 다시 한 번 통지하오니 확인하시기 바랍니다.

20 년 월 일

위 발신인 : (인)

[사례 183] 전대차계약에 대하여 임대인의 동의를 구할 때

통 지 서

받는 사람 성 명 :
주 소 :

보내는 사람 성 명 :
주 소 :
연락처 :

1. 삼가 귀댁의 안녕과 번영을 기원합니다.

2. 다름이 아니옵고 본인은 귀하 간에 체결한 임대차계약서 기재와 같이 ○○시 ○○동 ○○○ [도로명주소] ○○시 ○○대로 ○○ 소재 귀하의 2층 주택 중 1층 부분 ○○㎡를 임차하여 살고 있습니다.

3. 그런데 본인은 시골에 계신 노모님의 병환으로 갑자기 시골로 이사를 내려가야겠기에 동 주택은 임대차기간이 아직 ○개월 남아 있으므로 이를 본인의 동생 ○○○에게 양도하여 주고자 하오니 이를 허락하여 주시기 바라옵기에 본 통지서를 발송하오니 조속한 시일 내에 회답하여 주시기 바랍니다.

20 년 월 일

위 발신인 : (인)

[주] 1. 본건의 경우 임차인이 가사사정상 임차주택에 거주하지 못하게 됨에 이를 타에 전대차 등을 놓고자 하여 임대인의 동의를 구하고자 하는 것으로 이 경우 임대인과 협의하여 새롭게 들어올 임차인과 직접 임대차계약을 작성하여야 하는 방법과 전임차인이 임대인의 동의 등을 얻어 전대차하는 방법이 있다.

2. 전세권자는 전세권을 타인에게 양도 또는 담보로 제공할 수 있고 그 존속기간 내에서 그 목적물을 타인에게 전전세 또는 임대할 수 있다. 그러나 설정행위로 이를 금지한 때에는 그러하지 아니하다(민법 제306조).
이 경우 전세권양수인은 전세권설정자에 대하여 전세권양도인과 동일한 권리의무가 있고(민법 307조) 전세권의 목적물을 전전세 또는 임대한 경우에는 전세권자는 전전세 또는 임대하지 아니하였으면 면할 수 있는 불가항력으로 인한 손해에 대하여 그 책임을 부담한다(민법 제308조).

[사례 184] 임차인이 이사로 인한 보증금반환을 요청할 때

통 지 서

받는 사람 성 명 :
주 소 :

보내는 사람 성 명 :
주 소 :
연락처 :

1. 본인은 귀하 간에 20○○. ○. ○.부터 20○○. ○. ○.까지 ○○개월간 보증금 ○○○원, 차임 ○○○원의 조건으로 임대차계약을 체결하고 주민등록 전입신고와 동시에 확정일자를 부여받고 현재까지 계속 거주하고 있습니다.

2. 본인은 직장의 전근관계로 임대차기간종료 시 이사를 하고자 귀하에게 보증금을 반환해 달라고 통보하였고 이에 귀하께서는 알았다고 하였습니다.

3. 이후 귀하께서는 아무 연락이 없다가 본인에게 개인적인 사정으로 보증금을 준비하기 어려우니 다른 임차인을 구해서 보증금을 받아가라고 연락이 왔습니다. 이에 본인은 주변 부동산중개업소에 다른 임차인을 알아보았으나 임대차 시세가 하락하여 현재 조건으로는 임차인을 구할 수 없다고 하므로 이 사실을 귀하에게 통보하고 보증금을 돌려주던가 아니면 임대차조건을 변경하여 줄 것을 요청했으나 귀하께서는 현재까지 아무런 대답이 없습니다.

4. 본인은 직장문제로 이사를 해야 하는 형편이므로 주택임대차보호법 제3조 제1항의 규정에 의한 대항력과 동법 제3조의2 제2항의 규정에 의한 우선변제권을 보호받기 위하여 이 내용증명을 보냅니다. 따라서 본인에게 보증금을 반환할 것을 요청 드리오니 시급히 처리하여 주시기 바랍니다.

20 년 월 일

위 발신인 : (인)

[사례 185] 임차토지의 용도를 변경하여 사용하고자 할 때

통 지 서

받는 사람 성 명 :
주 소 :

보내는 사람 성 명 :
주 소 :
연락처 :

1. 귀하의 사업이 번창하시기를 기원합니다.

2. 다름이 아니옵고 본인은 귀하 소유의 ○○시 ○○동 ○○ 소재 전 ○○㎡를 임차하여 경작하고 연 임차료로 ○○○원을 지불하고 있는데 위 토지는 습하고 물이 많이 고여 밭의 용도로는 농작물이 잘 자라지 않으므로 이를 논으로 개조하여 사용하고자 하오니 연 임료는 금 ○○○원으로 동일하게 하고 논으로 개조하는데 따르는 비용은 본인이 부담하되 차후 ○년간 동일 조건으로 본인이 경작하게 하여 주실 것을 바라며 조속한 답변을 기다리겠습니다.

20 년 월 일

위 발신인 : (인)

[주] 본건은 임차하여 경작하고 있는 밭이 습하고 물기가 많아 밭의 용도보다 논으로 사용하는 것이 경작하기에 편리하고 사용수익면에서도 유익하기 때문에 이의 용도를 바꾸고자 하는 것으로 임대인의 승낙이 필요하며 또 임대인의 허락 등 제반 여건을 충족하여 논으로 용도를 변경하였다 하더라도 그 사용기간이 극히 짧을 경우 임차인으로서는 손실이 따르므로 이를 향후 몇 년간 경작하게 하여 줄 것을 명시함으로써 용도변경에 소요된 비용을 충족할 수 있는 충분한 기간을 임대차 기간으로 설정하여 이로 인한 손실을 예방할 수 있게 하여야 한다.

[사례 186] 임차인이 계약금 반환을 청구할 때

통 지 서

받는 사람 성 명 :
주 소 :

보내는 사람 성 명 :
주 소 :
연락처 :

1. 본인은 20○○. ○. ○. 귀하 소유의 사무실을 보증금 ○○○원에 월세 ○○○원, 임대차기간을 1년으로 정하여 계약금으로 금 ○○○원을 지급하고 임대차계약을 체결한 바 있습니다.

2. 귀하는 계약을 체결하고 며칠 후 본인에게 "2층 전체를 빌려 달라는 사람이 있는데 양보할 수 있겠느냐"고 양해를 구했습니다. 본인은 아무래도 ○○○호를 사용하기에는 사무실이 협소할 것 같아 "계약금을 반환해주면 계약을 해지해 주겠다"고 하였습니다.

3. 귀하는 계약금을 "새로운 사람이 이사를 오면 그 때 주겠다"고 하여 새로운 사람이 이사 온 다음날 사무실을 방문하여 계약금을 반환해 달라고 하였습니다. 그런데 "사정에 의하여 보증금을 다른 용도로 사용해 버렸으므로 월말경에 오면 주겠다"고 하여 월말에 갔으나 역시 지급해 주지 않고 차일피일 미루기만 하였습니다. 현재는 언제 지급하겠다는 약속마저 하지 않고 있습니다.

4. 따라서 귀하는 20○○. ○. ○.까지 계약금을 반환하여 주시기 바라며 만일 불응 시에는 법적 조치를 취할 것이오니 이점 양지하시기 바랍니다.

20 년 월 일

위 발신인 : (인)

[사례 187] 임대인이 월세 지불을 독촉하고자 할 때

통 지 서

받는 사람 성 명 :
주 소 :

보내는 사람 성 명 :
주 소 :
연락처 :

1. 본인은 귀하 간에 20○○. ○. ○. 보증금 ○○○원, 월세는 매월 ○일 지불하도록 하는 부동산임대차계약을 체결하였으나 20○○. ○. ○. 부터 20○○. ○. ○.까지 ○개월간의 월세를 지불해 주지 않아 부득이 본 통고서를 발송하오니 20○○. ○. ○.까지 지불하여 주시기 바랍니다.

2. 만약 20○○. ○. ○.까지 월세를 지급하지 않을 시에는 어떤 조치(계약해지 등)로 인한 불이익이 없도록 하시기 바랍니다.

20 년 월 일

위 발신인 : (인)

[사례 188] 공유자가 건물인도, 임대보증금, 월임료를 청구하고자 할 때

통 지 서

받는 사람 성 명 :
주 소 :

보내는 사람 1. 성 명 :

주　소 :
연락처 :

2. 성　명 :
주　소 :
연락처 :

부동산의 표시 :

1. 삼가 귀댁의 안녕을 기원합니다.

2. 본인들은 귀하와 공동명의로 위 부동산을 매수하여 1/2씩 지분으로 하여 소유권이전등기를 경료하였습니다.

3. 그러나 귀하는 부동산의 매매당시의 약속과는 달리 본인들과는 한마디 상의도 없이 귀하의 단독 명의로 ○○○와 임대차계약을 체결하고 이에 따른 임대차보증금 ○○○원과 월임료 ○○○원을 계속해서 편취하고 있습니다. 이에 본인들은 귀하에게 본 내용증명을 통하여 위 부동산의 인도와 임대차보증금 및 월임료의 일부 반환을 요구하는 바이오니 20○○. ○. ○.까지 이행하여 주시기 바랍니다.

4. 만일 귀하가 본인들의 정당한 요구에도 불구하고 위의 집행을 이행하지 않을 경우 본인들은 귀하를 상대로 건물인도 및 부당이득금 청구의 소송을 제기함은 물론이고 이에 따른 제반비용 또한 청구할 것이오니 부디 불미스러운 일이 발생하지 않도록 협조하여 주시기 바랍니다.

20　　년　　월　　일

발신인　　　　　　(인)

발신인　　　　　　(인)

[사례 189] 매매 등에 의하여 임대인이 변경된 때

통 지 서

받는 사람 성 명 :
주 소 :

보내는 사람 성 명 :
주 소 :
연락처 :

1. 삼가 귀하의 안녕과 번영을 기원합니다.

2. 다름이 아니옵고 본인(구임대인)이 귀하(임차인)에게 임대하였던 다음 기재 주택을 금번 본인의 사정에 의하여 위 ○○○(신임대인)에게 매도(양도 및 기타 사유)하여 그 소유권을 ○○○(신임대인)이 취득하게 되었습니다. 그러므로 임대인의 지위도 ○○○(신임대인)이 승계하게 되었음을 알려드립니다.

3. 또한, 이후(또는 20○○년 ○월분) 임대료는 기 계약조건에 입각하여 신임대인에게 지불하여 주시기 바라며 아울러 신임대인과 사이에 새로운 임대차 계약을 작성하고자 하면 즉시 작성할 수 있도록 협조하겠사오니 귀하가 편리하신대로 하여 주시기 바랍니다.

– 다 음 –

○○시 ○○구 ○○동 ○○○ 대 ○○㎡
○○시 ○○구 ○○동 ○○○
[도로명주소] ○○시 ○○구 ○○대로 ○○
벽돌조 기와지붕 1층 주택 ○○㎡

20 년 월 일

위 발신인(구임대인) : (인)

위 발신인(신임대인) : (인)

[주] 1. 임대차계약에 있어 임대인의 지위의 양도는 임대인과 신소유자와의 계약만으로써 그 지위의 양도를 할 수 있다 할 것이나, 이 경우에 임차인이 원하지 아니하면 임대차의 승계를 임차인에게 강요할 수는 없는 것이어서 스스로 임대차를 종료시킬 수 있어야 한다는 공평의 원칙 및 신의성실의 원칙에 따라 임차인이 곧 이의를 제기함으로써 승계되는 임대차관계의 구속을 면할 수 있고 임대인과의 임대차관계도 해지할 수 있다.

2. 통상 임대차관계에서 임대인 또는 임차인이 변경되었을 경우 직접 방문을 하는 등 하여 그 사실을 안다거나 전화 등을 통하여 하는 경우도 많이 있으나, 만일 후일 어떠한 분쟁관계가 발생할시 임대차의 양도 등에 대한 통지내용 등을 입증하기 어려운 문제가 있다. 따라서 그러한 내용을 본 예시 기재와 같은 방법으로 작성하여 내용증명우편으로 발송함으로써 후일 이를 입증할 수 있도록 함이 좋다.

3. 임대인 지위의 양도 등에 따라 임대인이 변경된 경우 신·구 임대인이 임차인에게 임대건물의 양도사실을 기재하고 임대차계약의 조건 및 임료의 지급방법 등을 기재하여 신·구임대인이 함께 기명날인하여 발송함이 타당하다.
이때 임차인이 주의할 점은 신임대인과 새로운 임대차계약을 작성한 경우 임대차계약서에 확정일자인(주택임대차)을 받아야 하고, 그 확정일자인이 늦을 경우 차후 임차주택이 경매되었을 경우에 우선순위 등에 대하여도 고려한 후 이를 결정함이 좋다.

[사례 190] 임대인이 미지불 임대료를 청구하고자 할 때

통 지 서

받는 사람 성 명 :
주 소 :

보내는 사람 성 명 :
주 소 :
연락처 :

1. 귀하의 사업이 일익 번창하시기를 기원합니다.

2. 다름이 아니옵고 본인은 귀하에게 ○○시 ○○구 ○○동 ○○○ [도로명주소] ○○시 ○○구 ○○대로 ○○ 주택 86㎡를 임대하고 보증금 ○○○원 월 임료 ○○○원으로 매월 말일에 본인에게 지불하기로 하였던 바, 20○○. ○. ○. 현재 귀하는 20○○. ○. ○.부터 20○○. ○. ○.까지 ○개월분 합계 임료 ○○○원이 미납되었습니다.

3. 따라서 위 미납된 임료 금 ○○○원을 20○○. ○. ○.까지 지급하여 주시기 바라며, 아울러 이 기간 내에 미납임료를 지불하지 아니할 때에는 임대차계약해지 의사로 간주하고 본 임대차계약시 보증금 ○○○원에서 미납된 임료를 공제한 금액을 지급하고 임대차관계를 종료할 것임을 알려드립니다.

20 년 월 일

위 발신인 : (인)

[주] 1. 일정액의 보증금을 받고 나머지 금액은 월 임료로 하여 받을 경우 미납임료가 보증금액을 초과하지 않을 경우 임대인으로서는 큰문제가 되지는 않지만 임차인과의 관계를 고려하여 월 임료는 제때 청구하는 것이 타당하다고 하겠다. 그러나 보증금이 소액이고 월 임료가 많을 경우 월 임료미납액이 보증금을 초과하는 경우도 있을 수 있으므로 임대인으로서는 미납임료가 보증금액에 달할 때까지 기다려서는 좋지 않으므로 미납월이 있을 경우 그때그때 이를 통지하는 등 하여 지급하도록 하는 것이 타당하다.

2. 차임은 동산, 건물이나 대지에 대하여는 매월 말에, 기타 토지에 대하여는 매년 말에 지급하여야 한다. 그러나 수확기 있는 것에 대하여는 그 수확 후 지체없이 지급하여야 한다.

[판례] 1. 임대인 지위가 양수인에게 승계된 경우 이미 발생한 연체차임채권은 따로 채권양도의 요건을 갖추지 않는 한 승계 되지 않고, 따라서 양수인이 연체 차임채권을 양수 받지 않은 이상 승계 이후의 연체차임액이 3기 이상의 차임액에 달하여야만 비로소 임대차계약을 해지할 수 있다(대법원 2008. 10. 9. 선고 2008다3022 판결).

2. 계약해지의 의사표시는 반드시 그 상대방에게 명시적으로 하여야 하는 것은

아니고 묵시적으로 할 수도 있는 바, 법정 혹은 약정해지사유가 발생한 경우에 당사자가 경매신청 등 계약의 해지를 전제로 하는 행위 또는 기존 계약관계를 유지할 의사가 없음을 파악할 수 있는 어떤 외부적, 객관적 행위를 하고, 그에 따라 법원에 의하여 경매개시결정이 상대방에게 송달되는 등 상대방도 그와 같은 사정 때문에 계약이 종료됨을 객관적으로 인식할 수 있었던 경우라면, 그로써 계약해지의 효과는 발생한다고 할 것이다(대법원 2008. 9. 25. 선고 2006다62492, 62508 판결).

3. 임대차보증금은 임대차계약이 종료된 후 임차인이 목적물을 인도할 때까지 발생하는 차임 및 기타 임차인의 채무를 담보하는 것으로서 그 피담보채무액은 임대차관계의 종료 후 목적물이 반환될 때에 특별한 사정이 없는 한 별도의 의사표시 없이 임대차보증금에서 당연히 공제되는 것이므로, 특별한 사정이 없는 한 임대차계약이 종료되었다 하더라도 목적물이 명도 되지 않았다면 임차인은 임대차보증금이 있음을 이유로 연체차임의 지급을 거절할 수 없는 것이고, 또한 임대차보증금액보다도 임차인의 채무액이 많은 경우에는 민법 제477조에서 정하고 있는 법정충당순서에 따라야 하는 것이다.
   임대차는 당사자 일방이 상대방에게 목적물을 사용·수익하게 할 것을 약정하고 상대방이 이에 대하여 차임을 지급할 것을 약정함으로써 그 효력이 생기는 것이므로, 임차인은 임대차계약이 종료된 경우 특별한 사정이 없는 한 임대인에게 그 목적물을 명도하고 임대차 종료일까지의 연체차임을 지급할 의무가 있음은 물론, 임대차 종료일 이후부터 목적물 명도 완료일까지 그 부동산을 점유·사용함에 따른 차임 상당의 부당이득금을 반환할 의무도 있다고 할 것인데, 이와 같은 법리는 임차인이 임차물을 전대하였다가 임대차 및 전대차가 모두 종료된 경우의 전차인에 대하여도 특별한 사정이 없는 한 그대로 적용된다.
   타인 소유의 토지 위에 권한 없이 건물을 소유하고 있는 자는 그 자체로서 특별한 사정이 없는 한 법률상 원인 없이 타인의 재산으로 토지의 차임에 상당하는 이익을 얻고 그로 인하여 타인에게 동액 상당의 손해를 주고 있다고 보아야 하는데, 건물 이외의 공작물의 소유를 목적으로 한 토지 전차인이 당해 토지 위에 권한 없이 공작물을 소유하고 있는 경우에도 이와 마찬가지로 풀이하여야 한다(대법원 2007. 8. 23. 선고 2007다21856,21863 판결).

[사례 191] 임차인이 보일러 누수 등을 수리를 요구할 때

통 지 서

받는 사람 성 명 :
주 소 :

보내는 사람 성 명 :
주 소 :
연락처 :

부동산의 표시 :

1. 삼가 귀댁의 안녕을 기원합니다.

2. 다름이 아니옵고 귀하는 위 부동산의 소유주로서 이에 대하여 임대차보증금 금 ○○○원, 임대차기간을 20○○. ○. ○.부터 2년간으로 정하는 임대차계약을 본인과 체결한 사실이 있습니다.

3. 그러나 본인은 위 건물을 사용하던 도중 지붕에 하자가 발생하여 비만 오면 물이 새어 생활하는데 막대한 지장을 주고 있어 이에 대하여 임대인인 귀하에게 구두상으로 수차에 걸쳐 보수를 요구하였으나 귀하가 보수를 하여주지 않아 이에 위 건물에 대한 보수를 하여 주실 것을 촉구하오니 조속한 시일 내에 하자를 수리하여 주시기 바랍니다.

20 년 월 일

위 발신인 : (인)

[사례 192] 임대인으로부터 부당한 임대료 인상을 요구받을 때

통 지 서

받는 사람　　성　명 :
　　　　　　　주　소 :

보내는 사람　성　명 :
　　　　　　　주　소 :
　　　　　　　연락처 :

1. 귀하의 무궁한 발전을 기원합니다.

2. 귀하는 ○○군 ○○면 ○○○ [도로명주소] ○○군 ○○면 ○○로 ○○ 시멘트블록조 슬래브지붕 1층 주택의 소유자로서 이에 대하여 임대차보증금 ○○○원, 월임료 금 ○○○원, 임대차기간을 20○○. ○. ○.부터 2년간으로 정하는 임대차계약을 본인과 체결한 사실이 있습니다.

3. 그런데 귀하는 위의 계약과는 달리 계약한지 1년이 지난 20○○. ○. ○.부터 월 임료를 지금의 금액보다 2배에 이르는 금 ○○○원으로 인상을 한다고 일방적으로 통보를 하였습니다.

4. 이러한 귀하의 통보는 주택임대차보호법상 연 5%를 넘지 못한다는 내용에 위배되는 행위이고, 또한 귀하는 임대차계약 기간을 2년으로 정하였음에도 불구하고 임대차기간이 종료되지도 않은 시점에서 월 임료를 인상하는 것 또한 주택임대차보호법에 위배되는 행위라고 할 것으로서 본 내용증명을 통하여 귀하의 계약변경통보는 무효임을 통보하는 바이오니 이점 양지하시기 바랍니다.

20　년　월　일

위 발신인 :　　　　　　(인)

[사례 193] 임대건물의 소유권이 변경된 때 임대인이 임차인에게 통지

통 지 서

받는 사람 성 명 :
주 소 :

보내는 사람 성 명 :
주 소 :
연락처 :

1. 귀하의 사업이 번창하시기를 기원합니다.

2. 다름 아니오나 본인이 20○○. ○. ○. ○○시 ○○구 ○○동 ○○○ [도로명주소] ○○시 ○○구 ○○대로 ○○ 소재 ○○빌딩을 그 전 소유자인 ○○○으로부터 매수하여 귀하가 임차한 ○○빌딩의 소유자가 되었습니다.

3. 이에 이 사실을 알려 임대차관계 등에 따른 모든 권리관계는 본인이 행사하게 되었으므로 착오가 없으시기를 바라오며 아울러 임대차 계약관계는 그 전 계약대로 이행할 것이며 그 밖에 다른 사항이 있을 경우에는 20○○. ○. ○.까지 연락하여 주시기 바라며 그렇지 않을 경우 기존 계약조건대로 재계약하는 것으로 알고 있겠습니다.

20 년 월 일

위 발신인 : (인)

[주] 빌딩을 매입한 후 동 빌딩에 입주한 임차인에게 건물소유자가 변경된 사실을 알리고 이들에게 임대인으로서의 권리 등을 행사하기 위하여 그 내역을 통지하는 것으로 이는 소유권의 변경사실을 알리는데 그 목적이 있다.

[사례 194] 임차인이 임대건물의 수리를 요청하고자 할 때

통 지 서

받는 사람 성 명 :
주 소 :

보내는 사람 성 명 :
주 소 :
연락처 :

1. 귀하의 무궁한 발전을 기원합니다.

2. 본인이 귀하로부터 임차하여 사용하고 있는 다음 부동산의 표시 기재의 건물은 지난 20○○년 ○월 장마이후 지방의 손상이 너무 심하여 빗물의 누수가 심하니 조속한 수리가 필요합니다. 임대차계약의 성질상 임대목적물의 수리책임은 임차인의 부주의로 인하여 파손한 부분을 제외하고는 임대인에게 있는 것으로 알고 있습니다. 본인과 가족은 위 지붕누수로 인하여 장롱의 일부가 썩는 등 가재에 손상을 입었습니다. 그러니 바쁘시더라도 조속한 시일 내에 위 공사를 해주시기를 바랍니다.

3. 만약 귀하가 아무런 이유 없이 본인의 요구를 이행하지 않을 경우 본인은 제3자에게 하자보수를 하고 이에 따른 보수비용 등 청구의 소송을 제기할 수밖에 없사오니 불미스러운 일이 발생하지 않도록 협조하여 주시기 바랍니다.

– 부 동 산 의 표 시 –

20 년 월 일

위 발신인 : (인)

[사례 195] 임차인이 소유자에게 건물의 하자보수계약 불이행에 의한 계약이행을 통지할 때

통 지 서

받는 사람 성 명 :
주 소 :

보내는 사람 성 명 :
주 소 :
연락처 :

1. 귀하의 가정에 평안을 기원합니다.

2. 본인은 20○○. ○. ○. ○○시 ○○구 ○○동 ○○○ [도로명주소] ○○시 ○○구 ○○대로 ○○ 소재 귀하 소유의 ○○빌딩 중 1층 ○○㎡를 계약서와 같이 임차하고 당시 건물이 누수 및 전기시설 불량으로 인하여 여러 가지 문제점이 제기되어 입주 전 이를 수리하여 주기로 하고 계약을 하였던 바, 입주일이 다 되었는데도 이를 수리하지 않고 있습니다.

3. 이에 본인은 귀하께서 20○○. ○. ○.까지 하자시설물을 수리하여 주실 것을 바라며 아울러 이를 이행치 아니할 경우 본 계약은 무효로 하고 계약해지에 따른 계약금의 환불 및 계약불이행에 따른 손해배상청구 등의 법적인 조치를 취할 것임을 통지하는 바입니다.

20 년 월 일

위 발신인 : (인)

[주] 1. 본건은 건축물임대차계약에서 계약 이전에 건축물의 하자가 있어 이를 입주 전에 수리하여 주겠다는 조건으로 동 계약을 체결하였는 바, 동 수리일 내에 임대인이 위 건물의 하자부분을 수리하지 아니하여 입주 등을 못하게 되고 이에 따른 계약파기 및 손해배상 등을 청구할 수 있음을 시사하여 임차건물의

수리를 강요하는 경우이다.

2. 임차인이 임차물의 보존에 관한 필요비를 지출한 때에는 임대인에 대하여 그 상환을 청구할 수 있고 임차인이 유익비를 지출한 경우에는 임대인은 임대차 종료시에 그 가액의 증가가 현존한 때에 한하여 임차인의 지출한 금액이나 그 증가액을 상환하여야 한다. 이 경우에 법원은 임대인의 청구에 의하여 상당한 상환기간을 허여할 수 있다.
3. 임대인이 임차인의 의사에 반하여 보존행위를 하는 경우에 임차인이 이로 인하여 임차의 목적을 달성할 수 없는 때에는 계약을 해지할 수 있다.

[사례 196] 임대인이 임대차계약의 해지를 통지하고자 할 때

통 지 서

받는 사람 성 명 :
주 소 :

보내는 사람 성 명 :
주 소 :
연락처 :

1. 삼가 귀댁의 안녕을 기원합니다.

2. 본인은 귀하에게 20○○. ○. ○. ○○시 ○○동 ○○○ [도로명주소] ○○시 ○○대로 ○○ 소재 주택 1동을 월 임대료 ○○○원에 임대중입니다만, 귀하는 20○○. ○. ○.부터 2회분의 임차료를 지불하지 아니하고 있습니다. 그리하여 본인은 20○○. ○. ○.자로 귀하에게 도달한 내용증명 우편으로 체납임차료의 지불을 최고한 바 있으나 기간 내에도 지불하지 않았습니다. 그러므로 부득이 본 통지서가 귀하에게 도달되면 해지되는 것으로 하겠습니다.

3. 따라서 본 서면도달 즉시로 위 건물을 인도하여 주시기를 바라며 만일 불응시에는 법적 조치도 취하겠음을 통보하는 바입니다.

20 년 월 일

위 발신인 : (인)

[사례 197] 임차인이 임대차계약의 해지 및 보증금반환을 요구하고자 할 때

통 지 서

받는 사람 성 명 :
주 소 :

보내는 사람 성 명 :
주 소 :
연락처 :

부동산의 표시 :

1. 삼가 귀댁의 안녕을 기원합니다.

2. 귀하는 위 부동산의 소유자로서 본인과 임대차보증금 ○○○원, 임대차기간을 20○○. ○. ○.부터 2년간으로 정하는 임대차계약을 체결하였던 바, 본인은 계약만료일인 20○○. ○. ○. 2개월 전 이미 내용증명을 통하여 더 이상의 임대차기간을 연장하지 않겠다는 통보를 한 바 있습니다.

3. 그러나 귀하는 이미 임대차기간이 종료되었음에도 불구하고 보증금을 지급할 생각을 하지 않고 있어 이에 본인이 구두상으로 수차에 걸쳐 요구하였으나 귀하는 전혀 지급할 의사가 없는 관계로 본인은 본 내용증명을 통하여 마지막으로 보증금을 지급할 것을 요구하는 바이오니 20○○. ○. ○.까지 보증금을 반환하여 주실 것을 촉구하는 바입니다.

4. 만약 위 기일을 지체할 경우에는 본인은 이에 따른 계약금반환 관련 민사조정신청을 법원에 청구할 것임은 물론 이에 따른 제반비용 또한 청구할 것이오니 부디 불미스러운 일이 발생하지 않도록 협조하여 주시기 바랍니다.

20 년 월 일

위 발신인 : (인)

[사례 198] 임대인이 집수리를 하지 않아 임차인이 임대차계약을 해제하고자 할 때

통 지 서

받는 사람 성 명 :
주 소 :

보내는 사람 성 명 :
주 소 :
연락처 :

1. 삼가 귀댁의 안녕을 기원합니다.

2. 다름이 아니옵고 금번 20○○. ○. ○. 귀하 소유의 ○○시 ○○구 ○○동 ○○○ [도로명주소] ○○시 ○○구 ○○대로 ○○ 소재 주택 ○○㎡를 임차하여 20○○. ○. ○.에 이사하여 들어가기로 하였으나 방바닥에 물이 차고 변기가 막혀 배수가 되지 않으며 수돗물이 잘나오지 않아 이를 입주 전까지 이상 없이 수리하여 주겠다는 조건으로 동 임대차계약서를 작성하고 계약금으로 금 ○○○원을 주고 임대차계약을 체결하였습니다.

3. 그런데 귀하는 이를 수리하는데 돈이 든다는 이유로 이를 수리하지 아니하고 수리비를 본인이 부담하여 수리하라고 하니 이는 엄연한 계약위반으로 본인으로서는 귀하의 제의에 따를 수 없음을 알려드리고 아울러 귀하와의 임대차계약을 해제하오니 계약금의 배액인 금 ○○○원을 20○○. ○. ○.까지 돌려주시기 바라오며 이를 이행하지 아니할 시에는 법적 절차에 의한 본인이 입은 모든 손해배상을 청구할 것임을 통보하는 바입니다.

20 년 월 일

위 발신인 : (인)

[주] 1. 주택임대차계약은 통상 계약당시 계약금을 지급하고 차후 계약위반 시 임대인이 위반할 경우 계약금액의 배액을 임차인이 위반할 경우 계약금액을 반환

받지 못하는 것이 사회통념이다. 따라서 본건은 임대인이 계약을 위반하고 임차인이 그 계약위반을 이유로 계약금의 배액을 요구하는 형태이다.

2. 계약의 해지나 해제는 계약서 또는 법률의 규정에 의하여 당사자의 일방이나 쌍방이 해지 또는 해제의 권리가 있는 때에는 그 해지 또는 해제는 상대방에 대한 의사표시로 한다.
3. 당사자 일방이 그 채무를 이행하지 아니한 때에는 상대방은 상당한 기간을 정하여 그 이행을 최고하고 그 기간 내에 이행하지 아니한 때에는 계약을 해제할 수 있다. 그러나 채무자가 미리 이행하지 아니할 의사를 표시한 경우에는 최고를 요하지 아니한다.
4. 내용증명우편은 특정한 양식과 형태가 없이 그 전달하고자 하는 내용만 간단·명료하게 기재하여 발송하면 되나 내용증명우편은 후일 분쟁발생시 하나의 중요한 증빙자료로 활용될 수 있으므로 이를 유의하여 어느 정도의 형식을 갖추어 작성하여야 할 것이다. 특히, 계약의 해제와 해지 등에 관한 것일 경우 그 해제와 해지의 사유 및 그 이유를 명백히 기재하여야 함은 당연한 것이다.

[사례 199] 임차인이 주택전세계약 해지 및 전세보증금에 대한 반환요청방법

최 고 장

받는 사람 성 명 :
주 소 :

보내는 사람 성 명 :
주 소 :
연락처 :

1. ○○시 ○○구 ○○동 ○○○ [도로명주소] ○○시 ○○구 ○○대로 ○○ 소재 시멘트 벽돌조 슬래브지붕 2층 주택 중 1층 ○○㎡ 전부에 대하여 임대인 ○○○과 임차인 ○○○ 간에 20○○. ○. ○.부터 20○○. ○. ○.까지 2년간으로 정하는 전세계약을 체결하였습니다.

2. 그런데 위 전세계약이 20○○. ○. ○.자로 종료되어 그 동안 수차에 걸쳐 전세계약 해지 및 보증금반환을 촉구하였으나 이를 이행치 않으므로 다음과

같이 최고장을 보내는 바입니다.

– 다 음 –

임대인 ○○○은 임차인 ○○○에게 20○○. ○. ○.까지 전세보증금 전액을 반환하라. 만일 이 기간 내에 특단의 조치없이 전세금을 반환하지 않을 시에는 법적절차를 단행할 것이니 이를 이행하여 상호 불미스러운 일이 발생하지 않도록 협조하여 주시기 바랍니다.

20 년 월 일

위 발신인 : (인)

[주] 전세보증금반환 최고의 경우 먼저 전세보증금을 반환 받기 위해서는 전세기간이 만료하는 등 전세계약관계가 종료하여야 하고 전세계약이 종료된 후에도 임대인이 전세보증금을 반환하지 않은 경우에 전세보증금 반환 청구의 소송을 제기하기 위한 전 단계로 임대인에게 전세보증금의 반환 청구한다.

[사례 200] 임대인의 사망으로 상속인에게 계약해지를 통보하고자 할 때

통 지 서

받는 사람 성 명 :
주 소 :

보내는 사람 성 명 :
주 소 :
연락처 :

부동산의 표시 :

1. 삼가 귀댁의 안녕을 기원합니다.

2. 다름이 아니옵고 본인은 ○○○간에 동인 소유의 위 건물에 대하여 임대차 보증금 ○○○원, 임대차기간을 20○○. ○. ○.부터 2년간으로 정하는 임대차계약을 체결하였습니다.

3. 그런데 2개월 후면 임대차계약이 종료가 되는 바, 본인은 더 이상의 계약의 연장을 원하지 않고 있는 데, 임대인인 ○○○가 사망하여 부득이 ○○○의 상속인들인 귀하 및 다른 상속인들에게 각 통보하오니 본인은 계약종료와 동시에 본인의 점유부분을 인도할 것이오니 이에 따른 보증금을 지급하여 주실 것을 아울러 통보하는 바입니다.

4. 본인이 내용증명서를 발송하는 것은 서로간의 의사표현을 서면상으로 하는 것이 현명할 것으로 판단되어 발송하는 것이오니 이점 양해하시기 바랍니다.

20 년 월 일

위 발신인 : (인)

[사례 201] 임차인의 계약해지 통보에 대하여 임대인이 보증금 반환불가 통보방법

통 지 서

받는 사람 성 명 :
주 소 :

보내는 사람 성 명 :
주 소 :
연락처 :

부동산의 표시 :

1. 삼가 귀댁의 안녕을 기원합니다.

2. 위 부동산의 소유자인 본인은 귀하 간에 20○○. ○. ○. 보증금 ○○○원, 임대차기간을 계약일로부터 2년으로 정하는 임대차계약을 체결하였습니다.

3. 그런데 귀하는 계약한지 몇 시간도 지나지 않아 개인의 사정에 의하여 계약을 해지한다는 일방적인 통보를 하며, 계약한지 12시간이 되지 않았는데 보증금을 반환하여 달라고 요구한 바 있습니다.

4. 이것은 귀하 입장에서의 주장으로 이미 귀하와 본인간의 임대차계약은 이루어졌고, 계약한지 얼마가 지났든 그 시간을 떠나 정식으로 체결한 계약을 귀하가 일방적으로 계약을 해지한 만큼 보증금은 본인에게 귀속할 수밖에 없으므로 귀하에게 보증금을 반환하는 문제는 불가능하다 할 것으로 본 내용증명을 통하여 밝히는 바입니다.

20 년 월 일

위 발신인 : (인)

[사례 202] 임대인에게 계약의 해지 및 보증금반환을 요구하고자 할 때

통 지 서

받는 사람 성 명 :
주 소 :

보내는 사람 성 명 :
주 소 :
연락처 :

부동산의 표시 :

1. 삼가 귀댁의 안녕을 기원합니다.

2. 귀하는 위 부동산의 소유자로서 본인과 20○○. ○. ○. 임대차보증금 ○○○원, 임대차기간을 20○○. ○. ○.부터 2년간으로 정하는 임대차계약을 체결한 사실이 있습니다.

3. 그런데 본인과 귀하는 20○○. ○. ○. 임대차계약이 종료되었음에도 불구하고 상호간 아무런 의사표시가 없어 이 계약이 묵시적으로 갱신되었습니다. 그러나 본인은 개인의 사정에 의하여 계약을 종료하고자 합니다. 그러므로 계약의 해지를 통보받은 후 1개월이 되는 20○○. ○.월경까지는 본인은 위 부동산을 인도하고자 하므로 귀하는 본인의 인도와 동시에 위 임대차보증금을 지급하여 주실 것을 통보하는 바입니다.

4. 본 내용증명서를 발송하는 것은 서로간의 의사표현을 서면상으로 하는 것이 현명할 것으로 판단되어 발송하는 것이오니 이점 양해하시기 바랍니다.

20 년 월 일

위 발신인 : (인)

[사례 203] 임차인에게 연체된 월세를 독촉하고 계약해지를 할 수 있음을 통보방법

통 지 서

받는 사람 성 명 :
주 소 :

보내는 사람 성 명 :
주 소 :
연락처 :

부동산의 표시 :

1. 삼가 귀댁의 안녕을 기원합니다.

2. 본인은 위 부동산의 소유자로서 이에 대하여 귀하와 20○○. ○. ○. 임대차 보증금 ○○○원, 월임료 20○○. ○. ○. 임대차기간을 20○○. ○. ○.부터 2년간으로 정하는 임대차계약을 체결한 바 있습니다.

3. 그러나 귀하는 위의 계약과는 달리 20○○. ○.월분 월임료를 지급하지 않은 상황으로 본 내용증명을 통하여 이에 따른 지급을 촉구하오니 20○○. ○. ○.까지 지급하여 주시기 바랍니다.

4. 만일 본인이 이렇게 까지 독촉을 하였음에도 불구하고 귀하가 계속해서 월임료의 지급을 지체할 경우 본인은 계약의 해지는 물론 월임료 청구의 소를 제기할 예정이오니, 부디 불미스러운 일이 발생하지 않도록 협조하여 주시기 바랍니다.

20 년 월 일

위 발신인 : (인)

[사례 204] 임차인에게 임대차계약 해지를 통보하고자 할 때

통 지 서

받는 사람 성 명 :
주 소 :

보내는 사람 성 명 :
주 소 :
연락처 :

1. 삼가 귀댁의 안녕을 기원합니다.

2. 다름이 아니옵고 본인이 귀하에게 다음 기재의 건물을 임대차기간을 정하지 아니하고 임대하고 있습니다만. 금번에 본인이 경영하고 있는 ○○교역 대

리점사업을 ○○시 ○○동 지역에도 확장, 개설하게 되어 부득이 본 건물을 본인이 사용해야만 하는 필요성이 생겼습니다. 그래서 본 건물을 비워주셔야 하겠기에 귀하와의 임대차계약을 해지하고자 합니다. 따라서 20○○. ○. ○.(6개월)이 경과하면 본 건물을 비워주시기 바랍니다.

3. 본인의 이와 같은 사정을 양해하여 주실 것을 잘 부탁드립니다.

- 부 동 산 의 표 시 -

20 년 월 일

위 발신인 : (인)

[사례 205] 전대인이 전차인에게 임차기간 종료를 통보하고자 할 때

통 지 서

받는 사람 성 명 :
주 소 :

보내는 사람 성 명 :
주 소 :
연락처 :

부동산의 표시 :

1. 삼가 귀댁의 안녕을 기원합니다.

2. 본인은 ○○○소유의 위 부동산에 대하여 2년간으로 정하는 임대차계약을 체결하여 이를 다시 귀하에게 전대차기간은 위와 같은 기간으로 하고, 보증

금 ○○○원으로 하여 전대차계약을 체결하였던 바, 돌아오는 20○○. ○. ○.이 본인의 임대차기간이 종료되는 날로서 본인은 이미 더 이상 계약을 연장할 의사가 없어 위 부동산의 소유자인 ○○○에게 계약이 종료되면 임대차계약을 해지한다는 통보를 하였던 바, 이에 귀하에게도 본 내용증명을 통하여 임대차기간이 종료됨과 동시에 계약을 해지됨을 알려드립니다.

3. 따라서 귀하는 계약이 종료되는 대로 위 부동산을 인도하여 주실 것을 바라며, 본인 또한 차질없이 위 보증금 금 ○○○원을 반환할 것임을 통보합니다.

4. 본 내용증명서를 발송하는 것은 서로간의 의사표현을 서면상으로 하는 것이 현명할 것으로 판단되어 발송하는 것이오니 이점 양해하여 주시기 바랍니다.

20 년 월 일

위 발신인 : (인)

[사례 206] 임대건물의 무단전대에 따른 계약해지를 통보하고자 할 때

계약해지통지서

받는 사람 성 명 :
주 소 :

보내는 사람 성 명 :
주 소 :
연락처 :

부동산의 표시 :

1. 삼가 귀댁의 안녕을 기원합니다.

2. 본인은 위 부동산의 소유자로서 귀하와 임대차보증금 ○○○원, 월임료 금 ○○○원, 임대차기간을 20○○. ○. ○.부터 2년간으로 정하는 임대차계약을 체결한 바 있습니다.

3. 그러나 귀하는 20○○년 ○월경 임대인인 본인과 사전에 아무런 상의 또는 동의없이 일방적으로 임차한 건물을 ○○○에게 불법으로 전대를 하였습니다. 따라서 본인은 본 내용증명을 통하여 임대차계약은 귀하의 계약조건 위반으로 인하여 해지되었음을 통보하는 바이므로 귀하는 20○○. ○. ○.까지 건물을 인도하여 주시기 바랍니다.

4. 만일 귀하가 원상복구와 인도일시를 아무런 권한 없이 지체할 경우 본인은 건물인도 및 원상회복 청구소송을 제기할 것임은 물론이고 이에 따른 제반비용을 전가할 것이오니 부디 불미스러운 일이 발생하지 않도록 협조하여 주시기 바랍니다.

20 년 월 일

위 발신인 : (인)

[사례 207] 임대건축물의 무단변경으로 인한 임대차계약을 해지하고자 할 때

최 고 장

받는 사람 성 명 :
주 소 :

보내는 사람 성 명 :
주 소 :
연락처 :

1. 삼가 귀댁의 안녕을 기원합니다.

2. 본인은 위 부동산의 소유자로서 이에 대하여 귀하와 임대차보증금 ○○○원, 월임료 금 ○○○원, 임대차기간을 20○○. ○. ○.부터 2년간으로 정하는 임대차계약을 체결한 바 있습니다.

3. 그러나 귀하는 20○○년 ○월 임대인인 본인과 사전에 한마디 상의 또는 동의없이 일방적으로 임차한 건물의 원형을 변경하고 불법으로 증축하였습니다. 따라서 본인은 귀하의 불법행위를 이유로 임대차계약을 해지하오니, 귀하는 20○○. ○. ○.까지 일방적으로 원형을 변경한 부분과 증축한 부분에 대해서 원상태로 복구하여 주시기 바라며, 이와 동시에 점유하고 있는 건물을 인도하여 주시기 바랍니다.

4. 만일 귀하가 원상복구와 인도일시를 아무런 권한 없이 지체할 경우 본인은 건물인도 및 원상회복 청구소송을 제기할 것은 물론이고 이에 따른 제반비용을 전가할 것이오니 부디 불미스러운 일이 발생하지 않도록 협조하여 주시기 바랍니다.

20 년 월 일

위 발신인 : (인)

[주] 차주가 차용물을 반환하는 때에는 이를 원상에 회복하여야 한다. 이에 부속시킨 물건은 철거할 수 있다(민법 제615조).

[판례] 임대차종료로 인한 임차인의 원상회복의무에는 임차인이 사용하고 있던 부동산의 점유를 임대인에게 이전하는 것은 물론 임대인이 임대 당시의 부동산 용도에 맞게 다시 사용할 수 있도록 협력할 의무도 포함한다. 따라서 임대인 또는 그 승낙을 받은 제3자가 임차건물 부분에서 다시 영업허가를 받는 데 방해가 되지 않도록 임차인은 임차건물 부분에서의 영업허가에 대하여 폐업신고절차를 이행할 의무가 있다(대법원 2008. 10. 9. 선고 2008다34903 판결).

[사례 208] 임대차계약종료 후 임차인이 계약해지에 따른 보증금반환을 요청할 때

통 지 서

받는 사람 성 명 :
주 소 :

보내는 사람 성 명 :
주 소 :
연락처 :

부동산의 표시 :

1. 삼가 귀댁의 안녕을 기원합니다.

2. 본인은 귀하 소유의 위 부동산에 대하여 임대차계약을 연장할 의사가 없어 계약만기 2개월 전부터 귀하에게 구두와 내용증명을 통하여 통보하고 위 매물을 부동산중개사무소에 내놓았으나, 경기가 악화되어 본인이 지급한 보증금으로는 입주할 임차인이 나서지 않고 있으며, 그런지 벌써 수개월이 지나고 있습니다.

3. 그리하여 본인은 귀하에게 보증금을 지급할 것을 요구한 바 있으나, 귀하는 지급하지 않고 있어 이에 본인이 구두상으로 수차에 걸쳐 요구하였으나 귀하는 전혀 지급할 의사가 없는 관계로 본인은 본 내용증명을 통하여 보증금을 지급할 것을 요구하오니, 귀하께서는 20○○. ○. ○.까지 보증금을 반환하여 주시기 바랍니다.

4. 만약 위 기일을 지체할 시에는 본인은 이에 따른 계약금반환 관련 민사조정신청을 법원에 청구할 것임은 물론 이에 따른 제반비용 또한 청구할 것이오니 부디 불미스러운 일이 발생하지 않도록 협조하여 주시기 바랍니다.

20 년 월 일

위 발신인 : (인)

[사례 209] 임대차계약해제통지서에 대한 임대인의 답변

답 변 서

받는 사람 성 명 :
주 소 :

보내는 사람 성 명 :
주 소 :
연락처 :

1. 귀하의 임대차계약해약통지서를 20○○. ○. ○. 송달받았습니다.

2. 본인은 귀하의 주장과 같이 주택임대차계약에 따른 계약위반행위를 한 적이 없으며 만일 귀하가 이를 기화로 임대차계약을 해제하겠다면 본인이 보관하고 있는 보증금 ○○○원을 돌려줄 수가 없습니다.

3. 따라서 귀하가 계약위반의 조건으로 제시하고 있는 내부시설물 등의 수리는 본인이 부동산 중개업소에서 중개사가 참석한 자리에서 본인이 전문업자를 불러 이를 수리하고자 하였으나 귀하가 직접 수리할 것이니 재료 등의 비용만 부담하라고 하여 구두합의 하여 귀하가 필요한 형태로 수리를 하고 그 비용을 적은 내역서를 청구하면 본인이 이를 지급하여 주겠다고 하였습니다.

4. 그 이후 귀하는 이에 대하여 아무런 연락도 하지 않은 채 마치 본인이 귀하에게 수리비용을 부담하여 이를 수리하여 입주하라는 형태로 이야기하고 있는데 이는 허무맹랑한 이야기이며 이 사실은 당시 중개업소의 중개사에게 물어보면 상세히 알 수 있는 것이므로 의심스러우면 확인하시기 바랍니다.

5. 끝으로 본인은 본 계약서에 의하여 귀하가 이사를 하겠다면 임대차관계로 인정할 것이나 만약 귀하가 이사를 하지 아니하고 계약위반을 운운한다면 계약서에 따라 동 업무를 처리할 것이오니 이점 양지하시기 바랍니다.

20 년 월 일

위 발신인 : (인)

[사례 210] 점포임대료를 지급하지 않은 경우 임대인이 계약해지를 통지하고자 할 때

통 지 서

받는 사람 성 명 :
주 소 :

보내는 사람 성 명 :
주 소 :
연락처 :

1. 귀하의 가정에 평온을 기원합니다.

2. 본인은 귀하 간에 20○○. ○. ○. ○○시 ○○동 ○○○ [도로명주소] ○○시 ○○구 ○○대로 ○○ 소재 본인 소유의 점포 ○○㎡를 보증금 ○○○원, 월 임대료 금 ○○○원에 임대한 바 있습니다.

3. 그러나 귀하는 위 점포에 대한 임대료를 ○개월이나 연체하여 본인이 수차 독촉하였음에도 불구하고 현재까지 이를 지급하지 아니하므로 본인은 임대차계약서 제○항에 의거 임대차계약을 해지하오니 20○○. ○. ○.까지 동 점포를 인도하여 주시기 바랍니다.

20 년 월 일

위 발신인 : (인)

[주] 1. 내용증명우편은 특정한 양식과 형태가 없이 그 전달하고자 하는 내용만 간단·명료하게 기재하여 발송하면 되나 내용증명우편은 후일 분쟁발생시 하나의

중요한 증빙자료로 활용될 수 있으므로 이를 유의하여 어느 정도의 형식을 갖추어 작성하여야 할 것이다. 특히, 계약의 해제와 해지 등에 관한 것일 경우 그 해제와 해지의 사유 및 그 이유를 명백히 기재하여야 함은 당연한 것이다.

2. 계약해제 통지서는 계약당사자간의 계약을 어느 일방의 계약불이행 등을 원인으로 동 계약을 해제한다는 것으로 계약불이행 내용 및 이에 따라 동 계약을 해제한다는 내용을 기재하고, 계약해제로 인하여 부동산의 명도나 기타 손해발생시 계약서 작성내용에 따른 문구를 인용하여 기재하면 될 것이다.

[사례 211] 주택임대료에 대한 연체임료청구 및 계약해제를 하려고 할 때

통 지 서

받는 사람 성 명 :
주 소 :

보내는 사람 성 명 :
주 소 :
연락처 :

1. 본인과 귀하 간에 20○○. ○. ○. 본인 소유의 ○○시 ○○구 ○○동 ○○○ [도로명주소] ○○시 ○○구 ○○대로 ○○ 소재 주택 1층 ○○㎡에 대하여 월 임료 ○○○원을 매월 말일에 지급하는 조건으로 임대차계약을 체결하였으나 귀하께서는 20○○. ○.부터 현재까지 ○개월분의 임대료를 지급하지 아니하여 연체임대료가 금 ○○○원에 달하고 있습니다.

2. 이에 본인은 연체된 임료 금 ○○○원을 20○○. ○. ○.까지 지급하여 주시기 바라며, 아울러 위 기일까지 연체임료를 지급하지 아니하면 임대차계약 조건에 따라 동 일자로 임대차계약을 해제하고 아울러 귀하께서 점유하고 있는 주택을 원상회복하여 본인에게 인도하여 주실 것을 통지하는 바입니다.

20 년 월 일

위 발신인 : (인)

[주] 1. 차임연체와 관련한 계약의 해지는 건물 기타 공작물의 임대차에는 임차인의 차임연체액이 2기의 차임액에 달하는 때에는 임차인은 계약을 해지할 수 있고, 건물 기타 공작물의 소유 또는 식목, 채염, 목축을 목적으로 한 토지임대차의 경우에도 임차연체액이 2기에 달하는 때에는 임대인은 계약을 해지할 수 있다.

2. 연체된 임료를 청구하는 경우 임대차계약서에 기재된 임대차의 목적물과 임대료의 내용 및 연체임대기간과 그 금액을 명확히 기재하고 연체임료의 지불일자를 특정하여 명시하여야 한다.

3. 임료의 연체로 인하여 계약을 해제하고자 할 경우 임대차계약서상 임료의 연체가 몇 개월에 달하였을 시 계약을 해제할 수 있다는 규정(통상 2회를 연체시 해제할 수 있도록 함)에 의하여 그 기한에 달하였을 경우 곧바로 계약을 해제할 수 있는 것이 아니라 상당한 기간을 정하여 연체된 임료를 지불하여 줄 것을 최고한 후 이를 지불하지 아니하면 계약을 해제할 수 있다고 봄이 타당하므로 연체임료 청구시 일정기간 내에 연체임료를 지불하지 아니하면 임대차계약을 해제한다는 문구를 기재함으로써 추가로 임대차계약해제를 위한 통지는 아니하여도 되는 이점이 있다.

아울러 상당기간이란 최소한 임차인이 연체임료를 준비할 기간으로 너무 짧거나 길어도 좋지 않으며 통상 내용증명 통지서를 송달받은 날로부터 1주일 또는 2주일의 기간을 많이 활용하고 있다.

[사례 212] 기간의 약정이 없는 임대차계약해지를 통고방법

통 지 서

받는 사람 성 명 :
주 소 :

보내는 사람 성 명 :
주 소 :
연락처 :

1. 귀하의 사업이 번창하시기를 기원합니다.

2. 다름이 아니옵고 본인이 귀하에게 다음 기재 건물을 임대차기간을 정하지 아니하고 임대하였습니다.

3. 이에 본인은 동 건물을 ○○으로 개조하여 ○○으로 사용하고자 귀하와의 임대차계약을 해지하고자 하오니 본 통지서를 받은 날부터 6월이 경과하면 본 건물을 비워주시기 바랍니다.

- 다 음 -

○○시 ○○구 ○○동 ○○○
[도로명주소] ○○시 ○○구 ○○대로 ○○
철근콘크리트 슬래브지붕 2층 사무소 및 주택
1층 ○○㎡
2층 ○○㎡ 전부

20 년 월 일

위 발신인 : (인)

[주] 1. 임대차기간의 약정이 없는 때에는 당사자는 언제든지 계약해지의 통지를 할 수 있고, 그 계약해지의 효력은 토지, 건물, 기타 공작물에 대하여는 임대인이 해지를 통고한 경우에는 6월, 임차인이 해지를 통고한 경우에는 1월이 경과하면 해지의 효력이 생기고, 동산의 경우에는 5일이 경과하면 해지의 효력이 생긴다. 참고로 임대차기간의 약정이 있는 경우의 해지의 통고는 당사자 일방 또는 쌍방이 그 기간 내에 해지할 권리를 보유한 때에는 그 해지를 통고할 수 있다.

2. 기간의 약정이 없는 임대차의 해지통지서의 작성요령은 예시와 같이 임대차계약해지통지서라는 제목을 명시하고 그 아래 당사자(임대인, 임차인)의 성명과 주소를 기재한 후 임대차 해지의 사유를 기재한다.
이때 주의할 점은 임대차계약의 목적부동산과 당초 임대차계약기간의 정함이 없다는 것 및 임대차계약 해지통지를 한 날짜를 명확하게 기재하여야 한다. 이는 그 효력에 직접 영향이 있기 때문이다. 기타 내용은 육하원칙에 따라 간단 명료하게 기재하되 상대에게 의사의 전달이 충분하도록 기재하면 될 것이다.

3. 내용증명우편은 특정한 양식과 형태가 없이 그 전달하고자 하는 내용만 간단·명료하게 기재하여 발송하면 되나 내용증명우편은 후일 분쟁발생시 하나의 중요한 증빙자료로 활용될 수 있으므로 이를 유의하여 어느 정도의 형식을 갖추어 작성하여야 할 것이다. 특히, 계약의 해제와 해지 등에 관한 것일 경우 그 해제와 해지의 사유 및 그 이유를 명백히 기재하여야 함은 당연한 것이다.

[사례 213] 무단개조한 임차건물의 원상회복 및 계약해지를 하고자 할 때

통 지 서

받는 사람 성 명 :
주 소 :

보내는 사람 성 명 :
주 소 :
연락처 :

1. 삼가 귀댁의 안녕을 기원합니다.

2. 귀하는 본인으로부터 임차한 다음 부동산의 표시 기재 건물에 대하여 2회에 걸친 본인의 제지요청에도 불구하고 무단으로 1층 방 부분을 차고로 개조하고 슬래브 옥상 위에 약 3평 정도의 부엌이 달린 방을 증축하였습니다만 본인은 임대인으로서 전혀 귀하의 행위를 승낙할 수 없습니다. 따라서 20○○. ○. ○.까지(1개월 이내) 위 증·개축 부분을 철거하고 원상으로 회복할 것을 촉구합니다.

3. 아울러 위 기간 내에 실행하지 않을 경우에는 임대차계약은 아무런 통지없이 당연히 해지됨을 통지하는 바입니다.

- 부 동 산 의 표 시 -

20 년 월 일

위 발신인 :   (인)

[사례 214] 무단양도에 따른 임대차계약을 해지하고자 할 때

통 지 서

받는 사람　　성　명 :
　　　　　　　주　소 :

보내는 사람　성　명 :
　　　　　　　주　소 :
　　　　　　　연락처 :

1. 본인은 귀하에게 20○○. ○. ○. ○○소재의 ○○건물을 임대차보증금 ○○○원, 월 임료 ○○○원, 임대차기간 ○○개월로 정하여 임대하였습니다.

2. 위 임대차기간이 만료되어 가는 20○○. ○. ○. 본인은 귀하에게 위 임대기간 연장문제에 관하여 논의를 하였고, 당시 전세가가 다소 오른 시점이라 다시 그 기간을 연장하되 금액을 올려달라고 부탁하였습니다.

3. 그런데 귀하는 임차보증금을 올려주지 않았을 뿐만 아니라 귀하의 친인척인 ○○○에게 무단으로 양도하여 현재 다른 사람이 거주하고 있습니다.

4. 귀하에게 위 임대차계약의 해지를 통보하면서 귀하에게 위 건물을 비워줄 것을 요구하였으나, 귀하는 친인척인 ○○○에게 ○○○원의 임차보증금을 지불하였다며 이를 거절하고 있습니다.

5. 이에 본인은 귀하의 계약위반으로 본 임대차계약을 해지하오며 위 건물을 20○○. ○. ○.까지 인도하여 주시기 바랍니다.

20　년　월　일

위 발신인 :   (인)

[사례 215] 부동산임대차에 대한 재계약 및 해지를 하고자 할 때

통 지 서

받는 사람　　성　명 :
　　　　　　　주　소 :

보내는 사람　성　명 :
　　　　　　　주　소 :
　　　　　　　연락처 :

1. 본인과 귀하 간에 20○○. ○. ○. 임대차보증금 ○○○원에 주택임대차계약을 체결하였습니다. 아시다시피 20○○. ○. ○.이 되면 벌써 2년의 계약기간이 만료됩니다.

2. 그런데 최근 귀하가 거주하고 있는 단지의 소형 면적 호가 행진이 이어지는 가운데 재건축 이주 수요까지 더해져 최고 ○○○원까지 보증금이 오른 실정입니다. 보증금의 상승 폭이 증가하였으나 발신인은 ○% 정도 증액한 금액으로 재계약을 하고자 합니다.

3. 만일 증액된 보증금 때문에 계약을 연장할 의사가 없을 경우 완료일 한 달 전에 유선상으로 말씀해 주시기 바랍니다.

4. 유감스럽게도 보증금이 조금 오르긴 했지만 중개수수료나 이사비용 등, 이사에 따른 제반비용을 고려했을 때, 여러모로 재계약을 하는 것이 낫지 않을까 생각합니다. 재계약의사가 있을 경우 계약만료일인 20○○. ○. ○.까지 통지하여 주십시오.

5. 부동산중개사에게 물어보니 보증금 증감이 있는 경우 종전계약서는 효력이 없기 때문에 새로운 계약서를 작성한 후 확정일자를 받아야 하고, 종전 계약

서는 새로운 계약서와 같이 하여 보관해야 한다고 합니다.

6. 신규계약서를 작성해야 한다고 부담 가지지 마시고 일단 신규계약서를 작성하되 내용은 년도만 달리해서 이전 계약서와 동일하게 작성하면 됩니다. 그 후 신규계약서를 들고 등기소에 가서 확정일자를 받아 보관하시면 됩니다.

7. 아무쪼록 귀하와 재계약이 이루어지길 바라며 재계약 의사를 밝히지 않아 발생하는 일에 대해서 책임이 없음을 알려드리오니 부디 약속한 기일 내에 답변을 하여 주시기 바랍니다.

20 년 월 일

위 발신인 : (인)

[사례 216] 용도외 사용을 이유로 임대차계약을 해지하려고 할 때

통 지 서

받는 사람 성 명 :
주 소 :

보내는 사람 성 명 :
주 소 :
연락처 :

1. 귀댁의 안녕을 기원합니다.

2. 본인은 귀하 간에 20○○. ○. ○. ○○시 ○○구 ○○동 ○○○ [도로명주소] ○○시 ○○구 ○○대로 ○○ 소재 ○○빌딩 ○층 상가를 임대하면서 사용용도를 임대시 운영 중인 ○○을 한다는 조건하에 본 상가를 임대해 주었습니다.

3. 그런데 귀하는 건물주인 본인의 허락 없이 임의로 본 상가를 불법개조하여 ○○을 운영하려고 하고 있기에 본인은 귀하와 계약시 합의한 계약조건에 따라 ○○을 유지 운영할 것을 통고하오며 아울러 본 상가를 개조하여 ○○ 등을 운영한다는 것은 허락할 수 없음을 알려드립니다.

4. 만일 귀하는 본 통지서를 받은 이후에도 계속하여 동 상가를 불법개조 한다면 임대차계약은 당사자 간의 합의에 따라 자동 해지되며, 아울러 불법개조에 따른 손해배상을 청구할 것임을 통지합니다.

20 년 월 일

위 발신인 : (인)

[주] 1. 본건은 임차인이 임대한 상가건물을 임대인의 동의없이 그 구조를 변경하여 ○○으로 개조하고자 하여 이를 저지하고자 하는 취지의 내용증명으로 임차인에게 심리적 압박을 주어 그 구조변경을 하지 못하게 하는 목적이 있다.

2. 내용증명우편은 특정한 양식과 형태가 없이 그 전달하고자 하는 내용만 간단·명료하게 기재하여 발송하면 되나 내용증명우편은 후일 분쟁발생시 하나의 중요한 증빙자료로 활용될 수 있으므로 이를 유의하여 어느 정도의 형식을 갖추어 작성하여야 할 것이다. 특히, 계약의 해제와 해지 등에 관한 것일 경우 그 해제와 해지의 사유 및 그 이유를 명백히 기재하여야 함은 당연한 것이다.

[판례] 계약해지의 의사표시는 반드시 그 상대방에게 명시적으로 하여야 하는 것은 아니고 묵시적으로 할 수도 있는 바, 법정 혹은 약정해지사유가 발생한 경우에 당사자가 경매신청 등 계약의 해지를 전제로 하는 행위 또는 기존 계약관계를 유지할 의사가 없음을 파악할 수 있는 어떤 외부적, 객관적 행위를 하고, 그에 따라 법원에 의하여 경매개시결정이 상대방에게 송달되는 등 상대방도 그와 같은 사정 때문에 계약이 종료됨을 객관적으로 인식할 수 있었던 경우라면, 그로써 계약해지의 효과는 발생한다고 할 것이다(대법원 2008. 9. 25. 선고 2006다62492, 62508 판결).

[사례 217] 준공검사미필로 임차인이 계약해지 및 보증금반환을 요구할 때

통 지 서

받는 사람 성 명 :
주 소 :

보내는 사람 성 명 :
주 소 :
연락처 :

부동산의 표시 :

1. 삼가 귀댁의 안녕을 기원합니다.

2. 귀하는 위 부동산의 소유자로서 본인은 위 부동산에서 학원을 운영하기 위하여 위 부동산이 공사 중이던 지난달 계약당시 귀하는 위 건물의 공사와 준공에는 아무런 문제가 없을 것이라고 본인에게 이야기를 하여 임대차보증금 금 ○○○원, 임대차기간을 20○○. ○. ○.부터 2년간으로 정하는 임대차계약을 체결하였습니다.

3. 그러나 막상 공사가 끝나 본인이 입주를 하고 교육지원청에 학원등록을 하려고 하였으나, 귀하의 공사상의 실수로 인하여 건물의 준공검사를 득하지 못하여 본인이 학원등록에 필요한 건축물관리대장을 발급받지 못하여 학원등록을 못하는 상황에 처하게 되었습니다. 따라서 본인은 귀하의 과실로 인하여 본인이 필요에 의하여 위 부동산에 임차함에 있어 그 실효를 거둘 수 없어 본 임대차계약은 해제되었다 할 것이므로 본 내용증명을 통하여 귀하와의 임대차계약 해지통보 및 위약금을 포함한 계약금을 20○○. ○. ○.까지 지급할 것을 통보하는 바입니다.

4. 만약 귀하가 계약금과 위약금의 지급을 지체할 경우에는 본인은 귀하를 상대로 한 계약금반환청구소송을 제기할 것임은 물론이고 이에 따른 제반비용을 전가할 것이오니 부디 불미스러운 일이 발생하지 않도록 협조하여 주시기 바랍니다.

20 년 월 일

위 발신인 : (인)

[사례 218] 중도금을 기일까지 지급하지 못할시 매도인이 계약해제 통지방법

통 지 서

받는 사람 성 명 :
주 소 :

보내는 사람 성 명 :
주 소 :
연락처 :

1. 본인은 귀하에게 20○○. ○. ○. 본인 소유의 ○○시 ○○구 ○○동 ○○○ 대 ○○㎡를 금 ○○○원에 매매하기로 약정하였습니다. 계약당일 계약금 ○○○원을 지급받고, 중도금 ○○○원은 20○○. ○. ○.에, 잔대금 ○○○원은 20○○. ○. ○.에 각 지급하기로 약정하였습니다.

2. 귀하는 중도금 지급기일이 지난 현재까지도 아무런 연락도 없고 중도금 지급도 지체하고 있으므로 20○○. ○. ○.까지 중도금을 지급하여 주시기 바랍니다.

3. 만약 위 기일에 중도금 지급을 하지 않을 경우 본 계약을 성실히 이행할 의사가 없다고 간주하여 본 계약이 해제됨을 통보하는 바입니다.

20 년 월 일

위 발신인 : (인)

[사례 219] 공사완료 후 잔대금을 청구하려고 할 때

통 지 서

받는 사람　　성　명 :
　　　　　　주　소 :

보내는 사람　성　명 :
　　　　　　주　소 :
　　　　　　연락처 :

1. 본인은 귀하 간에 20○○. ○. ○. ○○시 ○○구 ○○동 ○○○ [도로명주소] ○○시 ○○구 ○○대로 ○○ 소재 귀하의 ○○레스토랑 내부수리 공사를 금 ○○○원에 수리하기로 하는 계약을 체결하고 귀하가 원하는 시일내에 공사를 완료하였습니다.

2. 그런데 귀하는 총 공사대금 ○○○원 중 20○○. ○. ○. 금 ○○○원을 1차로 지급하고, 20○○. ○. ○. 금 ○○○원을 2차로 지급한 후 나머지 금 ○○○원은 공사가 완료된 후 1주일 이내에 지급하여 주기로 하였으나 그 기간이 보름이나 지난 현재까지도 아무런 연락이 없이 나머지 공사대금을 지급하지 않고 있습니다.

3. 따라서 본 내용증명에 의한 통지서를 발송하오니 20○○. ○. ○.까지 지급하여 주시기 바라며 이 기간 내에 지급하지 않으시면 법적조치를 취할 것임을 통지하는 바입니다.

20　년　월　일

위 발신인 :　　　　　(인)

[주] 1. 도급은 당사자 일방이 어느 일을 완성할 것을 약정하고 상대방이 그 일의 결과에 대하여 보수를 지급할 것을 약정함으로써 그 효력이 생긴다.

2. 건축물공사의 미완성과 하자를 구별하는 기준은 공사가 도중에 중단되어 예정된 최후의 공정을 종료하지 못한 경우에는 공사가 미완성된 것으로 볼 것이지만, 공사가 당초 예정된 최후의 공정까지 일을 종료하고 다만 그것이 불완전하여 보수를 하여야 할 경우에는 공사가 완성되었으나 목적물에 하자가 있는 것에 지나지 않는다고 해석함이 상당하고, 개별 건축공사에 있어서 예정된 최후의 공정이 일단 종료하였는지 여부는 당해 건물건축도급계약의 구체적 내용과 신의성실의 원칙에 비추어 객관적으로 판단할 수밖에 없다.

3. 보수는 그 완성된 목적물의 인도와 동시에 지급하여야 한다. 그러나 목적물의 인도를 요하지 아니하는 경우에는 그 일을 완성한 후 지체없이 지급하여야 한다.

4. 수급인이 공사를 완성하지 못한 채 공사도급계약이 해제되어 기성고에 따른 공사비를 정산하여야 할 경우, 특별한 사정이 없는 한 그 공사비는 약정 총공사비에서 막바로 미시공 부분의 완성에 실제로 소요될 공사비를 공제하여 산정할 것이 아니라 기성 부분과 미시공 부분에 실제로 소요되거나 소요될 공사비를 기초로 산출한 기성고 비율을 약정 공사비에 적용하여 산정하여야 하고, 기성고 비율은 이미 완성된 부분에 소요된 공사비에다가 미시공 부분을 완성하는데 소요될 공사비를 합친 전체 공사비 가운데 이미 완성된 부분에 소요된 비용이 차지하는 비율이다.

[사례 220] 귀하께서 임대하여 사용한 ○○장비사용료를 청구할 때

통 지 서

수 신 상 호 :
사무소 :

발 신 성 명 :
주 소 :
연락처 :

1. 귀사의 무궁한 발전을 기원합니다.

2. 귀사는 본사간에 20○○. ○. ○.자로 ○○○장비 임대에 관한 계약을 체결하고 20○○. ○. ○.부터 20○○. ○. ○.까지 ○○공사현장에 본사 소유의 ○○장비를 임대하여 사용하였습니다.

– 장비 임대료 내역 –

장비명	형 식	등록번호	사용일수	사용료	비 고
합 계					

3. 그러나 본사가 위 ○○장비를 정해진 날짜에 제공하였고 귀하 또한 정상적으로 인수하여 ○○일간 사용하였음에도 불구하고 아직까지 장비사용에 대한 이용대금을 지급하지 않고 있어 본사는 본 내용증명을 통하여 20○○. ○. ○.까지 장비사용료를 아래의 계좌로 지급하여 주실 것을 다시 한 번 촉구하는 바입니다.

입금은행	○○은행	계좌번호	○○○-○○-○○○○○○
예금주	○○○	입금액	○,○○○,○○○원

4. 만약 귀하께서 위 기일을 지키지 않을 경우에는 본사는 귀하를 상대로 법적 절차를 제기할 수밖에 없사오니 부디 불미스러운 일이 발생하지 않도록 협조하여 주시기 바랍니다.

20 년 월 일

통지인 (인)

[사례 221] 공사용역비를 추가청구하고자 할 때

통 지 서

받는 사람　　성　명 :
　　　　　　　주　소 :

보내는 사람　성　명 :
　　　　　　　주　소 :
　　　　　　　연락처 :

1. 귀하의 사업이 날로 번창하길 기원합니다.

2. 본인은 20○○. ○. ○. 귀하 간에 ○○통신의 기계를 운송하여 설치하는 ○○공사를 계약하고 같은 해 ○. ○. 동 작업을 시작하여 같은 해 ○.○. 작업을 끝냈습니다.

3. 그러나 당초계약과 달리 저의 은행계좌로 송금된 공사금액에 차이가 있어 이 부분에 대한 이의가 있음을 통보 드리며 20○○. ○. ○.까지 이에 상응한 적절한 조치가 없으면 법적소송을 통해 미납된 추가대금을 받을 수밖에 없음을 통고하는 바입니다.

20　년　월　일

위 발신인 :　　　　　　(인)

[사례 222] 공사용역비 추가청구에 대한 답변

답 변 서

받는 사람 성 명 :
주 소 :

보내는 사람 성 명 :
주 소 :
연락처 :

1. 귀하의 본건 내용증명우편은 20○○. ○. ○. 송부 받았습니다.

2. 그런데 본인은 귀하의 위 계약조건에 따라 귀하가 설치 완성한 이동통신기계 총 ○건에 따른 금 ○○○원을 지급하고 또 20○○. ○. ○.자에 금 ○○○원을 지급하여 주었음에도 귀하는 모든 작업이 끝나고 작업에 따른 대금지급도 완불된 상태에서 느닷없이 새삼 이 문제를 거론하며 추가로 금 ○○○원을 더 요구하는 것은 귀하도 자인하는 본인과의 계약내용에도 위반되며 아울러 신의성실과 신용사회에서 신용을 저버리는 행위로 도저히 납득할 수 없는 일입니다.

3. 이에 본인은 상기와 같이 귀하의 내용증명에 따른 답변서를 보내어 귀하가 혹 착오로 본인과의 계약조건을 잠시 착각하지 않았나 염려스러운 뜻에서 본 서신으로 귀하와의 계약관계 및 대금완불 상황을 한 번 더 상기시키고자 하는 뜻에서 본 답변서를 보내오니 착오 없으시기 바랍니다.

20 년 월 일

위 발신인 : (인)

[사례 223] 하도급계약 체결에 대한 이행을 요청할 때

통 지 서

수 신 상 호 :
사무소 :

발 신 성 명 :
주 소 :
연락처 :

1. 당사는 20○○. ○. ○. 귀사의 하도급계약 요청에 의해 견적서를 수차례 제출하였습니다. 귀사에서 견적서를 수차례 요구함이 당사와의 하도급계약체결의사가 확실한 것으로 믿고 당해 공사를 위하여 자재구입계약을 체결하는 등 공사준비에 들어갔습니다.

2. 그런데 귀사는 갑자기 태도가 돌변하여 당사와의 하도급공사 계약의 체결을 거부하고 있습니다.

3. 이번에 체결할 공사는 공사금액이 수백억원이고 공사기간도 ○년이나 되는 대규모 건설하도급공사입니다. 구체적인 공사시행방법과 준비, 공사비지급방법 등과 관련된 제반조건 등 세부적인 부분에 대한 합의가 구두로 이루어진 상태에서 계약을 거부하는 것은 신의를 저버리는 행위라 생각합니다.

4. 따라서 귀사에서 당사와의 계약을 거부할 특별한 이유가 전혀 없으므로 신의에 따라 당사와 하도급계약을 체결하여 주시기 바랍니다.

20 년 월 일

위 발신인 : (인)

[사례 224] 도급계약을 해제하고자 할 때

통 지 서

수 신 상 호 :
사무소 :

발 신 성 명 :
주 소 :
연락처 :

1. 귀사의 무궁한 발전을 기원합니다.

2. 당사는 20○○. ○. ○. 귀사와 도급계약서와 같이 ○○의 도급계약을 약정하고 ○○시 ○○구 ○○동 ○○○를 ○○하도록 의뢰한 바 있습니다.

3. 그런데 귀사(귀하)에서는 도급계약 사항을 성실히 이행하지 않는 등으로 그 기한만 연기하고 있고(기타 ○○○으로), 이로 인하여 귀사와 맺은 도급계약의 목적달성이 불가능한 것으로 사료되어 이에 귀사와 맺은 도급계약을 해제하고자 통지합니다.

20 년 월 일

위 발신자 : (인)

[주] 1. 도급이란 당사자 일방(수급인)이 어떤 일을 완성할 것을 약정하고 상대방(도급인)이 그 일의 결과에 대하여 보수를 지급할 것을 약정하는 계약으로 건축공사 등에서 흔히 볼 수 있는 계약의 형태이다.

2. 수급인은 도급계약의 성립으로 수급받은 일을 완성하여 도급인에게 인도하여야 할 의무가 있고 도급인은 수급인에게 일의 완성에 대한 보수를 지급(보수의 지급형태는 당사자간의 계약에 의해 성립)하여야 한다. 그런데 위 규정의 계약에 위배하여 도급계약의 목적을 달성할 수 없거나 그럴 가능성이 있을 경우, 예컨대 공사의 부실시공 등으로 하자가 있을 경우 등에는 당사자는 위

반한 당사자 일방에게 도급계약을 해제할 수 있고 도급계약의 해제로 인한 손해배상도 청구할 수 있다.

3. 도급계약해제통지서는 당사자 일방이 도급계약을 위반한 상대방에게 계약해제의 통지를 하는 것으로 계약해제사유가 된 위반사항을 명확하게 기재하여 상대방으로 하여금 어떠한 사항을 계약내용에 위반하여 계약해제가 되는지를 상기시킬 필요가 있으므로 계약내용을 함께 명시하는 것도 좋은 방법이다.
4. 내용증명우편은 특정한 양식과 형태가 없이 그 전달하고자 하는 내용만 간단·명료하게 기재하여 발송하면 되나 내용증명우편은 후일 분쟁발생시 하나의 중요한 증빙자료로 활용될 수 있으므로 이를 유의하여 어느 정도의 형식을 갖추어 작성하여야 할 것이다. 특히, 계약의 해제와 해지 등에 관한 것일 경우 그 해제와 해지의 사유 및 그 이유를 명백히 기재하여야 함은 당연한 것이다.

[사례 225] 공사진행을 일방적으로 중단할 때

통 지 서

받는 사람　　성　명 :
　　　　　　　주　소 :

보내는 사람　성　명 :
　　　　　　　주　소 :
　　　　　　　연락처 :

1. 본인은 20○○. ○. ○. ○○시 ○○동 ○○○ [도로명주소] ○○시 ○○구 ○○대로 ○○(○○동) 2층 집을 증축하기 위해 귀하와 공사대금 ○○○원, 공사기간은 ○개월로 정하는 공사계약을 체결하였습니다.

2. 우선 계약금으로 ○○○원을 지급하였는데 귀하는 공사를 진행하던 중 재료비 및 인건비가 많이 올랐다면서 공사금액을 올려주지 않으면 건축을 할 수 없다고 하였습니다.

3. 요즘 공사자재비가 많이 올랐다는 이야기를 들어 알고 있지만 이렇게 일방적으로 공사를 중단하겠다는 것은 상식적으로 이해할 수 없는 행위입니다.

이렇게 계속 공사를 지연시키면 계약서에 기초하여 계약을 해제할 수도 있지만 이왕 귀하에게 공사를 맡기었으니 종전처럼 귀하가 완공하여 주셨으면 합니다.

4. 이렇게 공사진행의사를 밝혔음에도 공사를 재개하지 않을 경우 최후 방법으로 계약을 해제할 것이오니 이 점 양지하시어 공사를 진행하여 주시기 바랍니다.

20 년 월 일

위 발신자 : (인)

[사례 226] 근무태만으로 건축공사가 지연되고 있을 때

통 지 서

수 신 상 호 :
사무소 :

발 신 성 명 :
주 소 :
연락처 :

1. 귀사의 무궁한 발전을 기원합니다.

2. 본인은 본인 소유의 ○○시 ○○구 ○○동 ○○○ 지상에 건물을 신축하기 위하여 귀사에게 공사대금으로 금 ○○○원을 지급하고, 공사기간을 20○○. ○. ○.부터 20○○. ○. ○.까지 마무리하기로 하는 건축공사도급계약을 체결하였습니다.

3. 그런데 귀사는 신속하게 공사를 하지 않고 계속해서 공사를 미적미적 지연을 하다 결국 계약서상의 완공기한을 초과하게 되었습니다.

4. 이에 본인은 구두상으로 수차에 걸쳐 건물의 신속한 완공을 요구하였으나 귀사가 공사를 계속해서 지연하여 본 내용증명을 통하여 공사를 조속히 완공할 것을 다시 한 번 요청하는 바입니다.

5. 그러나 이러한 본인의 요구에도 불구하고 귀사가 아무런 이유 없이 계속해서 완공을 지연할 경우 본인은 계약서상의 공사대금의 감액은 물론 귀사를 상대로 공사지연에 따른 손해배상금 청구소송을 제기할 수밖에 없사오니 불미스러운 일이 발생하지 않도록 협조하여 주시기 바랍니다.

20 년 월 일

위 발신인 : (인)

[사례 227] 공사지연으로 인한 도급공사를 해제하고자 할 때

계약해제통지서

받는 사람 성 명 :
주 소 :

보내는 사람 성 명 :
주 소 :
연락처 :

1. 본인은 20○○. ○. ○. ○○시 ○○동 ○○ 지상 신축 건축물공사 중 철근골조 작업을 계약서 내용과 같이 귀하에게 도급을 하여 주었습니다.

2. 그러므로 귀하는 동 공사 외 다른 공사를 여러 개 맡고 있는 관계로 동 공사 진행에 철근골조작업이 안되어 계속 지연되고 있으므로 본인에게 막대한 손실이 오고 또한 본인이 완성하여 주기로 한 기일도 맞출 수 없어 부득이 귀하와의 철근골조공사 도급작업을 해제하고자 합니다.

20 년 월 일

위 발신자 : (인)

[주] 1. 내용증명우편은 특정한 양식과 형태가 없이 그 전달하고자 하는 내용만 간단·명료하게 기재하여 발송하면 되나 내용증명우편은 후일 분쟁발생시 하나의 중요한 증빙자료로 활용될 수 있으므로 이를 유의하여 어느 정도의 형식을 갖추어 작성하여야 할 것이다. 특히, 계약의 해제와 해지 등에 관한 것일 경우 그 해제와 해지의 사유 및 그 이유를 명백히 기재하여야 함은 당연한 것이다.
2. 계약 또는 법률의 규정에 의하여 당사자의 일방이나 쌍방이 해지 또는 해제의 권리가 있는 때에는 그 해지 또는 해제는 상대방에 대한 의사표시로 한다.

[사례 228] 인도목적물에 하자가 있을 때

통 지 서

수 신 상 호 :
사무소 :

발 신 성 명 :
주 소 :
연락처 :

1. 삼가 귀사의 무궁한 발전을 기원합니다.

2. 본인은 귀사 간에 20○○. ○. ○. 건축물 신축하도급계약을 체결하여 20○○. ○. ○. 동 건물을 인도 받았으나, ○○의 하자로 누수가 되는 등 하여 주거로 사용할 수 없을 정도이오니 이를 20○○. ○. ○.까지 보수하여 주시기 바랍니다.

20 년 월 일

위 발신인 : (인)

[주] 1. 목적물에 하자가 있는 경우, 즉 전자제품을 구입하였는데 그 제품에 기능상 또는 외부의 손상 등으로 그 제품을 교환 또는 보수(수리)를 원할 경우 등에 하는 것으로 일반적인 경우 통상 구두(전화 등)로 그 하자를 치유해 주는 경우가 많다. 그러나 건물의 하자보수 등이나 기타 구두로 하자가 치유되지 않을 경우 그 내용을 내용증명우편으로 상대에게 통지하여 후일 분쟁발생시 이를 이용함이 좋다.

2. 내용증명 작성요령은 육하원칙에 맞추어 물품의 인도일자 및 하자의 내용 등을 명확하게 기재하고 기타 구두(전화 등)로 물품의 하자 등을 전하고 그 교환 등을 의뢰한 경우 이를 기재함도 좋다.
특히 물품을 구입하였는데 배달되어온 물품에 하자가 있거나 또는 광고 등을 보고 물품을 구입하였으나 그 광고 내용과 배달되어온 물품이 달라 이를 반품(구입취소 등)하고자 할 경우 먼저 물품의 손상 등을 배달자의 면전에서 이를 확인하고 광고(주문물품이 아닌 타 물품 등) 등의 내용과 다른 물품이 배달되거나 기타 사유로 인하여 물품의 반환 등을 하고자 할 경우 그 시일을 지체하지 말고 빠른 시일 내(이 경우는 물건의 인도일로 부터 20일 내, 기타 그 형태에 따라 반환시일이 다름)에 이를 반환하여야 하며 반환의 거절 등이 있을시 동 내용증명으로 반환의사를 통보하여 후일의 분쟁에 대비함이 좋을 것이다.

[사례 229] 주변공사로 인해 영업에 지장을 받을 때

통 지 서

받는 사람 성 명 :
주 소 :

보내는 사람 성 명 :
주 소 :
연락처 :

1. 삼가 귀댁의 안녕을 기원합니다.

2. 본인은 ○○시 ○○구 ○○동 ○○○ 지상 건물 ○층에서 미용실을 운영하고 있는 자이고, 귀하는 20○○. ○. ○.자로 위 부동산의 1층으로 입주하기 위하여 1개월 전부터 인테리어공사를 하고 있는 자입니다.

3. 그러나 귀하가 공사를 시작하고부터 참지 못할 소음과 먼지 그리고 출입구에 쌓인 공사자재들로 인하여 본인의 미용실을 찾던 고객들 중 거의 절반정도가 발길을 끊어 본인은 이에 따른 엄청난 피해가 발생하고 있어 귀하가 공사를 하는 동안은 폐업을 하는 방법밖에 없을 정도입니다. 따라서 본인은 본 내용증명을 통하여 귀하에게 조속한 시일 내로 이런 문제점에 대한 앞으로의 대책방안과 그간 본인에게 발생된 손해를 배상하여 주시기 바랍니다.

4. 만일 귀하가 본인의 요구 중 한 가지라도 이행하지 않을 경우 본인은 귀하를 상대로 공사중지가처분신청 및 손해배상청구의 소송을 제기할 것이오니 부디 불미스러운 일이 발생하지 않도록 협조하여 주시기 바랍니다.

20 년 월 일

위 발신인 : (인)

[사례 230] 주변공사장의 안전관리를 촉구하고자 할 때

통 지 서

수 신 상 호 :
사무소 :

발 신 1. 성 명 :
주 소 :
연락처 :

2. 성 명 :
주 소 :

연락처 :

1. 귀사의 무궁한 발전을 기원합니다.

2. 본인들은 귀사가 ○○시 ○○구 ○○동 ○○○ 지상에 신축하고 있는 공사장 입구에 붙어있는 주공2차아파트 주민들입니다.

3. 귀사는 공사를 시작하며 이에 따라 발생되는 먼지와 소음 그리고 진동에 대해서 아무런 대책도 없이 무방비 상태에서 계속해서 공사를 진행하고 있고, 또한 공사차량의 통행으로 인한 교통사고 문제 등의 여러 가지 문제점이 있으므로 본인들은 귀사가 위와 같은 문제점들에 대한 대책을 마련하기 전에는 공사를 일시 중지하여 줄 것을 본 내용증명을 통하여 요청하는 바입니다.

4. 만일 귀사가 아무런 이유 없이 본인들의 요구를 이행하지 않을 경우 본인들은 공사중지가처분신청을 할 수밖에 없사오니 불미스러운 일이 발생하지 않도록 협조하여 주시기 바랍니다.

20 년 월 일

위 발신인 : (인)

[사례 231] 시방서와 다른 건축자재를 사용하고 있을 때

통 지 서

수 신 상 호 :
사무소 :

발 신 성 명 :
주 소 :
연락처 :

1. 귀사의 무궁한 발전을 기원합니다.

2. 본인은 본인 소유의 ○○시 ○○동 ○○ 지상에 건물을 신축하기 위하여 귀사와 건축공사도급계약을 체결하였습니다.

3. 그러나 공사가 거의 절반정도 진행되어 이에 본인이 공사현장을 확인해 본 결과 귀사는 공사대금의 이윤을 최대한 높이기 위하여 공사에 사용하는 자재를 위 건축공사도급계약서상의 시방서에 명시한 최상급 자재가 아닌 최하품의 자재를 사용하여 계속해서 공사를 진행하고 있으므로 본인은 본 내용증명을 통하여 즉시 공사를 중지하고, 현재까지 사용한 자재를 시방서상의 등급 자재들로 변경하여 줄 것을 요구하는 바이며, 아울러 귀사와 체결한 건축공사도급계약을 해제하고, 그간 기 지급된 공사대금을 반환하여 줄 것을 청구하는 바입니다.

4. 만일 귀사가 본인의 요구를 한 가지라도 이행하지 않을 경우 본인은 귀사를 상대로 손해배상 청구소송을 제기할 수밖에 없사오니 부디 불미스러운 일이 발생하지 않도록 협조하여 주시기 바랍니다.

20 년 월 일

위 발신인 : (인)

[사례 232] 사무실 부실공사보수를 요청하고자 할 때

통 지 서

받는 사람 성 명 :
주 소 :

보내는 사람 성 명 :
주 소 :
연락처 :

1. 본인은 20○○. ○. ○. 귀하와 사이에 본인 소유 ○○시 ○○구 ○○동 ○○○ [도로명주소] ○○시 ○○구 ○○대로 ○○ 소재 사무실 내부수리 공사를 금 ○○○원에 하기로 하는 계약을 체결하고 계약당일 계약금으로 ○○○원과 20○○. ○. ○. 중도금 ○○○원을 지급하고 잔대금 ○○○원을 공사가 완료된 후에 지급하여 주기로 하였습니다.

2. 그러나 귀하는 공사진행 중 그 비용을 절약하기 위해 당초 계약서에 약정한 재료를 쓰지 않고 그보다 가격이 싼 ○○을 사용하는가 하면 도면상에는 3개의 룸 설치로 되어 있는데도 2개만 설치하는 등 하여 계약을 위반하고 있습니다.

3. 그러므로 통지인은 이를 당초 계약한 바와 같이 도면과 일치하도록 하여 주시기 바라오며 아울러 이를 조속한 시일 내 이행치 아니하면 잔대금의 미지급은 물론 이에 따른 손해배상금 등의 청구소송을 제기할 수밖에 없음을 알려드립니다.

20 년 월 일

위 발신자 : (인)

[주] 건물 신축의 도급계약에서 지체상금에 관한 약정이 있는 경우, 수급인이 약정된 기간 내에 그 일을 완성하여 도급인에게 인도하지 않는 한 특별한 사정이 있는 경우를 제외하고는 지체상금을 지급할 의무가 있고, 약정된 기일 이전에 그 공사의 일부만을 완료한 후 공사가 중단된 상태에서 약정기일을 넘기고 그 후에 도급인의 계약을 해제함으로써 일을 완성한다.

[사례 233] 부실건물의 매수인이 매도인에게 하자보수를 요청할 때

통 지 서

받는 사람 성 명 :

주 소 :

보내는 사람 성 명 :
주 소 :
연락처 :

부동산의 표시 :

1. 삼가 귀댁의 안녕을 기원합니다.

2. 위 건물에 대하여 본인은 귀하가 사용하는데 아무런 하자가 없다는 말만 믿고 매매대금 ○○○원을 지급하고 매수하였습니다.

3. 그러나 본인이 위 건물을 사용하려고 보니 위 건물은 너무 낡아서 사용하는데 있어 매우 위험합니다. 이는 귀하가 위 건물을 사용함에 있어 중대한 문제가 있음에도 불구하고 이를 본인에게 속이고 매매한 것이므로 귀하는 20○○. ○. ○.까지 하자보수를 완료하여 줄 것을 통보하는 바이오니 부디 착오 없으시길 바랍니다.

4. 만일 귀하가 위 기간을 초과 할 경우 본인은 귀하를 상대로 부동산매매계약을 해제한 것으로서 인정되어 이에 따른 매매대금반환청구의 소를 제기함은 물론, 제반비용 또한 청구할 것이오니 부디 불미스러운 일이 발생하지 않도록 협조하여 주시기 바랍니다.

20 년 월 일

위 발신인 : (인)

[사례 234] 완공된 건물에 하자가 있을 때 하자보수의 이행을 촉구할 때

통 지 서

수 신 상 호 :
사무소 :

발 신 성 명 :
주 소 :
연락처 :

1. 귀사의 무궁한 발전을 기원합니다.

2. 본인은 본인 소유의 ○○시 ○○구 ○○동 ○○○ 지상에 건물을 신축하기 위하여 귀사와 건축공사도급계약을 체결하고 공사를 시작하였습니다.

3. 그 후 귀사는 공사를 완공하여 신축건물을 본인에게 인도하여 본인은 이를 인도받는 즉시 위에서 약정한 공사대금을 전액 지급하였습니다. 그러나 신축한 건물의 내부의 ○○○에서 하자가 발생되어 본인은 계약서상의 하자보수기간을 이유로 귀사에서 하자보수를 하여 줄 것을 구두상으로 수차에 걸쳐 요구하였으나 귀사는 하자보수를 계속해서 지연하여 20○○. ○. ○.까지 하자보수를 이행할 것을 다시 한 번 요청하는 바입니다.

4. 만약 귀사가 아무런 이유 없이 본인의 요구를 이행하지 않을 경우 본인은 제3자에게 하자보수를 하고 이에 따른 보수비용 등 청구의 소송을 제기할 수밖에 없사오니 상호 불미스러운 일이 발생하지 않도록 협조하여 주시기 바랍니다.

20 년 월 일

위 발신인 : (인)

[사례 235] 공사재개촉구를 하고자 할 때

공 사 재 개 통 지 서

수　　신　　상　호 :
사무소 :

발　　신　　성　명 :
주　소 :
연락처 :

1. 귀사의 무궁한 발전을 기원합니다.

2. 본인은 본인 소유의 ○○시 ○○구 ○○동 ○○ 지상에 건물을 신축하기 위하여 귀사에게 공사대금으로 금 ○○○원로 지급하고, 공사기간을 20○○. ○. ○.부터 20○○. ○. ○.까지 마무리하기로 하는 건축공사도급계약을 체결하였습니다.

3. 그러나 귀사는 공사를 순조롭게 진행을 하다 한 달쯤 지날 무렵부터 갑자기 공사를 중단한 후 계속해서 공사를 하지 않아 현재 귀사와 체결한 계약서상의 완공기한도 거의 임박한 실정입니다.

4. 이에 본인은 구두상으로 수차에 걸쳐 공사의 진행을 요구하였으나 귀사가 이를 이행하지 않아 본 내용증명을 통하여 공사를 조속히 재개하여 주실 것을 다시 한 번 요청하는 바이오니 부디 공사를 진행하여 주시기 바랍니다.

20　년　월　일

통지인　　　　　(인)

제8장 손 해 배 상

[사례 236] 계약해제 및 손해배상 청구방법

통 지 서

수 신 상 호 :
사무소 :

발 신 성 명 :
주 소 :
연락처 :

1. 귀사의 무궁한 발전을 기원합니다.

2. 본인은 본인 소유의 ○○시 ○○구 ○○동 ○○○ 지상에 건물을 신축하기 위하여 귀사와 공사대금 ○○○원에 20○○. ○. ○.까지 본 건물을 완공하여 인도하기로 하는 건축공사도급계약을 체결하였습니다.

3. 그러나 공사가 거의 절반정도 진행되어 이에 본인이 공사현장을 확인해 본 결과 귀사는 공사대금의 이윤을 최대한 높이기 위하여 공사에 사용하는 자재를 위 건축공사도급계약서상의 시방서에 명시한 최상급 자재가 아닌 최하품의 자재를 사용하여 계속해서 공사를 진행하고 있으므로 귀사는 20○○. ○. ○.까지 공사를 중지하고, 현재까지 사용한 자재를 시방서상의 등급 자재들로 변경하여 줄 것을 요구하는 바이며,

4. 아울러 이를 어길 시에는 귀사와 체결한 건축공사도급계약서를 해제하고, 그간 기 지급된 공사대금 반환 및 손해배상 청구의 소송을 제기할 수밖에 없사오니 부디 불미스러운 일이 발생하지 않도록 협조하여 주시기 바랍니다.

20 년 월 일

위 발신인 : (인)

[주] 본건은 건축물신축공사계약을 체결한 후 수급인이 공사대금의 이윤을 최대한 높이기 위하여 시방서에 명시한 자재가 아닌 최하품의 자재를 사용하여 공사를 진행하고 있으므로 도급인이 현재까지 사용한 자재와 앞으로 사용할 자재를 시방서상의 등급 자재들로 변경하여 줄 것을 요구하는 것으로 이를 위반할 시 계약의 해제 및 손해배상의 책임을 물을 수 있음을 경고하는 내용의 사례이다.

[사례 237] 건설공제조합에게 이행보증금을 청구할 때

이행보증금청구서

수 신 상 호 :
사무소 :

발 신 성 명 :
주 소 :
연락처 :

1. 귀 조합의 무궁한 발전을 기원합니다.

2. 당사는 ○○종합건설 주식회사 간에 20○○. ○. ○. 당사가 건축하는 ○○군 ○○읍 ○○리 ○○○ 토지 일대의 골프장 건설공사를 공사대금 ○○○원(부가가치세 포함), 이행보증금 ○○○원, 공사기간 20○○. ○. ○.부터 20○○. ○. ○.까지로 정하고 도급계약을 체결하였습니다. 도급계약시 당사와 ○○종합건설 주식회사는 채무불이행으로 인하여 도급계약이 해지되는 경우 당사가 위 이행보증금을 배상하기로 약정한 바 있습니다.

3. 귀 조합은 20○○. ○. ○. 당사에게 위 공사기간 동안 이행보증금에 관하여

조합원인 ○○종합건설 주식회사를 위하여 건설공제조합법상의 보증을 하고 당사에게 계약보증서를 제출하였습니다.

4. ○○종합건설 주식회사는 도급계약에 따라 공사를 시작한 후 20○○. ○. ○.까지 기성공사대금으로 총 ○회에 걸쳐 금 ○○○원을 지급 받고서도 아무런 예고 없이 20○○. ○월 하순경 부도를 내고 공사를 중단하였습니다. 이에 당사는 20○○. ○. ○. 위 도급계약에 따라 도급계약을 해지하고 그 뜻을 ○○종합건설 주식회사에게 통지하였습니다.

5. 따라서 귀 조합은 ○○종합건설 주식회사에 대한 건설공제조합법상의 보증인으로서 당사에게 위 이행보증금 ○○○원을 지급하여 주시기 바랍니다.

6. 본건 서면을 받은 날로부터 2주일 이내에 지급하지 아니하면 법원에 이행보증금 청구의 소를 제기하겠사오니 이점 양지하시기 바랍니다.

20 년 월 일

위 발신인 : (인)

[사례 238] 공사로 인한 재산상 손해배상을 청구할 때

손해배상청구통지서

받는 사람 성 명 :
주 소 :

보내는 사람 성 명 :
주 소 :
연락처 :

1. 본인은 귀하의 주택 신축공사로 본의 아니게 큰 피해를 입고 있습니다.

2. 귀하는 20○○. ○. ○. ○○시 ○○동 ○○○ 지상의 ○○주택 신축공사를 하면서 지하 굴착공사를 하였습니다. 그런데 지반붕괴에 대한 방지조치를 제대로 하지 않아 인접한 제 소유의 주택의 일부가 파손, 균열되는 사고가 발생하였습니다.

3. 현재 본인은 위 주택이 갑자기 붕괴할 위험이 있어 친척집에서 거주하고 있는 형편입니다. 더불어 언젠가 내 집이 붕괴할 지도 모른다는 충격과 주거생활의 불안 등으로 정신적 고통을 받고 있습니다.

4. 따라서 지하굴착 공사로 건물이 파손, 균열됨에 따른 재산상 손해와 향후의 공사보수비 등을 청구하오니 20○○. ○. ○.까지 피해를 보상하여 주시기 바랍니다.

20 년 월 일

위 발신자 : (인)

[사례 239] 공사지연으로 인한 손해배상을 청구할 때

손해배상청구통지서

받는 사람 성 명 :
주 소 :

보내는 사람 성 명 :
주 소 :
연락처 :

1. 본인은 귀하간에 20○○. ○. ○. 총 공사대금 ○○○원으로 정하여 ○○공사계약을 체결하였습니다.

2. 위 공사는 20○○. ○. ○.까지 완공하기로 약정하였습니다. 그러나 계약시

발신인은 일부자재의 납기가 장기간 소요됨을 인지하였고, 귀하께서는 조속한 자재확보를 요청하고 공사의 진행을 하였으나 공사의 완공이 약정한 완공일보다 ○○일이나 늦은 20○○. ○. ○.에 완공되었습니다.

3. 따라서 공사가 지연되어 ○○○을 사용 못한 기간으로 인한 손해배상을 청구하오니 20○○. ○. ○.까지 발신인에게 청구액을 지급하거나, 잔금지급시 변제토록 하여 주시기 바랍니다.

20 년 월 일

위 발신인 : (인)

[사례 240] 수급인의 과실로 인한 손해배상을 청구할 때

통 지 서

받는 사람 성 명 :
주 소 :

보내는 사람 성 명 :
주 소 :
연락처 :

1. 본인은 귀하로부터 20○○. ○. ○. ○○시 ○○동 ○○○ [도로명주소] ○○시 ○○대로 ○○ 소재의 창고를 임차하여 사용하고 있습니다. 그런데 창고의 천장이 내려앉고 물이 새는 등 시설이 노후하여 임차한 목적대로 창고로 쓰기 어렵게 되었습니다.

2. 그리하여 20○○. ○. ○. 본인은 귀하에게 임대차계약의 내용에 따라 창고를 수선해 줄 것을 요구하였습니다. 귀하는 창고를 전면적으로 보수하기로 하고 ○○회사에 보수공사도급을 주었습니다.

3. 그러나 20○○. ○. ○. ○○회사의 소속 직원들이 창고의 누수부위를 수선하기 위한 작업을 하던 중 화재가 발생하였습니다. 화재예방조치를 하지 않은 채 용접을 하다가 잘못하여 창고에 불이 붙었고 긴급하게 화재진압을 하였으나 창고의 반이 화재로 그을렸습니다.

4. 민법 제391조에 따르면 수급인이 시설물수선공사 등을 하던 중 수급인의 과실로 인하여 화재가 발생한 경우 임대인은 화재발생에 귀책사유가 있습니다.

5. 따라서 본인은 귀하를 상대로 화재발생에 따른 손해배상액 ○○○원을 청구하는 바입니다.

20 년 월 일

위 발신인 : (인)

[사례 241] 아파트배관 파열에 대한 손해배상을 청구할 때

통 지 서

받는 사람 성 명 :
주 소 :

보내는 사람 성 명 :
주 소 :
연락처 :

1. 안녕하십니까. 본인은 ○○시 ○○구 ○○동 ○○○ 주공2차아파트 ○○동 ○○호를 소유하여 거주하고 ○○○입니다.

2. 다름이 아니옵고 본인의 집 위층, 즉 귀하가 임차한 집에서 누수가 되어 본인의 집 천장과 가구가 손상되었습니다.

3. 위층에는 귀하로부터 아파트를 임차한 ○○○가 거주하고 있습니다. 제가 ○○○에게 손해배상을 청구하자 위와 같은 누수가 바닥에 매설된 수도배관의 이상으로 생긴 것이며, 이러한 하자를 발견한 즉시 집주인에게 수리를 요청하였으나 집주인이 수리를 지연하여 위와 같은 손해가 발생되었다고 합니다.

4. 민법 제623조에 의하면 "임대차계약에 있어서 임대인은 목적물을 임차인에게 인도하고 계약존속 중 그 사용, 수익에 필요한 상태를 유지하게 할 의무를 부담한다."라고 임대인의 수선의무를 규정하고 있습니다.

5. 이번에 발생한 누수는 바닥에 매설된 수도배관의 이상으로 생긴 것이므로 임차인이 쉽게 고칠 수 있을 정도의 사소한 것이 아니라고 생각합니다. 따라서 임대인인 귀하께서 수선의무를 부담하여 손해금을 지급함이 상당하다고 생각되오니 20○○. ○. ○.까지 손해금 ○○○원을 지급하여 주시기 바랍니다.

20 년 월 일

위 발신인 : (인)

[사례 242] 공장매연에 따른 피해보상을 청구할 때

통 지 서

수 신 상 호 :
사무소 :

발 신 성 명 :
주 소 :
연락처 :

1. 귀사의 제철공장에서 배출하는 쇳가루, 분진 등 매연으로 인한 피해가 심각

해 이렇게 피해보상을 요구합니다.

2. 현재 ○○시 ○○동 인근 과일 수확량이 눈에 보일 정도로 줄어들고 있습니다. 귀사의 공장에서 밤마다 뿜어대는 연기로 인해 인근 과수원의 과일들 모두 원인 모를 병에 걸려 아무리 약을 해도 병이 없어지지 않을 정도로 심각한 상황입니다. 공해물질로 인해 빨래, 청소 등 생활에 지장이 있고 각종 공해가 포함된 공기를 호흡해 천식, 기관지염 등 호흡기질환과 만성두통에 시달리고 있으며 심야의 소음은 잠을 설치게 해 만성피로에 시달리고 있습니다. 몇 번 전화를 해서 항의를 했지만 담당자가 없다는 핑계를 대며 사건을 회피하고 있습니다.

3. 현재 저희 ○○동에서는 공해피해를 방지하기 위한 대책반을 운영하고 있으며 정신적, 육체적 피해보상에 대한 법적대응을 고려하고 있습니다. 하루 속히 귀사에서는 주민들의 피해현황을 파악하시고, 법에 따라 이에 따른 피해보상을 하여 주시기 바랍니다.

20 년 월 일

위 발신인 : (인)

[사례 243] 중개인의 과실로 인한 손해배상을 청구할 때

통 지 서

받는 사람 성 명 :
주 소 :

보내는 사람 성 명 :
주 소 :
연락처 :

부동산의 표시 :

1. 삼가 귀댁의 안녕을 기원합니다.

2. 본인은 귀하가 공인중개사로서 부동산에 대하여는 전문가라고 하여 이에 임대차보증금을 회수하는데 있어 전혀 문제되지 않을 것이라고 믿고 귀하에게 중개를 의뢰하였습니다.

3. 이에 귀하는 본인에게 확실히 검토하여 아주 안전한 집이 있다고 소개를 하여 본인은 귀하의 말만 믿고 ○○시 ○○동 ○○○ 지상 건물 ○층에 대하여 임대차보증금 ○○○원, 임대차기간을 20○○. ○. ○.부터 2년간으로 정하는 임대차계약을 임대인 ○○○와 체결하고 귀하에게 부동산 중개비로 금 ○○○원을 지급한 바 있습니다.

4. 그러나 막상 입주를 하고 생활을 하다 보니 입주한지 수일 만에 법원에서 임대인 ○○○를 상대로 경매절차가 진행이 되어 위 부동산이 제3자에게 팔리게 되었으나 본인은 귀하의 말과는 달리 앞선 은행들에 비해 후순위라는 이유로 임대차보증금을 한 푼도 지급받지 못하였습니다.

5. 따라서 본인은 본 내용증명을 통하여 보상에 대하여 정식으로 청구하는 바이오니 귀하는 20○○. ○. ○.까지 임대차보증금에 상당한 금액 및 부동산 중개사 수수료 금 ○○○원을 보상하여 주실 것을 촉구하는 바입니다.

6. 만약 귀하가 아무런 이유 없이 위의 이행을 지체할 경우 본인은 법원의 손해배상청구의 소는 물론, 이에 따른 제반비용 또한 청구할 것이오니 부디 불미스러운 일이 발생하지 않도록 협조하여 주시기 바랍니다.

20 년 월 일

위 발신인 : (인)

[사례 244] 부동산 이중매매에 대해 손해배상을 요구할 때

통 지 서

받는 사람 성 명 :
주 소 :

보내는 사람 성 명 :
주 소 :
연락처 :

1. 본인은 귀하로부터 ○○소재 건물과 대지를 ○○○원에 매수하기로 하는 매매계약을 체결하고 계약금과 중도금을 지급하였습니다.

2. 20○○. ○. ○. 잔금지급일에 잔금을 지급하러 갔더니 귀하는 본인에게 팔기로 한 건물과 대지를 더 비싼 값으로 ○○○에게 매도하였다면서 잔금수령을 거절하고 본인이 이미 지급한 계약금과 중도금만 반환하겠다고 하였습니다.

3. 본인은 이미 중도금을 지급하였으므로 귀하는 일방적으로 계약을 해제할 수 없음을 밝힙니다.

4. 따라서 귀하의 위와 같은 이중매매를 20○○. ○. ○.까지 취소하여 주시기 바라며 만일 불응 시에는 민, 형사상 법적절차를 취하겠사오니 이점 양지하시기 바랍니다.

20 년 월 일

위 발신인 : (인)

[사례 245] 부동산 이중매매에 대해 손해배상을 요구할 때

통 지 서

받는 사람 성 명 :
주 소 :

보내는 사람 성 명 :
주 소 :
연락처 :

부동산의 표시 :

1. 삼가 귀댁의 안녕을 기원합니다.

2. 본인은 위 부동산을 매수하고자 소유자인 귀하와 20○○. ○. ○. 부동산매매계약서를 작성하고 이에 따른 매매대금을 귀하에게 모두 지급한 바 있습니다.

3. 그러나 귀하는 본인과 매매계약을 체결하기 이전에 이미 위 부동산에 대하여 ○○○에게 매도하기로 매매계약을 체결하고 소유권이전등기를 하였던 바, 이는 불법적인 이중계약으로 귀하는 본인을 상대로 사기행위를 벌인 것입니다.

4. 따라서 본인은 불법 사기행각을 벌인 귀하를 상대로 민, 형사상의 법적절차를 제기할 예정이므로 귀하께서는 20○○. ○. ○.까지 해결방안에 대하여 답변하여 주실 것을 통보하는 바이오니 부디 불미스러운 일이 발생하지 않도록 협조하여 주시기 바랍니다.

20 년 월 일

위 발신인 : (인)

[사례 246] 폭행치료비를 청구할 때

통 지 서

받는 사람 성 명 :
주 소 :

보내는 사람 성 명 :
주 소 :
연락처 :

청구금액 금 ○○○○원

1. 삼가 귀댁의 안녕을 기원합니다.

2. 아뢰올 말씀은 20○○. ○. ○. 귀댁 ○○○가 본인의 둘째아들 ○○○을 폭행하여 앞니가 부러져 이를 치료하는데 금 ○○○원이 들었으므로 동 치료비를 청구하오니 20○○. ○. ○.까지 지급하여 주시기 바랍니다.

3. 따라서 위 기일까지 치료비를 지급하여 주지 아니하시면 부득이 민, 형삿상의 법적절차를 단행할 예정이오니 상호 불미스러운 일이 없도록 하여 주시기 바랍니다.

20 년 월 일

위 발신인 : (인)

[주] 1. 내용증명우편은 특정한 양식과 형태가 없이 그 전달하고자 하는 내용만 간단·명료하게 기재하여 발송하면 되나 내용증명우편은 후일 분쟁발생시 하나의 중요한 증빙자료로 활용될 수 있으므로 이를 유의하여 어느 정도의 형식을 갖추어 작성하여야 할 것이다. 특히, 계약의 해제와 해지 등에 관한 것일 경우 그 해제와 해지의 사유 및 그 이유를 명백히 기재하여야 함은 당연한 것이다.
2. 폭행 등으로 인한 상해의 경우 민사상의 손해배상이 문제가 아니라 형사상 중한 벌이 있으므로 이런 경우의 문제는 양 당사자가 신중히 처리하여야 할

것이다.
예컨대, 폭행으로 상해를 가한 경우 형법상의 죄형은 7년 이하의 징역 또는 10년 이하의 자격정지나 1천만원 이하의 벌금형에 처하도록 하고 있으므로 상기와 같은 경우 피청구인은 적극적 자세로 임하여 이를 원만히 해결하여야 할 것이다.

[사례 247] 폭행치료비 청구에 대한 답변

답 변 서

받는 사람 성 명 :
주 소 :

보내는 사람 성 명 :
주 소 :
연락처 :

1. 먼저 마음깊이 사죄의 뜻을 전합니다.

2. 본인은 20○○. ○. ○. 귀하께서 발송하신 내용증명우편의 치료비청구통지서를 받았습니다.

3. 본인으로서도 너무나 어이없고 가슴 아픈 일이나 본인이 부족하여 자식교육을 잘못한 죄를 어떻게 한탄할 수 있겠습니까.

4. 모든 것이 다 본인의 잘못인줄 알고 귀하가 원하는 치료비 일체를 지급하여 드릴 테니 법적인 사태까지 발전시키지 않았으면 좋겠습니다. 한 번 더 고개 숙여 사죄를 전하오니 부디 원만히 잘 해결하여 주실 것을 거듭 부탁드립니다.

20 년 월 일

위 발신인 : (인)

[사례 248] 수표 임의처분에 대하여 손해배상을 청구할 때

통 지 서

받는 사람 성 명 :
주 소 :

보내는 사람 성 명 :
주 소 :
연락처 :

1. 귀하의 담보수표의 임의처분 행위에 대해 유감스러운 입장을 전합니다.

2. 본인은 20○○. ○. ○. 귀하로부터 ○○○원을 차용하면서 담보조로 100만원권 가계수표 ○장을 별도로 교부하였고 해당 수표는 차용금이 변제되면 다시 본인에게 반환하기로 약정하였습니다.

3. 그런데 귀하는 변제기한이 남아 있는 데도 불구하고 위 가계수표를 타인에게 교부하여 본인은 예기치 않게 수표가 부도처리되었습니다.

4. 귀하는 담보로 받은 수표를 임의처분하여 본인에게 피해를 입혔으므로 이에 대한 손해배상을 청구합니다.

5. 따라서 20○○. ○. ○.까지 손해금 ○○○원을 지급하지 않으면 귀하를 상대로 민사상 손해배상청구의 소송을 제기 하겠사오니 이점 양지하시기 바랍니다.

20 년 월 일

위 발신인 : (인)

[사례 249] 영업방해에 대한 중지 및 손해배상을 청구할 때

통 지 서

받는 사람 성 명 :
주 소 :

보내는 사람 성 명 :
주 소 :
연락처 :

1. 본인은 20○○. ○월 초순부터 귀하 소유 부동산인 ○○시 ○○구 ○○동 ○○ [도로명주소] ○○시 ○○구 ○○대로 ○○○ 소재 ○○빌딩 ○층 점포를 보증금 ○○만원, 월차임 ○○만원, 임대차기간 ○년으로 정하는 부동산임대차계약을 체결하고, '○○○'라는 상호로 숙녀복 정장 판매대리점을 개설하여 영업하고 있습니다.

2. 그러나 영업부진으로 20○○. ○.부터 ○개월간 차임을 연체하게 되었는데 귀하는 20○○. ○. ○. 오후 ○시경 술을 마시고 가게에 찾아와 차임을 내어놓으라며 고래고래 큰소리를 치며 행패를 부려 가게 안에서 옷을 고르던 여자 손님들이 놀라 도망가게 하였고, 그 이후에도 3차례나 술을 마시고 찾아와 가게 안을 기웃거리며 고소인에게 욕을 하는 등 영업방해를 한 사실이 있습니다.

3. 이에 본인은 도저히 장사를 할 수 없는 지경에 이르렀으니 계속 이렇게 영업을 방해하면 손해배상 등의 소송을 제기하겠음을 통지하는 바입니다.

20 년 월 일

위 발신인 : (인)

[사례 250] 이삿짐 파손에 대한 손해배상을 청구할 때

통 지 서

받는 사람 성 명 :
주 소 :

보내는 사람 성 명 :
주 소 :
연락처 :

1. 안녕하십니까?
드릴 말씀은 다름이 아니오라 20○○. ○. ○. 귀하를 통해 ○○동에서 ○○동으로 이사를 하였습니다.

2. 이삿짐 직원 분들이 모두 돌아가신 후 미처 풀지 않은 이삿짐을 정리하던 중 집 안의 가보로 내려오는 도자기에 금이 가 있는 것을 발견했습니다.

3. 계약서에 중요물품의 목록을 적은 다음 귀하에게 확인시키고 미리 날인을 받아두지 않은 게 유감스럽습니다. 소비자피해보상규정에 의하면 사업자의 고의·과실로 인한 이사 화물의 멸실, 파손, 훼손에 대해서는 사업자가 직접 배상해야 한다고 알고 있습니다.

4. 귀하께서는 파손된 이삿짐에 대해 보상해 주실 것을 요청합니다. 파손된 이삿짐은 사진 촬영을 해두었으므로 추후에 필요하시면 사진 요청을 해주시면 보내드리겠습니다.

20 년 월 일

위 발신인 : (인)

[사례 251] 인테리어 마감공사 하자에 대한 손해배상을 청구할 때

통 지 서

받는 사람 성 명 :
주 소 :

보내는 사람 성 명 :
주 소 :
연락처 :

1. 본인은 귀하 간에 20○○. ○. ○. 본인 소유의 건물에 대하여 인테리어 공사계약을 체결하고 20○○. ○. ○.부터 20○○. ○. ○.까지 공사를 하였습니다.

2. 공사가 끝났음에도 귀하께서 마감처리공사를 미흡하게 하는 바람에 임차한 집의 마루가 주저앉아 세입자가 이사비용과 복비를 지급받고 이사를 나갔습니다.

3. 본인이 이에 대해 항의를 하자 귀하께서는 계속 약속을 어기고 이제는 전화도 받지 않고 있습니다. 현재 본인은 겨울이 되기 전에 다시 공사를 해야 하기 때문에 어쩔 수 없이 다른 업자에게 견적을 받아서 공사를 맡겼습니다.

4. 따라서 본인은 귀하의 손해발생 책임이 명확하므로 마감공사 하자에 대한 손해배상을 청구합니다. 만약 20○○. ○. ○.까지 손해배상을 해주지 않을 시에는 법적인 조치를 취할 수밖에 없사오니 이점 양지하시기 바랍니다.

20 년 월 일

위 발신인 : (인)

[사례 252] 주식투자위탁에 따른 손해배상을 청구할 때

통 지 서

수 신 상 호 :
사무소 :

발 신 성 명 :
주 소 :
연락처 :

1. 귀사의 무궁한 발전을 기원합니다.

2. 본인은 귀사에 금 ○○○원을 예치를 하여 증권투자를 하고 있던 고객으로서 20○○. ○. ○. 귀사의 직원인 투자상담사 겸 차장인 위 ○○○와 투자상담을 한 후 이율을 두 배로 늘려주겠다는 위 ○○○의 권유로 위 예치금 중 절반에 대하여 투자를 위탁하였습니다.

3. 그러나 그 후 한 달이 지날 쯤 예감이 이상하여 본인은 본인의 나머지 예치금을 찾아서 다른 용도로 활용하기 위하여 잔고를 확인해 본 결과 귀사의 위 ○○○가 본인이 위탁한 금원을 모두 날리게 되자 나머지 절반으로 이를 만회해 보겠다는 생각으로 이 또한 투자를 하다 모두 손해를 보게 되었습니다. 이는 고객의 예치금을 함부로 사용한 위 ○○○의 책임이 크다 할 것이나, 위와 같은 불법행위를 할 지위에 있던 위 ○○○의 사용자인 귀사가 관리를 소홀히 한 사용자로서의 책임이 있다 할 것으로서 본인은 본 내용증명을 통하여 귀사에게 이에 따른 배상을 요구하는 바이오니 20○○. ○. ○.까지 위 손해금상당의 금 ○○○원을 변제하여 주시기 바랍니다.

4. 만일 귀하가 본인의 요구를 이행하지 않을 경우 본인은 귀하들을 상대로 금융감독원에 진정은 물론 법원에 손해배상 청구소송은 물론이고 형사고소할 예정이오니 부디 불미스러운 일이 발생하지 않도록 협조하여 주시기 바랍니다.

20 년 월 일

위 발신인 : (인)

[사례 253] 불법점유 토지에 따른 손해금을 청구할 때

통 지 서

받는 사람 성 명 :
주 소 :

보내는 사람 성 명 :
주 소 :
연락처 :

1. ○○시 ○○구 ○○동 ○○ 소재 대지는 소유권이전등기를 경료한 본인 소유의 부동산입니다. 그런데 귀하는 본인 소유 토지에 인접한 ○○소재 토지를 불법 점유하고 무허가 가건물을 증축하고 불법으로 점유 사용하였습니다.

2. 본인은 불법점유 사실을 귀하에게 고지하고 수차례 걸쳐 철거할 것을 촉구하였으나 귀하는 아무런 이유 없이 건물철거 및 토지의 인도청구에 불응하여 오다가 근래에 이르러서는 위 불법건물 중 일부를 친척에게 임대하는 등의 불법행위를 자행하고 있었습니다.

3. 임대받은 부분 건물 중 일부가 본인 승낙없이 불법하게 증축된 무허가 가건물임으로 일체의 시설을 하여서는 안 된다고 통보한 바 있으나 귀하는 본인의 통고를 무시하고 철재시설을 설치하였습니다.

4. 따라서 본인은 귀하를 상대로 가건물 및 시설물 철거와 불법점유로 인한 대지의 인도를 구하고, 불법점유 토지에 대해 임대료 상당의 손해금을 청구하는 바입니다.

20 년 월 일

위 발신인 : (인)

[사례 254] 명예훼손기밀누설에 대한 손해배상을 청구할 때

통 지 서

받는 사람 성 명 :
주 소 :

보내는 사람 성 명 :
주 소 :
연락처 :

1. 본인은 ○○주식회사의 대표이사 ○○○로 신개발약품의 제조공정도면 및 사업계획서를 경쟁사인 B주식회사 기술기획실 실장인 ○○○에게 건네주는 등 회사의 기밀을 누설하였다는 이유로 고소를 당하여 관할 경찰서인 ○○경찰서에서 조사를 받은 사실이 있습니다.

2. 본인은 관할 경찰서에서 조사를 받을 당시 범죄사실을 강력히 부인하며 고소인이 ○○회사의 기밀서류를 넘겨주었다고 하는 시점을 전후하여 약 ○개월 동안을 해외에 있었으므로 ○○주식회사의 신제품제조공정도면이나 사업계획서를 접할 수가 없었음을 진술하고, 해외에 있었다는 사실을 증명하기 위하여 출입국에 관한 사실증명서까지 제출한 사실이 있습니다.

3. 그러나 회사의 주주인 귀하는 본인이 ○○회사에 스카우트되기 위하여 기밀서류를 유출하였다 등 다른 주주에게 허위사실을 유포하여 본인의 명예를 훼손한 사실이 있습니다.

4. 본인의 비밀누설혐의가 불확실한 상태에서 허위사실을 유포한 것은 명백한 범죄행위이므로 이에 대한 손해배상을 청구하는 바입니다.

20 년 월 일

위 발신인 : (인)

[사례 255] 손해배상에 대한 시효중단의 경우

최 고 서

받는 사람 성 명 :
주 소 :

보내는 사람 성 명 :
주 소 :
연락처 :

1. 20○○. ○. ○. ○○시 ○○동 ○○ 노상에서 귀하가 야기한 교통사고에 대하여 본인은 치료비, 휴업보상, 위자료 등으로서 합계금 500만원의 손해보상청구권을 보유하고 있으며 귀하에게 누차 청구하였으나 귀하는 현재에 이르기까지 이 핑계 저 핑계를 대며 지급하지 아니하고 있습니다.

2. 이에 귀하께서는 20○○. ○. ○.까지 상기 금액을 지급하여 주시기 바랍니다.

3. 상기 기간 내에 귀하의 성의 있는 노력이 없는 경우에는 법적 절차를 취할 것이오니 이점 양지하시기 바랍니다.

20 년 월 일

위 발신인 : (인)

[사례 256] 손해배상 청구에 대한 이의를 제기하고자 할 때

통 지 서

수 신 상 호 :
사무소 :

발 신 성 명 :
주 소 :
연락처 :

1. 20○○. ○. ○. 본인은 귀사의 복도 메인 창의 커팅시트공사를 시공하였습니다. 유리 작업 중 당사 기능공이 커터나이프로 유리에 상처를 입혀 메인 창에 금이 가는 사고가 발생했으므로 10밀리 두께의 유리 한 장을 배상하라는 서신을 받았습니다.

2. 그러나 저희가 생각하기에는 저희 쪽이 실수가 아니므로 손해배상요구에 응할 수 없습니다.

3. 유리판매점과 전문가에게 문의하였는데 10밀리 두께의 메인 유리는 표면적인 상처 정도로는 결코 금이 가지 않는다고 합니다. 저희가 현장에 가 보니 유리의 금은 오른쪽 아래 구석에서부터 비스듬히 뻗어 있었습니다. 당사 기능공이 커팅시트공사로 유리에 상처를 낸 위치는 유리의 위쪽뿐이었습니다. 아마도 유리를 지탱하는 틀에 뒤틀림이 발생했기 때문이 아닐까 사료됩니다.

4. 귀사에서도 전문가를 통해 알아보시기 바라오며, 이상과 같은 이유로 귀사의 배상요구에는 응할 수 없음을 통보하오니 양지하시기 바랍니다.

20 년 월 일

위 발신인 : (인)

[사례 257] 용선계약파기 및 불이행에 따른 영업손실보상 청구방법

통 지 서

받는 사람 성 명 :
주 소 :

보내는 사람 성 명 :
주 소 :
연락처 :

1. 본인은 20○○. ○. ○. 캄보디아국의 모선 ○○○○을 귀하로부터 용선하기로 하는 용선계약을 체결하였습니다.

2. 선박은 이 계약에 따라 선적항인 여수항에 도착하기로 하여 본인은 이에 맞춰 선적준비를 끝냈으나, 본 건 선박은 약속한 시간에 이미 항로를 변경하여 중국 상하이 항구로 항해 중이었습니다. 본인은 긴급히 비슷한 규모의 대체선을 수배하였으나, 본 건 선박보다 규모가 작은 선박을 투입할 수밖에 없었고 따라서 운임단가를 상당히 비싸게 지급할 수밖에 없었습니다.

3. 또한 일부 화물만 선적하여 대다수 화물을 선적하지 못하였기에 화주로부터 클레임을 제기 받았습니다. 본인은 이에 대한 손해를 배상할 것을 귀하에게 요구하였으나, 귀하께서는 배상할 의사가 없다고 통보했습니다.

4. 따라서 귀하께서는 20○○. ○. ○.까지 일방적인 계약파기 및 불이행으로 인한 영업상의 손실을 배상해 줄 것을 요구합니다.

20 년 월 일

위 발신인 : (인)

[사례 258] 공장의 소음·진동 등의 규제 요청방법

통 지 서

받는 사람 성 명 :
주 소 :

보내는 사람 성 명 :
주 소 :
연락처 :

1. 삼가 귀하의 사업이 더욱 번창하시기를 기원합니다.

2. 아뢰올 말씀은 금번에 귀하께서 본인의 가옥 옆에 새로 신축하여 가동 중인 공장에서 소음 및 진동이 극심하여 편안하게 숙면을 취할 수 없어 늘 피로에 쌓여 있으며 또한 본인의 자녀들이 입시에 대비하기 위해 공부를 하는 데에도 심히 방해되어 이를 더 이상 방관할 수 없어 본 통지를 하게 되었사오니 귀하의 공장과 본인의 가옥 중간에 소음차단막을 설치하여 주실 것을 요청합니다.

3. 만약 이를 이행치 아니하면 소음 등으로 인한 피해보상청구 및 차단막설치 등에 관한 소송을 제기하고자 하오니 20○○. ○. ○.까지 소음차단막을 설치하여 주시기 바랍니다.

20 년 월 일

위 발신인 : (인)

[사례 259] 공장의 소음·진동 등의 규제 요청에 대한 답변

답 변 서

받는 사람 성 명 :
주 소 :

보내는 사람 성 명 :
주 소 :
연락처 :

1. 삼가 귀댁의 안녕을 기원합니다.

2. 본인은 20○○. ○. ○. 귀하의 소음·진동 등의 규제를 요구하는 내용증명통지서를 송달받았습니다.

3. 먼저 귀댁에 불편을 끼쳐드려 죄송하게 생각하옵고 귀하가 원하시는 공사는 이미 설계준비 단계에 접어들어 있으므로 조금만 참아주시면 조속한 시일 내 이를 해결하여 드릴 것을 약속드립니다.

20 년 월 일

위 발신인 : (인)

[사례 260] 논 경계선 확인의 방법

통 고 서

받는 사람 성 명 :
주 소 :

보내는 사람　성　명 :
주　소 :
연락처 :

1. 삼가 귀하의 사업이 번창하시길 기원합니다.

2. 본인 소유의 ○○시 ○○구 ○○동 ○○○ 답 ○○㎡에 인접한 귀하 소유의 같은 동 ○○ 답 ○㎡ 사이에 두렁이 있었는데 금번 홍수로 답 및 두렁의 침수로 경계가 불분명한 상태에서 귀하가 임의로 수로 작업을 하면서 본인 소유의 논 일부 ○㎡에 수로를 냄으로써 기존 수로는 귀하의 논에 편입되고 본인의 논은 수로로 되어 기존 경계가 아닌 새로운 경계를 형성하게 되었습니다.

3. 따라서 이를 등기기록상의 기존경계에 따라 수로를 다시 만들 것을 통고하오며 아울러 20○○. ○. ○.까지 아무런 조치나 연락이 없으시면 본인은 법적절차에 의한 경계확인 등 청구를 할 것이며 이에 소요되는 비용은 귀하의 부담으로 하고 아울러 본인의 시간적, 정신적 피해보상도 청구하고자 하오니 서로 이웃한 토지의 주인으로서 불미스러운 일이 없이 원만히 기존경계에 따라 수로를 개척해 주실 것을 촉구하는 바입니다.

20　년　월　일

위 발신인 :　　　(인)

[주] 1. 내용증명우편은 특정한 양식과 형태가 없이 그 전달하고자 하는 내용만 간단·명료하게 기재하여 발송하면 되나 내용증명우편은 후일 분쟁발생시 하나의 중요한 증빙자료로 활용될 수 있으므로 이를 유의하여 어느 정도의 형식을 갖추어 작성하여야 할 것이다. 특히, 계약의 해제와 해지 등에 관한 것일 경우 그 해제와 해지의 사유 및 그 이유를 명백히 기재하여야 함은 당연한 것이다.

2. 본건은 침수로 인하여 기존경계가 소실되어 인접한 토지 주인이 임의로 경계를 확정한 경우로 이의 부당함을 고지하고 실경계에 따른 경계선을 확정하고자 하는 것으로 측량 등 여러 가지 방법이 있겠으나 먼저 부당한 경계선에 대한 이의를 상대방에게 전달하고 이의 잘못을 바로잡고자 함에 그 목적이 있다고 할 수 있겠다.

[사례 261] 잔여농작물을 수거하여 밭을 비워줄 것을 요청할 때

통 지 서

받는 사람 성 명 :
주 소 :

보내는 사람 성 명 :
주 소 :
연락처 :

1. 본인은 귀하와 20○○. ○. ○. ○○도 ○○군 ○○읍 ○○리 ○○○ 답 ○○○㎡에 식재된 농작물(○○○○)에 대하여 포전매매계약을 체결하였습니다.

2. 그러나 귀하는 일부 농작물은 수거를 해 갔으나 수확기가 훨씬 지난 아직까지 잔여 농작물을 수거해 가지 않고 있어 본인의 후작물 파종에 지장을 주고 있습니다.

3. 따라서 오는 20○○. ○. ○.까지 농작물을 수거하여 답을 비워 주실 것을 청구합니다. 만일 위 기일까지 농작물을 수거해 가지 않으면 본인이 직접 수거·처분할 수밖에 없습니다.

4. 이미 농작물은 수확시기를 놓쳐 상품성이 없으며 더구나 농작물의 가격하락으로 수거에 필요한 인건비도 나오지 않는 상태임을 주지하시어 이 통지를 받는 즉시 본인에게 연락하여 주시기 바랍니다.

20 년 월 일

위 발신인 : (인)

[사례 262] 타인이 경작하던 토지소유권을 자기 것임을 주장하고자 할 때

통 지 서

받는 사람 성 명 :
주 소 :

보내는 사람 성 명 :
주 소 :
연락처 :

1. 삼가 귀댁의 안녕과 귀하의 사업이 날로 번창하기를 기원합니다.

2. 다름이 아니옵고 귀하가 경작하고 있는 ○○도 ○○군 ○○면 ○○리 ○○○ 답 ○○㎡는 본인의 선친이 소유하여 경작하던 것으로 선친께서 노환으로 돌아가시기 전 본인 앞으로 소유권이전등기를 경료하였습니다.

3. 그 후 본인은 서울에 있는 관계로 위 농지를 직접 경작하지 못하고 있던 중 귀하의 부친인 ○○○께서 이를 ○년간 경작하던 것을 귀하가 현재까지 이를 이어받아 경작하고 있으나 본인은 그동안 본인이 경작할 수 없는 관계로 임대료를 청구하면 이를 경작할 사람이 없어 답을 묵힐까봐 임대료를 청구하지 아니하고 있었던 것입니다.

4. 이러한 사실은 귀하도 익히 알고 있으리라 사료되었는데 일전에 같은 동 주민을 통하여 이를 타에 매매한다는 이야기가 들려 본 토지가 본인 소유임을 확인시키고 앞으로 동 토지사용에 따른 임대료를 연 ○○○원씩이라도 청구하고자 하여 본 통지를 하게 되었사오니 이점 양해하시기 바랍니다.

20 년 월 일

위 발신인 : (인)

[사례 263] 통로가 없어서 타인의 토지를 사용하고자 할 때

통행방해배제통지서

받는 사람　　성　명 :
　　　　　　　주　소 :

보내는 사람　성　명 :
　　　　　　　주　소 :
　　　　　　　연락처 :

1. 삼가 귀댁의 안녕과 귀하의 사업이 날로 번창하기를 기원합니다.

2. 다름이 아니옵고 본인이 귀댁에 수차 방문하여 말씀드린 바와 같이 본인의 주택은 공로와 접하지 않는 위치에 있고 주위에는 다른 주택들로 둘러 싸여 있어 통행시는 종전부터 귀하 소유의 대지 일부를 사용해 오고 있었습니다.

3. 그런데 귀하께서는 위 대지에 주택을 신축하면서 통로를 봉쇄하여 본인과 가족들은 통행하는데 상당한 불편을 겪고 있습니다.

4. 따라서 귀하 소유의 대지 일부를 분할 매도하던지, 아니면 민법 제219조에서 규정된 바와 같이 위 토지를 통행할 수 있도록 조치해 줄 것을 촉구합니다.

5. 만일 귀하께서 20○○. ○. ○.까지 위와 같은 본인의 요구에 불응할 시에는 민, 형사상의 법적절차를 취할 수밖에 없음을 통고하는 바입니다.

20　년　월　일

위 발신인 :　　　　　　(인)

[사례 264] 경계선을 넘는 정원수 가지 제거를 청구할 때

나무가지 제거 청구서

받는 사람 성 명 :
주 소 :

보내는 사람 성 명 :
주 소 :
연락처 :

1. 삼가 귀댁의 안녕과 귀하의 사업이 날로 번창하기를 기원합니다.

2. 다름이 아니옵고 귀하의 정원에서 자라고 있는 10년생 감나무 가지 일부가 담을 넘어 본인의 주택 마당으로 침범하고 있습니다.

3. 감나무 가지가 본인 주택 마당으로 침범하므로 그늘이 지고 아침, 저녁으로 커가는 감이 떨어져 생활하는데 심이 불편이 있습니다.

4. 그러므로 즉시 담을 넘은 감나무 가지를 제거하여 주시기 바라며. 만일 불응시에는 민법 제240조(수지, 목의 제거권)에 의거 본인이 담장을 넘은 감나무 가지를 제거하겠으니 이점 양지하시기 바랍니다.

20 년 월 일

위 발신인 : (인)

[사례 265] 노임지급을 독촉할 때

통 지 서

받는 사람 성 명 :
주 소 :

보내는 사람 성 명 :
주 소 :
연락처 :

1. 본인은 귀하가 건설 중인 ○○시 ○○동 ○○○ [도로명주소] ○○시 ○○구 ○○대로 ○○ 소재 건축물 신축공사장에서 20○○. ○. ○.부터 20○○. ○. ○.까지 ○일간 일당 금 ○○○원을 받기로 하여 노동을 제공하여 합계금 ○○○원 중 금 ○○○원을 지급받고 나머지 금 ○○○원은 20○○. ○. ○.에 지급하겠다고 약속하였습니다.

2. 그러나 약속기일이 10일이나 지난 현재까지도 아무런 연락도 없이 동 금액을 지급하지 않으므로 20○○. ○. ○.까지 위 금액을 지급하여 주시기 바랍니다.

20 년 월 일

위 발신인 : (인)

[주] 1. 내용증명우편은 특정한 양식과 형태가 없이 그 전달하고자 하는 내용만 간단·명료하게 기재하여 발송하면 되나 내용증명우편은 후일 분쟁발생시 하나의 중요한 증빙자료로 활용될 수 있으므로 이를 유의하여 어느 정도의 형식을

갖추어 작성하여야 할 것이다. 특히, 계약의 해제와 해지 등에 관한 것일 경우 그 해제와 해지의 사유 및 그 이유를 명백히 기재하여야 함은 당연한 것이다.

2. 임금·퇴직금·재해보상금 기타 근로관계로 인한 채권은 사용자의 총재산에 대하여 질권 또는 저당권에 의하여 담보된 채권을 제외하고는 조세·공과금 및 다른 채권에 우선하여 변제되어야 한다. 다만, 질권 또는 저당권에 우선하는 조세·공과금에 대하여는 그러하지 아니하다.
3. 위의 규정에 불구하고 다음에 해당하는 채권은 사용자의 총재산에 대하여 질권 또는 저당권에 의하여 담보된 채권, 조세·공과금 및 다른 채권에 우선하여 변제되어야 한다.
   ① 최종 3월분의 임금
   ② 최종 3년간의 퇴직금
   ③ 재해보상금
4. 임금은 통화로 직접 근로자에게 그 금액을 지급하여야 한다. 다만, 법령 또는 단체협약에 특별한 규정이 있는 경우에는 임금의 일부를 공제하거나 또는 통화 이외의 것으로 지급할 수 있다.
5. 임금은 매월 1회 이상 일정한 기일을 정하여 지급하여야 한다. 다만, 임시로 지급하는 임금, 수당 기타 이에 준하는 것 또는 대통령령이 정하는 임금에 대하여는 그러하지 아니하다.

[사례 266] 체불임금 및 퇴직금의 지급을 독촉할 때

통 지 서

수 신 상 호 :
사무소 :

발 신 성 명 :
주 소 :
연락처 :

1. 본인은 귀사에서 20○○. ○. ○.자로 퇴사한 후 귀하측으로부터 체불임금과 퇴직금을 기일 안에 지급받지 못하였습니다.

2. 그래서 다시 20○○. ○. ○. 지급 요구하였으나 현재까지 송금을 하지 않고 있을 뿐 아니라 지연사유에 대해 연락조차 없어 이렇게 독촉하게 되었습니다.

3. 귀사는 본인에게 20○○. ○. ○.까지 체불임금 및 퇴직금의 지급이 이루어지지 않을 경우 각 국가기관에 진정서를 제출할 예정이니 아무쪼록 기일 내에 조속히 지급하여 주시기 바랍니다.

20 년 월 일

위 발신인 : (인)

[사례 267] 연체임금과 퇴직금 지급을 청구하고자 할 때

통 지 서

수 신 상 호 :
사무소 :

발 신 성 명 :
주 소 :
연락처 :

1. 귀사의 무궁한 발전을 기원합니다.

2. 다름이 아니옵고 본인은 귀사에서 20○○. ○. ○.부터 20○○. ○. ○.까지 약 11년을 근무하고 지난 3개월 전 퇴직을 하였습니다.

3. 그러나 본인은 퇴직 전 3개월치 임금 ○○○원과 퇴직금 ○○○원을 아직까지 지급 받지 못하여 이에 본 내용증명을 통하여 지급을 통보하는 바이오니 귀사는 20○○. ○. ○.까지 위 금원을 모두 지급하여 주시기 바랍니다.

4. 만약 귀사가 아무런 권한 없이 본인의 요구를 이행하지 않을 경우 본인은 귀사를 상대로 노동청의 고발과 함께 퇴직금 등 청구의 소송을 제기함은 물론, 이에 따른 제반비용 또한 전가할 것이오니 부디 불미스러운 일이 발생하지 않도록 협조하여 주시기 바랍니다.

20 년 월 일

위 발신인 : (인)

[사례 268] 사직서 제출 강요에 대한 답변

답 변 서

수 신 상 호 :
사무소 :

발 신 성 명 :
주 소 :
연락처 :

1. 귀사의 사직서 제출의 강요에 대한 본인의 입장을 전합니다. 귀사는 현재 2개월치의 임금을 체불하고 있으며, 현재까지 지불할 의사가 없는 것으로 보입니다.

2. 그런데 귀사에서는 공문을 통해 이번 주까지 사직서를 제출하는 직원에게는 미지급한 임금 및 퇴직금을 지불할 것이며, 사직서를 제출하지 않은 직원은 임금 및 퇴직금을 약속할 수 없다는 내용을 통보하였습니다.

3. 귀사의 이러한 사직서 제출의 강요행위는 해고로 인해 발생하는 근로기준법상의 문제를 피하려 자의에 의해 사직서를 제출하라고 요구하는 것입니다.

4. 따라서 본인은 사직서를 제출할 의사가 전혀 없음을 전합니다. 상황이 여의

치 않으면 미지급된 임금과 퇴직금은 노동청에 고소 및 진정이나 소제기를 할 예정이므로 이 점 양지하시기 바랍니다.

20 년 월 일

위 발신인 : (인)

[사례 269] 받지 못한 퇴직금을 청구하고자 할 때

통 지 서

수 신 상 호 :
사무소 :

발 신 성 명 :
주 소 :
연락처 :

1. 본인은 ○○시 ○○구 ○○동 ○○○ [도로명주소] ○○시 ○○구 ○○대로 ○○에서 운영하는 ○○주식회사에 20○○. ○. ○. 입사하여 20○○. ○. ○. 퇴사할 때까지 ○○점 매장 및 ○○점 매장에서 의류를 판매하는 일에 종사하였습니다.

2. 이에 본인은 귀사로부터 매월 ○○○원 정도의 월급과 400%의 수당을 지급 받았습니다. 그리고 판매실적에 따라 판매수당을 지급 받았습니다.

3. 그러나 본인이 20○○. ○. ○. 퇴직할 당시 회사의 사정이 어렵다면서 퇴직금을 지급 받지 못하였는데 그 후 퇴직금 청구를 할 때마다 핑계를 대며 퇴직금 정산을 미루어왔습니다. 지급받지 못한 퇴직금액은 ○○○원입니다.

4. 귀사는 20○○. ○. ○.까지 퇴직금 전액을 지불하여 주시기 바랍니다. 만약 약속한 기일 내에 퇴직금을 지급하지 못할 시에는 법적 조치를 취하겠으니

이점 양지하여 주시기 바랍니다.

20 년 월 일

위 발신자 : (인)

[사례 270] 회사에 대한 퇴직금 지급을 청구하고자 할 때

통 지 서

수 신 상 호 :
사무소 :

발 신 성 명 :
주 소 :
연락처 :

1. 삼가 귀사의 사업이 번창하시길 기원합니다.

2. 본인은 20○○. ○. ○. 귀사에 입사하여 20○○. ○. ○.까지 ○년 ○개월을 근무하고 퇴직하였습니다.

3. 그런데 퇴직금 수령은 사규에 의하여 퇴직 후 15일 이내에 지급하기로 되어 있어 퇴직시 수령하지 못하고 그 기간을 기다렸으나 기간이 경과된 후 1주일이나 지났는데도 퇴직금 지급을 하지 않고 있기에 그 지급을 촉구하오니, 조속한 시일 내에 퇴직금 ○○○○○○원을 지급하여 주시기 바랍니다.

20 년 월 일

위 발신인 : (인)

[사례 271] 부당한 해고처분에 대하여 항의하고자 할 때

통 지 서

받는 사람 성 명 :
주 소 :

보내는 사람 성 명 :
주 소 :
연락처 :

1. 본인은 인사과에서 20○○. ○. ○.자로 보낸 해고와 손해배상에 대한 통지를 받았습니다.

2. 이번 사건은 현재 경찰의 조사가 진행되고 있는 것으로 본인에 대한 범죄사실이 입증되지 않은 상태에서 일방적인 해고통지를 하는 것은 매우 부당한 처사로 여겨집니다. 거듭해서 말씀드리지만 본인은 이 사건과 무관하며, 자재가 사라진 시각에 본인의 알리바이도 확실하게 입증할 수 있는 정황이 있습니다.

3. 사건당일 본인이 ○○○를 대신해 당직을 맡은 것은 사실이지만, 해당 시각에 본인은 본사에 보낼 보고서를 작성하고 있었다는 사실이 본인의 컴퓨터 기록 조회결과 입증되었습니다. 경찰에서는 이와 관련, 공모자가 있었을 가능성에 대해 조사하고 있으나 이에 대해 확실한 조사결과가 나오지 않은 상태에서 해고부터 하고 보자는 회사의 방침에 본인은 전적으로 동의할 수 없습니다.

4. 회사에서는 근로기준법과 회사복무규정을 들어 해고의 정당성을 입증하고자 하였으나 분명히 입증되지 않은 사실을 들어 해고를 통보하는 것은 명백한 근로기준법 위반이라는 노동부의 의견이 제출되기도 했습니다. 이번 해고통지에 대해 취하하지 않으면 본인 역시 법적인 절차를 취할 것임을 알려드립니다.

20 년 월 일

위 발신인 : (인)

| 제11장 기타 사건 |

[사례 272] 대리권 취소를 통지할 때

통 지 서

받는 사람 성 명 :
주 소 :

보내는 사람 성 명 :
주 소 :
연락처 :

1. 귀댁의 안녕과 번영을 기원합니다.

2. 본인은 20○○. ○. ○.자로 귀하에게 ○○시 ○○동 ○○○의 토지에 대한 매매에 관하여 귀하에게 그 권한을 수여하였습니다.

3. 귀하는 위임받은 대리권에 충실하여야 함에도 불구하고 터무니없이 매수인과 담합하여 고의로 가격을 떨어뜨리는 행위를 하여 본인 및 매수자로부터 이중으로 수익을 얻으려고 함에 본인에게는 손해를 끼칠 우려가 있으므로 본인이 귀하에게 부여한 대리권을 20○○. ○. ○.부터 취소합니다.

20 년 월 일

위 발신인 : (인)

[주] 1. 대리권의 범위

① 권한을 정하지 아니한 대리인은 보존행위와 대리의 목적인 물건이나 권리의 성질을 변하지 아니하는 범위에서 그 이용 또는 개량하는 행위만을 할

수 있다.

② 예금계약의 체결을 위임받은 자가 가지는 대리권에 당연히 그 예금을 담보로 하여 대출을 받거나 이를 처분할 수 있는 대리권이 포함되어 있는 것은 아니다.

2. 대리권수여의 표시에 의한 표현대리

① 제3자에 대하여 타인에게 대리권을 수여함을 표시한 자는 그 대리권의 범위 내에서 행한 그 타인과 그 제3자간의 법률행위에 대하여 책임이 있다. 그러나 제3자가 대리권이 없음을 알았거나 알 수 있었을 때에는 그러하지 아니하다.

② 이행지체가 있으면 즉시 강제집행을 하여도 이의가 없다는 강제집행 수락 의사표시는 소송행위라 할 것이고, 이러한 소송행위에는 민법상의 표현대리규정이 적용 또는 유추적용될 수는 없다.

[사례 273] 대리권을 취소하였음을 상대방에게 통지할 때

통 지 서

받는 사람 성 명 :
주 소 :

보내는 사람 성 명 :
주 소 :
연락처 :

1. 귀댁의 안녕과 번영을 기원합니다.

2. 본인은 20○○. ○. ○. ○○시 ○○동 ○○○ [도로명주소] ○○시 ○○구 ○○대로 ○○(○○동)에 거주하고 있는 ○○○로 하여금 본인의 대리인으로 선임하여 동 대리인과 귀하와 사이에 본인 소유의 ○○시 ○○동 ○○○ 대 ○○㎡에 대한 매매계약을 체결하고 계약금으로 금 ○○○원을 지급받은 사실이 있습니다.

3. 그런데 본인은 사정에 의하여 위 대리인에게 부여한 대리권 일체를 취소하

였으므로 위 계약과 관련하여 20○○. ○. ○.에 지급할 중도금 및 20○○. ○. ○.에 지급할 잔대금을 20○○. ○. ○.까지 본인에게 지급하여 주시기 바랍니다.

20 년 월 일

위 발신인 : (인)

[주] 1. 대리인이 그 권한 내에서 본인을 위한 것임을 표시한 의사표시는 직접 본인에 대하여 효력이 생기고 이는 대리인에 대한 제3자의 의사표시에 준용한다.

2. 대리인을 선임하여 법률행위를 하는 경우 그 대리권의 범위를 명확히 하여야 하고 그 대리인에 대한 수권행위를 철회하는 경우에도 명확히 하여 불측의 손실을 예방하여야 한다. 이는 대리권을 취소하였음에도 상대방에게 그 통지를 하지 아니하여 상대방이 아직 그 대리인에게 대리권이 있는 것으로 믿고 그 대리인과 법률행위를 할 경우 등 예상치 못한 결과를 야기할 수 있으므로 대리권을 취소한 경우 등에는 반드시 상대방에게 내용증명으로 대리권을 취소하였음을 통지하여야 하고, 또한 무권대리, 권한을 넘은 표현대리 등 대리권과 관련한 모든 문제는 반드시 내용증명 등 확실한 방법을 이용하여 이를 분명히 하여야 차후 분쟁예방의 한 수단이 된다.

3. 대리권과 관련한 내용증명의 작성은 먼저 당사자의 인적사항(성명, 주소 등)을 기재하고 대리권의 범위 등 대리에 관한 관계와 대리권의 소멸 등에 따른 사후의 절차 등을 명료하게 기재하면 된다.

[사례 274] 대리권이 취소되었음을 상대방에게 통지할 때

통 지 서

받는 사람 성 명 :
주 소 :

보내는 사람 성 명 :

주 소 :
연락처 :

1. 귀댁의 안녕과 번영을 기원합니다.

2. 본인은 20○○. ○. ○.자로 본인의 지병으로 인하여 귀하와의 물품거래관계 등 제반 행위를 본인의 대리인인 ○○○에게 위임하여 수행하였습니다.

3. 그러나 본인의 지병이 완쾌되어 모든 거래업무를 본인이 직접 행하게 되어 본인이 대리인인 ○○○에게 부여한 대리권을 취소하였음을 알려드리오니 착오 없으시기 바랍니다.

20 년 월 일

위 발신인 : (인)

[사례 275] 채무변제를 대리하고자 할 때

통 지 서

받는 사람 성 명 :
주 소 :

보내는 사람 성 명 :
주 소 :
연락처 :

1. 귀댁의 안녕과 번영을 기원합니다.

2. 귀하와 채무자 ○○○와의 대여금 채무관계에 있어 채무자 ○○○의 채무를 채무자 ○○○의 부득이한 사유로 채무자의 형인 본인이 본 채무의 만

기일에 채무자 ○○○을 대리하여 착오 없이 변제할 것임을 통고하오니 이를 허락하여 주시기 바라며 아울러 20○○. ○. ○.까지 아무런 연락이 없으시면 이를 허락하는 것으로 알고 만기일에 착오 없이 변제할 것임을 통고합니다.

20 년 월 일

위 발신인 : (인)

[사례 276] 동업계약을 해제하고자 할 때

동업계약해제통지서

받는 사람 성 명 :
주 소 :

보내는 사람 성 명 :
주 소 :
연락처 :

1. 본인은 20○○. ○. ○. 귀하와 ○○사업을 함께 하기로 하고 자본금비율은 본인이 금 ○○○원, 귀하가 금 ○○○원을 투자하되 1차로 20○○. ○. ○.에 금 ○○○원을, 2차로 20○○. ○. ○.에 금 ○○○원을 투입하고 나머지 금액은 20○○. ○. ○.에 투자하여 건물을 임대하고 필요한 인원을 채용하여 20○○. ○. ○.부터 사업을 시작하기로 하였습니다.

2. 그러나 귀하는 20○○. ○. ○. 1차분만 투자하여 사업을 시작한 후 1개월이 지난 지금까지도 투자하여야 할 금액을 투자하지 아니하고 사업의 전망만 생각하고 망설이고 있으므로 본인으로서는 더 이상 계속하여 귀하와 사업을 같이 할 수 없으므로 귀하와의 동업계약을 해제하고자 합니다.

20 년 월 일

위 발신인 : (인)

[주] 1. 내용증명우편은 특정한 양식과 형태가 없이 그 전달하고자 하는 내용만 간단·명료하게 기재하여 발송하면 되나 내용증명우편은 후일 분쟁발생시 하나의 중요한 증빙자료로 활용될 수 있으므로 이를 유의하여 어느 정도의 형식을 갖추어 작성하여야 할 것이다. 특히, 계약의 해제와 해지 등에 관한 것일 경우 그 해제와 해지의 사유 및 그 이유를 명백히 기재하여야 함은 당연한 것이다.

2. 동업계약을 체결하고 1, 2, 3차에 걸쳐 일정액의 자본금을 투자하기로 약정한 후 1차에 한하여 투자만 하고 그 이후 계약에 위반하여 투자하지 않을 경우 계약위반이 되어 동업계약을 해제할 수 있다. 그러나 사전에 이러한 내용을 상대방에게 통지하는 수단으로 상기와 같은 내용증명이 있다.

[사례 277] 동업계약에 대해 해지를 통보할 때

동업계약해지통지서

받는 사람 성 명 :
주 소 :

보내는 사람 성 명 :
주 소 :
연락처 :

1. 귀하와 본인 간에 다음과 같은 내용으로 20○○. ○. ○. 합의한 동업계약서 체결을 해지한다.

2. 귀하는 동업계약서 제11조 제1항에 의거 20○○. ○. ○.까지 본인에 의해 제공된 제품에 대한 판매대금을 지급하지 않았습니다.

3. 귀하는 동업계약서 제14조에 의거 을(귀하)의 귀책사유로 동업이 해지됨으

로 인해 사업자등록증에 등록된 대표자로서의 본인의 권리를 포기함과 동시에 사업자 명의 및 모든 지분을 본인에게 양도해야 함을 통보하는 바입니다.

20 년 월 일

위 발신인 : (인)

[사례 278] 동업계약 해제통고에 대한 답변

답 변 서

받는 사람 성 명 :
주 소 :

보내는 사람 성 명 :
주 소 :
연락처 :

1. 본인은 20○○. ○. ○. 귀하와 ○○사업을 함께 하기로 하고 자본금비율은 본인이 금 ○○○원 귀하가 금 ○○○원을 투자하되, 1차로 20○○. ○. ○. 에 금 ○○만원을, 2차로 20○○. ○. ○.에 금 ○○○원을 투입하고 나머지 금액은 20○○. ○. ○.에 투자하여 건물을 임대하고 필요한 인원을 채용하여 20○○. ○. ○.부터 사업을 시작하기로 하였습니다.

2. 그러나 1차분을 투자한 후 갑자기 본인의 둘째 아들 ○○○이 ○○병으로 병원에 입원하여 사경을 헤매고 있어 경황이 없는 나머지 본의 아니게 약속을 지키지 못하게 되어 죄송한 마음 금할 길이 없으나 본인이 사업의 전망을 살펴보고 투자의 가치를 저울질하다가 투자금액을 입금하지 못한 것이 아니오니 넓은 아량으로 양해하여 주시기 바라며 2차 투자액과 나머지 금액을 20○○. ○. ○.까지 전액투자 하고자 하오니 양해하여 주시기 바랍니다.

3. 한 번 더 본인의 피치 못할 사정을 이해하여 주시고 원만한 동업관계가 유지되었으면 합니다.

20 년 월 일

위 발신인 : (인)

[사례 279] 동종업계 이직금지에 대한 답변서

답 변 서

수 신 상 호 :
사무소 :

발 신 성 명 :
주 소 :
연락처 :

1. 20○○. ○. ○. 귀사에서 보낸 내용증명을 잘 받아보았습니다. 귀사에서는 퇴직 후 1년 동안 동종 경쟁 회사에 전직하지 않겠다는 근로계약서약정을 이유로 손해배상 청구를 하였습니다.

2. 본인이 비록 귀사와 동종업계인 ○○사로 이직하긴 했지만 본인이 맡은 웹디자인업무는 귀사의 기밀에 관련된 내용이 전혀 없습니다.

3. 디자인은 업무의 특성상 본인의 창조적인 끼와 재능을 바탕으로 디자인원리에 따라 일을 하는 것이므로 귀사에게 손해를 끼칠 만한 누설 행위가 발생할 수 없습니다. 더욱이 디자인의 특성상 한번 디자인한 페이지는 유행을 타기 때문에 두 번 다시 쓸 수 없으므로 귀사의 손해배상 요구는 부당하다고 생각합니다.

4. 본인의 이직으로 인해 귀사가 손해를 입은 정황이 없으므로 본인이 이에 대

한 책임을 질 필요가 없음을 다시 한 번 밝히면서 본인의 자유의사에 의한 퇴직은 정당하다는 것을 통보하오니 이점 양지하시기 바랍니다.

20 년 월 일

위 발신인 : (인)

[사례 280] 매매한 농작물의 수확을 하지 않을 때

통 지 서

받는 사람 성 명 :
주 소 :

보내는 사람 성 명 :
주 소 :
연락처 :

1. 삼가 귀하의 사업이 번창하시기를 기원합니다.

2. 다름이 아니옵고 20○○. ○. ○. 본인 소유의 ○○시 ○○구 ○○동 ○○○에 소재한 답 ○○㎡에 심은 미성숙한 배추를 귀하에게 금 ○○○원에 매도하고 귀하는 이를 20○○. ○. ○.까지 수확하여 가기로 약정하였습니다.

3. 그런데 수확하여 가기로 한 기일이 1주일이나 지났는데도 귀하는 수확을 하지 아니한 채 방치하고 있으므로 본인은 상기 밭에 배추를 수확한 후 ○○을 심기로 계획하고 있으나 이를 수확하지 아니한 탓으로 ○○을 심지 못하고 있으니 20○○. ○. ○.까지 수확하여 주실 것을 통보하오며 아울러 이 기간을 지나 계속 방치할 경우 수확할 의사가 없는 것으로 간주하고 ○○를 심거나 이를 심지 못하여 생기는 손해를 배상받고자 하오니 조속히 처리하

여 주시기 바랍니다.

20 년 월 일

위 발신인 : (인)

[사례 281] 물건의 사용기간 경과에 따른 통고를 할 때

통 지 서

받는 사람 성 명 :
주 소 :

보내는 사람 성 명 :
주 소 :
연락처 :

1. 삼가 귀댁의 안녕을 기원합니다.

2. 본인은 20○○. ○. ○.부터 20○○. ○. ○.까지 2개월간 본인 소유 ○○차량을 귀하에게 월 금 ○○○원의 임대료를 지급받기로 하고 임대하여 주었습니다.

3. 그러나 귀하는 위 임대차기간이 ○일이나 지났는데도 위 차량을 반환하지 않고 있으므로 20○○. ○. ○.까지 위 차량을 반환하여 주시기 바랍니다.

4. 만약 위 기일 내에 반환하지 않을 시 본인은 부득이 법적절차를 취할 수밖에 없음을 알려드리오니 빠른 시일 내에 반환하여 주시기 바랍니다.

20 년 월 일

위 발신인 : (인)

[주] 1. 내용증명우편은 특정한 양식과 형태가 없이 그 전달하고자 하는 내용만 간단·명료하게 기재하여 발송하면 되나 내용증명우편은 후일 분쟁발생시 하나의 중요한 증빙자료로 활용될 수 있으므로 이를 유의하여 어느 정도의 형식을 갖추어 작성하여야 할 것이다. 특히, 계약의 해제와 해지 등에 관한 것일 경우 그 해제와 해지의 사유 및 그 이유를 명백히 기재하여야 함은 당연한 것이다.
2. 차량을 임차하여 사용한 후 그 반환기일에 업무의 과다를 이유로 반환을 하지 않을 경우 그 반환을 촉구하는 형태로 상기와 같은 경우 반환기일을 경과한 기관은 차량주인의 동의없이 무단 운행한 경우에 해당할 수 있으므로 이 기간의 임차료를 청구할 수 있고 새롭게 기간을 정하여 연장 임차할 수도 있으나 위 경우는 다른 이유는 제시하지 않고 차량의 반환을 요구하는 형태이다.

[사례 282] 상표권에 대한 침해를 받을 때

통 지 서

수 신 상 호 :
사무소 :

발 신 성 명 :
주 소 :
연락처 :

1. 귀사의 무궁한 발전을 기원합니다.

2. 당사는 ○○○ 상표와 이에 따른 라벨을 상표권등록을 하고 이 라벨을 부착 사용하여 의류를 판매하고 있으나, 귀사가 당사의 ○○○ 상표 및 라벨과 똑같은 것을 제작 및 부착하여 동대문 의류도매시장에서 유통하고 있습니다.

3. 그러나 귀사의 위와 같은 행위는 불법행위로서 본인은 본 내용증명을 통하여 조속한 시일 내로 귀하가 본사의 상표 및 라벨을 무단으로 제작하고 부

착하여 유통시킨 물품 일체를 회수한 후 판매를 금지할 것과 지금까지 귀사가 위 물품을 유통하여 당사가 입게 된 손해배상금 전액을 지급하여 주시기 바랍니다.

4. 만일 귀하가 당사의 요구를 이행하지 않을 경우 당사는 귀사를 상대로 상표권무단복제 등의 죄로 형사고소하고, 이에 따른 손해배상청구 소송을 제기할 것은 물론, 이에 따른 제반비용 또한 전가할 것이오니 부디 불미스러운 일이 발생하지 않도록 협조하여 주시기 바랍니다.

20 년 월 일

위 발신인 : (인)

[사례 283] 제품유지보수계약에 대한 이행을 요청할 때

통 지 서

수 신 상 호 :
사무소 :

발 신 성 명 :
주 소 :
연락처 :

1. 귀사의 일익번창 하심을 기원합니다.

2. 귀사의 ○○제품을 구입하면서 당사와 체결한 유지보수계약서에 의하면 ○개월 동안 귀사의 서비스지원팀이 당사에 파견하여 본 시스템이 정상적인 작동과 사용방법 및 유지보수에 대해 교육 등을 실시하기로 약정되었는데, 귀사 서비스지원팀에서는 수개월 동안 당사 방문은 불과 ○회뿐이었고 계약서내용에 따른 실질적인 이행은 극히 미비합니다.

3. 더욱이 고가의 장비에 대한 체계적인 지식이 부족한 당사 직원이 장비를 숙지하지 못한 상태에서 주어진 업무를 수행하기 위해 시스템을 작동할 경우 기기자체의 고장 및 손상뿐만 아니라 심각한 사고위험까지 노출될 우려가 매우 높습니다.

4. 따라서 만일 불미스러운 상황이나 사태가 발생할 경우 당사로서는 모든 책임을 계약서에 의거하여 귀사에게 전가 할 것이오니 이점 양지하시어 빠른 시일 내에 체결한 계약사항을 확실하게 이행하여 줄 것을 부탁드립니다.

20 년 월 일

위 발신인 : (인)

[사례 284] 전속계약위반에 대해 통지하고자 할 때

통 지 서

수 신 상 호 :
사무소 :

발 신 성 명 :
주 소 :
연락처 :

1. 당사는 귀하와 20○○. ○. ○. 전속계약을 체결하였습니다. 그런데 귀하는 20○○. ○. ○. 당사와의 사전 동의 없이 다른 이벤트 행사에서 수영복 차림으로 공연을 하였습니다.

2. 귀하의 이러한 전속계약 위반 행위로 당사의 이미지가 실추되어 유감스럽게 생각합니다. 전속계약서의 내용 중에는 회사의 명예와 이미지보호의무 조항이 있는데 이를 위반할 경우 전속계약을 해지하고 그로 인한 손해배상을 할

책임이 있다고 되어 있습니다.

3. 따라서 당사는 귀하에게 전속계약 해지통보를 하며 계약위반에 따른 손해배상금 ○○○원을 청구하오니 이점 양지하시기 바랍니다.

20 년 월 일

위 발신인 : (인)

[사례 285] 합의이혼 후 생활비 증액 요청

통 지 서

받는 사람 성 명 :
주 소 :

보내는 사람 성 명 :
주 소 :
연락처 :

1. 본인은 귀하와 20○○. ○. ○. 동거 중인 시부모님과의 갈등으로 협의이혼을 하였습니다. 이혼 후 본인이 두 자녀를 데리고 생활하고 있습니다.

2. 귀하는 이혼 후 생활비를 전혀 보내지 않아서 혼인생활비부담금심판청구를 통해 월 ○○○원을 지급하라는 심판을 받았습니다.

3. 위와 같은 심판이 있을 당시에는 귀하가 휴직중인 상태였으나 현재 귀하는 회사를 복직하고 고액의 수입이 들어오고 있는 상황입니다.

4. 그러나 본인은 그 후 장녀와 장남이 각기 초등학교와 유치원에 입학하여 생활비가 증가하고 있습니다. 본인은 전과 다름없이 부업을 하며 어려운 생활을 하고 있으므로 생활비를 증액하여 주는 것이 마땅하다고 생각합니다.

5. 따라서 귀하에게 ○월 이후의 증액분을 청구하오니 20○○. ○. ○.까지 지급하여 주시기 바랍니다.

20 년 월 일

위 발신인 : (인)

[사례 286] 협의이혼 후 양육비 지급청구

통 지 서

받는 사람 성 명 :
주 소 :

보내는 사람 성 명 :
주 소 :
연락처 :

1. 본인은 귀하와 20○○. ○. ○. 혼인하여 법률상 부부가 된 후 그 사이에 ○○○을 두었으나, 상대방이 다른 여자와 간통을 하는 등 부정행위를 하여 20○○. ○. ○. 협의이혼을 하였습니다.

2. 귀하와 협의이혼을 하면서 자녀의 양육은 본인이 하기로 하고 매달 양육비로 ○○○원을 지급하기로 하되, 20○○. ○. ○. 귀하가 ○○○를 데려가면 그 때부터는 양육비지급을 중단하는 것으로 구두 합의하였습니다.

3. 그러나 귀하는 본인에게 위 약정에 따른 양육비를 한 번도 지급한 사실이 없을 뿐만 아니라 자신의 전화번호를 변경하고 본인과 연락을 끊어버려 지금까지 경제적인 어려움 속에서 ○○○를 양육하고 있습니다.

4. 따라서 귀하는 위 양육비 약정에 따라 본인에게 20○○. ○. ○.부터 20○○. ○. ○.까지 ○개월 동안의 양육비, ○○○원을 지급해 주십시오. 또한

장래의 양육비로 20○○. ○. ○.부터 ○○○가 만 19세가 되는 20○○. ○. ○.까지 매월 ○○○원씩을 매월 말일에 지급할 의무가 있음을 통보하는 바입니다.

20 년 월 일

위 발신인 : (인)

[사례 287] 이혼 후 자녀양육비 지급청구

통 지 서

받는 사람 성 명 :
주 소 :

보내는 사람 성 명 :
주 소 :
연락처 :

1. 본인은 귀하와 20○○. ○. ○. 이혼하고 귀하와 사이에 태어난 ○○○(4세)을 어린 탓으로 본인이 양육하고 있으나 귀하는 20○○. ○. ○.부터 현재까지 ○년 ○개월을 양육비를 한 푼도 송금하지 아니한 바, 본인의 혼자 힘으로는 ○○○을 양육하기엔 상당한 어려움이 따르므로 이에 아래와 같이 양육비를 분담하고자 청구합니다.

아 래

교육비, 유아원 : 월 ○○○원, 의복비 : 월 ○○○원
기 타 : 월 ○○○원
합 계 : 금 ○○○원

2. 상기와 같이 양육비를 청구하오니 이를 조속한 기일 내에 지급하여 주시기 바라오며 이를 지급치 아니할 경우 법적 절차에 의한 양육비를 청구할 것이오니 양해하여 주시고 상호 불미스러운 일이 없도록 하여 주시기 바랍니다.

20 년 월 일

위 발신인 : (인)

[사례 288] 협의이혼에 따른 주택인도 등의 요구

통 지 서

받는 사람 성 명 :
주 소 :

보내는 사람 성 명 :
주 소 :
연락처 :

1. 귀하와 사실혼 관계에 있는 본인은 ○○시 ○○구 ○○동 ○○○, 주공아파트 ○○○동 ○○○호 [도로명주소] ○○시 ○○구 ○○대로 ○○, ○○○동 ○○○호(주공아파트, ○○동)를 귀하 명의로 구입하여 동거생활을 하였습니다.

2. 아파트 구입비용은 은행융자 ○○○원을 끼고 샀는데 여기에 본인 돈 ○○○원이 들어갔습니다. 그러나 귀하는 20○○년 말경부터 술집경영을 핑계로 가출하여 본인과 별거생활에 들어갔습니다.

3. 20○○. ○. ○. 귀하는 “이 사건 부동산을 내 명의로 이전해주면 당신과 혼인신고도 하고 정상적인 부부로서 함께 생활하겠다”고 제의를 해 왔습니다. 이에 본인은 행복한 가정을 다시 꾸려볼 희망을 갖고서 귀하와 혼인신고를

하였고, 이 아파트를 귀하에게 '증여' 형식으로 명의이전해 주었습니다.

4. 그러나 귀하는 사전 약속과는 달리 불과 한 달 정도 함께 생활하다가 다시 가출을 하였고, 그 후 줄곧 본인에게 이혼을 강요하여 자포자기 심정으로 협의이혼을 하게 되었습니다.

5. 이 아파트에 대한 은행융자금 ○○○원은 본인이 매월 평균 약 ○○○원씩 ○○년 넘게 혼자서 부담해 왔습니다. 따라서 이 아파트 소유명의는 귀하에게 있지만 은행융자금을 전부 본인이 변제해왔으므로 사실상 공유재산이라고 볼 수 있습니다. 따라서 귀하는 본인에게 이 아파트를 인도해 줄 것을 요구합니다. 귀하가 혼인관계 파탄에 전적인 책임이 있으므로 본인은 귀하를 상대로 재산분할심판청구를 할 것이오니 이점 양지하시기 바랍니다.

20 년 월 일

위 발신인 : (인)

[사례 289] 동산의 인도를 청구할 때

통 지 서

받는 사람 성 명 :
주 소 :

보내는 사람 성 명 :
주 소 :
연락처 :

1. ○○시 ○○동 ○○○ [도로명주소] ○○시 ○○대로 ○○(○○동) 소재 ○○공업사 공장 내 ○○기기는 발신인의 소유입니다. 현재 동산의 시가는 ○○○원 상당입니다. 본인은 ○○기기의 고장으로 인하여 20○○. ○. ○.

귀하에게 수리를 의뢰하였습니다.

2. 한편, 귀하는 20○○. ○. ○. 동산의 수리를 완료하고 본인에게 수리비 ○○○원을 청구한 사실이 있습니다. 이에 본인은 당일 수리비를 지급하지 못하다가 20○○. ○. ○. 수리비 및 지연손해금을 지급하고 동산의 인도를 요구하였으나 귀하는 이를 거절하며 이미 ○○○에게 임대하였다고 하며 유치권을 주장하고 있습니다.

3. 따라서 본인은 수리비 및 지연손해금 일체를 변제공탁하고 수신인에 대하여 동산의 인도를 청구합니다. 만약 인도집행이 불가능할 경우에는 동산의 시가 ○○○원을 청구할 것이오니 이점 양지하시기 바랍니다.

20 년 월 일

위 발신인 : (인)

[사례 290] 동산의 인도를 청구할 때

통 지 서

수 신 상 호 :
사무소 :

발 신 성 명 :
주 소 :
연락처 :

1. 당사는 전광판 제조회사이고, 귀하는 당사로부터 위 전광판의 설치공사를 수급받은 하청업자입니다

2. 당사는 20○○. ○. ○. 귀하에게 전광판(파워 플라시 10개)을 작업 전까지는 당사 그 주소지에서 보관 중이던 위 전광판에 대하여 잠정적으로 보관을

의뢰하였습니다. 위 보관에 대하여 특별히 보관료를 약정하지 않고 단순히 호의관계에서 귀하가 보관해 주기로 하였습니다.

3. 그 후 당사는 전광판 설치작업을 위하여 20○○. ○월에 수차에 걸쳐 인도를 요구하였으나 아무런 이유 없이 인도를 거절하고 있습니다.

4. 따라서 귀하는 20○○. ○. ○.까지 위 전광판을 인도하여 주지 아니하면 법적 조치를 취할 것임을 알려 드리오니 이점 양지하시기 바랍니다.

20 년 월 일

위 발신인 : (인)

제2편

고 소(발) 장

| 제1장 고소장 작성방법 |

1. 고소의 의의

가. 고소란 범죄의 피해자 또는 그와 일정한 관계가 있는 고소권자가 수사기관에 대하여 범죄사실을 신고하여 범인의 처벌을 구하는 법률행위적 소송행위의 의사표시이다. 수사기관이 아닌 법원에 대하여 진정서를 제출하거나, 수사기관에 피해사실을 신고함에 그치고 범인의 처벌을 구하지 않는 단순한 도난신고(피해계), 피해전말서의 제출을 고소가 아니다.

나. 고소는 범죄사실의 산고이므로 범인이 누구인가를 적시할 필요는 없으나, 범죄사실은 어느 정도 고소인의 의사가 구체적으로 어떤 범죄사실을 지정하여 범인의 처벌을 구하고 있는 자를 특정할 수 있는 정도이면 족하며 고소인이 범행의 일시·장소·방법이나 죄명까지 상세히 지적하는 것까지는 요하지 않는다.

다. 고소는 고소권자에 의해 행하여져야 하고, 고소권이 없는 자가 한 고소는 고소의 효력이 없으며, 자기 또는 배우자의 직계존속은 고소하지 못한다.

라. 형사소송법상 고소권자로는 피해자, 피해자의 법정대리인, 피해자의 배우자 및 친족, 지정 고소권자가 있다(친고죄에 대해 고소할 자가 없는 경우 이해관계인의 신청이 있으면 검사는 10일 이내에 고소할 수 있는 자를 지정). 고소는 제1심 선고 전까지 취소할 수 있으며, 고소를 취소한 자는 다시 고소하지 못한다.

2. 고발의 의의

가. 고발이란 고소권자와 범인 이외의 사람이 수사기관에 대하여 범죄사실을 신고하여 범인의 처벌을 구하는 의사표시이다. 누구든지 범죄가 있다고 사료되는 경우 고발할 수 있으나 자기 또는 배우자의 직계존속은 고발하지 못한다. 고발은 제1심 판결 선고 전까지 취소할 수 있으며, 고소와 달

리 고발은 취소한 후에도 다시 고발할 수 있다.

나. 일반인이 하는 고발은 사실상 수사의 단서에 지나지 않지만, 수사를 종결한 결과를 검사는 처분한 날로부터 7일 이내에 고발인에게 그 취지를 통지하여야 한다. 만약 이에 검사가 불기소 처분을 한 때에는 그 불기소 처분에 대하여 불복이 있는 고발인은 재정신청을 할 수 있다.

다. 고소 및 고발은 서면 또는 구두로 검사 또는 사법경찰관에게 해야 한다. 가까운 경찰서(검찰청)에 직접 출두하여 민원실에 제출하거나 출두가 어려운 경우에는 우편으로 제출할 수 있다.

3. 고소관련 형사소송법 규정(형사소송법 제223조 내지 제230조)

가. 고소권자

범죄로 인한 피해자는 고소할 수 있는데 피해자란 직접적 피해자를 의미하고 범죄로 인하여 간접적으로 피해를 입은 자는 포함되지 않는다.

나. 고소의 제한

자기 또는 배우자의 직계존속은 고소하지 못한다.

다. 피해자가 아닌 고소권자

① 피해자의 법정대리인은 독립하여 고소할 수 있다.

② 법정대리인의 친족이 피의자인 때에는 피해자의 친족, 피해자가 사망한 때에는 그 배우자, 직계친족 또는 형제자매는 고소할 수 있다. 단, 피해자의 명시한 의사에 반하지 못한다.

③ 피해자의 법정대리인이 피의자이거나 법정대리인의 친족이 피의자인 때에는 피해자의 친족은 독립하여 고소할 수 있다. 여기에서 법정대리인은 미성년자의 친권자·후견인, 금치산자의 후견인 또는 법인의 대표자 등 법률상 대리권을 갖는 자를 말하며 법정대리인은 독립하여 피해자 본인의 명시 또는 묵시의 의사에 불구하고 고소를 제기할 수 있다.

④ 사망한 자의 명예를 훼손한 범죄에 대하여는 그 친족 또는 자손은 고소할 수 있고 고소인과 피해자의 신분관계를 소명하는 서면을 제출하여야 한다.

라. 고소권자의 지정

친고죄에 대하여 고소할 자가 없는 경우에 이해관계인의 신청이 있으면 검사는 10일 이내에 고소할 수 있는 자를 지정하여야 한다. 다만, 검사의 지정을 받은 고소인이 고소를 제기할 때에는 그 지정받은 사실을 소명하는 서면을 제출하여야 한다.

마. 고소기간

① 친고죄에 대하여는 범인을 알게 된 날로부터 6월이 경과되면 고소할 수 없다. 단, 고소할 수 없는 불가항력의 사유가 있는 때에는 그 사유가 없어진 날로부터 기산한다.

② 형법 제291조의 죄로 약취, 유인된 자가 혼인을 한 경우의 고소는 혼인의 무효 또는 취소의 재판이 확정된 날로부터 전항의 기간이 진행된다.

4. 고소의 방식

가. 고소장은 서면으로 작성해야 한다.

고소는 서면 또는 구술로 검사 또는 사법경찰관에게 할 수 있으나, 서면으로 하는 것이 원칙이며, 고소장을 수리하면 고소장의 내용이 사실과 다른 경우를 대비하여 고소인으로부터 고소사실을 청취하여 보충 진술조서를 작성하면서 고소취지, 처벌희망여부 등을 반드시 확인하여야 한다.

나. 고소관련 자료를 검사에게 송부한다.

사법경찰관이 고소장을 받은 때에는 신속히 조사하여 관계서류와 증거물을 검사에게 송부하여야 한다. 고소의 사항은 고소장에 붙인 죄명에 구애되는 것이 아니라 고소의 내용에 의해서 결정된다. 고소조서는 독립된 조서일 필요도 없다. 따라서 수사기관이고 고소권자를 증인 또는 피해자로서 신문한 경우에 그 진술에서 범인의 처벌을 희망하는 의사표시를 하고 그 의사표시를 조서에 기재하였을 때에도 고소요건을 구비하였다고 할 수 있다.

다. 고소는 내용에 의하여 결정된다.

고소가 어떠한 사항에 관한 것인가의 여부는 고소장에 붙인 죄명에 구애될 것이 아니라 고소의 내용에 의하여 결정하여야 할 것이므로 고소장에 명예훼손죄의 죄명을 붙이고 그 죄에 관한 사실을 적었으나 그 사실이 명예훼손죄를 구성하지 않고 모욕죄를 구성하는 경우에는 위 고소는 모욕죄에 대한 고소로서의 효력을 갖는다.

라. 처벌요구의 의사표시를 조서에 기재한다.

친고죄에 있어서의 고소는 고소권 있는 자가 범죄사실을 신고하고 범인의 처벌을 구하는 의사표시로서 서면뿐만 아니라 구술로도 할 수 있는 것이고, 다만 구술에 의한 고소를 받은 사법경찰관은 조서를 작성하여야 하지만 그 조서가 독립된 조서일 필요는 없으며 수사기관이 고소권자를 증인 또는 피해자로서 신문한 경우에 그 진술에 범인의 처벌을 요구하는 의사표시가 포함되어 있고 그 의사표시가 조서에 기재되면 고소는 적법하게 이루어진 것이다.

마. 고소는 대리인에 의해서도 가능하다.

고소는 대리인에 의해서도 가능하다. 고소의 방식과 조건부 고소와 전화 등에 의한 고소가 가능한지가 문제된다. 조건부 고소는 형사절차의 확실성을 해치고 국가형벌권의 행사를 지나치게 개인의 의사에 좌우하는 결과가 된다는 의미에서 허용되지 않는다 할 것이다.

또한 전화·전보 또는 팩시밀리에 의한 고소도 별도의 조서가 작성되지 않는 한 유효하다고 할 수 없다.

5. 고소기간

가. 사법경찰관이 고소를 받은 때에는 신속히 관계서류와 증거물을 검사에게 송부하되 고소를 수리한 날로부터 2개월 이내에 수사를 완료하여야 한다. 경찰에 접수되는 고소사건은 다른 사건에 우선하여 신속히 처리하되 원칙적으로 접수 후 2개월 이내에 완결되도록 하여야 하고, 늦어도 고소를 수리한 날로부터 3개월 내에 수사를 완료하여 공소제기 여부를 결정하여야 한다.

부득이한 사유로 그 기간 내에 수사를 완료하지 못한 때에는 3개월이 되는 날의 다음날부터 7일 이내에 그 사유를 기재한 "고소사건처리중간통지서"를 고소인에게 송부하여야 한다.

나. 고소사건의 처리기간을 법정한 것은 고소사건에 대한 형사소추권의 신속한 발동을 통하여 고소권자의 형사사법에 대한 신뢰를 높이고자 한 것이다.

그러나 사건처리기간에 관한 위 규정은 모두 훈시규정이다.

비친고죄의 경우는 고소기간의 제한이 없으나, 친고죄는 범인을 알게 된 날로부터 6월이 경과되면 고소하지 못한다. 성폭력특별법위반인 경우에는 고소기간이 1년이다.

고소기간을 이처럼 제한을 둔 것은 사인의 의사에 반하여 형사사법권의 발동이 장기간 불확정상태에 놓이는 것을 방지하려는 취지이다.

다. 친고죄의 고소기간은 범인을 알게 된 날로부터 기산한다. 단순히 범죄사실을 알게 된 것만으로는 부족하고 범인을 특정할 수 있어야 한다.

그러나 범인의 주소·성명 등 구체적인 인적사항까지 할 필요는 없다. 범인은 정범과 교사범, 방조범을 모두 포함하며, 수인의 공범이 있는 경우에는 공범 중 1인을 아는 것으로 족하다.

다만 상대적 친고죄는 신분관계 있는 범인을 알게 된 날로부터 고소기간이 진행한다.

친고죄에 있어서의 고소기간은 범인을 알게 된 날로부터 진행되는 것이며, 친고죄인 혼인빙자간음죄에 있어서 범인을 알게 된 날이라 함은 범인이 피해자와 혼인할 의사가 없음을 알게 된 날이라고 할 것이므로 고소기간은 이때부터 진행한다.

라. 다음의 경우에는 고소기간의 시기에 제한을 두고 있다.

첫째로 고소할 수 없는 불가항력의 사유가 있을 때에는 고소기간은 그 사유가 없어진 날로부터 기산한다. 불가항력의 사유는 객관적인 것이어야 한다. 따라서 피고소인의 주거를 알지 못하거나, 직장에서 해고될 것이 두려워 고소하지 못하는 경우는 불가항력의 사유에 해당하지 않는다.

둘째로 결혼목적약취유인죄에 있어서 약취유인된 자가 혼인을 한 경우의 고소는 이혼의 무효 또는 취소의 재판이 확정된 날로부터 고소기간이 진행된다.

셋째로 범인을 안 이후에 범죄가 종료한 경우에는 그 범죄의 종료 시부로부터 고소기간이 진행한다. 고소기간이 경과하면 고소권은 소멸한다.

6. 고소불가분의 원칙

가. 고소의 효력은 불가분이다. 이를 불가분의 원칙이라고 한다. 그리고 고소불가분의 원칙은 친고죄의 고소에 관하여서만 문제로 된다.

나. 고소불가분의 원칙의 내용을 객관적 불가분의 원칙과 주관적 불가분의 원칙으로 나누어지나, 형사소송법은 특히 주관적 불가분의 원칙에 관하여만 규정하고 객관적 불가분의 원칙에 관하여는 이론에 맡기고 있다.

다. 객관적인 불가분의 원칙을 보면 고소는 범죄사실의 신고이고 특정한 범인을 대상으로 하지 아니하므로 1개의 범죄의 일부에 대한 고소 또는 그 취소가 있는 경우에는 그 효력은 당연히 그 범죄사실의 전부에 대하여 미친다. 이를 고소의 객관적 불가분의 원칙이라고 한다. 이 원칙은 고소의 대상인 범죄사실의 단일성에 기한 것이고 공소제기의 효력, 판결의 기판력 등의 단위도 범죄사실을 단위로 하여 불가분적으로 고찰해야 하므로 소추를 구하는 의사표시인 고소의 대상도 역시 불가분적으로 취급되어야 한다는 소송법상의 합목적의 요구에 기인한 것이다.

라. 고소의 객관적 불가분의 원칙은 단순일죄에 대하여는 예외없이 적용되므

로 강간의 수단인 폭행, 협박에 대한 고소의 효력은 강간에 대하여만 미치며 강간에 대하여 고소가 없을 때에는 그 일부를 구성하는 폭행·협박만을 분리하여 기소할 수는 없는 것이다.

마. 다음으로 주관적 불가분의 원칙을 보면 친고죄의 공범 중 1인 또는 수인에 대한 고소 또는 그 취소의 경우는 다른 공범자에 대하여도 효력이 있고 이를 고소의 주관적 불가분의 원칙이라고 한다.

고소의 주관적 불가분의 원칙은 절대적 친고죄에 관하여는 그대로 타당하나, 친족간의 범행의 경우와 같이 범인과 피해자 사이에 일정한 신분관계가 있는 경우에 한하여 친고죄로 되는 상대적 친고죄에 관하여는 고소의 효력은 신분관계가 있는 자만을 기준으로 결정한다.

7. 고소의 제한 및 효과

가. 형사소송법상 자기 또는 배우자의 직계존속은 고소할 수 없다. 형법에 의한 가정파괴를 막고 정통적인 가정의 질서를 보호하기 위한 것이다.

그러나 피해자의 법정대리인이 피의자이거나 법정대리인의 친족이 피의자인 때에는 피해자의 친족은 독립하여 고소할 수 있다.

성폭력특별법에서도 자기 또는 배우자의 직계존속에 대한 고소를 예외적으로 인정하고 있다.

나. 고소의 효력은 객관적 범죄에 대해서 발생하기 때문에 비친고죄로 고소한 사실이 친고죄를 구성하는 때에는 친고죄의 고소로서 효력을 가진다. 강간미수에 대한 고소사실을 강제추행죄에 문의했다하여 불법이 되는 것은 아니다. 친고죄의 고소는 자유로운 증명으로서 족하다.

| 제2장 고 소 장 |

[사례 1] 고소장 표준서식

고 소 장

(고소장 기재사항 중 * 표시된 항목은 반드시 기재하여야 합니다.)

1. 고소인

성 명 (상호·대표자)	홍 길 동	주민등록번호 (법인등록번호)	○○○○○○-○○○○○○○
주 소 (주사무소 소재지)	○○시 ○○로 ○○(○○동) (현거주지) ○○시 ○○로 ○○(○○동)		
직 업	회사원	사무실 주 소	○○시 ○○로 ○○(○○동)
전 화	(휴대폰) 010-1234-5678 (자택) 02-123-3456 (사무실) 02-234-5678		
이메일	hong@naver.com		
대리인에 의한 고소	□ 법정대리인 (성명 : , 연락처) □ 고소대리인 (성명 : 변호사 , 연락처)		

※ 고소인이 법인 또는 단체인 경우에는 상호 또는 단체명, 대표자, 법인등록번호(또는 사업자등록번호), 주된 사무소의 소재지, 전화 등 연락처를 기재해야 하며, 법인의 경우에는 법인등기사항증명서가 첨부되어야 합니다.

※ 미성년자의 친권자 등 법정대리인이 고소하는 경우 및 변호사에 의한 고소대리의 경우 법정대리인 관계, 변호사 선임을 증명할 수 있는 서류를 첨부하시기 바랍니다.

2. 피고소인

성 명	이 배 임	주민등록번호	○○○○○○-○○○○○○○
주 소	○○시 ○○로 ○○(○○동) (현거주지) ○○시 ○○로○○(○○동)		
직 업	무직	사무실 주소	
전 화	(휴대폰) 010-3456-1234 (자택) 02-346-2346 (사무실)		
이메일	lee12@hanmail.net		
기타사항	고소인과의 관계 : 거래상대방으로서 친, 인척관계는 없음		

※ 기타사항에는 고소인과의 관계 및 피고소인의 인적사항과 연락처를 정확히 알 수 없을

경우 피고소인의 성별, 특징적 외모, 인상착의 등을 구체적으로 기재하시기 바랍니다.

3. 고소취지

고소인은 피고소인을 ○○죄로 고소하오니 처벌하여 주시기 바랍니다.*

4. 범죄사실

※ 범죄사실은 형법 등 처벌법규에 해당하는 사실에 대하여 일시, 장소, 범행방법, 결과 등을 구체적으로 특정하여 기재해야 하며, 고소인이 알고 있는 지식과 경험, 증거에 의해 사실로 인정되는 내용을 기재하여야 합니다.

5. 고소이유

※ 고소이유에는 피고소인의 범행 경위 및 정황, 고소를 하게 된 동기와 사유 등 범죄사실을 뒷받침하는 내용을 간략, 명료하게 기재해야 합니다.

6. 증거자료 (✓ 해당란에 체크하여 주시기 바랍니다)

□ 고소인은 고소인의 진술 외에 제출할 증거가 없습니다.

□ 고소인은 고소인의 진술 외에 제출할 증거가 있습니다.

☞ 제출할 증거의 세부내역은 별지를 작성하여 첨부합니다.

7. 관련사건의 수사 및 재판 여부 (✓ 해당란에 체크하여 주시기 바랍니다)

① 중복 고소 여부	본 고소장과 같은 내용의 고소장을 다른 검찰청 또는 경찰서에 제출하거나 제출하였던 사실이 있습니다 □ / 없습니다 □
② 관련 형사사건 수 사 유 무	본 고소장에 기재된 범죄사실과 관련된 사건 또는 공범에 대하여 검찰청이나 경찰서에서 수사 중에 있습니다 □ / 수사 중에 있지 않습니다 □
③ 관련 민사소송 유 무	본 고소장에 기재된 범죄사실과 관련된 사건에 대하여 법원에서 민사소송 중에 있습니다 □ / 민사소송 중에 있지 않습니다 □

기타사항

※ ①, ②항은 반드시 표시하여야 하며, 만일 본 고소내용과 동일한 사건 또는 관련 형사사건이 수사·재판 중이라면 어느 검찰청, 경찰서에서 수사 중인지, 어느 법원에서 재판 중인지 아는 범위에서 기타사항 난에 기재하여야 합니다.

8. 기 타

본 고소장에 기재한 내용은 고소인이 알고 있는 지식과 경험을 바탕으로 모두 사실대로 작성하였으며, 만일 허위사실을 고소하였을 때에는 형법 제156조 무고죄로 처벌받을 것임을 서약합니다.

20 년 월 일*

고소인 ______________ (인)*

제출인 ______________ (인)

※ 고소장 제출일을 기재하여야 하며, 고소인 난에는 고소인이 직접 자필로 서명 날(무)인 해야 합니다. 또한 법정대리인이나 변호사에 의한 고소대리의 경우에는 제출인을 기재하여야 합니다.

○ ○ 지 방 검 찰 청 귀중

※ 고소장은 가까운 경찰서에 제출하셔도 되며, 경찰서 제출시에는 '○○경찰서 귀중'으로 작성하시기 바랍니다.

별지 : 증거자료 세부 목록

(범죄사실 입증을 위해 제출하려는 증거에 대하여 아래 각 증거별로 해당 난을 구체적으로 작성해 주시기 바랍니다)

1. 인적증거 (목격자, 기타 참고인 등)

성 명		주민등록번호		–
주 소	자택 : 직장 :		직업	
전 화	(휴대폰)	(자택)	(사무실)	
입증하려는 내용	○○○ 고소인의 친구이며, 피고소인이 고소인에게 금○○○원을 주면 ○○을 싸게 구입해주겠다고는 말을 20○○. ○. ○. 고소인과 같이 들었음			

※ 참고인의 인적사항과 연락처를 정확히 알 수 없으면 참고인을 특정할 수 있도록 성별, 외모 등을 '입증하려는 내용'란에 아는 대로 기재하시기 바랍니다.

2. 증거서류 (진술서, 차용증, 금융거래내역서, 진단서 등)

순번	증 거	작성자	제 출 유 무
1			□ 접수시 제출 □ 수사 중 제출
2			□ 접수시 제출 □ 수사 중 제출
3			□ 접수시 제출 □ 수사 중 제출
4			□ 접수시 제출 □ 수사 중 제출
5			□ 접수시 제출 □ 수사 중 제출

※ 증거란에 각 증거서류를 개별적으로 기재하고, 제출 유무란에는 고소장 접수시 제출하는지 또는 수사 중 제출할 예정인지 표시하시기 바랍니다.

3. 증거물

순번	증 거	소유자	제 출 유 무
1			□ 접수시 제출 □ 수사 중 제출
2			□ 접수시 제출 □ 수사 중 제출
3			□ 접수시 제출 □ 수사 중 제출
4			□ 접수시 제출 □ 수사 중 제출
5			□ 접수시 제출 □ 수사 중 제출

※ 증거란에 각 증거물을 개별적으로 기재하고, 소유자란에는 고소장 제출시 누가 소유하고 있는지, 제출 유무란에는 고소장 접수시 제출하는지 또는 수사 중 제출할 예정인지 표시하시기 바랍니다.

4. 기타 증거

[사례 2] 감 금 죄(부동산매도 강요)

고 소 장

고 소 인 ○ ○ ○ (○○○○○○-○○○○○○○)
○○시 ○○구 ○○로 ○○(○○동)
(전화번호 : ○○○-○○○○)

피고소인 ○ ○ ○ (○○○○○○-○○○○○○○)
○○시 ○○구 ○○로 ○○(○○동)
(전화번호 : ○○○-○○○○)

고 소 취 지

피고소인에 대하여 감금죄로 고소하오니 처벌하여 주시기 바랍니다.

고 소 사 실

1. 피고소인은 자기의 집을 경락받은 고소인에게 사람들을 이끌고 몰려가 맥주병을 깨어 협박하면서 그 집을 9,000만원에 피고소인에게 다시 매도하라고 하며, 그 내용의 계약서를 작성할 때까지 집밖으로 나갈 수 없다고 하고 고소인을 약 2시간 동안 감금하였습니다.

2. 따라서 위와 같은 사실로 피고소인을 고소하오니 철저히 조사하시어 처벌하여 주시기 바랍니다.

20 년 월 일

위 고소인 ○ ○ ○ (인)

○ ○ 경 찰 서 장 귀하

[판례] 1. 체포·감금의 수단으로 폭행 또는 협박한 때에는 감금죄만 성립하고 폭행죄 또는 협박죄가 별도로 성립되지 아니한다(대법원 1982. 6. 22. 선고 82도705 판결).

2. 감금이 동시에 강간의 수단이 된 때에는 양 죄는 상상적 경합관계에 있다(대법원 1983. 4. 26. 선고 83도323 판결).

3. 감금죄에 있어서의 감금행위는 사람으로 하여금 일정한 장소 밖으로 나가지 못하도록 하여 신체의 자유를 제한하는 행위를 가리키는 것으로서 그 방법은 반드시 물리적, 유형적 장애를 사용하는 경우뿐만 아니라 심리적, 무형적 장애에 의하는 경우도 포함되는 것인 바, 설사 피해자가 경찰서 안에서 자유스럽게 활동하였다 하여도 피해자를 경찰서 밖으로 나가지 못하도록 그 신체의 자유를 제한하는 유형, 무형의 억압이 있었다면, 이는 바로 감금행위에 해당할 수 있다(대법원 1994. 3. 16. 선고 94모2 판결).

[사례 3] 감 금 죄 (차용금지급 강요)

고 소 장

고 소 인 ○ ○ ○ (○○○○○○－○○○○○○○)
○○시 ○○구 ○○로 ○○(○○동)
(전화번호 : ○○○－○○○○)

피고소인 ○ ○ ○ (○○○○○○－○○○○○○○)
○○시 ○○구 ○○로 ○○(○○동)
(전화번호 : ○○○－○○○○)

고 소 취 지

피고소인에 대하여 감금죄로 고소하오니 처벌하여 주시기 바랍니다.

고 소 사 실

1. 고소인과 피고소인과의 관계
피고소인은 ○○시 ○○구 ○○로 ○○(○○동)에서 “○○양행”라는 상호로 사채업을 하는 자로서, 고소인은 20○○. ○. ○. 피고소인으로부터 ○○

○원을 월 ○%의 이자를 주기로 하고 차용한 사실이 있습니다.

2. 피고소인의 범죄사실

가. 고소인은 피고소인에게 금년 ○월까지는 이자를 지급하여 왔으나 물품대금으로 받은 어음이 부도처리되는 바람에 금년 ○.월 이후부터는 이자를 지급하지 못하고 있었습니다. 그러자 피고소인이 20○○. ○. ○. 17:30경 고소인의 집을 찾아와 잠깐 이야기를 하자며 피고소인의 집으로 데려가 원금과 연체이자 합계 ○○○원을 모두 갚으라고 요구하였습니다.

나. 고소인은 물품대금으로 받은 어음이 부도가 나는 바람에 빌린 돈을 갚지 못하고 있는 형편을 이야기하며 조금만 기다려 줄 것을 사정하였으나 피고소인은 돈을 갚기 전에는 나갈 수 없다며 같은 날 18:20 고소인을 피고소인의 집 지하실에 감금하였습니다. 그리고 이 지하실은 창문도 없어 밖에서 문을 잠그면 어느 곳으로도 나갈 수 없는 장소였습니다.

다. 고소인이 피고소인과 같이 나간 후 밤 11:30분이 넘도록 돌아오지 않자 걱정이 된 고소인의 처가 경찰에 신고를 하였으며 결국 다음날인 20○○. ○. ○. 01:30경에야 고소인은 출동한 경찰의 도움으로 감금상태에서 풀려날 수 있었습니다.

3. 따라서 위와 같은 사실로 피고소인을 고소하오니 철저히 조사하시어 처벌하여 주시기 바랍니다.

20 년 월 일

위 고소인 ○ ○ ○ (인)

○ ○ 경 찰 서 장 귀하

[사례 4] 강 간 죄(자동차 안에서 다방여자를 강간)

고　소　장

고 소 인　○　○　○ (○○○○○○－○○○○○○○)
　　　　　○○시 ○○구 ○○로 ○○(○○동)
　　　　　(전화번호 : ○○○－○○○○)

피고소인　○　○　○ (○○○○○○－○○○○○○○)
　　　　　○○시 ○○구 ○○로 ○○(○○동)
　　　　　(전화번호 : ○○○－○○○○)

고　소　취　지

피고소인에 대하여 강간죄로 고소하오니 처벌하여 주시기 바랍니다.

고　소　사　실

1. 피고소인은 20○○. ○. ○. 23:30경 ○○시 ○○구 ○○동 소재 ○○도로 상에 주차한 피고소인 소유의 ○○가 ○○○○ NF소나타 조수석에서 함께 타고 간 ○○동 소재 ○○다방 종업원인 고소인에게 성관계를 요구하며 옷을 벗으라고 하였으나 고소인이 이를 거절하자 심한 욕설을 하며 조수석으로 넘어가 의자를 뒤로 젖혀 고소인을 눕히고 피고소인의 무릎으로 고소인의 허벅지를 내리눌러 반항을 억압한 다음 상, 하의를 벗기고 간음한 것입니다.

2. 따라서 위와 같은 사실로 피고소인을 고소하오니 철저히 조사하시어 처벌하여 주시기 바랍니다.

입　증　방　법

조사시 자세히 진술하겠습니다.

20　　년　　월　　일

위 고소인 ○ ○ ○ (인)

○○지방법원 ○○지원 귀중

[주] 1. 강간이란 폭행이나 협박에 의해 상대방의 반항을 곤란하게 하고 간음하는 것을 말하며, 여기서 감음이란 남자의 성기를 여자의 성기 속에 삽입하는 것을 말한다. 행위자가 실행에 착수 전에 상대방이 동의하면(화간) 구성요건해당성이 조각되며, 실행의 착수 후에 동의하면 강간미수가 된다(2001. 8. 24. '여성폭력종합방지 대책안'에 따라 부부간의 강간죄도 성립한다).
2. 과거에는 여러 견해가 있었으나 현재는 남성의 성기가 여자의 성기 속에 들어가는 순간에 기수가 된다는 이론이 없다(삽입설).
3. 법인을 알게 된 날로부터 6개월을 경과하면 고소할 수 없다.
4. 미성년자의 고소장에는 친권자가 서명·날인해야 한다. 이때 계부모는 친권자 될 수 없다.
5. 고소가 없는 경우 강간과 관계없이 따로 폭행되나 협박죄로 기소할 수 없다.
6. 13세 미만의 여아를 폭행·협박하여 강간해서 처녀막 파열상을 입힌 경우 강간치상으로 의율해야 한다. 13세 미만의 부녀자를 폭행·협박하여 강간한 경우는 미성년자의제강간죄가 성립한다.
7. 11세의 어린 피해자를 과자 사준다고 꾀어 방으로 데리고 가 피해자의 옷을 벗겨 추행한 경우 미성년자의 강제추행이지 미성년자간음추행이 아니다.

[판례] 1. 강간죄가 성립하려면 가해자의 폭행·협박은 피해자의 항거를 불가능하게 하거나 현저히 곤란하게 할 정도의 것이어야 하고, 그 폭행·협박이 피해자의 항거를 불가능하게 하거나 현저히 곤란하게 할 정도의 것이었는지 여부는 그 폭행·협박의 내용과 정도는 물론, 유형력을 행사하게 된 경위, 피해자와의 관계, 성교 당시와 그 후의 정황 등 모든 사정을 종합하여 판단하여야 한다(대법원 2007. 1. 25. 선고 2006도5979 판결).
2. 폭행 또는 협박으로 부녀를 강간한 경우에는 강간죄만 성립하고, 그것과 별도로 강간의 수단으로 사용된 폭행·협박이 형법상의 폭행죄나 협박죄 또는 폭력행위등처벌에관한법률위반의 죄를 구성한다고는 볼 수 없으며, 강간죄와 이들 각 죄는 이른바 법조경합의 관계일 뿐이다(대법원 2002. 5. 16. 선고 2002도51 판결).

[사례 5] 강 간 죄(합동하여 강간)

고 소 장

고 소 인 ○ ○ ○ (○○○○○○－○○○○○○○)
○○시 ○○구 ○○로 ○○(○○동)
(전화번호 : ○○○－○○○○)

피고소인 1. 윤 ○ ○ (○○○○○○－○○○○○○○)
○○시 ○○구 ○○로 ○○(○○동)
(전화번호 : ○○○－○○○○)

2. 송 ○ ○ (○○○○○○－○○○○○○○)
○○시 ○○구 ○○로 ○○(○○동)
(전화번호 : ○○○－○○○○)

3. 박 ○ ○ (○○○○○○－○○○○○○○)
○○시 ○○구 ○○로 ○○(○○동)
(전화번호 : ○○○－○○○○)

고 소 취 지

피고소인들에 대하여 강간죄로 고소하오니 처벌하여 주시기 바랍니다.

고 소 사 실

1. 피고소인은 윤○○, 같은 송○○, 같은 박○○ 등은 합동하여, 20○○. ○. ○. 17:30경 ○○시 ○○구 ○○동에 있는 피고소인 윤○○의 자취방으로 고소인을 (어떻게) 유인한 다음, 피고소인 윤○○은 바닥에 앉아 있던 고소인을 넘어뜨리고 얼굴을 때리고 피고소인 송○○은 다리를 잡아 누르는 등(피고소인별 행위분담을 구체적으로 기재) …… 폭행을 하여 반항을 억압한 다음 피고소인 윤○○, 같은 송○○, 같은 박○○의 순서로 고소인을 각 1회씩 강제로 성교하여 강간한 것입니다.

2. 따라서 위와 같은 사실로 피고소인들을 고소하오니 철저히 조사하시어 처벌하여 주시기 바랍니다.

입 증 방 법

조사시 자세히 진술하겠습니다.

20 년 월 일

위 고소인 ○ ○ ○ (인)

○ ○ 경 찰 서 장 귀하

[사례 6] 강 간 죄 (폭행협박 후 성교)

고 소 장

고 소 인 ○ ○ ○ (○○○○○○－○○○○○○○)
○○시 ○○구 ○○로 ○○(○○동)
(전화번호 : ○○○－○○○○)

피고소인 ○ ○ ○ (○○○○○○－○○○○○○○)
○○시 ○○구 ○○로 ○○(○○동)
(전화번호 : ○○○－○○○○)

고 소 취 지

피고소인에 대하여 강간죄로 고소하오니 처벌하여 주시기 바랍니다.

고 소 사 실

1. 피고소인은 ○○시 ○○구 ○○로 ○○(○○동)에 사는 자인데 20○○. ○. ○. 01:30경에 ○○시 ○○구 ○○로 ○○(○○동)에 위치한 고소인의 집에서 잠을 자고 있는 고소인을 폭행, 협박하여 강제로 ○회 성교를 하였습니다.

당시 고소인은 고소인의 방에서 깊은 잠에 빠져 있었는데 고소인의 방의 열린 창문을 통하여 침입한 피고소인이 갑자기 놀라 잠에서 깨어난 고소인의 입을 손으로 틀어막은 후 가만히 있지 않으면 죽여 버리겠다고 협박하고 이에 반항하는 고소인의 목을 조르고 얼굴을 주먹으로 수회 강타한 후 강제로 자신의 성기를 고소인의 질내에 삽입하여 고소인을 강간한 것입니다.

2. 위와 같은 사실을 들어 피고소인을 고소하오니 철저히 조사하시어 엄벌하여 주시기 바랍니다.

소 명 방 법

1. 진단서
   조사시 자세히 진술하겠습니다.

20 년 월 일

위 고소인 ○ ○ ○ (인)

○ ○ 경 찰 서 장 귀하

[사례 7] 강간죄 등(강간 후 현금강취)

고 소 장

고 소 인 ○ ○ ○ (○○○○○○－○○○○○○○)
○○시 ○○구 ○○로 ○○(○○동)
(전화번호 : ○○○－○○○○)

피고소인 ○ ○ ○ (○○○○○○－○○○○○○○)
○○시 ○○구 ○○로 ○○(○○동)
(전화번호 : ○○○－○○○○)

고 소 취 지

피고소인에 대하여 강간죄 및 절도죄로 고소하오니 처벌하여 주시기 바랍니다.

고 소 사 실

1. 피고소인은 일정한 직업이 없는 자로서, 20○○. ○. ○. 23:20경 ○○시 ○○동 ○○번지의 골목길에서 집으로 가려고 그 곳을 지나가던 고소인을 간음할 목적으로 다가가 갑자기 뒤에서 고소인의 목을 조르고 그 옆 공원의 화장실 뒤로 끌고 가 주먹으로 고소인의 얼굴과 배를 때리는 등 폭행하여 반항을 못하게 하고 그 곳에서 고소인을 강제로 간음하여 강간하고, 즉석에서 무서워 떨고 있는 고소인의 지갑에 있던 고소인 소유의 돈 30만원을 강취한 것입니다.

2. 따라서 위와 같은 사실로 피고소인을 고소하오니 철저히 조사하시어 처벌하여 주시기 바랍니다.

입 증 방 법

조사시 자세히 진술하겠습니다.

20 년 월 일

위 고소인 ○ ○ ○ (인)

○ ○ 경 찰 서 장 귀하

[사례 8] 강간치상죄(배달나온 다방종업원을 상대로)

고 소 장

고 소 인 ○ ○ ○ (○○○○○○－○○○○○○○)
○○시 ○○구 ○○로 ○○(○○동)
(전화번호 : ○○○－○○○○)

피고소인 ○ ○ ○ (○○○○○○－○○○○○○○)
○○시 ○○구 ○○로 ○○(○○동)
(전화번호 : ○○○－○○○○)

피고소인을 상대로 강간치상죄로 고소하오니 처벌하여 주시기 바랍니다.

고 소 사 실

1. 피고소인은 20○○. ○. ○. 22:40경 ○○시 ○○구 ○○로 ○○(○○동) 소재 피고소인의 집에서 전화로 고소인 경영의 ○○다방으로 차 주문을 한 후 그 주문을 받고 배달을 나온 고소인을 보고 손으로 고소인을 밀쳐 그곳 방바닥에 눕힌 다음 하의와 속옷을 벗기고 “말을 듣지 않으면 죽여 버린다” 고 말하면서 그 옆에 있는 각목으로 고소인의 머리를 때려 고소인의 반항을 억압한 후 강간하려 하였으나 때마침 고소인을 찾으러 온 위 다방 종업원인 고소외 ○○○에게 발각되어 강간은 당하지 아니하였으나 이로 인하여 고소인으로 하여금 약 ○주간의 치료를 요하는 두피 좌상 등의 상해를 입게 한 사실이 있습니다.

2. 위와 같은 사실을 들어 피고소인을 고소하오니 철저히 조사하시어 엄벌하여 주시기 바랍니다.

첨 부 서 류

1. 상해진단서 1통
   조사시 자세히 진술하겠습니다.

20 년 월 일

위 고소인 ○ ○ ○ (인)

○ ○ 경 찰 서 장 귀하

[사례 9] 강 요 죄(아파트 양수 후 인도요구)

고 소 장

고 소 인 ○ ○ ○ (○○○○○○－○○○○○○○)
○○시 ○○구 ○○로 ○○(○○동)
(전화번호 : ○○○－○○○○)

피고소인 ○ ○ ○ (○○○○○○－○○○○○○○)
○○시 ○○구 ○○로 ○○(○○동)
(전화번호 : ○○○－○○○○)

고 소 취 지

피고소인에 대하여 강요죄로 고소하오니 처벌하여 주시기 바랍니다.

고 소 사 실

1. 피고소인은 20○○. ○. ○. ○○시 ○○로 ○○(○○동)에 있는 ○○아파트 ○○○동 ○○○호를 고소외 김○○로부터 양수하였는바, 그곳에 같은 해 ○. ○. 전주인인 고소외 김○○과 1년의 전세계약을 맺고 거주하고 있던 고소인에 대하여 아파트를 인도해 줄 것을 요구하고, 고소인이 아직 기한이 남아 있어 인도할 수 없다고 불응하자, 피고소인은 같은 해 ○. ○. 19:30경 위 아파트를 찾아가 "당장 나가지 않으면 좋지 않을 것이다"라고 하며 고소인의 집에 있던 전화 등 살림을 손괴하고 동인의 얼굴 및 복부를 주먹으로 두 차례 가격함으로써, 폭행과 협박으로 의무없는 일을 강요한 것입니다.

2. 따라서 위와 같은 사실로 피고소인을 고소하오니 철저히 조사하시어 처벌하

여 주시기 바랍니다.

입 증 방 법

조사시 자세히 진술하겠습니다.

20 년 월 일

위 고소인 ○ ○ ○ (인)

○ ○ 경 찰 서 장 귀하

[주] 1. 강요죄는 폭행 또는 협박으로 사람의 권리행사를 방해하거나 의무 없는 일을 하게 하는 것을 말하고, 여기에서 '의무없는 일'이란 법령, 계약 등에 기하여 발생하는 법률상 의무없는 일을 말하므로, 폭행 또는 협박으로 법률상 의무 있는 일을 하게 한 경우에는 폭행 또는 협박죄만 성립할 뿐 강요죄는 성립하지 아니한다(대법원 2008. 5. 15. 선고 2008도1097 판결).

2. 강요죄라 함은 폭행 또는 협박으로 사람의 권리행사를 방해하거나 의무 없는 일을 하게 하는 것을 말하고, 여기에서의 협박은 객관적으로 사람의 의사결정의 자유를 제한하거나 의사실행의 자유를 방해할 정도로 겁을 먹게 할 만한 해약을 고지하는 것을 말한다(대법원 2003. 9. 26. 선고 2003도763 판결).

[사례 10] 강요죄(여권 강제회수 당함)

고 소 장

고 소 인 ○ ○ ○ (○○○○○○－○○○○○○○)
○○시 ○○구 ○○로 ○○(○○동)
(전화번호 : ○○○－○○○○)

피고소인 ○ ○ ○ (○○○○○○－○○○○○○○)

○○시 ○○구 ○○로 ○○(○○동)
(전화번호 : ○○○ - ○○○○)

고 소 취 지

고소인은 피고소인을 형법 제324조의 강요죄(협박에 의한 권리행사방해죄)로 고소하오니 엄히 처벌하여 주시기 바랍니다.

고 소 사 실

1. 고소인은 위 주소지에서 조그마한 중소기업을 경영하다 경제 불황으로 매출실적이 현격히 떨어져, 은행으로부터 대출 받은 원금에 대한 이자도 변제하지 못하고 있던 중, 회사의 경영상 급전이 필요하여 생활정보지 광고를 보고 사채업을 하는 위 피고소인에게 사채를 얻어 사용하게 되었습니다.

2. 그러나 회사의 사정은 더욱 악화되어 고소인은 업종 변경 등으로 다른 사업을 구상하던 중, 친구의 권유를 받아 해외 사업 시찰의 일환으로 동남아 여행을 목적으로 여권을 발급 받았는데, 위 피고소인인 사채업자가 고소인이 채무변제를 회피할 목적으로 해외도피를 하는 것으로 오인하여 그의 채권실현을 목적으로 조직원들을 동원, 고소인을 찾아와 폭행 협박하고 고소인이 겁을 먹고 있는 상태를 이용하여 고소인 소유의 여권을 교부케 하여 그 여권을 강제 회수당한 결과, 고소인은 고소인의 중요한 해외 사업 시찰 계획에 차질이 있었을 뿐만 아니라 해외를 여행할 사실상 권리마저 침해당하였습니다.

3. 따라서 위와 같은 사실을 들어 피고소인을 강요죄(협박에 의한 권리행사방해죄)로 고소하오니 철저히 조사하시어 처벌하여 주시기 바랍니다.

20 년 월 일

위 고소인 ○ ○ ○ (인)

○ ○ 경 찰 서 장 귀하

[사례 11] 강제집행면탈죄(허위매매계약)

고 소 장

고 소 인 ○ ○ ○ (○○○○○○－○○○○○○○)
○○시 ○○구 ○○로 ○○(○○동)
(전화번호 : ○○○－○○○○)

피고소인 ○ ○ ○ (○○○○○○－○○○○○○○)
○○시 ○○구 ○○로 ○○(○○동)
(전화번호 : ○○○－○○○○)

고 소 취 지

피고소인에 대하여 강제집행면탈죄로 고소하오니 처벌하여 주시기 바랍니다.

고 소 사 실

1. 피고소인은 ○○산업의 영업상무직에 있는 자로서, 고소인으로부터 ○○만원을 차용한 사실이 있으나 그 변제기일에 채무를 변제하지 않아 고소인이 강제집행을 하려고 준비에 착수하자, 피고소인은 이것을 면하기 위하여 등기명의이전에 의한 부동산의 허위양도를 하기로 마음먹고 20○○. ○. ○. 피고소인의 사촌인 고소외 ○○○에게 부탁하여 강제집행을 당할 우려가 있는 피고소인 소유의 ○○시 ○○로 ○○(○○동)에 있는 콘크리트조 2층 주택 1동, 면적 ○○㎡에 관하여 피고소인 소유명의를 고소외 ○○○에게 이전할 것을 승낙 받아 동인에게 위 주택을 매도하는 내용의 허위매도증서를 작성하고, 같은 해 ○. ○. 그 사실을 모르는 법무사 ○○○로 하여금 위 부동산의 매매에 기인한 소유권이전등기신청의 관계서류를 작성, 같은 동 ○○번지에 있는 ○○지방법원 ○○등기과 담당직원에게 제출하게 하고 같은 날 위 등기과 담당공무원으로 하여금 그 내용의 권리를 등기하게 하여 위 부동산을 허위 양도한 것입니다.

2. 따라서 위와 같은 사실로 피고소인을 고소하오니 철저히 조사하시어 처벌하여 주시기 바랍니다.

입 증 방 법

조사시 자세히 진술하겠습니다.

20 년 월 일

위 고소인 ○ ○ ○ (인)

○ ○ 경 찰 서 장 귀하

[주] 1. 이 죄에 있어서의 강제집행은 민사소송법에 의한 강제집행 또는 동법을 준용하는 가압류·가처분 등의 집행을 말한다. 따라서 벌금·과료·몰수 등의 재판의 집행은 물론 국세징수법에 의한 체납처분도 여기의 강제집행에는 해당하지 않는다.

2. 은닉·손괴·허위 양도 또는 허위의 채무부담으로 채권자를 해하는 것이다.

[판례] 1. 강제집행면탈죄는 위험범으로서 강제집행을 당할 구체적인 위험이 있는 상태에서 재산을 은닉, 손괴, 허위양도 또는 허위의 채무를 부담하면 바로 성립하는 것이고 반드시 채권자를 해하는 결과가 야기되거나 이로 인하여 행위자가 어떤 이득을 취하여야 범죄가 성립하는 것은 아니다(대법원 1994. 10. 14. 선고 94도2956 판결).

2. 형법 제327조에 규정된 강제집행면탈죄에 있어서의 '재산의 은닉'이라 함은 강제집행을 실시하는 자에 대하여 재산의 발견을 불능 또는 곤란케 하는 것을 말하는 것으로서, 재산의 소재를 불명케 하는 경우는 물론 그 소유관계를 불명하게 하는 경우도 포함하나, 재산의 소유관계를 불명하게 하는데 반드시 공부상의 소유자 명의를 변경하거나 폐업 신고 후 다른 사람 명의로 새로 사업자 등록을 할 것까지 요하는 것은 아니고, 강제집행면탈죄의 성립에 있어서는 채권자가 현실적으로 실제로 손해를 입을 것을 요하는 것은 아니라 채권자가 손해를 입을 위험성만 있으면 족하다.

사업장의 유체동산에 대한 강제집행을 면탈할 목적으로 사업자등록의 사업자명의를 변경함이 없이 사업장에서 사용하는 금전등록기의 사업자 이름만을 변경한 경우, 강제집행면탈죄에 있어서 '재산의 은닉'에 해당한다(대법원 2003. 10. 9. 선고 2003도3387 판결).

3. 강제집행면탈죄에 있어서 재산에는 동산·부동산뿐만 아니라 재산적 가치가 있어 민사집행법에 의한 강제집행 또는 보전처분이 가능한 특허 내지 실용신안 등을 받을 수 있는 권리도 포함된다(대법원 2001. 11. 27. 선고 2001도4759 판결).
4. 강제집행면탈의 한 행위유형인 '재산의 은닉'이라 함은 재산의 소유관계를 불명하게 하는 행위를 포함하는 것으로서, 피고인이 자신의 채권담보의 목적으로 채무자 소유의 선박들에 관하여 가등기를 경료하여 두었다가 채무자와 공모하여 위 선박들을 가압류한 다른 채권자들의 강제집행을 불가능하게 할 목적으로 정확한 청산절차도 거치지 않은 채 의제자백판결을 통하여 선순위 가등기권자인 피고인 앞으로 본등기를 경료함과 동시에 가등기 이후에 경료된 가압류등기 등을 모두 직권말소하게 하였음은 소유관계를 불명하게 하는 방법에 의한 '재산의 은닉'에 해당한다(대법원 2000. 7. 28. 선고 98도4558 판결).
5. 피고인이 장래에 발생할 특정의 조건부채권을 담보하기 위한 방편으로 위 부동산에 대하여 근저당권을 설정한 것이라면 특별한 사정이 없는 한 이는 장래 발생할 진실한 채무를 담보하기 위한 것으로서, 피고인의 위 행위를 가리켜 강제집행면탈죄 소정의 "허위의 채무를 부담"하는 경우에 해당한다고 할 수 없다(대법원 1996. 10. 25. 선고 96도1531 판결).

[사례 12] 강제집행면탈죄(주식 허위양도)

고 소 장

고 소 인 ○ ○ ○ (○○○○○○－○○○○○○○)
○○시 ○○구 ○○로 ○○(○○동)
(전화번호 : ○○○－○○○○)

피고소인 ○ ○ ○ (○○○○○○－○○○○○○○)
○○시 ○○구 ○○로 ○○(○○동)
(전화번호 : ○○○－○○○○)

피고소인을 강제집행면탈죄로 고소하오니 처벌하여 주시기 바랍니다.

고 소 사 실

1. 피고소인은 20○○년부터 건축업을 목적으로 ○○건설주식회사를 설립하여 이 회사 대표이사로 있는 자로서 지급능력이 없으면서 거액의 어음을 고소인에게 남발하였고,
위 피고소인은 약속어음의 지불기일이 되자 고소인 등이 피고소인의 재산에 압류 등 강제처분을 할 것을 우려한 나머지 자기 소유재산인 ○○건설주식회사를 허위로 양도하는 등 고소인의 강제집행을 면할 것을 기도하고 ○○건설주식회사 대표 ○○○와 공모하여 20○○. ○. ○. 위 ○○건설주식회사 주식 13,000주를 금 6,000만원으로 평가하여 그 중 7,000주를 대금 3,500만원에 매도하였음에도 불구하고 주식 전체를 위 ○○건설주식회사 대표 ○○○에게 매도한 것처럼 서류를 만들고 내용적으로 전 주식의 70%만 피고인에게 양도한다는 비밀합의서를 만든 다음 그 일체에 필요한 서류를 교부하여 주었습니다.

2. 그 후 20○○. ○. ○. ○○시 ○○로 ○○(○○동) 소재 ○○빌딩 ○호에서 피고소인 ○○○은 동 회사주식 13,000주를 ○○○에게 양도하는 이사회를 개최 만장일치로 승낙한 것처럼 의사회의사록도 만들었고 13,000주를 ○○○에게 완전히 배서하여 줌으로써 동 주식 30% 해당분 2,500만원 상당을 강제집행 불능케 하여 이를 면탈한 것입니다.

3. 이에 위와 같은 사실로 피고소인을 고소하오니 철저히 조사하여 처벌하여 주시기 바랍니다.

20 년 월 일

위 고소인 ○ ○ ○ (인)

○○경찰서장 귀하

[사례 13] 강제추행죄(폭행 후 추행)

고 소 장

고 소 인 ○ ○ ○ (○○○○○○－○○○○○○○)
○○시 ○○구 ○○로 ○○(○○동)
(전화번호 : ○○○－○○○○)

피고소인 ○ ○ ○ (○○○○○○－○○○○○○○)
○○시 ○○구 ○○로 ○○(○○동)
(전화번호 : ○○○－○○○○)

고 소 취 지

피고소인에 대하여 강제추행죄로 고소하오니 처벌하여 주시기 바랍니다.

고 소 사 실

1. 피고소인은 트럭을 몰고 다니며 주방기기를 판매하는 자인 바, 20○○. ○. ○. 15:30경 ○○군 ○○면 ○○리를 지나던 중 ○○ 산기슭에 있는 밭에서 피고소인이 밭일을 하고 있는 것을 보고 갑자기 그녀에게 달려들어 끌어안고 땅에 넘어뜨린 후 그녀의 배 위에 걸터앉아 얼굴을 때리는 등 폭행을 가하고 그녀의 치마를 찢고 손으로 음부와 유방을 만지는 등 강제로 추행한 것입니다.

2. 따라서 위와 같은 사실로 피고소인을 고소하오니 철저히 조사하시어 처벌하여 주시기 바랍니다.

입 증 방 법

조사시 자세히 진술하겠습니다.

20 년 월 일

위 고소인 ○ ○ ○ (인)

ㅇ ㅇ 경 찰 서 장 귀하

[주] 1. 이 죄는 신분범도 목적범도 아니어서 주체에는 제한이 없다. 즉 남자와 여자 사이에만 범해지는 것이 아니고 동성사이에도 범할 수 있다.

2. 객체는 사람으로 기혼·미혼·남녀, 연령의 여하도 묻지 않는다(70세 할머니도 대상이 되며, 다만 13세 미만의 사람은 미성년자의제강제추행에 해당). 부부의 경우에도 인정하는 견해도 있지만 강요죄가 문제될 뿐 이 죄는 성립하지 않는다.

3. 추행이란 성욕의 흥분 또는 만족을 목적으로 하는 행위로서 상식있는 보통 사람의 성적 수치심·혐오심을 자극하는 행위를 말한다. 이때 수치·혐오를 실제로 느끼게 했어야 한다.

4. 강제로 키스하는 행위, 유방을 만지거나 음부를 만지는 행위, 질내에 손가락을 삽입하는 행위, 상대방을 나체로 만드는 행위, 타인의 주거에 침입하여 취침중인 부녀의 신체를 포옹하는 행위 등이 이에 해당되며, 그 범위는 점점 넓어지고 있다.

5. 추행에는 간음은 포함되지 않는다(간음을 하면 강간죄가 성립한다).

6. 강제추행과 강간은 폭행, 협박수단으로 하여 당대방의 자유의사를 억압하는 점에서 같으나 그 차이는 강제추행은 사람에 대한 추행목적인데 반하여 강간은 간음목적임을 주의하여 강간하려다가 미수에 그치고 상처까지 가한 것으로 구증되면 강간치상죄가 성립한다.

[판례] 강제추행죄는 상대방에 대하여 항거를 곤란하게 할 정도의 폭행 또는 협박을 가하여 추행행위를 하는 경우에 성립하고, 이 경우의 '추행'은 객관적으로 일반인에게 성적 수치심이나 혐오감을 일으키게 하고 선량한 성적 도덕관념에 반하는 행위로서 피해자의 성적 자유를 침해하는 것이라고 할 것인 데, 이에 해당하는지 여부는 피해자의 의사, 성별, 연령, 행위자와 피해자의 이전부터의 관계, 그 행위에 이르게 된 경위, 구체적 행위태양, 주위의 객관적 상황과 그 시대의 성적 도덕관념 등을 종합적으로 고려하여 결정되어야 한다(대법원 2007. 1. 25. 선고 2006도5979 판결 및 2002. 4. 26. 선고 2001도2417 판결 등 참조)(대법원 2008. 3. 13. 선고 2007도10050 판결).

[사례 14] 강제추행죄(수면중인 부녀자 추행)

고 소 장

고 소 인 ○ ○ ○ (○○○○○○-○○○○○○○)
○○시 ○○구 ○○로 ○○(○○동)
(전화번호 : ○○○-○○○○)

피고소인 ○ ○ ○ (○○○○○○-○○○○○○○)
○○시 ○○구 ○○로 ○○(○○동)
(전화번호 : ○○○-○○○○)

고 소 취 지

피고소인에 대하여 강제추행죄로 고소하오니 처벌하여 주시기 바랍니다.

고 소 사 실

1. 피고소인은 ○○상사 외판원으로서, 20○○. ○. ○. 11:00경 ○○시 ○○로 ○○(○○동)에서 영업을 하다가 늦은 아침을 먹으려고 "○○식당"에 들어갔던 바, 위 식당 여주인인 고소인이 마침 낮잠을 자고 있는 것을 발견하고 동인에게 다가가 동인의 손과 유방을 만지고 속옷으로 손을 넣어 손가락으로 음부를 후비는 등 그녀가 반항할 수 없는 상태에서 강제로 추행한 것입니다.

2. 따라서 위와 같은 사실로 피고소인을 고소하오니 철저히 조사하시어 처벌하여 주시기 바랍니다.

입 증 방 법

조사시 자세히 진술하겠습니다.

20 년 월 일

위 고소인 ○ ○ ○ (인)

○ ○ 경 찰 서 장 귀하

[사례 15] 강제추행죄(주점종업원 추행)

고 소 장

고 소 인 ○ ○ ○ (○○○○○○－○○○○○○○)
○○시 ○○구 ○○로 ○○(○○동)
(전화번호 : ○○○－○○○○)

피고소인 ○ ○ ○ (○○○○○○－○○○○○○○)
○○시 ○○구 ○○로 ○○(○○동)
(전화번호 : ○○○－○○○○)

고 소 취 지

피고소인에 대하여 강제추행죄로 고소하오니 처벌하여 주시기 바랍니다.

고 소 사 실

1. 피고소인은 20○○. ○. ○. 20:00경 ○○시 ○○동 ○○단란주점에서 동 주점 종업원인 고소인과 술을 먹다 순간적으로 욕정을 일으켜 동인을 끌어안고 유방과 음부를 손으로 만져서 고소인을 강제로 추행한 것입니다.

2. 따라서 위와 같은 사실로 피고소인을 고소하오니 철저히 조사하시어 처벌하여 주시기 바랍니다.

입 증 방 법

조사시 자세히 진술하겠습니다.

20 년 월 일

위 고소인 ○ ○ ○ (인)

○ ○ 경 찰 서 장 귀하

[사례 16] 강제추행죄(당구장 내에서 추행)

고 소 장

고 소 인 ○ ○ ○ (○○○○○○－○○○○○○○)
○○시 ○○구 ○○로 ○○(○○동)
(전화번호 : ○○○－○○○○)

피고소인 ○ ○ ○ (○○○○○○－○○○○○○○)
○○시 ○○구 ○○로 ○○(○○동)
(전화번호 : ○○○－○○○○)

고 소 취 지

피고소인을 강제추행죄로 고소하오니 처벌하여 주시기를 바랍니다.

고 소 사 실

1. 고소인은 20○○. ○. ○. ○○:○○경 ○○도 ○○군 ○○면 ○○로 ○○○ 소재 피고소인 경영의 '○○당구장'에서 피고소인 및 고소외 ○○○과 같이 술을 마시던 중 고소인이 그 곳 당구장 내에 있는 화장실에 갔다가 나오자 피고소인이 갑자기 위 당구장의 전등을 소등하고 고소인에게 다가와 손으로 고소인의 가슴부위를 만지고 이에 놀라 뒤따라오던 고소외 ○○○에게 안기자 재차 양손으로 고소인의 가슴을 만진 후 고소인을 밀어 당구대 위로 넘어뜨리고 가슴 및 음부를 수회 만져 고소인은 이를 뿌리치고 나가려고 하자 피고소인은 앞을 가로막고 나가지 못하게 하였으나 고소인이 구토 증세를 보이자 어쩔 수 없이 비켜주어 위 당구장을 나오게 되었는바, 위 사

고로 고소인은 인간적으로 심한 수치심과 모멸감을 느꼈습니다.

2. 따라서 위와 같은 사실로 피고소인을 귀 서에 고소하오니 철저히 조사하시어 처벌하여 주시기 바랍니다.

소 명 방 법

1. 진단서 1통
1. 목격자진술서 1통

20 년 월 일

위 고소인 ○ ○ ○ (인)

○ ○ 경 찰 서 장 귀하

[사례 17] 경계침범죄(수목 무단침범)

고 소 장

고 소 인 ○ ○ ○ (○○○○○○－○○○○○○○)
○○시 ○○구 ○○로 ○○(○○동)
(전화번호 : ○○○－○○○○)

피고소인 ○ ○ ○ (○○○○○○－○○○○○○○)
○○시 ○○구 ○○로 ○○(○○동)
(전화번호 : ○○○－○○○○)

고 소 취 지

피고소인에 대하여 경계침범죄로 고소하오니 처벌하여 주시기 바랍니다.

고 소 사 실

1. 고소인은 ○○시 ○○구 ○○로 ○○(○○동) 소재 주택의 소유자로서 동 주택에 거주하고 있는 자이고, 피고소인은 위 같은 동 ○○의 소유자로서 위 고소인 주택과 경계를 접하며 거주하고 자입니다.

2. 그런데 고소인과 피고소인의 소유 주택사이에 놓여있는 경계의 일부분이 공터로 되어 있으면서 상호간에 오래 전에 심어져 있는 수목을 경계로 설정하기로 하고 수년 동안 평온하게 거주하여 왔으나, 피고소인은 그 소유 주택을 신축하여 오던 중 20○○. ○. ○.에 이르러 피고소인의 통행에 편의를 위하여 고소인의 아무런 동의도 없이 양 토지상에 경계의 표시로 식재된 수목 5그루를 임의로 제거하여 그 인식을 불능케 하고, 고소인 소유 토지 일부분을 침범하여 무단으로 벽돌 담장을 설치한 적이 있습니다.

3. 이상과 같이 피고소인은 고소인의 일부토지에 설치된 경계를 임의로 제거하고 토지를 침범하는 행위를 하였기에 고소하오니 철저히 조사하시어 처벌하여 주시기 바랍니다.

입 증 방 법

1. 부동산등기사항전부증명서 1통
1. 지적도 1통
1. 사진 각 3부

조사시 자세히 진술하겠습니다.

20 년 월 일

위 고소인 ○ ○ ○ (인)

○ ○ 경 찰 서 장 귀하

[사례 18] 공 갈 죄(초등학생에게 금품갈취)

고 소 장

고 소 인 ○ ○ ○ (○○○○○○－○○○○○○○)
○○시 ○○구 ○○로 ○○(○○동)
(전화번호 : ○○○－○○○○)

피고소인 ○ ○ ○ (○○○○○○－○○○○○○○)
○○시 ○○구 ○○로 ○○(○○동)
(전화번호 : ○○○－○○○○)

고 소 취 지

피고소인에 대하여 공갈죄로 고소하오니 처벌하여 주시기 바랍니다.

고 소 사 실

1. 피고소인은 노동에 종사하는 자인 바, 20○○. ○. ○. 17:00경 ○○시 ○○구 ○○ 동 ○○번지 앞에서 수업을 마치고 귀가중인 고소인 ○○초등학교 5학년인 고소인을 불러 세워놓고 오른손바닥으로 고소인의 뺨을 때리면서 "가진 돈 다 내놓아라. 만일 뒤져서 돈이 나오면 100원에 한 대씩 때리겠다" 고 말하고 이에 불응하면 그에게 어떠한 위해를 가할 것 같은 태도를 보여 이에 겁이 난 고소인으로부터 즉석에서 5,000원을 교부받아 이를 갈취한 것입니다.

2. 따라서 피고소인을 귀서에 고소하오니 철저히 조사하시어 처벌하여 주시기 바랍니다.

입 증 방 법

조사시 자세히 진술하겠습니다.

20 년 월 일

위 고소인 ○ ○ ○

위 ○○○는 미성년자이므로 법정대리인
친권자 부 ○ ○ ○ (인)
친권자 모 ○ ○ ○ (인)

○ ○ 경 찰 서 장 귀하

[주] 1. 공갈죄의 행위의 객체로는 타인이 점유하는 재물 또는 재산상의 이익이다. 그러나 부녀를 공갈하여 정교한 경우는 그것이 재산상의 이익이라 할 수 없으므로 강간죄나 강요죄가 성립할 수는 있어도 공갈죄는 성립하지 않는다. 다만 대가를 지급하기로 하고 정교를 맺은 후 폭행 또는 협박에 의하여 그 대가를 지급하지 않는 경우는 재산상의 이익을 취득한 경우라고 할 수 있다.

2. 공갈이란 재물을 교부받거나 재산상의 이익을 취득하기 위하여 폭행 또는 협박으로 외포심을 일으키게 하는 것을 말한다. 여기에서 폭행 또는 협박은 사람의 의사 내지 자유를 제한하는 정도로 족하고, 반드시 상대방의 반항을 억압할 정도에 이를 것을 요하지 않는다는 점에서 강도죄의 폭행·협박과 구별된다.

3. 사람을 체포·감금하여 재물을 갈취한 때에는 체포감금죄와 공갈죄의 경합범이 되며, 장물을 갈취한 때에는 공갈죄만 성립한다.

4. 공갈죄는 재물죄인 동시에 이득죄이므로 피해자를 협박하여 채무부담 의사를 표시하게 하고 약정서를 작성케 하여 교부받으면 현실적으로 재물의 교부행위는 없으나 이득으로서 채권을 취한 행위가 되므로 공갈미수가 아니라 공갈의 기수가 성립한다.

[판례] 1. 공갈죄의 수단으로서의 협박은 사람의 의사결정의 자유를 제한하거나 의사실행의 자유를 방해할 정도로 겁을 먹게 할 만한 해악을 고지하는 것을 말하고 여기에서 고지된 해악의 실현은 반드시 그 자체가 위법한 것임을 요하지 아니하며 해악의 고지가 권리실현의 수단으로 사용된 경우라고 하여도 그것이 권리행사를 빙자하여 협박의 수단으로 상대방을 겁을 먹게 하였고 권리실행의 수단 방법이 사회통념상 허용되는 정도의 범위나 정도를 넘는다면 공갈죄가 성립한다(대법원 1993. 9. 14. 선고 93도915 판결, 대법원 2004. 9. 24. 선고 2003도6443 판결 등 참조) (대법원 2007. 10. 11. 선고 2007도6406 판결).

2. 공갈죄에 있어서 공갈의 상대방은 재산상의 피해자와 동일함을 요하지는

아니하나, 공갈의 목적이 된 재물 기타 재산상의 이익을 처분할 수 있는 사실상 또는 법률상의 권한을 갖거나 그러한 지위에 있음을 요한다(대법원 2005. 9. 29. 선고 2005도4738 판결).

3. 공갈죄의 수단으로서 협박은 사람의 의사결정의 자유를 제한하거나 의사실행의 자유를 방해할 정도로 겁을 먹게 할 만한 해악을 고지하는 것을 말하고, 해악의 고지는 반드시 명시의 방법에 의할 것을 요하지 아니하며 언어나 거동 등에 의하여 상대방으로 하여금 어떠한 해악을 입을 수 있을 것이라는 인식을 갖게 하는 것이면 족하고, 또한 직접적이 아니더라도 피공갈자 이외의 제3자를 통해서 간접적으로 할 수도 있으며, 행위자가 그의 직업, 지위, 불량한 성행, 경력 등에 기하여 불법한 위세를 이용하여 재물의 교부나 재산상 이익을 요구하고 상대방으로 하여금 그 요구에 응하지 아니할 때에는 부당한 불이익을 초래할 위험이 있을 수 있다는 위구심을 야기하게 하는 경우에도 해악의 고지가 된다(대법원 2005. 7. 15. 선고 2004도1565 판결).
4. 공무원이 직무집행의 의사없이 또는 직무처리와 대가적 관계없이 타인을 공갈하여 재물을 교부하게 한 경우에는 공갈죄만이 성립하고, 이러한 경우 재물의 교부자가 공무원의 해악의 고지로 인하여 외포의 결과 금품을 제공한 것이라면 그는 공갈죄의 피해자가 될 것이고 뇌물공여죄는 성립될 수 없다고 하여야 할 것이다(대법원 1994. 12. 22. 선고 94도2528 판결).
5. 공갈죄의 수단으로써의 협박은 객관적으로 사람의 의사결정의 자유를 제한하거나 의사실행의 자유를 방해할 정도로 겁을 먹게 할 만한 해악을 고지하는 것을 말하고, 그 해악에는 인위적인 것뿐만 아니라 천재지변 또는 신력이나 길흉화복에 관한 것도 포함될 수 있으나, 다만 천재지변 또는 신력으로 길흉화복을 해악으로 고지하는 경우에는 상대방으로 하여금 행위자 자신이 그 천재지변 또는 신력이나 길흉화복을 사실상 지배하거나 그에 영향을 미칠 수 있는 것으로 믿게 하는 명시적 또는 묵시적 행위가 있어야 공갈죄가 성립한다(대법원 2002. 2. 8. 선고 2000도3245 판결).

[사례 19] 공 갈 죄(현금 및 각서 갈취)

고 소 장

고 소 인 ○ ○ ○ (○○○○○○－○○○○○○○)
○○시 ○○구 ○○로 ○○(○○동)

(전화번호 : ○○○－○○○○)

피고소인 ○ ○ ○ (○○○○○○－○○○○○○○)
○○시 ○○구 ○○로 ○○(○○동)
(전화번호 : ○○○－○○○○)

고 소 취 지

피고소인에 대하여 공갈죄로 고소하오니 처벌하여 주시기 바랍니다.

고 소 사 실

1. 피고소인은 일정한 직업이 없는 자인 바, 고소외 김○○로부터 고소인에 대한 채권 2,000만원을 대신 받아 주면 그 사례비로 200만원을 주겠다는 제의를 받고 이를 승낙한 다음, 20○○. ○. ○. 13:00경 ○○시 ○○구 ○○로 ○○(○○동)에 있는 고소인 경영의 샛별 부동산중개사무실에서 고소인에게 "김○○ 사장에게 갚아야 할 2,000만원을 지금 주지 않으면 신상에 해로울 것이다"고 말하고 이에 불응하면 고소인에게 어떠한 위해를 가할 것 같은 태도를 보여 이에 겁이 난 그로부터 즉석에서 현금 1,000만원과 1,000만원짜리 지불각서 1매를 교부받아 이를 갈취한 것입니다.

2. 따라서 피고소인을 귀서에 고소하오니 철저히 조사하시어 처벌하여 주시기 바랍니다.

입 증 방 법

조사시 자세히 진술하겠습니다.

20 년 월 일

위 고소인 ○ ○ ○ (인)

○ ○ 경 찰 서 장 귀하

[사례 20] 공 갈 죄(정교사실을 미끼로 금품갈취)

고 소 장

고 소 인 ○ ○ ○ (○○○○○○－○○○○○○○)
○○시 ○○구 ○○로 ○○(○○동)
(전화번호 : ○○○－○○○○)

피고소인 ○ ○ ○ (○○○○○○－○○○○○○○)
○○시 ○○구 ○○로 ○○(○○동)
(전화번호 : ○○○－○○○○)

고 소 취 지

피고소인에 대하여 공갈죄로 고소하오니 처벌하여 주시기 바랍니다.

고 소 사 실

1. 피고소인은 일정한 직업이 없는 자인 바, 20○○. ○.중순경 ○○시 ○○동 소재 ○○카바레에서 우연히 만나 정교한 유부녀인 고소인으로부터 정교사실을 미끼로 금품을 갈취하기로 마음먹고,

2. 위 같은 해 ○. ○. 13:30경 ○○시 ○○동 소재 ○○호텔 커피숍에서 고소인에게 사업자금이 급히 필요해서 그러니 3,000만원만 달라, 만일 이에 불응하면 위 정교사실을 사진과 함께 ○○공무원으로 근무하고 있는 당신의 남편에게 알려버리겠다고 말하는 등 협박하여 이에 겁을 먹은 고소인으로부터 다음날 15:00경 위 커피숍에서 3,000만원을 교부받아 이를 갈취한 것입니다.

3. 따라서 피고소인을 귀서에 고소하오니 철저히 조사하시어 처벌하여 주시기 바랍니다.

입 증 방 법

조사시 자세히 진술하겠습니다.

20 년 월 일

위 고소인 ○ ○ ○ (인)

○ ○ 경 찰 서 장 귀하

[사례 21] 공 갈 죄(접대부고용 기화로 금품갈취)

고 소 장

고 소 인 ○ ○ ○ (○○○○○○－○○○○○○○)
○○시 ○○구 ○○로 ○○(○○동)
(전화번호 : ○○○－○○○○)

피고소인 ○ ○ ○ (○○○○○○－○○○○○○○)
○○시 ○○구 ○○로 ○○(○○동)
(전화번호 : ○○○－○○○○)

고 소 취 지

피고소인에 대하여 공갈죄로 고소하오니 처벌하여 주시기 바랍니다.

고 소 사 실

1. 피고소인은 일정한 주거와 직업이 없는 자인 바, ○○시 ○○구 ○○로 ○○(○○동) 소재 ○○단란주점에서 접대부를 고용하고 있음을 기화로 금품을 갈취하기로 마음먹고 20○○. ○. ○. 14:00경 같은 장소에서 고객으로 가장하여 그 정을 모르는 고소외 ○○○, 같은 ○○○를 데리고 들어가 양주 1병(시가 170,000원)과 안주(시가 150,000원) 등 도합 320,000원 상당의 음식을 시켜먹고 고소인에게 "지금 돈 안 가져 왔으니 외상으로 합시다."라고 말하여 고소인이 이를 거절하자 피고소인과 작배한 접대부를 지적하면서 "이 집에 접대부를 둘 수 있느냐 지금 당장 112에 신고하겠다"라고 피고소인이 소유한 핸드폰으로 전화하려고 하자, 고소인은 피고소인에게 "그럼 내

일 가져 오세요"라고 하자 "이제 필요 없어 그러면 신고 안 할 테니 50만원 만 주쇼"라고 돈을 요구하며 만약 이에 불응하면 경찰서에 신고하여 처벌을 받게 할 것 같은 기세를 보여서, 이에 외포된 고소인이 그 즉시 금 500,000원을 교부하는 등 위 대금 370,000원을 면하여 도합 870,000원 상당을 갈취한 것입니다.

2. 따라서 피고소인을 귀서에 고소하오니 철저히 조사하시어 처벌하여 주시기 바랍니다.

입 증 방 법

조사시 자세히 진술하겠습니다.

20 년 월 일

위 고소인 ○ ○ ○ (인)

○ ○ 경 찰 서 장 귀하

[사례 22] 공갈죄(카메라 강제 갈취)

고 소 장

고 소 인 ○ ○ ○ (○○○○○○－○○○○○○○)
○○시 ○○구 ○○로 ○○(○○동)
(전화번호 : ○○○－○○○○)

피고소인 ○ ○ ○ (○○○○○○－○○○○○○○)
○○시 ○○구 ○○로 ○○(○○동)
(전화번호 : ○○○－○○○○)

고 소 취 지

피고소인에 대하여 공갈죄로 고소하오니 처벌하여 주시기 바랍니다.

고 소 사 실

1. 피고소인은 일정한 직업이 없이 배회하는 전과 2범인 불량한 자로서 20○○. ○. ○. 오후 15시경 ○○시 ○○구 ○○동에 있는 ○○○극장 앞에서 고소인이 휴대하고 있는 카메라를 빌려 달라고 하기에 카메라는 형님의 것이기 때문에 빌려줄 수 없다고 하자 "이 자식 너 빌려주지 않으면 재미없어" 라는 위협적인 언사를 사용했으며 만일 고소인이 말을 들러 주지 않으면 당장이라도 주먹이 날아와 몸에 맞으면 상처가 날 것 같은 공포심과 두려움을 갖게 하고 고소인이 가지고 있던 위 카메라 시가 ○○만원 상당을 갈취한 자입니다.

2. 따라서 피고소인을 귀서에 고소하오니 철저히 조사하시어 처벌하여 주시기 바랍니다.

입 증 방 법

조사시 자세히 진술하겠습니다.

20　　년　　월　　일

위 고소인　○　○　○　(인)

○ ○ 경 찰 서 장　　　귀하

[사례 23] 공 갈 죄(정교사실을 이용 금품갈취)

고 소 장

고 소 인 ○ ○ ○ (○○○○○○－○○○○○○○)
○○시 ○○구 ○○로 ○○(○○동)
(전화번호 : ○○○－○○○○)

피고소인 ○ ○ ○ (○○○○○○－○○○○○○○)
○○시 ○○구 ○○로 ○○(○○동)
(전화번호 : ○○○－○○○○)

고 소 취 지

피고소인에 대하여 공갈죄로 고소하오니 처벌하여 주시기 바랍니다.

고 소 사 실

1. 피고소인은 일정한 직업이 없는 자이고 고소인은 가정주부인 바, 피고소인과 고소인은 20○○. ○.월경 강남의 한 카바레에서 우연히 알게 되어 정교관계를 맺은 사실이 있었습니다.

2. 그런데 피고소인은 20○○. ○. ○. 17:20경 ○○시 ○○구 ○○동에 있는 ○○○호텔 커피숍으로 나오라고 하고는 피고소인에게 "돈 200만원만 빌려달라"고 하면서 "만일 빌려주지 않으면 정교사실을 남편에게 알려버리겠다"는 등의 말로 협박을 하였습니다.

3. 이에 고소인은 겁을 먹고 어쩔 수 없이 그 다음날 15:30경 위 커피숍에서 피고소인을 다시 만나 금 200만원을 교부한 사실이 있기에 피고소인을 귀서에 고소하오니 철저히 조사하시어 처벌하여 주시기 바랍니다.

입 증 방 법

조사시 자세히 진술하겠습니다.

20 년 월 일

위 고소인 ○ ○ ○ (인)

○ ○ 경 찰 서 장 귀하

[사례 24] 공기호부정사용죄(자동차등록번호판)

고 소 장

고 소 인 ○ ○ ○ (○○○○○○－○○○○○○○)
○○시 ○○구 ○○로 ○○(○○동)
(전화번호 : ○○○－○○○○)

피고소인 ○ ○ ○ (○○○○○○－○○○○○○○)
○○시 ○○구 ○○로 ○○(○○동)
(전화번호 : ○○○－○○○○)

고 소 취 지

피고소인을 상대로 공기호부정사용죄로 고소하오니 처벌하여 주시기 바랍니다.

고 소 사 실

1. 피고소인은 20○○. ○. ○. ○○시 ○○동에 위치한 ○○자동차정비공장에서 수리하고 있던 뉴그랜져 승용차에서 떼어놓은 ○○가 ○○○○호 자동차등록번호판 2장을 행사할 목적으로 피고소인은 폐차장에서 사놓은 EF소나타 승용차에 마치 ○○시장으로부터 위 차량에 대하여 교부한 정당한 것처럼 가장하여 붙이고 그때쯤부터 같은 해 ○. ○.까지 ○○일대를 운행하여 공기호를 부정하게 사용한 자입니다.

2. 따라서 피고소인을 고소하오니 철저히 조사하시어 처벌하여 주시기 바랍니다.

첨 부 서 류

조사시 자세히 진술하겠습니다.

20 년 월 일

위 고소인 ○ ○ ○ (인)

○ ○ 경 찰 서 장 귀하

[사례 25] 공무상비밀표시무효죄(압류표시의 효용을 해함)

고 소 장

고 소 인 ○ ○ ○ (○○○○○○－○○○○○○○)
○○시 ○○구 ○○로 ○○(○○동)
(전화번호 : ○○○－○○○○)

피고소인 ○ ○ ○ (○○○○○○－○○○○○○○)
○○시 ○○구 ○○로 ○○(○○동)
(전화번호 : ○○○－○○○○)

고 소 취 지

피고소인을 상대로 공무상비밀표시무효의 죄로 고소하오니 처벌하여 주시기 바랍니다.

고 소 사 실

1. 고소인은 피고소인에게 금 ○○○원을 대여하였으나, 변제기가 지나도 이를 변제하지 않아 고소인이 피고소인을 상대로 ○○지방법원에 위 대여금의 지

급을 구하는 청구소송을 제기하여 확정판결을 받은 바 있습니다.

2. 고소인은 확정판결을 받은 후에도 피고소인의 임의변제를 기다렸으나, 피고소인이 막무가내로 변제를 거부함에 따라 20○○. ○. ○. 15:00부터 같은 날 16: 20경까지 사이에 ○○지방법원 소속 집행관(○○○)의 지휘 아래 ○○시 ○○구 ○○로 ○○(○○동) 소재 피고소인의 유체동산에 대한 압류집행을 실시하였습니다.

3. 이러한 압류집행을 실시한 후에 피고소인이 집행관이나 고소인인 채권자의 동의나 허락을 받음이 없이 집행관과 고소인인 채권자에게 일방적으로 위 압류물의 이전을 통고한 후 ○○지방법원 소속 집행관의 관할구역 밖인 ○○장소로 압류표시 된 물건을 이전함으로써 위 집행관이 실시한 압류표시의 효용을 해하였습니다.

4. 피고소인의 이러한 행위는 형법 제140조(공무상비밀표시무효) 제1항 "공무원이 그 직무에 관하여 실시한 봉인 또는 압류 기타 강제처분의 표시를 손상 또는 은닉하거나 기타 방법으로 그 효용을 해한 행위"에 해당한다고 할 것입니다.

5. 따라서 피고소인을 귀서에 고소하오니 철저히 조사하시어 처벌하여 주시기 바랍니다.

첨 부 서 류

1. 판결문 사본

조사시 자세히 진술하겠습니다.

20 년 월 일

위 고소인 ○ ○ ○ (인)

○ ○ 경 찰 서 장 귀하

[사례 26] 과실치상죄(야구공 던지기 놀이)

고 소 장

고 소 인 ○ ○ ○ (○○○○○○－○○○○○○○)
○○시 ○○구 ○○로 ○○(○○동)
(전화번호 : ○○○－○○○○)

피고소인 ○ ○ ○ (○○○○○○－○○○○○○○)
○○시 ○○구 ○○로 ○○(○○동)
(전화번호 : ○○○－○○○○)

고 소 취 지

피고소인에 대하여 과실치상죄로 고소하오니 처벌하여 주시기 바랍니다.

고 소 사 실

1. 피고소인은 ○○시 ○○구 ○○로 ○○(○○동)에 위치한 ○○식당에서 일하는 자로서, 20○○. ○. ○. 16:00경 손님이 뜸한 틈을 타 위 식당 앞길에서 같은 종업원인 고소외 ○○○ 등과 야구공 던지기 놀이를 하면서, 당연히 길에서 야구공 던지기를 할 때에는 공이 통행인에게 맞을 위험이 많으므로 위험의 발생을 미리 막아야 할 주의의무가 있음에도 불구하고 이를 게을리 하여 함부로 야구공을 던진 과실로 피고소인이 던진 공이 세게 날아가는 순간 때마침 그 곳을 지나가던 고소인의 머리에 맞아 동인으로 하여금 약 2주간의 치료를 요하는 뒷머리부분 찢긴 상처 등의 상해를 입힌 자입니다.

2. 따라서 피고소인을 귀서에 고소하오니 철저히 조사하시어 처벌하여 주시기 바랍니다.

첨 부 서 류

1. 진단서 1통
조사시 자세히 진술하겠습니다.

20 년 월 일

위 고소인 ○ ○ ○ (인)

○ ○ 경 찰 서 장 귀하

[주] 1. 이 죄는 상해와 폭행에 대한 고의가 없는 경우에만 인정되며, 과실행위는 작위에 의한 것이든 부작위에 의한 것이든 묻지 않는다.
2. 상해의 결과와 과실행위 사이에 인과관계가 있어야 하는데, 대법원은 과실이 결과발생의 직접적인 원인이 된 때에만 인과관계를 인정하고 있다.

[사례 27] 교통사고처리특례법위반(중앙선 침범)

고 소 장

고 소 인 ○ ○ ○ (○○○○○○－○○○○○○○)
○○시 ○○구 ○○로 ○○(○○동)
(전화번호 : ○○○－○○○○)

피고소인 ○ ○ ○ (○○○○○○－○○○○○○○)
○○시 ○○구 ○○로 ○○(○○동)
(전화번호 : ○○○－○○○○)

고 소 취 지

피고소인을 아래와 같은 사실로 고소하오니 처벌하여 주시기 바랍니다.

고 소 사 실

1. 피고소인은 20○○. ○. ○. ○○:○○경 피고소인 소유의 경기○○러○○○○호 승용차를 운전하고 ○○에서 ○○ 쪽으로 가는 도중 ○○학교 앞 노상에 이르렀을 때 운전자로서 제한속도를 엄수하고 전후좌우를 잘 살피어 불의에 나타나는 장애물을 피할 수 있도록 주의를 다하고 장애물이 있을 때에는 경적을 울리고 일단 이를 피하도록 한 후 운행함으로써 사고를 미연에

방지하여야 할 업무상 주의의무가 있음에도 불구하고 이를 태만히 하여 앞 차를 추월하려고 차도의 중앙선 부분까지 침범하여 운행하다가 때마침 반대 쪽에서 오는 차를 보고 우측으로 피하다가 우측부근에 서있던 고소인을 위 차량 전면으로 들이받아 고소인을 지면에 전도시켜 전치 ○주의 치료를 요하는 두개골골절, 우측경골 및 비골골절 등의 상해를 입힌 자입니다.

2. 따라서 위와 같은 사실로 피고소인을 고소하오니 철저히 조사하시어 처벌하여 주시기 바랍니다.

첨 부 서 류

1. 진단서 1통
1. 목격자진술서 1통
1. 현장사진 3매

20 년 월 일

위 고소인 ○ ○ ○ (인)

○ ○ 경 찰 서 장 귀하

[사례 28] 권리행사방해죄(지게차운행 방해)

고 소 장

고 소 인 ○ ○ ○ (○○○○○○－○○○○○○○)
○○시 ○○구 ○○로 ○○(○○동)
(전화번호 : ○○○－○○○○)

피고소인 ○ ○ ○ (○○○○○○－○○○○○○○)
○○시 ○○구 ○○로 ○○(○○동)

(전화번호 : ○○○－○○○○)

고 소 취 지

피고소인을 권리행사방해죄로 고소하오니 처벌하여 주시기 바랍니다.

고 소 사 실

1. 피고소인은 20○○. ○. ○. 동인 소유의 경기 33바○○○○호 지게차를 고소인에게 임대료 월 ○○만원 ○개월 기한으로 임대차계약을 맺고 동시에 ○개월분의 임대료 ○○만원을 받은 다음, 그 지게차 운행권리 일체를 대여하고 고소인은 위 차를 다음날부터 ○○시 ○○로 ○○(○○동)에 있는 고소인의 차고에 보관하면서 ○○건설주식회사의 ○○공사장에서 운행하고 있던 중 피고소인은 위 지게차의 임대료가 너무 싸다고 생각하여 고소인에게 그 임대료의 인상을 요구하였으나 동인은 이를 거절하자 같은 해 ○. ○. 06:00경 고소인의 차고에서 ○○동 ○○번지에 있는 피고소인의 차고로 옮겨감으로써 고소인의 위 지게차운행의 권리행사를 방해한 것입니다.

2. 따라서 위와 같은 사실을 들어 피고소인을 귀서에 고소하오니 철저히 조사하시어 처벌하여 주시기 바랍니다.

첨 부 서 류

1. 현장 사진 3부
   조사시 자세히 진술하겠습니다.

20 년 월 일

위 고소인 ○ ○ ○ (인)

○ ○ 경 찰 서 장 귀하

[주] 1. 이 죄는 영득죄가 아니기 때문에 불법영득의 의사가 있었는가, 혹은 없었는가는 죄의 성립에 영향을 주지 않는다.

2. 타인의 점유 또는 권리의 목적이 된 자기의 물건이라는 것, 이를 취거·은닉·손괴함으로써 타인의 권리를 방해한다는 인식이 있으면 된다.
3. 취거란 점유자의 의사에 반하여 그 점유물에 대한 점유자의 사실상의 지배를 제거하고 자기 또는 제3자의 사실상의 지배로 옮기는 것을 말한다.
4. 은닉이란 물건의 소재 발견을 불가능하게 하거나 현저히 곤란한 상태에 두는 것을 말한다.
5. 손괴란 물건의 전부 또는 일부에 대하여 그 용익적 또는 가치적 효용을 해하는 것을 말한다.
6. 권리행사방해는 타인의 권리행사가 방해될 우려가 있는 상태에 이르면 되고 현실적으로 방해되었을 것을 요하지 않는다.

[판례] 1. 주식회사의 대표이사가 대표이사의 지위에 기하여 그 직무집행행위로서 타인이 점유하는 위 회사의 물건을 취거한 경우에는, 위 행위는 위 회사의 대표기관으로의 행위라고 평가되므로, 위 회사의 물건도 권리행사방해죄에 있어서의 "자기의 물건"이라고 보아야 할 것이다(대법원 1992. 1. 21. 선고 91도1170 판결).

2. 지입택시는 자동차등록원부상 지입회사 명의로 되어 있어 회사의 소유이고 지입차주의 소유는 아니므로 지입차주가 점유권자인 지입회사의 허락 없이 임의로 택시를 취거하였다 하더라도 권리행사방해죄가 성립하는 것은 아니다(대법원 2003. 5. 30. 선고 2000도5767 판결).
3. 권리행사방해죄에 있어서의 타인의 점유라 함은 권원으로 인한 점유 즉 정당한 원인에 기하여 그 물건을 점유하는 권리있는 자의 점유를 의미하는 것으로서 본권을 갖지 아니하는 절도범인의 점유는 여기에 해당하지 않는다(대법원 1994. 11. 11. 선고 94도343 판결).
4. 공장저당권이 설정된 선반기계 등을 이중담보로 제공하기 위하여 이를 다른 장소로 옮긴 경우, 이는 공장저당권의 행사가 방해될 우려가 있는 행위로서 권리행사방해죄에 해당한다(대법원 1994. 9. 27. 선고 94도1439 판결).

[사례 29] 권리행사방해죄(공장기계 등 은닉)

고 소 장

고 소 인　주식회사 ○○은행
　　　　　○○시 ○○구 ○○로 ○○(○○동)

대표이사 ○ ○ ○

피고소인 ○○주식회사
○○시 ○○구 ○○로 ○○(○○동)
대표이사 ○ ○ ○

고 소 취 지

피고소인을 형법 제323조의 권리행사방해죄로 고소하오니 처벌하여 주시기 바랍니다.

고 소 사 실

1. 피고소인은 ○○시 ○구 ○○로 ○○(○○동)에서 ○○주식회사라는 상호로 쇠공구등 철물 제조업에 종사하면서 20○○. ○. ○. 당 은행을 찾아와 현재 회사의 경영상 자금이 급히 필요하여 대출을 신청한다고 하여 고소인은 피고소인의 자산가치 등 담보물을 확인한 결과, 피고소인이 운영하는 공장의 부동산과 그 사업장내의 쇠공구 등의 생산에 필요한 피고소인 소유의 선반, 밀링등 기계가 있어 고소인은 공장 및 광업재단저당법에 의하여 이를 담보로 피고소인에게 대출을 하여 주었던 것입니다

2. 그 후 피고소인은 대출금 상환기일이 도과하여도 이를 변제하지 아니하므로 고소인은 위 공장 및 광업재단저당법에 의한 물건들을 법 절차에 따라 경매하려 현장 확인을 하여 본 결과, 고소인은 담보 대출 당시 공장 내에 있는 기계 등의 저당목록에 기재된 물건들이 상당수 없어진 점을 발견하고 고소인은 피고소인 회사 직원에게 이를 추궁한 끝에 위 물건들이 피고소인에 의하여 ○○시 ○○구 ○○동 소재 ○○○경영의 공장 현장으로 옮겨 은닉한 사실을 발견하였습니다.
   현재 피고소인은 고소인에게 대출금을 한 푼도 상환하지 않고 있을 뿐만 아니라 피고소인은 고소인의 권리로 담보된 물건을 취거 은닉한 부분에 대하여 전혀 범죄의식이 없습니다.

3. 따라서 위와 같은 사실을 들어 피고소인을 권리행사방해죄로 고소하오니 철저히 조사하시어 처벌하여 주시기 바랍니다.

첨 부 서 류

1. 등기권리증 사본 1부

1. 법인등기사항전부증명서 2부
1. 현장사진 등 5부

20 년 월 일

위 고소인 ○ ○ ○ (인)

○ ○ 경 찰 서 장 귀하

[사례 30] 명예훼손죄(시의원출마 방해)

고 소 장

고 소 인 ○ ○ ○ (○○○○○○－○○○○○○○)
○○시 ○○구 ○○로 ○○(○○동)
(전화번호 : ○○○－○○○○)

피고소인 ○ ○ ○ (○○○○○○－○○○○○○○)
○○시 ○○구 ○○로 ○○(○○동)
(전화번호 : ○○○－○○○○)

고 소 취 지

피고소인에 대하여 명예훼손죄로 고소하오니 처벌하여 주시기 바랍니다.

고 소 사 실

1. 피고소인은 ○○부동산을 경영하는 자로서, ○○당의 시의원 후보 고소외 ○○○를 지지하여 선거운동을 하였는 바, 20○○. ○. ○. ○○시 ○○로 ○○(○○동)에 위치한 피고소인의 부동산 사무실에서 같은 시 같은 지역구에서 시의원으로 출마한 고소인을 낙선시키기 위하여 여러 사람에게 "○○

○는 ○○시에서 작은댁을 얻어 살았던 적이 있는 사람이니, 그에게 우리시를 맡길 수는 없다"라고 말하여 공연히 사실을 적시하여 고소인의 명예를 훼손한 자입니다.

2. 따라서 피소고인을 귀서에 고소하오니 철저히 조사하시어 처벌하여 주시기 바랍니다.

입 증 방 법

조사시 자세히 진술하겠습니다.

20 년 월 일

위 고소인 ○ ○ ○ (인)

○ ○ 경 찰 서 장 귀하

[주] 1. 명예훼손죄는 타인의 명예를 훼손할 만한 말을 하면 족하며, 그 내용이 다른 사람으로부터 전해들은 것이라고 해도 공연히 구체적 사실을 적시한 것이라면 남에게서 전해들은 것이라는 사실이 명예훼손죄의 성립에는 아무런 영향이 미치지 않는다.

2. 공연성이란 불특정 또는 다수인이 의식할 수 있는 상태를 의미한다. 따라서 비록 개별적으로 한 사람에 대하여 사실을 유포하였다고 해도 이로부터 불특정 또는 다수인에게 전파될 가능성이 있다면 공연성의 요건을 충족한다고 할 수 있다. 이 경우도 한 사람에게 말한 것이지만 공연성이 있다고 보아 명예훼손죄를 적용할 수 있다.

3. 사실의 적시란 사람의 사회적 가치 내지 평가를 저하시키는데 충분한 사실을 지적하는 것을 말한다.

4. 진정한 과실사실로서 공공의 이익에 관한 것이면 위법성이 조각된다(형법 제310조).

[판례] 1. 명예훼손죄가 성립하기 위하여는 사실의 적시가 있어야 하는데, 여기에서 적시의 대상이 되는 사실이란 현실적으로 발생하고 증명할 수 있는 과거

또는 현재의 사실을 말하며, 장래의 일을 적시하더라도 그것이 과거 또는 현재의 사실을 기초로 하거나 이에 대한 주장을 포함하는 경우에는 명예훼손죄가 성립한다고 할 것이고, 장래의 일을 적시하는 것이 과거 또는 현재의 사실을 기초로 하거나 이에 대한 주장을 포함하는지 여부는 그 적시된 표현 자체는 물론 전체적인 취지나 내용, 적시에 이르게 된 경위 및 전후 상황, 기타 제반사정을 종합적으로 참작하여 판단하여야 한다.

피고인이 경찰관을 상대로 진정한 사건이 혐의 인정되지 않아 내사종결 처리되었음에도 불구하고 공연히 "사건을 조사한 경찰관이 내일부로 검찰청에서 구속영장이 떨어진다."고 말한 것을 현재의 사실을 기초로 하거나 이에 대한 주장을 포함하여 장래의 일을 적시한 것으로 볼 수 있어 명예훼손죄에 있어서의 사실의 적시에 해당한다(대법원 2003. 5. 13. 선고 2002도7420 판결).

2. 명예훼손죄가 성립하기 위하여는 사실의 적시가 있어야 하고 적시된 사실은 이로써 특정인의 사회적 가치 내지 평가가 침해될 가능성이 있을 정도로 구체성을 띠어야 한다.

   "애꾸, 병신"이라는 발언 내용은 피고인이 피해자를 모욕하기 위하여 경멸적인 언사를 사용하면서 욕설을 한 것에 지나지 아니하고, 피해자의 사회적 가치나 평가를 저하시키기에 충분한 구체적 사실을 적시한 것이라고는 보기 어렵다(대법원 1994. 10. 25. 선고 94도1770).

3. 형법 제307조 제2항이 정하는 허위사실 적시에 의한 명예훼손죄가 성립하기 위하여는 범인이 공연히 사실의 적시를 하여야 하고, 그 적시한 사실이 사람의 사회적 평가를 저하시키는 것으로서 허위이어야 하며, 범인이 그와 같은 사실이 허위라고 인식하였어야 한다.

   형법 제307조 제2항을 적용하기 위하여 적시된 사실이 허위의 사실인지 여부를 판단함에 있어서는 적시된 사실의 내용 전체의 취지를 살펴볼 때 중요한 부분이 객관적 사실과 합치되는 경우에는 세부에 있어서 진실과 약간 차이가 나거나 다소 과장된 표현이 있다 하더라도 이를 허위의 사실이라고 볼 수는 없다(대법원 2000. 2. 25. 선고 99도4757 판결).

4. 명예훼손죄는 어떤 특정한 사람 또는 인격을 보유하는 단체에 대하여 그 명예를 훼손함으로써 성립하는 것이므로 그 피해자는 특정한 것임을 요하고, 다만 서울시민 또는 경기도민이라 함과 같은 막연한 표시에 의해서는 명예훼손죄를 구성하지 아니한다 할 것이지만, 집합적 명사를 쓴 경우에도 그것에 의하여 그 범위에 속하는 특정인을 가리키는 것이 명백하면, 이를 각자의 명예를 훼손하는 행위라고 볼 수 있다(대법원 2000 10. 10. 선고 99도5407 판결).

[사례 31] 명예훼손죄(차량 방화범이라고 적시)

고 소 장

고 소 인 ○ ○ ○ (○○○○○○－○○○○○○○)
○○시 ○○구 ○○로 ○○(○○동)
(전화번호 : ○○○－○○○○)

피고소인 ○ ○ ○ (○○○○○○－○○○○○○○)
○○시 ○○구 ○○로 ○○(○○동)
(전화번호 : ○○○－○○○○)

고 소 취 지

피고소인에 대하여 명예훼손죄로 고소하오니 처벌하여 주시기 바랍니다.

고 소 사 실

1. 피고소인은 20○○. ○. ○. 21:30경 ○○시 ○○구 ○○로 ○○(○○동)에 위치한 피고소인의 집 3층 방에서 그곳으로부터 약 50미터 거리의 길가에 주차되어 있던 승용차가 불타고 있는 것을 발견하고 곧 불을 끄고자 뛰어 갔는 바, 그 때 그곳에서 서성거리고 있던 같은 동네에 사는 고소인을 보고, 그를 의심하여 아무런 확증이 없음에도 같은 달 ○. 20:00경 피고소인의 집에서 이웃에 사는 고소외 ○○○, 같은 ○○○, 같은 ○○○ 등에 대하여 "경찰이 아직도 방화범을 잡지 못하는 것은 다 이유가 있다. 그 범인은 바로 옆 골목에 사는 ○○○인데 그가 경찰관들과 친하기 때문에 잡지 않는 것이다"라는 등으로 공연히 사실을 적시하여 고소인의 명예를 훼손한 자입니다.

2. 따라서 피고소인을 귀서에 고소하오니 철저히 조사하시어 처벌하여 주시기 바랍니다.

입 증 방 법

조사시 자세히 진술하겠습니다.

20 년 월 일

위 고소인 ○ ○ ○ (인)

○ ○ 경 찰 서 장 귀하

[사례 32] 명예훼손죄(회사의 공금 횡령)

고 소 장

고 소 인 ○ ○ ○ (○○○○○○－○○○○○○○)
○○시 ○○구 ○○로 ○○(○○동)
(전화번호 : ○○○－○○○○)

피고소인 ○ ○ ○ (○○○○○○－○○○○○○○)
○○시 ○○구 ○○로 ○○(○○동)
(전화번호 : ○○○－○○○○)

고 소 사 실

1. 피고소인은 ○○주식회사의 주주입니다.

2. 20○○. ○. ○. ○○시 ○○구 ○○로 ○○(○○동)에서 이 회사의 주주총회시 같은 회사의 대표이사인 고소인이 그 동안의 회사의 경영사정에 대하여 고소인의 의사를 피력하는 중 피고소인이 고소인의 의사를 반박함으로써 언쟁이 있었는데 피고소인이 50여명의 주주가 모인 이 자리에서 회사의 공금을 횡령한 사기꾼이 무슨 할 이야기가 많으냐? 근거가 있으니 고소하여 처벌받게 할 것인데 어떻게 생각하느냐고 타인들의 동조를 구하는 등 고소인도 전혀 알지 못하는 사실무근한 허위사실을 들어가면서 고소인의 명예를 훼손하였습니다.

3. 위와 같은 사실을 들어 피고소인을 귀서에 고소하오니 철저히 조사하시어 엄벌하여 주시기 바랍니다.

20 년 월 일

위 고소인 ○ ○ ○ (인)

○ ○ 경 찰 서 장 귀하

[사례 33] 명의도용죄(인감증명과 인감도장)

고 소 장

고 소 인 ○ ○ ○ (○○○○○○－○○○○○○○)
○○시 ○○구 ○○로 ○○(○○동)
(전화번호 : ○○○－○○○○)

피고소인 ○ ○ ○ (○○○○○○－○○○○○○○)
○○시 ○○구 ○○로 ○○(○○동)
(전화번호 : ○○○－○○○○)

고 소 사 실

1. 20○○. ○. ○. ○○시 ○○구 ○○로 ○○(○○동)에 거주한 피고소인에게 부동산매매 관련으로 인감증명과 인감을 건네주었습니다. 차후 서울보증보험에서 ○○○의 채무자와 연대보증인으로 되어 있는 것을 확인했습니다. ○○○○보험측에서 고소인이 피고소인에게 부동산매매 관련으로 인감증명과 인감도장을 건네 준 서류임은 확인되었습니다.

2. 위 문중의 실체를 소명하기 위하여 금감원에 내용을 확인한 결과 명백한 명의 도용사건이라고 하여 피고소인이 저의 명의를 도용하여 사용한 적이 있는 자이오니 엄밀히 조사하시어 처벌하여 주시기 바랍니다.

입 증 방 법

조사시 자세히 진술하겠습니다.

20 년 월 일

위 고소인 ○ ○ ○ (인)

○ ○ 경 찰 서 장 귀하

[사례 34] **모 욕 죄** (물품대금 외상거절로 인함)

고 소 장

고 소 인 ○ ○ ○ (○○○○○○－○○○○○○○)
○○시 ○○구 ○○로 ○○(○○동)
(전화번호 : ○○○－○○○○)

피고소인 ○ ○ ○ (○○○○○○－○○○○○○○)
○○시 ○○구 ○○로 ○○(○○동)
(전화번호 : ○○○－○○○○)

고 소 취 지

피고소인을 상대로 모욕죄로 고소하오니 처벌하여 주시기 바랍니다.

고 소 이 유

1. 피고소인은 ○○시 ○○로 ○○(○○동)에 거주하는 자로서, 20○○. ○. ○. 19:00경 같은 로 ○○(○○동)에 있는 고소인이 경영하는 ○○가게에서 평소 고소인이 피고소인에게 외상으로 물건을 주지 않는다는 이유로 고소외

○○○, 같은 ○○○ 등 마을사람 10여명이 있는 가운데 고소인에게 "이 돼지같은 년아, 네가 혼자 잔뜩 처먹고 배 두드리며 사나보자"라고 큰소리로 말하여 공연히 고소인을 모욕한 것입니다.

2. 따라서 피고소인을 귀서에 고소하오니 철저히 조사하시어 처벌하여 주시기 바랍니다.

입 증 방 법

추후 조사시 제출하겠습니다.

20 년 월 일

위 고소인 ○ ○ ○ (인)

○ ○ 경 찰 서 장 귀하

[주] 1. 이 죄의 행위에 있어서 모욕이란, 구체적인 사실을 적시하지 않고 외부적 명예를 훼손할 만한 추상적인 가치판단을 표시하는 것을 말한다. 사실의 적시 없이 경멸의 의사를 표시하면 모욕이 된다.

2. 이 죄는 표현범이므로 단순한 무례·불친절만으로는 모욕이 되지 않으나 침을 뱉거나 빰을 때리는 것은 거동에 의한 모욕이 될 수 있는데 이러한 경우는 폭행죄와의 상상적 경합이 된다.

3. 명예훼손죄는 반의사불벌죄이지만 사자명예훼손과 모욕죄는 친고죄이다.

[판례] 1. 단지 "도둑놈" 또는 "죽일놈"이라고 욕한 것은 모욕에 해당한다(대법원 1961. 2. 24. 선고 4293형상864 판결).

2. 동네사람 4명과 구청직원 2명 등이 있는 자리에서 피해자가 듣는 가운데 구청직원에게 피해자를 가리키면서 "저 망할 년 저기 오네"라고 피해자를 경멸하는 욕설 섞인 표현을 하였다면 피해자를 모욕하였다고 볼 수 있다(대법원 1990. 9. 25. 선고 90도 판결).

[사례 35] 모 욕 죄 (회의석상에서 회사 상무를 모욕)

고 소 장

고 소 인 ○ ○ ○ (○○○○○○－○○○○○○○)
○○시 ○○구 ○○로 ○○(○○동)
(전화번호 : ○○○－○○○○)

피고소인 ○ ○ ○ (○○○○○○－○○○○○○○)
○○시 ○○구 ○○로 ○○(○○동)
(전화번호 : ○○○－○○○○)

고 소 취 지

피고소인을 상대로 모욕죄로 고소하오니 처벌하여 주시기 바랍니다.

고 소 이 유

1. 피고소인은 ○○상사를 경영하는 자로서, 20○○. ○. ○. 11:00경 ○○시 ○○로 ○○(○○동)에 있는 ○○주식회사의 회의실에서 열린 위 회사의 채권단회의 석상에서 고소외 ○○○ 등 ○○이 모인 앞에서 "이 회사의 ○○○ 상무는 허수아비 노릇만 하는 바보새끼다. 그런 놈은 당장 사표를 써야 한다"라고 큰 소리를 질러 공연히 고소인을 모욕한 자입니다.

2. 따라서 피고소인을 귀서에 고소하오니 철저히 조사하시어 처벌하여 주시기 바랍니다.

입 증 방 법

추후 조사시 제출하겠습니다.

20 년 월 일

위 고소인 ○ ○ ○ (인)

ㅇ ㅇ 경 찰 서 장 귀하

[사례 36] 모 욕 죄(주점에 술을 마시던 중)

고 소 장

고 소 인 ㅇ ㅇ ㅇ (ㅇㅇㅇㅇㅇㅇ－ㅇㅇㅇㅇㅇㅇㅇ)
ㅇㅇ시 ㅇㅇ구 ㅇㅇ로 ㅇㅇ(ㅇㅇ동)
(전화번호 : ㅇㅇㅇ－ㅇㅇㅇㅇ)

피고소인 ㅇ ㅇ ㅇ (ㅇㅇㅇㅇㅇㅇ－ㅇㅇㅇㅇㅇㅇㅇ)
ㅇㅇ시 ㅇㅇ구 ㅇㅇ로 ㅇㅇ(ㅇㅇ동)
(전화번호 : ㅇㅇㅇ－ㅇㅇㅇㅇ)

고 소 취 지

피고소인에 대하여 모욕죄로 고소하오니 처벌하여 주시기 바랍니다.

고 소 이 유

1. 피고소인은 20ㅇㅇ. ㅇ. ㅇ. 23:40경, ㅇㅇ도 ㅇㅇ군 ㅇㅇ읍 ㅇㅇ로 ㅇㅇㅇ에 위치한 ㅇㅇ라는 주점에서 친구 3명과 떠들며 술을 마시던 중 옆 좌석에 앉아 술을 마시고 있던 고소인은 피고소인에게 좀 조용히 하라고 주의를 주자, 고소인에게 "너나 입닥쳐 이 병신아"라고 경멸하는 말을 하여 모욕한 것입니다.

2. 이에 고소인은 피고소인에게 사과를 요구하였으나 피고소인은 오히려 "병신육갑하네"라고 말하면서 사과를 거부하고 있습니다.

3. 따라서 피고소인을 귀서에 고소하오니 철저히 조사하시어 처벌하여 주시기 바랍니다.

입 증 방 법

추후 조사시 제출하겠습니다.

20 년 월 일

위 고소인 ○ ○ ○ (인)

○ ○ 경 찰 서 장 귀하

[사례 37] **무 고 죄** (임대차계약서 다시 작성)

고 소 장

고 소 인 ○ ○ ○ (○○○○○○－○○○○○○○)
○○시 ○○구 ○○로 ○○(○○동)
(전화번호 : ○○○－○○○○)

피고소인 1. 김 ○ ○ (○○○○○○－○○○○○○○)
○○시 ○○구 ○○로 ○○(○○동)
(전화번호 : ○○○－○○○○)

2. 이 ○ ○ (○○○○○○－○○○○○○○)
○○시 ○○구 ○○로 ○○(○○동)
(전화번호 : ○○○－○○○○)

고 소 취 지

피고소인에 대하여 무고죄로 고소하오니 처벌하여 주시기 바랍니다.

고 소 사 실

1. 피고소인은 20○○. ○. ○. 고소인 김○○으로부터 ○○시 ○○동 소재 ○○다방을 임차하여 동인과 내연의 관계에 있던 고소인 이○○로 하여금 위 다방을 운영하도록 하던 중 같은 달 ○. 임대차계약의 임차인을 피고소인 명의에서 고소인 이○○ 명의로 변경하도록 승낙한 사실이 있음에도 불구하고, 고소외 김○○○을 상대로 임대차보증금반환청구의 소를 제기하였다가 패소하자 고소인들로 하여금 형사처벌을 받게 할 목적으로 20○○. ○. ○. ○○시 ○○동 소재 ○○식당에서 고소인 '김○○와 같은 이○○가 통정하여 20○○. ○. ○. 고소인들 모르게 임차인을 고소인 이○○로 하는 임대차계약서를 다시 작성하여 피고소인의 임대차보증금 3,000만원과 권리금 2,500만원, 합계 5,500만원을 편취하였다.'는 취지의 고소장을 작성한 후 같은 달 ○. ○○경찰서 민원실에서 같은 경찰서장 앞으로 이를 제출, 접수하게 하여 공무소에 대하여 허위신고를 한 것입니다.

2. 따라서 피고소인을 귀서에 고소하오니 철저히 조사하시어 처벌하여 주시기 바랍니다.

20 년 월 일

위 고소인 ○ ○ ○ (인)

○ ○ 경 찰 서 장 귀하

[사례 38] 무고죄(사문서 위조 및 동행사)

고 소 장

고 소 인 ○ ○ ○ (○○○○○○－○○○○○○○)
○○시 ○○구 ○○로 ○○(○○동)

(전화번호 : ○○○－○○○○)

피고소인 ○ ○ ○ (○○○○○○－○○○○○○○)
○○시 ○○구 ○○로 ○○(○○동)
(전화번호 : ○○○－○○○○)

고 소 취 지

피고소인에 대하여 무고죄로 고소하오니 처벌하여 주시기 바랍니다.

고 소 사 실

1. 피고소인은 고소인이 경영하는 ○○출판사 외판원으로 일하면서 20○○. ○. ○. 금 ○○○원을 선지급 받은 사실이 있음에도 불구하고, 고소인이 피고소인의 인장을 임의 조각하여 출금전표를 작성함으로써 사문서위조 및 동 행사를 한 사실이 있다고 ○○경찰서에 고소함으로써 고소인을 형사처분 받게 할 목적으로 허위의 사실을 신고하여 고소인을 무고한 사실이 있습니다.

2. 따라서 피고소인을 귀서에 고소하오니 철저히 조사하시어 처벌하여 주시기 바랍니다.

20 년 월 일

위 고소인 ○ ○ ○ (인)

○ ○ 경 찰 서 장 귀하

[사례 39] 무고죄(지불각서 위조 금원 편취)

고 소 장

고 소 인 ○ ○ ○ (○○○○○○－○○○○○○○)
○○시 ○○구 ○○로 ○○(○○동)
(전화번호 : ○○○－○○○○)

피고소인 ○ ○ ○ (○○○○○○－○○○○○○○)
○○시 ○○구 ○○로 ○○(○○동)
(전화번호 : ○○○－○○○○)

고 소 취 지

피고소인에 대하여 무고죄로 고소하오니 처벌하여 주시기 바랍니다.

고 소 사 실

1. 피고소인은 일정한 직업이 없는 자로서, 대여일은 20○○. ○. ○. 변제기일은 20○○. ○. ○. 이자는 월 ○%로 정하여 피고소인이 직접 작성한 지불각서를 고소인에게 교부하고 금 ○○○원을 고소인으로부터 차용하였음에도 불구하고, 고소인이 피고소인에게 위 갚을 것을 독촉하자 오히려 고소인이 피고소인의 도장을 이용하여 피고소인 명의의 지불각서를 위조하여 피고소인으로부터 금 ○○○원을 편취하려 한다는 내용의 고소장을 20○○. ○. ○. ○○경찰서에 제출하였는 바, 이는 피고소인이 고소인에 대한 채무를 면해 보고자 고소인을 형사처분 받게 할 목적으로 허위의 사실을 기재 고소인을 음해한 자입니다.

2. 따라서 피고소인을 귀서에 고소하오니 철저히 조사하시어 처벌하여 주시기 바랍니다.

20 년 월 일

위 고소인 ○ ○ ○ (인)

○ ○ 경 찰 서 장　　　귀하

[사례 40] 미성년자 등에 대한 간음죄(등록금을 이용 간음)

고　　소　　장

고 소 인　○　　○　　○ (○○○○○○－○○○○○○○)
　　　　　○○시 ○○구 ○○로 ○○(○○동)
　　　　　(전화번호 : ○○○－○○○○)

피고소인　○　　○　　○ (○○○○○○－○○○○○○○)
　　　　　○○시 ○○구 ○○로 ○○(○○동)
　　　　　(전화번호 : ○○○－○○○○)

피고소인을 미성년자 등에 대한 간음죄로 고소하오니 처벌하여 주시기 바랍니다.

고　소　사　실

1. 피고소인은 ○○주식회사 ○○공장에서 공장장으로 재직하고 있는 자로서, 위 회사 공장의 공원인 고소인이 20○○. ○. ○. 19:00경 피고소인에게 찾아와 "동생 등록금을 내야 하는데 ○○만원만 빌려 달라"고 간청하자, 이를 쾌히 승낙하고 이를 기회로 고소인을 간음하기로 마음먹고, 그때쯤 그녀를 데리고 ○○시 ○○로 ○○(○○동)에 있는 "○○주점"에 가서 ○○양주 ○잔을 억지로 마시게 하면서 "앞으로 돈 걱정은 일체 하지 말라. 모두 내가 책임지겠다"라는 등의 거짓말로 고소인을 유혹하여 이를 믿게 한 다음, 같은 날 21:30경 술에 취한 고소인을 위 주점 근처의 "○○모텔" ○○○호실로 유인하여 미성년자인 고소인을 간음한 것입니다.

2. 따라서 피고소인을 귀서에 고소하오니 철저히 조사하시어 처벌하여 주시기 바랍니다.

20 년 월 일

위 고소인 ○○○은 미성년자이므로

법정대리인 친권자 부 ○ ○ ○ (인)

모 ○ ○ ○ (인)

○ ○ 경 찰 서 장 귀하

[주] 1. 이 죄의 행위의 객체는 미성년자 또는 심신미약자이다. 미성년자는 만 20세 미만의 사람이지만 만 13세 미만에 대해서는 미성년자 의제강간(추행)죄가 성립되므로, 이 죄의 객체로서의 미성년자는 만 13세부터 만 19세까지가 된다.

2. 심신미약의 정도는 객관적으로 판단할 수 있을 정도 즉, 미성년자 정도의 의사능력밖에 없다고 인정되는 정도이면 된다.

[판례] 형법 제302조 소정의 위계에 의한 심신미약자간음죄에 있어서 위계라 함은 행위자가 간음의 목적으로 상대방에게 오인, 착각, 부지를 일으키고는 상대방의 그러한 심적 상태를 이용하여 간음의 목적을 달성하는 것을 말하는 것이고, 여기에서 오인, 착각, 부지란 간음행위 자체에 대한 오인, 착각, 부지를 말하는 것이지, 간음행위와 불가분적 관련성이 인정되지 않는 다른 조건에 관한 오인, 착각, 부지를 가리키는 것은 아니다(대법원 2002. 7. 12. 선고 2002 도2029 판결).

[사례 41] 미성년자 등에 대한 간음죄(저금할 돈을 소비하여 귀가하지 못함)

고 소 장

고 소 인 ○ ○ ○ (○○○○○○－○○○○○○○)
○○시 ○○구 ○○로 ○○(○○동)
(전화번호 : ○○○－○○○○)

피고소인 ○ ○ ○ (○○○○○○−○○○○○○○)
○○시 ○○구 ○○로 ○○(○○동)
(전화번호 : ○○○−○○○○)

피고소인을 미성년자 등에 대한 간음죄로 고소하오니 처벌하여 주시기 바랍니다.

고 소 사 실

1. 선천적으로 같은 또래의 아이들보다 지능이 다소 낮은데다가 그 후 지능발달이 뒤져 변별력이 모자라 자신이 처한 상황에 대한 인식이나 대처가 보통사람들에 비해 현저히 뒤지는 고소인은 20○○. ○. ○. 17:00경 학교를 파한 후 친구와 시내를 돌아다니면서 어머니로부터 저금한다고 받은 돈 ○○○원을 다 써버려 어머니가 무서워서 집에 들어가지 못하고 새벽까지 친구집에서 놀다가 20○○. ○. ○. 04:40경 집으로 돌아가려고 친구의 대문을 나섰는데 피고소인은 20○○. ○. ○. 04:50경 ○○시 ○○구 ○○로 ○○(○○동) 소재 피고소인의 자취방 앞길에서 귀가하지 못하고 있던 고소인에게 돈을 주겠다고 유혹하여 피고소인의 자취방으로 데려가 억지로 팔베개를 하여 주면서 자기 옆에 눕힌 다음 고소인의 의사에 반하여 간음한 사실이 있습니다.

2. 따라서 피고소인을 귀서에 고소하오니 철저히 조사하시어 처벌하여 주시기 바랍니다.

20 년 월 일

위 고소인 ○○○은 미성년자이므로
법정대리인 친권자 부 ○ ○ ○ (인)
모 ○ ○ ○ (인)

○ ○ 경 찰 서 장 귀하

[사례 42] 미성년자에 대한 추행죄(학원에서 혼자 있음을 알고 추행)

고 소 장

고 소 인 ○ ○ ○ (○○○○○○－○○○○○○○)
○○시 ○○구 ○○로 ○○(○○동)
(전화번호 : ○○○－○○○○)

피고소인 ○ ○ ○ (○○○○○○－○○○○○○○)
○○시 ○○구 ○○로 ○○(○○동)
(전화번호 : ○○○－○○○○)

피고소인을 미성년자에 대한 추행죄로 고소하오니 처벌하여 주시기 바랍니다.

고 소 사 실

1. 피고소인은 ○○시 ○○로 ○○(○○동)에 위치한 ○○속셈학원 선생으로서, 20○○. ○. ○. 15:40경 위 속셈학원 ○호실 교실에 고소인이 혼자 있는 것을 보고 갑자기 욕정을 일으켜 고소인의 손목을 잡고 시원한 음료수를 마시자고 하며 피고소인의 방으로 유인하여 고소인을 자기 의자에 앉히고 그녀의 팬티를 발목까지 걷어내려 음부를 손가락으로 후비고 피고소인의 음경을 꺼내어 고소인의 음부와 복부에 비벼대는 등 강제로 추행한 것입니다.

2. 따라서 피고소인을 귀서에 고소하오니 철저히 조사하시어 처벌하여 주시기 바랍니다.

20 년 월 일

위 고소인 ○○○은 미성년자이므로

법정대리인 친권자 부 ○ ○ ○ (인)
모 ○ ○ ○ (인)

ㅇ ㅇ 경 찰 서 장 귀하

[주] 1. 13세 미만의 여자 또는 사람에게는 간음 또는 추행에 대한 동의능력이 없다고 보아 그 동의가 있는 때에도 강간죄 또는 강제추행죄가 예에 의하여 처벌한다.
2. 피해자가 13세 미만인 것으로 알았으나 사실은 13세 이상인 때에는 불능범으로서 죄가 성립하지 않는다.
3. 폭행·협박을 이용해 반항을 억압한 후 간음 또는 추행하면 강간죄(형법 제297조)나 강제추행죄(형법 제298조)가 성립한다.
4. 13세 미만의 여아를 폭행, 협박하여 강간하고 그로 인해 처녀막파열상을 가한 경우는 미성년자의제강간죄가 아니라 강간치상죄가 성립한다.
5. 13세 미만의 부녀에게 과자를 사주고 가슴을 만지는 추행행위는 동의를 구했다 하더라도 미성년자강제추행죄가 성립한다(미성년자 간음 또는 추행이 아님에 유의).
6. 13세 미만의 여아를 강제로 추행하다가 상해를 입힌 경우 미성년자강제추행치상죄가 성립한다(미성년자의제강제추행상해죄가 아님에 유의).
7. 만약 주민등록상으로 13세 3개월된 소녀를 추행할 경우에는 미성년자의제강제추행죄가 아니라 미성년자추행죄가 성립하고, 13세 미만이라면 미성년자의제강제추행죄가 성립된다.

[판례] 1. 형법 제305조의 미성년자의강제추행죄는 '13세 미만의 아동이 외부로부터의 부적절한 성적 자극이나 물리력의 행사가 없는 상태에서 심리적 장애 없이 성적 정체성 및 가치관을 형성할 권익'을 보호법익으로 하는 것으로서, 그 성립에 필요한 주관적 구성요건요소는 고의만으로 충분하고, 그 외에 성욕을 자극·흥분·만족시키려는 주관적 동기나 목적까지 있어야 하는 것은 아니다(대법원 2006. 1. 13. 선고 2006도6791 판결).
2. 본조에 규정된 13세 미만 부녀에 대한 의제강간, 추행죄는 그 성립에 있어 위계 또는 위력이나 폭행 또는 협박의 방법에 의함을 요하지 아니하며 피해자의 동의가 있었다고 하여도 성립하는 것이다(대법원 1982. 10. 12. 선고 82도2183 판결).
3. 형법 제305조의 미성년자에 대한 추행에는 이로 인한 치상이 있게 되면 같은 법 제301조의 강간 등에 의한 치사상의 예에 의하여 처벌하므로 고소가 없거나 고소가 취소되어도 이를 논할 수 있다(대법원 1990. 4. 10. 선고 90도335 판결).

[사례 43] 미성년자에 대한 추행죄 등(집안에 혼자 있음을 알고 추행)

고 소 장

고 소 인 ○ ○ ○ (○○○○○○－○○○○○○○)
○○시 ○○구 ○○로 ○○(○○동)
(전화번호 : ○○○－○○○○)

피고소인 ○ ○ ○ (○○○○○○－○○○○○○○)
○○시 ○○구 ○○로 ○○(○○동)
(전화번호 : ○○○－○○○○)

피고소인을 미성년자에 대한 추행죄 등의 죄로 고소하오니 처벌하여 주시기 바랍니다.

고 소 사 실

1. 피고소인은 일정한 직업이 없는 자로서, 20○○. ○. ○. 15:00경 술을 먹고 ○○시 ○○로 ○○(○○동)에 있는 평소 알지 못한 고소외 ○○○의 집에 들어가 동인의 딸인 고소인이 마침 혼자 있는 것을 보고 동인에게 "나는 네 아빠의 친구다. 너 참 예쁘구나"라고 거짓말을 하며 고소인을 껴안고 팬티 속에 손을 집어넣어 음부를 문지르는 등 추행을 하고, 다시 강제로 간음하려 하다가 고소인의 할머니 고소외 ○○○가 집에 들어오는 바람에 그 목적을 이루지 못하고 미수에 그쳤으나 그 때 위 추행 등으로 인하여 고소인에게 약 1주일간의 치료를 요하는 외음부개갠상처를 입게 한 것입니다.

2. 따라서 피고소인을 귀서에 고소하오니 철저히 조사하시어 처벌하여 주시기 바랍니다.

20 년 월 일

위 고소인 ○○○은 미성년자이므로
법정대리인 친권자 부 ○ ○ ○ (인)
모 ○ ○ ○ (인)

ㅇ ㅇ 경 찰 서 장 귀하

[사례 44] 방 화 죄 (채무금 지체하자 방화)

고 소 장

고 소 인 ○ ○ ○ (○○○○○○－○○○○○○○)
○○시 ○○구 ○○로 ○○(○○동)
(전화번호 : ○○○－○○○○)

피고소인 ○ ○ ○ (○○○○○○－○○○○○○○)
○○시 ○○구 ○○로 ○○(○○동)
(전화번호 : ○○○－○○○○)

고 소 취 지

피고소인에 대하여 일반건조물방화죄로 고소하오니 처벌하여 주시기 바랍니다.

고 소 사 실

피고소인은 고소인에게 대여금채무를 부담하고 있는 자로 변제기가 도래하였음에도 채무이행을 하지 아니하여 고소인이 변제를 수차 독촉하자 이에 앙심을 품고 20○○. ○. ○. 17:30경 상기 고소인의 주소에 소재한 고소인의 헛간에 불을 놓아 이를 전소시킨 사실이 있어 피고소인을 귀서에 고소하오니 철저히 조사하시어 처벌하여 주시기 바랍니다.

첨 부 서 류

1. 목격자진술서 1통

20 년 월 일

위 고소인 ○ ○ ○ (인)

○ ○ 경 찰 서 장 귀하

[사례 45] 배 임 죄(계돈 미지급)

고 소 장

고 소 인 ○ ○ ○ (○○○○○○－○○○○○○○)
○○시 ○○구 ○○로 ○○(○○동)
(전화번호 : ○○○－○○○○)

피고소인 ○ ○ ○ (○○○○○○－○○○○○○○)
○○시 ○○구 ○○로 ○○(○○동)
(전화번호 : ○○○－○○○○)

고 소 취 지

피고소인에 대하여 배임죄로 고소를 제기하오니 처벌하여 주시기 바랍니다.

고 소 사 실

1. 피고소인은 20○○. ○. ○. ○○시 ○○구 ○○로 ○○(○○동)에 위치한 피고소인의 집에서 조직한 계금 1,000만원, 구좌 24개인 번호계의 계주인 자로서,

2. 20○○. ○. ○. 피고소인의 집에서 그 계원들로부터 계불입금 1,000만원을 받았으면 그 날 계금을 타기로 지정된 11번 계원인 고소인에게 계금 1,000만원을 지급할 임무가 있음에도 불구하고 그 임무에 위배하여 그 계금을 고소인에게 지급하지 아니한 채, 그 무렵 피고소인의 주거지 등지에서 임의로 피고소인의 생활비 등에 소비하여 계금 1,000만원 상당의 이익을 취득하고 고소인에게 동액 상당의 재산상 손해를 가한 것입니다.

3. 위와 같은 사실로 피고소인을 고소하오니 철저히 조사하시어 처벌하여 주시기 바랍니다.

입 증 방 법

조사시 자세히 진술하겠습니다.

20 년 월 일

위 고소인 ○ ○ ○ (인)

○ ○ 경 찰 서 장 귀하

[주] 1. 배임죄는 본인과의 신임관계 또는 신의성실에 위배하여 타인의 재산을 침해하는 범죄이다. 재산죄 가운데 재물 외에 재산상의 이익만을 객체로 하는 순수한 이득죄이다.

2. 대부행위 자체가 본인을 위한 사무처리로서 행위자의 권한에 속하여 임무위배라고 말할 수 없는 경우에도 회수불확실한 대부를 한 경우에는 배임죄가 성립한다.

3. 정부양곡의 수매, 가공, 보관 및 방출 등의 업무를 보조하던 군청직원이 비축중인 정부양곡을 소정 목적 외의 용도로 마음대로 방출한 경우에는 배임죄가 성립한다.

4. 회사직원이 이사회 결의나 담보없이 타회사를 위하여 지급보증을 하거나, 대표이사가 이사회의 사전승인 없이 마음대로 타인의 차금행위를 보증한 것 등은 배임행위가 된다.

5. 회사 이사가 배당가능성이 없는 데도 있는 것처럼 위장하여 주주에게 이익배당을 하는 소위 낙지배당은 그것이 주주의 이익을 가하고 본인(회사)의 재산을 감소시켜 재산상의 손해를 입힌 것이 분명하므로 특별배임죄로서 상법 제625조 제3항에 의하여 엄격이 금지되어 있다.

그러나 은행이사가 은행의 신용을 유지할 목적으로 임무에 위배하여 이익배당을 함으로써 은행에 손실을 준 경우와 같이 행위자가 본인(회사)의 이익을 도모할 목적으로 위법배당을 하면 배임죄가 되지 않는다. 다만 본인(회사)의 이익을 위한 행위가 동시에 자기 또는 주주의 이익을 위한 행위가 되는 경우에는 결국 어느 의사가 주된 경우인가에 따라 판단한다.

6. 타인의 재산관리를 위탁받은 자가 그 재산을 부당히 염가로 매각하면 배임죄가 성립한다.
7. 배임죄에 의하여 취득한 물건은 재산상의 이익이며 재물을 배임행위에 제공된 물건에 지나지 아니하므로 이를 취득하여도 장물죄가 성립하지 않는다. 따라서 이중매매된 부동산을 취득하거나 양도담보로 제공한 물건을 처분하는 것을 취득한 자는 배임죄의 공범은 될 수 있어도 장물취득죄는 성립하지 않는다.
8. A가 채권자 B를 위해 자기의 부동산에 저당권을 설정했는데, 아직 등기가 되어 있지 않은 것을 이용해, C에게 다시 새로운 저당권을 설정하고 이에 등기하는 경우, B에게 재산상의 손해를 입혔기 때문에 배임죄가 성립한다.
9. 채무의 담보조로 부동산을 형식상 매매하였으면 채무를 변제하기까지는 위 부동산을 처분할 수 없음에도 불구하고 이를 처분하게 되면 채무불이행시 채권자의 위 부동산에 대한 환가권을 침해한 것임으로 배임죄가 성립한다.

[판례] 1. 배임죄는 타인의 사무를 처리하는 자가 그 임무에 위배하는 행위로써 재산상의 이익을 취득하거나 제3자로 하여금 이를 취득하게 하여 본인에게 손해를 가함으로써 성립하는 것이므로, 그 범죄의 주체는 타인의 사무를 처리하는 신분이 있어야 할 것이고, 여기서 타인의 사무라 함은 타인의 재산관리에 관한 사무의 전부 또는 일부를 대행하는 경우 예컨대 위임, 고용, 도급, 임치 등 계약상 타인의 재산을 관리, 보존하는 임무를 부담하여 본인을 위하여 일정한 권한을 행사하는 경우와 등기협력의무와 같이 매매담보권의 설정 등 자기의 사무인 동시에 상대방의 재산보전이 그의 적극적, 소극적 협력에 관계되는 경우를 뜻한다 할 것이고, 타인에 대하여 단순히 채무를 부담함에 그치는 경우에는 본인의 사무로 인정되고 타인의 사무처리에 해당하지 않는다(대법원 1987. 2. 24. 선고 86도1744 판결).

2. 배임죄가 성립하려면, 경제적 관점에서 파악하여 배임행위로 인하여 본인에게 현실적인 손해를 가하였거나 적어도 재산상 손해발생의 위험을 초래하였다고 인정되어야 한다(대법원 2004. 4. 9. 선고 2004도771 판결).
3. 1인 회사의 1인 주주가 주식회사의 회사재산을 임의처분하거나 회사돈을 임의소비한 경우, 소위 1인 회사에 있어서도 행위의 주체와 그 본인은 분명히 별개의 인격이며 그 본인인 주식회사에 재산상 손해가 발생하였을 때는 배임죄가 성립한다(대법원 1984. 9. 25. 선고 84도1581 판결).
4. 은행지점장이 대출규정에 위배된 불성실한 당좌대월을 한 경우 배임죄가 성립한다(대법원 1983. 3. 8. 선고 82도2873 판결).
5. 교회재산 관리자가 시가 2억원의 교회소유 부동산을 8,000만원의 채무변제 대가로 타인에게 양도하는 것은 배임죄에 해당한다(대법원 1986. 6. 10.

선고 84도2015 판결).

6. 중도금을 지급하면 계약의 이행에 착수한 것이 되어 매도인은 계약을 일방적으로 해제할 수 없는 효과가 발생하므로 매수인의 소유권취득에 협력하여야 할 신의칙에 의한 신임관계가 발생하기 때문에 중도금을 수령한 후 매도인이 이중매매한 때에는 배임죄가 성립한다(대법원 1986. 7. 8. 선고 86도1873 판결).
7. 양도담보로 제공한 물건을 다시 양도담보로 제공하는 2중의 양도담보 제공행위는 배임죄가 성립되지 않지만, 이를 다시 양도한 행위는 배임죄를 구성한다(대법원 1987. 5. 12. 86도1117판결, 대법원 1983 3. 8. 82도1828 판결).

[사례 46] 배 임 죄(부동산 이중매매)

고 소 장

고 소 인 ○ ○ ○ (○○○○○○－○○○○○○○)
○○시 ○○구 ○○로 ○○(○○동)
(전화번호 : ○○○－○○○○)

피고소인 ○ ○ ○ (○○○○○○－○○○○○○○)
○○시 ○○구 ○○로 ○○(○○동)
(전화번호 : ○○○－○○○○)

고 소 취 지

피고소인에 대하여 배임죄로 고소를 제기하오니 처벌하여 주시기 바랍니다.

고 소 사 실

1. 피고소인은 일정한 직업이 없는 자인 바, 20○○. ○. ○. ○○시 ○○구 ○○로 ○○(○○동)에 위치한 ○○부동산사무소에서 피고소인 소유의 같은 동 ○○○ 소재 대지 250㎡ 및 위 지상 단층주택 180㎡를 고소인에게 금 2억 5천만원에 매도하기로 매매계약을 체결하고 즉석에서 계약금으로 금 1,000만원을, 같은 해 ○. ○. 같은 장소에서 중도금으로 5천만원을 각 수령하였으므로 잔금지급기일인 같은 해 ○. ○. 잔금수령과 동시에 고소인

에게 위 부동산에 대한 소유권이전등기절차를 이행하여 주어야 할 임무가 있음에도 불구하고 그 임무를 위배하여 같은 해 ○. ○. 같은 로 ○○(○○동) 소재 ○○○부동산에서 고소외 ○○○에게 금 2억 7천만원에 위 부동산을 이중으로 매도하고 그 다음날 고소외 ○○○ 명의로 위 부동산에 대한 소유권이전등기를 마쳐 줌으로써 위 부동산 시가 6천만원 상당의 재산상 이익을 취득하고 고소인에게 동액 상당의 재산상 손해를 가한 것입니다.

2. 위와 같은 사실로 피고소인을 고소하오니 철저히 조사하시어 처벌하여 주시기 바랍니다.

입 증 방 법

조사시 자세히 진술하겠습니다.

20 년 월 일

위 고소인 ○ ○ ○ (인)

○ ○ 경 찰 서 장 귀하

[사례 47] 배 임 죄(부동산 이중매매)

고 소 장

고 소 인 ○ ○ ○ (○○○○○○－○○○○○○○)
○○시 ○○구 ○○로 ○○(○○동)
(전화번호 : ○○○－○○○○)

피고소인 ○ ○ ○ (○○○○○○－○○○○○○○)
○○시 ○○구 ○○로 ○○(○○동)

(전화번호 : ○○○－○○○○)

고 소 취 지

피고소인에 대하여 배임죄로 고소를 제기하오니 처벌하여 주시기 바랍니다.

고 소 사 실

1. 피고소인은 20○○. ○. ○. ○○:○○경 ○○시 ○○구 ○○로 ○○(○○동)에 위치한 ○○부동산 사무소에서 피고소인 소유의 같은 동 ○○에 있는 대지 369㎡, 건물 182㎡의 주택 1동에 대한 매매계약을 체결함에 있어 계약금 1억원은 계약당일, 중도금 3억원은 같은 달 21. 잔금 3억원은 위 주택에 관한 소유권이전등기 소요서류와 상환으로 같은 달 30. 각 지급 받기로 약정하고 고소인으로부터 즉석에서 계약금 1억원을, 같은 달 21. 위 부동산소개소에서 중도금 3억원을 각 수령하였으므로 잔금기일인 같은 달 30. 잔금수령과 동시에 고소인에게 위 주택의 대지 및 건물에 대한 소유권이전등기절차를 이행하여 주어야 할 임무가 있음에도 불구하고 그 임무에 위배하여 같은 달 25.경 고소외 ○○○에게 대금 10억원에 위 주택을 매도하고 소유권이전등기를 마쳐주어 위 부동산 시가 상당의 재산상 이익을 취득하였습니다.

2. 따라서 피고소인을 귀서에 고소하오니 철저히 조사하시어 처벌하여 주시기 바랍니다.

입 증 방 법

조사시 자세히 진술하겠습니다.

20 년 월 일

위 고소인 ○ ○ ○ (인)

○○경찰서장 귀하

[사례 48] 배임수증죄(아파트보상금 지급문제)

고 소 장

고 소 인 ○ ○ ○ (○○○○○○－○○○○○○○)
○○시 ○○구 ○○로 ○○(○○동)
(전화번호 : ○○○－○○○○)

피고소인 ○ ○ ○ (○○○○○○－○○○○○○○)
○○시 ○○구 ○○로 ○○(○○동)
(전화번호 : ○○○－○○○○)

고 소 취 지

고소인은 피고소인에 대하여 배임수증죄로 고소하오니 처벌하여 주시기 바랍니다.

고 소 사 실

1. 피고소인은 고소인을 포함한 ○○아파트 입주자들로부터 그 대표로 선출되어 위 아파트를 건축한 고소외 ○○건설 주식회사(이하 '고소외 회사'라 한다.)와의 사이에 하자보수문제 등과 관련하여 각 세대당 금 200만원의 보상금지급문제 등에 관한 협상권한을 위임받아 입주자들을 대표하여 고소외 회사와 협상사무를 처리한 자로,

2. 피고소인은 고소외 회사의 협상대표 ○○○으로부터 협상의 쟁점인 각 세대당 금 200만원의 보상금 문제에 관하여 전체 금 ○○○원으로 대폭 양보하여 조속히 합의해 줄 것을 부탁받고 금액 불상의 약속어음을 지급받은 뒤 고소외 회사측과 합의를 함에 있어 오히려 합의 금액이 회사측이 제시한 금원보다 적은 액으로 합의를 보았습니다. 이로 인하여 고소인을 포함한 입주자들은 이러한 사실을 모른 채 당초 요구했던 보상금보다 훨씬 적은 금액을 지급 받게 되었습니다.

3. 따라서 피고소인이 고소외 회사의 협상대표로부터 부정한 청탁을 받고 이에 대한 명목으로 약속어음을 수령한 후 수임업무를 부당히 처리하였으므로 피고소인을 귀서에 고소하오니 철저히 조사하시어 엄벌에 처하여 주시기 바랍

니다.

첨 부 서 류

1. 목격자 진술서 1통
1. 입주자대표 위임장 1통
조사시 자세히 진술하겠습니다.

20 년 월 일

위 고소인 ○ ○ ○ (인)

○ ○ 경 찰 서 장 귀하

[사례 49] 부당이득죄(매매가격 속임)

고 소 장

고 소 인 ○ ○ ○ (○○○○○○-○○○○○○○)
○○시 ○○구 ○○로 ○○(○○동)
(전화번호 : ○○○-○○○○)

피고소인 ○ ○ ○ (○○○○○○-○○○○○○○)
○○시 ○○구 ○○로 ○○(○○동)
(전화번호 : ○○○-○○○○)

고 소 취 지

피고소인에 대하여 부당이득죄로 고소하오니 처벌하여 주시기 바랍니다.

고 소 사 실

1. 피고소인은 ○○시 ○○로 ○○(○○동)에게 부동산중개업을 하는 자로서, 20○○. ○. ○. 11:30쯤 위 장소에서 고소인으로부터 ○○군 ○○면 ○○로 ○○○의 임야 ○○○㎡를 매각처분에 달하는 위임을 받고 20○○. ○. ○. 고소외 ○○○에게 위 임야를 소개하고 매매계약을 체결하여 금 5천만원에 매도하였으나, 고소인에게는 "3천만원에 처분하였다"고 거짓말하여 고소인을 기망하여 3천만원을 교부하고 나머지 2천만원을 교부하지 않아 부당하게 재산상의 이익을 취득한 것입니다.

2. 따라서 위와 같은 사실로 피고소인을 귀서에 고소하오니 철저히 조사하시어 처벌하여 주시기 바랍니다.

입 증 방 법

조사시 자세히 진술하겠습니다.

20 년 월 일

위 고소인 ○ ○ ○ (인)

○ ○ 경 찰 서 장 귀하

[주] 1. 이 죄의 본질은 사람의 궁박한 상태를 경제적으로 이용하여 현저하게 부당한 이득을 취득하는 것을 금하는데 있다. 이른바 폭리행위를 처벌하는 것으로 사기죄의 형태라고 볼 수 없으나 타인의 궁박한 상태를 이용했다는 점에서 사기죄의 하나로 처벌하는 것이다. 이 죄의 보호법익은 전체로서의 재산이며, 피해자에게 손해가 발생할 것을 요하지 않고 재산상의 위험이 있으면 족하다(위험법).

2. 상당성이 없는 급부행위로 재산상태의 증가를 가져왔을 때 부당한 이익이 된다. 이익은 현저하게 부당해야 하며, 이는 추상적·일반적으로 정할 것이 아니라 구체적 사정에 따라 객관적으로 결정해야 한다.

3. 피해자가 어느 정도의 궁박한 상태였는가와 그 이용수단을 분명이 해야 한다.

범인은 흔히 피해자의 승낙서·각서 등을 제시하여 정당화하려는 경우가 많다.

[판례] 1. 300만원의 변제에 갈음하여 600만원을 받아 300만원의 이익을 취득한 것만으로는 현저하게 부당한 이익을 취득한 것이라고 보기 어렵다(대법원 1972 10. 31. 선고 72도1803 판결).

2. 부당이득죄에 있어서 궁박이란 '급박한 곤궁'을 의미하는 것으로서, 피해자가 궁박한 상태에 있었는지 여부는 거래당사자의 신분과 상호간의 관계, 피해자가 처한 상황의 절박성의 정도 등 제반 상황을 종합하여 구체적으로 판단하여야 하고, 특히 부동산의 매매와 관련하여 피고인이 취득한 이익이 현저하게 부당한지 여부는 우리 헌법이 규정하고 있는 자유시장 경제질서와 여기에서 파생되는 계약자유의 원칙을 바탕으로 피고인이 당해 토지를 보유하게 된 경위 및 보유기간, 주변 부동산의 시가, 가격결정을 둘러싼 쌍방의 협상과정 및 거래를 통한 피해자의 이익 등이 종합적으로 고려되어야 한다(대법원 2006. 2. 24. 선고 2005도8386 판결 참조).

[사례 50] 부당이득죄(택시요금 과다 청구)

고 소 장

고 소 인 ○ ○ ○ (○○○○○○－○○○○○○○)
○○시 ○○구 ○○로 ○○(○○동)
(전화번호 : ○○○－○○○○)

피고소인 ○ ○ ○ (○○○○○○－○○○○○○○)
○○시 ○○구 ○○로 ○○(○○동)
(전화번호 : ○○○－○○○○)

고 소 취 지

피고소인에 대하여 부당이득죄로 고소하오니 처벌하여 주시기 바랍니다.

고 소 사 실

1. 피고소인은 ○○운수 소속 택시운전사로서, 20○○. ○. ○. 04:30경 ○○시

○ ○동 ○○, 앞길에서 고소인이 위 택시를 정차시키고 "○○병원에 빨리 가주세요"라고 목적지를 말하자, 위 고소인이 상황이 위급, 궁박한 상태임을 알고 이를 이용하여 요금을 많이 받으려고 "새벽 첫 손님으로 환자를 받기는 싫다. 꼭 가려면 5만원을 내라"고 요구하고 고소인이 궁박한 상황에서 이를 수락하자 그 조건으로 승차시켜 ○○병원으로 차를 몰아 도착한 후 미터기에는 5,000원의 요금이 표시되어 있었으나 5만원을 교부받아 정당한 요금보다 45,000원을 더 받아서 현저하게 재산상의 이익을 취득한 것입니다.

2. 따라서 피고소인을 귀서에 고소하오니 철저히 조사하시어 처벌하여 주시기 바랍니다.

입 증 방 법

조사시 자세히 진술하겠습니다.

20 년 월 일

위 고소인 ○ ○ ○ (인)

○ ○ 경 찰 서 장 귀하

[사례 51] 부당이득죄 등(이중으로 금원 청구)

고 소 장

고 소 인 ○ ○ ○ (○○○○○○－○○○○○○○)
○○시 ○○구 ○○로 ○○(○○동)
(전화번호 : ○○○－○○○○)

피고소인 1. ○ ○ ○ (○○○○○○－○○○○○○○)
○○시 ○○구 ○○로 ○○(○○동)

(전화번호 : ○○○ - ○○○○)

2. ○ ○ ○ (○○○○○○ - ○○○○○○○)
○○시 ○○구 ○○로 ○○(○○동)
(전화번호 : ○○○ - ○○○○)

고 소 취 지

피고소인들에 대하여 부당이득죄, 대부업법의등록및금융이용자보호에관한 법률위반 등의 혐의로 고소하오니 처벌하여 주시기 바랍니다.

고 소 사 실

1. 피고소인 1.과 피고소인 2.는 부자지간이며, 고소인의 남편인 ○○○를 통하여 사채업자인 피고소인 2.에게 20○○. ○. ○. 금 ○○○원을 차용하였습니다. 차용금에 대한 이자는 월 ○○%로 하였으며 변제기간은 정하지 않았습니다.

2. 돈을 빌린 이유는 고소인의 남편인 ○○○ 소유의 ○○도 ○○군 ○○읍 ○○리 산 ○○○ 외 ○필지 부동산에 설정된 채권최고액 금 ○○○원의 근저당권에 대하여 임의경매신청이 되어 경락당할 궁박한 처지에 놓여져 있었습니다. 따라서 고소인의 남편인 ○○○가 그러한 사실을 피고소인에게 설명하고 ○○○은행에서 ○○○원을 대출하고 친동생이랑 금 ○○○원을 포함한 모자란 나머지 금 ○○○원을 위 조건으로 피고소인에게 차용하기로 하고 고소인 소유의 ○○시 ○○구 ○○로 ○○(○○동) ○○○타운 ○○-○○○호를 채권최고액 금 ○○○원을 설정하는 조건으로 모든 서류를 20○○. ○. ○. 제공하고 차용금 ○○○원을 그 다음날인 20○○.○. ○. ○○은행통장으로 ○○○ 명의 앞으로 송금하기로 하였습니다.
그리고 피고소인은 공증에 필요한 서류를 별도로 요구하여 고소인이 채권금액 이상으로 근저당권설정을 해주었는데 왜 공증서류가 필요하냐고 묻자, 피고소인은 원래 사채는 이중서류를 다 받는다. "차용했던 금액을 변제하게 되면 그대로 보관하고 있다가 다 반환하니 걱정마라"라고 얘기하기에 고소인은 피고소인의 주소지인 ○○시 ○○구 ○○동 동사무소에 가서 공증에 필요한 인감증명서를 떼어서 주었습니다.

3. 그리고 피고소인은 고소인이 넘겨준 설정서류로 피고소인 1. ○○○ 명의로

20○○. ○. ○. 고소인의 부동산에 채권최고액을 ○○○원으로 정하는 근저당권설정등기를 경료하였고, 그 다음날 고소인의 친동생인 ○○○이 금 ○○○원이 준비되었다고 하여 피고소인에게 금 ○○○원을 송금하여 줄 것을 요청하였고, 이미 기재한 근저당권설정서류의 정정을 요구하자, 이미 법무사가 법원에 설정서류를 접수하여 은행에서 입금한 금액으로 증명이 되니 걱정하지 말라고 하였습니다.

4. 피고소인은 위 이중으로 받았던 공증서류를 가지고 고소인이 약속어음에 마치 채무가 있는 양 위 약속어음 금 ○○○원을 20○○. ○.월말에 고소인의 소유부동산에 강제경매신청을 하였습니다. 20○○. ○. ○. 입찰기일이 정하여졌으므로 고소인은 20○○. ○. ○. 원금 및 이자, 집행비용을 가지고 피고소인에게 연락을 하였더니 20○○. ○. ○. 오후 13:00경 ○○시 ○○구 ○○동에 있는 ○○다방에서 만나자고 하여 고소인은 남편과 법무사 사무장하고 동행하여 약속한 다방으로 가서 피고소인을 만났는데 공증한 서류금액과 설정한 금액을 다 요구하여 고소인 남편과 말다툼을 하다가 결국 고소인이 112에 신고하여 관할 파출소에서 사실 이야기를 하였더니 담당 경찰관들이 이러한 차용금액에 대하여는 경찰에서 해결해 줄 수 없으니 변호사나 법무사 사무실에 가서 상담 후 처리할 것을 권유하여 부득이 20○○. ○. ○. 공정증서상의 금 ○○○원, 이자 ○○○원(20○○. ○. ○.부터 20○○. ○. ○.까지, 연 ○○%) 및 집행비용 ○○○원을 ○○지방법원 ○○○금 제○○○호로 변제 공탁한 후 ○○지방법원 ○○○호로 강제집행정지결정을 받았으며, ○○지방법원 20○○가단 ○○○호로 청구이의의 소가 진행 중입니다.

5. 피고소인의 부당이득죄에 대하여
  가. 위와 같이 고소인은 피고소인으로부터 금 ○○○원을 차용하여 고소인의 부동산상에 피고소인 1. ○○○ 명의로 채권최고액 금 ○○○원의 근저당권설정등기를 하였고, 이에 더하여 피고소인에게 금 ○○○원의 약속어음공증을 하였습니다. 결국 고소인은 ○○○원의 채무에 대하여 근저당권설정 ○○○원과 약속어음을 피고소인의 보관하기로 한 금액 ○○○원을 이중으로 받은 것입니다.
  나. 결과적으로 고소인이 피고소인에게 변제하여야 할 금원은 원금 ○○○원, 이자 ○○○원(월 ○○%, 20○○. ○. ○.부터 20○○. ○. ○.까지 ○○개월 중 ○○개월 이자 ○○○원은 20○○. ○. ○. 변제), 및 집행비용 ○○○원 임으로 계 ○○○원입니다.

그러나 피고소인은 부당하게 총 ○○○원을 더 요구하고 있습니다.

다. 피고소인이 고소인의 부동산에 대하여 강제경매를 신청하였으므로, 경매를 정지시키기 위하여 부득이 공정증서상의 금 ○○○원, 이자 ○○○원, 집행비용 ○○○원, 계 ○○○원을 20○○. ○. ○. 변제 공탁하여 피고소인이 수령하였으므로 피고소인은 ○○○원의 부당이득을 보고 있습니다.

이에 대하여 고소인은 20○○. ○. ○. ○○지방법원 ○○○가단 ○○호로 부당이득반환 청구를 하여 소송계류 중입니다.

라. 위와 같이 피고소인은 고소인에게 ○○○원을 빌려주고 ○○○원을 변제받아 ○○○원의 부당이득을 취하였으며, 동 부당이득은 고소인의 궁박한 처지를 이용한 악의의 행위입니다.

마. 그러나 피고소인들은 피고소인 1. ○○○ 명의로 20○○. ○. ○. 통고서를 보내서 피고소인 1. ○○○와의 ○○○원의 근저당권 금액도 변제하라고 요구하고 있는 파렴치한 자로서 20○○. ○. ○. 고소인의 동 부동산에 대하여 임의경매신청을 하여 경매가 진행 중에 있습니다.

6. 대부업의등록및금융이용자보호에관한법률위반 등에 관하여

위 법에 의하여 20○○. ○. ○. 이후부터 모든 사채업자는 해당관청에 대부업의 사실을 신고하여야 하나 피고소인은 등록을 하지 않고 현재에도 사채업을 하고 있으므로 동 사실에 관하여도 조사하시어 의법 처리하여 주시기 바라오며, 아울러 이제까지 피고소인 1, 2, 딸 ○○○, 사위 ○○○의 명의로 사채업을 하였으나 동 소득에 관하여 세금을 탈루한 부분에 대하여도 조사하여 주시기 바랍니다.

7. 결 론

위에서 보는 바와 같이 피고소인들은 악덕사채업자입니다. ○○○원을 빌려주어 ○○○원을 수령하여 ○○○원의 부당이득을 취하였으면서도 오히려 피고소인 1. ○○○ 명의의 근저당권금액 ○○○원도 변제하라고 허황한 채권을 주장하고 있는 바, 이는 명백히 채무자의 궁박한 사정을 이용하여 현저히 부당이득을 취하는 것이며, 아울러 대부업 등록을 하지 않고 대부업을 하는 악덕사채업자이므로 철저히 조사하시어 처벌하여 주시기 바랍니다.

입 증 방 법

1. 통장 사본 1통

1. 약속어음공정증서 사본 1통

20 년 월 일

위 고소인 ○ ○ ○ (인)

○ ○ 경 찰 서 장 귀하

[사례 52] 부동산강제집행효용침해죄(폭행 등의 방법 동원)

고 소 장

고 소 인 ○ ○ ○ (○○○○○○－○○○○○○○)
○○시 ○○구 ○○로 ○○(○○동)
(전화번호 : ○○○－○○○○)

피고소인 ○ ○ ○ (○○○○○○－○○○○○○○)
○○시 ○○구 ○○로 ○○(○○동)
(전화번호 : ○○○－○○○○)

고 소 취 지

고소인은 피고소인을 부동산강제집행의 효용을 침해한 혐의로 고소하오니 철저히 조사하시어 처벌하여 주시기 바랍니다.

고 소 사 실

1. 고소인은 피고소인에게 고소인 소유의 ○○시 ○○구 ○○로 ○○(○○동)에 위치한 건물의 점포 1칸을 임대하였으나, 임대료를 체납하여 임대차계약을 해제하고 피고소인을 상대로 인도청구소송을 제기하여 확정판결을 받은 바 있습니다.

2. 20○○. ○. ○. 14:00부터 같은 날 16:00경까지 사이에 ○○지방법원 소속 집행관의 지휘 아래 위 피고소인이 점유하고 있던 점포에 대하여 확정판결에 의한 인도집행을 하고 난 직후 피고소인이 인도집행 한 점포에 진입하려 하자 옆에서 이를 저지하던 고소인의 처 ○○○를 폭행하는 등 폭력적인 방법으로 위 건물점포에 진입함으로서 위 부동산 강제집행의 효용을 침해하였습니다.

3. 피고소인이 이 사건 건물에 들어간 것은 집행관이 임차인인 피고소인의 위 건물점포에 대한 점유를 해제하고 이를 임대인인 고소인에게 인도하여 강제집행이 완결된 후의 행위로서 부동산강제집행효용침해죄에 해당된다 할 것이고,

4. 피고소인의 이러한 행위는 형법 제140조의2(부동산강제집행효용침해) 강제집행으로 인도된 부동산에 침입하거나 그 밖의 방법으로 강제집행의 효용을 해한 행위에 해당된다 할 것입니다.

5. 따라서 피고소인을 고소하오니 철저히 조사하시어 엄벌하여 주시기 바랍니다.

소 명 방 법

1. 임대차계약서 사본 1통
1. 판결문 사본 1통

조사시 자세히 진술하겠습니다.

20 년 월 일

위 고소인 ○ ○ ○ (인)

○ ○ 경 찰 서 장 귀하

[사례 53] 부동산중개업법위반(매매대금 착복)

고 소 장

고 소 인 ○ ○ ○
○○시 ○○구 ○○로 ○○(○○동)
전화번호 ○○○－○○○○

피고소인 ○ ○ ○
○○시 ○○구 ○○로 ○○(○○동)
전화번호 ○○○－○○○○

피고소인에 대하여 부동산중개업법 위반으로 고소하오니 처벌하여 주시기 바랍니다.

고 소 사 실

1. 고소인은 주소지에 거주하는 가정주부이고, 피고소인은 ○○시 ○○구 ○○동 소재 ○번 버스종점에서 ○○부동산이란 상호로 부동산 중개업소의 보조원으로 재직하는 자입니다.

2. 고소인은 20○○. ○.월경 피고소인의 소개로 현주소지로 이주하게 된 관계로 알게 되었는데, 피고소인은 이를 기화로 고소인에게 자주 전화를 걸고 저렴한 땅이 있으니 중개하겠다고 하므로 같은 해 ○. ○.에 피고소인을 만났던 바, 시내 ○○구 ○○로 ○○(○○동) 거주한 소외 ○○○가 김포공항확장공사로 당국으로부터 철거에 따르는 대토권이 부여되었는데 이를 사서 두면 얼마가지 않아 몇 배의 이득을 득할 수 있겠고 아니면 집을 지어서 살아도 좋다고 감언이설로 아무것도 모르는 가정주부인 고소인으로 하여금 중개대상물의 정확한 고지 없이 고소인의 판단을 흐리게 하여 무려 1,200만원이란 판매대금을 받아 착복하고 금일 현재까지 만나주지도 않고 피해 다니는 자로, 귀서에 고소하오니 체포하시어 엄벌에 처해 주시기 바랍니다.

첨 부 서 류

1. 계약서 및 영수증 사본 각 1매

조사시 자세히 진술하겠습니다.

20 년 월 일

위 고소인 ○ ○ ○ (인)

○ ○ 경 찰 서 장 귀하

[사례 54] 부정사용공기호행사죄 (자동차번호판)

고 소 장

고 소 인 ○ ○ ○ (○○○○○○－○○○○○○○)
○○시 ○○구 ○○로 ○○(○○동)
(전화번호 : ○○○－○○○○)

피고소인 ○ ○ ○ (○○○○○○－○○○○○○○)
○○시 ○○구 ○○로 ○○(○○동)
(전화번호 : ○○○－○○○○)

고 소 취 지

피고소인을 상대로 부정사용공기호행사죄 고소하오니 처벌하여 주시기 바랍니다.

고 소 사 실

1. 피고소인은 20○○. ○. ○. 10:00경 ○○시 ○○동 ○○○에 위치한 ○○ 주차장에서, 피고소인이 ○○렌트카에서 빌린 ○○허 ○○○○호 NF소나타 승용차의 앞·뒤 번호판을 떼어 낸 다음 절취하여 가지고 있던 ○○도 ○○○○호 SM승용차의 앞 뒤 번호판을 위 NF쏘나타 승용차에 부착하고 그 날 20:00경 ○○시 ○○동에 있는 ○○호텔 주차장에 이르기까지 위

NF쏘나타 승용차를 운전하여 운행함으로써 부정사용한 공기호를 행사한 자입니다.

2. 따라서 피고소인을 귀서에 고소하오니 철저히 조사하시어 처벌하여 주시기 바랍니다.

첨 부 서 류

조사시 자세히 진술하겠습니다.

20 년 월 일

위 고소인 ○ ○ ○ (인)

○ ○ 경 찰 서 장 귀하

[사례 55] 부정수표단속법위반죄(예금부족 및 무거래)

고 소 장

고 소 인 ○ ○ ○ (○○○○○○－○○○○○○○)
○○시 ○○구 ○○로 ○○(○○동)
(전화번호 : ○○○－○○○○)

피고소인 ○ ○ ○ (○○○○○○－○○○○○○○)
○○시 ○○구 ○○로 ○○(○○동)
(전화번호 : ○○○－○○○○)

고 소 취 지

피고소인에 대하여 부정수표단속법위반죄로 고소하오니 처벌하여 주시기 바랍니다.

고 소 사 실

1. 피고소인은 ○○시 ○○로 ○○(○○동) 소재 ○○공업사라는 상호를 걸로 어망생산을 하는 자인 바. 5년 전부터 ○○은행 ○○지점과 당좌거래계정을 개설하고 당좌수표를 발행하여 오던 중 20○○. ○. ○.부터 20○○. ○. ○. 사이에 금 ○○○원권 당좌수표 5장과 금 ○○원권 당좌수표 3장을 발행하였으나 소지인들이 지급기일에 위 은행에 제시하여 본 결과 예금부족 및 무거래라는 이유로 지급거절되었습니다.

2. 위 피고소인은 계획적으로 부도를 내고도 조금도 뉘우치지 않고 있으므로, 피고소인은 귀서에 고소하오니 철저히 조사하시어 처벌하여 주시기 바랍니다.

입 증 방 법

1. 우편물 1통

20 년 월 일

위 고소인 ○ ○ ○ (인)

○ ○ 경 찰 서 장 **귀하**

[시례 56] 분묘의 발굴죄(유골 운반)

고 소 장

고 소 인 ○ ○ ○ (○○○○○○－○○○○○○○)
○○시 ○○구 ○○로 ○○(○○동)
(전화번호 : ○○○－○○○○)

피고소인 ○ ○ ○ (○○○○○○－○○○○○○○)
○○시 ○○구 ○○로 ○○(○○동)
(전화번호 : ○○○－○○○○)

고 소 취 지

피고소인에 대하여 분묘의 발굴죄로 고소하오니 처벌하여 주시기 바랍니다.

고 소 사 실

1. 피고소인은 오래전부터 ○○도 ○○군 ○○면에 사는 고소인이 피고소인 소유의 임야에 문묘를 설치했다고 해서 고소인과 자주 다퉈오던 중, 20○○. ○. ○. 2:30경 위 주소지에 있는 피고소인 임야 내에서, 철제 지렛대를 사용하여 그곳에 설치되어 있는 고소인의 망부 ○○○의 분묘 주위의 묘비를 넘어뜨린 다음 분묘를 발굴하여 안치되어 있는 고인의 유골을 꺼내어 고소인의 집에까지 운반함으로써 분묘를 발굴하여 유골을 손괴한 자입니다.

2. 따라서 피고소인을 귀서에 고소하오니 철저히 조사하시어 처벌하여 주시기 바랍니다.

첨 부 서 류

조사시 자세히 진술하겠습니다.

20 년 월 일

위 고소인 ○ ○ ○ (인)

ㅇ ㅇ 경 찰 서 장 귀하

[판례] 분묘발굴죄의 객체인 분묘는 사람의 사체, 유골, 유발 등을 매장하여 제사나 예배 또는 기념의 대상으로 하는 장소를 말하는 것이고, 사체나 유골이 토괴화하였을 때에도 분묘인 것이며, 그 사자가 누구인지 불명하다고 할지라도 현재 제사 숭경하고 종교적 예의의 대상으로 되어 있고 이를 수호봉사하는 자가 있으면 여기에 해당한다고 할 것이다(대법원 1990. 2. 13. 선고 89도2061 판결).

[사례 57] 불법체포감금죄(체포영장 미소지)

고 소 장

고 소 인 ○ ○ ○
○○시 ○○구 ○○로 ○○(○○동)

피고소인 1. 김 ○ ○
○○시 ○○구 ○○로 ○○(○○동)

2. 이 ○ ○
○○시 ○○구 ○○로 ○○(○○동)

3. 박 ○ ○
○○시 ○○구 ○○로 ○○(○○동)

4. 최 ○ ○
○○시 ○○구 ○○로 ○○(○○동)

고 소 취 지

고소인은 피고소인에 대하여 불법체포감금죄로 고소하오니 엄벌에 처해 주시기 바랍니다.

고 소 사 실

1. 피고소인 4인은 ○○지방경찰청 마약수사과에 근무하고 있는 자들로서, 주 임무로 마약사범 검거 및 수사를 담당하는 등 인신구속에 관한 직무를 행하고 있는 사법경찰관들입니다.

2. 20○○. ○. ○. 오후 ○시경 다방에서 사업관계자와 업무협의를 하고 있던 중 피고소인들이 들이닥쳐 대마초 흡입혐의로 체포한다며 수갑을 채우기에 고소인은 체포영장을 제시하라고 하였으나 들은 척도 하지 않고 고소인을 연행하였습니다.

3. 피고소인들은 고소인을 주소불상의 장소에 데리고 가, 대마초 흡입사실을 자백하라면서 진술을 강요하였고, 고소인이 위 혐의사실을 자백하지 않아 피고소인들의 생각대로 되지 않자 하는 수 없이 다음날 새벽 시경이 되어서야 고소인을 풀어주었습니다.

4. 이는 공무원이 직권을 남용하여 고소인을 불법체포·감금한 것이 명백하므로 피고소인들을 불법체포·감금죄로 귀서에 고소하오니 엄중히 조사하시어 처벌하여 주시기 바랍니다.

입 증 방 법

1. 진술서

20 년 월 일

위 고소인 ○ ○ ○ (인)

○ ○ 경 찰 서 장 귀하

[주] 미란다원칙고지 : 체포, 현행법체포, 긴급체포, 구속 및 체포영장에 의한 체포 등 피의자의 신병을 확보코자 할 경우에는 반드시 범죄사실의 요지 및 체포·구속의 이유와 변호인을 선임할 수 있음을 고지하고 변명의 기회를 준 후, 확인서 작성할 것(일명 미란다 원칙 고지로, 피의자의 서명·날인을 받되 거부시는 그

사유를 기재하고 경찰관이 서명·날인할 것).

[판례] 수사기관이 피의자를 수사하는 과정에서 구속영장없이 피의자를 함부로 구금하여 피의자의 신체의 자유를 박탈하였다면 직권을 남용한 불법감금의 죄책을 면할 수 없고, 수사의 필요한 피의자를 임의동행한 경우에도 조사 후 귀가시키지 아니하고, 그의 의사에 반하여 경찰서 조사실 또는 보호실 등에 계속 유치함으로써 신체의 자유를 속박하였다면 이는 구금에 해당한다(대법원 1985. 7. 29. 선고 85모16 판결).

[사례 58] 비밀침해죄(편지 개봉)

고 소 장

고 소 인 ○ ○ ○ (○○○○○○－○○○○○○○)
○○시 ○○구 ○○로 ○○(○○동)
(전화번호 : ○○○－○○○○)

피고소인 ○ ○ ○ (○○○○○○－○○○○○○○)
○○시 ○○구 ○○로 ○○(○○동)
(전화번호 : ○○○－○○○○)

고 소 취 지

피고소인에 대하여 비밀침해죄로 고소하오니 처벌하여 주시기 바랍니다.

고 소 사 실

1. 고소인은 ○○시 ○○로 ○○(○○동) 소재 피고소인의 2층에 세들어 살고 있는데, 피고소인은 20○○. ○. ○. ○○:○○경 고소인에게 배달되어 온 편지 1통을 고소인을 대신하여 받았습니다.

2. 그런데 위 편지가 여자로부터 배달되어 온 것이라 고소인에게 전해주기 전에 호기심으로 그 편지의 위쪽 봉한 부분을 물에 적셔서 뜯어보고는 원상태로 다시 붙여 놓았습니다.

3. 물론 위 편지에 중요한 내용이 담겨 있지 않아 다른 사람이 보더라도 문제가 될 것은 없겠지만, 피고소인의 행위는 임차인의 사생활을 침해하는 것 같으므로 피고소인을 귀서에 고소하오니 철저히 조사하시어 엄벌하여 주시기 바랍니다.

입 증 방 법

1. 우편물 1통

20 년 월 일

위 고소인 ○ ○ ○ (인)

○ ○ 경 찰 서 장 귀하

[사례 59] 사 기 죄(취직시켜주겠다고 거짓말)

고 소 장

고 소 인 ○ ○ ○ (○○○○○○－○○○○○○○)
○○시 ○○구 ○○로 ○○(○○동)
(전화번호 : ○○○－○○○○)

피고소인 ○ ○ ○ (○○○○○○－○○○○○○○)
○○시 ○○구 ○○로 ○○(○○동)
(전화번호 : ○○○－○○○○)

피고소인에 대하여 사기죄로 고소하오니 처벌하여 주시기 바랍니다.

고 소 사 실

1. 피고소인은 일정한 직업이 없는 자인 바, 20○○. ○. ○. 15:00경 ○○시

○○구 ○○동에 있는 ○○○호텔커피숍에서 사실은 고소인을 ○○주식회사에 취직시켜줄 의사와 능력이 없음에도 불구하고 고소인에게 "○○주식회사의 인사과장을 잘 알고 있는데 그 과장에게 부탁하여 위 회사 사원으로 취직시켜주겠다"고 거짓말하여 이에 속은 고소인으로부터 즉석에서 교제비 명목으로 ○○만원, 다음날 10:00경 같은 장소에서 "일이 잘 되어간다"고 거짓말하여 사례비 명목으로 ○○만원 합계 ○○만원을 각 교부받아 이를 편취한 자입니다.

2. 따라서 피고소인을 귀서에 고소하오니 엄중히 조사하시어 처벌하여 주시기 바랍니다.

첨 부 서 류

조사시 자세히 진술하겠습니다.

20 년 월 일

위 고소인 ○ ○ ○ (인)

○ ○ 경 찰 서 장 귀하

[주] 1. 단순히 사람을 착오에 빠뜨리게 한 것만으로는 기망이 있었다고 할 수 없고, 적어도 그것이 거래관계에 있어서 신의칙에 반하는 정도에 이르러야 한다.

2. 허위의 채권으로 지급명령을 신청하거나, 가압류, 가처분 또는 재판상 화해를 신청하는 경우 가압류, 가처분은 강제집행의 보전절차에 지나지 않아 청구의 의사를 표시한 것으로 볼 수 없고, 법정화해는 그 것으로 새로운 법률관계가 창설되는 것이므로 화해의 내용이 실제 법률관계와 일치하지 않는다고 해서 사기죄가 성립할 수는 없다. 지급명령은 독촉절차에 지나지 않지만 채무자가 이의신청을 하면 소를 제기한 것으로 간주되고 이의신청이 없거나 각하된 때에는 확정판결과 같은 효과를 가지게 되어 이로 인하여 채무자는 손해를 입게 되므로 사기죄가 성립한다고 볼 것이다.

3. 과장광고 또는 허위광고의 경우, 추상적인 과장광고는 허용되지만 구체적으로 증명할 수 있는 사실을 들어 허위광고를 하는 것은 기망행위가 된다.

4. 이중매매 또는 이중저당의 경우, 배임죄가 성립하는 여부는 별문제로 하고 사기죄가 성립한다는데 의문이 없다.
5. ㅇㅇ시청 직원이 토지불하를 이유로 200만원을 받으면 사기죄가 아닌 변호사법위반죄가 성립함.
6. 편취와 사취는 같은 뜻으로 법률 및 수사상 용어, 사취는 일상적인 용어임.
7. 피의자가 사실은 변호사선임을 할 의사가 없음에도 피해자에게 잘하는 변호사를 선임하여 주겠다고 기망하여 금원을 편취한 경우 변호사법위반죄가 아니라 사기죄임.
8. 고소취소의 대가로 합의금을 주기로 약정한 후 각서까지 작성하고도 이를 이행하지 않은 경우 고소취소는 재산상의 처분행위가 아니므로 사기죄가 성립하지 않는다.
9. 교통사고시 종합보험 미가입자가 보험처리하겠다고 기망하고 피해변제를 하지 않은 경우 구체적 기망과 손해발생이 없는 한 사기죄가 성립하지 않는다.
10. 컴퓨터통신(인터넷)에 허위광고를 게재하여 이에 속은 피해자로부터 온라인을 통해 금원을 편취한 경우 입력된 허위정보나 부정명령에 따라 계산이나 데이터 처리, 즉 정보처리가 이루어진 것이 아니므로 컴퓨터등사용사기죄가 아닌 컴퓨터통신 이용자들에 대한 직접적인 기망행의(허위광고)와 사람의 착오에 의한 교부행위(온라인을 통한 입금)가 있으므로 사기죄가 성립한다.
11. 피해자로부터 일정금액을 인출사용하라는 승낙을 받고 통장과 도장을 교부받아 피해자가 승낙한 액수를 넘어선 금전인출 행위는 사기죄가 성립할 뿐 절도죄가 아님. 5억원 이상 편취한 경우에는 사기죄가 아닌 특정경제범죄가중처벌등에관한법률상의 사기죄를 적용한다.

[판례] 1. 재물편취를 내용으로 하는 사기죄에 있어서 기망으로 인한 재물교부가 있으면 그 자체로써 피해자의 재산침해가 되어 이로써 곧 사기죄가 성립하는 것이고, 상당한 대가가 지급되었다거나 피해자의 전체 재산상의 손해가 없다 하여도 사기죄의 성립에는 그 영향이 없으므로 사기죄에 있어서 그 대가가 일부 지급된 경우에도 그 편취액은 피해자로부터 교부된 재물의 가치로부터 그 대가를 공제한 차액이 아니라 교부받은 재물 전부라 할 것이다(대법원 2000. 7. 7. 선고 2000도1899 판결).

2. 사기죄의 실행행위로서의 기망은 반드시 법률행위의 중요부분에 관한 허위표시임을 요하지 아니하고 상대방을 착오에 빠지게 하여 행위자가 희망하는 재산적 처분행위를 하도록 하기 위한 판단의 기초가 되는 사실에 관한 것이면 족한 것이므로 용도를 속이고 돈을 빌린 경우에 있어서 만일 진정한 용도를 고지하였더라면 상대방이 돈을 빌려 주지 않았을 것이라는 관계에 있는 때에는 사기죄의 실행행위인 기망은 있는 것으로 보아야 한다(대법원 1996.

2. 27. 선고 95도2828 판결).

3. 사기죄에 있어서 수인의 피해자에 대하여 각별로 기망행위를 하여 각 재물을 편취한 경우, 그 범의가 단일하고 범행 방법이 동일하다고 하더라도 포괄1죄가 되는 것이 아니라 피해자별로 1개씩의 죄가 성립하는 것으로 보아야 하고, 이러한 경우 그 공소사실은 각 피해자와 피해자별 피해액을 특정할 수 있도록 기재하여야 한다(대법원 1995. 8. 22. 선고 95도594 판결).
4. 약속어음공정증서에 증서를 무효로 하는 사유가 존재한다고 하더라도 그 증서 자체에 이를 무효로 하는 사유의 기재가 없고 외형상 권리의무를 증명함에 족한 체제를 구비하고 있는 한 그 증서는 형법상의 재물로서 사기죄의 객체가 됨에 아무런 지장이 없다(대법원 1995. 12. 22. 선고 94도2148 판결).
5. 사기죄의 요건으로서의 기망은 널리 재산상의 거래관계에 있어 서로 지켜야 할 신의와 성실의 의무를 져버리는 모든 적극적 또는 소극적 행위를 말하는 것이고, 그 중 소극적 행위로서의 부작위에 의한 기망은 법률상 고지의무 있는 자가 일정한 사실에 관하여 상대방이 착오에 빠져 있음을 알면서도 그 사실을 고지하지 아니함을 말하는 것으로서, 일반거래의 경험칙상 상대방이 그 사실을 알았더라면 당해 법률행위를 하지 않았을 것이 명백한 경우에는 신의칙에 비추어 그 사실을 고지할 법률상 의무가 인정된다(대법원 2006. 2. 23. 선고 2005도8645 판결).
6. 피고인들이 상대방 운전자의 과실에 의하여 야기된 교통사고로 일부 경미한 상해를 입혔다고 하더라도, 이를 기화로 그 상해를 과장하여 병원에 장기간 입원하고, 이를 이유로 다액의 보험금을 받았다면 그 보험금 전체에 대해 사기죄가 성립한다(대법원 2005. 9. 9. 2005도3518 판결).
7. 카드회원이 일시적인 자금궁색 등의 이유로 그 채무를 일시적으로 이행하지 못하게 되는 상황이 아니라 이미 과다한 부채의 누적 등으로 신용카드 사용으로 인한 대출금 채무를 변제할 의사나 능력이 없는 상황에 처하였음에도 불구하고 신용카드를 사용하였다면 사기죄에 있어서 기망행위 내지 편취의 범의를 인정할 수 있다(대법원 2005. 8. 19. 2004도6859 판결).
8. 사기죄의 주관적 구성요건이 편취의 범의는 피고인이 자백하지 않는 이상 범행 전후의 피고인의 재력, 환경, 범행의 내용, 거래의 이행과정 등과 같은 객관적 사정 등을 종합하여 판단할 수밖에 없다(대법원 2004. 12. 10. 선고 2004도3515 판결).
9. 기망행위를 수단으로 한 권리행사의 경우 그 권리행사에 속하는 행위와 그 수단에 속하는 기망행위를 전체적으로 관찰하여 그와 같은 기망행위가 사회통념상 권리행사의 수단으로서 용인할 수 없는 정도라면 그 권리행사에 속하는 행위는 사기죄를 구성한다(대법원 2007. 5. 10. 2007도1780 판결).
10. 소송사기가 성립하기 위하여는 제소 당시 그 주장과 같은 채권이 존재하지

아니하다는 것만으로는 부족하고 그 주장의 채권이 존재하지 아니한 사실을 잘 알고 있으면서도 허위의 주장과 입증으로서 법원을 기망한다는 인식을 하고 있어야만 하고, 단순히 사실을 잘못 인식하거나 법률적인 평가를 그르침으로 인하여 존재하지 않는 채권을 존재한다고 믿고 제소하는 행위는 사기죄를 구성하지 않는다(대법원 2003. 5. 16. 선고 2003도373 판결).

11. 백화점의 식품매장에서 당일 판매되지 못하고 남은 생식품들에 대하여 그 다음날 아침 포장지를 교체하면서 가공일자가 재포장일자로 기재된 바코드라벨을 부착하여 재판매하는 행위 내지 판매기법은 제품의 신선도에 대한 소비자들의 신뢰를 배신하고 그들의 생식품 구매동기에 있어서 중요한 요소인 가공일자에 관한 착오를 이용하여 재고상품을 종전 가격에 판매하고자 하는 것으로서 그 사술의 정도가 사회적으로 용인될 수 있는 상술의 정도를 넘은 기망행위하고 할 것이다(대법원 1995. 7. 28. 선고 95도1157 판결).

12. 사기죄는 타인을 기망하여 착오에 빠뜨리고 그로 인한 처분행위로 재물의 교부를 받거나 재산상의 이익을 취득한 때에 성립하는 것이므로, 피고인이 피해자에게 부동산매도용인감증명 및 등기의무자본인확인서면의 진실한 용도를 속이고 그 서류 등을 교부받아 피고인 등 위 부동산에 관한 소유권이전등기를 경료하였다 하여도 피해자의 위 부동산에 관한 처분행위가 있었다고 할 수 없을 것이고 따라서 사기죄를 구성하지 않는다(대법원 2001. 7. 13. 선고 2001도1289 판결).

13. 약속어음의 발행인이 그 어음을 타인이 교부받아 소지하고 있는 사실을 알면서도 허위의 분실 사유를 들어 공시최고신청을 하고 이에 따라 법원으로부터 제권판결을 받았다면, 발행인이 어음 소지인에 대하여 처음부터 그 어음상 채무를 부담하지 않았다는 등의 특별한 사정이 없는 한 원인관계상의 채무가 존속하고 있더라도 사위의 방법으로 얻어낸 제권판결로 그 어음채무를 면하게 된 데 대하여 사기죄가 성립한다(대법원 1995. 9. 15. 선고 94도3213 판결).

[사례 60] 사 기 죄(약속어음 부도)

고 소 장

고 소 인 ○ ○ ○ (○○○○○○－○○○○○○○)

○○시 ○○구 ○○로 ○○(○○동)
(전화번호 : ○○○－○○○○)

피고소인 ○ ○ ○ (○○○○○○－○○○○○○○)
○○시 ○○구 ○○로 ○○(○○동)
(전화번호 : ○○○－○○○○)

피고소인에 대하여 사기죄로 고소하오니 처벌하여 주시기 바랍니다.

고 소 사 실

1. 피고소인은 건설업자인 바, 20○○. ○. ○. ○○시 ○○구 ○○로 ○○(○○동)에 위치한 ○○커피숍에서 고소인으로부터 골재를 외상으로 구입하고 그 대금을 결제함에 있어 기일에 지급할 능력과 의사가 없으면서 피고소인 명의의 "자가 ○○○○○호, 액면금 3,000만원, 지급기일 20○○. ○. ○. 지급지 ○○은행 ○○지점" 약속어음 1매를 제시하면서 "은행 어음이기 때문에 결제일에 결제되는 것을 걱정하지 말라"라고 하여 고소인으로 하여금 그 기일에 위 은행에 제시하여 받을 수 있는 것으로 믿게 한 후 지급기일 전인 20○○. ○. ○. 부도처리함에 따라 위 금 3,000만원 상당의 재산상 이득을 편취하였습니다.

2. 따라서 피고소인을 귀서에 고소하오니 철저히 조사하시어 처벌하여 주시기 바랍니다.

첨 부 서 류

조사시 자세히 진술하겠습니다.

20 년 월 일

위 고소인 ○ ○ ○ (인)

○ ○ 경 찰 서 장 귀하

[사례 61] 사기죄(대출보증 부탁)

고 소 장

고 소 인 ○ ○ ○ (○○○○○○－○○○○○○○)
○○시 ○○구 ○○로 ○○(○○동)
(전화번호 : ○○○－○○○○)

피고소인 ○ ○ ○ (○○○○○○－○○○○○○○)
○○시 ○○구 ○○로 ○○(○○동)
(전화번호 : ○○○－○○○○)

피고소인에 대하여 사기죄로 고소하오니 처벌하여 주시기 바랍니다.

고 소 사 실

1. 피고소인은 ○○시 ○○동 ○○주식회사에서 근무하다 퇴직한 자인 바, ○○은행을 비롯하여 여러 은행과 사채가 많아 은행 대출을 받을 경우 이를 변제할 의사와 능력이 없으면서, 20○○. ○. ○. ○○시 ○○동 소재 ○○은행 ○○지점에서 2,000만원의 대인보증대출을 받으면서 고소인에게 "○○은행에서 2,000만원 적립식신탁통장을 담보로 대출을 받으려고 하는데 통장잔액이 조금 모자라 보증인이 필요한데 보증을 서주면 다른데서 돈이 들어오는 데로 바로 우선하여 이것부터 변제하겠다"라고 거짓말하여 이를 사실로 믿게 한 후 위 ○○은행에서 상환기일 20○○. ○. ○.로 정하여 2,000만원을 대출을 받으면서 고소인을 보증인으로 하여 그 무렵 위 대출금을 교부받고 이를 편취한 자입니다.

2. 따라서 피고소인을 귀서에 고소하오니 철저히 조사하시어 처벌하여 주시기 바랍니다.

첨 부 서 류

조사시 자세히 진술하겠습니다.

20 년 월 일

위 고소인 ○ ○ ○ (인)

○ ○ 경 찰 서 장 귀하

[사례 62] **사 기 죄 (임대보증금 편취)**

고 소 장

고 소 인 ○ ○ ○ (○○○○○○－○○○○○○○)
○○시 ○○구 ○○로 ○○(○○동)
(전화번호 : ○○○－○○○○)

피고소인 ○ ○ ○ (○○○○○○－○○○○○○○)
○○시 ○○구 ○○로 ○○(○○동)
(전화번호 : ○○○－○○○○)

피고소인에 대하여 사기죄로 고소하오니 처벌하여 주시기 바랍니다.

고 소 사 실

1. 피고소인은 ○○시 ○○구 ○○동 ○○본지 건물의 소유자로서, 20○○. ○. ○. 피고소인 소유의 위 건물 지하 1층 ○○PC방에서, 위 건물은 여러 건의 가압류와 근저당권설정이 되어 있어 위 PC방에 대해 임대차계약을 체결할 경우 기간이 만료되어도 임대차보증금을 돌려줄 의사와 능력이 없으면서 고소인에게 "임대차기간이 만료하면 틀림없이 임대보증금을 돌려주겠다."고 거짓말하여, 이를 믿는 고소인과 임대차보증금 5,0000만원에 월 200만원, 권리금 200만원, 임대기간 20○○. ○. ○.부터 20○○. ○. ○.까지 (24개월)"로 한 부동산 임대차계약을 체결하고 계약금 명목으로 현장에서 500만원, 20○○. ○. ○. 중도금으로 2,500만원, 20○○. ○. ○. 잔금으로 4,000만원 등 총 7,000만원을 교부받아 이를 편취한 자입니다.

2. 따라서 피고소인을 귀서에 고소하오니 철저히 조사하시어 처벌하여 주시기 바랍니다.

첨 부 서 류

조사시 자세히 진술하겠습니다.

20 년 월 일

위 고소인 ○ ○ ○ (인)

○ ○ 경 찰 서 장 귀하

[사례 63] 사 기 죄(신용카드사용 변제능력 등 없음)

고 소 장

고 소 인 ○ ○ ○ (○○○○○○－○○○○○○○)
○○시 ○○구 ○○로 ○○(○○동)
(전화번호 : ○○○－○○○○)

피고소인 ○ ○ ○ (○○○○○○－○○○○○○○)
○○시 ○○구 ○○로 ○○(○○동)
(전화번호 : ○○○－○○○○)

피고소인에 대하여 사기죄로 고소하오니 처벌하여 주시기 바랍니다.

고 소 사 실

1. 피고소인은 일정한 직업이 없는 자인 바, 20○○. ○. ○. ○○시 ○○구 ○○로 ○○(○○동) 소재 ○○은행 ○○지점에서 카드사용대금을 입금할

의사나 능력이 없으면서도 동 지점에 카드사용대금을 매월 25일 지정된 은행 계좌(○○은행, 계좌번호(○○○－○○－○○○)로 입금한다는 카드발급신청서를 제출하여 20○○. ○. ○. 동 은행으로부터 ○○은행 ○○신용카드(카드번호 : ○○○－○○－○○○)를 교부받아 소지하고 있음을 기화로, 20○○. ○. ○. ○○시 ○○구 ○○동 ○○백화점에서 물품구입비로 ○○만원을 사용한 것을 비롯하여 20○○. ○. ○.까지 사이에 현금인출 및 물품구입 등으로 별지 범죄일람표의 내용과 같이 각 가맹점에서 총 40회에 걸쳐 ○○○만원 상당을 교부받아 이를 편취한 자입니다.

2. 따라서 피고소인을 귀서에 고소하오니 철저히 조사하시어 처벌하여 주시기 바랍니다.

첨 부 서 류

조사시 자세히 진술하겠습니다.

20 년 월 일

위 고소인 ○ ○ ○ (인)

○ ○ 경 찰 서 장 귀하

[사례 64] 사 기 죄(음식대금 편취)

고 소 장

고 소 인 ○ ○ ○ (○○○○○○－○○○○○○○)
○○시 ○○구 ○○로 ○○(○○동)
(전화번호 : ○○○－○○○○)

피고소인 ○ ○ ○ (○○○○○○－○○○○○○○)

○○시 ○○구 ○○로 ○○(○○동)
(전화번호 : ○○○ – ○○○○)

피고소인에 대하여 사기죄로 고소하오니 처벌하여 주시기 바랍니다.

고 소 사 실

1. 피고소인은 일정한 직업이 없는 자인 바, 20○○. ○. ○. 20:00경 ○○시 ○○구 ○○로 ○○(○○동)에 위치한 고소인이 운영하고 있는 ○○회관에서 술값 등을 지급할 의사나 능력이 없음에도 불구하고 술과 식사대금을 지급할 것처럼 행세하여 맥주와 식사 등을 주문하여 이에 속은 고소인으로부터 즉석에서 맥주 3병과 식사 등 금 ○○만원 상당을 제공받아 이를 편취한 것입니다.

2. 따라서 피고소인을 귀서에 고소하오니 철저히 조사하시어 처벌하여 주시기 바랍니다.

첨 부 서 류

조사시 자세히 진술하겠습니다.

20 년 월 일

위 고소인 ○ ○ ○ (인)

○ ○ 경 찰 서 장 귀하

[사례 65] 사 기 죄(유흥주점업자로부터 선불금 명목으로 편취)

고 소 장

고 소 인 ○ ○ ○ (○○○○○○ – ○○○○○○○)

○○시 ○○구 ○○로 ○○(○○동)
(전화번호 : ○○○－○○○○)

피고소인 ○ ○ ○ (○○○○○○－○○○○○○○)
○○시 ○○구 ○○로 ○○(○○동)
(전화번호 : ○○○－○○○○)

피고소인에 대하여 사기죄로 고소하오니 처벌하여 주시기 바랍니다.

고 소 사 실

1. 피고소인은 1년 전까지 ○○시 ○○구 ○○로 ○○(○○동) 소재 ○○유흥주점 종업원이었던 자인 바, 20○○. ○. ○.경 ○○시 ○○구 ○○로 ○○(○○동)에 위치한 고소인이 운영하고 있는 ○○유흥주점에서 위 주점 종업원으로 일할 의사가 없음에도 "먼저 일하던 업소에 선불금 1,000만원이 있는데 이 돈을 갚으려고 하니 선불금을 지급하여 달라"고 거짓말하여 다음날 위 유흥음식점에서 위 돈을 받아 이를 편취한 것이다.

2. 따라서 피고소인을 귀서에 고소하오니 철저히 조사하시어 처벌하여 주시기 바랍니다.

첨 부 서 류

조사시 자세히 진술하겠습니다.

20 년 월 일

위 고소인 ○ ○ ○ (인)

○ ○ 경 찰 서 장 귀하

[사례 66] 사 기 죄(직업소개업자로부터 선불금 명목으로 편취)

고 소 장

고 소 인 ○ ○ ○ (○○○○○○－○○○○○○○)
○○시 ○○구 ○○로 ○○(○○동)
(전화번호 : ○○○－○○○○)

피고소인 1. 오 ○ ○ (○○○○○○－○○○○○○○)
○○시 ○○구 ○○로 ○○(○○동)
(전화번호 : ○○○－○○○○)

2. 박 ○ ○ (○○○○○○－○○○○○○○)
○○시 ○○구 ○○로 ○○(○○동)
(전화번호 : ○○○－○○○○)

피고소인들에 대하여 사기죄로 고소하오니 처벌하여 주시기 바랍니다.

고 소 사 실

1. 피고소인은 ○○시 ○○구 ○○로 ○○(○○동)에 위치한 제1직업 안내소에서 상담원으로 종사하고 있으며 피고소인 오○○은 구직자 찾아왔고, 피고소인 박○○은 피고소인 오○○의 연대보증으로 같이 찾아와서 처음 알게 되었습니다.

2. 20○○. ○. ○. 오후 2시경 피고소인들은 고소인이 종사하는 직업안내소를 찾아와 다방이나 주점에 취업시켜 달라기에 시외 ○○군, ○○시 ○○동 등지에 다방 또는 주점에 취업시켜주겠다고 하니까 피고소인들이 돈 300만원이 급히 필요하다고 말하고, 취업시켜준 업소에 가서 열심히 일을 하고 월급의 가불금으로 변제하겠다고 하기에 고소인은 피고소인들의 말만 믿고 현금 300만원을 차용해 주었는 바, 그 후로는 차일피일 거짓말만하고 그들이 원하는 다방이나 술집에 취업을 시켜줘도 일을 하지 않고, 지금은 전화연락도 되지 않고 모두 행방불명되었습니다.

3. 따라서 피고소인들을 귀서에 고소하오니 철저히 조사하시어 처벌하여 주시

기 바랍니다.

첨 부 서 류

조사시 자세히 진술하겠습니다.

20 년 월 일

위 고소인 ○ ○ ○ (인)

○ ○ 경 찰 서 장 귀하

[사례 67] **사 기 죄 (노래주점업자로부터 선불금 명목으로 편취)**

고 소 장

고 소 인 ○ ○ ○ (○○○○○○－○○○○○○○)
○○시 ○○구 ○○로 ○○(○○동)
(전화번호 : ○○○－○○○○)

피고소인 ○ ○ ○ (○○○○○○－○○○○○○○)
○○시 ○○구 ○○로 ○○(○○동)
(전화번호 : ○○○－○○○○)

피고소인에 대하여 사기죄로 고소하오니 처벌하여 주시기 바랍니다.

고 소 사 실

1. 피고소인은 ○○시 ○○구 ○○로 ○○(○○동)에 위치한 ○○노래주점을 운영하는 자이고, 피고소인은 지인의 소개로 알게 된 여성으로 고소인과는 아무런 친,인척관계가 아닙니다.

2. 피고소인은 고소인의 업소에 일할 의사가 없음에도 불구하고 급료의 선불금 명목으로 돈을 편취하려고 마음먹고, 20○○. ○. ○. 20:00경 고소인에게 전화를 걸어 "○○○로부터 고소인의 업소가 20○○. ○. ○. 오픈한다는 소리를 들었는데 선불금 550만원을 주면 고소인의 업소에서 종업원으로 성실히 일을 해주겠다."라는 취지로 말함으로 고소인이 그럼 피고소인의 인감증명과 주민등록등본을 발급해 달라고 하자 고소인의 업소종업원인 고소외 ○○○의 편으로 보내줌으로 이를 믿은 고소인이 20○○. ○. ○. 피고소인의 계좌로 금 550만원을 입금하자 이를 송금받아 편취하였습니다.

3. 피고소인은 위 선불금을 수령한 후, 단 하루도 고소인의 업소에서 종업원으로 일한 사실도 없을 뿐만 아니라 현재까지 아무런 연락도 없는 점으로 보아 처음부터 선불금을 편취하기 위해 고소인을 기망한 것이 분명하므로 피고소인을 귀서에 고소하오니 철저히 조사하시어 처벌하여 주시기 바랍니다.

첨 부 서 류

조사시 자세히 진술하겠습니다.

20 년 월 일

위 고소인 ○ ○ ○ (인)

○ ○ 경 찰 서 장 귀하

[사례 68] 사기죄(공사대금 편취)

고 소 장

고 소 인 ○ ○ ○ (○○○○○○－○○○○○○○)
○○시 ○○구 ○○로 ○○(○○동)
(전화번호 : ○○○－○○○○)

피고소인 ○ ○ ○ (○○○○○○－○○○○○○○)
○○시 ○○구 ○○로 ○○(○○동)
(전화번호 : ○○○－○○○○)

피고소인에 대하여 사기죄로 고소하오니 처벌하여 주시기 바랍니다.

고 소 사 실

1. 피고소인은 건축업자인 바, 20○○. ○. ○.경 고소인에게 ○○시 ○○동 ○○○에 위치한 소재 모텔의 공사를 도급 주더라도 그 대금을 지급할 의사나 능력이 없음에도 불구하고 "공사를 완공하면 1개월 안에 모텔을 담보로 대출을 받거나 매도하여 공사대금 3억원을 주겠다."고 거짓말하여 이에 속은 고소인으로 하여금 20○○. ○.경 공사를 완공하도록 한 뒤 공사대금을 지급하지 아니하므로 위 금액 상당의 재산상 이익을 취득한 것이다.

2. 따라서 피고소인을 귀서에 고소하오니 철저히 조사하시어 처벌하여 주시기 바랍니다.

첨 부 서 류

조사시 자세히 진술하겠습니다.

20 년 월 일

위 고소인 ○ ○ ○ (인)

○ ○ 경 찰 서 장 귀하

[사례 69] 사 기 죄(시설공사계약 해주겠다고 교제비 명목으로 편취)

고 소 장

고 소 인 ○ ○ ○ (○○○○○○－○○○○○○○)
○○시 ○○구 ○○로 ○○(○○동)
(전화번호 : ○○○－○○○○)

피고소인 ○ ○ ○ (○○○○○○－○○○○○○○)
○○시 ○○구 ○○로 ○○(○○동)
(전화번호 : ○○○－○○○○)

피고소인에 대하여 사기죄로 고소하오니 처벌하여 주시기 바랍니다.

고 소 사 실

1. 피고소인은 일정한 직업이 없는 자인 바, 20○○. ○. ○. 16:00경 ○○시 ○○구 ○○동에 위치한 ○○다방에서 ○○기업회장인 ○○○과 아무런 친인척 관계도 없으면서, 고소인에게 자신은 위 ○○○의 이복동생인데 교제비 ○○○원만 주면 20○○. ○.월경에 위 ○○기업의 사옥을 신축할 때 냉난방시설공사를 맡을 수 있도록 해 주겠노라고 속여 이를 믿은 고소인으로부터 같은 달 ○. ○. 19:00경 ○○동에 있는 갈비집에서 교제비조로 금 ○○○원을 교부받아 이를 편취한 자입니다.

2. 따라서 피고소인을 귀서에 고소하오니 엄중히 조사하시어 처벌하여 주시기 바랍니다.

첨 부 서 류

조사시 자세히 진술하겠습니다.

20 년 월 일

위 고소인 ○ ○ ○ (인)

ㅇ ㅇ 경 찰 서 장 귀하

[사례 70] 사 기 죄(단란주점에서 술값 등 편취)

고 소 장

고 소 인 ○ ○ ○ (○○○○○○－○○○○○○○)
○○시 ○○구 ○○로 ○○(○○동)
(전화번호 : ○○○－○○○○)

피고소인 ○ ○ ○ (○○○○○○－○○○○○○○)
○○시 ○○구 ○○로 ○○(○○동)
(전화번호 : ○○○－○○○○)

피고소인에 대하여 사기죄로 고소하오니 처벌하여 주시기 바랍니다.

고 소 사 실

1. 피고소인은 일정한 직업이 없는 자로서, 20○○. ○. ○. 00:30경부터 같은 날 02:00경까지 ○○시 ○○구 ○○로 ○○(○○동) 소재 ○○단란주점에서 대금 지급의사나 능력이 없으면서 업주인 고소인 ○○○에게 "이 집 분위기가 참 좋네. 양주와 과일안주 가져오고 여자를 들여보내주소"라고 말하여 그녀에게 대금의 지급을 받을 수 있는 것처럼 믿게 하여 양주 1병 시가 ○○만원과 과일 안주 3점 시가 ○○만원 등 도합 ○○만원 상당의 음식을 교부받아 먹고 그 대금 지급을 면하여 재산상 이익을 취득한 자입니다.

2. 따라서 피고소인을 귀서에 고소하오니 엄중히 조사하시어 처벌하여 주시기 바랍니다.

첨 부 서 류

조사시 자세히 진술하겠습니다.

20 년 월 일

위 고소인 ○ ○ ○ (인)

○ ○ 경 찰 서 장 귀하

[사례 71] 사 기 죄 (식당에서 음식대금 편취)

고 소 장

고 소 인 ○ ○ ○ (○○○○○○－○○○○○○○)
○○시 ○○구 ○○로 ○○(○○동)
(전화번호 : ○○○－○○○○)

피고소인 ○ ○ ○ (○○○○○○－○○○○○○○)
○○시 ○○구 ○○로 ○○(○○동)
(전화번호 : ○○○－○○○○)

피고소인에 대하여 사기죄로 고소하오니 처벌하여 주시기 바랍니다.

고 소 사 실

1. 피고소인은 일정한 직업이 없는 자로서, 20○○. ○. ○. 23:00경부터 같은 날 02:00경까지 ○○시 ○○구 ○○로 ○○(○○동) 소재 ○○식당에서 고소인에게 식대지급의 의사나 능력이 없으면서 음식을 주문하여 고소인으로 하여금 그 대금을 받을 수 있는 것처럼 믿게 하고 그 곳에서 갈비 2대 24,000원, 밥 1그릇 1,500원, 소주 2홉들이 1병 3,000원 등의 음식을 교부받아 먹음으로서 그 대금 도합 28,500원 상당을 면하여 재산상 이익을 취득한 것입니다.

2. 따라서 피고소인을 귀서에 고소하오니 엄중히 조사하시어 처벌하여 주시기

바랍니다.

첨 부 서 류

조사시 자세히 진술하겠습니다.

20 년 월 일

위 고소인 ○ ○ ○ (인)

○ ○ 경 찰 서 장 귀하

[사례 72] 사 기 죄(택시요금 주지 않고 도주)

고 소 장

고 소 인 ○ ○ ○ (○○○○○○－○○○○○○○)
○○시 ○○구 ○○로 ○○(○○동)
(전화번호 : ○○○－○○○○)

피고소인 ○ ○ ○ (○○○○○○－○○○○○○○)
○○시 ○○구 ○○로 ○○(○○동)
(전화번호 : ○○○－○○○○)

피고소인에 대하여 사기죄로 고소하오니 처벌하여 주시기 바랍니다.

고 소 사 실

1. 피고소인은 노동에 종사하는 자인 바, 20○○. ○. ○. 23:30경부터 같은 날 02:00경까지 ○○시 ○○구 ○○로 ○○(○○동)높은 빌딩 앞에서 ○○바 1234 택시에 승차하여 택시 운전사인 고소인에게 택시요금의 지급의사나

능력이 없음에도 "○○까지 갑시다. 오늘 돈 많이 벌었소"라고 여유를 보임으로서 그로 하여금 택시요금을 줄 것 같은 믿음을 주고 같은 날 23:40경까지 주행시킨 후 목적지인 ○○에 도착하자 그대로 도주하여 택시요금 25,000원의 지급을 면하여 재산상 이익을 취득한 것입니다.

2. 따라서 피고소인을 귀서에 고소하오니 엄중히 조사하시어 처벌하여 주시기 바랍니다.

첨 부 서 류

조사시 자세히 진술하겠습니다.

20 년 월 일

위 고소인 ○ ○ ○ (인)

○ ○ 경 찰 서 장 귀하

[사례 73] 사기죄(모텔 숙박비 편취)

고 소 장

고 소 인 ○ ○ ○ (○○○○○○－○○○○○○○)
○○시 ○○구 ○○로 ○○(○○동)
(전화번호 : ○○○－○○○○)

피고소인 ○ ○ ○ (○○○○○○－○○○○○○○)
○○시 ○○구 ○○로 ○○(○○동)
(전화번호 : ○○○－○○○○)

피고소인에 대하여 사기죄로 고소하오니 처벌하여 주시기 바랍니다.

고 소 사 실

1. 피고소인은 일정한 직업이 없는 자로서, 20○○. ○. ○. 23:00경 ○○시 ○○구 ○○로 ○○(○○동) 소재 ○○모텔에서 동 모텔 주인인 고소인에게 모텔비 지급의사나 능력이 없으면서 숙박할 방을 달라고 하여 위 모텔 ○○○호실로 정하고 고소인에게 "오늘은 피곤하니 숙박비는 내일 아침에 줄께요"라고 속여 이튿날 숙박요금을 받을 수 있는 것처럼 믿게 하여 다음날 11:00경까지 숙박함으로써 그 대금 30,000원의 지급을 면하여 재산상 이익을 취득한 것입니다.

2. 따라서 피고소인을 귀서에 고소하오니 엄중히 조사하시어 처벌하여 주시기 바랍니다.

첨 부 서 류

조사시 자세히 진술하겠습니다.

20 년 월 일

위 고소인 ○ ○ ○ (인)

○ ○ 경 찰 서 장 귀하

[사례 74] 사기죄(농협조합장이 버섯공장 정부보조금 편취)

고 소 장

고 소 인 ○ ○ ○ (○○○○○○－○○○○○○○)
○○시 ○○구 ○○로 ○○(○○동)
(전화번호 : ○○○－○○○○)

피고소인 ○ ○ ○ (○○○○○○－○○○○○○○)
○○시 ○○구 ○○로 ○○(○○동)
(전화번호 : ○○○－○○○○)

피고소인에 대하여 사기죄로 고소하오니 처벌하여 주시기 바랍니다.

고 소 사 실

1. 피고소인은 20○○. ○.월부터 ○○시 ○○로 ○○(○○동) 소재 ○○농협 조합장에 취임하고 동 조합에서는 농협육성방안에 따라 ○○동에 공사비 ○○○원으로써 건평 40평에 시멘트 블록조 기와지붕 단층 창고 1동을 신축하게 되어 ○○도지사에게 보조금신청을 하고 동 지사로부터 같은 해 ○. ○.자로 양송이 버섯공장을 신축하라는 지시를 받자 많은 보조금을 편취할 것을 기도하고 20○○. ○. ○. ○○시 ○○동 소재 건축업자인 고소외 ○○○에게 위 양송이 버섯공장을 금 ○○○원에 건축하청을 주었음에도 불구하고 같은 해 ○. ○. 고소외 ○○○에게 위 양송이 버섯공장을 금 ○○○원에 신축공사 하청을 준 것처럼 서류를 위조하고 같은 해 ○. ○. 신축공사를 하여 같은 해 ○. ○. 준공한다는 착수 및 준공신고서를 제출하고 같은 해 ○. ○. 위 양송이 버섯공장의 검사를 받을 때 전에 ○○○건축업자에 명하여 작성시켜 두었던 위 공장 신축청부금 ○○○원이라는 공사계약서를 경기도 ○○○에게 제시하여 위 신축금액이 소요된 것처럼 가장함으로써 고소인 및 해당 계원을 속여 같은 해 ○. ○. ○○도지사로부터 위 양송이 버섯공장 신축경비에 대한 보조금 ○○○원을 교부받아 착복한 자입니다.

2. 따라서 피고소인을 귀서에 고소하오니 엄중히 조사하시어 처벌하여 주시기 바랍니다.

첨 부 서 류

조사시 자세히 진술하겠습니다.

20 년 월 일

위 고소인 ○ ○ ○ (인)

ㅇ ㅇ 경 찰 서 장 귀하

[사례 75] 사기죄(번호계 계주가 계금 편취)

고 소 장

고 소 인 ○ ○ ○ (○○○○○○－○○○○○○○)
○○시 ○○구 ○○로 ○○(○○동)
(전화번호 : ○○○－○○○○)

피고소인 ○ ○ ○ (○○○○○○－○○○○○○○)
○○시 ○○구 ○○로 ○○(○○동)
(전화번호 : ○○○－○○○○)

고소인은 피고소인에 대하여 사기죄로 고소하오니 처벌하여 주시기 바랍니다.

고 소 사 실

1. 고소인은 가정주부이고 피고소인은 고소인이 가입한 번호계 계주로서 고소인과는 아무런 친,인척관계가 아닙니다.

2. 고소인이 20○○. ○. ○.경 피고소인이 계주인 20명으로 구성된 번호계에 가입하여 월불입금 150만원을 불입하면 매월말일에 순서대로 합계금 3,000만원을 수령하는 번호계에 20번째로 가입하여 매월 150만원씩 총 20회에 걸쳐 3,000만원을 불입한 사실이 있습니다.

3. 그리고 또 다른 한 구좌는 20○○. ○. ○.경 역시 20명으로 구성된 월불입금 150만원은 20번 끝 번호에 100만원과 17번에 50만원을 불입하는 번호계에 가입을 하여 20○○. ○월말경 계주가 일방적으로 파계를 하고 일자 불상경 행방을 감춰버렸습니다.

4. 그러니까 고소인이 위 앞전 계돈 3,000만원을 수령한 날자가 20○○. ○월

말경인데 그 계돈 3,000만원을 지불하지 아니하고 미뤄오므로 20○○. ○. ○. 16:30경 ○○시 ○○동 소재 ○○백화점 앞에서 피고소인을 만나 독촉을 하니 다시 20○○. ○. ○.까지는 틀림없이 지불하겠다. 라는 내용의 차용증을 작성해주고 역시 이행을 하지 않고 있습니다.

5. 그래서 고소인은 없는 돈에 딸아이의 월급을 모아 거기에 모두 투자했는데 계속 미뤄오기에 강력히 독촉을 하니 두 번째 결성된 계금 3,000만원을 수령할 날자가 20○○. ○. ○.인데 20○○. ○. ○. 14:00경 ○○시 ○○동 소재 ○○상가 커피숍에서 그동안 불입한 2,250만원을 피고소인이 차용하는 양 하면서 차용증을 작성해주면서 더 이상 계를 끌어갈 수 없다면서 20○. ○. ○.까지는 틀림없이 갚겠다고 해 놓고는 20○○. ○. ○.월말경 행방을 감춰버렸습니다.

6. 이러한 점으로 미뤄볼 때 피고소인은 위와 같이 매달 1인당 150만원씩 불입하는 20명으로 구성된 2,000만원짜리 번호계를 끝까지 정상적으로 운영하여 갈 의사나 능력이 없었을 뿐만 아니라 고소인이 수령할 5,250만원을 피고소인이 차용하는 형식으로 현금보관증이나 차용증을 작성교부해 주었지만 그 금원을 변제할 의사나 능력이 없었음을 명백하다 할 것입니다.

7. 따라서 피고소인을 귀서에 고소하오니 엄중히 조사하시어 처벌하여 주시기 바랍니다.

첨 부 서 류

1. 차용증 사본 2통

조사시 자세히 진술하겠습니다.

20 년 월 일

위 고소인 ○ ○ ○ (인)

○ ○ 경 찰 서 장 귀하

[사례 76] 사 기 죄(차용금 편취)

고 소 장

고 소 인 ○ ○ ○ (○○○○○○－○○○○○○○)
○○시 ○○구 ○○로 ○○(○○동)
(전화번호 : ○○○－○○○○)

피고소인 ○ ○ ○ (○○○○○○－○○○○○○○)
○○시 ○○구 ○○로 ○○(○○동)
(전화번호 : ○○○－○○○○)

고소인은 피고소인에 대하여 사기죄로 고소하오니 처벌하여 주시기 바랍니다.

고 소 사 실

1. 고소인과 피고소인의 관계
고소인과 피고소인은 친구의 소개로 만난 사이로서 사업관계로 자주 만나게 되었습니다.

2. 피고소인의 금전차용
피고소인은 20○○. ○. ○. 15:30경 고소인에게 사업자금으로 급히 필요하다는 명목으로 금 ○○○원만 빌려 달라고 하면서 2개월 후에 틀림없이 갚아 주겠다고 거짓말하여 이에 속은 고소인은 피고소인에게 위 돈을 빌려주었습니다.

3. 피고소인의 사기행위
그러나 약속한 날이 되도 피고소인은 돈을 갚지 않고 다시 기일만 연기하였습니다. 그래서 할 수 없이 고소인은 피고소인에게 가서 사정을 얘기하고 빠른 시일 내에 돈을 갚아 달라고 하였습니다. 그러나 아직까지 피고소인은 돈을 갚지 않고 있습니다.
고소인은 이후 사정을 알아보니 피고소인은 사업자금을 핑계로 주위의 여러 이웃에게서 돈을 빌려 피고소인이 아는 것만 금 ○○○원이나 됩니다. 피고소인은 빌린 돈들을 무절제한 생활로 낭비하여 고소인을 포함한 채권자 누구에게도 한 푼도 갚지 않고 있습니다.

4. 고소사실의 요지
피고소인은 사실상 특별한 사업을 운영하지 않고, 개인적인 부채도 ○○○원에 이르러 타인으로부터 돈을 차용하더라도 이를 변제할 의사나 능력이 없음에도 불구하고, 20○○. ○. ○. 15:30경 ○○시 ○○구 ○○로 ○○(○○동)에 있는 고소인의 집에서 동인에게 금 ○○○원만 빌려 주면 2개월 후에 틀림없이 갚겠다는 취지의 거짓말을 하여 이에 속은 동인으로부터 금 ○○○원을 교부받아 이를 편취한 것입니다.

5. 따라서 피고소인의 위와 같은 행위로 보아 처음에 돈을 갚을 의도가 없이 돈을 빌려 간 것이 분명하므로 피고소인을 귀서에 고소하오니 엄중히 조사하시어 처벌하여 주시기 바랍니다.

첨 부 서 류

1. 차용증 1부
1. 채권자 진술서 1부
조사시 자세히 진술하겠습니다.

20 년 월 일

위 고소인 ○ ○ ○ (인)

○ ○ 경 찰 서 장 귀하

[사례 77] 사 기 죄(허위임대차계약 체결하고 계약금 편취)

고 소 장

고 소 인 ○ ○ ○ (○○○○○○－○○○○○○○)

○○시 ○○구 ○○로 ○○(○○동)
(전화번호 : ○○○－○○○○)

피고소인 ○ ○ ○ (○○○○○○－○○○○○○○)
○○시 ○○구 ○○로 ○○(○○동)
(전화번호 : ○○○－○○○○)

고소인은 피고소인에 대하여 사기죄로 고소하오니 처벌하여 주시기 바랍니다.

고 소 사 실

1. 피고소인은 ○○시 ○○로 ○○(○○동)에 위치한 ○○주식회사의 대표이사로서 20○○. ○. ○. 위 회사 소유인 ○○시 ○○동 ○○ 소재의 공장건물 ○평을 고소외 ○○○에게 임대하는 임대차계약을 체결하고, 동 건물을 고소외 ○○○에게 또 임대차계약을 체결하고, 동 공장건물은 타인에게 임대할 수 없음을 잘 알면서 위와 같은 사정을 잘 모르는 고소인을 속여 재물을 편취할 것을 마음먹고, 고소인과 위 공장건물에 대한 임대차계약을 체결하고 같은 날 계약금으로 금 ○○○원을 교부받아 이를 편취한 자입니다.

2. 따라서 피고소인을 귀서에 고소하오니 엄중히 조사하시어 처벌하여 주시기 바랍니다.

첨 부 서 류

1. 임대차계약서 1부
1. 영수증 1부
조사시 자세히 진술하겠습니다.

20 년 월 일

위 고소인 ○ ○ ○ (인)

○ ○ 경 찰 서 장 귀하

[사례 78] 사 기 죄 (원료구매신청서를 발급하여 물품대금 편취)

고 소 장

고 소 인 ○ ○ ○ (○○○○○○-○○○○○○○)
○○시 ○○구 ○○로 ○○(○○동)
(전화번호 : ○○○-○○○○)

피고소인 (주) ○○○○
○○시 ○○구 ○○로 ○○(○○동)
대표이사 ○ ○ ○
○○도 ○○시 ○○구 ○○동 123.

고 소 취 지

피고소인을 사기죄로 고소하오니 처벌하여 주시기 바랍니다.

고 소 사 실

1. 고소인은 ○○시 ○○구 ○○로 ○○(○○동) 소재에서 ○○산업이라는 상호로 로프, 철만물 등을 도·소매하는 자이고, 피고소인은 ○○시 ○○구 ○○로 ○○(○○동) 소재에서 (주)○○○는 상호로 공장설비, 무역 등을 하는 자입니다.

2. 피고소인은 피고소인이 중국에 합작투자 한 현지법인에 각종 자재를 공급하기 위하여 고소인에게 외화획득용 원료구매승인신청서를 발급하여 고소인으로 부터 각종 자재를 20○○. ○. ○.부터 20○○. ○. ○.까지 공급 받음에 있어, 최초 상거래일인 20○○. ○. ○.부터 20○○. ○. ○.까지는 공급 받아간 물건에 대한 결제는 정상적으로 하여 줌으로써 고소인으로 하여금 피고소인을 믿게 하고 이를 미끼로 20○○. ○. ○.부터 피고소인이 최종부도 낸 20○○. ○. ○.까지 ○개월간 평소에 공급 받아간 물건의 몇 배인 금 ○○○원의 물건을 공급하여 줄 것을 의뢰하는 외화획득용 원료구매신청서를 발급하여 고소인으로부터 금 ○○○원 상당의 물건을 공급 받아감에 있어,
피고소인은 고소인으로부터 공급 받아간 물건을 피고소인 명의로 중국에 수출하는 형식을 취하여 그 선하증권으로 국내금융기관(외환, 제일, 신한, 기

업, 평화은행)에서 고소인이 공급한 물건 값을 즉시 현금화 하였음에도 불구하고 피고소인은 처음부터 고소인으로부터 3개월간 5차례에 걸쳐 공급 받아간 물건 값 금 281,873,015원을 편취할 목적으로 계획적으로 고소인으로부터 5차례에 걸쳐 물건을 공급받아 이를 가로채고 도주한 자입니다.

3. 이상과 같이 피고소인은 계획적으로 고소인으로부터 물품을 공급받아 이를 편취한 자이므로 피고소인을 귀서에 고소하오니 철저히 조사하시어 처벌하여 주시기 바랍니다.

첨 부 서 류

1. 외화획득용 원료(물품)구매신청서 ○통
1. 세금계산서 ○통
1. 부도난 피고소인명의 약속어음 ○통
   조사시 자세히 진술하겠습니다.

20 년 월 일

위 고소인 ○ ○ ○ (인)

○ ○ 경 찰 서 장 귀하

[사례 79] 사 기 죄 (생활정보지를 이용 임대차보증금 편취)

고 소 장

고 소 인 ○ ○ ○ (○○○○○○－○○○○○○○)
○○시 ○○구 ○○로 ○○(○○동)
(전화번호 : ○○○－○○○○)

피고소인 1. 김 ○ ○(○○○○○○－○○○○○○○)

○○시 ○○구 ○○로 ○○(○○동)
(전화번호 : ○○○ - ○○○○)

2. 이　　○　　○(○○○○○○ - ○○○○○○○)
○○시 ○○구 ○○로 ○○(○○동)
(전화번호 : ○○○ - ○○○○)

고 소 취 지

피고소인들을 사기죄로 고소하오니 철저히 조사하시어 처벌하여 주시기 바랍니다.

고 소 사 실

1. 고소인은 피고소인들과는 아무런 친,인척관계가 없으며, 피고소인 김○○는 ○○시 ○○구 ○○동 ○○ 지상의 주택의 소유자이고, 피고소인 이○○는 위 주택의 임차인입니다.

2. 고소인은 20○○. ○. ○. ○○:○○경에 직장이전관계로 급히 주택을 임차하기 위하여 생활정보지의 광고를 보고 피고소인 김○○을 찾아가서 피고소인 이○○이 거주하던 위 주택을 둘러보고 보증금 5,000만원에 임차하기로 계약하면서 고소인이 사정이 급박한 관계로 당일 피고소인 김○○이 있는 자리에서 피고소인 이○○에게 직접 보증금 전액을 모두 지불하고 피고소인 김○○로부터 계약서를 교부받았습니다.

3. 고소인은 위 계약을 하면서 당일이 토요일인지라 등기부상 권리관계를 확인할 수 없어 피고소인들에게 위 주택에 별다른 문제가 없는지 물었으나 피고소인들은 한결같이 아무런 문제가 없다고 하여 이를 믿고 보증금의 전액을 지급하였던 것입니다.

4. 고소인은 다음날 이사를 하고 직장관계로 며칠 뒤 위 주택의 등기사항증명서를 확인한 결과 위 주택은 이미 오래 전에 ○○은행으로부터 경매가 들어와 ○○지방법원에서 경매가 진행 중이었던 관계로 곧 낙찰이 될 지경이었습니다.
고소인이 이러한 사실을 피고소인들에게 항의하고 보증금을 반환해 달라고 하자 피고소인들은 자신들도 몰랐다고 발뺌하며 보증금을 돌려줄 수 없다고 하고 있으나 피고소인 김○○은 집주인으로서 이러한 사실을 몰랐을 리가 없으며, 피고소인 이○○은 배당금을 받기 위하여 ○○지방법원에 임차인 신고를 이미 해 놓았는데 이를 몰랐다는 것은 상식적으로 납득이 되지 않는 것입니다.

5. 따라서 피고소인들은 공모하여 고소인에게 거짓말을 하여 이에 속은 고소인으로부터 보증금 5,000만원을 편취한 것이 분명하므로 피고소인을 귀서에 고소하오니 철저히 조사하시어 처벌해 주시기 바랍니다.

첨 부 서 류

1. 전세계약서 사본 1통
1. 생활정보지 1통

조사시 자세히 진술하겠습니다.

20 년 월 일

위 고소인 ○ ○ ○ (인)

○ ○ 경 찰 서 장 귀하

[사례 80] 사 기 죄(수표, 현금 등 편취)

고 소 장

고 소 인 ○ ○ ○ (○○○○○○－○○○○○○○)
○○시 ○○구 ○○로 ○○(○○동)
(전화번호 : ○○○－○○○○)

피고소인 ○ ○ ○ (○○○○○○－○○○○○○○)
○○시 ○○구 ○○로 ○○(○○동)
(전화번호 : ○○○－○○○○)

고 소 취 지

피고소인에 대하여 사기죄로 고소하오니 처벌하여 주시기 바랍니다.

고 소 사 실

1. 피고소인을 알게 된 경위

고소인은 ○○시 ○○구 ○○로 ○○(○○동)에 위치한 고소인 소유의 5층 건물에 ○○회사를 운영하다가 회사를 정리하고 잠시 쉬고 있을 무렵인 20○○년경 미8군의 망년회 모임에서 우연히 특수차량 운송회사인 ○○상운을 운영한다는 피고소인을 만나 알게 되었는 바, 이후 자주 만나게 되면서 친하게 지냈던 적이 있으나 서로 아무런 친인척관계가 아닙니다.

2. 고소요지

피고소인 ○○○는 20○○년 미8군 망년회에서 우연히 만나 알게 된 고소인이 제법 재력이 있다는 사실을 알고는 피고소인 자신은 마치 사업적 능력이 뛰어난 것처럼 과시하면서 접근하여 서로 친하게 지내오던 중, 그 무렵 고소인이 ○○통신 주식을 매각하여 ○○○원 가량의 현금을 보유하고 있는 사실을 알게 되자 단시일 내에 두 배 이상으로 불려주겠다고 현혹시키는 방법으로 금원을 교부받아 편취할 마음을 먹고,

가. 20○○. ○. 초순경 ○○시 ○○구 ○○동 ○○오피스텔 ○○○호에서 고소인에게 사실은 고소인으로부터 돈을 빌리더라도 단기간에 2배 이상 불려줄 만한 능력도 없을 뿐만 아니라 차용금을 갚을 의사와 능력이 없음에도 "갖고 있는 ○○○원을 나에게 맡기면 몇 개월 만에 두 배 이상 이득을 볼 수 있도록 해 줄 테고 설령 많은 이득을 보지 못한다고 하더라도 월 2% 이상의 이자는 챙겨 줄 테니 나를 믿고 돈을 빌려달라"는 취지의 거짓말을 하여 이에 속은 고소인으로부터 20○○. ○. ○. 피고소인 명의의 ○○은행 개설계좌로 ○○○원을 입금케 하여 이를 편취하고(무통장입금증 참조), 계속하여 20○○. ○. ○.경 위 고소인의 오피스텔에서 고소외 ○○○이 함께 한 자리에서 고소인으로부터 ○○○원권 자기앞 수표 6매 합계금 ○○○원을 교부받아 이를 편취하는 등 2회에 걸쳐 도합 금 ○억원을 차용금 명목으로 교부받아 이를 편취하고(자기앞수표 발행사실 확인원 참조), 20○○. ○. ○.에 발행된 액면금 ○○○원권 수표 ○장 중 ○매가 피고소인에게 교부되었으나 현재 고소인이 정확한 수표번호를 기억하고 있지 못하는 바, 이에 대하여 조사하여 주시기 바랍

니다.

나. 20○○. ○. ○.경 ○○시 ○○구 ○○로 ○○(○○동)에 위치한 소재 '○○'라는 상호의 일식집에서 고소인에게 사실은 돈을 추가로 빌리더라도 이를 변제할 의사와 능력이 없으면서 "목돈이 들어갈 곳이 있는데, 돈이 부족하다.○○○원만 빌려주면 곧 갚도록 하겠다"는 취지의 거짓말을 하여 이에 속은 고소인으로부터 ○○○원권 농협발행 자기앞수표 ○매 합계 ○○○원을 교부받아 이를 편취한 자로서, 피고소인은 여자 혼자서 사는 고소인이 재력은 있다는 것을 알고 의도적으로 접근하여 자신이 상상한 수완이 있고 정보가 많아 돈을 크게 불려줄 수 있는 양 고소인을 현혹하여 차용금 명목으로 교부받은 후 몇 개월 안에 두 배 이상 불려주던가 최소한 월 2% 이자라도 지급할 것처럼 말하므로 이를 믿고 차용증도 작성하지 않고 돈을 빌려주게 되었는데 이제 와서는 차용증 등 근거가 없다는 이유로 적반하장으로 "언제 돈을 가져갔느냐", "내가 무슨 줄 돈이 있느냐"면서 아예 돈을 떼어먹을 작정을 하고 있어 그 죄질이 극히 나쁘다고 할 것입니다.

3. 기타 참작할 사항

고소인은 ○○통신 주식을 매각한 자금 ○○○원으로 사업을 시작하고자 마음먹고 있었는데, 피고소인이 이를 알고는 단기간에 2배 이상 불릴 수 있도록 하여주고 최소한 이자를 월 2% 이상 주겠다고 하므로 단기간에 자금회수가 가능하다고 하여 이를 믿고 돈을 빌려준 것이고, 별도로 차용증도 받지 않았던 것인데 피고소인은 이를 오히려 악용하여 "돈을 빌려준 근거가 뭐 있느냐 내가 줄 돈이 무엇이 있느냐"라고 되려 큰소리 치고 있고, 차용하여 간지 ○년이 다 되어 가도록 돈을 돌려 줄 생각을 않고 있어서 여자 혼자의 힘으로는 어떻게 할 바를 몰라 이 건 고소에 이르게 된 것이니 철면피 같은 피고소인을 철저히 조사하시어 처벌하여 주시기 바랍니다.

첨 부 서 류

1. 무통장입금증 1부
1. 자기앞수표 발행사실 확인원 1부

조사시 자세히 진술하겠습니다.

20 년 월 일

위 고소인 ○ ○ ○ (인)

○ ○ 경 찰 서 장 귀하

[사례 81] 사 기 죄(상표를 부정사용)

고 소 장

고 소 인 ○ ○ ○ (○○○○○○－○○○○○○○)
○○시 ○○구 ○○로 ○○(○○동)
(전화번호 : ○○○－○○○○)

피고소인 ○ ○ ○ (○○○○○○－○○○○○○○)
○○시 ○○구 ○○로 ○○(○○동)
(전화번호 : ○○○－○○○○)

고 소 취 지

피고소인에 대하여 사기죄로 고소하오니 처벌하여 주시기 바랍니다.

고 소 사 실

1. 피고소인은 20○○. ○. ○.부터 20○○. ○. ○.까지 피고소인 집에다 식용유를 다량으로 구입하여 놓고 포장된 병마개를 칼로 잘 뜯어 내용물인 식용유를 2분의 1씩 빼낸 후 무명씨기림과 죽저기름을 혼합하여 다시 소량을 채우고 포장하여 다른 사람에게 진짜로 설명, 구입케 하였으며 매일 30병씩을 제조·포장하여 지금까지 약 9,300병 가량 제조, 판매하였으므로 고소인 등이 등록한 상표를 위와 같이 부정사용 하였으며, 식용유가 품질이 되어 가격상승을 기회로 1병당 2,000원씩 받고 시중에 9,300병을 팔아 금 186만원을 받아 편취한 것입니다.

2. 따라서 위와 같은 사실로 피고소인을 고소하오니 철저히 조사하시어 처벌하여 주시기 바랍니다.

20 년 월 일

위 고소인 ○ ○ ○ (인)

○ ○ 경 찰 서 장 귀하

[사례 82] 사문서부정행사죄 등 (카드습득 부정사용)

고 소 장

고 소 인 ○ ○ ○ (○○○○○○－○○○○○○○)
○○시 ○○구 ○○로 ○○(○○동)
(전화번호 : ○○○－○○○○)

피고소인 ○ ○ ○ (○○○○○○－○○○○○○○)
○○시 ○○구 ○○로 ○○(○○동)
(전화번호 : ○○○－○○○○)

피고소인에 대하여 사문서부정행사 등의 죄로 고소하오니 처벌하여 주시기 바랍니다.

고 소 사 실

1. 고소인은 고소외 휴양콘도미니엄업을 주업으로 하는 ○○회사에 금 ○○○원을 주고 회원으로 가입하여 콘도미니엄 이용시에 필요한 회원카드를 발급받아 소지하고 있었습니다.

2. 20○○. ○.월경 고소인이 ○○시 ○○구 ○○로 ○○(○○동)에 위치한 고

소인의 사무실에서 지갑을 정리하고 있던 중 사업관계로 알고 지내던 피고소인이 방문하여 책상 위에 놓여있던 위 카드를 습득하여 콘도미니엄 이용시에 부정하게 행사함으로써 피해를 입어 피고소인을 귀서에 고소하오니 철저히 조사하시어 엄벌에 처해 주시기 바랍니다.

입 증 방 법

조사시 자세히 진술하겠습니다.

20 년 월 일

위 고소인 ○ ○ ○ (인)

○ ○ 경 찰 서 장 귀하

[사례 83] 사문서위조 및 동 행사죄(차용증서 위조, 행사)

고 소 장

고 소 인 ○ ○ ○ (○○○○○○－○○○○○○○)
○○시 ○○구 ○○로 ○○(○○동)
(전화번호 : ○○○－○○○○)

피고소인 ○ ○ ○ (○○○○○○－○○○○○○○)
○○시 ○○구 ○○로 ○○(○○동)
(전화번호 : ○○○－○○○○)

피고소인에 대하여 사문서위조 및 동 행사죄로 고소하오니 처벌하여 주시기 바랍니다.

고 소 사 실

1. 피고소인은 일정한 직업이 없는 자인 바, 행사할 목적으로 20○○. ○. ○. 13:00경 ○○시 ○○동에 위치한 ○○새마을금고 사무실에서, 백지에 검정색 볼펜을 사용하여 "차용증서, 금 2천만원정, 위 금액을 정히 차용하오며, 20○○. ○. ○.까지 틀림없이 변제할 것을 확약함. 20○○. ○. ○. 채무자 김○○, ○○새마을금고 이사장 귀하"라고 기재한 후 김○○의 인장을 날인하여 권리의무에 관한 사문서인 김○○ 명의의 차용증서 1매를 위조하고,

2. 즉석에서 그 정을 모르는 성명불상의 위 금고직원에게 위조된 차용증서가 마치 진정한 것인 양 교부하여 이를 행사한 것입니다.

3. 따라서 위와 같은 사실로 피고소인을 고소하오니 철저히 조사하시어 처벌하여 주시기 바랍니다.

입 증 방 법

조사시 자세히 진술하겠습니다.

20 년 월 일

위 고소인 ○ ○ ○ (인)

○ ○ 경 찰 서 장 귀하

[판례] 사문서의 위·변조죄는 작성권한 없는 자가 타인명의를 도용하여 문서를 작성하는 것을 말하는 것이므로 사문서를 작성·수정함에 있어 그 명의자의 명시적이거나 묵시적인 승낙이 있었다면 사문서의 위·변조죄에 해당 하지 않고, 한편 행위당시 명의자의 현실적인 승낙은 없지만 행위 당시의 든 객관적 사정을 종합하여 명의자가 행위 당시 그 사실을 알았다면 당연히 승낙했을 것이라고 추정되는 경우 사문서의 위·변조죄가 성립하지 않는다(대법원 2003. 5. 30. 선고 2002도235 판결).

[사례 84] 사문서위조죄(문중회 규약 임의작성)

고 소 장

고 소 인 1. 김 ○ ○
○○시 ○○구 ○○로 ○○(○○동)

2. 이 ○ ○
○○시 ○○구 ○○로 ○○(○○동)

피고소인 ○ ○ ○
○○시 ○○구 ○○로 ○○(○○동)

고 소 사 실

1. 피고소인은 20○○. ○. ○. ○○시 ○○구 ○○로 ○○(○○동)에 위치한 피고소인의 여동생 집에서 행사할 목적으로 권한 없이 백지에 자필로 본문 16개조, 부칙 1개조로 이루어진 ○○씨 ○○○파 ○○○문중회 규약을 임의로 작성하고 동 규약의 마지막 장 부칙 하단에 '이사 김○○', '감사 이○○'라고 기재하고 그 이름 옆에 소지하고 있던 고소인 김○○, 이○○의 인장을 각 찍어,

2. 위 문중의 실체를 소명하기 위한 자료로 ○○지방법원 20○○카단 ○○○호 가처분신청 사건에서 ○○씨 ○○○파 ○○○문중이 신청인으로 하는 문서를 작성 제출하여 사용하였습니다.

3. 따라서 피고소인을 귀서에 철저히 조사하시어 처벌하여 주시기 바랍니다.

입 증 방 법

추후 제출하겠습니다.

20 년 월 일

위 고소인 김 ○ ○ (인)

이 ○ ○ (인)

○ ○ 경 찰 서 장 귀하

[시례 85] 사문서위조 등(남의 인장 불법조각하여 사용)

고 소 장

고 소 인 ○ ○ ○ (○○○○○○－○○○○○○○)
○○시 ○○구 ○○로 ○○(○○동)
(전화번호 : ○○○－○○○○)

피고소인 ○ ○ ○ (○○○○○○－○○○○○○○)
○○시 ○○구 ○○로 ○○(○○동)
(전화번호 : ○○○－○○○○)

고 소 취 지

피고소인에 대하여 사문서위조 등의 죄로 고소하오니 처벌하여 주시기 바랍니다.

고 소 사 실

1. 피고소인은 고소외 주식회사 ○○상호신용금고에서 대부알선, 신용조사, 수금을 담당하는 자입니다.

2. 20○○. ○. ○. 회사공금을 편취할 것을 마음먹고 피고소인과 평소 친하게 지내는 인장업자 ○○○에게 ○○에 사는 ○○○의 인장과 ○○에 사는 ○○○의 인장조각을 부탁하여 피고소인은 이들 인장들을 이용하여 행사할 목적으로 고소외 ○○○가 차용인, ○○○가 연대보증인인 것처럼 문서를 작성하여 이 대출신청자는 신용이 매우 좋다는 조사의견서를 첨부하여 위 회사로부터 금 ○○○원의 돈을 편취하였습니다.

3. 따라서 위와 같은 사실로 피고소인을 귀서에 고소하오니 철저히 조사하시어 처벌하여 주시기 바랍니다.

입 증 방 법

추후 제출하겠습니다.

20 년 월 일

위 고소인 ○ ○ ○ (인)

○ ○ 경 찰 서 장 귀하

[사례 86] 사문서위조 등(금전소비대차 및 영수증 위조)

고 소 장

고 소 인 ○ ○ ○ (○○○○○○－○○○○○○○)
○○시 ○○구 ○○동 ○○
(전화번호 : ○○○－○○○○)

피고소인 ○ ○ ○ (○○○○○○－○○○○○○○)
○○시 ○○구 ○○동 ○○
(전화번호 : ○○○－○○○○)

고 소 취 지

피고소인에 대하여 사문서위조 및 위조사문서행사죄로 고소하오니 처벌하여 주시기 바랍니다.

고 소 사 실

1. 당사자 관계

가. 고소인에 대하여

고소인 ○○○주식회사는 ○○○부품 주식회사로서 코스닥 상장법인입니다.

나. 피고소인 ○○○에 대하여

피고소인 ○○○는 ○○○주식회사의 기업컨설팅(외부투자 유치)을 목적으로 고소인 회사에 20○○. ○. ○.경부터 출입을 하였습니다.

2. 범죄사실

피고소인은 주식회사 사이버패스를 인수하는데 필요한 자금에 충당할 목적으로

가. 20○○. ○. ○.경 모처에서 행사할 목적으로 권한 없이 백지에 금전소비대차계약서를 작성한 후 고소인의 이름 옆에 미리 가져간 고소인의 인장을 찍어 권리의무에 관한 사문서인 고소인 명의의 금전소비대차계약서 1통을 위조하고,

나. 같은 날 같은 장소에서 행사할 목적으로 권한 없이 백지에 "영수증"을 작성한 후 고소인 대표이사 ○○○의 이름 옆에 ○○○의 이름을 서면하여 권리의무에 관한 사문서인 고소인 명의의 영수증 1통을 위조하고,

다. 그 즉시 그 정을 모르는 (주)○○○ 대표이사 ○○○에게 위와 같이 위조한 금전소비대차계약서 및 영수증을 마치 진정하게 성립한 것처럼 제시 및 교부하여 이를 각 행사한 것입니다.

3. 고소에 이른 경위

가. 고소인 회사는 20○○. ○. ○. 회사은행계좌의 가압류 사건으로 인하여 주식회사 ○○○회사와의 금전소비대차계약 사실을 알게 되었습니다. 이에 고소인 회사의 임직원은 위 계약사실과 경위를 파악하기 위하여 백방으로 노력하던 중, 위 계약이 피고소인에 의하여 임의로 작성된 것을 알게 되었습니다.

나. 피고소인은 20○○. ○. ○.경 임의로 가져간 법인인감을 도용하여 고소인 회사의 명의로 주식회사 ○○○와 금전소비대차계약을 체결하고, 영수증에 ○○○회사의 대표이사 서명을 위조하여 이를 행사하였습니다.

4. 결 론

그러므로 피고소인이 금전소비대차계약을 임의로 체결하고 고소인 명의의 영수증을 임의로 작성하여 이를 행사한 것입니다. 따라서 피고소인을 귀서에 고소하오니 철저히 조사하시어 처벌하여 주시기 바랍니다.

증 거 방 법

1. 금전소비대차계약서 1통
1. 영수증 1통

첨 부 서 류

1. 법인인감증명서 1통

20 년 월 일

위 고소인 ○○○주식회사
대표이사 ○○○ (인)

○ ○ 경 찰 서 장 귀하

[사례 87] 사인 등의 위조죄(이름과 아호를 위조)

고 소 장

고 소 인 ○ ○ ○ (○○○○○○－○○○○○○○)
○○시 ○○구 ○○로 ○○(○○동)
(전화번호 : ○○○－○○○○)

피고소인 ○ ○ ○ (○○○○○○－○○○○○○○)

○○시 ○○구 ○○로 ○○(○○동)
(전화번호 : ○○○－○○○○)

고 소 취 지

피고소인에 대하여 사인 등의 위조죄로 고소하오니 처벌하여 주시기 바랍니다.

고 소 사 실

1. 피고소인은 ○○시 ○○로 ○○(○○동)에 거주한 고소외 ○○○의 집에서 그 정을 모르는 동인에게 고소인인 서○○의 필적을 모사하여 "역전봉년(歷傳逢年)"이라는 족자 한 폭을 쓰게 한 다음, 위 글씨가 서○○의 진필인 것처럼 속여 행사할 목적으로 그 족자에 그의 아호인 ○○를 쓴 다음, 그 밑에 이름과 아호를 새긴 2매의 인장을 찍어 그의 낙관을 작성하여 고소인의 인장과 서명을 위조한 자입니다.

2. 따라서 위와 같은 사실로 피고소인을 고소하오니 철저히 조사하시어 처벌하여 주시기 바랍니다.

입 증 방 법

조사시 자세히 진술하겠습니다.

20 년 월 일

위 고소인 ○ ○ ○ (인)

○ ○ 경 찰 서 장 귀하

[사례 88] 사체 등의 오욕죄(유골에 방뇨)

고 소 장

고 소 인 ○ ○ ○ (○○○○○○－○○○○○○○)
○○시 ○○구 ○○로 ○○(○○동)
(전화번호 : ○○○－○○○○)

피고소인 ○ ○ ○ (○○○○○○－○○○○○○○)
○○시 ○○구 ○○로 ○○(○○동)
(전화번호 : ○○○－○○○○)

고 소 취 지

피고소인을 사체등오욕죄로 고소하오니 처벌하여 주시기 바랍니다.

고 소 사 실

1. 피고소인은 고소인의 선영이 위치한 ○○도 ○○군 ○○읍 ○○리에 거주하는 고등학생으로 20○○. ○. ○. 오후 ○시경 ○○도 ○○군 ○○면 ○○리 산○○에 위치한 고소인의 증조부의 분묘 근처를 친구들과 지나던 중 전일의 폭우로 분묘가 붕괴되고 관이 파손되어 지상에 노출된 고소인 증조부의 유골을 발견하고 자신의 담력을 자랑하고자 유골에 방뇨한 자입니다.

2. 따라서 피고소인을 귀서에 고소하오니 철저히 조사하시어 처벌하여 주시기 바랍니다.

첨 부 서 류

1. 목격자진술서 1통

20 년 월 일

위 고소인 ○ ○ ○ (인)

○ ○ 경 찰 서 장 귀하

[사례 89] 상해죄(컴퓨터 외상대금 관계로 상해)

고 소 장

고 소 인 ○ ○ ○ (○○○○○○－○○○○○○○)
○○시 ○○구 ○○로 ○○(○○동)
(전화번호 : ○○○－○○○○)

피고소인 ○ ○ ○ (○○○○○○－○○○○○○○)
○○시 ○○구 ○○로 ○○(○○동)
(전화번호 : ○○○－○○○○)

고 소 취 지

피고소인에 대하여 상해죄로 고소하오니 처벌하여 주시기 바랍니다.

고 소 사 실

1. 피고소인은 20○○. ○. ○. 12:30경 ○○시 ○○동 ○○은행 앞길에서 고소인과 피고소인이 20○○. ○.경 구입한 컴퓨터의 외상대금 불입영수증 문제로 시비하던 중 고소인이 "○○○야"라고 하였다는 이유로 들고 있던 핸드백으로 고소인의 얼굴을 때리고, 머리채를 잡아 흔들며 손톱으로 얼굴을 할퀴어 고소인에게 약 3주간의 치료를 요하는 얼굴개갠상처 등의 상해를 가한 자입니다.

2. 따라서 피고소인을 귀서에 고소하오니 철저히 조사하시어 처벌하여 주시기 바랍니다.

첨 부 서 류

1. 상해진단서 1통

조사시 자세히 진술하겠습니다.

20 년 월 일

위 고소인 ○ ○ ○ (인)

○ ○ 경 찰 서 장 귀하

[주] 1. 이 죄가 성립하려면 상해의 고의, 즉 사람의 생리적 기능을 훼손한다는 인식과 의사가 있어야 한다. 상해의 고의없는 폭행의 의사로 상해의 결과를 발생한 때에는 폭행치상죄가 성립한다.
2. 상해죄의 필요한 범위는 사람에 대하여 폭행을 가할 것을 인식하는 것으로써 족하고, 그 폭행으로 인해 상해가 발생할 것을 인식할 필요가 없다.

[사례 90] 상해죄 등(철제 쓰레받기를 사용하여 상해)

고 소 장

고 소 인 ○ ○ ○ (○○○○○○－○○○○○○○)
○○시 ○○구 ○○로 ○○(○○동)
(전화번호 : ○○○－○○○○)

피고소인 ○ ○ ○ (○○○○○○－○○○○○○○)
○○시 ○○구 ○○로 ○○(○○동)
(전화번호 : ○○○－○○○○)

고 소 취 지

피고소인에 대하여 상해 등의 죄로 고소하오니 처벌하여 주시기 바랍니다.

고 소 사 실

1. 고소인과 피고소인은 동네에서 각각 동종의 영세한 점포를 운영하는 자들로서 이웃에 거주하는 사실로 평소 안면이 있는 사이입니다.

2. 고소인과 피고소인은 일전에 점포의 간판이 돌출되어 영업에 지장이 있는 관계로 말다툼한 사실이 있는데 그 후 별 일없이 지내오던 중, 20○○. ○. ○. 아침 06:30경 고소인은 평소 다니던 약수터에 가기 위해 집을 나서서 ○○동의 뒷산으로 향하던 중 등산로의 초입에서 피고소인을 만났는데, 피고소인이 고소인에게 고소인이 피고소인의 험담을 하고 다닌다는 말을 들었다고 하며 어찌된 일인가 하고 물어와 고소인은 "그런 사실이 없다"고 대답하였는데 "아니 땐 굴뚝에 연기 나느냐"며 재차 따져 고소인이 "그런 사실 없고 누가 그런 소리를 하고 다니는지 알아보고 혼을 내겠다. 그런 사실 없으니 오해 말아라"하며 헤어졌습니다.

3. 그런데 그 날 오후 고소인이 시장에서 물건을 받아 점포에 도착하여 물건을 내리는데 피고소인이 찾아와 "내가 동네사람들에게 다 물어봤다" "너가 험담을 하고 내가 손님들에게 바가지를 씌운다고 소문을 내서 장사가 안되고 있다"라며 트집을 잡아 고소인은 "그런 사실 전혀 없으니 일하는데 방해하지 말고 가라"고 대답하였고 피고소인이 계속 안가고 사실무근인 일로 트집을 잡고 욕을 하여 말도 되지 않는 소리라 들은 체도 안하고 물건을 정리하기 바빴는데 피고소인이 "사람의 말이 말 같지 않느냐? 맛을 봐야 하겠느냐?"며 갑자기 고소인의 점포에 쓰레기를 치우기 위해 두었던 철제 쓰레받기를 들고 허리를 숙이고 물건을 정리하던 고소인의 뒷머리를 철제 쓰레받기의 모서리로 내리쳐 고소인은 충격으로 쓰러지고 주변사람들이 와서 피고소인으로부터 철제 쓰레받기를 빼앗고 피고소인이 더 이상 고소인을 내리칠 수 없도록 말렸습니다.

4. 이에 고소인이 겨우 정신을 차리고 일어나 보니 뒷머리가 온통 피로 범벅이 되었고 피가 계속 흘러내리고 정신이 혼미하여 주변사람의 부축을 받아 근처에 있는 외과병원에 가서 치료를 받았는데 뒷머리가 5㎝정도 찢어지고 피를 많이 흘려 엑스레이를 찍어보았으나 뼈에는 다행히 문제가 없어 12바늘의 봉합수술을 하였고 흘린 피가 많아 링거주사를 2시간에 걸쳐 맞았습니다. 담당의사는 경과를 두고 봐야 한다면서 며칠 입원하라고 하였으나 고소인은 일이 바빠 그럴 수 없다고 하자 담당의사는 환자가 원해서 퇴원한다는 각서

를 고소인이 써주자 퇴원을 허락하였고 당시 어느 정도의 치료기간이 걸리겠는가의 고소인의 물음에 달리 다른 증세가 없다면 최소한 4주 정도는 치료를 받아야 완치 될 것이며 계속적으로 병원에 와서 치료를 받고 약을 받아가야 한다고 하였습니다.

5. 그리하여 4시간에 걸친 응급처치 후에 고소인은 집으로 돌아와 쉬었는데 피고소인은 바로 옆에서 영업을 하면서도 찾아와서 용서를 구하던가, 또는 치료비를 물어주겠다는 소리도 한마디 없이 현재까지 오히려 자기가 잘 한 것이고, 고소인이 험담을 하여 천벌을 준 것이라는 등의 거짓말만 하고 다니며 잘못을 뉘우치지 않고 있습니다.

6. 이에 고소인은 피고소인을 상해죄로 고소하는 바이고, 피고소인의 고소인에 대한 행위는 단순히 폭행을 하여 상해의 결과를 야기한 폭행치상의 죄가 아니고 고의적으로 고소인에게 상해를 가할 의도로 위험한 물건인 철제 쓰레받기의 모서리로 내리친 것으로서 상해의 죄로 엄중히 처벌받아야 마땅할 것인 바, 피고소인을 귀서에 고소하오니 철저히 조사하시어 처벌하여 주시기 바랍니다.

첨 부 서 류

1. 상해진단서 1통

   조사시 자세히 진술하겠습니다.

20 년 월 일

위 고소인 ○ ○ ○ (인)

○ ○ 경 찰 서 장 귀하

[사례 91] 손괴의 죄(월세금 독촉하자 무선전화기 파손)

고 소 장

고 소 인 ○ ○ ○ (○○○○○○-○○○○○○○)
○○시 ○○구 ○○로 ○○(○○동)
(전화번호 : ○○○-○○○○)

피고소인 ○ ○ ○ (○○○○○○-○○○○○○○)
○○시 ○○구 ○○로 ○○(○○동)
(전화번호 : ○○○-○○○○)

고 소 취 지

피고소인을 손괴의 죄로 고소하오니 처벌하여 주시기 바랍니다.

고 소 사 실

1. 피고소인은 부동산 임대업에 종사하는 자인 바, 20○○. ○. ○. 10:00경 ○○시 ○○로 ○○(○○동)에 위치한 고소인 경영의 ○○다방에서 고소인에게 밀린 다방 월세금을 달라고 요구하였는데 동인이 장사가 제대로 되지 아니하여 연기하여 달하는 말을 듣고 이에 화가 난 나머지 그곳 계산대 위여 놓여있는 고소인 소유의 ○○무선전화기 1개 시가 15만원 상당을 바닥에 던져 깨뜨려 그 효용을 해하였습니다.

2. 따라서 피고소인을 귀서에 고소하오니 철저히 조사하시어 처벌하여 주시기 바랍니다.

20 년 월 일

위 고소인 ○ ○ ○ (인)

○ ○ 경 찰 서 장 귀하

[주] 1. 본죄에서 재물은 유체물뿐만 아니라 관리할 수 있는 동력도 포함한다. 동산, 부동산을 불문하며 동물도 포함한다. 또한 재산권의 목적이 될 수 있는 한 반드시 교환가치(경제적 가치)를 가질 필요는 없다.
2. 사체는 이 조의 객체인 재물에 해당하지 않는다(사체유기죄에 해당).
3. 공익건조물을 파괴한 때에는 공익건조물파괴죄(형법 제367조)에 해당하지만 그 정도에 이르지 않을 때에는 이 죄의 객체가 된다.
4. 공용건조물은 파괴에 이르면 공용물파괴죄(형법 제141조 제2항)가 성립하고 손괴에 그친 때에는 공용물건손상죄(형법 제142조 제1항)가 성립하므로 이 죄의 객체에는 포함되지 않는다.
5. 문서란 형법 제141조 제1항의 서류(공용서류 등)에 해당하지 않는 모든 서류를 말하며, 사문서, 공문서를 불문한다. 특정인으로부터 특정인에게 의사를 전달하는 편지는 물론 도화나 유가증권도 여기에 포함된다.
6. 전자기록 등 특수매체기록이란 사람의 지각에 의하여 인식될 수 없는 방식에 의하여 작성되며 정보처리에 의하여 제공된 기록을 말하며, 음반이나 마이크로필름은 포함되지 않는다.
7. 무주물은 타인의 소유가 될 수 없고, 자기의 소유에 속하는 것은 공무상 보관물무효죄(형법 제142조) 또는 권리행사방해죄(형법 제323조)의 객체는 될 수 있어도 이 죄의 객체는 될 수 없다.
8. 자기소유의 부동산에 부합된 물건이라도 타인의 소유에 속할 때에는 이 죄의 객체가 된다. 따라서 자기소유의 토지에 타인의 권한없이 경작한 농작물을 뽑아버린 때에는 재물손괴죄가 된다.
9. 타인소유의 문서도 문서의 소유권이 타인에게 있으면 되고, 작성명의인이 누구인지는 불문한다. 따라서 타인에게 교부한 자기 명의의 영수증 또는 약속어음을 찢어버리거나, 명의인의 부탁을 받고 타인소유의 문서의 내용을 고치는 경우에는 이 죄가 성립한다.
10. 손괴란 유형력을 행사하여 그 이용가능성을 침해하는 것으로, 부두에 매어둔 배를 풀어서 떠내려가게 하거나, 텔레비전을 보지 못하게 전파를 방해하는 것만으로는 손괴가 되지 않는다.
11. 재물이 가지고 있는 원래 목적에 사용할 수 없게 되면 족하다. 따라서 기계나 시계 등을 분해하여 쉽게 결합할 수 없게 한 경우, 우물물을 오물로 더럽게 하는 행위 등은 손괴에 해당한다.
12. 손괴는 반드시 그 중요한 부분을 훼손을 할 것을 요하지 않으며, 자동차의 타이어에서 바람을 빼어버리는 것도 손괴가 된다.

[판례] 1. 재물손괴에 있어서 손괴라 함은 물질적인 파괴행위로 인하여 물건을 본래의 목적에 공할 수 없는 상태로 만드는 경우뿐만 아니라 일시적으로 그 물건의

구체적 역할을 할 수 없는 상태로 만드는 것도 효용을 해하는 경우에 해당한다(대법원 2006. 12. 22. 선고 2006도7219 판결).

2. 타인 소유의 광고용 간판을 백색페인트로 도색하여 광고문안을 지워 버린 행위는 재물손괴죄를 구성한다(대법원 1991. 10. 22. 선고 91도2090 판결).
3. 재물손괴의 범의를 인정함에 있어서는 반드시 계획적인 손괴의 의도가 있거나 물건의 손괴를 적극적으로 희망하여야 하는 것은 아니고, 소유자의 의사에 반하여 재물의 효용을 상실케 하는데 대한 인식이 있으면 되고, 여기에서 재물의 효용을 해한다고 함은 그 물건의 본래의 사용목적에 공할 수 없게 하는 상태로 만드는 것은 물론 일시 그것을 일시 이용할 수 없는 상태로 만드는 것도 역시 효용을 해하는 것에 해당한다(대법원 1993. 12. 7. 선고 93도2701 판결).
4. "갑" 소유였다가 약정에 따라 "을" 명의로 이전되었으나 권리관계에 다툼이 생긴 토지상에서 "갑"이 버스공용터미널을 운영하고 있는데 "을"이 "갑"의 영업을 방해하기 위하여 철조망을 설치하려 하자 "갑"이 위 철조망을 가까운 곳에 마땅히 장소가 없어 터미널로부터 약 200미터 내지 300미터 가량 떨어진 "갑" 소유의 다른 토지 위에 옮겨 놓았다면 "갑"의 행위에는 재물의 소재를 불명하게 함으로써 그 발견을 곤란 또는 불가능하게 하여 그 효능을 해하게 하는 재물은닉의 범의가 있다고 할 수 없다(대법원 1990. 9. 25. 선고 90도1591 판결).

[사례 92] 손괴의 죄(채무 독촉하자 차용증서 훼손)

고 소 장

고 소 인 ○ ○ ○ (○○○○○○－○○○○○○○)
○○시 ○○구 ○○로 ○○(○○동)
(전화번호 : ○○○－○○○○)

피고소인 ○ ○ ○ (○○○○○○－○○○○○○○)
○○시 ○○구 ○○로 ○○(○○동)
(전화번호 : ○○○－○○○○)

고 소 취 지

피고소인을 손괴의 죄로 고소하오니 처벌하여 주시기 바랍니다.

고 소 사 실

1. 피고소인은 일정한 직업이 없는 자로, 20○○. ○. ○. 10:00경 ○○시 ○○로 ○○(○○동)에 위치한 피고소인의 집에서 고소인으로부터 이전에 피고소인이 고소인으로부터 차용한 금 100만원의 차용증서 1통을 내보이며 위 돈을 갚아 줄 것을 요구 당하자 갑자기 고소인이 가지고 있던 위 차용증서를 빼앗아 찢어버려서 권리의무에 관한 고소인 소유의 문서를 손괴한 것입니다

2. 따라서 피고소인을 귀서에 고소하오니 철저히 조사하시어 처벌하여 주시기 바랍니다.

입 증 방 법

조사시 자세히 진술하겠습니다.

20 년 월 일

위 고소인 ○ ○ ○ (인)

○ ○ 경 찰 서 장 귀하

[사례 93] 손괴의 죄(신흥종교 입교를 권유하자 편지 은닉)

고 소 장

고 소 인 ○ ○ ○ (○○○○○○−○○○○○○○)
○○시 ○○구 ○○로 ○○(○○동)

(전화번호 : ○○○ - ○○○○)

피고소인 ○ ○ ○ (○○○○○○ - ○○○○○○○)
○○시 ○○구 ○○로 ○○(○○동)
(전화번호 : ○○○ - ○○○○)

고 소 취 지

피고소인을 손괴의 죄로 고소하오니 처벌하여 주시기 바랍니다.

고 소 사 실

1. 피고소인은 ○○시 ○○로 ○○(○○동)에 위치한 고소외 ○○○의 집 2층에 전세를 들어 살고 있는 자인 바, 예전부터 이 집 아래 층 한 칸에 같이 전세들어 사는 고소인이 신흥종교에 열중하여 항상 피고소인에게 입교할 것을 끈질기게 권유함에 대하여 불쾌한 생각이 들던 차에 20○○. ○. ○. 12:00 고소외 ○○○의 집 대문에 설치되어 있는 편지함 속에 발신인 ○○포교원 임○○, 고소인인 수신인 남○○로 된 편지 1통이 배달되어 있는 것을 보고 고소인으로 하여금 이를 알지 못하게 하고 볼 수 없도록 하기 위하여 그 위 편지를 피고소인 방의 옷장 서랍 속에 감춰 두어서 고소인의 문서(서신)를 은닉한 자입니다.

2. 따라서 피고소인을 귀서에 고소하오니 철저히 조사하시어 처벌하여 주시기 바랍니다.

입 증 방 법

조사시 자세히 진술하겠습니다.

20 년 월 일

위 고소인 ○ ○ ○ (인)

○ ○ 경 찰 서 장 귀하

[사례 94] 손괴의 죄(통행문제로 승용차 훼손)

고 소 장

고 소 인 ○ ○ ○ (○○○○○○－○○○○○○○)
○○시 ○○구 ○○로 ○○(○○동)
(전화번호 : ○○○－○○○○)

피고소인 ○ ○ ○ (○○○○○○－○○○○○○○)
○○시 ○○구 ○○로 ○○(○○동)
(전화번호 : ○○○－○○○○)

고 소 취 지

피고소인을 손괴의 죄로 고소하오니 처벌하여 주시기 바랍니다.

고 소 사 실

피고소인은 고소인과 이웃에 사는 사람으로 20○○. ○. ○. 14:20경 고소인과 주위 토지 통행문제로 시비가 되어 이에 화가 나 마침 그 주위에 있던 기왓장을 고소인 소유의 승용차에 집어 던져 위 승용차의 앞 유리 부분 금 450,000원 상당을 손괴하여 그 효용을 해하였으므로, 피고소인을 귀서에 고소하오니 철저히 조사하시어 엄벌에 처해주시기 바랍니다.

20 년 월 일

위 고소인 ○ ○ ○ (인)

○ ○ 경 찰 서 장 귀하

[사례 95] 신용훼손죄(사은행사 방해)

고 소 장

고 소 인 ○ ○ ○ (○○○○○○－○○○○○○○)
○○시 ○○구 ○○로 ○○(○○동)
(전화번호 : ○○○－○○○○)

피고소인 ○ ○ ○ (○○○○○○－○○○○○○○)
○○시 ○○구 ○○로 ○○(○○동)
(전화번호 : ○○○－○○○○)

피고소인에 대하여 신용훼손죄로 고소하오니 처벌하여 주시기 바랍니다.

고 소 사 실

1. 피고소인은 ○○시 ○○로 ○○(○○동)에서 ○○컴퓨터의 컴퓨터판매점을 경영하고 있는 자로서, 20○○. ○. ○.경 위 판매점 근처의 같은 지역 안에서 ○○회사의 컴퓨터를 판매하는 고소인이 연일 사은행사를 진행하여 손님을 끌자 그것을 시기하여 상점 등에서 만나는 사람들에게 "○○○가 저렇게 날마다 행사를 하는 것은 부도를 막기 위한 마지막 발악이다. ○○○는 개인적으로도 여러 곳에 빚투성이고 지금까지 장사도 잘 안돼서, 행사를 한다고 해도 일어서기 힘들 것이다"라고 하여, 고소인이 많은 부채를 지고 있으며, 고소인의 판매점이 경제적으로 위기에 빠져 있는 것처럼 허위사실을 유포하여 그의 신용을 훼손한 것입니다.

2. 따라서 피고소인을 귀서에 고소하오니 철저히 조사하시어 처벌하여 주시기 바랍니다.

첨 부 서 류

1. 추후 제출하도록 하겠습니다.

20 년 월 일

위 고소인 ○ ○ ○ (인)

○ ○ 경 찰 서 장 귀하

[판례] 1. 신용훼손죄는 허위의 사실을 유포하거나 기타 위계로써 사람의 지불능력 또는 지불의사에 대한 타인의 신뢰에 위해를 가하는 것을 말하는 것이므로, 어느 사람의 점포의 물건 값이 유달리 비싸다고 말하였을 때 그 물건 값은 그 사람의 지불의사에 대한 사회적 신뢰를 훼손한 것이라고는 볼 수 없다(대법원 1969. 1. 21. 선고 68도1660 판결).

2. 형법 제313조의 신용훼손죄는 허위사실을 유포하거나 기타 위계로써 사람의 신용을 저하시킬 염려가 있는 상태를 발생시키는 경우에 성립하는 것으로서, 여기서 '허위사실의 유포'라 함은 객관적으로 보아 진실과 부합하지 않는 과거 또는 현재의 사실을 불특정 또는 다수인에게 전파시키는 것을 말하고, '위계'라 함은 행위자의 행위목적을 달성하기 위하여 상대방에게 오인·착각 또는 부지를 일으키게 하여 이를 이용하는 것을 말한다. 그리고 신용훼손죄에 있어서의 범의는 반드시 확정적인 고의를 요하는 것은 아니고, 허위사실을 유포하거나 기타 위계를 사용한다는 점과 그 결과 다른 사람의 신용을 저하시킬 염려가 있는 상태가 발생한다는 점에 대한 미필적 인식으로도 족하다 할 것이다(대법원 2006. 12. 7. 선고 2006도3400 판결).

3. 허위사실의 유포라 함은 객관적으로 진실과 부합하지 않는 과거 또는 현재의 사실을 유포하는 것으로서 단순한 의견이나 가치판단을 표시하는 것은 이에 해당하지 않으므로 공소외 갑은 3년 전부터 남편없이 3자녀를 데리고 생계를 꾸려왔을 뿐 아니라 피고인에 대한 다액의 채무를 담보하기 위해 동인의 아파트와 가재도구까지를 피고인에게 제공한 사실이 인정되니 갑이 집도 남편도 없는 과부라고 말한 것이 허위사실이 될 수 없고, 또 갑이 계주로서 계금을 모아서 도망가더라도 책임지고 도와줄 사람이 없다는 취지의 피고인의 말은 위 갑에 대한 개인적 의견이다 평가를 진술한 것에 불과하여 허위사실의 유포하고 볼 수 없다(대법원 1983. 2. 8. 선고 82도2486 판결).

[사례 96] 신용훼손죄(의류제조업에 많은 수익을 올리자)

고 소 장

고 소 인 ○ ○ ○ (○○○○○○－○○○○○○○)
○○시 ○○구 ○○로 ○○(○○동)
(전화번호 : ○○○－○○○○)

피고소인 ○ ○ ○ (○○○○○○－○○○○○○○)
○○시 ○○구 ○○로 ○○(○○동)
(전화번호 : ○○○－○○○○)

피고소인에 대하여 신용훼손죄로 고소하오니 처벌하여 주시기 바랍니다.

고 소 사 실

피고소인은 고소인과 같은 남성의류 제조업을 하는 자로서, 평소에 고소인이 지역 내에서 의류제조 주문을 많이 받아서 납품수익을 올리는 것을 시기하던 중 20○○. ○. ○. 20:00경 피고소인이 사는 아파트 단지 내의 반상회에 참석하여 고소인이 주식투자를 잘못하여 고소인이 운영하는 의류제조공장과 원단에 사채업자들이 가압류를 하여 아마 더 이상은 영업을 하기 힘들 거라고 말하는 등 고소인의 지불능력에 대한 사회적 신뢰를 저하시킬 우려가 있는 허위의 발언을 한 사실이 있어 피고소인을 귀서에 고소하오니 철저히 조사하시어 처벌하여 주시기 바랍니다.

첨 부 서 류

1. 추후 제출하도록 하겠습니다.

20 년 월 일

위 고소인 ○ ○ ○ (인)

○ ○ 경 찰 서 장 귀하

[사례 97] 알선수뢰죄(동물원 수의계약 청탁)

고 소 장

고 소 인 ○ ○ ○ (○○○○○○－○○○○○○○)
○○시 ○○구 ○○로 ○○(○○동)
(전화번호 : ○○○－○○○○)

피고소인 ○ ○ ○ (○○○○○○－○○○○○○○)
○○시 ○○구 ○○로 ○○(○○동)
(전화번호 : ○○○－○○○○)

고 소 취 지

피고소인에 대하여 알선수뢰죄로 고소하오니 처벌하여 주시기 바랍니다.

고 소 사 실

1. 피고소인은 20○○. ○경 ○○시 ○○구 ○○동에 위치한 ○○주점에서 피고인과 친분이 있는 ○○시장이나 부시장에게 청탁하여 ○○시가 재산관리처분을 위임받아 매각 추진 중이던 ○○시 ○○동물원을 ○○주식회사에게 수의계약으로 매입할 수 있도록 해달라는 취지의 부탁과 함께 주식회사 ○○○의 사장인 고소외 ○○○로부터 ○○주식회사의 대표이사 고소외 ○○○이 제공하는 금 ○○○원을 교부받아 공무원의 직무에 속한 사항의 알선에 관하여 금품을 수수한 자입니다.

2. 따라서 피고소인을 귀서에 고소하오니 철저히 조사하시어 처벌하여 주시기 바랍니다.

20 년 월 일

위 고소인 ○ ○ ○ (인)

○ ○ 경 찰 서 장 귀하

[사례 98] 알선수뢰죄(토지거래허가계약 청탁)

고 소 장

고 소 인 ○ ○ ○ (○○○○○○－○○○○○○○)
○○시 ○○구 ○○로 ○○(○○동)
(전화번호 : ○○○－○○○○)

피고소인 ○ ○ ○ (○○○○○○－○○○○○○○)
○○시 ○○구 ○○로 ○○(○○동)
(전화번호 : ○○○－○○○○)

고 소 취 지

피고소인에 대하여 알선수뢰죄로 고소하오니 처벌하여 주시기 바랍니다.

고 소 사 실

1. ○○시 ○○구청 ○○과 계장으로 있는 피고소인은 이전에 지적과에서 지정계장의 자리에 있었다. 이를 알고 있는 고소외 ○○○가 "전에 ○선생이 근무했던 지적과 직원들에게 토지거래계약허가에 대해서 청탁 좀 해달라"며 부탁하자 피의자는 이○○에게 지적과 지정계장을 소개해 주었고, 지정계장이 이○○로부터 뇌물을 받은 후 이○○가 원하는 대로 거래허가가 나자 이를 알선해준 피고소인은 알선해준 데 대한 사례비로 금 ○○○원을 받아 챙겼습니다.

2. 따라서 피고소인을 귀서에 고소하오니 철저히 조사하시어 처벌하여 주시기 바랍니다.

20 년 월 일

위 고소인 ○ ○ ○ (인)

○ ○ 경 찰 서 장 귀하

[주] 이○○와 지정계장의 범죄는 별론으로 하고 피고소인은 그 지위를 이용해서 다른 공무원에 대하여 사실상의 영향력을 행사하며, 그 직무에 관한 사항을 알선해 주었으므로 알선수뢰죄를 적용할 수 있다.

[사례 99] 야간주거침입절도(현금 및 약속어음 절취)

고 소 장

고 소 인 ○ ○ ○ (○○○○○○－○○○○○○○)
○○시 ○○구 ○○로 ○○(○○동)
(전화번호 : ○○○－○○○○)

피고소인 ○ ○ ○ (○○○○○○－○○○○○○○)
○○시 ○○구 ○○로 ○○(○○동)
(전화번호 : ○○○－○○○○)

고 소 취 지

피고소인에 대하여 야간주거침입절도죄로 고소하오니 처벌하여 주시기 바랍니다.

고 소 사 실

1. 피고소인은 일정한 직업이 없는 자로서, 20○○. ○. ○. 00:30경 ○○시 ○○로 ○○(○○동)에 위치한 고소인의 집에서 동인의 가족들이 자고 있는 틈을 이용하여 고소인의 집 담을 넘어 침입한 다음 안방 문갑 속에 넣어둔 고소인 소유의 현금 ○○만원과 액면금 ○○만원짜리 약속어음 ○장이 들어 있는 지갑 1개, 합계 ○○만원 상당을 들고 나와 이를 절취한 것입니다.

2. 따라서 피고소인을 귀서에 고소하오니 철저히 조사하시어 처벌하여 주시기 바랍니다.

20 년 월 일

위 고소인 ○ ○ ○ (인)

○ ○ 경 찰 서 장 귀하

[판례] 피고인이 종업원으로 있는 사진관 안에 둔 주인소유의 금품을 야간에 절취한 소위는 절도죄에는 해당될지언정 야간주거침입절도죄에는 해당한다고 볼 수 없다(대법원 1976. 4. 13. 선고 76도414 판결).

[사례 100] 업무방해죄(호프집에서 여종업원 동석요구에 불응하자 행패)

고 소 장

고 소 인 ○ ○ ○ (○○○○○○－○○○○○○○)
○○시 ○○구 ○○로 ○○(○○동)
(전화번호 : ○○○－○○○○)

피고소인 ○ ○ ○ (○○○○○○－○○○○○○○)
○○시 ○○구 ○○로 ○○(○○동)
(전화번호 : ○○○－○○○○)

고 소 취 지

피고소인에 대하여 업무방해죄로 고소하오니 처벌하여 주시기 바랍니다.

고 소 사 실

1. 피고소인은 일정한 직업이 없는 자인 바, 20○○. ○. ○. 20:00경부터 같은 날 22:00경까지 사이에 ○○시 ○○구 ○○동에 위치한 고소인 경영의 호프집에서 위 호프집 여종업원인 고소외 ○○○를 피고소인의 옆자리에 동석시켜 달라고 요구하였으나 들어주지 않는다는 이유로 테이블에 앉아서 큰 소리로 떠들며 재떨이를 마룻바닥에 던지는 등 소란을 피워 그 호프집에 들

어오려는 손님들이 들어오지 못하게 함으로써 위력으로 고소인의 일반음식점 영업업무를 방해한 것입니다.

2. 따라서 피고소인을 귀서에 고소하오니 철저히 조사하시어 처벌하여 주시기 바랍니다.

입 증 방 법

조사시 자세히 진술하겠습니다.

20 년 월 일

위 고소인 ○ ○ ○ (인)

○ ○ 경 찰 서 장 귀하

[주] 1. 이 죄의 업무는 업무상 과실범에 있어서의 업무와는 달라서 정당한 업무수행이라고 할 수 없는 행위에 대해서는 성립하지 않는다.
2. 허위사실을 유포하거나 위계 또는 위력으로써 업무를 방해함을 요한다.
3. 위력이란 사람의 의사의 자유를 제압할 만한 일체의 세력을 말하며, 유형인가 무형인가를 묻지 않는다.
4. 업무를 방해한다는 것은 업무집행 자체를 방해하는 것에 한하지 않고 널리 업무의 경영을 저해하는 모든 경우를 포함한다.
5. 업무방해의 결과는 반드시 발생할 필요는 없으며 그 위험만 있으면 족하다.

[판례] 1. 형법 제314조 제1항 소정의 위계에 의한 업무방해죄에 있어서의 '위계'라 함은 행위자의 행위목적을 달성하기 위하여 상대방에게 오인·착각 또는 부지를 일으키게 하여 이를 이용하는 것을 말하므로, 인터넷 자유게시판 등에 실제의 객관적인 사실을 게시하는 행위는, 설령 그로 인하여 피해자의 업무가 방해된다고 하더라고, 위 법조항 소정의 '위계'에 해당하지 않는다(대법원 2007. 6. 29. 선고 2006도3839 판결).
2. 형법 제314조 제1항의 업무방해죄는 위계 또는 위력으로서 사람의 업무를 방해한 경우에 성립하는 것이고, 여기서의 '위계'라 함은 행위자의 행위목적

을 달성하기 위하여 상대방에게 오인·착각 또는 부지를 일으키게 하여 이를 이용하는 것을 말하고, '위력'이라 함은 사람의 자유의사를 제압·혼란케 할 만한 일체의 세력으로, 유형적이든 무형적이든 묻지 아니하므로 폭행·협박은 물론, 사회적, 경제적, 정치적 지위와 권세에 의한 압박 등도 이에 포함된다(대법원 2005. 3. 25. 선고 2003도5004 판결 등 참조). 또한 업무방해죄에 있어서의 업무란 직업 또는 사회생활상의 지위에 기하여 계속적으로 종사하는 사무나 사업의 일체를 의미하고, 그 업무가 주된 것이든 부수적인 것이든 가리지 아니하며, 일회적인 사무라 하더라도 그 자체가 어느 정도 계속하여 행해지는 것이거나 혹은 그것이 직업 또는 사회생활상의 지위에서 계속적으로 행하여 온 본래의 업무수행과 밀접불가분의 관계에서 이루어진 경우에도 이에 해당하며(대법원 2005. 4. 15. 선고 2004도 8701 판결 등 참조), 한편 업무방해죄에 있어 업무를 '방해한다'함은 업무의 집행 자체를 방해하는 것은 물론이고 널리 업무의 경영을 저해하는 것도 포함한다 할 것이다(대법원 1999. 5. 14. 선고 98도3767 판결 참조)(대법원 2007. 6. 14. 선고 2007도2178 판결).

3. 업무방해죄의 성립에 있어서 업무방해의 결과가 실제로 발생함을 요하는 것은 아니고 업무방해의 결과를 초래할 위험이 발생하면 족하다고 할 것이며, 업무를 '방해한다'함은 업무의 집행자체를 방해하는 것은 물론이고 널리 업무의 경영을 저해하는 것도 포함한다(2002. 3. 29. 선고 2000도3231 판결).
4. 불특정 다수인의 통행로로 이용되어 오던 도로의 토지 일부의 소유자라 하더라도 그 도로의 중간에 바위를 놓아두거나 이를 파헤침으로써 차량의 통행을 못하게 한 행위는 일반교통방해죄 및 업무방해죄에 해당한다(대법원 2002. 4. 26. 선고 2001도6903 판결).

[사례 101] 업무방해죄(조합장 직무대행 방해)

고 소 장

고 소 인 ○ ○ ○ (○○○○○○－○○○○○○○)
○○시 ○○구 ○○로 ○○(○○동)
(전화번호 : ○○○－○○○○)

피고소인 ○ ○ ○ (○○○○○○－○○○○○○○)

○○시 ○○구 ○○로 ○○(○○동)
(전화번호 : ○○○－○○○○)

고 소 취 지

피고소인에 대하여 업무방해죄로 고소하오니 처벌하여 주시기 바랍니다.

고 소 사 실

1. 피고소인은 ○○시 ○○로 ○○(○○동)에 위치한 ○○아파트의 재건축조합장이던 자인 바, 피고소인이 20○○. ○. ○.자로 사표를 제출하자 위 조합에서는 임원 중 연장자가 직무대행을 하도록 되어 있는 정관의 규정에 따라 고소인을 조합장직무대행으로 선출하여 20○○. ○. ○.부터 동인이 조합장의 업무를 수행하여 왔습니다.

2. 그런데 피고소인은 20○○. ○. ○. 15:30경 위 조합 사무실에서, 피고소인이 20○○. ○. ○.자로 대의원회의를 소집하여 새로운 조합장을 선출하려는 것을 방해하려고, 심부름센터 직원 및 ○○건설회사 직원 등 수십여명을 동원하여 위 사무실의 컴퓨터 1대 등 물품 35개와 조합관련서류 28점 등을 다른 사무실로 옮기면서 고소인에게 "네가 직무대리지 조합장이냐 ○○○ 죽여버리겠다."며 멱살을 잡고 흔들어 위력으로 고소인의 조합장직무대행 업무를 방해한 것입니다.

3. 따라서 피고소인을 귀서에 고소하오니 철저히 조사하시어 처벌하여 주시기 바랍니다.

입 증 방 법

조사시 자세히 진술하겠습니다.

20 년 월 일

위 고소인 ○ ○ ○ (인)

○ ○ 경 찰 서 장 귀하

[사례 102] 업무방해죄(버스요금 관계로 운행방해)

고 소 장

고 소 인 ○ ○ ○ (○○○○○○－○○○○○○○)
○○시 ○○구 ○○로 ○○(○○동)
(전화번호 : ○○○－○○○○)

피고소인 1. ○ ○ ○ (○○○○○○－○○○○○○○)
○○시 ○○구 ○○로 ○○(○○동)
(전화번호 : ○○○－○○○○)

2. ○ ○ ○ (○○○○○○－○○○○○○○)
○○시 ○○구 ○○로 ○○(○○동)
(전화번호 : ○○○－○○○○)

고 소 취 지

피고소인들에 대하여 업무방해죄로 고소하오니 처벌하여 주시기 바랍니다.

고 소 사 실

1. 피고소인들은 일정한 직업이 없는 자들로서. 20○○. ○. ○.경 ○○운수 소속 ○○번 버스를 타면서 요금을 적게 내 위 버스 운전사인 고소인에게 망신을 당하자, 이를 복수하기로 마음먹고 공모하여 같은 달 ○. ○. 21:00경 ○○시 ○○동 ○○번지 앞길에서 지키고 서 있다가 위 버스가 승객 ○○여명을 태우고 그곳을 지나가자 위 버스의 앞을 가로막고 서서 정차시킨 다음, 침을 뱉으며 차체를 발로 차고 그 차안에 올라타서 고소인의 멱살을 잡아 운전대에서 끌어내려 "잘못했다고 사과하고 꿇어 앉아 빌어라"라고 말하며 붙들고 시비하여 약 10분 동안 위 버스의 운전을 못하게 함으로써 위력을 사용하여 버스운행의 업무를 방해한 것입니다.

2. 따라서 피고소인을 귀서에 고소하오니 철저히 조사하시어 처벌하여 주시기 바랍니다.

입 증 방 법

조사시 자세히 진술하겠습니다.

20 년 월 일

위 고소인 ○ ○ ○ (인)

○ ○ 경 찰 서 장 귀하

[사례 103] 업무방해죄(숙녀복매장 차임 연체하자 영업방해)

고 소 장

고 소 인 ○ ○ ○ (○○○○○○－○○○○○○○)
○○시 ○○구 ○○로 ○○(○○동)
(전화번호 : ○○○－○○○○)

피고소인 ○ ○ ○ (○○○○○○－○○○○○○○)
○○시 ○○구 ○○로 ○○(○○동)
(전화번호 : ○○○－○○○○)

고 소 취 지

피고소인에 대하여 업무방해죄로 고소하오니 처벌하여 주시기 바랍니다.

고 소 사 실

1. 고소인은 20○○. ○. 초순부터 피고소인 소유 부동산인 ○○시 ○○구 ○○로 ○○(○○동)에 위치한 ○○빌딩 ○층 점포 약 30㎡를 (보증금 1,000만원, 월차임 150만원, 임대차기간 2년) 임차하여, '○○○'라는 상호로 숙

녀복 정장 판매대리점을 개설하여 영업하던 중, 영업부진으로 20○○. ○월부터 ○개월간 차임을 연체하게 되었는바, 피고소인은 20○○. ○. ○. 오후 ○시경 술을 마시고 가게에 찾아와 차임을 내어놓으라며 고래고래 큰소리를 치며 행패를 부려 가게 안에서 옷을 고르던 여자 손님들이 놀라 도망가게 하였고, 그 이후에도 3차례나 술을 마시고 찾아와 가게 안을 기웃거리며 고소인에게 욕을 하는 등 영업방해를 하였습니다.

2. 따라서 피고소인을 귀서에 고소하오니 철저히 조사하시어 처벌하여 주시기 바랍니다.

입 증 방 법

조사시 자세히 진술하겠습니다.

20 년 월 일

위 고소인 ○ ○ ○ (인)

○ ○ 경 찰 서 장 귀하

[사례 104] 업무상 배임죄 (은행직원 부당대출)

고 소 장

고 소 인 (주) ○ ○ 은 행
대표이사 ○○○
○○시 ○○구 ○○로 ○○(○○동)
(전화번호 : ○○○ − ○○○○)

피고소인 ○ ○ ○ (○○○○○○ − ○○○○○○○)

○○시 ○○구 ○○로 ○○(○○동)
(전화번호 : ○○○－○○○○)

고 소 취 지

고소인은 피고소인을 상대로 아래와 같이 업무상 배임죄로 고소하오니 처벌하여 주시기 바랍니다.

고 소 사 실

1. 피고소인은 20○○. ○. ○.경부터 ○○시 ○○구 ○○로 ○○(○○동) 소재한 당 은행 ○○지점의 대리로 근무하면서 대출담당 업무에 종사하여 오던 자입니다.

2. 피고소인은 20○○. ○. ○. 13:00경 위 은행지점에서 그 은행내규 상 ○○○원 이상은 무담보대출이 금지되어 있으므로 ○○○원 이상의 대출을 함에 있어서는 채무자로부터 반드시 담보를 제공받아야 할 업무상 의무가 있음에도 불구하고, 이에 위배하여 피고소인의 친구인 고소외 ○○○의 편의를 보아주기 위하여 즉석에서 그에게 무담보로 금 ○○○원을 대출하고 그 회수를 어렵게 하여 위 ○○○에게 대출금 ○○○원 상당의 재산상 이익을 취득하게 하고, 위 은행에 동액 상당의 손해를 가하였기에 피고소인을 귀서에 고소하오니 처벌하여 주시기 바랍니다.

입 증 방 법

조사시 자세히 진술하겠습니다.

20　　년　　월　　일

위 고발인　○ ○ 은 행 (주)
대표이사　○ ○ ○　(인)

○ ○ 경 찰 서 장　　　　귀하

[주] 업무상 배임죄의 업무란 법령이나 계약에 의한 것뿐만 아니라 관례거나 사실상이거나를 묻지 않고 같은 행위를 반복할 지위에 따른 사무를 가리킨다.

[판례] 1. 업무상 배임죄는 타인의 사무를 처리하는 자가 그 업무상의 임무에 위배하여 재산상의 이익을 취득하거나 제3자로 하여금 이를 취득하게 함으로써 본인에게 손해를 가한 때에 성립하는데, 여기서 본인에게 재산상의 손해를 가한다 함은 총체적으로 보아 본인의 재산상태에 손해를 가한 경우, 즉 본인의 전체적 재산가치의 감소를 가져오는 것을 말하고, 이와 같은 법리는 타인의 사무를 처리하는 자 내지 제3자가 취득하는 재산상의 이익에 대하여도 동일하게 적용된다.

업무상 배임죄는 본인에게 재산상의 손해를 가하는 외에 배임행위로 인하여 행위자 스스로 재산상의 이익을 취득하거나 제3자로 하여금 재산상의 이익을 취득하게 할 것을 요건으로 하므로, 본인에게 손해를 가하였다고 할지라고 행위자 또는 제3자가 재산상 이익을 취득한 사실이 없다면 배임죄가 성립할 수 없다(대법원 2007. 7. 26. 2006도6439 판결).

2. 업무상배임죄에 있어 본인에게 재산상의 손해를 가한다 함은 총체적으로 보아 본인의 재산상태에 손해를 가하는 경우, 즉 본인의 전체적 재산가치의 감소를 가져오는 것을 말하는 것으로, 현실적인 손해를 가한 경우뿐만 아니라 재산상 실해발생의 위험을 초래한 경우도 포함되며, 재산상 손해의 유무에 대한 판단은 법률적 판단에 의하지 아니하고 경제적 관점에서 파악하여야 한다(대법원 2007. 3. 15. 선고 2004도5742 판결).

[사례 105] 업무상 비밀누설죄(의사가 환자병명 누설)

고 소 장

고 소 인 ○ ○ ○ (○○○○○○－○○○○○○○)
○○시 ○○구 ○○로 ○○(○○동)
(전화번호 : ○○○－○○○○)

피고소인 ○ ○ ○ (○○○○○○－○○○○○○○)
○○시 ○○구 ○○로 ○○(○○동)
(전화번호 : ○○○－○○○○)

고 소 취 지

피고소인에 대하여 업무상 비밀누설죄로 고소하오니 처벌하여 주시기 바랍니다.

고 소 사 실

1. 피고소인은 ○○시 ○○로 ○○(○○동)에서 "○○한의원"을 개업하고 있는 의원으로서 20○○. ○. ○. 14:00경 위 의원을 찾아와 진찰을 받고 약을 지어간 같은 동 ○○에 사는 환자인 고소인에게 몽유병이 있다는 사실을 알고 다음날 19:30경 피고소인의 집에서 동인의 친구인 고소외 ○○○에게 "학교 선생이라는 ○○○가 어제 약을 지어갔는데, 몽유병이더라"라고 말하여 의사로서 그 업무 중에 알게 된 타인의 비밀을 누설한 것입니다.

2. 따라서 피고소인을 귀서에 고소하오니 철저히 조사하시어 처벌하여 주시기 바랍니다.

첨 부 서 류

1. 진단서 1통
1. 진술서 1통

20 년 월 일

위 고소인 ○ ○ ○ (인)

○ ○ 경 찰 서 장 귀하

[주] 1. 이 죄의 주체는 법문에 열거되어 있는 자들 즉 의사. 한의사, 치과의사, 약제사, 약종상, 조산사, 변호사, 변리사, 공인회계사, 공증인, 대서업자나 그 직무상 보조자 등이다.

2. 이 죄는 진정신분범이며 자수범이므로 이 죄의 주체 이외의 자가 알게 된 타인의 비밀을 누설하였을 때에는 경우에 따라 명예훼손죄를 구성할 수 있다.

3. 비밀이란 일반적으로 알려지지 않은 사실로서 이를 타인에게 알리지 않음으

로써 본인에게 일정한 이익이 있는 것을 말한다.

4. 국가나 공무상 또는 외교상의 비밀 등은 타조문에 의하여 보호되므로 이 죄의 객체에 해당되지 않는다.
5. 비밀의 주체인 사람은 자연인은 물론 법인·법인격 없는 단체를 묻지 않지만 국가나 공공단체는 제외된다고 본다.
6. 누설이란 비밀을 아직 알지 못하는 타인에게 그 비밀을 알게 하는 것을 말하며 그 방법에는 제한이 없다. 누설이 공연, 불특정다수에게 행해진 때에는 명예훼손죄와 경합된다.

[판례] 병원에서 분실된 진료기록의 일부를 당사자가 증거로 제출하는 것이 형법 제317조 제1항 소정의 업무상 비밀누설죄에 해당된다고 볼 수 없다(대법원 1992. 5. 22. 선고 91도39320 판결).

[사례 106] 업무상 비밀누설죄(의사가 환자문신 누설)

고 소 장

고 소 인 ○ ○ ○ (○○○○○○-○○○○○○○)
○○시 ○○구 ○○로 ○○(○○동)
(전화번호 : ○○○-○○○○)

피고소인 ○ ○ ○ (○○○○○○-○○○○○○○)
○○시 ○○구 ○○로 ○○(○○동)
(전화번호 : ○○○-○○○○)

고 소 취 지

피고소인에 대하여 업무상 비밀누설죄로 고소하오니 처벌하여 주시기 바랍니다.

고 소 사 실

1. 고소인은 20 ○○년 ○월 ○일 ○○도 ○○시 ○○로 ○○(○○동)에 위치한 피고소인이 운영하는 "○○성형외과"에서 고소인이 철없던 시절 고소인

신체 중 등에다 문신을 한 것을 제거하기 위한 문신제거수술을 시술 받은 바 있습니다.

2. 이후 고소인의 직장동료 고소외 ○○○가 위 성형외과에 입원하여 치료를 받는 중에 피고소인이 병원의 광고를 목적으로 병원 복도 벽에 고소인의 문신제거수술에 대한 사진을 부착하여 있음을 발견하고 고소인에게 "너의 사진이 아니냐"라고 하여 고소인은 위 성형외과를 방문하여 이를 확인한 결과 고소인임을 알 수 있는 문신 제거수술 전·후의 사진이 걸려 있음을 발견하였습니다.

3. 위의 사실은 피고소인이 의사로서 업무상 알게 된 환자의 비밀에 대한 치료사실을 고소인의 동의도 없이 불특정 다수인 누구에게나 관람할 수 있게끔 방치하여 고소인의 사생활의 평온을 침해함으로서 고소인의 사회생활과 대인관계에 막대한 피해를 입게 하였습니다.

4. 따라서 피고소인의 이러한 행위는 형법 제317조의 업무상비밀누설죄에 해당하므로 피고소인을 귀서에 고소하오니 철저히 조사하시어 처벌하여 주시기 바랍니다.

첨 부 서 류

1. 진단서 1통
1. 진술서 1통

20 년 월 일

위 고소인 ○ ○ ○ (인)

○ ○ 경 찰 서 장 귀하

[사례 107] 업무상 위력 등에 의한 간음죄(공장장이 여공 간음)

고 소 장

고 소 인 ○ ○ ○ (○○○○○○－○○○○○○○)
○○시 ○○구 ○○로 ○○(○○동)
(전화번호 : ○○○－○○○○)

피고소인 ○ ○ ○ (○○○○○○－○○○○○○○)
○○시 ○○구 ○○로 ○○(○○동)
(전화번호 : ○○○－○○○○)

고 소 취 지

피고소인에 대하여 업무상 위력 등에 의한 간음죄로 고소하오니 처벌하여 주시기 바랍니다.

고 소 사 실

1. 피고소인은 ○○산업 ○○공장의 공장장으로서, 20○○. ○. ○. 21:30경 야근을 마치고 동료 여공들과 함께 귀가하려고 준비 중이던 중 피고소인의 감독아래 있는 여공인 고소인을 불러 근처 약국에 가서 소독약 좀 사다 줄 것을 요청하고, 그녀가 약을 사가지고 오자 그 공장 안에 다른 사람이 없는 기회를 이용하여 그녀를 간음하기로 마음먹고, 고소인을 숙직실로 불러들여 "내말을 잘 들으면 잔업에서도 빼주고 감독으로 승진시키겠지만 만약 안 들으면 내일 당장 해고시켜버리겠다"고 위계와 협박을 하여 공장장의 위력으로써 그녀를 간음한 것입니다.

2. 따라서 피고소인을 귀서에 고소하오니 철저히 조사하시어 처벌하여 주시기 바랍니다.

입 증 방 법

1. 진단서 1부
   조사시 자세히 진술하겠습니다.

20 년 월 일

위 고소인 ○ ○ ○ (인)

○ ○ 경 찰 서 장 귀하

[주] 이 죄는 위계 또는 위력으로써 간음하는 것이다. 13세 미만의 피보호·감독부녀를 위계 또는 위력으로 간음하는 때에는 미성년자의제강간죄(형법 제305조가 성립하고, 미성년자 또는 심신미약자인 때에는 미성년자·심신미약자간음제(형법 제302조)가 설립한다.

[판례] 자기의 피용자인 부녀를 간음하면서 불응하는 경우 해고할 것을 위협하였다 하더라도 이는 업무상 위력에 의한 간음죄의 구성요건일 뿐 그 경우 해고될 것이 두려워 고소를 하지 않은 것이 고소할 수 없는 불가항력적 사유에 해당한다고 할 수 없다(대법원 1985. 9. 10. 선고 85도1273 판결).

[사례 108] 업무상위력 등에 의한 간음죄(미용실 수습여직원을 간음)

고 소 장

고 소 인 ○ ○ ○ (○○○○○○－○○○○○○○)
○○시 ○○구 ○○로 ○○(○○동)
(전화번호 : ○○○－○○○○)

피고소인 ○ ○ ○ (○○○○○○－○○○○○○○)
○○시 ○○구 ○○로 ○○(○○동)
(전화번호 : ○○○－○○○○)

고 소 취 지

피고소인에 대하여 업무상위력 등에 의한 간음죄로 고소하오니 처벌하여 주시기 바랍니다.

고 소 사 실

1. 고소인은 고향인 ○○도 ○○군에서 고등학교를 졸업하고 가정형편이 어려워 취업을 목적으로 상경하여 현 주소지에 거주하고 있습니다. 특별한 기술이 없던 고소인은 먼저 상경한 고향친구인 고소외 ○○○의 소개로 20○○. ○. ○.부터 ○○구 ○○동에 위치한 ○○○미용학원에서 20○○. ○. ○.까지 미용기술을 배우게 되었습니다.

2. 미용기술을 배운 고소인은 상기 ○○미용학원의 원장으로 있는 고소외 ○○○의 소개로 피고소인이 ○○도 ○○시 ○○구 ○○동에서 원장으로 운영하는 "○○○"이라는 미용업소에서 20○○. ○. ○.부터 수습 미용사로서 미용일을 시작하게 되었습니다.

3. 피고소인은 고소인이 일을 하게 된 날부터 "미용기술만 잘 배우면 한평생 걱정 없이 살 수 있지만 열심히 내가 시키는 일을 하지 않고 게으름을 피우면 잘라버릴 거야"라고 하며 위협적인 분위기를 조성한 사실이 있었습니다. 당시 고소인은 중학교와 초등학교에 다니는 동생들의 학비와 간암말기인 어머니의 병원비를 책임지고 있었고 이런 고소인의 어려운 생활을 피고소인은 알고 있었습니다.

4. 그러던 20○○. ○. ○. 18:00경 여느 날과 같이 뒷정리를 하고 퇴근하려고 하던 고소인에게 피고소인은 "오늘 너에게 특별한 기술을 알려 줄 테니 이리와"라고 하며 고소인의 오른쪽 손을 잡아끌며 강제로 미용실 손님들의 대기의자인 장의자에 고소인을 눕히고 머리를 쓰다듬었습니다.

5. 고소인이 강하게 저항하자 피고소인은 "너 여기서 쫓겨나고 싶어, 다른 곳에 취업 못하게 할 수도 있어. 그러니 가만히 있어"라고 하며 고소인의 입에 피고소인의 입을 맞추며 고소인의 상의를 찢고 가슴을 만지며 간음하였습니다.

6. 피고소인은 인간의 탈을 쓴 파렴치범으로 고소인의 고용인으로서 경제적으로 고소인이 어려운 처지를 약점 삼아 강제로 간음한 자로 현재까지도 아무런 뉘우침이 없어 고소를 제기하오니 법이 허용하는 한 엄벌에 처해 주시기 바랍니다.

입 증 방 법

1. 상해진단서 1부
1. 기타 서류
조사시 자세히 진술하겠습니다.

20 년 월 일

위 고소인 ○ ○ ○ (인)

○ ○ 경 찰 서 장 귀하

[사례 109] 업무상 횡령죄(학원수강생들로부터 이중 보험료 명목으로 횡령)

고 소 장

고 소 인 ○ ○ ○ (○○○○○○－○○○○○○○)
○○시 ○○구 ○○로 ○○(○○동)
(전화번호 : ○○○－○○○○)

피고소인 ○ ○ ○ (○○○○○○－○○○○○○○)
○○시 ○○구 ○○로 ○○(○○동)
(전화번호 : ○○○－○○○○)

고 소 취 지

피고소인에 대하여 업무상 횡령죄로 고소하오니 처벌하여 주시기 바랍니다.

고 소 사 실

1. 피고소인은 ○○시 ○○구 ○○로 ○○(○○동)에 위치한 ○○자동차운전

전문학원 원장으로서 학원을 찾는 자동차운전자 보험료를 징수하여 이를 업무상 관리하는 등 학원의 제반업무를 담당하는 자인 바,

2. 20○○. ○.중순경 위 장소에 학원을 개원하여 그때부터 20○○. ○. ○.까지 수강생들의 운전연습 중 발생할 수 있는 각종 사고에 대비하여 수강생 1인당 운전자 보험비 명목으로 30,000원씩 징수하여 이중 보험료 명목으로 24,000원만 ○○화재 ○○대리점에 불입하는 등 총 ○○○만원을 불입하고, 차액 ○○○만원은 이들 수강생들을 위해 업무상 보관 중 피고소인의 개인적인 채무변제에 사용하여 이를 횡령한 것입니다.

3. 따라서 피고소인을 귀서에 고소하오니 철저히 조사하시어 처벌하여 주시기 바랍니다.

20 년 월 일

위 고소인 ○ ○ ○ (인)

○ ○ 경 찰 서 장 귀하

[주] 1. 업무상 보관자는 신분을 요하는 이외에 횡령죄의 구성요건을 충족하여야 하며, 불법영득의 의사가 있어야 한다.

2. 금전이 대체물이라 할지라도 회사 또는 단체의 소유에 속할 때에는 타인의 재물이므로 이를 유용하면 본죄가 성립한다.

[판례] 1. 업무란 사회생활상의 지위에 기하여 계속 또는 반복하여 행하는 사무를 말한다. 업무는 법령이나 계약에 근거하는 경우뿐만 아니라 관례나 사실상의 것도 포함한다. 업무자로서의 지위에서 면직되거나 사임한 때에도 사무인계를 마치지 않았거나 사실상 업무를 수행하고 있는 때에는 이 죄가 성립한다(대법원 1982. 1. 12. 선고 80도1970 판결).

2. 업무상횡령죄에 있어서의 불법영득의 의사라 함은 자기 또는 제3자에의 이익을 꾀할 목적으로 업무상의 임무에 위배하여 보관하고 있는 타인의 재물을 자기의 소유인 것과 같이 사실상 또는 법률상 처분하는 의사를 의미하는 것으로, 타인으로부터 용도가 엄격히 제한된 자금을 위탁받아 집행하

면서 그 제한된 용도 이외의 목적으로 자금을 사용하는 것은, 그 사용이 개인적인 목적에서 비롯된 경우는 물론 결과적으로 자금을 위탁한 본인을 위하는 면이 있더라도, 그 사용행위 자체로서 불법영득의 의사를 실현한 것이 되어 횡령죄가 성립한다고 할 것이다(대법원 1999. 7. 9 선고 98도 4088 판결).

[사례 110] 업무상 횡령죄(가전제품 할부금 횡령)

고 소 장

고 소 인 ○ ○ ○ (○○○○○○ - ○○○○○○○)
○○시 ○○구 ○○로 ○○(○○동)
(전화번호 : ○○○ - ○○○○)

피고소인 ○ ○ ○ (○○○○○○ - ○○○○○○○)
○○시 ○○구 ○○로 ○○(○○동)
(전화번호 : ○○○ - ○○○○)

고 소 취 지

피고소인에 대하여 업무상 횡령죄로 고소하오니 처벌하여 주시기 바랍니다.

고 소 사 실

1. 피고소인은 가전제품판매회사인 고소인 회사에게 할부대금 수금사원으로 근무하면서 20○○. ○. ○. ○○시 ○○동에 거주하는 수요자인 고소외 ○○○로부터 수금한 냉장고 할부대금 ○○○원을 비롯하여 수요자 ○명으로부터 금 ○○○원의 할부금을 수금하여 이를 회사에 입금하여야 할 업무상 의무가 있음에도 불구하고 입금하지 아니하고 횡령한 자입니다.

2. 따라서 피고소인을 귀서에 고소하오니 철저히 조사하시어 처벌하여 주시기 바랍니다.

20 년 월 일

위 고소인 ○ ○ ○ (인)

○ ○ 경 찰 서 장 귀하

[사례 111] 업무상 횡령죄(불륜관계 위자료 명목으로 횡령)

고 소 장

고 소 인 ○ ○ ○ (○○○○○○－○○○○○○○)
○○시 ○○구 ○○로 ○○(○○동)
(전화번호 : ○○○－○○○○)

피고소인 ○ ○ ○ (○○○○○○－○○○○○○○)
○○시 ○○구 ○○로 ○○(○○동)
(전화번호 : ○○○－○○○○)

고 소 취 지

고소인은 피고소인에 대하여 업무상 횡령죄로 고소를 제기하오니 처벌하여 주시기 바랍니다.

고 소 사 실

1. 피고소인은 20○○. ○. ○.부터 현재까지 ○○시 ○○구 ○○로 ○○(○○동)에 위치한 ○○약품주식회사의 영업사원으로서 위 회사의 약품판매 및 수금업무에 종사하여 오던 자입니다.

2. 피고소인은 20○○. ○. ○. ○○시 ○○구 ○○로 ○○(○○동)에 소재한 ○○○ 경영의 ○○약국에서 약품대금 1,500만원을 수금하여 위 회사를 위하여 보관하던 중 그 무렵 이 중 1,000만원을 자신과 불륜관계를 맺어온 위 회사 경리사원 고소외 ○○○에게 관계청산을 위한 위자료 명목으로 임의

로 지급하여 이를 횡령하였습니다.

3. 따라서 피고소인을 귀서에 고소하오니 철저히 조사하시어 처벌하여 주시기 바랍니다.

입 증 방 법

추후 조사시에 제출하겠습니다.

20 년 월 일

위 고소인 ○ ○ ○ (인)

○ ○ 경 찰 서 장 귀하

[사례 112] 위계에 의한 살인미수죄(결혼약속 후 변심)

고 소 장

고 소 인 ○ ○ ○ (○○○○○○－○○○○○○○)
○○시 ○○구 ○○로 ○○(○○동)
(전화번호 : ○○○－○○○○)

피고소인 ○ ○ ○ (○○○○○○－○○○○○○○)
○○시 ○○구 ○○로 ○○(○○동)
(전화번호 : ○○○－○○○○)

고 소 취 지

피고소인에 대하여 위계에 의한 살인미수죄로 고소를 제기하오니 처벌하여 주시기 바랍니다.

고 소 사 실

1. 고소인은 피고소인과 ○년간 사귀어 오면서 결혼까지 약속한 사이입니다.

2. 피고소인은 대학에 다니며 고학을 하였는데, 고소인이 직장생활을 하면서 받은 월급으로 피고소인의 하숙비와 책값, 등록비 등을 대주었습니다.

3. 피고소인은 작년에 대학을 졸업하고 ○○물산에 취직을 하였는데 작년 가을부터는 왠지 모르게 저를 만나는 것을 꺼리며 무언가 고민하고 있는 것 같아 왜 그러냐고 하였더니 피고소인의 부모님들이 우리의 만남을 반대하시면서 집안끼리 혼담이 오고간 상대편 처녀를 몇 번 만나보았다는 것이었습니다.

4. 저는 그에게 부모님들이 반대하시더라도 뱃속에 있는 아이를 위해서는 우리끼리라도 보금자리를 마련해야 하지 않겠느냐며 살림을 차리자고 졸랐었는데 지난 20○○. ○. ○. 늦은 밤에 피고소인은 지방에 잠시 내려가 바람이나 쐬고 오자하여 그를 따라 나섰었는데 그는 ○○ 온천으로 내려가 여관을 잡고 들어간 후 맥주를 시켜 연거푸 마시더니 "우리의 사랑을 이룰 수 없는 이 세상 더 살고 싶지 않다. 우리 함께 죽고 저 세상에 가서 우리의 사랑을 계속하자"며 울음 섞인 목소리로 하소연하는 것이었습니다.

5. 이에 저도 감정이 복받쳐 먹지 못하는 술을 함께 마시고 그의 말에 동의하여 그와 함께 그가 준비해온 박카스 병의 극약을 마셨습니다.

6. 저는 다음날인 ○. ○. 여관 종업원들에 의해 병원으로 옮겨져 위를 세척해 겨우 목숨을 건졌는데 저는 피고소인이 걱정되어 그 상태를 물어보았더니 그는 제가 사경을 헤매던 20○○. ○. ○. ○○:○○경 여관을 빠져나갔다는 것입니다.

7. 결국 제가 싫어진 피고소인이 동반자살하자고 속여 자신은 박카스를 마시고 저에게는 극약을 먹여 자살로 위장시키려 했던 것이었습니다.

8. ○년 동안 몸과 마음을 다해 뒷바라지하여 어엿한 사회인으로 키워놨더니 위와 같이 간교한 방법으로 저의 목숨을 빼앗으려 했던 파렴치한 피고소인을 귀서에 고소하오니 엄벌에 처해 주시기 바랍니다.

입 증 방 법

1. 피고소인과 함께 마신 박카스 병 2개

조사시 자세히 진술하겠습니다.

20 년 월 일

위 고소인 ○ ○ ○ (인)

○ ○ 경 찰 서 장 귀하

[사례 113] 위증죄(소매치기 목격 허위진술)

고 소 장

고 소 인 ○ ○ ○ (○○○○○○－○○○○○○○)
○○시 ○○구 ○○로 ○○(○○동)
(전화번호 : ○○○－○○○○)

피고소인 ○ ○ ○ (○○○○○○－○○○○○○○)
○○시 ○○구 ○○로 ○○(○○동)
(전화번호 : ○○○－○○○○)

고 소 취 지

고소인은 피고소인들에 대하여 위증죄로 고소하오니 철저히 조사하시어 처벌하여 주시기 바랍니다.

고 소 사 실

1. 피고소인 일정한 직업이 자로서,
20○○. ○. ○. 14:00경 ○○시 ○○구 ○○동에 위치한 ○○지방법원 제○호 법정에서 위 법원 20○○고단 ○○호 고소외 ○○○에 대한 절도피고사건의 증인으로 출석하여 선서한 다음 증언함에 있어 사실은 고소외 ○○

○이 20○. ○. ○. 19:00경 위 법원 앞길을 운행 중인 버스 안에서 소매치기 하는 것을 직접 목격하였음에도 불구하고, 위 사건을 심리중인 위 법원 제○단독 판사 명 판결에 고소외 ○○○이 소매치기하는 것을 전혀 본 일이 없다고 기억에 반하는 허위의 진술을 하여 위증한 자입니다.

2. 따라서 피고소인을 귀서에 고소하오니 철저히 조사하시어 처벌하여 주시기 바랍니다.

20 년 월 일

위 고소인 ○ ○ ○ (인)

○ ○ 경 찰 서 장 귀하

[판례] 증인의 증언이 기억에 반하는 허위진술인지의 여부는 그 증언의 단편적인 구절에 구애될 것이 아니라 당해 신문절차에 있어서의 증언 전체를 일체로 파악하여 판단하여야 할 것이고, 증언의 의미가 그 자체로 불분명하거나 다의적으로 이해될 수 있는 경우에는 언어의 통상적인 의미와 용법, 문제된 증언이 나오게 된 전후문제, 신문의 취지, 증언이 행하여진 경위 등을 종합하여 당해 증언의 의미를 명확히 한 다음 허위성을 판단하여야 한다(대법원 2001. 12. 27. 선고 2001도5252 판결).

[사례 114] 위증죄(부품납품 관계 허위진술)

고 소 장

고 소 인 ○ ○ ○ (○○○○○○－○○○○○○○)
○○시 ○○구 ○○로 ○○(○○동)
(전화번호 : ○○○－○○○○)

피고소인 ○ ○ ○ (○○○○○○－○○○○○○○)
○○시 ○○구 ○○로 ○○(○○동)
(전화번호 : ○○○－○○○○)

고 소 취 지

고소인은 피고소인에 대하여 위증죄로 고소하오니 철저히 조사하시어 처벌하여 주시기 바랍니다.

고 소 사 실

1. 피고소인 20○○년 ○월경부터 ○○시 ○○구 ○○동에 위치한 ○○주식회사 구매담당과장으로 재직하다가 20○○. ○. ○. 퇴직한 자로, 20○○. ○. ○. 13:30경 ○○지방법원 제○호 법정에서 고소인이 위 회사 대표이사인 고소외 ○○○를 상대로 부품 납품대금 등 1억 5천만원 청구소송 사건과 관련사건 20○○가합 ○○○호 증인으로 출석하여 선서하고 증언함에 있어, 사실은 고소인으로부터 납품을 거부한 이유는 피고소인측 회사에서 시기적으로 자동방제기를 생산판매함에 따라 고소인이 납품하기로 한 자동방제기는 시기적으로 적절하지 않아 판매부진이 주원인이었으며 또한 고소인으로부터 부품납품을 받을 때 사전 샘플을 납품받아 아무 이상이 없었기 때문에 부품을 계속 받았음에도 "날짜는 정확하게 기억못하지만 납품 받은 것을 거부한 이유는 샘플과 맞지 않는 부분이 있었기 때문이다"라고 기억에 어긋나는 허위의 진술을 하였습니다.

2. 따라서 피고소인을 귀서에 고소하오니 철저히 조사하시어 처벌하여 주시기 바랍니다.

20 년 월 일

위 고소인 ○ ○ ○ (인)

○ ○ 경 찰 서 장 귀하

[판례] 1. 증인의 증언은 그 전부를 일체로 관찰 판단하는 것이므로, 선서한 증인이

일단 기억에 반하는 허위의 진술을 하였더라도 그 신문이 끝나기 전에 그 진술을 철회 시정한 경우 위증이 되지 아니한다(대법원 1993. 12. 7. 선고 93도2510 판결).

2. 위증죄에 있어서의 허위의 공술이란 증인이 자기의 기억에 반하는 사실을 진술하는 것을 말하는 것으로서 그 내용이 객관적 사실과 부합한다고 하여도 위증죄의 성립에 장애가 되지 않는다(대법원 1989. 1. 17. 88도 580 판결).
3. 피고인이 자기의 형사사건에 관하여 허위의 진술을 하는 행위는 피고인의 형사소송에 있어서의 방어권을 인정하는 취지에서 처벌의 대상이 되지 않으나, 법률에 의하여 선서한 증인이 타인의 형사사건에 관하여 위증을 하면 형법 제152조 제1항의 위증죄가 성립되므로 자기의 형사사건에 관하여 타인을 교사하여 위증죄를 범하게 하는 것을 이러한 방어권을 남용하는 것이라고 할 것이어서 교사범의 죄책을 부담케 함이 상당하다(대법원 2004. 1. 27. 선고 2003도5114 판결).

[사례 115] 위 증 죄(강도피해사건 허위진술)

고 소 장

고 소 인 ○ ○ ○ (○○○○○○－○○○○○○○)
○○시 ○○구 ○○로 ○○(○○동)
(전화번호 : ○○○－○○○○)

피고소인 1. 김 ○ ○ (○○○○○○－○○○○○○○)
○○시 ○○구 ○○로 ○○(○○동)
(전화번호 : ○○○－○○○○)

2. 이 ○ ○ (○○○○○○－○○○○○○○)
○○시 ○○구 ○○로 ○○(○○동)
(전화번호 : ○○○－○○○○)

고 소 취 지

고소인은 피고소인들에 대하여 위증죄로 고소하오니 철저히 조사하시어 처벌하여 주시기 바랍니다.

고 소 사 실

1. 피고소인 김○○은 ○○시 ○○구 ○○로 ○○(○○동)에서 맥주홀을 경영하는 고소인의 내연의 처인 바, 당시 ○○지방법원에 계속 중인 고소인에 대한 강도피고사건에 있어서 같은 동에 사는 피고소인 이○○가 증인으로 소환된 것을 알고 피고소인 김○○을 위하여 유리한 허위진술을 시키기로 작정하고 20○○. ○. ○. 피고소인 이○○를 고소인의 집으로 불러 피고소인 김○○이 주식을 권하면서 고소인에 대하여 강도사건으로 증인 심문을 받게 될 때에는 피고소인 김○○이 같은 해 ○ .○. 오후 8:30경 위 맥주홀에 갔을 때 고소인은 사무실에서 피고소인 김○○과 돈 때문에 이야기를 하고 있더라고 허위진술을 시켜서 위증을 교사하였고,

2. 피고소인 이○○는 위와 같은 부탁을 받자 위 사실이 전혀 허위인 줄 알면서 이를 수락하고 같은 달 ○. ○. 고소인에 대한 강도피고 사건에 있어서 ○○지방법원 형사 2단독 재판장 앞에서 동 사건의 증인으로 선서한 후 재판장으로부터 심문을 받을 때 위와 같이 의뢰 받은 사실과 동 취지의 허위진술을 하여서 위증을 하였으므로 피고소인들을 귀서에 고소하오니 처벌하여 주시기 바랍니다.

20 년 월 일

위 고소인 ○ ○ ○ (인)

○ ○ 경 찰 서 장 귀하

[사례 116] 유가증권 변조 등(인장도용하여 당좌수표 변조)

고 소 장

고 소 인 ○ ○ ○ (○○○○○○-○○○○○○○)

○○시 ○○구 ○○로 ○○(○○동)
(전화번호 : ○○○－○○○○)

피고소인 ○ ○ ○ (○○○○○○－○○○○○○○)
○○시 ○○구 ○○로 ○○(○○동)
(전화번호 : ○○○－○○○○)

고 소 취 지

피고소인에 대하여 유가증권변조 등의 죄로 고소하오니 처벌하여 주시기 바랍니다.

고 소 사 실

1. 피고소인은 20○○. ○. ○.경 고소외 이○○로부터 물품대금의 견질용으로 고소외 최○○ 명의의 이건 당좌수표(각 발행일자 20○○. ○. ○. 액면금 1억원과 2억원)를 교부받아 보관하던 중 위 지급제시기일이 도과한 20○○년 ○월경 ○○석유가 ○○○석유와 합병되면서 인수인계 과정을 거치던 중 이건 수표의 지급제시기간이 도과하여 형사상 무효인 이건 수표를 제시하여 고발함으로써 발행인으로부터 담보물 외 물품대금의 변제를 강요하는데 행사할 목적으로 기히 다른 어음의 개서를 위하여 일시 보관한 발행인의 인장을 도용하기로 마음먹고 20○○. ○. ○.경 위 회사 사무실에서 볼펜을 사용하여 이건 당좌수표의 각 발행일자 "20○○. ○. ○."을 한 줄로 지우고 그 밑에 "20○○. ○. ○○."로 개서하고, 그 옆에 두 차례에 걸쳐 발행인의 인장을 압날하여 마치 진정하게 개서된 것처럼 변조하고, 20○○. ○. ○. ○○은행에 지급제시하여 이를 행사한 자입니다.

2. 따라서 피고소인을 귀서에 고소하오니 철저히 조사하시어 처벌하여 주시기 바랍니다.

20 년 월 일

위 고소인 ○ ○ ○ (인)

○ ○ 경 찰 서 장 귀하

[사례 117] 유가증권 위, 변조 등(당좌어음 위조 등)

고 소 장

고 소 인 ○ ○ ○ (○○○○○○−○○○○○○○)
○○시 ○○구 ○○로 ○○(○○동)
(전화번호 : ○○○−○○○○)

피고소인 ○ ○ ○ (○○○○○○−○○○○○○○)
○○시 ○○구 ○○로 ○○(○○동)
(전화번호 : ○○○−○○○○)

고 소 취 지

피고소인에 대하여 유가증권 위·변조, 유가증권 행사 및 사기혐의로 고소하오니 처벌하여 주시기 바랍니다.

고 소 사 실

1. 고소인은 ○○주식회사 대표이사로 재직 중에 있으며 피고소인은 건설업에 종사하는 자인 바,

2. 피고소인은 20○○. ○. ○. 시간 미상경 ○○시 ○○구 ○○로 ○○(○○동)에 위치한 한 ○○다방에서 고소인에 대하여 사실은 고소인이 인수한 전 회사대표가 발행하여 유통시킨 백지 약속어음을 회수하여 줄 의사나 능력이 없음에도 불구하고 이를 회수하여 주겠으니 고소인이 백지어음을 발행하여 이를 교부해주면 전 대표가 발행한 약속어음을 회수하여 주겠다. 라고 말하여 이를 진실로 믿은 고소인으로부터 고소인의 명의의 농협 ○○지점 발행 당좌어음(번호 : ○○○○) 백지어음 1매를 교부받아 미상의 일시에 미상의 장소에서 액면 란에 금 ○○○원 지급기일 20○○. ○. ○. 미상의 발행일을 기재하여 고소인의 명의의 당좌어음 1통을 위조하여 상의 일시에 미상의 장소에서 성명미상의 자에게 위 위조한 당좌어음이 진정하게 성립된 것처럼 속이고 그에게 제시하여 이를 행사하여 위 액면 금 ○○○원을 교부받아 사취한 자로 피고소인을 귀서에 고소하오니 엄벌에 처하여 주시기 바랍니다.

20 년 월 일

위 고소인 ○ ○ ○ (인)

○ ○ 경 찰 서 장 귀하

[사례 118] 유자증권 위조 등(약속어음, 현금보관증 위조 및 할부금 편취 등)

고 소 장

고 소 인 ○ ○ ○ (○○○○○○－○○○○○○○)
○○시 ○○구 ○○로 ○○(○○동)
(전화번호 : ○○○－○○○○)

피고소인 ○ ○ ○ (○○○○○○－○○○○○○○)
○○시 ○○구 ○○로 ○○(○○동)
(전화번호 : ○○○－○○○○)

고 소 취 지

피고소인에 대하여 유가증권위조, 동 행사, 사문서위조, 동 행사 및 사기 등으로 고소하오니 엄벌하여 주시기 바랍니다.

고 소 사 실

1. 고소인과 피고소인과의 관계
   고소인은 상기 주소지에 거주하며 여성의류 소매업을 하고 있는 가정주부이고, 고소인은 친구를 통해서 친구의 남편 친구이고 가락동 시장에서 당근장사를 하는 피고소인을 소개받아 알게 된 사이이나 친인척관계는 아닙니다.

2. 피고소인의 범죄사실
   피고소인은 위와 같이 소개받아 ○○시 ○○동에 위치한 ○○식당에서 알게 된 고소인에게 당근을 재배하는 밭을 통째로 사서 당근을 도매하게 되면 많은 이익을 볼 수 있다고 하면서 고소인에게 투자를 권하면서 투자한 날부터 ○○개월 후에 이익금에서 ○○%를 지불하겠다는 조건으로 20○○. ○. 월경 고소인으로부터 금 ○○○원을 투자 받아 금 ○○○원만 변제 받은 상태에서 고소인이 남은 돈을 반환할 것을 독촉하자,

가. 피고소인은 별첨 약속어음과 같이 불상의 일시 불상의 장소에서, 액면금 금 ○○○원, 지불기일 20○○. ○. ○.로 기재하고 발행자 주식회사 ○○○, 대표이사 ○○○명의의 유가증권 ○매를 위조하고, 피고소인은 20○○. ○. ○. 위와 같이 위조한 약속어음의 배서란에 피고소인인 배서인 ○○○로 기재하고 이를 고소인에게 교부하여 위조한 약속어음을 행사하고,

나. 피고소인은 별첨 약속어음과 같이 불상의 일시 불상의 장소에서 액면금 금 ○○○원, 지불기일 20○○. ○. ○.로 기재하고 발행자 ○○○ 대표이사 ○○○ 명의의 유가증권 ○매를 위조하고, 피고소인은 위 같은 날인 20○○. ○. ○. 위와 같이 위조한 약속어음의 배서란에 피고소인인 배서인 ○○○로 기재하고 이를 고소인에게 교부하여 위조한 약속어음을 행사하고,

다. 피고소인은 20○○. ○ .○. 불상의 장소에서 피고소인의 채무자인 고소외 ○○○에게 별첨 2 현금보관증과 같이 고소인 몰래 고소인 명의의 현금보관증을 위조하고, 위조한 현금보관증을 고소외 ○○○에게 교부 행사하고 같은 ○○○으로부터 금 ○○○원을 차용하는 등 고소인의 권리, 의무에 관한 고소인의 사문서를 위조, 행사하고,

라. 피고소인은 사실은 고소인 명의로 자동차를 할부로 구입해도 ○○○에 할부금 등을 잘 지불할 의사가 없으면서도 잘 지불할 것처럼 고소인을 속이고, 피고소인은 20○○. ○.경 ○○에서 보증을 하고 현대에서 자동차번호 경기 ○○가 ○○○○호, 차명 : ○○○ 1대를 고소인 명의로 할부로 구입하고 동 차량을 다시 타인(고소외 ○○○)명의로 명의이전을 하였음에도 불구하고 ○○○에 할부금을 납부하지 않아 20○○. ○. ○.경 고소인으로 하여금 1개월 분 금 ○○만원을 납부케 하고 다시 같은 해 ○. ○.경 2개월분을 납부하라고 독촉을 당하게 하는 등 피고소인은 동액 상당의 재산상 이익을 취득한 자로 고소인은 피고소인을 유가증권위조, 동 행사, 사문서위조, 동 행사 및 사기 등으로 귀서에 고소하오니 엄벌하여 주시기 바랍니다.

첨 부 서 류

1. 약속어음 2매
1. 현금보관증 사본 1매

조사시 자세히 진술하겠습니다.

20 년 월 일

위 고소인 ○ ○ ○ (인)

○ ○ 경 찰 서 장 귀하

[사례 119] 유기죄(여행중 도피 등)

고 소 장

고 소 인 ○ ○ ○ (○○○○○○－○○○○○○○)
○○시 ○○구 ○○로 ○○(○○동)
(전화번호 : ○○○－○○○○)

피고소인 ○ ○ ○ (○○○○○○－○○○○○○○)
○○시 ○○구 ○○로 ○○(○○동)
(전화번호 : ○○○－○○○○)

고 소 취 지

피고소인에 대하여 유기죄로 고소하오니 처벌하여 주시기 바랍니다.

고 소 사 실

1. 고소인은 ○○세의 노령으로 보호자의 부양없이는 하루도 생활하기 힘들고

피고소인과는 모자관계에 있습니다. 고소인은 망 ○○○의 배우자로서 ○○○ 사망으로 인해 수억원의 재산을 상속받게 되었습니다.

2. 피고소인은 20○○. ○. ○.부터 고소외 ○○○을 사귀게 되었고 혼인을 약속하게 되면서 고소인 및 고소외 ○○○이 여타 가족이 없는 관계로 모두 함께 고소인의 집에서 고소인을 부양하면서 살게 되었습니다.

3. 하지만 심한 의견충돌로 인하여 고소인과 고소외 ○○○가 자주 말다툼을 하는 일이 있었는데, 급기야 20○○. ○.경 고소외 ○○○이 망년회를 하고 만취하여 들어온 것을 고소인이 나무라자 말대꾸를 하며 고소인에게 폭언을 하였습니다.

4. 20○○. ○.경 설날 명절을 기회로 피고소인과 고소외 ○○○은 그동안 자신들의 행동을 반성한다며 다함께 제주도 관광을 요청했습니다. 이에 고소인은 휠체어에 몸을 의지하는 관계로 여행을 거부했지만 피고소인의 완강한 요청으로 할 수 없이 여행에 동참하게 되었습니다.

5. 20○○. ○. ○. 제주도에 도착하자마자 ○○호텔에 여장을 풀고 하루를 보내게 되었습니다. 그런데 다음날 아침 피고소인이 회사에 급한 일이 생겼다며 먼저 상경해야 할 것 같다고 하면서 떠났고 고소외 ○○○과 고소인 두 명이 남게 되었습니다.

6. 하지만 위 고소외 ○○○도 다음 날 쇼핑을 갔다 오겠다고 하며 나갔다가 하루가 지나도록 돌아오질 않았습니다. 계속되는 전화연락에도 피고소인과 고소외 ○○○은 연락이 없어 할 수 없이 고소인은 현지 경찰관의 도움으로 상경하여 고소인의 집으로 되돌아 왔습니다.

7. 그러나 고소인이 집에 도착하자마자 고소인의 모든 물건들은 없어지고 엉뚱하게 제3자인 고소외 ○○○가 어제 이 집을 피고소인으로부터 매수하였다고 하며 실내공사를 하고 있었습니다.

8. 피고소인은 고소외 ○○○과 결탁하여 고소인의 모든 재산을 가지고 어디론지 사라져 버렸습니다. 비록 친자식인 피고소인에게 버림을 받았다는 사실이 너무나 황당하고 어이가 없지만 거동이 불편한 몸으로 어디에 의지할 곳도 없는 고소인의 현실이 너무 막막하고 피고소인의 파렴치한 행동에 대한 처벌을 구하고자 귀서에 고소하오니 철저히 조사하시어 의법 조치하여

주시기 바랍니다.

20 년 월 일

위 고소인 ○ ○ ○ (인)

○ ○ 경 찰 서 장 귀하

[사례 120] 음행매개죄(요정에서 상습없는 종업원 간음강요)

고 소 장

고 소 인 ○ ○ ○ (○○○○○○ − ○○○○○○○)
○○시 ○○구 ○○로 ○○(○○동)
(전화번호 : ○○○ − ○○○○)

피고소인 ○ ○ ○ (○○○○○○ − ○○○○○○○)
○○시 ○○구 ○○로 ○○(○○동)
(전화번호 : ○○○ − ○○○○)

고 소 취 지

피고소인에 대하여 음행매개죄로 고소하오니 처벌하여 주시기 바랍니다.

고 소 사 실

1. 피고소인은 ○○시 ○○구 ○○로 ○○(○○동)에서 ○○라는 상호로 요정을 경영하는 자로서, 20○○. ○. ○.경 위 요정에서 영리를 목적으로 그 요정의 종업원인 고소인(당시 ○○세)에게 "김○○ 사장님은 단골손님이니까 잘 모셔야 된다. 그렇게 하지 않으면 내일부터 나오지 마라"라고 음행을 권유하고 이에 응하지 않으면 그녀를 해고시킬 듯한 태도를 보여서 고소인으

로 하여금 음행하도록 마음먹게 하여 그날 밤 23:00경 그 요정의 2층 침실에서 고소인으로 하여금 금 ○○만원을 그 대가로 지급하도록 하고 고소인을 상대로 음행하게 하여 음행의 상습 없는 고소인을 간음하게 한 자입니다.

2. 따라서 위와 같은 사실로 피고소인을 귀서에 고소하오니 철저히 조사하시어 처벌하여 주시기 바랍니다.

입 증 서 류

조사시 자세히 진술하겠습니다.

20 년 월 일

위 고소인 ○ ○ ○ (인)

○ ○ 경 찰 서 장 귀하

[주] 1. 이 죄는 사회의 성도덕이나 성풍속뿐 아니라 부차적으로 개인의 정조도 보호하는 침해범이다. 18세 미만자에게 음행을 시키거나 음행을 매개하면 아동복지법에 해당하며(아동복지법 제88조, 제18조), 윤락행위를 하게 한 때에는 성매매알선등행위의처벌에관한법률에 의하여 처벌 받는다(성매매알선등행위의처벌에관한법률 제4조, 제19조).

2. 이 죄의 주체는 제한이 없다. 다만 매개되어 음행행위를 행한 부녀와 그 상대방은 이 죄의 주체가 될 수 없다.

3. 행위의 객체는 미성년 또는 음행의 상습없는 부녀이다. 미성년의 부녀란 13세 이상 20세 미만의 여자를 말한다. 13세 미만의 여자에 대해서는 의제강간죄(형소법 305조)가 성립한다. 음행의 상습없는 부녀란 매춘부 또는 불특정 남자를 상대로 성생활을 하고 있는 여자가 아닌 여자를 말한다.

[판례] 본조 소정의 미성년자에 대한 음행매개죄의 성립에는 그 미성년자가 음행의 상습이 있거나 그 음행에 자진 동의한 사실은 영향을 미치지 않는다(대법원 1955. 7. 8. 선고 55도37 판결).

[사례 121] 장례식 등의 방해죄(예배방해)

고 소 장

고 소 인 ○ ○ ○ (○○○○○○-○○○○○○○)
○○시 ○○구 ○○로 ○○(○○동)
(전화번호 : ○○○-○○○○)

피고소인 ○ ○ ○ (○○○○○○-○○○○○○○)
○○시 ○○구 ○○로 ○○(○○동)
(전화번호 : ○○○-○○○○)

고 소 취 지

피고소인을 아래와 같은 사실로 고소하오니 처벌하여 주시기 바랍니다.

고 소 사 실

1. 고소인은 ○○시 ○○로 ○○(○○동)에 위치한 ○○교회 담임목사이고, 피고소인은 위 ○○교회의 장로이었던 자입니다. 피고소인은 위 교회의 재정장로로 재직당시 교회의 신축과 관련한 문제로 불화가 있어 재정장로직을 사임하였으나 이후에도 계속적으로 교회의 일에 사사건건 문제를 일으켰습니다.

2. 급기야 피고소인은 20○○. ○. ○. 20:30경 일요 예배도중 강단으로 튀어나와 설교 중이던 고소인에게 "비리목사는 물러나라" 등 소리를 외치며 예배를 방해하고 예배당 마이크를 빼앗아 교회신축과 관련한 문제에 대하여 교인들의 만류를 뿌리치며 일방적으로 얘기를 하는 등 소란을 피워 예배를 드릴 수가 없었습니다.

3. 따라서 고소인은 피고소인에게 사과를 요구하고 다시는 위와 같은 행위를 중지하도록 엄중히 요청하였으나 피고소인은 막무가내로 대화가 통하지 않고 있습니다. 따라서 이 후에도 계속적인 예배방해행위가 일어날 소지가 많아 부득이 피고소인을 귀서에 고소하오니 철저히 조사하시어 처벌하여 주시기 바랍니다.

첨 부 서 류

1. 비디오테이프
1. 목격자진술
1. 현장사진
   조사시 자세히 진술하겠습니다.

20 년 월 일

위 고소인 ○ ○ ○ (인)

○ ○ 경 찰 서 장 귀하

[사례 122] 장물보관죄 (절취한 금반지 보관)

고 소 장

고 소 인 ○ ○ ○ (○○○○○○－○○○○○○○)
○○시 ○○구 ○○로 ○○(○○동)
(전화번호 : ○○○－○○○○)

피고소인 ○ ○ ○ (○○○○○○－○○○○○○○)
○○시 ○○구 ○○로 ○○(○○동)
(전화번호 : ○○○－○○○○)

고 소 취 지

피고소인을 장물보관죄로 고소하오니 처벌하여 주시기 바랍니다.

고 소 사 실

1. 피고소인은 ○○시 ○○구 ○○로 ○○(○○동)에서 ○○식당이라는 상호

로 음식점을 경영하는 자인 바, 20○○. ○. ○. 14:00경 위 ○○식당에서 고소외 ○○○로부터 동인이 절취한 피고소인 소유의 금반지 1개 시가 80,000원 상당을 장물인 정을 알면서 식사대금 15,000원의 담보로 받아두고 장물을 보관한 것입니다.

2. 따라서 위와 같은 사실로 피고소인을 귀서에 고소하오니 철저히 조사하시어 처벌하여 주시기 바랍니다.

입 증 서 류

조사시 자세히 진술하겠습니다.

20 년 월 일

위 고소인 ○ ○ ○ (인)

○ ○ 경 찰 서 장 귀하

[사례 123] 장물알선죄(절취한 손목시계 알선)

고 소 장

고 소 인 ○ ○ ○ (○○○○○○－○○○○○○○)
○○시 ○○구 ○○로 ○○(○○동)
(전화번호 : ○○○－○○○○)

피고소인 ○ ○ ○ (○○○○○○－○○○○○○○)
○○시 ○○구 ○○로 ○○(○○동)
(전화번호 : ○○○－○○○○)

고 소 취 지

피고소인을 장물알선죄로 고소하오니 처벌하여 주시기 바랍니다.

고 소 사 실

1. 피고소인은 20○○. ○. ○.경 ○○시 ○○구 ○○로 ○○(○○동)에 위치한 피고소인의 집에서 고소외 ○○○로부터 동인이 절취하여 온 ○○손목시계 30개(시가 5,000만원 상당)을 매각하여 달라는 부탁을 받고 그 장물인정을 알면서고 이를 승낙한 20○○. ○. ○.경 ○○시 ○○로 ○○(○○동)에 위치한 ○○주얼리에 800만원에 매각하여 주어 장물을 알선한 것입니다.

2. 따라서 위와 같은 사실로 피고소인을 귀서에 고소하오니 철저히 조사하시어 처벌하여 주시기 바랍니다.

입 증 서 류

조사시 자세히 진술하겠습니다.

20　　년　　월　　일

위 고소인 ○　　○　　○ (인)

○ ○ 경 찰 서 장　　　　귀하

[사례 124] 장물운반죄(절취한 TV 운반)

고 소 장

고 소 인 ○　　○　　○ (○○○○○○－○○○○○○○)
○○시 ○○구 ○○로 ○○(○○동)
(전화번호 : ○○○－○○○○)

피고소인 ○　　○　　○ (○○○○○○－○○○○○○○)
○○시 ○○구 ○○로 ○○(○○동)
(전화번호 : ○○○－○○○○)

고 소 취 지

피고소인을 장물운반죄로 고소하오니 처벌하여 주시기 바랍니다.

고 소 사 실

1. 피고소인은 20○○. ○. ○.경 ○○시 ○○구 ○○로 ○○(○○동)에 위치한 피고소인의 집에서 고소외 ○○○로부터 동인이 절취하여 온 ○○전자 42인지 TV 1대(시가 150만원 상당)를 강취한 장물이라는 정을 알면서도 ○○시 ○○구 ○○동 ○○번지까지 피고소인 소유의 경기 ○○로○○○○호 1통 화물트럭에 이를 싣고 가 장물을 운반한 것입니다.

2. 따라서 위와 같은 사실로 피고소인을 귀서에 고소하오니 철저히 조사하시어 처벌하여 주시기 바랍니다.

입 증 서 류

조사시 자세히 진술하겠습니다.

20 년 월 일

위 고소인 ○ ○ ○ (인)

○ ○ 경 찰 서 장 귀하

[사례 125] 장물취득죄(절취한 금반지 취득)

고 소 장

고 소 인 ○ ○ ○ (○○○○○○－○○○○○○○)
○○시 ○○구 ○○로 ○○(○○동)

(전화번호 : ○○○ － ○○○○)

피고소인 ○ ○ ○ (○○○○○○ － ○○○○○○○)
○○시 ○○구 ○○로 ○○(○○동)
(전화번호 : ○○○ － ○○○○)

고 소 취 지

피고소인을 장물취득죄로 고소하오니 처벌하여 주시기 바랍니다.

고 소 사 실

1. 피고소인은 ○○시 ○○구 ○○로 ○○(○○동)에서 ○○당이라는 상호로 금은방을 경영하는 자인 바, 20○○. ○. ○. 16:00경 위 ○○당에서 고소외 ○○○로부터 고소인 소유의 금반지 1개, 시가 100,000원 상당의 장물인 것을 알면서 대금 30,000원에 매수하여 장물을 취득한 것입니다.

2. 따라서 위와 같은 사실로 피고소인을 귀서에 고소하오니 철저히 조사하시어 처벌하여 주시기 바랍니다.

입 증 서 류

조사시 자세히 진술하겠습니다.

20 년 월 일

위 고소인 ○ ○ ○ (인)

○ ○ 경 찰 서 장 **귀하**

[사례 126] 점유강취죄(무쏘승용차 강취)

고 소 장

고 소 인 ○ ○ ○ (○○○○○○－○○○○○○○)
○○시 ○○구 ○○로 ○○(○○동)
(전화번호 : ○○○－○○○○)

피고소인 ○ ○ ○ (○○○○○○－○○○○○○○)
○○시 ○○구 ○○로 ○○(○○동)
(전화번호 : ○○○－○○○○)

고 소 취 지

피고소인을 점유강취죄로 고소하오니 처벌하여 주시기 바랍니다.

고 소 사 실

1. 고소인과 피고소인은 동네 친구사이인 바, 피고소인은 20○○. ○.경 금 5,000,000원을 이자 월 2%로 정하여 고소인으로부터 차용하면서, 위 대여금의 지급을 담보하기 위하여 피고소인 소유의 무쏘 승용차를 고소인이 사용할 수 있도록 점유를 이전하고 그 용법에 따라 사용하도록 허락한 사실이 있습니다. 이와 같은 사실을 증명하기 위하여 피고소인은 고소인에게 이와 같은 사실을 기재한 차용증을 작성하여 주었습니다.

2. 그런데 피고소인은 20○○. ○. ○. 밤 ○○:○○경 부인과 딸과 함께 평온하게 잠을 자고 있는 고소인의 집에 찾아와 “내가 이번에 ○○다방에 티코맨(배달원)으로 취직되었는데, 네가 가지고 있는 내 차가 급히 필요하다. 그러니 그 차를 나에게 돌려다오” 라고 하며 고소인에게 협박을 하였는데, 고소인은 지금까지 원금은커녕 이자 한 푼도 지급치 아니한 피고소인에게 돌려줄 수 없다고 거절하자, 이에 격분한 피고소인은 주머니 속의 칼을 들여대며 고소인을 항거불능의 상태에 빠뜨려 고소인의 집 책상 위에 놓인 위 승용차 열쇠를 빼앗아 승용차를 몰고 가 아직까지 돌려주지 않고 있습니다.

3. 따라서 위와 같은 사실로 피고소인을 귀서에 고소하오니 철저히 조사하시어 처벌하여 주시기 바랍니다.

입 증 서 류

1. 계약서 1부
1. 사실확인서 1부

20 년 월 일

위 고소인 ○ ○ ○ (인)

○ ○ 경 찰 서 장 귀하

[사례 127] 점유이탈물횡령죄(거스름돈 반환거절)

고 소 장

고 소 인 ○ ○ ○ (○○○○○○－○○○○○○○)
○○시 ○○구 ○○로 ○○(○○동)
(전화번호 : ○○○－○○○○)

피고소인 ○ ○ ○ (○○○○○○－○○○○○○○)
○○시 ○○구 ○○로 ○○(○○동)
(전화번호 : ○○○－○○○○)

고 소 취 지

피고소인을 점유이탈물횡령죄로 고소를 제기하오니 처벌하여 주시기 바랍니다.

고 소 사 실

1. 고소인은 ○○시 ○○로 ○○(○○동)에 위치한 ○○○식당이라는 한식점

을 경영하는 자로서 20○○. ○월 ○일 저녁 ○○:○○경 근처 ○○회사에 다니는 피고소인이 친구 5명과 함께 술과 음식을 먹은 사실이 있습니다.

2. 위 같은 날 고소인이 운영하는 ○○식당은 저녁손님이 많아 무척 바쁜 상황이었습니다. 이에 피고소인이 당일 저녁 ○○:○○경 식사를 마치고 식사비 계산을 할 때 고소인의 종업원인 ○○○가 계산서와 함께 식대 280,000원을 지급 청구하였는데 피고소인은 ○○은행 발행의 자기앞수표 10만원권 3장을 지급하여 위 종업원이 거스름돈 20,000원을 주어야 하는데 그만 실수로 80,000원을 지급하였습니다. 이에 피고소인이 가고 난 후 고소인이 거스름돈 지급이 잘못된 것을 알았으나 이미 피고소인은 가고 없어 부득이 그 다음 날 피고소인이 근무하는 ○○회사에 전화를 하여 양해의 말씀을 드리고 계산서를 맞추어 본 결과 거스름돈 60,000원이 더 지급되었다는 것을 통지하였습니다.
이에 피고소인은 저녁 퇴근 후 돌려주겠다고 말을 하였습니다. 그런데 며칠이 지나도 연락이 없어 다시 ○○회사에 전화를 했더니 피고소인은 오히려 화를 내면서 당신들이 계산을 잘못한 것이니 당신들이 책임져야 한다며 그 반환을 거부하여 거듭 사과의 말씀을 드렸으나 이제는 법대로 하라면서 막무가내였습니다. 심지어 "식당 문을 닫고 싶으냐." 라고까지 하면서 거스름돈의 반환을 거부하였습니다.

3. 따라서 더 지급된 거스름돈의 반환의무가 있음에도 고의적으로 이를 거부하므로 피고소인을 귀서에 고소하오니 철저히 조사하시어 처벌하여 주시기 바랍니다.

소 명 방 법

1. 계산서 및 영수증 1통
1. 수표사본 1통

20 년 월 일

위 고소인 ○ ○ ○ (인)

○ ○ 경 찰 서 장 귀하

[사례 128] 절 도 죄 (상가에서 신발절취)

고 소 장

고 소 인 ○ ○ ○ (○○○○○○－○○○○○○○)
○○시 ○○구 ○○로 ○○(○○동)
(전화번호 : ○○○－○○○○)

피고소인 ○ ○ ○ (○○○○○○－○○○○○○○)
○○시 ○○구 ○○로 ○○(○○동)
(전화번호 : ○○○－○○○○)

고 소 취 지

고소인은 피고소인에 대하여 절도죄로 고소하오니 처벌하여 주시기 바랍니다.

고 소 사 실

1. 피고소인은 일정한 직업이 없는 자로서, 20○○. ○. ○. 14:00경 ○○시 ○○구 ○○로 3가에 있는 ○○통합상가 5층 신발진열장에서 물건을 사는 척하다가 점원 몰래 고소인 소유의 고가신발 약 ○켤레, 시가 ○○만원 상당을 피고소인 가방 속에 넣어 이를 절취한 것입니다.

2. 따라서 피고소인을 귀서에 고소하오니 철저히 조사하시어 처벌하여 주시기 바랍니다.

20 년 월 일

위 고소인 ○ ○ ○ (인)

○ ○ 경 찰 서 장 귀하

[주] 1. 타인의 절도죄가 성립하려면 불법영득의 의사가 있어야 하므로 사용절도는 원칙적으로 처벌하지 않는다.
2. 불법영득의 의사란 권리자를 배제하고 타인의 물건을 자기의 소유물과 같이 그 경제적 용법에 따라서 이용하고 처분할 의사를 말한다.
3. 사용절도란 타인의 재물을 일시적으로 사용한 후에 소유자에게 반환하는 것을 말한다.

[판례] 1. 명의대여 약정에 따른 신청에 의하여 발급된 영업허가증과 사업자등록증은 피해자가 인도받음으로써 피해자의 소유가 되었다고 할 것이므로, 이를 명의대여자가 가지고 간 행위가 절도죄에 해당한다(대법원 2004. 3. 12. 선고 2002도5090 판결).
2. 피고인의 컴퓨터에 저장된 정보를 출력하여 생성한 문서는 피해 회사의 업무 위하여 생성되어 피해 회사에 의하여 보관되고 있던 문서가 아니라, 피고인이 가지고 할 목적으로 피해 회사의 업무와 관계없이 새로이 생성시킨 문서라 할 것이므로, 이는 피해회사 소유의 문서라고 볼 수 없다 할 것이어서, 이를 가지고 간 행위를 들어 피해회사 소유의 문서를 절취한 것으로 볼 수 없다(대법원 2002. 7. 12. 선고 2002도745 판결).
3. 피해자가 결혼예식장에서 신부측 축의금 접수인인 것처럼 행세하는 피고인에게 축의금을 내어 놓자 이를 교부받아 가로챈 사안에서, 피해자의 교부행위의 취지는 신부측에 전달한 것일 뿐 피고인에게 그 처분권을 주는 것이 아니므로, 이를 피고인에게 교부한 것이라고 볼 수 없고 단지 신부측 접수대에 교부하는 취지에 불과하므로 피고인이 그 돈을 가져간 것을 신부측 접수처의 점유를 침탈하여 범한 절취행위라고 보는 것이 정당하다(대법원 1996. 10. 15. 선고 96도2227, 96감도94 판결).
4. 자동차를 절취할 생각으로 자동차의 조수석문을 열고 들어가 시동을 걸려고 시도하는 등 차안의 기기를 이것저것 만지다가 핸드브레이크를 풀게 되었는데 그 장소가 내리막길인 관계로 시동이 걸리지 않은 상태에서 약 10미터 전진하다가 가로수를 들이받은 바람에 멈추게 되었다면 절도의 기수에 해당한다고 볼 수 없을 뿐 아니라 도로교통법 제2조 제19호 소정의 자동차의 운전에 해당하지 아니한다(대법원 1994. 9. 9. 선고 94도1522 판결).
5. 피고인이 살해된 피해자의 주머니에서 꺼낸 지갑을 살해도구로 이용한 골프채와 옷 등 다른 증거품들과 함께 자신의 차량에 싣고 가다가 쓰레기 소각장에서 태워버린 경우, 살인 범행의 증거를 인멸하기 위한 행위로서 불법영득의 의사가 있었다고 보기 어렵다(대법원 2000. 10. 13. 선고 2000도3655 판결).
6. 사촌형제인 피해자와의 분규로 재단법인 이사장직을 사임한 뒤 피해자의

집무실에 찾아가 잘못을 나무라는 과정에서 화가 나서 피해자를 혼내주려고 피해자의 가방을 들고 나온 경우 불법영득의 의사가 있다고 할 수 없다(대법원 1993. 4. 13. 선고 93도3281 판결).

7. 피고인이 길가에 시동을 걸어 놓은 채 세워둔 모르는 사람의 자동차를 함부로 운전하고 약 200미터 가량 갔다면 불법영득의 의사가 있었다고 할 것이다(대법원 1992. 9. 22. 선고 92도1949 판결).
8. 타인의 전화를 주인 몰래 사용한 경우 물리적인 이익에 불과하고 물리적인 관리대상이 될 수 없어 재물이 아니라고 할 것이므로 절도죄의 객체가 성립되지 아니하므로 민사사건으로 처리해야 한다(대법원 1998. 6. 23. 선고 98도7007 판결).

[사례 129] 절 도 죄(오토바이를 이용 핸드백 절취)

고 소 장

고 소 인 ○ ○ ○ (○○○○○○－○○○○○○○)
○○시 ○○구 ○○로 ○○(○○동)
(전화번호 : ○○○－○○○○)

피고소인 ○ ○ ○ (○○○○○○－○○○○○○○)
○○시 ○○구 ○○로 ○○(○○동)
(전화번호 : ○○○－○○○○)

고 소 취 지

고소인은 피고소인에 대하여 절도죄로 고소하오니 처벌하여 주시기 바랍니다.

고 소 사 실

1. 피고소인은 20○○. ○. ○. 11:20경 ○○시 ○○동 ○○역 앞에 있는 ○○은행 바로바로 코너 앞에서 오토바이를 타고 대기하고 있다가 마침 그곳에서 현금을 찾아 나오던 고소인의 뒤에서부터 오토바이를 타고 가면서 현금 ○○만원과 화장품 등이 들어있는 가죽핸드백 1개, 시가 합계 ○○만원 상

당을 낚아채서 이를 절취한 것입니다.

2. 따라서 피고소인을 귀서에 고소하오니 철저히 조사하시어 처벌하여 주시기 바랍니다.

20 년 월 일

위 고소인 ○ ○ ○ (인)

○ ○ 경 찰 서 장 귀하

[사례 130] 절 도 죄 (건축자재 임의사용)

고 소 장

고 소 인 ○ ○ ○ (○○○○○○－○○○○○○○)
○○시 ○○구 ○○로 ○○(○○동)
(전화번호 : ○○○－○○○○)

피고소인 ○ ○ ○ (○○○○○○－○○○○○○○)
○○시 ○○구 ○○로 ○○(○○동)
(전화번호 : ○○○－○○○○)

고 소 취 지

고소인은 피고소인에 대하여 절도죄로 고소하오니 처벌하여 주시기 바랍니다.

고 소 사 실

피고소인은 ○○건설이라는 상호로 건축업에 종사하고 있는 자인바, 타인의 재물을 절취할 것을 마음먹고 20○○. ○.월 중순경 날자 미상일 ○○:○○경 건외 ○○의 건물을 신축하기 위하여 ○○군 ○○면 ○○리 ○○에 위치한 공사현장에 고소인 ○○○가 쌓아놓은 건축 자재를 피고소인 소유의 차량 5톤 트럭 경기 ○○고○○○○호 차량에 싣고 가 이를 피고소인이 건축하던 공사 현장에 이를 임의적으로 사용한 사실이 있어 피고소인을 귀서에 고소하오니 철저히 조사하시어 엄벌하여 주시기 바랍니다.

20　년　월　일

위 고소인 ○ ○ ○ (인)

○ ○ 경 찰 서 장　　귀하

[사례 131] 절 도 죄(건축자재 등 절취)

고 소 장

고 소 인　○○건설 주식회사
　　　　　○○시 ○○구 ○○로 ○○(○○동)
　　　　　대표이사 ○ ○ ○
　　　　　(전화번호 : ○○○－○○○○)

피고소인　○ ○ ○ (○○○○○○－○○○○○○○)
　　　　　○○시 ○○구 ○○로 ○○(○○동)
　　　　　(전화번호 : ○○○－○○○○)

고 소 취 지

피고소인에 대하여 절도죄(형법 제329조)로 고소하오니 처벌하여 주시기 바랍니다.

고 소 사 실

1. 고소인은 종합건설업 등을 주 업무로 하는 주식회사이며, 피고소인은 ○○시 ○○구 ○○로 ○○(○○동)에 위치한 건물 ○○동 ○○○호에 거주하는 자입니다.

2. 고소인은 위 건물의 건축공사를 담당한 시공사로서 공사 후 위 건물 지하 1층 상가에 고소인 소유의 의자 3개, 공구함 1개, 근무복 2벌, 자재몰딩, 페인트, 드라이비트용 스톤, 석재, 리어카, 산소호스, 용접기 등 기타 집기(시가 약 ○○○원 상당)의 물품을 보관하고 있었습니다.

3. 그런데 피고소인은 20○○. ○. ○.경 위 건물 지하 1층 상가의 소유자도 아님에도 불구하고 무단 침입하여 고소인 소유의 위 물품을 절취하여 처분함으로써 고소인에게 약 ○○○원 상당의 재산상의 손해를 입힌 자입니다.

4. 따라서 피고소인을 절도죄(형법 제329조)로 고소하오니 철저히 조사하시어 처벌하여 주시기 바랍니다.

첨 부 서 류

1. 법인등기사항전부증명서
   조사시 자세히 진술하겠습니다.

20 년 월 일

위 고소인 ○○○건설 주식회사
대표이사 ○ ○ ○ (인)

○ ○ 경 찰 서 장 **귀하**

[사례 132] 절도 및 업무방해죄(무용복 등 절취, 도주)

고 소 장

고 소 인 ○ ○ ○ (○○○○○○-○○○○○○○)
○○시 ○○구 ○○로 ○○(○○동)
(전화번호 : ○○○-○○○○)

피고소인 ○ ○ ○ (○○○○○○-○○○○○○○)
○○시 ○○구 ○○로 ○○(○○동)
(전화번호 : ○○○-○○○○)

피고소인에 대하여 절도 및 업무방해죄로 고소하오니 처벌하여 주시기 바랍니다.

고 소 사 실

1. 고소인은 "○○○무용단"을 창립하여 무용수의 4명과 가수 1명, 운전기사 1명 등으로 운영 중인 자입니다.

2. 피고소인은 고소인의 무용단 무용수로 2년간의 고용계약을 하고 공증까지 한 사실이 있는데 고소인은 위 4명의 무용수들을 약 3개월간에 걸쳐 단체 연습을 하여 그 중 한 사람이라도 빠지면 무용단을 운영할 수 없는 업무상 중요한 위치에 있는데도 불구하고 고소인은 피고소인이 어린 나이로 평소 담배를 피우는 등 단정하지 못하므로 모든 행동을 바로 잡아 줄 생각으로 20○○. ○. ○.경 피고소인에게 준엄한 훈계를 하였던 바, 피고소인이 이에 앙심을 품고 같은 해 ○. ○. 오후 2시경 고소인의 숙소에서 무용복(은빛색) 3벌 시가 90,000원과 치마(검정색) 2벌 시가 40,000원 등 합계 130,000원 상당의 물품을 절취 도주함으로써 위 130,000원의 손해는 물론 피고소인이 빠짐으로써 등 무용단을 운영하지 못하도록 고소인의 업무를 방해한 자입니다.

3. 따라서 피고소인을 귀서에 고소하오니 철저히 조사하시어 엄벌에 처해 주시기 바랍니다.

첨 부 서 류

1. 각서(공정증서) 사본 1부
조사시 자세히 진술하겠습니다.

20 년 월 일

위 고소인 ○ ○ ○ (인)

○ ○ 경 찰 서 장 귀하

[사례 133] 주거침입죄(절도 목적)

고 소 장

고 소 인 ○ ○ ○ (○○○○○○－○○○○○○○)
○○시 ○○구 ○○로 ○○(○○동)
(전화번호 : ○○○－○○○○)

피고소인 ○ ○ ○ (○○○○○○－○○○○○○○)
○○시 ○○구 ○○로 ○○(○○동)
(전화번호 : ○○○－○○○○)

고 소 취 지

고소인은 피고소인에 대하여 주거침입죄로 고소하오니 처벌하여 주시기를 바랍니다.

고 소 사 실

1. 피고소인은 일정한 직업이 없는 자로서, 20○○. ○. ○. 15:00경 ○○시 ○

○로 ○○(○○동)에 위치한 고소인 ○○○의 집 앞을 지나다가 동인의 집이 10㎝쯤 열려있는 것을 보고, 그 자리에서 절도를 하기로 마음먹고 주위를 살피며 위 대문을 열고 고소인의 집 거실까지 들어가 동인의 주거에 침입한 자입니다.

2. 따라서 위와 같은 사실로 피고소인을 귀서에 고소하오니 철저히 조사하시어 엄벌하여 주시기 바랍니다.

입 증 방 법

조사시 자세히 진술하겠습니다.

20 년 월 일

위 고소인 ○ ○ ○ (인)

○ ○ 경 찰 서 장 귀하

[주] 1. 주거권자란 주거출입과 그 제재를 결정할 권리가 있는 사람이다. 임대차한 집에 대해서는 제3자는 물론 소유자에 대한 관계에서도 주거권은 임차인에게 있다. 따라서 임대차기간이 종료되었다 하더라도 임차인이 계속 점유하고 있는 건물에 대하여 소유자가 마음대로 출입한 때에는 이 죄가 성립하지만, 반대로 임차인이 소유자가 폐쇄한 출입구를 뜯고 그 건물에 들어갔다고 해서 이 죄가 성립하는 것은 아니다.

2. 사람의 주거는 그 자체를 위한 건조물 외에 그에 부속된 건조물 등을 포함한다(예 ; 정원 등).

3. 건조물이란 주거를 제외한 일체의 건물을 말한다(예 ; 공장·창고·관공서의 청사 등).

4. 선박은 그 크기를 묻지 않지만 적어도 주거에 사용될 수 있을 정도이어야 한다.

5. 점유하는 방실은 건물 내에서 사실상 지배·관리하는 구획을 말한다(예 ; 점포, 사무실, 연구실, 여관의 투숙중인 방).

[판례] 일반적으로 대학교의 강의실은 그 대학 당국에 의하여 관리되면서 그 관리업

무나 강의와 관련되는 사람에 한하여 출입이 허용되는 건조물이지 널리 일반인에게 개방되어 누구나 자유롭게 출입할 수 있는 곳은 아니다(대법원 1992. 9. 25. 선고 92도1520 판결).

[사례 134] 준강간죄(술을 먹이고 항거불능 상태에서 간음)

고 소 장

고 소 인 ○ ○ ○ (○○○○○○－○○○○○○○)
○○시 ○○구 ○○로 ○○(○○동)
(전화번호 : ○○○－○○○○)

피고소인 ○ ○ ○ (○○○○○○－○○○○○○○)
○○시 ○○구 ○○로 ○○(○○동)
(전화번호 : ○○○－○○○○)

고 소 취 지

고소인은 피고소인에 대하여 준강간죄로 고소하오니 처벌하여 주시기를 바랍니다.

고 소 사 실

1. 피고소인은 ○○대학교 2학년에 재학 중인 학생으로서 20○○. ○. ○. 23:00경 ○○시 ○○구 ○○동에 위치한 고소외 ○○○이 경영하는 음식점 명월관 3호실에서 고소인과 술을 마시다가 동인이 술에 취하여 의식불명이 되자 이와 같은 고소인의 항거불능상태를 이용하여 동인을 간음하였습니다.

2. 따라서 위와 같은 사실로 피고소인을 귀서에 고소하오니 철저히 조사하시어 엄벌하여 주시기 바랍니다.

입 증 방 법

1. 진단서 1 통

조사시 자세히 진술하겠습니다.

20 년 월 일

위 고소인 ○ ○ ○ (인)

○ ○ 경 찰 서 장 귀하

[주] 1. 이 죄는 사람의 심신상실 또는 항거불능의 상태를 이용하여 간음 또는 추행함으로써 성립하는 범죄로, 성적 자유를 가지지 못하는 사람은 성욕의 객체가 도구가 되는 것으로부터 보호하는데 그 취지가 있다.
2. 이 죄에서 심신상실은 심신장애라는 생물학적 기초에 제한되지 않으며, 수면중의 부녀 또는 일시적으로 의식을 잃고 있는 부녀도 포함한다. 이에 비해 형법 제10조에서는 심신상실을 생물학적 기초에서 사물을 변별하거나 의사를 결정할 능력이 없는 것을 말한다.
3. 항거불능이란 심신상실 이외의 사유로 인해 심리적 또는 육체적으로 반항이 불가능한 경우를 말한다. 의사가 자기를 신뢰한 여자환자를 치료하는 것처럼 하면서 간음하거나 추행하는 경우가 심리적으로 항거불능한 경우에 해당한다.
4. 행위자가 간음 또는 추행을 행하기 위해 이러한 상태를 야기한 때(수면제나 마취제를 먹이는 경우 등)에는 준강간죄가 성립하지 않고 강간죄 또는 강제추행죄가 성립한다.
5. 강간죄 등은 친고죄이다. 그러나 성폭력범죄의처벌등법률에 해당될 경우에는 친고죄의 적용이 배제된다.

[판례] 1. 깊은 잠에 빠져 있는 상태는 심신상실의 상태라 할 것이므로 타인의 이러한 상태를 이용하여 간음하면 준강간에 해당한다(대법원 1976. 12. 14. 선고 76도3673 판결).
2. 형법 제299조에서의 항거불능의 상태라 함은 같은 법 제297조, 제298조와의 균형상 심신상실 이외의 원인 때문에 심리적 또는 물리적으로 반항이 절대적으로 불가능하거나 현저히 곤란한 경우를 의미한다(대법원 2000. 5. 26. 선고 98도3257 판결).
3. 간음행위 당시 피해자가 심신상실상태에 있었다고 볼 수 없다고 한 사례(대

법원 2000. 2. 25. 선고 98도4355 판결).

4. 피고인이 잠을 자고 있는 피해자의 옷을 벗긴 후 자신의 바지를 내린 상태에서 피해자의 음부 등을 만지고 자신의 성기를 피해자의 음부에 삽입하려고 하였으나 피해자가 몸을 뒤척이고 비트는 등 잠에서 깨어 거부하는 듯한 기색을 보이자 더 이상 간음행위에 나아가는 것을 포기한 경우 준강간죄의 실행에 착수하였다고 본 사례(대법원 2000. 1. 14. 선고 99도5187 판결).

[사례 135] 준강간죄(깊은 잠에 빠져 있는 상태에서 간음)

고 소 장

고 소 인 ○ ○ ○ (○○○○○○-○○○○○○○)
○○시 ○○구 ○○로 ○○(○○동)
(전화번호 : ○○○-○○○○)

피고소인 ○ ○ ○ (○○○○○○-○○○○○○○)
○○시 ○○구 ○○로 ○○(○○동)
(전화번호 : ○○○-○○○○)

고 소 취 지

고소인은 피고소인에 대하여 준강간 등의 혐의로 고소하오니 처벌하여 주시기를 바랍니다.

고 소 사 실

1. 피고소인은 고소인의 이웃에 거주하는 자인 바, 20○○. ○. ○. 고소인은 직장의 근무를 마치고 ○○시 ○○구 ○○로 ○○(○○동)에 위치한 고소인의 집에서 격무에 세상모르고 자고 있었는데, 피고소인이 잠을 자고 있는 고소인의 옷을 벗기고 자신의 바지를 내린 상태에서 고소인의 음부 등을 만지다가 ○회 간음을 하였습니다.

2. 이 사건 사고로 인하여 고소인은 정신적으로 큰 충격을 입어 아직도 정신병원에서 치료 중에 있는 바, 피고소인을 귀서에 고소하오니 철저히 조사하시

어 처벌하여 주시기 바랍니다.

입 증 방 법

1. 진단서 1통
1. 목격자진술서 1통
조사시 자세히 진술하겠습니다.

20 년 월 일

위 고소인 ○ ○ ○ (인)

○ ○ 경 찰 서 장 귀하

[사례 136] 준강제추행죄(기 치료를 이용하여 추행)

고 소 장

고 소 인 ○ ○ ○ (○○○○○○－○○○○○○○)
○○시 ○○구 ○○로 ○○(○○동)
(전화번호 : ○○○－○○○○)

피고소인 ○ ○ ○ (○○○○○○－○○○○○○○)
○○시 ○○구 ○○로 ○○(○○동)
(전화번호 : ○○○－○○○○)

고 소 취 지

피고소인에 대하여 준강제추행죄로 고소하오니 처벌하여 주시기를 바랍니다.

고 소 사 실

1. 피고소인은 ○○건강관리라는 상호로 소위 기 치료를 하는 자로서, 20○○. ○. ○.경 ○○시 ○○구 ○○로 ○○(○○동)에 위치한 고소외 ○○○의 집에 찾아가서 동인의 처인 고소인에게 “당신이 임신되지 않는다고 당신 남편이 좀 봐달라고 해서 기 치료를 해주려고 왔다”고 거짓말하고 고소인에게 피고소인이 시키는 대로 기 모으는 자세를 취하고 5분 동안 있게 하여 피고소인의 말을 믿게 한 다음 고소인으로 하여금 옷을 벗고 그 자리에 누워 두 다리를 벌리게 하고 고소인의 음부에 손가락을 넣는 등 강제로 추행한 것입니다.

2. 따라서 위와 같은 사실로 피고소인을 귀서에 고소하오니 철저히 조사하시어 엄벌하여 주시기 바랍니다.

입 증 방 법

조사시 자세히 진술하겠습니다.

20 년 월 일

위 고소인 ○ ○ ○ (인)

○ ○ 경 찰 서 장 귀하

[주] 1. 이 죄는 사람의 심신상실 또는 항거불능의 상태를 이용하여 간음 또는 추행함으로써 성립하는 범죄로, 성적 자유를 가지지 못하는 사람은 성욕의 객체가 도구가 되는 것으로부터 보호하는데 그 취지가 있다.

2. 이 죄에서 심신상실은 심신장애라는 생물학적 기초에 제한되지 않으며, 수면중의 부녀 또는 일시적으로 의식을 잃고 있는 부녀도 포함한다. 이에 비해 형법 제10조에서는 심신상실을 생물학적 기초에서 사물을 변별하거나 의사를 결정할 능력이 없는 것을 말한다.

3. 항거불능이란 심신상실 이외의 사유로 인해 심리적 또는 육체적으로 반항이 불가능한 경우를 말한다. 의사가 자기를 신뢰한 여자환자를 치료하는 것처럼

하면서 간음하거나 추행하는 경우가 심리적으로 항거불능한 경우에 해당한다.
4. 행위자가 간음 또는 추행을 행하기 위해 이러한 상태를 야기한 때(수면제나 마취제를 먹이는 경우 등)에는 준강간죄가 성립하지 않고 강간죄 또는 강제추행죄가 성립한다.
5. 이 죄는 친고죄이다. 그러나 성폭력범죄의처벌등법률에 해당될 경우에는 친고죄의 적용이 배제된다.

[판례] 형법 제299조에서의 항거불능의 상태라 함은 같은 법 제297조, 제298조와의 균형상 심신상실 이외의 원인 때문에 심리적 또는 물리적으로 반항이 절대적으로 불가능하거나 현저히 곤란한 경우를 의미한다(대법원 2000. 5. 26. 선고 98도3257 판결).

[사례 137] 준강제추행죄(술에 취해 항거불능 상태에서 간음)

고 소 장

고 소 인 ○ ○ ○ (○○○○○○－○○○○○○○)
○○시 ○○구 ○○로 ○○(○○동)
(전화번호 : ○○○－○○○○)

피고소인 ○ ○ ○ (○○○○○○－○○○○○○○)
○○시 ○○구 ○○로 ○○(○○동)
(전화번호 : ○○○－○○○○)

고소인은 피고소인에 대하여 준강제추행죄로 고소하오니 처벌하여 주시기 바랍니다.

고 소 사 실

1. 피고소인은 20○○. ○. ○. ○○:○○경 ○○시 ○○구 ○○로 ○○(○○동)에 위치한 고소인이 경영하는 술집에서 고소인이 피고소인의 억지로 권하는 술에 취하여 쓰러져 잠이 들어 항거할 수 없게 되자 피고소인은 고소인이 술에 취해 인사불성이 되어 항거불능상태에 있던 사실을 이용하여 고소인의 의사에 반하여 유방을 만지고 손가락을 질내에 삽입하는 등 추행한 사

실이 있습니다.

2. 따라서 위와 같은 사실로 피고소인을 귀서에 고소하오니 철저히 조사하시어 처벌하여 주시기 바랍니다.

20 년 월 일

위 고소인 ○ ○ ○ (인)

○ ○ 경 찰 서 장 귀하

[사례 138] 준사기죄(의사능력없는 미성년자에게 접근 부동산 착취)

고 소 장

고 소 인 ○ ○ ○ (○○○○○○－○○○○○○○)
○○시 ○○구 ○○로 ○○(○○동)
(전화번호 : ○○○－○○○○)

피고소인 ○ ○ ○ (○○○○○○－○○○○○○○)
○○시 ○○구 ○○로 ○○(○○동)
(전화번호 : ○○○－○○○○)

피고소인에 대하여 준사기죄로 고소하오니 처벌하여 주시기 바랍니다.

고 소 사 실

1. 피고소인은 이웃에 살면서 친분이 있는 고소인이 20○○. ○. ○.경 동인의 아버지인 ○○○의 사망으로 친하여 망부의 재산을 상속하여, 고소인에게는 적당한 감독자나 후견인이 없으며 지능에 분별력이 없다는 것을 알고 고소인의 재산을 편취할 마음으로,

2. 위 같은 해 ○. ○. ○○시 ○○구 ○○로 ○○(○○동)에 위치한 고소인의 집에서 동인에게 사실을 육영재단에 알선할 의사나 능력이 전혀 없으면서도 "이 재산을 네 앞으로 상속하면 상속세가 너무 많이 나오고 또 네가 미성년자이여서 매각처분도 할 수 없는데 내가 아는 ○○재단에 기부하면 그곳에서 네가 대학을 나올 때까지 일체의 학비와 생활비를 대주고 유학까지 보내준다"라고 고소인을 유혹하여 동인으로부터 동인의 아버지가 생전에 발급받아 놓은 고소인 명의의 인감증명서 1통과 도장 1개 및 대지 ○○㎡의 아파트에 대한 고소인 명의의 등기권리증 2통을 건네받아 즉시 같은 번지에 있는 피고소인 집에서 행사할 목적으로 망 ○○○의 성명을 쓰고 그 이름 밑에 피고소인의 도장을 찍어 고소인 명의의 위임장과 위 대지 및 건물의 매매계약서를 각 위조하고, ○○시 ○○구 ○○동에 있는 법무사 ○○○의 사무소에 의뢰하여 ○○지방법원 ○○등기소에 제출하게 하여서 피고소인의 그 소유권이전등기를 마쳐서 고소인의 지려천박을 이용하여 재산상 이익을 취득한 것입니다.

3. 따라서 피고소인을 귀서에 고소하오니 엄중히 조사하시어 처벌하여 주시기 바랍니다.

첨 부 서 류

조사시 자세히 진술하겠습니다.

20 년 월 일

위 고소인 ○ ○ ○

위 ○○○는 미성년자이므로 법정대리인

친권자 부 ○ ○ ○ (인)

모 ○ ○ ○ (인)

○ ○ 경 찰 서 장 귀하

[주] 1. 미성년자의 지려천박이나 사람의 심신장애를 이용하여 재물을 교부받거나 재

산상의 이익을 취득하는 행위는 기망을 수단으로 하지 않는 경우라도 사기죄에 준하여 취급한다. 그러나 피해자가 지려천박한 미성년자나 심신장애자라고 할지라도 적극적으로 기망수단을 쓴 때에는 이 죄는 성립하지 않으며 사기죄가 성립한다. 이러한 의미에서 이 죄는 사기죄의 보충적 규정이라고 할 수 있지만 사기좌와는 엄연히 독립된 구성요건으로서, 사기죄가 침해범임에 대하여 이 죄는 위험범의 성격을 갖는다.

2. 지려천박 또는 심신장애를 이용하여 재물을 편취하려 한 인식(범의)이 있어야 한다. 이 범의가 없을 때에는 비록 객관적으로 지려천박자 또는 심신장애자에게서 재물을 취득했다 하더라도 이 죄는 성립하지 않는다.
3. 재물을 얻은 수단·방법이 사기죄·공갈죄에까지 미치지 않는 행위로서, 어린이나 바보스러운 사람을 유혹하거나 기타의 방법으로 재물을 교부하게 한 때에는 이 죄가 성립한다.

[판례] 14세 또는 15세 되는 아이들은 의사능력이 있다고 할 것이므로 이들을 공갈하여 금원을 갈취하였다면 이는 준사기죄가 되는 것이 아니고 공갈죄에 해당한다(대법원 1968. 1. 31. 선고 67도1319 판결).

[사례 139] 준사기죄(식당종업원 취업시킨 후 급료 편취)

고 소 장

고 소 인 ○ ○ ○ (○○○○○○－○○○○○○○)
○○시 ○○구 ○○로 ○○(○○동)
(전화번호 : ○○○－○○○○)

피고소인 ○ ○ ○ (○○○○○○－○○○○○○○)
○○시 ○○구 ○○로 ○○(○○동)
(전화번호 : ○○○－○○○○)

피고소인에 대하여 준사기죄로 고소하오니 처벌하여 주시기 바랍니다.

고 소 사 실

1. 피고소인은 ○○시 ○○구 ○○로 ○○(○○동)에 위치한 ○○부동산을 운

영하는 자인 바, 20○○. ○.월경 사고로 판단능력이 극히 낮은 정신지체 장애자인 고소인을 식당종업원으로 취직시켜 급료를 편취할 것을 마음먹고, 사실은 고소인에게 급료를 교부하지 아니하고 피고소인이 가로챌 생각이었음에도 불구하고, 고소인에게 "식당의 종업원으로 취직시켜 줄 테니 급료를 나에게 맡기면 은행에 저금하여 목돈을 만들어 줄 테니 나한테 맡겨라"고 거짓말하고, 이에 속은 고소인을 20○○. ○. ○.경부터 20○○. ○. ○.경까지 사이에 ○○시 ○○구 ○○로 ○○(○○동)에 위치한 고소외 최○○ 운영의 ○○식당에 종업원으로 취직시킨 후 고소인이 받을 급료 도합 1,200만원을 고소외 최○○으로부터 대신 교부받아 이를 편취한 것입니다.

2. 따라서 피고소인을 귀서에 고소하오니 엄중히 조사하시어 처벌하여 주시기 바랍니다.

첨 부 서 류

조사시 자세히 진술하겠습니다.

20 년 월 일

위 고소인 ○ ○ ○ (인)

○ ○ 경 찰 서 장 귀하

[사례 140] 준사기죄(11세 미성년자를 속여 자전거 사취)

고 소 장

고 소 인 ○ ○ ○ (○○○○○○－○○○○○○○)
○○시 ○○구 ○○로 ○○(○○동)
(전화번호 : ○○○－○○○○)

피고소인 ○ ○ ○ (○○○○○○－○○○○○○○)
○○시 ○○구 ○○로 ○○(○○동)
(전화번호 : ○○○－○○○○)

고소인은 피고소인에 대하여 준사기죄로 고소하오니 처벌하여 주시기 바랍니다.

고 소 사 실

1. 피고소인은 일정한 직업이 없는 자로 20○○. ○. ○. ○○:○○경 ○○시 ○○동 ○○에 위치한 ○○공원에서 자전거를 타고 놀고 있던 고소인의 자인 11세 ○○○에게 접근하여 미리 준비한 과자를 주면서 환심을 산 후 "너 힘이 세어 야구를 잘 할 것 같은데 테스트 해보고 잘하면 선수로 등록시켜 주겠다."고 하고는 자전거를 빌려주면 내가 집에 가서 야구글러브를 가지고 올 테니 기다리라고 하고는 시가 20만원 상당의 자전거를 사취한 것입니다.

2. 따라서 위와 같은 사실로 피고소인을 귀서에 고소하오니 철저히 조사하시어 처벌하여 주시기 바랍니다.

20 년 월 일

위 고소인 ○○○은 미성년자이므로
법정대리인 친권자 부 ○ ○ ○ (인)

○ ○ 경 찰 서 장 귀하

[사례 141] 증거인멸의 죄(조사 중인 것을 알고 메모수첩 소각)

고 소 장

고 소 인 ○ ○ ○ (○○○○○○-○○○○○○○)
○○시 ○○구 ○○로 ○○(○○동)
(전화번호 : ○○○-○○○○)

피고소인 ○ ○ ○ (○○○○○○-○○○○○○○)
○○시 ○○구 ○○로 ○○(○○동)
(전화번호 : ○○○-○○○○)

고 소 취 지

피고소인에 대하여 증거인멸의 죄로 고소하오니 처벌하여 주시기 바랍니다.

고 소 사 실

1. 피고소인은 ○○시 ○○구청 건축과 주사로 근무하는 자로서, 직장동료인 고소외 ○○○이 ○○시 ○○경찰서 형사계에서 뇌물수수 사건 피의자로 조사를 받고 있는 사실을 알고 그에게 불리한 증거를 없애기로 마음먹고, 20○○. ○. ○. 15:00경 ○○시 ○○구 ○○동에 위치한 ○○구청 건축과 사무실에서 고소외 ○○○의 부탁을 받아 보관 중이던 그의 금전출납에 관한 메모수첩 1권을 태워버려 타인의 형사사건에 관한 증거를 인멸한 자입니다.

2. 따라서 위와 같은 사실로 피고소인을 귀서에 고소하오니 철저히 조사하시어 처벌하여 주시기 바랍니다.

20 년 월 일

위 고소인 ○ ○ ○ (인)

○ ○ 경 찰 서 장 귀하

[판례] 증거인멸되는 타인의 형사사건 또는 징계사건에 관한 증거를 인멸하는 경우에 성립하는 것으로서, 피고인 자신이 직접 형사처분이나 징계처분을 받게 될 것을 두려워한 나머지 자기의 이익을 위하여 그 증거가 될 자료를 인멸하였다면, 그 행위가 동시에 다른 공범자의 형사사건이나 징계사건에 관한 증거를 인멸한 결과가 된다고 하더라도 이를 증거인멸죄로 다스릴 수 없고, 이러한 법리는 그 행위가 피고인의 공범자가 아닌 자의 형사사건이나 징계사건에 관한 증거를 인멸한 결과 피고인의 공범자가 아닌 자의 형사사건이나 징계사건에 관한 증거를 인멸한 결과가 된다고 하더라도 마찬가지이다(대법원 1995. 9. 29. 선고 94도2608 판결).

[사례 142] 직권남용죄(공무원이 마을사람들을 동원 청소 강요)

고 소 장

고 소 인 ○ ○ ○ (○○○○○○－○○○○○○○)
○○시 ○○구 ○○로 ○○(○○동)
(전화번호 : ○○○－○○○○)

피고소인 ○ ○ ○ (○○○○○○－○○○○○○○)
○○시 ○○구 ○○로 ○○(○○동)
(전화번호 : ○○○－○○○○)

고 소 취 지

피고소인에 대하여 직권남용죄로 고소하오니 처벌하여 주시기 바랍니다.

고 소 사 실

1. 피고소인은 ○○시 ○○구 ○○동사무소에 근무하고 있는 지방행정서기로서, 20○○. ○. ○. 위 사무소에서 동장인 고소외 ○○○로부터 동사무소 주변일대 도로를 청소하라는 지시를 받고 이를 이행하기 위해 미화원을 찾았으나 찾지 못하자 동사무소 마을 방송을 통하여 급히 전달할 사항이 있으니 동사무소로 빨리 나오시오"라고 하여 고소인 외 9인이 동사무소로 모이자 같은 날 15:00부터 16:30까지 고소인 외 9인으로 하여금 동사무소 주변

도로를 청소하도록 강요하여 청소하게 함으로써 그들로 하여금 의무 없는 일을 하게 하여 직권을 남용한 것입니다.

2. 따라서 위와 같은 사실로 피고소인을 고소하오니 철저히 조사하시어 처벌하여 주시기 바랍니다.

20 년 월 일

위 고소인 ○ ○ ○ (인)

○ ○ 경 찰 서 장 귀하

[주] 1. 주체는 명령·강제력을 가진 직무를 행하는 공무원이며, 그 강제는 직접적이거나 간접적이거나 묻지 않는다.
2. 직권남용이란 형식적·외형적으로 직무집행의 이름을 빌어 그 권한의 범위 밖에 있는 부당한 행위를 하는 것을 말한다.
3. 법률상 전혀 의무가 없는 일을 행하게 하거나 의무이행시기를 재촉하거나 또는 본래의 의무에 조건을 붙이는 등 의무의 상태를 변경하는 것, 법률상 행할 수 있는 권리의 행사를 방해하는 것을 말한다.
4. 순경이 상사의 명령도 없고 입건되지도 않는 사건에 대해 범죄수사를 빙자하여 서류제출명령서를 발부하고 의무없는 서류제출을 하게 한 경우, 직권남용죄에 해당한다.

[판례] 직권남용의 죄는 폭행 또는 협박을 수단으로 하여야만 성립하는 것이 아니라 공무원이 그 일반적 직무권한에 속하는 사항에 관하여 직권의 행사에 가탁하여 실질적, 구체적으로 위법·부당한 행위를 한 경우에 성립하며 그 일반적 직무권한은 반드시 법률상의 강제력을 수반하는 것임을 요하지 아니하며, 그것이 남용될 경우 직권행사의 상대방으로 하여금 법률상 의무 없는 일을 하게 하거나 정당한 권리행사를 방해하기에 충분한 것이면 된다(대법원 2007. 7. 13. 선고 2004도3995 판결).

[사례 143] 직권남용죄(경찰관이 불법체포)

고 소 장

고 소 인 ○ ○ ○ (○○○○○○－○○○○○○○)
○○시 ○○구 ○○로 ○○(○○동)
(전화번호 : ○○○－○○○○)

피고소인 ○ ○ ○ (○○○○○○－○○○○○○○)
○○시 ○○구 ○○로 ○○(○○동)
(전화번호 : ○○○－○○○○)

고 소 취 지

피고소인에 대하여 직권남용죄로 고소하오니 처벌하여 주시기 바랍니다.

고 소 사 실

1. 고소인은 택시운전을 하고 있고, 피고소인은 경찰서 수사과에서 순경으로 재직하고 있는 자입니다.

2. 그런데 고소인은 고소외 ○○○로부터 20○○. ○. ○. 한 달간만 사용하기로 하고 금 ○○○원을 차용한 적이 있고 고소인의 경제사정으로 변제기에 변제치 못한 사실이 있어 고소외 ○○○로부터 계속적으로 심한 모욕과 협박을 당하여 오고 있었습니다.

3. 고소외 ○○○은 자신의 절친한 친구인 피고소인을 통하여 고소인으로부터 금원을 변제 받기로 마음먹고, 피고소인에게 위와 같은 사실을 고지하고 금원을 받아줄 것을 부탁하였고, 고소인의 고소가 없음에도 피고소인은 20○○. ○. ○. 15:20경 전화상으로 고소인에게 "경찰서 수사과 형사인데 당신을 사기혐의로 입건하여 조사할 것이 있으니 주민등록등본과 재산관계서류 등을 가지고 내일 중으로 경찰서 수사과로 출두하라"는 출두통지를 받고 경찰서에 출두한 적이 있습니다.

4. 그러나 고소인이 경찰서에 출두하자 피고소인은 경찰서 조사실이 아닌 당직실로 데리고 가 주민등록등본과 재산관계서류를 잠깐 본 후 주머니에 넣더

니 다짜고짜 "당신 우리 친구 돈을 갚지 않으면 즉시 구속하겠다"고 하면서 갑자기 고소인의 손목에 수갑을 채우면서 "언제까지 금원을 변제해줄 수 있느냐"고 하여 고소인은 "친척들로부터 급전을 하여 내일 중으로 변제하겠다"하였더니 수갑을 풀어주면서 "좋게 말할 때 들어"라고 하여 "알았습니다"라고 하자 귀가한 사실이 있습니다.

5. 귀가 후 알아보니 피고소인은 상사로부터 구체적인 사건을 특정하여 수사명령 받은 적이 없고 고소인이 입건되지 아니하였음에도 범죄수사를 빙자하여 고소인으로 하여금 의무 없는 서류를 제출케 하고 불법 체포하는 등 정식적인 절차를 따르지 않았다는 것을 인지하여 피고소인을 형법 제123조 소정의 직권남용죄로 고소하오니 철저히 조사하시어 엄벌에 처해 주시기 바랍니다.

20 년 월 일

위 고소인 ○ ○ ○ (인)

○ ○ 경 찰 서 장 귀하

[사례 144] 직무유기죄(공무원이 청탁받고 인감증명 허위발급)

고 소 장

고 소 인 ○ ○ ○ (○○○○○○－○○○○○○○)
○○시 ○○구 ○○로 ○○(○○동)
(전화번호 : ○○○－○○○○)

피고소인 ○ ○ ○ (○○○○○○－○○○○○○○)
○○시 ○○구 ○○로 ○○(○○동)
(전화번호 : ○○○－○○○○)

고 소 취 지

피고소인에 대하여 직무유기죄로 고소하오니 처벌하여 주시기 바랍니다.

고 소 사 실

1. 피고소인은 ○○시청 민원실에서 인감증명발급사무를 담당하는 공무원으로서, ○○○의 청탁을 받고 인감증명서의 성명, 주민등록번호, 주소 란에 아무런 기재를 하지 않고 인감란의 인영과 신고한 인감과의 상위여부도 확인하지 않는 채 발행일자 및 시장명의의 고무인과 직인 및 계인을 찍어 고소외 ○○○에게 교부하였습니다.

2. 따라서 피고소인을 귀서에 고소하오니 철저히 조사하시어 처벌하여 주시기 바랍니다.

20 년 월 일

위 고소인 ○ ○ ○ (인)

○ ○ 경 찰 서 장 귀하

[주] 1. 직무유기라 하는 것은 법률, 내규, 지시 및 통첩에 의한 추상적인 의무를 태만히 하는 경우를 말하지 않으며, 직장의 무단이탈, 직무의 의식적인 포기 등과 같이 국가의 기능을 저해하고 국민에게 피해를 야기시킬 가능성이 있는 경우를 말한다. 그러나 직무를 집행한 때에는 직무집행에 있어서 법정절차를 이행하지 않았다거나 내용이 부실하다 하더라도 이 죄는 성립하지 않는다.

2. 이 죄가 성립하려면 주관적으로 직무를 버린다는 인식과 객관적으로 직무 또는 직장을 벗어나는 행위가 있어야 한다. 따라서 직무수행과 관련하여 태만, 분망, 착각한 것이거나 일신상 또는 객관적인 사유로 인해 부당한 결과를 초래할 것뿐이라면 직무유기죄는 성립하지 않는다.

[판례] 경찰관이 방치된 오토바이가 있다는 신고를 받거나 순찰중 이를 발견하고 오토바이상회 운영자에게 연락하여 오토바이를 수거해가도록 하고 그 대가를 받은 경우 직무유기죄에 해당한다(대법원 2002. 5. 17. 선고 2001도6170 판결).

[사례 145] 직무유기죄(세관직원이 감기핑계로 귀가하여 수면)

고 소 장

고 소 인 ○ ○ ○ (○○○○○○－○○○○○○○)
○○시 ○○구 ○○로 ○○(○○동)
(전화번호 : ○○○－○○○○)

피고소인 ○ ○ ○ (○○○○○○－○○○○○○○)
○○시 ○○구 ○○로 ○○(○○동)
(전화번호 : ○○○－○○○○)

고 소 취 지

피고소인에 대하여 직무유기죄로 고소하오니 처벌하여 주시기 바랍니다.

고 소 사 실

1. 피고소인은 ○○세관감시과 소속공무원으로서 항구에 정박 중인 외항선에 있으면서 밀수를 감시, 방지하는 등의 근무명령을 받았음에도 불구하고 감기가 들어 몸이 불편하다는 이유로 위 임무를 그만두고 집에 들어와 잠을 자버렸다.

2. 따라서 피고소인을 귀서에 고소하오니 철저히 조사하시어 처벌하여 주시기 바랍니다.

20 년 월 일

위 고소인 ○ ○ ○ (인)

○ ○ 경 찰 서 장 귀하

[사례 146] 직무유기죄(경찰관이 범죄현장 일탈)

고 소 장

고 소 인 ○ ○ ○ (○○○○○○－○○○○○○○)
○○시 ○○구 ○○로 ○○(○○동)
(전화번호 : ○○○－○○○○)

피고소인 ○ ○ ○ (○○○○○○－○○○○○○○)
○○시 ○○구 ○○로 ○○(○○동)
(전화번호 : ○○○－○○○○)

고 소 취 지

피고소인에 대하여 직무유기죄로 고소하오니 처벌하여 주시기 바랍니다.

고 소 사 실

1. 고소인은 택시운전을 업으로 하고 있고, 피고소인은 이건 사고발생지를 관할하는 경찰서 파출소 순경으로 재직하고 있는 자입니다.

2. 그런데 고소인은 20○○. ○. ○.경 ○○시 ○○동에서 택시승객인 고소외 ○○○로부터 택시요금문제로 사소한 시비 끝에 폭행을 당하여 전치 4주의 상해를 입었습니다.

3. 이에 고소인은 고소외 ○○○를 붙잡고 즉시 관할파출소에 신고를 하였고 피고소인이 출동하였으나 고소외 ○○○와 이웃지간으로 평소 친분관계에 있던 피고소인은 고소외 ○○○의 계속된 폭력행사를 제지하기는커녕 "당신이 부당한 요금을 징수하여 발생한 문제이니 당신이 알아서 해라, 별 문제도 아닌데 귀찮게 112신고를 한다. 바쁜 일이 있다"하면서 범죄현장을 일탈하였습니다.

4. 피고소인의 소위는 사회질서와 안정을 책임지는 막중한 임무를 부여받고 있는 경찰관으로서 범법자인 고소외 ○○○를 적극 검거하여 정식 입건절차 및 상사에게 보고 등도 없이, 폭력현장을 일탈하여 무고한 고소인으로 하여금 정신적·육체적 고통을 당하게 하였습니다. 위와 같은 정황으로 보아 결

국 피고소인은 주관적으로 직무를 버린다는 인식을 하면서, 객관적으로 직무를 벗어나는 행위를 하였음이 명백하므로 이는 형법 제122조 소정의 직무유기죄를 구성한다 하겠습니다.

5. 따라서 피고소인을 귀서에 고소하오니 철저히 조사하시어 처벌하여 주시기 바랍니다.

20 년 월 일

위 고소인 ○ ○ ○ (인)

○ ○ 경 찰 서 장 귀하

[사례 147] 출판물 등에 의한 명예훼손죄(월간지에 교수채용비리 적시)

고 소 장

고 소 인 ○ ○ ○ (○○○○○○－○○○○○○○)
○○시 ○○구 ○○로 ○○(○○동)
(전화번호 : ○○○－○○○○)

피고소인 ○ ○ ○ (○○○○○○－○○○○○○○)
○○시 ○○구 ○○로 ○○(○○동)
(전화번호 : ○○○－○○○○)

고 소 취 지

피고소인에 대하여 출판물 등에 의한 명예훼손죄로 고소하오니 처벌하여 주시기 바랍니다.

고 소 사 실

1. 피고소인은 ○○시 ○○동에 위치한 월간지 "○○"호의 48면에 평소 감정이 좋지 않은 서울○○대학의 교수인 고소인을 비방할 목적으로 동인의 사진을 싣고 "대학교수도 돈으로 된다?"라는 제목 아래 ○○○는 ○○대학 교수채용심사에서 돈 ○○만원을 주고 자리를 샀다는 허위의 기사를 게재한 월간지 약 ○○천부를 그 무렵 그 시내 및 주변지역 독자들에게 보급하여 공연히 허위 사실을 적시하여 고소인의 명예를 훼손한 자입니다.

2. 따라서 피고소인을 귀서에 고소하오니 철저히 조사하시어 처벌하여 주시기 바랍니다.

입 증 방 법

1. 신문일부발췌본 1부
   조사시 자세히 진술하겠습니다.

20 년 월 일

위 고소인 ○ ○ ○ (인)

○ ○ 경 찰 서 장 귀하

[주] 1. 명예훼손죄는 타인의 명예를 훼손할 만한 말을 하면 족하며, 그 내용이 다른 사람으로부터 전해들은 것이라고 해도 공연히 구체적 사실을 적시한 것이라면 남에게서 전해들은 것이라는 사실이 명예훼손죄의 성립에는 아무런 영향이 미치지 않는다.

2. 사실의 적시란 사람의 사회적 가치 내지 평가를 저하시키는데 충분한 사실을 지적하는 것을 말한다.

3. 진정한 과실사실로서 공공의 이익에 관한 것이면 위법성이 조각된다(형법 제310조).

4. 이 죄는 명예훼손죄에 대하여 행위태양을 고려해 불법이 가중되는 가중적 구성요건이며 반의사불벌죄이다. "기타 출판물"이란 적어도 인쇄한 물건의 정

도에 이를 것을 요하고 단순히 프린트하거나 손으로 쓴 것은 여기에 해당하지 않는다.

[판례] 1. 형법 제309조 제1항 소정의 출판물에 의한 명예훼손죄는 타인을 비방할 목적으로 신문, 잡지 또는 라디오 기타 출판물에 의하여 사실을 적시하여 타인의 명예를 훼손할 경우에 성립되는 범죄로서, 여기서 '비방할 목적'이란 가해의 의사 내지 목적을 요하는 것으로서 공공의 이익을 위한 것과는 행위자의 주관적 의도의 방향에 있어 서로 상반되는 관계에 있다고 할 것이므로, 적시한 사실이 공공의 이익에 관한 것인 경우에는 특별한 사정이 없는 한 비방할 목적은 부인된다고 봄이 상당하다(대법원 2005. 4. 29. 선고 2003도2137 판결).

2. 명예훼손죄는 어떤 특정한 사람 또는 인격을 보유하는 단체에 대하여 그 명예를 훼손함으로써 성립하는 것이므로 그 피해자는 특정한 것임을 요하고, 다만 서울시민 또는 경기도민이라 함과 같은 막연한 표시에 의해서는 명예훼손죄를 구성하지 아니한다 할 것이지만, 집합적 명사를 쓴 경우에도 그것에 의하여 그 범위에 속하는 특정인을 가리키는 것이 명백하면, 이를 각자의 명예를 훼손하는 행위라고 볼 수 있다(대법원 2000 10. 10. 선고 99도5407 판결).

[사례 148] 출판물 등에 의한 명예훼손죄(연구원들이 개발한 기술 비방)

고 소 장

고 소 인 ○ ○ ○ (○○○○○○－○○○○○○○)
○○시 ○○구 ○○로 ○○(○○동)
(전화번호 : ○○○－○○○○)

피고소인 ○ ○ ○ (○○○○○○－○○○○○○○)
○○시 ○○구 ○○로 ○○(○○동)
(전화번호 : ○○○－○○○○)

피고소인에 대하여 출판물에 의한 명예훼손죄로 고소하오니 처벌하여 주시기 바랍니다.

고 소 사 실

1. 고소인은 K기업의 신기술개발 연구팀에서 근무하고 있는 자이며, 피고소인은 K기업과 경쟁사인 S기업의 다른 연구팀에 근무하는 자입니다.

2. 고소인이 소속된 연구팀에서 혁신적인 기술을 개발하여서 이를 발표하자, 피고소인은 자신들이 개발한 기술내용을 고소인이 빼돌려서 발표를 한 것이라며 "기업의 양심을 팔아먹은 자" 라는 등의 내용을 주간잡지에 실은 사실이 있습니다.

3. 그러나 고소인이 개발한 기술은 고소인이 ○년에 걸쳐서 연구원들과 머리를 맞대고 개발한 기술로서 신생기업인 S기업이 쉽게 개발할 수 없는 기술임에도 불구하고 단지 고소인을 비방할 목적으로 주간지에 기사화한 사실이 있습니다.

4. 따라서 피고소인을 귀서에 고소하오니 철저히 조사하시어 엄벌하여 주시기 바랍니다.

첨 부 서 류

1. 주간지 1부

20 년 월 일

위 고소인 ○ ○ ○ (인)

○ ○ 경 찰 서 장 귀하

[사례 149] 컴퓨터 등 사용사기죄(인터넷을 이용 타인의 카드로 물품 거래)

고 소 장

고 소 인 ○ ○ ○ (○○○○○○－○○○○○○○)
○○시 ○○구 ○○로 ○○(○○동)
(전화번호 : ○○○－○○○○)

피고소인 ○ ○ ○ (○○○○○○－○○○○○○○)
○○시 ○○구 ○○로 ○○(○○동)
(전화번호 : ○○○－○○○○)

피고소인에 대하여 컴퓨터등 사용사기죄로 고소하오니 처벌하여 주시기 바랍니다.

고 소 사 실

1. 피고소인은 일정한 직업이 없는 자인 바, 20○○. ○. ○. 22:00경 서울 이하 불상지에서 컴퓨터 등 정보처리장치인 인터넷사이트 고소인 ○○쇼핑몰 주식회사 최○○로 명의로 접속하여 동인의 이름으로 상품을 구입하면서 피고소인이 마치 최○○인 것처럼 자신이 부정발급 받은 최○○ 명의의 ○○카드의 카드번호와 비밀번호 등을 입력하고 그 물품대금 ○○만원을 지급하도록 부정한 명령을 입력하여 정보처리를 하게 함으로써 그 금액 상당의 재산상 이득을 취득한 자입니다.

2. 따라서 피고소인을 귀서에 고소하오니 엄중히 조사하시어 처벌하여 주시기 바랍니다.

첨 부 서 류

조사시 자세히 진술하겠습니다.

20 년 월 일

위 고소인 ○ ○ ○ (인)

○ ○ 경 찰 서 장 귀하

[판례] 1. 절취한 신용카드를 이용하여 현금자동지급기에게 현금을 인출한 경우, 현금자동지급기 관리자의 의사에 반하여 그의 지배를 배제하고 그 현금을 자기의 지배하에 옮겨 놓는 것이 되어 절도죄를 구성하나(대법원 1995. 7. 28. 선고 95도997 판결 등), 위 공소사실 기재 행위 중 피고인이 컴퓨터등사용사기죄에 있어서의 컴퓨터 등 정보처리장치에 권한 없이 정보를 입력하여 정보처리를 하게 한 행위에 해당함은 변론으로 하고 이를 절취행위라고 볼 수는 없고, 한편 피고인이 위 계좌이체 후 현금지급기에서 현금을 인출한 행위는 자신의 신용카드나 현금카드를 이용한 것이어서 이러한 현금인출이 현금지급기 관리자의 의사에 반한다고 볼 수 없으므로, 이 또한 절취행위에 해당하지 아니하는 바, 결국 위 공소사실 기재 행위는 절도죄를 구성하지 않는다고 보아야 한다(대법원 2008. 6. 12. 선고 2008도2440 판결).

2. 예금주인 현금카드 소유자로부터 일정한 금액의 현금을 인출해 오라는 부탁을 받으면서 이와 함께 현금카드를 건네받은 것을 기화로 그 위임을 받은 금액을 초과하여 현금을 인출하는 방법으로 그 차액 상당을 위법하게 이득할 의사로 현금자동지급기에 그 초과된 금액이 인출되도록 입력하여 그 초과된 금액의 현금을 인출한 경우에는 그 인출된 현금에 대한 점유를 취득함으로써 이때에 그 인출한 현금총액 중 인출을 위임받은 금액을 넘는 부분의 비율에 상당하는 재산상 이익을 취득한 것으로 볼 수 있으므로 이러한 행위는 그 차액 상당액에 관하여 형법 제347조의2(컴퓨터등사용사기)에 규정된 '컴퓨터 등 정보처리장치에 권한 없이 정보를 입력하여 정보처리를 하게 함으로써 재산상의 이익을 취득'하는 행위로서 컴퓨터 등 사용사기죄에 해당된다(대법원 2006. 3. 24. 선고 2005 도3516 판결).

3. 컴퓨터등사용사기죄의 범행으로 예금채권을 취득한 다음 자기의 현금카드를 사용하여 현금자동지급기에서 현금을 인출한 경우, 현금카드 사용권한 있는 자의 정당한 사용에 의한 것으로서 현금자동지급기 관리자의 의사에 반하거나 기망행위 및 그에 따른 처분행위도 없었으므로, 별도로 절도죄나 사기죄의 구성요건에 해당하지 않는다 할 것이고, 그 결과 그 인출된 현금은 재산범죄에 의하여 취득한 재물이 아니므로 장물이 될 수 없다(대법원 2004. 4. 16. 선고 2004도353 판결).

[사례 150] 컴퓨터 등 사용사기죄(인터넷뱅크를 이용 금원 편취)

고 소 장

고 소 인 ○ ○ ○ (○○○○○○－○○○○○○○)
○○시 ○○구 ○○로 ○○(○○동)
(전화번호 : ○○○－○○○○)

피고소인 ○ ○ ○ (○○○○○○－○○○○○○○)
○○시 ○○구 ○○로 ○○(○○동)
(전화번호 : ○○○－○○○○)

고 소 취 지

피고소인에 대하여 컴퓨터 등 사기죄로 고소하오니 처벌하여 주시기 바랍니다.

고 소 사 실

1. 고소인은 피고소인과는 아무런 친·인척관계가 아닙니다.
   피고소인은 고소인이 운영하던 ○○레스토랑의 종업원으로 일하던 사람인데 피고소인은 평소 위 레스토랑의 운영에 바빠서 20○○. ○. ○.경부터는 고소인도 인터넷으로 은행거래(인터넷 뱅킹)를 하고자 이러한 거래경험이 많던 피고소인의 도움을 받아 처음 몇 차례 인터넷 뱅킹을 하였습니다.

2. 그런데 피고소인은 고소인의 인터넷 뱅킹을 도와주면서 고소인의 계좌번호와 비밀번호를 알게 되었음을 기화로 인터넷 뱅킹을 이용하여 고소인 모르게 고소인의 ○○은행 계좌로부터 20○○. ○. ○. 15:20경 금 900만원, 다음날 17:40경 600만원 등 합계 금 1,500만원을 자신의 통장으로 계좌이체를 한 후 이를 인출하여 소비함으로써 고소인에게 위 금액만큼의 손해를 입힌 것입니다.

3. 그럼에도 불구하고 피고소인은 자신이 한 것이 아니라고 변명하면서 고소인의 변제독촉에도 차일피일 미루기만 하고 있는 자입니다.

4. 따라서 피고소인을 귀서에 고소하오니 철저히 조사하시어 처벌하여 주시기

바랍니다.

첨 부 서 류

1. 통장 사본 1통
1. 거래내역 사본 1통

조사시 자세히 진술하겠습니다.

20 년 월 일

위 고소인 ○ ○ ○ (인)

○ ○ 경 찰 서 장 귀하

[사례 151] 퇴거불응죄(교회출입금지 의결절차 불응)

고 소 장

고 소 인 ○ ○ ○ (○○○○○○－○○○○○○○)
○○시 ○○구 ○○로 ○○(○○동)
(전화번호 : ○○○－○○○○)

피고소인 ○ ○ ○ (○○○○○○－○○○○○○○)
○○시 ○○구 ○○로 ○○(○○동)
(전화번호 : ○○○－○○○○)

고 소 취 지

고소인은 피고소인을 상대로 퇴거불응죄로 고소하오니 처벌하여 주시기 바랍니다.

고 소 사 실

1. 고소인은 ○○교회 당회장이며 피고소인은 속칭 ○○왕국회관(일명 여호아 증인)의 신도입니다.

2. 피고소인은 20○○. ○. ○. 예배의 목적이 아니라 ○○교회의 예배를 방해하여 교회의 평온을 해할 목적으로 ○○교회에 출입하여 진정한 하느님의 자식은 자신들 뿐이다는 고함을 지르며 ○○교회의 예배를 방해하여 위 교회 건물의 관리주체라고 할 수 있는 ○○교회 교회당회에서 피고소인에 대한 교회출입금지의결을 하고, 이에 따라 위 교회의 관리인인 위 고소인이 피고소인에게 퇴거를 요구하였으나 약 1시간 이상 위와 같은 고함을 지르며 퇴거 요구에 불응한 사실이 있습니다.

3. 위 사실과 같이 피고소인의 교회출입을 막으려는 위 ○○교회의 의사는 명백히 나타난 것이기 때문에 이에 기하여 퇴거요구를 한 것은 정당하고 이에 불응하여 퇴거를 하지 아니한 행위는 퇴거불응죄에 해당되며 교회는 교인들의 총유에 속하는 것으로서 교인들 모두가 사용수익권을 갖고 있고, 출입이 묵시적으로 승낙되어 있는 장소이나 이 같은 일반적으로 개방되어 있는 장소라도 필요한 때는 관리자가 그 출입을 금지 내지 제한할 수 있으므로 피고소인을 귀서에 고소하오니 철저히 조사하시어 처벌하여 주시기 바랍니다.

첨 부 서 류

1. 주민확인서 1통

조사시 자세히 진술하겠습니다.

20 년 월 일

위 고소인 ○ ○ ○ (인)

○ ○ 경 찰 서 장 귀하

[사례 152] 특수절도죄(드라이버를 이용하여 현금, 수표절취)

고 소 장

고 소 인 ○ ○ ○ (○○○○○○－○○○○○○○)
○○시 ○○구 ○○로 ○○(○○동)
(전화번호 : ○○○－○○○○)

피고소인 ○ ○ ○ (○○○○○○－○○○○○○○)
○○시 ○○구 ○○로 ○○(○○동)
(전화번호 : ○○○－○○○○)

고 소 취 지

피고소인에 대하여 특수절도죄로 고소하오니 처벌하여 주시기 바랍니다.

고 소 사 실

1. 피고소인은 노동에 종사하는 자인 바, 20○○. ○. ○. 20:00경 ○○시 ○○구 ○○로 ○○(○○동)에 소재한 고소인의 집이 비어 있음을 알고 미리 준비하여 가지고 간 길이 20㎝ 직경 1㎝의 드라이버로 시정된 출입문 자물쇠를 강제로 뜯어 열고 들어가 내실 화장 서랍 속에서 현금 일만원권 22매(220,000원)와 가계수표(백지) 12장 등을 절취한 것입니다.

2. 따라서 피고소인을 귀서에 고소하오니 철저히 조사하시어 처벌하여 주시기 바랍니다.

20 년 월 일

위 고소인 ○ ○ ○ (인)

○ ○ 경 찰 서 장 귀하

[주] 야간에 망치로 자동차 유리창을 깨고 차안에 들어가 배선 연결하여 시동을 걸어 차량을 절취하였더라도 특수절도죄(형법 제331조 제1항)가 성립하지 않는다. 차량은 장벽이나 건조물이 아니므로 절도죄가 성립한다.

[사례 153] 특수주거침입죄(흉기를 보이며 퇴거불응)

고 소 장

고 소 인 ○ ○ ○ (○○○○○○－○○○○○○○)
○○시 ○○구 ○○로 ○○(○○동)
(전화번호 : ○○○－○○○○)

피고소인 ○ ○ ○ (○○○○○○－○○○○○○○)
○○시 ○○구 ○○로 ○○(○○동)
(전화번호 : ○○○－○○○○)

고 소 취 지

고소인은 피고소인에 대하여 특수주거침입죄로 고소하오니 처벌하여 주시기를 바랍니다.

고 소 사 실

1. 피고소인은 일정한 직업이 없는 자로서, 20○○. ○. ○. 11:50경 ○○시 ○○로 ○○(○○동)에 소재한 ○○주점에서 술을 마시다가, 고소인의 집 종업원인 고소외 ○○○가 폐점시간임을 알리며 나가달라고 요구하자 소지하고 있던 길이 약 14㎝의 주머니칼을 꺼내 보이며 "나는 내가 가고 싶을 때 간다. 다시 귀찮게 하면 혼날 줄 알아라"라고 말하고 약 3시간 동안 그곳에 머물러, 퇴거요구를 받았음에도 위험한 물건을 휴대하고 그 요구에 응하지 않은 자입니다.

2. 따라서 위와 같은 사실로 피고소인을 귀서에 고소하오니 철저히 조사하시어 엄벌하여 주시기 바랍니다.

입 증 방 법

조사시 자세히 진술하겠습니다.

20 년 월 일

위 고소인 ○ ○ ○ (인)

○ ○ 경 찰 서 장 귀하

[주] 1. 위험한 물건을 휴대한 경우는 처음부터 가지고 들어가는 때에 한하지 않고 주거침입 등의 범죄가 계속하는 동안 가지고 있으면 된다. 또 그것을 외부에 꺼내어 보이거나, 피해자가 이를 인식할 필요도 없다.
2. 사람의 주거는 그 자체를 위한 건조물 외에 그에 부속된 건조물 등을 포함한다(예 ; 정원 등).
3. 건조물이란 주거를 제외한 일체의 건물을 말한다(예 ; 공장·창고·관공서의 청사 등).
4. 선박은 그 크기를 묻지 않지만 적어도 주거에 사용될 수 있을 정도이어야 한다.
5. 점유하는 방실은 건물 내에서 사실상 지배·관리하는 구획을 말한다(예 ; 점포, 사무실, 연구실, 여관의 투숙중인 방).

[판례] 일반적으로 대학교의 강의실은 그 대학 당국에 의하여 관리되면서 그 관리업무나 강의와 관련되는 사람에 한하여 출입이 허용되는 건조물이지 널리 일반인에게 개방되어 누구나 자유롭게 출입할 수 있는 곳은 아니다(대법원 1992. 9. 25. 선고 92도1520 판결).

[사례 154] 특수협박죄(흉기로 협박하며 채무 독촉)

고 소 장

고 소 인 ○ ○ ○ (○○○○○○－○○○○○○○)
○○시 ○○구 ○○로 ○○(○○동)
(전화번호 : ○○○－○○○○)

피고소인 ○ ○ ○ (○○○○○○－○○○○○○○)
○○시 ○○구 ○○로 ○○(○○동)
(전화번호 : ○○○－○○○○)

고 소 취 지

고소인은 피고소인에 대하여 특수협박죄로 고소하오니 처벌하여 주시기 바랍니다.

고 소 사 실

1. 피고소인은 일정한 직업이 없는 자로서, 20○○. ○. ○.경 평소 알고 지내는 고소외 노○○가 고소인에게 빌려준 돈을 받아 달라고 부탁을 받고 같은 날 21:00경 ○○시 ○○로 ○○(○○동)에 위치한 고소인의 집에 찾아가서 고소인을 근처 공원으로 데리고 가 고소인에게 "당신은 왜 노○○에게 빌린 돈을 갚지 않는가. 갚을 생각은 있는가, 갚겠다면 지금부터 돈을 돌려 내일 저녁 6시까지 우리 집으로 가지고 오라"고 말했으나 고소인이 아무 말도 하지 않자, 바지의 허리띠 뒤쪽에 가지고 있던 길이 10㎝ 되는 칼을 꺼내 이리저리 만지작거리면서 "이것을 사용하고 싶지는 않지만 당신이 계속 벙어리 행세를 하면 할 수 없다"라고 말하여, 고소인이 피고소인의 요구에 응하지 아니할 때에는 그의 생명 또는 신체의 대하여, 어떠한 위해를 가할 듯한 태도를 보여서 고소인을 협박하였습니다.

2. 따라서 피고소인을 귀서에 고소하오니 철저히 조사하시어 처벌하여 주시기 바랍니다.

첨 부 서 류

조사시 자세히 진술하겠습니다.

20 년 월 일

위 고소인 ○ ○ ○ (인)

○ ○ 경 찰 서 장 귀하

[주] 단체 또는 다중의 위력을 보이거나 위험한 물건을 휴대하여 전조 제1항, 제2항의 죄를 범한 때에는 7년 이하의 징역 또는 1천만원 이하의 벌금에 처한다{형법 제284조(특수협박)}.

[사례 155] 편의시설부정사용죄(고객이 커피자판기 훼손)

고 소 장

고 소 인 ○ ○ ○ (○○○○○○－○○○○○○○)
○○시 ○○구 ○○로 ○○(○○동)
(전화번호 : ○○○－○○○○)

피고소인 ○ ○ ○ (○○○○○○－○○○○○○○)
○○시 ○○구 ○○로 ○○(○○동)
(전화번호 : ○○○－○○○○)

고 소 취 지

피고소인을 편의시설부정사용죄로 고소하오니 처벌하여 주시기 바랍니다.

고 소 사 실

1. 고소인은 ○○시 ○○로 ○○(○○동)에서 ○○식당이라는 상호로 음식판매업을 하고 있으며 고소인의 가게 앞에 커피자판기를 설치해 놓았습니다.

2. 위 자판기는 100원 및 500원짜리 동전과 1,000원권 지폐를 이용하여 사용할

수 있는데 20○○. ○. 초순경부터 커피자판기에서 500원짜리 동전과 비슷한 무게와 크기의 물체가 자주 나오고, 간혹 자판기 고장을 일으키곤 하여 커피자판기를 누군가 부정하게 사용하고 있다는 생각이 들었습니다.
고소인은 자판기를 부정하게 사용하는 사람이 있는지를 유심히 살펴보았으나 범인을 잡지 못하고, 20○○. ○.부터는 동전이 아닌 물체가 상당히 많이 나와 자판기 영업을 하지 못할 지경이 되어 20○○. ○. ○.에 자판기 주변에 무인카메라를 설치하였는데 그날 밤 주위를 살피며 자판기를 이용하는 사람이 비디오카메라에 잡혀 얼굴을 확인한 결과 ○○시 ○○구 ○○로 ○○(○○동)에 사는 피고소인이었습니다.

3. 따라서 피고소인이 부정한 방법으로 커피자판기를 이용하는 바람에 고소인은 자판기영업에 막대한 손실을 보았으므로 피고소인을 귀서에 고소하오니 철저히 조사하시어 형법 제348조의 2에 따라 처벌하여 주시기 바랍니다.

20 년 월 일

위 고소인 ○ ○ ○ (인)

○ ○ 경 찰 서 장 귀하

[사례 156] **폭 행 죄**(애인이 폭행)

고 소 장

고 소 인 ○ ○ ○ (○○○○○○－○○○○○○○)
○○시 ○○구 ○○로 ○○(○○동)
(전화번호 : ○○○－○○○○)

피고소인 ○ ○ ○ (○○○○○○－○○○○○○○)
○○시 ○○구 ○○로 ○○(○○동)

(전화번호 : ○○○ − ○○○○)

고 소 취 지

피고소인에 대하여 폭행죄로 고소하오니 처벌하여 주시기 바랍니다.

고 소 사 실

1. 피고소인은 일정한 직업이 없는 자로서, 20○○. ○. ○. 22:30경 ○○시 ○○구 ○○동 ○○번지 앞 노상에서 약 8개월간 사귀어온 고소인에게 다른 남자와 놀아난다는 이유로 오른 손바닥으로 고소인의 왼쪽 빰을 1회 때리고, 오른발로 대퇴부를 1회 차는 등 폭행한 것입니다.

2. 따라서 피고소인을 귀서에 고소하오니 철저히 조사하시어 처벌하여 주시기 바랍니다.

첨 부 서 류

1. 진단서 1통
1. 목격자 진술서 1통

20 년 월 일

위 고소인 ○ ○ ○ (인)

○ ○ 경 찰 서 장 귀하

[주] 1. 서로 시비하다가 밀어 넘어뜨려서 바닥유리에 찔려 상처를 냈을 경우 상해죄가 아니고 폭행치상죄가 성립한다.

2. 사람의 신체에 대한 유형력의 행사가 생리적 기능을 훼손하거나 건강을 해칠 정도는 필요없고, 그런 경우에는 상해에 해당한다. 즉 사람에게 돈을 던지거나, 빰을 때리거나, 침을 뱉거나, 손이나 옷을 잡아당기거나 미는 경우는 물론 머리털이나 수염을 자르는 것도 폭행에 해당한다.

3. 폭행을 가하면서 그 사실을 협박한 때에는 협박되는 이른바 불가벌적 수반행

위로서 폭행죄에 흡수된다.

4. 폭행치상은 상해죄를 적용하고 폭행죄를 적용하지 않는다.
5. 상해의 고의로 때렸으나 폭행의 정도에 그쳤을 때에는 상해미수가 되며, 반대로 폭행의 고의로 상해의 결과가 발생한 때에는 폭행치상이 된다.

[사례 157] 폭 행 죄 (음식점에서 손님이 종업원에게 행패)

고 소 장

고 소 인 ○ ○ ○ (○○○○○○－○○○○○○○)
○○시 ○○구 ○○로 ○○(○○동)
(전화번호 : ○○○－○○○○)

피고소인 ○ ○ ○ (○○○○○○－○○○○○○○)
○○시 ○○구 ○○로 ○○(○○동)
(전화번호 : ○○○－○○○○)

고 소 취 지

피고소인에 대하여 폭행죄로 고소하오니 처벌하여 주시기 바랍니다.

고 소 사 실

피고소인은 일정한 직업이 없는 자로서, 20○○. ○. ○. ○○:○○경 ○○시 ○○구 ○○로 ○○(○○동)에 위치한 고소인이 경영하는 '○○음식점'에 들어와서 공연히 종업원에게 시비를 걸어 욕설을 하면서 행패를 부리는 것을 고소인이 말리자 피고소인은 고소인에게 너도 똑같은 놈이라며 뺨을 때리고 머리채를 잡아 흔드는 등 폭행을 가한 사실이 있어 피고소인을 귀서에 고소하오니 철저히 조사하시어 엄벌하여 주시기 바랍니다.

첨 부 서 류

1. 진단서 1통
1. 목격자 진술서 1통

20 년 월 일

위 고소인 ○ ○ ○ (인)

○ ○ 경 찰 서 장 귀하

[사례 158] 폭행가혹행위죄(경찰관이 피의자를 폭행)

고 소 장

고 소 인 ○ ○ ○ (○○○○○○-○○○○○○○)
○○시 ○○구 ○○로 ○○(○○동)
(전화번호 : ○○○-○○○○)

피고소인 ○ ○ ○ (○○○○○○-○○○○○○○)
○○시 ○○구 ○○로 ○○(○○동)
(전화번호 : ○○○-○○○○)

고 소 취 지

고소인은 피고소인에 대하여 폭행가혹행위죄로 고소하오니 처벌하여 주시기 바랍니다.

고 소 사 실

1. 피고소인은 경찰서 소속 사법경찰관인 자이고, 고소인은 경찰서 관할구역 내에서 야채장사를 하는 상인입니다.

2. 20○○. ○. ○. 오후 5시경 시장 내에서 고소인이 영업을 하고 있던 중 시장 내 주변 상인인 고소외 ○○○와 시비가 붙어 몸싸움을 벌이고 있었는데, 마침 순찰중인 경찰서 소속 피고소인을 포함한 경찰관 2인에 의해 경찰서로

연행되었습니다.

3. 20○○. ○. ○. 오후 7:30시까지 조사를 받고, 유치장에 구금되었는데, 고소인이 빨리 풀어달라고 요구하자, 피고소인이 갑자기 유치장 안에 있던 고소인을 끌어내더니 복부와 허벅지를 구타하고 얼굴을 수십 차례 주먹으로 가격하는 등 폭행을 하였습니다.

4. 고소인은 다음날 풀려났지만 그 날의 폭행으로 육체적은 물론이고 정신적인 피해를 입었는바, 위 피고소인의 행위는 자신의 직위를 남용하여 힘없는 일반시민에 대해 가혹행위를 한 것이므로, 피고소인을 폭행·가혹행위죄로 귀서에 고소하오니 철저히 조사하시어 처벌하여 주시기 바랍니다.

입 증 방 법

1. 진술서 1부
1. 진단서 1부

조사시 자세히 진술하겠습니다.

20 년 월 일

위 고소인 ○ ○ ○ (인)

○ ○ 경 찰 서 장 귀하

[사례 159] 폭행치상죄(건물소유주가 임차인을 폭행)

고 소 장

고 소 인 ○ ○ ○ (○○○○○○－○○○○○○○)
○○시 ○○구 ○○로 ○○(○○동)
(전화번호 : ○○○－○○○○)

피고소인 ○ ○ ○ (○○○○○○－○○○○○○○)
○○시 ○○구 ○○로 ○○(○○동)
(전화번호 : ○○○－○○○○)

고 소 취 지

피고소인에 대하여 폭행치상죄로 고소하오니 처벌하여 주시기 바랍니다.

고 소 사 실

1. 피고소인은 고소인이 고소외 ○○○소유 주택을 경락으로 매수한 ○○시 ○○구 ○○로 ○○(○○동)의 주택을 임대하여 거주하고 있는 자입니다.

2. 고소인이 20○○. ○. ○. 오후 2시경 ○○동에 위치한 ○○다방에서 피고소인에게 위 주택에 대한 인도를 요구하자, "내 집인데 누구 마음에도 집을 샀느냐"며 갑자기 멱살을 잡고 팔을 비틀어 쓰러뜨린 후 안면, 목 가슴 등을 가리지 않고 구두신은 발로 짓밟아 피고소인은 고소인에게 전치 4주를 요하는 상해를 입힌 자입니다.

3. 따라서 피고소인을 귀서에 고소하오니 철저히 조사하시어 처벌하여 주시기 바랍니다.

첨 부 서 류

1. 진단서 1통
1. 목격자 진술서 1통

20 년 월 일

위 고소인 ○ ○ ○ (인)

○ ○ 경 찰 서 장 귀하

[사례 160] 피의사실공표죄(회사 기밀사실 언론에 발표)

고 소 장

고 소 인 ○ ○ ○ (○○○○○○－○○○○○○○)
○○시 ○○구 ○○로 ○○(○○동)
(전화번호 : ○○○－○○○○)

피고소인 ○ ○ ○ (○○○○○○－○○○○○○○)
○○시 ○○구 ○○로 ○○(○○동)
(전화번호 : ○○○－○○○○)

고 소 취 지

고소인은 피고소인을 상대로 피의사실공표죄로 고소하오니 처벌하여 주시기 바랍니다.

고 소 사 실

1. 고소인은 20○○. ○. ○. 고소인이 근무하였던 A주식회사의 대표이사 ○○○으로부터 A주식회사의 기밀서류로 전세계의 관심을 끌고 있던 신개발약품의 제조공정도면 및 사업계획서를 경쟁사인 B주식회사 기술기획실 실장인 ○○○에게 건네주는 등 회사의 기밀을 누설하였다는 이유로 고소를 당하여 관할 경찰서인 ○○경찰서에서 조사를 받은 사실이 있습니다.

2. 고소인이 관할 경찰서에서 조사를 받을 당시 범죄사실을 강력히 부인하며 고소인이 A주식회사의 기밀서류를 넘겨주었다고 하는 시점을 전후하여 약 ○개월 동안을 해외에 있었으므로 A주식회사의 신제품제조공정도면이나 사업계획서를 접할 수가 없었음을 진술하고, 해외에 있었다는 사실을 증명하기 위하여 출입국에 관한 사실증명서까지 제출한 사실이 있습니다.

3. 그러나 관할경찰서의 수사담당과장인 ○○○는 20○○. ○. ○. A주식회사의 신개발약품에 대하여 각 언론기관 등이 많은 관심을 가지고 있자 참고인들의 진술이 명백하지 않으며, 참고인들 간에도 진술이 일치하지 않고 있음에도 중간 수사결과에 대한 보도자료를 작성하여 K일보의 ○○○ 등 각 언

론사의 기자들에게 배포한 사실이 있는 바, 동 보도자료에 의하면 고소인이 B회사에 스카우트되기 위하여 기밀서류를 유출하였음이 밝혀졌다고 발표하면서, 향후의 수사계획까지 발표한 사실이 있습니다.

4. 위와 같이 수사담당경찰관인 피고소인 ○○○는 고소인의 비밀누설혐의가 불확실한 상태에서 공소제기 전에 고소인의 피의사실을 각 언론기관 등에 발표를 하였습니다.

5. 따라서 피고소인을 귀서에 고소하오니 철저히 조사하시어 엄히 처벌하여 주시기 바랍니다.

첨 부 서 류

1. 보도자료 사본 1부
1. 신문기사 사본 5부
1. 출입국에 관한 사실증명 1부

조사시 자세히 진술하겠습니다.

20 년 월 일

위 고소인 ○ ○ ○ (인)

○ ○ 경 찰 서 장 귀하

[사례 161] 학 대 죄 (봉제공장 사장이 근로자를 폭행)

고 소 장

고 소 인 ○ ○ ○ (○○○○○○－○○○○○○○)
○○시 ○○구 ○○로 ○○(○○동)
(전화번호 : ○○○－○○○○)

피고소인 ○ ○ ○ (○○○○○○－○○○○○○○)
○○시 ○○구 ○○로 ○○(○○동)
(전화번호 : ○○○－○○○○)

고 소 취 지

피고소인에 대하여 학대죄로 고소하오니 처벌하여 주시기 바랍니다.

고 소 사 실

1. 신분관계

피고소인은 ○○시 ○○구 ○○로 ○○(○○동)에서 봉제공장을 운영하는 자이고, 고소인은 피고소인에게 고용되어 그의 보호와 감독 하에 공장에서 기숙하며 근로를 제공하고 있는 근로자입니다.

2. 고소내용

고소인은 20○○. ○. ○.부터 피고소인의 ○○봉제공장에서 기숙하며 일을 하고 있는데, 고소인이 처음 해보는 일이라 잘하지 못하는 경우가 많았는데 이를 이유로 피고소인이 20○○. ○. ○. ○○:○○경부터 식사도 못하게 하고 동일 ○○:○○경까지 무릎을 꿇려놓는 등의 징벌을 준 바 있고, 또한 같은 해 ○. ○.에도 저녁식사를 못하게 하고 징벌을 주는 등 그 후에도 비슷한 처벌을 여러 차례 준바 있고, 20○○. ○. ○.부터는 고소인의 가슴부위와 다리부위 등에 폭행을 행사하기도 하여 최근까지 계속 이루어져 왔습니다.

3. 결 론

위의 사실과 같이 피고소인은 자기의 보호, 감독을 받고 있는 고소인에게 식사를 자주 주지 않고, 필요한 휴식을 불허한 경우가 많으며, 또한 지나치게 빈번한 징계행위로 고소인에게 피해를 주었는 바, 이에 피고소인을 귀서에 고소하오니 철저히 조사하시어 엄벌에 처해 주시기 바랍니다.

20 년 월 일

위 고소인 ○ ○ ○ (인)

○ ○ 경 찰 서 장 귀하

[사례 162] 허위감정 등 죄(뚜렷한 근거없이 추정하여 평가)

고 소 장

고 소 인 ○ ○ ○ (○○○○○○－○○○○○○○)
○○시 ○○구 ○○로 ○○(○○동)
(전화번호 : ○○○－○○○○)

피고소인 ○ ○ ○ (○○○○○○－○○○○○○○)
○○시 ○○구 ○○로 ○○(○○동)
(전화번호 : ○○○－○○○○)

고 소 취 지

피고소인에 대하여 허위감정 등의 죄로 고소하오니 처벌하여 주시기 바랍니다.

고 소 사 실

1. ○○도 ○○군 ○○면 ○○리 산○○에 위치한 감정대상 광산은 장석, 운모 등의 수반광물이 없는 석영의 단일광물로 구성되어 있고, 석영맥 광상은 백색으로 쉽게 감별할 수 있습니다.

2. 그런데 피고소인은 시료를 이용하여 분석실험도 거치지 아니한 채 신빙할 수 있는 근거 없이 페그마 타이트 광상이라고 감정하였고, 가채광량을 산출하기 위하여는 최소한 광상의 2면 이상이 갱도 또는 시추에 의하여 확인되어야 하는 등 적절한 신빙성 있는 자료를 수집, 참고하여야 함에도 불구하고 피고소인은 뚜렷한 근거를 제시함이 없이 광산의 한 부분만 실측하고는 대부분을 추정으로 가채광량을 산출하였습니다.

3. 광물의 성분품위는 가격결정에 중요한 영향을 미치는 요소이므로 피고소인 자신이 직접 시료를 합리적인 방법으로 채취하여 전문기관에 시험분석을 의뢰하여야 함에도 불구하고, 피고소인은 그 자신이 시험분석을 하지 아니하였을 뿐만 아니라 20○○. ○. ○. 기준의 평가조서를 작성하면서 경매신청 채권자인 ○○○이 가져다주는 20○○. ○. ○.자의 수출검사증에 기재된 시험분석결과를 자료로 받고 그 중 Sio2: 99.72%(A급임)라고 기재된 자료를

첨부하면서 평가조서에 그 첨부된 자료가 아닌 다른 자료에 따라 Sio2: 99.68%(B급임)라고 기재하는 등 이 사건 광물의 성분품위에 관하여 평가조서에 자의적으로 기술하였으며, 판매단가 또한 광물의 성분품위에 맞추어 광업전문기관에 마련된 객관적 자료에 의하여 판매단가를 결정하여 산출하여야 함에도 불구하고, 피고소인은 성분품위에 상응하는 등급사정도 없이 규석광산을 운영한다는 피고소인의 친구에게 규석의 가격을 물어 톤당 단가를 막연히 22,000원이라고 기재함으로써 피고소인은 광업권의 시가에 관한 분쟁에 있어 신빙할 수 있는 자료가 없음에도 불구하고 고의로 광산평가조서에 감정가격을 허위 기재함으로써 허위감정을 하였습니다.

4. 위와 같은 사실로 피고소인을 귀서애 고소하오니 철저히 조사하시어 처벌하여 주시기 바랍니다.

20 년 월 일

위 고소인 ○ ○ ○ (인)

○ ○ 경 찰 서 장 귀하

[사례 163] 현주건조물방화죄(가정부가 강간을 당하자 방화)

고 소 장

고 소 인 ○ ○ ○ (○○○○○○－○○○○○○○)
○○시 ○○구 ○○로 ○○(○○동)
(전화번호 : ○○○－○○○○)

피고소인 ○ ○ ○ (○○○○○○－○○○○○○○)
○○시 ○○구 ○○로 ○○(○○동)
(전화번호 : ○○○－○○○○)

고 소 취 지

피고소인에 대하여 현주건조물방화죄로 고소하오니 처벌하여 주시기 바랍니다.

고 소 사 실

1. 피고소인은 ○○시 ○○구 ○○로 ○○(○○동)에 위치한 고소인의 집에서 가정부로 일하는 자인 바, 20○○. ○. ○. 10:00경 고소인의 집에서 동인으로부터 3일전 강간을 당한데 원한을 품고 고소인의 집에 방화하여 복수하려고 마음먹고 그 거실에 휴지 등을 쌓아 놓고 석유를 뿌린 다음 성냥으로 불을 붙여 그 불이 판자벽을 거쳐 벽돌조 기와 2층 건물 전체가 번지게 하여 고소인 등 4명이 현재 주거로 사용하고 있는 위 건물을 모두 태워 이를 소훼한 자입니다.

2. 따라서 피고소인을 귀서에 고소하오니 철저히 조사하시어 처벌하여 주시기를 바랍니다.

첨 부 서 류

조사시 자세히 진술하겠습니다.

20 년 월 일

위 고소인 ○ ○ ○ (인)

○ ○ 경 찰 서 장 귀하

[판례] 피고인이 방화의 의사로 뿌린 휘발류가 인화성이 강한 상태로 주택주변과 피해자의 몸에 적지 않게 살포되어 있는 사정을 알면서도 라이터를 켜 불꽃을 일으킴으로써 피해자의 몸에 붙은 경우, 비록 외부적 사정에 의하여 불이 방화 목적물인 주택 자체에 옮겨 붙지는 아니하였다 하더라도 현존건조물방화죄로 실행의 착수가 있었다고 봄이 상당하다 할 것이다(대법원 2002. 3. 26. 선고 2001도6641 판결).

[사례 164] 현주건조물방화죄(보험금을 수령하기 위하여 방화)

고 소 장

고 소 인 ○ ○ ○ (○○○○○○－○○○○○○○)
○○시 ○○구 ○○로 ○○(○○동)
(전화번호 : ○○○－○○○○)

피고소인 ○ ○ ○ (○○○○○○－○○○○○○○)
○○시 ○○구 ○○로 ○○(○○동)
(전화번호 : ○○○－○○○○)

고 소 취 지

피고소인에 대하여 현주건조물방화죄로 고소하오니 처벌하여 주시기 바랍니다.

고 소 사 실

1. 피고소인은 자기가 거주하고 있는 가옥이 ○○화재보험회사와 3억원의 화재보험계약이 체결되어 있음을 기화로 이를 방화하여 소실시켜 그 보험금을 수령하기로 마음먹고, 20○○. ○. ○. 23:00경 ○○시 ○○구 ○○로 ○○(○○동)에 소재한 목조 기와지붕 1층 주택(면적 60평방미터)의 안방 벽장 안에 화장지를 구겨 쌓아 신나를 뿌리고 성냥으로 불을 붙여 그 불이 그 벽장 안으로부터 천장을 태우면서 곧 온 건물을 모두 태워서 이를 소훼한 자입니다.

2. 따라서 피고소인을 귀서에 고소하오니 철저히 조사하시어 처벌하여 주시기를 바랍니다.

첨 부 서 류

조사시 자세히 진술하겠습니다.

20 년 월 일

위 고소인 ○ ○ ○ (인)

○ ○ 경 찰 서 장 귀하

[사례 165] **협 박 죄**(무전취식혐의로 체포되자 원한으로 협박)

고 소 장

고 소 인 ○ ○ ○ (○○○○○○－○○○○○○○)
○○시 ○○구 ○○로 ○○(○○동)
(전화번호 : ○○○－○○○○)

피고소인 ○ ○ ○ (○○○○○○－○○○○○○○)
○○시 ○○구 ○○로 ○○(○○동)
(전화번호 : ○○○－○○○○)

고 소 취 지

피고소인에 대하여 협박죄로 고소하오니 처벌하여 주시기 바랍니다.

고 소 사 실

1. 피고소인은 일정한 직업이 없는 자로서, 20○○. ○. ○. 14:20경, 평소 함께 다니던 형이 ○○시 ○○구 ○○로 ○○(○○동)에 위치한 "파라다이스" 상호로 룸싸롱을 경영하는 고소인의 점포에서 무전취식한 혐의로 체포되었다는 말을 듣고, 위 룸싸롱을 찾아가 고소인에게 "네가 뭔데 우리 형님한테 콩밥을 먹이냐, 밀고한 걸 곧 후회하게 될 것이다. 형님이 풀려나오면 가만두지 않겠다"고 떠들면서 고소인의 신체 등에 어떻게 위해를 가할지도 모른다는 뜻을 고지하여 고소인을 협박하였습니다.

2. 따라서 피고소인을 귀서에 고소하오니 철저히 조사하시어 처벌하여 주시기 바랍니다.

첨 부 서 류

조사시 자세히 진술하겠습니다.

20 년 월 일

위 고소인 ○ ○ ○ (인)

○ ○ 경 찰 서 장 귀하

[주] 1. 협박이란 해악을 고지하여 상대방에게 공포심을 일으키는 것을 말한다. 단순한 욕설은 협박에 해당하지 않는다.

2. 해악이 반드시 현실적으로 발생가능하거나, 행위자에게 실현의사가 있을 필요는 없으며 객관적으로 행위자에게 해악의 실현의사가 있다는 인상을 주고 상대방이 그럴 것이라고 인식하면 족하다. 그러나 행위자에게 해악을 실현할 의사가 없는 것이 명백한 때에는 협박이라고 할 수 없다.

3. 단순히 자연발생적인 길흉화복이나 천재지변의 도래를 알리는 것은 경고에 지나지 않아서 협박이라고 할 수 없다.

4. 고지된 해악의 내용에는 제한이 없어 생명, 신체, 자유, 명예, 재산에 대한 해악뿐만 아니라 정조, 업무, 신용 등에 대한 일체의 해악이 이에 해당된다. 또 본인뿐만 아니라 본인과 밀접한 관계에 있는 제3자에 대한 해악도 이에 포함된다.

5. 의사의 자유를 침해해야 완성되는 침해범이므로 해악의 고지로 상대방에게 공포심이 일어났을 때 기수가 되며, 해악을 고지했으나 전혀 공포심을 느끼지 않은 때에는 미수가 된다.

6. 해악의 고지가 합법적인 권리의 행사로서 사회상규에 반하지 않는 때에는 협박죄가 성립하지 않지만, 권리행사를 넘어 실질적으로 사회상규에 반하는 때에는 협박죄가 성립한다. 즉, 채무의 변제를 독촉하면서 고소하여 구속시키겠다고 말한 경우는 협박이 아니지만 채무의 변제를 독촉하면서 생명·신체에 대한 위해를 고지하는 때에는 협박이 된다.

7. 고소권이 남용된 경우에는 협박죄가 성립한다. 예를 들면 회사의 돈을 횡령한 여사원에게 고소하겠다고 하면서 성교를 요구한 경우가 여기에 해당한다.

[판례] 1. 친권자가 자(子)에게 야구방망이로 때릴 듯한 태도를 취하면서 "죽여버리겠다"고 말한 경우, 협박죄를 구성한다(대법원 2002. 2. 8. 선고 2001도6468 판결).

2. 피해자와 언쟁 중 "입을 찢어 버리겠다"라고 한 말은 당시의 주위사정 등에 비추어 단순한 감정적인 욕설에 불과하고 피해자에게 해악을 가할 것을 고지한 행위라고 볼 수 없어 협박에 해당하지 않는다(대법원 1996. 7. 22. 선고 86도1140 판결).

[사례 166] 협 박 죄 (임차기간도래 전에 인도요구하며 협박)

고 소 장

고 소 인 ○ ○ ○ (○○○○○○－○○○○○○○)
○○시 ○○구 ○○로 ○○(○○동)
(전화번호 : ○○○－○○○○)

피고소인 ○ ○ ○ (○○○○○○－○○○○○○○)
○○시 ○○구 ○○로 ○○(○○동)
(전화번호 : ○○○－○○○○)

고 소 취 지

피고소인에 대하여 협박죄로 고소하오니 처벌하여 주시기 바랍니다.

고 소 사 실

1. 사건의 경위

가. 고소인은 20○○. ○. ○. 피고소인 소유의 ○○시 ○○구 ○○동 ○○○ 지상 상가를 보증금 ○○○원, 월세 ○○원, 임대차기간 20○○. ○. ○.까지로 정하여 임차하여 지금까지 식당업을 하고 있습니다.

나. 피고소인은 자신이 위 상가에서 식당업을 하겠다며, 임대차기간이 만료되기 전임에도 수차에 걸쳐 고소인에게 상가를 인도하여 줄 것을 요구하여 오다가, 20○○. ○. ○. ○○:○○경 고소인이 운영하는 위 '○○○'

식당에 찾아와서 '일주일 내로 상가를 비워주지 않으면 고소인 및 고소인의 가족을 죽여 버리겠다'는 내용의 협박을 하여 고소인은 심한 공포를 느꼈습니다.

2. 피고소인의 범죄행위로 인한 피해상황
피고소인의 위 협박행위 이후, 피고소인이 고소인이나 고소인의 아이들에 대하여 신체적 가해를 하지 않나 하는 두려움에 아이들이 학교를 가거나 외출할 때에는 꼭 고소인이 따라 다니고 있는 실정이며, 극심한 정신적인 고통을 겪다가 결국 신경쇠약으로 정신과적 치료를 받기도 하였습니다.

3. 결 론
이상의 이유로 피고소인을 협박죄로 고소하오니, 부디 고소인 및 고소인 가족의 안전을 위해서라도 피고소인을 엄중히 조사하시어 처벌하여 주시기 바랍니다.

첨 부 서 류

1. 상가임대차계약서 사본 1통
1. 내용증명 각 1통
1. 국립정신병원 진단서 1통
조사시 자세히 진술하겠습니다.

20 년 월 일

위 고소인 ○ ○ ○ (인)

○ ○ 경 찰 서 장 귀하

[사례 167] 혼인빙자간음죄 (유부남이 음행의 상습없는 부녀자에게 혼인빙자 간음)

고 소 장

고 소 인 ○ ○ ○ (○○○○○○－○○○○○○○)
○○시 ○○구 ○○로 ○○(○○동)
(전화번호 : ○○○－○○○○)

피고소인 ○ ○ ○ (○○○○○○－○○○○○○○)
○○시 ○○구 ○○로 ○○(○○동)
(전화번호 : ○○○－○○○○)

고 소 취 지

피고소인을 혼인빙자간음죄로 고소하오니 처벌하여 주시기 바랍니다.

고 소 이 유

1. 피고소인은 20○○. ○. ○. 고소외 ○○○와 결혼한 자로서, 20○○. ○. ○.경부터 같은 해 ○. ○.경까지의 사이에 ○○시 ○○구 ○○로 ○○(○○동)에 위치한 "○○모텔" ○○○호실에서 고소인에게 혼인할 생각이 전혀 없음에도 "나는 독신으로 살려고 했는데 너랑 결혼해야겠다. 정식 결혼하자"는 등의 거짓말로 이를 하여 믿게 하고 음행의 상습없는 고소인과 ○회 가량 성교함으로써 혼인을 빙자하여 고소인을 간음한 것입니다.

2. 따라서 피고소인을 귀서에 고소하오니 엄중히 조사하시어 처벌하여 주시기 바랍니다.

입 증 방 법

조사시 자세히 진술하겠습니다.

20 년 월 일

위 고소인 ○ ○ ○ (인)

○ ○ 경 찰 서 장 귀하

[판례] 혼인빙자간음죄는 혼인을 빙자하여 음행의 상습 없는 부녀를 기망하여 간음함으로써 성립하는 범죄이므로 혼인빙자간음죄가 성립하기 위하여는 범인이 부녀와 정교를 할 당시 상대방과 혼인할 의사가 없는데도 정교의 수단으로 혼인을 빙자하였어야 하고, 정교할 당시에는 혼인할 의사가 있었으나 그 후 사정의 변화로 변심하여 혼인할 의사가 없게 되었다고 하면 혼인빙자간음죄는 성립하지 아니한다. 혼인빙자간음죄의 구성요건은 혼인을 빙자하는 위계로써 음행의 상습 없는 부녀를 기망하여 간음함으로써 이루어지는 것이므로 그 때의 기망은 그 기망행위의 내용이 진실이라고 가정할 때 음행의 상습 없는 평균적 사리판단력을 가진 부녀의 수준에서 보아 간음에 응하기로 하는 자기 결정을 할 만한 정도여야 한다(대법원 2002. 9. 4. 선고 2002도2994 판결).

[사례 168] 혼인빙자간음죄(선원이 음행의 상습없는 부녀자에게 혼인빙자 간음)

고 소 장

고 소 인 ○ ○ ○ (○○○○○○－○○○○○○○)
○○시 ○○구 ○○로 ○○(○○동)
(전화번호 : ○○○－○○○○)

피고소인 ○ ○ ○ (○○○○○○－○○○○○○○)
○○시 ○○구 ○○로 ○○(○○동)
(전화번호 : ○○○－○○○○)

고 소 취 지

피고소인을 혼인빙자간음죄로 고소하오니 처벌하여 주시기 바랍니다.

고 소 이 유

1. 피고소인은 일정한 직업 없이 지내다 20○○. ○.경 상호불상의 카바레에서

고소인을 우연히 만나 그때부터 동거하였던 자로서, 20○○. ○. ○.경 ○○시 ○○구 ○○로 ○○(○○동)에 위치한 고소인의 집 안방에서 동인과 결혼할 생각이 전혀 없음에도 "원양어선 선원인데 이번에 결혼하기 위해 휴가를 얻어 왔는데 의지할 곳이 필요하다. 나와 결혼하면 아이까지도 내가 책임지겠다."라는 등의 거짓말로 이를 믿게 하고 음행의 상습 없는 그녀와 20○○. ○. ○.부터 20○○. ○. ○.까지 ○○여회 걸쳐 성교함으로써 혼인을 빙자하여 고소인을 간음한 것입니다.

2. 따라서 피고소인을 귀서에 고소하오니 엄중히 조사하시어 처벌하여 주시기 바랍니다.

입 증 방 법

조사시 자세히 진술하겠습니다.

20 년 월 일

위 고소인 ○ ○ ○ (인)

○ ○ 경 찰 서 장 귀하

[사례 169] 혼인빙자간음죄(유부남이 미혼이라 속이고 간음)

고 소 장

고 소 인 ○ ○ ○ (○○○○○○－○○○○○○○)
○○시 ○○구 ○○로 ○○(○○동)
(전화번호 : ○○○－○○○○)

피고소인 ○ ○ ○ (○○○○○○－○○○○○○○)
○○시 ○○구 ○○로 ○○(○○동)

(전화번호 : ○○○ − ○○○○)

고 소 취 지

피고소인을 혼인빙자간음죄로 고소하오니 처벌하여 주시기 바랍니다.

고 소 이 유

1. 고소인은 고향인 ○○에서 고등학교를 졸업하고 부모님을 따라 상경하여 현 주소에 거주하면서 가사에 종사하고 있는 자로서, 20○○년 ○월경 친구와 시내 ○○구 ○○동에 위치한 커피숍에 들렸다가 위 피고소인을 알게 되었는 바,

2. 피고소인은 미혼이라고 사칭하면서 고소인에게 자주 연락하여 만나서 결혼을 하자고 꼬이고 동년 ○월 초순경에는 ○○시 ○○구 ○○동 소재 ○○호텔로 유인하고 하루빨리 어린애를 출산해서 같이 살자면서 고소인을 간음하고,

3. 피고소인은 동년 ○월 중순경에 고소인의 부모한테까지 와서 인사를 하고 결혼한 다음 동거생활을 하겠으니 방 1칸을 달라는 부탁까지 하여 고소인의 전 가족이 믿도록 하고 금일 현재까지 고소인의 정조를 유린하여 온 자입니다.

4. 고소인은 금년 ○월에 임신을 하여 현재 2개월에 이르는 바, 알고 보니 피고소인은 1녀를 둔 유부남으로 위와 같은 범행을 자행하였고, 뻔뻔스럽게도 처가 안 이상 처의 승낙을 받아 같이 살자는 등, 추호에도 반성함이 없을 뿐만 아니라 한 인생을 망쳐 놓고도 뉘우침이 없는 자이므로, 피고소인을 귀서에 고소를 제기하오니 철저히 조사하시어 처벌하여 주시기 바랍니다.

입 증 방 법

조사시 자세히 진술하겠습니다.

20 년 월 일

위 고소인 ○ ○ ○ (인)

ㅇ ㅇ 경 찰 서 장 귀하

[사례 170] 횡 령 죄 (약속어음을 할인하여 유흥비로 소비)

고 소 장

고 소 인 ○ ○ ○ (○○○○○○－○○○○○○○)
○○시 ○○구 ○○로 ○○(○○동)
(전화번호 : ○○○－○○○○)

피고소인 ○ ○ ○ (○○○○○○－○○○○○○○)
○○시 ○○구 ○○로 ○○(○○동)
(전화번호 : ○○○－○○○○)

고 소 취 지

피고소인에 대하여 횡령죄로 고소하오니 처벌하여 주시기 바랍니다.

고 소 사 실

1. 피고소인은 일정한 직업이 없는 자인 바, 20○○. ○. ○.경 ○○시 ○○구 ○○로 ○○(○○동)에 위치한 고소인의 집에서 동인으로부터 액면금 3,000만원 약속어음 1매에 대한 할인의뢰를 받고 이를 보관 중 같은 달 ○.경 ○○시 ○○구 ○○로 ○○(○○동)에서 고소외 ○○○로부터 선이자 150만원을 공제하고 2,850만원에 할인하여 고소인을 위해 보관 중 그 무렵 유흥비로 임의 소비하여 이를 횡령한 자입니다.

2. 위와 같은 사실을 들어 피고소인을 귀서에 고소하오니 철저히 조사하시어 엄벌하여 주시기 바랍니다.

입 증 방 법

조사시 자세히 진술하겠습니다.

20 년 월 일

위 고소인 ○ ○ ○ (인)

○ ○ 경 찰 서 장 귀하

[주] 1. 횡령죄란 타인의 재물을 보관하는 자가 그 재물을 가로채거나 반환을 거부함으로써 성립하는 범죄이다. 재물만을 객체로 하는 점은 절도죄와 같으나 타인의 점유를 침해하지 않는 점에서 구별된다. 형법이 횡령죄를 가볍게 처벌하는 이유는 자기가 점유하는 재물을 영득하는 것은 그 방법이 평화적인 뿐만 아니라 그 동기가 유혹적이라는 데 있다.

2. 부동산에 관하여 외견상 유효하게 처분할 수 있는 지위에 있는 자를 보관자라고 할 수 있다. 먼저 부동산을 사실상 지배하고 있는 자는 등기명의의 여하와 상관없이 그 부동산의 보관자가 된다. 부동산을 명의신탁받은 자도 그 부동산의 보관자가 되므로 이를 처분한 때에는 횡령죄가 성립한다.

3. 봉합금 또는 공탁금과 같이 특정물로서 위탁된 때에나, 계약에 의하여 수치인이 임치물을 소비할 수 있는 경우(소비임치 등)에는 횡령죄가 성립하는데 의문이 없다. 문제는 일정한 용도에 사용하기 위하여 위탁한 금전을 수탁자가 임의로 사용한 때에 횡령죄로 볼 것인가이다. 여러 가지 견해가 대립하나, 대법원은 일관하여 횡령죄의 성립을 인정하고 있다(대법원 1984. 11. 13. 선고 84도1199 판결).

[판례] 1. 횡령죄는 다른 사람의 재물에 관한 소유권 등 본권을 그 보호법익으로 하고, 위탁이라는 신임관계에 반하여 타인의 재물을 보관하는 자가 이를 횡령하거나 또는 반환을 거부함으로써 성립하는 것이므로, 범인이 위탁자가 소유자를 위해 보관하고 있는 물건을 위탁자로부터 보관받아 이를 횡령한 경우에 형법 제361조에 의하여 준용되는 제328조 제2항 소정의 친족간의 범행에 관한 조문은 범인과 피해물건의 소유자 및 위탁자 쌍방 사이에 같은 조문 소정의 친족관계가 있는 경우에만 적용되는 것이고, 단지 횡령범인과 피해물건의 소유자간에만 친족관계가 있거나 횡령범인과 피해물건의 위탁자간에만 친족관계가 있는 경우에는 그 적용이 없다고 보아야 한다(대법원 2008. 7. 24. 선고 2008도3438 판결).

2. 형법 제355조 제1항 소정의 횡령죄는 타인의 재물을 보관하는 자가 그 재물

을 횡령하거나 반환을 거부하는 것을 내용으로 하는 범죄로서, 횡령죄의 주체는 타인의 재물을 보관하는 자이어야 하고, 여기서 보관이라 함은 위탁관계에 의하여 재물을 점유하는 것을 의미하므로, 결국 횡령죄가 성립하기 위하여는 그 재물의 보관자가 재물의 소유자(또는 기타의 본권자)와 사이에 법률상 또는 사실상의 위탁신임관계가 존재하여야 할 것이고(대법원 2005. 6. 24. 선고 2005도24213 판결 등), 또한 부동산의 경우 보관자의 지위는 점유를 기준으로 할 것이 아니라 그 부동산을 제3자에게 유효하게 처분할 수 있는 권능의 유무를 기준으로 결정하여야 할 것이므로, 원인무효인 소유권이전등기의 명의자는 횡령죄의 주체인 타인의 재물을 보관하는 자에 해당한다고 할 수 없다(대법원 2007. 5. 31. 선고 2007도1082 판결).

3. 횡령죄에 있어서 불법영득의 의사라 함은 타인의 재물을 보관하는 자가 위탁의 취지에 반하여 자기 또는 제3자의 이익을 위하여 권한 없이 그 재물을 자기의 소유인 것처럼 처분하는 의사를 의미하는 것으로서, 반드시 자기 스스로 영득하여야만 횡령죄가 성립되는 것은 아니다(대법원 2006. 11. 10. 선고 2004도5167 판결).
4. 횡령죄는 타인의 재물을 보관하는 자가 그 재물을 횡령하는 것을 처벌하는 범죄이므로, 횡령죄가 성립하기 위해서는 횡령의 대상이 된 재물이 타인의 소유일 것을 요하는 것인 바, 금전의 수수를 수반하는 사무처리를 위임받은 자가 그 행위에 기하여 위임자를 위하여 제3자로부터 수령한 금전은 목적이나 용도를 한정하여 위탁된 금전과 마찬가지로 달리 특별한 사정이 없는 한 그 수령과 동시에 위임자의 소유에 속하고, 위임을 받은 자는 이를 위임자를 위하여 보관하는 관계에 있다고 보아야 한다(대법원 2005. 11. 10. 선고 2005도3627 판결).
5. 동업관계에 있는 피고인과 피해자 사이에 손익분배의 정산이 되지 아니하였다면 동업자의 한사람인 피고인은 피고인과 피해자의 합유에 속하는 동업재산이나 동업재산의 매각대금에 대한 지분을 처분할 권한이 없는 것이므로, 피고인이 동업재산인 교회건물의 매각대금을 매수인으로부터 받아 보관 중 임의로 소비하였다면 지분비율에 관계없이 임의로 소비한 금액 전부에 대하여 횡령죄의 죄책을 부담한다(대법원 1996. 5. 22. 선고 95도2824 판결).
6. 피고인이 2천원을 내어 피해자를 통하여 구입한 복권 4장을 피고인과 피해자를 포함한 4명이 한 장씩 나누어 그 당첨여부를 확인하는 결과 피해자 등 2명이 긁어 확인한 복권 2장이 1천원씩에 당첨되자 이를 다시복권 4장으로 교환하여 같은 4명이 각자 한 장씩 골라잡아 그 당첨 여부를 확인할 결과 피해자 등 2명이 긁어 확인한 복권 2장이 2천만원씩에 당첨되었으나 당첨금을 수령한 피고인이 피해자에게 그 당첨금의 반환을 거부한 경우, 피고인과 피해자를 포함한 4명 사이에는 어느 누구의 복권이 당첨되더라도 당첨금은

공평하게 나누거나 공동으로 사용하기로 하는 묵시적인 합의가 있었다고 보아야 하므로 그 당첨금 전액은 같은 4명의 공유라고 봄이 상당하여 피고인으로서는 피해자의 당첨금 반환요구에 따라 그의 몫을 반환할 의무가 있고 피고인이 이를 거부하고 있는 상 불법영득의사가 있다는 이유로 횡령죄가 성립될 수 있다(대법원 2000. 11. 10.선고 2000도4335 판결).

7. 발행인으로부터 일정한 금액의 범위 내에서 액면을 보충·할인하여 달라는 의뢰를 받고 액면 백지인 약속어음을 교부받아 보관 중이던 자가 발행인과의 합의에 의하여 보충권의 한도를 넘어 보충을 한 경우에는 발행인의 서명날인 있는 기존의 약속어음을 발행한 것에 해당하여 이러한 보충권남용행위로 인하여 생겨난 새로운 약속어음을 자신의 채무변제조로 제3자에게 교부하여 임의로 사용하였다고 하더라도, 발행인으로 하여금 제3자에 대하여 어음상의 채무를 부담하는 손해를 입게 한 데에 대한 배임죄가 성립될 수 있음을 변론으로 하고, 보관자의 지위에 있음을 전제로 횡령죄가 성립될 수는 없다(대법원 1995. 1. 20. 선고 94도2760 판결).

8. 양식어업면허권자가 그 어업면허권을 양도한 후 이직도 어업면허권이 자기 앞으로 되어 있음을 틈타서 어업권손실수령을 수령하여 일부는 자기 이름으로 예금하고 일부는 생활비 등에 소비하였다면 이는 횡령죄를 구성한다(대법원 1993. 8. 24. 선고 93도1578 판결).

9. 광업권은 재물인 광물을 취득할 수 있는 권리에 불과하지 재물 그 자체는 아니므로 횡령죄의 객체가 된다고 할 수 없고, 광업법 제12조가 광업권을 물권으로 하고 광업법에서 따로 정한 경우를 제외하고는 부동산에 관한 민법 기타 법령의 규정을 준용하도록 규정하고 있다하여 광업권이 부동산과 마찬가지로 횡령죄의 객체가 된다고 할 수 없다(대법원 1994. 3. 8. 선고 93도2272 판결).

10. 노트에 피고인이 근무하던 회사의 영업상의 주요사항이 기재되어 있고 그 업무내용과 관련성이 있기는 하였으나, 이는 직무수행상의 일환으로 작성된 것은 아니고 개인적인 필요에 의하여 작성된 것으로서 그 노트에 기재된 내용이 회사의 기밀사항이라 하여도 이 노트는 피고인의 소유에 속한다고 볼 것이어서 퇴직 시에 이를 회사에 반환하지 아니하고 가지고 나온 행위가 횡령죄를 구성한다고 할 수 없다(대법원 1994. 5. 24. 선고 94도763 판결).

11. 위탁자로부터 특정용도에 사용하도록 위임받은 금원을 수탁자가 그 용도에 사용하지 아니하고 임의로 소비한 행위는 횡령죄를 구성한다(대법원 1994. 9. 9. 선고 94도462 판결).

12. 횡령죄는 위탁이라는 신임관계에 반하여 타인의 재물을 보관하는 자가 이를 횡령하거나 또는 반환을 거부함으로써 성립하는 것이므로, 부동산의 등

기명의자인 피고인이 그 중 일부 지분을 횡령하였다고 하려면 우선 그 피해자가 그 부동산 지분의 실제 소유권자로서 피고인에게 그 지분을 명의신탁함으로써 피고인과의 사이에 위탁이라는 신임관계가 있어야 할 것이다(대법원 1994. 11. 25. 선고 93도2404 판결).

13. 사립학교법 및 같은 법 시행령이 특히 교비회계에 속하는 수입금에 대하여 그 사용처를 엄격하게 제한하고 다른 회계에 전출하거나 대여할 수 없도록 규정하고 있고, 피고인이 교비회계에 속하는 입학금 등을 송금받은 것은 학교법인의 용도에 전용한 것으로 볼 여지도 있기는 하지만, 교비회계에 속하는 수입금을 다른 회계에 전용하는 것이 사립학교법 위반으로 처벌될 수 있음을 변론으로 하고 그 전용 자체만으로 곧바로 불법영득의사를 실현하는 횡령행위가 된다고 할 수 없다(대법원 1994. 9. 9. 선고 94도998 판결).

[사례 171] 횡령죄(다이아몬드 반환 거절)

고 소 장

고 소 인 ○ ○ ○ (○○○○○○－○○○○○○○)
○○시 ○○구 ○○로 ○○(○○동)
(전화번호 : ○○○－○○○○)

피고소인 ○ ○ ○ (○○○○○○－○○○○○○○)
○○시 ○○구 ○○로 ○○(○○동)
(전화번호 : ○○○－○○○○)

고 소 취 지

피고소인에 대하여 횡령죄로 고소하오니 처벌하여 주시기 바랍니다.

고 소 사 실

1. 피고소인은 ○○시 ○○구 ○○로 ○○(○○동)에 위치한 '금별은별'이라는 보석가게를 운영하는 자인 바, 20○○. ○. ○. 13:00경 위 가게에 온 성명불상의 손님이 1캐럿짜리 황색다이아몬드를 찾았지만 없어서, 위 같은 동 125번지에 있는 고소인 운영의 '보석나라'에서 손님에게 보여준다며 고소인

으로부터 황색다이아몬드 1.05캐럿짜리 1개에 시가 1,500만원 상당을 잠시 빌려 손님에게 보여주고 피해자를 위하여 보관하던 중 같은 달 ○.경 고소인이 빌려간 다이아몬드를 돌려달라는 요청을 받고도 아무런 이유 없이 그 반환을 거부하여 이를 횡령한 것입니다.

2. 위와 같은 사실을 들어 피고소인을 귀서에 고소하오니 철저히 조사하시어 엄벌하여 주시기 바랍니다.

입 증 방 법

조사시 자세히 진술하겠습니다.

20 년 월 일

위 고소인 ○ ○ ○ (인)

○ ○ 경 찰 서 장 귀하

[사례 172] 횡령죄(성매매 분배금 임의소비)

고 소 장

고 소 인 ○ ○ ○ (○○○○○○－○○○○○○○)
○○시 ○○구 ○○로 ○○(○○동)
(전화번호 : ○○○－○○○○)

피고소인 1. 김 ○ ○ (○○○○○○－○○○○○○○)
○○시 ○○구 ○○로 ○○(○○동)
(전화번호 : ○○○－○○○○)

2. 최 ○ ○ (○○○○○○－○○○○○○○)

○○시 ○○구 ○○로 ○○(○○동)
(전화번호 : ○○○－○○○○)

고 소 취 지

피고소인들에 대하여 횡령죄로 고소하오니 처벌하여 주시기 바랍니다.

고 소 사 실

1. 피고소인 김○○은 동인의 처인 피고소인 최○○와 공모하여 20○○. ○. ○ .○○시 ○○구 ○○동에 위치한 속칭 ○○골목 피고소인 경영의 성매매업소에서, 고소인과 사이에 동인이 손님을 상대로 성매매행위를 하고 그 대가로 받은 화대를 절반씩 분배하기로 약정한 다음, 그때부터 20○○. ○. ○.까지 고소인이 피고소인의 업소에 찾아온 손님들을 상대로 성매매행위를 하고서 받은 화대 합계 4,820만원을 보관하던 중 절반인 2,410만원을 반환하지 아니하고 피고소인들의 생활비 등으로 임의 소비함으로써 이를 횡령한 것입니다.

2. 위와 같은 사실을 들어 피고소인들을 귀서에 고소하오니 철저히 조사하시어 처벌하여 주시기 바랍니다.

입 증 방 법

조사시 자세히 진술하겠습니다.

20 년 월 일

위 고소인 ○ ○ ○ (인)

○ ○ 경 찰 서 장 귀하

[사례 173] 횡 령 죄(당좌수표 회수하기 위해 채무독촉하자 이행하지 않음)

고 소 장

고 소 인 ○ ○ ○ (○○○○○○－○○○○○○○)
○○시 ○○구 ○○로 ○○(○○동)
(전화번호 : ○○○－○○○○)

피고소인 ○ ○ ○ (○○○○○○－○○○○○○○)
○○시 ○○구 ○○로 ○○(○○동)
(전화번호 : ○○○－○○○○)

고 소 취 지

고소인은 피고소인에 대하여 횡령죄로 고소하오니 처벌하여 주시기 바랍니다.

고 소 사 실

1. 고소인은 ○○에서 유통업을 하고 있으며 피고소인은 고소인의 선배로서 평소 친하게 지내는 사이였습니다.

2. 고소인은 ○○○로부터 받은 금 50,000,000원의 어음의 지급기일인 20○○. ○. ○.에 맞춰서 금 30,000,000원의 약속어음과 금 20,000,000원의 당좌수표를 거래처에 발행해 주었습니다. 그런데 고소인이 가지고 있던 어음이 부도가 나는 바람에 할 수 없이 고소인이 발행한 어음과 수표도 결제를 못하고 부도가 나게 되었습니다.

3. 고소인은 우선 당좌수표라도 지급하고 대금을 회수하기 위하여 어렵게 금 20,000,000원을 마련하여 점포에 두고 있었는데 부도난 어음의 소지자들이 대금의 독촉을 위하여 온다는 소식을 듣고 점포에 돈이 있으면 안 될 것 같아 마침 놀러 온 피고소인에게 잠시 맡아 달라고 부탁하였습니다.

4. 피고소인에게 돈을 맡기고 어음의 소지자들에게 조금만 더 기다려 달라고 사정을 하여 기간을 조금 연장 받았습니다. 그래서 우선 급한 당좌수표를 결제하고 회수하기 위하여 피고소인에게 맡긴 돈을 빨리 보내 달라고 했습

니다.

5. 그런데 피고소인은 처음에는 바쁜 일이 있다고 조금 있다 갖다 준다고 하더니 이후에는 연락을 해도 피하기만 하고 ○일이 지난 현재까지도 돈을 돌려주지 않고 있으므로, 피고소인을 귀서에 고소하오니 엄중히 조사하시어 처벌하여 주시기 바랍니다.

입 증 방 법

1. 현금보관증 사본 1통
   조사시 자세히 진술하겠습니다.

20 년 월 일

위 고소인 ○ ○ ○ (인)

○ ○ 경 찰 서 장 귀하

[사례 174] 횡 령 죄 (보관시킨 물품 제3자에게 매각하고 대금 반환하지 않음)

고 소 장

고 소 인 ○ ○ ○ (○○○○○○－○○○○○○○)
○○시 ○○구 ○○로 ○○(○○동)
(전화번호 : ○○○－○○○○)

피고소인 ○ ○ ○ (○○○○○○－○○○○○○○)
○○시 ○○구 ○○로 ○○(○○동)
(전화번호 : ○○○－○○○○)

고 소 취 지

피고소인에 대하여 횡령죄로 고소하오니 처벌하여 주시기 바랍니다.

고 소 사 실

1. 피고소인은 여러 가지 물건 등의 영업을 하는 자로서 고소인 회사가 팔아달라고 보관시킨 ○○○을 금 ○○○원 어치를 20○○. ○. ○. 소외 ○○○에게 금 ○○○원에 매각하여 그 대금 ○○○원 전부 고소인에게 교부하여야 함에도 불구하고 이를 교부치 아니하고 횡령한 사실이 있습니다.

2. 위와 같은 사실을 들어 피고소인을 귀서에 고소하오니 철저히 조사하시어 엄벌하여 주시기 바랍니다.

입 증 방 법

조사시 자세히 진술하겠습니다.

20 년 월 일

위 고소인 ○ ○ ○ (인)

○ ○ 경 찰 서 장 귀하

[사례 175] 횡 령 죄 (할인하여 보관의뢰 한 약속어음 제3자에게 교부하였으나 반환 하지 않음)

고 소 장

고 소 인 ○ ○ ○ (○○○○○○－○○○○○○○)
○○시 ○○구 ○○로 ○○(○○동)
(전화번호 : ○○○－○○○○)

피고소인 ○ ○ ○ (○○○○○○－○○○○○○○)
○○시 ○○구 ○○로 ○○(○○동)
(전화번호 : ○○○－○○○○)

고 소 취 지

고소인은 피고소인에 대하여 횡령죄로 고소하오니 처벌하여 주시기 바랍니다.

고 소 사 실

1. 피고소인은 20○○. ○. ○. ○○:○○경 ○○시 ○○구 ○○로 ○○(○○동)에 위치한 고소인의 집에서 고소인으로부터 "발행일 20○○. ○. ○. 지급기일 같은 해 ○. ○. 액면금 1,000만원"의 약속어음 1장에 대한 할인의뢰를 받아 고소인을 위하여 보관 중, 20○○. ○. ○.경 고소인의 허락 없이 임의로 위 어음을 고소외 ○○○에 대한 외상물품대금 명목으로 동인에게 교부하여 이를 횡령한 자입니다.

2. 따라서 피고소인을 귀서에 고소하오니 철저히 조사하시어 처벌하여 주시기 바랍니다.

입 증 방 법

조사시 자세히 진술하겠습니다.

20 년 월 일

위 고소인 ○ ○ ○ (인)

○ ○ 경 찰 서 장 귀하

[사례 176] 횡령 및 배임죄(문중 종토보상금 반환 거절)

고　소　장

고 소 인　○　○　○ (○○○○○○－○○○○○○○)
○○시 ○○구 ○○로 ○○(○○동)
(전화번호 : ○○○－○○○○)

피고소인　○　○　○ (○○○○○○－○○○○○○○)
○○시 ○○구 ○○로 ○○(○○동)
(전화번호 : ○○○－○○○○)

고 소 취 지

고소인은 피고소인을 상대로 횡령 및 배임죄로 고소하오니 처벌하여 주시기 바랍니다.

고 소 사 실

1. 고소인과 피고소인과의 관계
고소인은 ○○○씨의 시조인 ○○○의 ○○세손인 ○○○군 ○○○을 중시조로 하여 그의 제사와 분묘관리 및 후손들의 친목도모를 위하여 결성된 ○○○대표자이고, 피고소인은 명의 신탁된 종회의 재산을 상속받은 공동명의자 중 한사람입니다.

2. 피고소인이 종토의 공동명의자로 등재된 경위
고소인 종회는 20○○. ○. ○.경 분할 전 토지인 ○○시 ○○면 ○○리 ○○○ 전 ○○○㎡ 토지를 매수하여 20○○. ○. ○. 충무공의 후손인 망 ○○○, 망 ○○○, 망 ○○○, 망 ○○○ 및 ○○○의 후손인 망 ○○○ 외 5인의 공동명의로 소유권이전등기를 마쳤습니다.
또한 위 토지는 20○○. ○. ○. 위 같은 리 ○○○－○ 전 ○○○㎡, 위 같은 리 ○○○－○ 전 ○○○㎡, 위 같은 리 ○○○－○ 전 ○○○㎡, 위 같은 리 ○○○－○ 전 ○○○㎡로 분할되었습니다.
한편, 위 망, ○○○의 지분 5분의 1중 4,200분의 210은 피고소인 ○○○, 4,200분의 90은 ○○○, 4200분의 60은 ○○○, 4,200분의 126은 ○○○,

4,200분의 84는 ○○○, 4200분의 35는 ○○○, 4200분의 35는 ○○○, 4,200분의 35는 ○○○, 4200분의 35는 ○○○, 4,200분의 35는 ○○○, 4,200분의 35는 ○○○이 각 상속을 받아 공동명의자가 되었습니다.

3. 종토의 관리현황
고소인은 위 상속된 토지를 종원들에게 경작하게 하고 그 소출로 일정한 도지를 받아 선조들의 분묘의 관리와 시제 등의 비용에 충당하였으며 위 토지에 대한 각종 세금을 납부하였습니다.

4. 종토에 대한 수용경위 및 대책
고소인의 종토인 위 토지에 대하여 ○○주식회사에서 시행하는 공익사업에 따라 공익사업을 위한 토지 등의 취득 및 보상에 관한 법률에 의한 협의 또는 수용취득의 대상이 되었고, 이에 고소인은 20○○. ○. ○.경 ○○시 ○○동에 있는 ○○식당에서 임원회를 개최하여 수용되는 위 투자에 관하여 위탁된 등기명의자로 부터의 상속등기를 마치고, 그들로 하여금 보상금을 수령하게 한 후 환수 할 것을 결의하고, 20○○. ○. ○. ○○시 ○○동에 있는 ○○회관 3층 회의실에서 정기총회를 개최하여 종토의 명의자들이 보상을 받아 종회로 환수하기로 가결, 재확인하였습니다. 본 가결에 따라 고소인 종회에서는 피고소인을 비롯하여 상속인들에게 총회의 의결사항을 내용증명원으로 통지하여 줄 것을 당부하였고, 상속등기에 필요한 제반비용을 고소인 종회에서 부담하여 피고소인이 상속을 받게 된 것입니다.

5. 범죄사실
고소인은 임원회의와 정기총회를 거쳐 토지보상금을 종원 및 명의자들이 수령함과 동시에, 그 즉시 수령한 보상금을 본 종회에 환수하기로 결정하고, 이를 피고소인에게 통지한 바, 피고소인은 명의신탁 된 부동산을 상속받은 등기명의인들 중 한사람으로써 응당 보상금 금 ○○○원을 수령함과 동시에 즉시 본 종회의 고소인명의인 ○○회 통장으로 입금시켜야 마땅하나 피고소인은 고소인의 환수 요수에 응하지 아니하고 고의적으로 기피하고 위 금원을 횡령, 착복하고 지급을 거절하고 있습니다. 또한, 피고소인은 고소인이 제기한 ○○지방법원 ○○지원 20○○가합 ○○○호로 부당이득금 반환청구 소송에서 패소하였고, 피고소인이 ○○고등법원 20○○나 ○○○호로 제기한 항소심 재판 또한 항소기각 판결이 선고되어 최종적으로 고소인의 승소가 확정되었음에도 불구하고 피고소인은 착복한 보상금을 고소인에게 반환하지 않고 있는 것입니다.

6. 결 어

위와 같은 정황을 살펴 볼 때 피고소인은 종회의 총회결의사항에 따라 명의신탁 된 부동산의 상속인들 중 한사람으로써 토지보상금을 수령한 다음 이를 종회에 반납하여야 함에도 불구하고 정작 피고소인 명의의 문중 종토보상금을 수령하고는 마음을 달리하여 고소인에게 지급을 거절하고 보상금을 횡령하여 착복한 자로서, 피고소인을 귀서에 고소하오니 철저히 조사하시어 법이 허용하는 한도 내에서 엄벌하여 주시기 바랍니다.

첨 부 서 류

1. 종중등록증명서 1부
1. 부동산등기사항전부증명서 4부
1. 판결문(1심, 2심) 2부

조사시 자세히 진술하겠습니다.

20 년 월 일

위 고소인 ○○○○○회
대표자 ○ ○ ○ (인)

○ ○ 경 찰 서 장 귀하

| 제3장 고 발 장 |

[사례 177] 낙 태 죄(수감생활 등의 이유로 낙태)

고 발 장

고 발 인 ○ ○ ○ (○○○○○○－○○○○○○○)
○○시 ○○구 ○○로 ○○(○○동)
(전화번호 : ○○○－○○○○)

피고발인 1. 김 ○ ○ (○○○○○○－○○○○○○○)
○○시 ○○구 ○○로 ○○(○○동)
(전화번호 : ○○○－○○○○)

2. 이 ○ ○ (○○○○○○－○○○○○○○)
○○시 ○○구 ○○로 ○○(○○동)
(전화번호 : ○○○－○○○○)

고 발 취 지

피고발인들에 대하여 낙태죄로 고발하오니 처벌하여 주시기 바랍니다.

고 발 사 실

1. 고발인 ○○○과 피고발인 김○○은 20○○. ○. ○. 동거에 들어간 사실혼 관계에 있었던 사람들입니다.

2. 고발인은 고발인의 친구인 고발외 ○○○에 대한 상해사건에 의해 20○○. ○. ○.부터 20○○. ○. ○.까지 ○○교도소에 수감된 바 있습니다.

3. 고발인이 ○○교도소에 수감 전 피고발인 김○○는 임신 ○주의 임부였는바, 고발인은 고발인이 수감생활을 하던 20○○. ○. ○. 고발인의 수감생활에 따른 생활고와 육아에 대한 부담에 의해 ○○시 ○○구 ○○로 ○○(○

○동)에 소재한 ○○병원 산부인과전문의인 피고발인 이○○에게 임신 중의 태아를 낙태하여 줄 것을 요청하고, 피고발인 이○○은 피고발인 김○○의 촉탁을 받아 동 병원 산부인과 수술실에서 임신 ○주의 태아를 낙태한 것입니다.

4. 피고발인들은 모자보건법상의 낙태에 대한 규정에 따르지 않고 낙태시술에 이른 것이므로, 피고발인들을 귀서에 고발하오니 모두 의법 조치하여 주시기 바랍니다.

입 증 방 법

1. 진단서
1. 자술서(피고발인 김○○ 작성)
   조사시 자세히 진술하겠습니다.

20 년 월 일

위 고발인 ○ ○ ○ (인)

○ ○ 경 찰 서 장 귀하

[사례 178] 도 박 죄 (모텔에서 수십 회에 걸쳐 고스톱)

고 발 장

고 발 인 ○ ○ ○ (○○○○○○－○○○○○○○)
○○시 ○○구 ○○로 ○○(○○동)

피고발인 1. 김 ○ ○
○○시 ○○구 ○○로 ○○(○○동)

2. 이 ○ ○
○○시 ○○구 ○○로 ○○(○○동)

3. 박 ○ ○
○○시 ○○구 ○○로 ○○(○○동)

4. 최 ○ ○
○○시 ○○구 ○○로 ○○(○○동)

피고발인들을 도박죄로 고발하오니 처벌하여 주시기 바랍니다.

고 발 사 실

1. 피고발인들은 20○○. ○.경 각자 친구들을 통하여 서로 알게 되어 20○○. ○. ○. ○○시 ○○구 ○○동 ○○모텔에서 ○○:○○경부터 ○○:○○까지 1점당 ○○원씩 수십 회에 걸쳐 금 ○○○원을 걸고 고스톱을 친 사실이 있습니다.

2. 며칠 후인 20○○. ○. ○. 저녁 그들은 ○○시 ○○구 ○○호텔에서 다시 만나 이번에는 기왕 치는 것 화끈하게 치자며 점당 ○○○원씩 당일 ○○:○○부터 그 다음날 ○○:○○까지 수십 회에 걸쳐 도합 ○○○원을 걸고 고스톱을 치고,

3. 그 다음날 같은 장소에서 같은 방법으로 점당 ○○○원씩 ○○여회에 걸쳐 도합 금 ○○○만원 걸고 도박행위를 한 사실이 있는 자들로, 피고발인들은 귀서에 고발하오니 철저히 조사하시어 의법 처리하여 주시기 바랍니다.

입 증 방 법

조사시 자세히 진술하겠습니다.

20 년 월 일

위 고발인 ○ ○ ○ (인)

○ ○ 경 찰 서 장 귀하

[사례 179] 수 뢰 죄(자녀 채용미끼로 수뢰)

고 발 장

고 발 인 ○ ○ ○ (○○○○○○－○○○○○○○)
○○시 ○○구 ○○로 ○○(○○동)
(전화번호 : ○○○－○○○○)

피고발인 ○ ○ ○ (○○○○○○－○○○○○○○)
○○시 ○○구 ○○로 ○○(○○동)
(전화번호 : ○○○－○○○○)

고 발 취 지

피고발인에 대하여 수뢰죄로 고발하오니 처벌하여 주시기 바랍니다.

고 발 사 실

1. 피고발인은 서울 ○○구청 인사계장으로 근무하는 공무원이고, 고발인은 용역업체에 소속되어 구청 주변의 상가건물을 청소하는 근로자입니다.

2. 고발인은 고등학교를 졸업하고 집에서 쉬고 있는 딸인 소외 ○○○의 어머니로서 딸의 취직을 걱정하고 있던 중 같이 일하는 동료의 소개로 피고발인을 알게 되었는데, 고발인은 20○○. ○. ○.경 ○○구청부근의 ○○다방에서 피고발인을 만나 딸의 취직을 부탁하였는 바, 피고발인은 자신이 근무하는 ○○구청에서 행정보조원을 채용하고 있으니 딸이 채용되도록 해주겠다고 하였습니다. 이에 고발인은 그 자리에서 금 ○○○만원을 피고발인에게 건네주었고 피고발인은 딸의 취직을 약속했던 사실이 있습니다.

3. 그런데 2년이 지난 현재까지 딸은 채용이 되지 않고 있으며 피고발인은 아무런 대책도 없이 기다리라고만 할 뿐 약속을 지키지 않고 있습니다.

4. 위와 같은 사실을 피고발인을 귀서에 고발하오니 철저히 조사하시어 처벌하여 주시기 바랍니다.

입 증 방 법

조사시 자세히 진술하겠습니다.

20 년 월 일

위 고발인 ○ ○ ○ (인)

○ ○ 경 찰 서 장 귀하

[서식 1] 고소위임장

고 소 위 임 장

사　　건 :

고 소 인 :

피고소인 :

위 사건에 관하여 홍○○은 아래와 같은 내용을 위임합니다.

아　　　　　래

1. 위임받은 사람
   성　　　　명 : 김　○　○
   주민등록번호 : ○○○○○○－○○○○○○○
   주　　　　소 : ○○시 ○○구 ○○로 ○○(○○동)
2. 위임하는 내용 : 고소장 제출과 진술 및 취소하는 행위
3. 첨 부 서 류 : 홍○○의 인감증명서　1부

20　　년　　월　　일

위임인(고소인)　홍　○　○　(인)
(○○○○○○－○○○○○○○)
○○시 ○○구 ○○로 ○○(○○동)
전화 : ○○○－○○○

○○지방검찰청 ○○지청　　　귀중
(또는 ○○경찰서)

[서식 2] 고소위임장

고 소 위 임 장

고소인 홍○○은 귀서에 피고소인 ○○○(주민등록번호 : ○○○○○○－○○○○○○○)을 사기죄로 고소함에 있어서 위 고소인의 사정으로 인하여 고소인의 자회사인 ○○주식회사 대표이사인 ○○○(주민등록번호 : ○○○○○○－○○○○○○○)을 소송대리인으로 정하고 동인에게 고소인 진술이나 취소 등 소송관계 권한 일체를 위임합니다.

첨 부 서 류

1. 인감증명서(홍○○) 1부

20 년 월 일

위임인(고소인) 홍 ○ ○ (인)
○○시 ○○구 ○○로 ○○(○○동)
전화 : ○○○－○○○

○○지방검찰청 ○○지청 귀중
(또는 ○○경찰서)

[서식 3] 정식재판청구서

정식재판청구서

사 건 20○○고약 ○○○(20○○형 제○○○) 도로교통법 위반

피 고 인 ○ ○ ○

위 사건에 관하여 피고인은 벌금 ○○○원에 처한다는 약식명령을 20○○. ○. ○. 송달받은 바 있으나, 피고인은 이 명령에 불복하므로 정식재판을 청구합니다.

청구이유 : 추후 제출하겠습니다.

20 년 월 일

위 피고인 ○ ○ ○ (인)

○○지방법원 ○○지원 귀중

[주] 1. 약식명령에 대하여는 법원으로부터 약식명령등본을 송달받은 날로부터 7일 이내에 정식재판을 청구할 수 있다.
2. 재판기일 이전에 불복이유(정식재판청구이유서)를 기재한 서면과 증거자료 등을 제출하는 것이 바람직하다.

[서식 4] 합 의 서(교통사고)

합 의 서

피 해 자 ○ ○ ○ (○○○○○○－○○○○○○○)
○○시 ○○구 ○○로 ○○(○○동)
(전화번호 : ○○○－○○○○)

가 해 자 ○ ○ ○ (○○○○○○－○○○○○○○)
○○시 ○○구 ○○로 ○○(○○동)
(전화번호 : ○○○－○○○○)

가해자는 20○○. ○. ○. 15:20경 승용차를 운전하고 ○○시 ○○동 ○○

번지 앞 도로상을 ○○역 방면에서 ○○역 방면으로 진행하던 중 때마침 도로를 횡단하던 피해자를 치어 약 3주간의 치료를 요하는 상해를 가하고 현재 ○○구치소에 수감 중에 있는 바, 피해자는 가해자로부터 금 ○○○원을 지급받아 원만히 합의가 되어 앞으로 민, 형사상이 이의를 제기치 않기로 하고 쌍방간 합의하며 가해자의 처벌을 원치 않습니다.

첨부서류 : 피해자의 인감증명서 1부

20 년 월 일

가해자 ○ ○ ○ (인)

피해자 ○ ○ ○ (인)

(또는)

가해자의 대리인 부 ○ ○ ○ (인)

○○시 ○○로 ○○(○○동)

피해자 ○ ○ ○ (인)

○ ○ 경 찰 서 장 귀하
(또는 ○○지방검찰청 ○○지청 귀중)

[서식 5] 합 의 서(상해)

합 의 서

피 해 자 ○ ○ ○ (○○○○○○－○○○○○○○)
○○시 ○○구 ○○로 ○○(○○동)
(전화번호 : ○○○－○○○○)

가 해 자 ○ ○ ○ (○○○○○○－○○○○○○○)
○○시 ○○구 ○○로 ○○(○○동)
(전화번호 : ○○○－○○○○)

1. 상기 피해자는 20○○. ○. ○. 22:30경 ○○시 ○○동 ○○번지 앞 노상에서 가해자로부터 구타를 당하여 3주간의 치료를 요하는 안면부 찰과상을 입고 이를 신고하여 귀서에서 수사 중인 바,

2. 20○○. ○. ○. 피해자의 집에서 가해자의 처로부터 치료비 등으로 현금 ○○○원을 받았기 때문에 처벌을 원치 않으며 이후 이건으로 민, 형사상의 이의를 제기치 않겠기에 본 합의서를 작성 각자 1통씩 나누어 가짐.

첨부서류 : 피해자의 인감증명서 1부

20 년 월 일

피해자 ○ ○ ○ (인)

가해자 ○ ○ ○ (인)

입회인 ○ ○ ○ (인)

○ ○ 경 찰 서 장 귀하
(또는 ○○지방검찰청 ○○지청 귀중)

[서식 6] 고소취소장

고 소 취 소 장

고 소 인 ○ ○ ○

피고소인 ○ ○ ○

고소인은 피고소인을 ○○○혐의(또는 ○○○죄)로 20○○. ○. ○. 귀서(또는 귀청)에 고소한 사실이 있으나 고소인은 피고소인과 원만히 합의를 하였으므로 이 건 고소를 전부 취소합니다.

20 년 월 일

위 고소인 ○ ○ ○ (인)

○ ○ 경 찰 서 장 귀하
(또는 ○○지방검찰청 ○○지청 귀중)

[주] 고소는 1심 판결선고시까지 취소할 수 있으며, 취소한 자는 다시 고소를 하지 못한다.

[서식 7] 참고자료제출

참 고 자 료 제 출

사 건 명 20○○고단 ○○○호 교통사고처리특례법위반

고 소 인 ○ ○ ○

피고소인 ○ ○ ○

위 사건에 관하여 별첨과 같이 참고자료를 제출하오니 정상참작하여 주시기 바랍니다.

첨 부 서 류

1. 합의서 1통

1. 탄원서 1통
1. 재학증명서 1통
1. 표창장 1통

20 년 월 일

제출인 피고인과의 관계 : 부
성 명 : ○ ○ ○ (인)
주민등록번호 : 000000－0000000

위 사람의 신분을 확인하였음. 확인자 ○ ○ ○ (인)

○ ○ 지 방 법 원 귀중

제3편

진 정 서

| 제1장 개 요 |

1. 의 의

진정이란 개인 또는 단체가 국가나 공공기관에 구두 또는 서면 등에 의하여 공식 또는 비공식적으로 일정한 사정을 진술하여 어떠한 조치를 취해 줄 것을 바라는 의사표시이다.

일반적으로 진정이라 함은 인가·허가·면허·등록·신고 등 고충민원을 제외한 모든 종류의 민원을 말한다. 고충민원이라 함은 민원사항 중에서 행정기관의 위법·부당하거나 소극적인 처분(사실행위 및 부작위를 포함한다) 및 불합리한 행정제도로 인하여 국민의 권리를 침해하거나 국민에게 불편·부담을 주는 사항에 관한 진정을 의미한다.

한편 대한민국 헌법은 모든 국민은 법률이 정하는 바에 의하여 국가기관에 문서로 청원할 권리를 가진다.

국가는 청원에 대하여 심사할 의무를 진다고 규정하여 청원하도록 보장하였다. 이에 따라 청원법과 국회 규정으로 진정서 등 처리에 관한 규정이 제정되어 있다.

청원법에 의하면 누구나 국가 또는 공공단체의 기관에 ① 피해의 구제, ② 공무원의 비위의 시정 또는 공무에 대한 징계나 처벌의 요구, ③ 법률·명령·규칙의 제정·개정 또는 폐지, ④ 공공의 제도 또는 시설의 운영, ⑤ 기타 공공기관의 권한에 속하는 사항에 대하여 청원할 수 있도록 되어 있다.

따라서 이러한 청원사항에 해당되지 아니하는 진정 등은 청원과 구별하여 단순한 민원사항으로 처리하면 된다.

2. 진정서의 형식

진정서에는 정해진 원칙이 없고 어떠한 형식이든 자신의 주장내용만 담고 있으면 된다. 그러나 형식에 제한이 없다고 하여도 필수적으로 기재해야 할 부분이 있을 뿐만 아니라 진정의 원인사실과 진정이유 등에 관하여는 빠짐없이 상세하게 기재해야 하며 또한 그 주장을 뒷받침할 증거자료나 목격자의 확인서 등이 있어야 효과를 기대할 수 있다.

3. 청원과 진정의 차이점

정치적·사회적으로는 청원과 진정이 쉽게 구별되지 않으며, 진정은 광의의 청원에 포함된다. 그러나 법적으로는 협의의 청원과 단순한 진정이 구별된다. 청원은 헌법상 기본권수익권으로서 국민이 국가 또는 공공단체의 기관에 문서로써 청원할 수 권리이고, 국가는 청원에 대하여 심사·처리할 의무와 그 처리결과를 청원인에게 통지할 의무를 지고 있다.
그러나 단순한 진정은 청원법의 적용을 받지 못하여, 단순한 민원사항으로 처리된다.

4. 진정서로 해결할 수 없는 문제

누구든지 청원을 하였다는 이유로 차별대우를 받거나 불이익을 강요당하지 아니한다. 누구든지 타인을 모해할 목적으로 허위의 사실을 적시한 청원을 하여서는 아니 된다.

(1) 행정기관과 사법상의 계약관계가 있는 자가 사법적 효과를 얻기 위하여 행정기관에 특정한 행위를 요구하는 경우

(2) 익명, 가명, 허위주소 등 민원인 정보가 불분명한 자가 행정기관에 특정한 행위를 요구하는 경우

(3) 행정기관이나 공공단체 또는 소속직원이 공무와 관련하여 행정기관에 특정한 행위를 요구하는 경우

5. 민원사무처리

민원사무처리에 관한 법률에서 민원사무는 민원인이 행정기관에 대하여 처분

등 특정한 행위를 요구하는 사항에 관한 사무로 규정하고 처분의 신청뿐만 아니라 단순한 설명요구와 같은 사실행위의 진정 등까지도 민원사무로 폭넓게 정의하고 있으나 단순 질의 등의 경우 법령·제도·절차 등 행정업무에 관한 것이어야 한다.

현재 정부는 국민신문고제도를 도입하고 있는데 여기에 다음과 같은 내용을 민원으로 제출할 수 있다.

가. 법령·제도·절차 등 행정업무에 관한 질의 또는 상담형식을 통한 설명이나 해석의 요구

나. 정부시책이나 행정제도 및 운영의 개선에 관한 건의

다. 행정기관의 위법·부당하거나 소극적인 처분 및 불합리한 행정제도로 인하여 국민의 권리를 침해하거나 국민에게 불편 또는 부담을 주는 사항의 해결 요구

라. 그 밖의 행정기관에 대하여 특정한 행위를 요구하는 사항

제2장 진정서의 작성방법 및 처리절차

1. 진정의 신청방법

진정서는 성명, 주민등록번호, 연락처, 주소, 민원내용 공개여부, 결과통보방식, 민원제목, 민원내용 등이 들어가도록 작성하되 문서로 하여야 한다. 다만, 대통령령이 정하는 바에 따라 구술·전화·모사전송(팩스) 또는 PC통신으로 할 수 있다. 이와 같이 신청된 진정에 대하여 행정기관은 다만 법령에 특별할 규정이 있는 경우를 제외하고는 그 접수를 보류하거나 거부할 수 없으며, 접수된 진정서를 부당하게 되돌려 보내서는 아니 된다.

2. 진정서 작성시 주의사항

가. 예의를 갖추어 문서를 작성한다.

진정서는 공문서가 아니기 때문에 규정된 양식이 필요 없으므로 편지지에 일정한 격식(진정인 및 피진정인의 이름과 주소, 진정하고자 하는 내용)만 갖추면 해당 관서에 접수가 된다. 가능하면 복사용지 A4크기로 작성하면 좋다.

나. 진정인의 인적사항을 정확하게 기재한다.

담당기관의 민원업무 담당자가 진정인이 기재한 진정서의 내용을 이해하지 못할 경우 당시 연락 가능한 전화, 휴대폰, 이메일 기타 통신수단을 기재할 필요가 있다. 후일 문서로 진정내용 또는 유권해석내용을 통보받게 되므로 반드시 우편물을 수령할 수 있는 주소를 정확하게 기재하여야 한다.

본인이나 기관인 경우 진정인의 직위도 기재하고 관할 법원이나 기관의 주소도 정확히 기재하도록 한다.

만일 진정인이 본인이 아니라 대리인이 진정서를 작성하여 제출하는 경우에는 대리인의 성명·주소·전화번호·대리의 근거가 되는 진정인과의 관계 등을 기재하여야 한다.

다. 간단, 명료하게 의사전달을 한다.

진정하고자 하는 내용을 분명하고, 명확하게 기재하여 상대가 이를 충분히 이해하고 그 뜻을 정확하게 알 수 있도록 기재하여야 한다. 진정하는 이유는 진정인의 현재 상황을 기재하고 육하원칙(누가, 언제, 어디서, 무엇을, 어떻게, 왜)에 따라 사실관례를 간단, 명료하게 기재하면 된다.

라. 첨부서류의 제출

첨부서류는 피진정기관이나 유권해석 기관이 사실관계를 파악하도록 도움이 되도록 제출할 필요가 있다. 가능하면 사진이나 도면 기타 자료도 첨부할 수 있다. 제출하는 서류 등이 여럿인 경우 일련번호를 붙여 기재하도록 한다.

마. 작성연월일 진정인의 서명 날인

진정서를 작성하는 날짜를 기재하고 진정인의 서명 날인을 하도록 한다.

바. 피진정기관의 표시

피진정기관(국민권익위원회 귀중, ○○경찰서장 귀하 등)을 기재한다.

사. 진정서를 작성 후 해당 관서 및 법원에 접수한다.

(1) 만약 근로기준법에 관련된 사항으로 진정서를 제출하고자 하면 회사관할 노동부사무소에 접수하면 된다. 공장이 여러 곳인 경우에는 자신이 근무하는 공장의 관할 노동부에 제출하면 된다.

(2) 접수할 때에는 접수처에 하는 것보다 직접 수사관으로부터 자문을 얻은 후 행동을 취하는 것이 유리하다. 우편으로도 접수가 되지만 직접 제출하는 것이 더욱 신속하게 처리된다.

아. 서류접수 후 2주 내외로 결과가 전달된다.

(1) 진정서를 접수하고 나면 대략 2주 후에 전화가 온다. 이때 진정서 접수 때 미처 준비하지 못한 서류 등을 가지고 추가로 접수하면 담당수사관으로부터 질문을 받고 그때 피진정인도 출두되어 조사를 받게 된다.

(2) 2주 정도 후 처리결과가 진정인에게, 행정명령이 피진정인 측에 전달된다. 피해금액인 경우 몇 월 며칠까지 지급하도록 명령하고 진정인에게도 언제까지 지급하도록 조치했으니 입금을 받으라는 등의 방식으로 각종 조건의 불이익처분에 대해서는 시정명령이 내려진다.

3. 청원방법

가. 청원은 청원인의 성명과 주소 등을 기재하고 서명한 문서로 하여야 한다.

나. 다수인이 공동으로 청원을 하는 때에는 그 처리결과를 통지 받을 5인 이하의 대표자를 선임하여 이를 청원서에 표시하여야 한다.

다. 청원서에는 청원의 이유와 취지를 밝히고 필요한 때에는 참고자료를 첨부할 수 있다.

4. 민원처리기관 선택

청원은 국가기관, 지방자치단체와 그 소속기관, 법령에 의하여 행정권한을 가지고 있거나 행정권한을 위임 또는 위탁받은 법인단체 또는 그 기관이나 개인에게 할 수 있다.

만일 처리기관을 선택하지 않으면 국민권익위원회에서 접수 후 적정한 기관으로 분류한다. 동일인이 동일한 내용의 청원서를 동일한 기관에 2인 이상 제출하거나 2 이상의 기관에 제출한 때에는 나중에 접수된 청원서는 이를 반환할 수 있다.

5. 진정서 접수

신청완료 후 접수여부 등을 이메일, 휴대전화 문자메시지 등을 통하여 알려준다.

청원서는 청원사항을 관장하는 기관에 제출하여야 하며, 청원서를 접수한 기관은 청원사항이 그 기관이 관장하는 사항이 아니라도 인정되는 때에는 그 청원사항을 관장하는 기관에 청원서를 이송하고 이를 청원인에게 통지하여야 한다고 규정하고 있다.

6. 진정서 처리

관련 법령에 따라 민원처리기관에서 처리한다.

가. 청원을 수리한 기관은 성실하고 공정하게 청원을 심사·처리하여야 한다.

나. 청원을 관장하는 기관이 청원을 접수한 때에는 특별한 사유가 없는 한 90일 이내에 그 처리결과를 청원인에게 통지하여야 한다.

다. 청원을 관장하는 기관은 부득이한 사유로 90일 이내에 청원을 처리하기 곤란하다고 인정하는 경우에는 60일의 범위 내에서 1회에 한하여 그 처리기간을 연장할 수 있다. 이 경우 그 사유와 처리 예정기한을 지체 없이 청원인에게 통지하여야 한다.

7. 진정·청원의 불수리

가. 청원이 ① 감사·수사·재판·행정심판·조정·중재 등 다른 법령에 의한 조사 또는 구제절차가 진행 중인 때, ② 허위의 사실로 타인으로 하여금 형사처분 또는 징계처분을 받게 하거나 국가기관 등을 중상모략하는 사항인 때, ③ 사인간의 권리관계 또는 개인의 사생활에 관한 사항인 때, ④ 청원인의 주소·성명 등이 불분명하거나 청원내용이 불명확한 때에는 이를 수리하지 아니한다.

나. 청원서를 접수한 기관은 위 각 호의 어느 하나에 해당하는 사유로 청원을

수리하지 아니하는 때에는 그 사유를 명시하여 청원인에게 통지하여야 한다.

8. 완 료

민원처리가 완료되었을 때 민원신청인이 선택한 방식으로 통보하게 된다. 통보방식은 서신, 이메일, 휴대전화 문자메시지로 통보한다.

| 제3장 진정서 서식 |

[사례 1] 어업손실보상신청

진 정 서

진 정 인 김 갑 동 (○○○○○○－○○○○○○○)
○○시 ○○구 ○○로 ○○(○○동)
(전화 : ○○○－○○○○, 이메일 : rlarms@naver.com)

대 리 인 이 미 녀 (○○○○○○－○○○○○○○)
○○시 ○○구 ○○로 ○○(○○동)
(전화 : ○○○－○○○○)
진정인과의 관계 : 진정인의 처

피진정인 경기도 광명시장

제 목 어업손실보상의 보상권 상충문제

진 정 취 지

피진정인은 진정인에게 어업손실을 보상할 것을 조치하여 주시기 바랍니다.

진 정 이 유

1. 고충민원의 원인사실

진정인은 20○○. 6. 20. ○○지방법원의 경매로 어선을 매수하여 20○○. 7. 23. 소유권을 취득하였으며, 인천수산업협동조합이 소재한 어촌계에 소속되었는바, 피신청인이 시행하는 ○○대교건설공사와 관련하여 어업활동이 제한, 축소되어 이에 따른 손실보상신청을 하였습니다.

그러나 다른 어선 소유자에게는 보상금이 지급되었으나 진정인에게는 보상금이 지급되지 아니하여 피진정인에게 문하였더니 어선의 전 소유자인 진정외 이○○과의 보상권한 상충문제로 보상이 지연되고 있다고 하면서 진정외 이○○과 협의하여 합의서를 받아오면 보상금을 지급하겠다고 하는 피진정인의 행위는 부당하오니 조속한 시일 내에 어업손실보상을 하여 주시기 바랍니다.

2. 증거, 참고자료, 조사방법에 관한 의견
: 진정인의 의견을 기재한다.

3. 소송 또는 불복구제절차의 신청유무 등
: 다른 불복절차를 밟지 않았음(또는 현재 ○○지방법원에서 소송진행중입니다).

4. 기타 참고사항
: 기타 참고할 사항이나 의견이 있는 경우에 기재한다.

20 년 월 일

진 정 인 김 갑 동 (인)
위 대리인 이 미 녀 (인)

국민권익위원회 귀중

[사례 2] 세입자 이주대책 보상신청

진 정 서

진 정 인 김 갑 동 (○○○○○○－○○○○○○○)
○○시 ○○구 ○○로 ○○(○○동)
(전화 : ○○○－○○○○, 이메일 : rlarms@naver.com)

피진정인 서울특별시 서초구청장

제　　목　　세입자 이주대책보상

진 정 취 지

피진정인이 시행하는 도로공사에 진정인이 거주하는 ○○시 ○○구 ○○로 ○○(○○동)에 소재한 건물이 편입되었음에도 불구하고 피진정인이 아무런 보상을 하지 않고 있으므로 진정인에게 적절한 보상하여 주시기 바랍니다.

진 정 이 유

1. 고충민원의 원인사실

진정인은 20○○. 10. 20. ○○시 ○○구 ○○동 ○○○ 지상의 건물에 주민등록을 이전하고, 세입자로 거주하여 오던 중 20○○. 3. 20. 이 사건 건물이 피진청인이 서울특별시장으로부터 도시계획사업실시계획변경인가(서울특별시고시 제20○○－○○호)를 받아 시행한 ○○지구택지개발사업관련 간선도로개설공사구역에 편입되었습니다.

이 사건 건물은 20○○. 8. 30. 준공되었고, 20○○. 5. 10. 건축물대장에 등재되었으며, 20○○. 3. 8. 피진정인은 이 사건 건물에 대하여 건물주인 진정외 한○○과 건물철거계약을 체결하고 지상건물에 대한 보상을 하였으나, 진정인에 대하여는 이 사건 건물 중 무허가로 증축된 부분에서 거주하였다는 이유로 주거대책비의 지급을 거부하고 있으므로 진정인에게 보상을 받을 수 있도록 조치하여 주시기 바랍니다.

2. 증거, 참고자료, 조사방법에 관한 의견

: 진정인의 의견을 기재한다.

3. 소송 또는 불복구제절차의 신청유무 등

: 다른 불복절차를 밟지 않았음(또는 현재 ○○지방법원에서 소송진행중입니다).

4. 기타 참고사항

: 기타 참고할 사항이나 의견이 있는 경우에 기재한다.

20　　년　　월　　일

위 진정인　김　　갑　　동 (인)

국민권익위원회 귀중

[사례 3] 공공사업편입토지환매

진 정 서

진 정 인 김 갑 동 (○○○○○○－○○○○○○○)
○○시 ○○구 ○○로 ○○(○○동)
(전화 : ○○○－○○○○, 이메일 : rlarms@naver.com)

피진정인 대전지방국토관리청장

제 목 공공사업편입토지 환매에 관한 건

진 정 취 지

피진정인은 진정인에게 공공사업에 편입된 진정인 소유였던 토지를 환매하라.

진 정 이 유

1. 고충민원의 원인사실
대전광역시 동구 용전동 376-3 대 30㎡가 피진정인이 시행한 대전광역시 동구 우회도로공사를 위한 사전측량을 통하여 20○○. ○. ○. 같은 동 376-1에서 376-3으로 분할되었고 20○○. ○. ○. 협의매수되었으나 직접적으로 이 사건 공사에 편입되지 않았습니다. 다른 사람에게는 보상금이 지급된 반면 피진정인이 진정인으로부터 협의취득한 이 사건 토지는 피진정인이 진행한 이 사건 공사에 편입되지 않았는 바, 이는 당초부터 편입되지 않는 토지를 과다매수한 것이오니 전소유자인 진정인에게 이 사건 토지를 환매하여 주실 것을 조치하여 주시기 바랍니다.

2. 증거, 참고자료, 조사방법에 관한 의견
: 진정인의 의견을 기재한다.

3. 소송 또는 불복구제절차의 신청유무 등
   : 다른 불복절차를 밟지 않았음(또는 현재 ○○지방법원에서 소송진행중입니다).

4. 기타 참고사항
   : 기타 참고할 사항이나 의견이 있는 경우에 기재한다.

20 년 월 일

위 진정인 김 갑 동 (인)

국민권익위원회 귀중

[사례 4] 쓰레기 매립장 지정에 따른 피해

진 정 서

진 정 인 김 갑 동 외 156인
○○시 ○○구 ○○로 ○○(○○동)
(전화 : ○○○－○○○○, 이메일 : rlarms@naver.com)

피진정인 ○○구청장

제 목 쓰레기 매립장 지정에 따른 피해대책 마련 촉구

진 정 취 지

진정인들은 ○○시에서 현재 공사준비중인 쓰레기 매립장의 이전 또는 인근 거주 주민들에게 그에 상응하는 적절한 대책을 마련하여 주시기 바랍니다.

진 정 이 유

1. 고충민원의 원인사실

현재 ○○시 ○○동 ○○○번지 토지가 ○○시 쓰레기매립장 신축공사부지로 선정되어 ○○시가 위 공사를 준비중에 있습니다.

그런데 쓰레기 매립장과 같은 혐오시설이 진정인들이 거주자는 지역에서 불과 800미터 정도 떨어져 있지 않는데도 불구하고 당국에서는 주민들의 주거환경에는 신경쓰지 않고 허가를 내주었습니다.

위와 같은 시설이 이 지역에 들어선다면, 이 지역의 지가는 폭락할 것임은 물론 거주지역과 매립장과의 거리가 800미터에 불과하여 악취, 토양·식수오염 등의 환경오염에도 심각한 부작용이 뒤따를 것입니다.

○○시에도 이런 사실을 들어섬에도 불구하고 이 지역주민들에게 보상에 대한 아무런 언급도 하지 아니한 채 위 공사를 착수하려 하고 있어 이에 진정인들은 ○○시 쓰레기 매립장을 다른 곳으로 이전하거나, 이전이 불가능할 경우 이에 따른 상당한 보상을 하여 줄 것을 수차 요구하였으나 이에 불응하고 있으므로 본 진정에 이른 것입니다.

2. 증거, 참고자료, 조사방법에 관한 의견

: 진정인의 의견을 기재한다.

3. 소송 또는 불복구제절차의 신청유무 등

: 다른 불복절차를 밟지 않았음(또는 현재 ○○지방법원에서 소송진행중입니다).

4. 기타 참고사항

: 기타 참고할 사항이나 의견이 있는 경우에 기재한다.

20 년 월 일

위 진정인 김 갑 동 (인)

(진정인 157인이 전부 서명날인한다)

국민권익위원회 귀중

[사례 5] 행정기관의 과실에 따른 보상요구

진 정 서

진 정 인 김 갑 동 외 37인
○○도 ○○군 ○○읍 ○○로 ○○
(전화 : ○○○－○○○○, 이메일 : rlarms@naver.com)

피진정인 ○○군수

제 목 행정기관의 과실에 따른 보상요구

진 정 취 지

행정기관의 과실에 따른 손해를 진정인에게 보상하라.

진 정 이 유

1. 고충민원의 원인사실
진정인이 거주하고 있는 전북 ○○군은 해마다 수해로 고통을 겪고 있는 지역입니다. 작년에도 다시는 수해가 되풀이 되지 않도록 대책을 마련해 달라고 수차 진정하였으나 ○○군은 예산이 부족하다는 이유로 임시방편으로 복구만 했을 뿐이었습니다. 이를 대변이라도 하듯 어김없이 올해에도 많은 재산적 피해를 입었습니다.
진정인들은 행정기관의 지원이 없어 하는 수 없이 자비를 털거나 또는 모자라는 사람은 대출을 받아가면서까지 복구비를 마련하여 보수공사를 마쳤습니다.
그런데 20○○. ○. ○. ○○군으로부터 이 지역은 도로로 편입될 예정이라는 통보가 왔습니다.
진정인들이 복구에 쏟은 시간과 돈 등은 한순간 물거품이 될 지경에 이르렀습니다.
○○군에서는 도로확포장공사와 같은 중요한 계획을 계획성 없이 갑자기 추진했다는 말이 들리는데 진정인들로서는 도저히 이해할 수 없습니다. 이번 일은 행정기관의 잘못으로 인하여 진정인들에게 손해가 돌아간 것이 틀

림없습니다.
따라서 행정당국은 체계적이면서도 합리적인 행정의 추진과 함께 이번 복구공사로 인한 진정인들이 입은 손해를 보상하여 주실 것을 바랍니다.

2. 증거, 참고자료, 조사방법에 관한 의견
: 진정인의 의견을 기재한다.

3. 소송 또는 불복구제절차의 신청유무 등
: 다른 불복절차를 밟지 않았음(또는 현재 ○○지방법원에서 소송진행중입니다).

4. 기타 참고사항
: 기타 참고할 사항이나 의견이 있는 경우에 기재한다.

20 년 월 일

위 진정인 김 갑 동 (인)
(진정인 38인이 전부 서명날인한다)

국민권익위원회 귀중

[사례 6] 학교주변 유해업소 제재요청

진 정 서

진 정 인 김 갑 동 외 83인
○○시 ○○구 ○○로 ○○(○○동)
(전화 : ○○○－○○○○, 이메일 : rlarms@naver.com)

피진정인 광주시 교육감

제　　목　　학교 주변 유해업소 제재요청

진 정 취 지

청소년들에게 유해한 영향을 미치는 ○○고등학교 주변의 기존 당구장들을 폐쇄하고 당구장 시설의 신설을 제재하여 주시기 바랍니다.

진 정 이 유

1. 고충민원의 원인사실

   진정인들은 광주광역시 동구 산수동에서 거주하는 주민들로서 이 지역에는 ○○고등학교, ○○중학교, ○○초등학교가 있습니다.

   이 지역에는 당구장들이 너무 많아 청소년들의 정서적 측면에 유해한 영향을 미치고 있습니다. 그런데 진정외 ○○○는 광주광역시 동구 산수동 ○○건물의 2층에 당구장시설을 추진하고 있습니다. 이곳은 ○○고등학교로부터 불과 150미터밖에 안 되는 거리이고 지금까지 당구장이 전혀 있지 않는 지역입니다.

   이러한 청소년들에게 유해한 당구장을 신설되어서는 절대 안 됩니다.

   기존 당구장을 보면 자율학습이나 수업시간에 학생들이 무단으로 나와 당구장에서 노는 것을 선생님들이 감시하고 있을 정도이고, 학부모들은 밤 12시가 넘어도 귀가하지 않는 자녀들을 당구장에서 찾아 데리고 온 적도 많습니다.

   ○○고등학교 주변에 있는 기존 당구장들도 폐쇄시켜 학생들이 좋은 환경 속에서 마음껏 공부할 수 있도록 해 주십시오. 만약 그것이 불가능하다면 ○○학교와는 불과 3분 거리밖에 되지 않아 학생들이 자유로운 왕래가 가능한 당구장 신설지역을 제재하여 주십시오.

   진정인들은 청소년들의 장래를 위하여 바른 교육목적달성을 바라는 마음에서 본 진정에 이른 것입니다.

2. 증거, 참고자료, 조사방법에 관한 의견

   : 진정인의 의견을 기재한다.

3. 소송 또는 불복구제절차의 신청유무 등

   : 다른 불복절차를 밟지 않았음(또는 현재 ○○지방법원에서 소송진행 중입니다).

4. 기타 참고사항

   : 기타 참고할 사항이나 의견이 있는 경우에 기재한다.

20 년 월 일

위 진정인 김 갑 동 (인)
(진정인 84인이 전부 서명날인한다)

국민권익위원회 귀중

[사례 7] 자동차사용정지처분 시정요구

진 정 서

진 정 인 김 갑 동 (○○○○○○－○○○○○○○)
○○시 ○○구 ○○로 ○○(○○동)
(전화 : ○○○－○○○○, 이메일 : rlarms@naver.com)

피진정인 서울서부경찰서장

진 정 취 지

피진정인은 진정인에 대하여 한 자동차사용정지처분을 취소하라.

진 정 이 유

1. 고충민원의 원인사실

가. 진정인은 20○○. 2. 13. 신청외 정○식으로부터 서울 3루3621호 중고 쏘렌토 승용차가 자동차사용정지처분 대상차량인 점을 모르고 매입한 후 경기도 여주군에 명의변경등록을 하고 경기 3프6762호 번호를 부여받아 사용중에 있습니다.

나. 신청외 정○식은 20○○. 6. 20. 03:20경 서울 마포구 상암동 236 앞 노상에서 무면허 운전중 피해자 박○형이가 운전하는 경기 2차2876호 그랜져 승용차를 추돌하고 부상자를 구호하는 등 필요한 조치를 하지 아니

하고 도주하다가 검거되어 20○○. 12. 3. 서울중앙지방법원 서부지원에서 특정범죄가중처벌등에관한법률위반(도주차량)으로 징역 2년, 집행유예 3년의 형을 선고받은 사실이 있습니다.

다. 진정인은 20○○. 3. 25. 서울서부경찰서장으로부터 신청외 정○식의 위 교통사고와 관련하여 자동차사용정지처분결정의 통지를 받고, 같은 해 4. 3. 동 처분을 철회해 줄 것을 진정하였으나 거부당하였습니다.

진정인은 20○○. 8. 20. 위 차량을 매입할 때 사고차량 또는 자동차 사용정지대상차량이라는 점을 몰랐고 자동차등록원부에 위 기재사실도 없었습니다.

20○○. 6. 21. 서울서부경찰서장은 신청외 정○식에 대한 특정범죄가중처벌에관한법률위반등에관한법률위반(도주차량)으로 입건하였으며 그 즉시 자동차사용정지처분을 하여야 함에도 불구하고 1년이 지나도록 집행하지 않고 있다가 지금에 와서 집행하겠다는 것은 부당하다 할 것입니다.

라. 따라서, 서울서부경찰서장은 진정인이 정당하게 매입하여 사용중인 위 자동차에 대한 자동차사용정지처분을 시정할 것을 요구합니다.

2. 증거, 참고자료, 조사방법에 관한 의견
: 진정인의 의견을 기재한다.

3. 소송 또는 불복구제절차의 신청유무 등
위의 통보를 해온 서울서부경찰서에 20○○. 4. 3. 위의 처분을 철회해 줄 것을 진정하였으나 거부당하였다

4. 기타 참고사항
: 기타 참고할 사항이나 의견이 있는 경우에 기재한다.

20 년 월 일

위 진정인 김 갑 동 (인)

국민권익위원회 귀중

[사례 8] 계약불이행에 따른 피해보상

진 정 서

진 정 인 김 갑 동 외 345인
○○시 ○○구 ○○로 ○○(○○동)
(전화 : ○○○ - ○○○○, 이메일 : rlarms@naver.com)

피진정인 서울특별시장

제 목 지역난방열수급계약불이행에 따른 피해보상

진 정 취 지

1. 피진정인은 진정인에게 열공급지연 등 계약불이행에 다른 손해배상을 하라.
2. 피진정인은 서울특별시 집단에너지사업열공급규정을 개정하여 열을 사용하지 않는 복도와 계단은 기본열수급계약면적에서 제외하라.

진 정 이 유

1. 고충민원의 원인사실

가. 피진정인은 20○○. 11. 1.부터 진정인에게 지역난방열을 공급하기로 하였으나, 공사지연 등이 이유로 20○○. 2. 13.부터 공급하였습니다.

나. 현행 서울특별시집단에너지사업열공급규정에는 열을 사용하지 않는 복도와 계단이 기본열수급계약면적에 포함되어 있습니다.

다. 피진정인은 20○○. 11. 6.부터 20○○. 2. 13.까지 임시보일러에 의한 온수 및 난방열을 진정인에게 공급하고, 20○○. 11. 6.부터 20○○. 1. 15.까지의 열사용요금은 열수송관설치공사 시공업체인 ○○건설주식회사가 부담하였으며, 20○○. 1. 16.부터 20○○. 2. 13.까지의 열사용요금 48,627.230원은 진정인에게 부과하였습니다.

라. 피진정인은 열공급지연 등 계약불이행으로 노약자의 병세악화, 전열기 구입 등 진정인이 입은 물질적·경제적 손해에 대하여 배상을 하여야 하고, 임시보일러에 의한 열을 공급하면서 부과·징수한 열사용 요금을 반환하

여야 하며, 열을 사용하지 않는 복도와 계단을 기본열수급면적에 포함한 것은 부당하므로 이를 시정을 요구하고자 본 진정에 이른 것입니다.

2. 증거, 참고자료, 조사방법에 관한 의견
 : 진정인의 의견을 기재한다.

3. 소송 또는 불복구제절차의 신청유무 등
 : 다른 불복절차를 밟지 않았음(또는 현재 ○○지방법원에서 소송진행 중입니다).

4. 기타 참고사항
 : 기타 참고할 사항이나 의견이 있는 경우에 기재한다.

20 년 월 일

위 진정인 김 갑 동 (인)
(진정인 346인이 전부 서명날인한다)

국민권익위원회 귀중

[사례 9] 농지전용신고 반려처분취소

진 정 서

진 정 인 김 갑 동 (○○○○○○－○○○○○○○)
○○도 ○○군 ○○읍 ○○로 ○○
(전화 : ○○○－○○○○, 이메일 : rlarms@naver.com)

피진정인 ○○군수

진 정 취 지

피진정인은 ○○도 ○○군 ○○읍 ○○리 230-2 전 1,624㎡에 대한 진정인의 농지전용신고 반려처분을 취소하고, 농지전용신고를 수리하라.

진 정 이 유

1. 고충민원의 원인사실

가. 진정인은 20○○. 9. 10. 진정인 소유 토지인 ○○도 ○○군 ○○읍 ○○리 230-2에 소재하는 전 1,624㎡에 닭 사육장을 설치하기 위하여 피진정인에게 농지전용신고서를 제출하였으나, 환경오염우려 등을 이유로 반려하였습니다.

나. 위 농지전용신고지로 통하는 도로는 오래 전부터 자연적으로 형성되어 이용하여 왔으며 톱밥계사로 사육할 때에는 계분이 현장에서 건조·포장되어 반출되므로 오염원이 거의 발생하지 않으며, 장마 시에는 하천범람으로 피해자 발생한 예가 한 번로 없었음을 당해 거주지 농지관리위원회도 확인한 사항이므로 이는 동 신고서의 반려이유가 될 수 없으므로 이에 진정합니다.

2. 증거, 참고자료, 조사방법에 관한 의견

: 현지조사를 하여 달라.

3. 소송 또는 불복구제절차의 신청유무 등

: 다른 불복절차를 밟지 않았음.

4. 기타 참고사항

: 기타 참고할 사항이나 의견이 있는 경우에 기재한다.

20 년 월 일

위 진정인 김 갑 동 (인)

국민권익위원회 귀중

[사례 10] 잔여지수용보상 요구

진 정 서

진 정 인 김 갑 동 (○○○○○○－○○○○○○○)
○○도 ○○군 ○○읍 ○○로 ○○
(전화 : ○○○－○○○○, 이메일 : rlarms@naver.com)

피진정인 ○○군수

제 목 잔여지수용보상에 관한 건

진 정 취 지

피진정인은 20○○. 11. 12. ○○중학교 학교용지로 도시계획시설(학교)이 변경 결정된 진정인 소유의 ○○도 ○○군 ○○읍 ○○리 167-2 47㎡와 같은 리 167-3 36㎡를 20○○. 12. 31.까지 매입 보상하라.

진 정 이 유

1. 고충민원의 원인사실

가. 진정인은 ○○도 ○○군 ○○읍 ○○리 167-2의 토지는 20○○. 3. 16. ○○중학교의 설립에 따라 일부가 수용되어 보상받았으며, 잔여토지 83㎡ 중 36㎡는 도로개설용지로 20○○. 10. 20. ○○군에 수용되어 보상받았고, 잔여 47㎡는 ○○중학교의 옹벽에 따라 도로 사이에 길게 위치하여 있습니다.

나. 또한 같은 리 167-3의 토지는 위 "가"와 같이 ○○중학교부지 및 도로개설용지로 2차에 걸쳐 수용되어 현재는 36㎡로 같은 리 167-2와 연결되어 학교옹벽을 따라 도로 사이에 위치하고 있습니다.

다. 따라서 진정인의 토지 83㎡는 폭 2m, 길이 40m로 학교의 옹벽과 도로 중간에 위치하여 건축은 물론, 어떤 용도로도 사용이 전혀 불가한 형편입니다.

라. 진정인은 피진정인에게 ○○교육지원청 교육장에게 동 토지를 매수할 것을 요구하였으나, 피진정인은 동 토지를 매수할 경우 학교용지로 사용

이 불가하므로 동 토지를 도로로 변경될 수 있도록 도시계획변경 등을 요구할 것이라고 합니다.

마. 그런데 ○○군에서는 동 지역의 도로가 이미 완공된 현 상태에서 동 지역만을 대상으로 한 도로확장은 불가하다고 합니다.

바. 도시계획되지 않은 잔여지에 대하여도 보상하여 주는데 교육지원청에서 필요하여 도시계획결정한 토지를 학교시설이 완공되었는데도 불구하고 현재 필요없다는 이유로 보상하지 아니한 것은 부당하므로 본 진정에 이른 것입니다.

2. 증거, 참고자료, 조사방법에 관한 의견
: 진정인의 의견을 기재한다.

3. 소송 또는 불복구제절차의 신청유무 등
: 다른 불복절차를 밟지 않았음(또는 현재 ○○지방법원에서 소송진행 중입니다).

4. 기타 참고사항
: 기타 참고할 사항이나 의견이 있는 경우에 기재한다.

20 년 월 일

위 진정인 김 갑 동 (인)

국민권익위원회 귀중

[사례 11] 국가유공자 유족등록 요구

진 정 서

진 정 인 이 미 녀 (○○○○○○－○○○○○○○)

○○도 ○○군 ○○읍 ○○로 ○○
(전화 : ○○○－○○○○, 이메일 : dlalsu@naver.com)

피진정인 ○○보훈지청장

제 목 국가유공자 유족등록요구

진 정 취 지

피진정인은 20○○. 5. 20. 진정인에 대한 국가유공자유족 등록거부처분을 취소하고, 진정인의 남편 망 김갑동의 사망을 국가유공자등예우및지원에관한 법률 제4조 제1항 제5호의 "직무수행 중 사망"으로 인정하여 국가유공자유족으로 등록 조치하라.

진 정 이 유

1. 고충민원의 원인사실

가. 진정인의 남편 망 김갑동은 공무수행 중 20○○. 12. 11. 순직하여 20○○. 5. 공무원연금공단이사장으로부터 순직확인증을 교부받아 20○○. 10. 16. ○○보훈지청장에게 국가유공자유족등록을 진정한 바 있습니다.

나. 동 진정에 대하여 국가보훈처 보훈심사위원회에서는 위 김갑동의 사망원인을 중과실 등 본인의 귀책사유로 보아 국가유공자등예우및지원에관한 법률시행령 제3조의2의 규정에 따라 순직공무원으로 볼 수 없다고 심의·의결함으로서 ○○보훈지청장은 국가유공자대상이 아닌 것으로 결정하였습니다.

다. 망 김갑동은 20○○. 12. 11. ○○도 ○○군 ○○산 일대에 대한 산불예방순찰을 하다가 산불예방교육을 위해 귀청 중 오토바이 사고가 원인이 되어 순직한 바, 공무수행 중 사망이 확실하며,

라. 사고가 발생한 시간이 오후 5시경으로 동절에는 어둠이 깔린 시기이고 노면도 좋지 않는 상태라고 볼 수 있으며, 또한 오토바이 자체의 결함(브레이크 및 핸들고장 등)도 있을 수 있음에도 불구하고 목격자도 없는 상황에서 현장에 같이 있지도 않았던 사람들의 추정진술서만을 근거로 망 김갑동의 중과실에 의한 사고로 처리함은 부당하오니, 이를 신정하여 고인에게 국가유공자로서의 명예를 부여할 수 있도록 조치하여 주시기 바

랍니다.

2. 증거, 참고자료, 조사방법에 관한 의견
   : 진정인의 의견을 기재한다.

3. 소송 또는 불복구제절차의 신청유무 등
   : 다른 불복절차를 밟지 않았음(또는 현재 ○○지방법원에서 소송진행 중입니다).

4. 기타 참고사항
   : 기타 참고할 사항이나 의견이 있는 경우에 기재한다.

20 년 월 일

위 진정인 이 미 녀 (인)

국민권익위원회 귀중

[사례 12] 국제전화요금 과다부과시정 및 환불

진 정 서

진 정 인 김 갑 동 (○○○○○○－○○○○○○○)
○○시 ○○구 ○○로 ○○(○○동)
(전화 : ○○○－○○○○, 이메일 : rlarms@naver.com)

피진정인 케이티

제 목 국제전화요금 과다부과시정 및 환불

진 정 취 지

피진정인은 진정인에게 과다부과한 국제전화요금을 철회하고 환급하라.

진 정 이 유

1. 고충민원의 원인사실

가. 진정인은 20○○. 3. 20. 및 같은 해 4. 20. 피진정인에게 국제전화요금으로 총 35,276,340원을 납부하였습니다.

나. 그러나 이에는 불법도용당한 전화요금이 포함되어 있으므로 이 부과조치는 부당합니다.

다. 따라서 이 부과조치를 철회하고, 정상적으로 사용된 것으로 보이는 3, 4월분 평균금액 3백만원을 제외한 32,276,340원을 환급받기 위하여 본 진정에 이른 것입니다.

2. 증거, 참고자료, 조사방법에 관한 의견

: 진정인의 의견을 기재한다.

3. 소송 또는 불복구제절차의 신청유무 등

: 다른 불복절차를 밟지 않았음(또는 현재 ○○지방법원에서 소송진행 중입니다).

4. 기타 참고사항

: 기타 참고할 사항이나 의견이 있는 경우에 기재한다.

20 년 월 일

위 진정인 김 갑 동 (인)

국민권익위원회 귀중

[사례 13] 수사과정에서 진정인이 적절한 대응을 하지 못한 경우

진 정 서

진 정 인　김　갑　동 (○○○○○○－○○○○○○○)
○○시 ○○구 ○○로 ○○(○○동)
(전화 : ○○○－○○○○, 이메일 : rlarms@naver.com)

피진정인　홍　길　동 (○○○○○○－○○○○○○○)
○○시 ○○구 ○○로 ○○(○○동)

진 정 취 지

귀청 ○○○검사실에서 피진정인을 사문서위조 및 동행사죄로 구속수사하는 과정에서 20○○. ○. ○.경 피진정인과 진정인이 대질조사를 하였는바 피진정인이 사실과 다른 주장을 하여 그 진실을 밝히고자 다음과 같이 진정합니다.

진 정 이 유

1. 피진정인은 부동산중개업자로서 피해자 정○○의 고소에 의하여 사문서위조 및 동행사죄로 현재 구속수사 중에 있는 것으로 알고 있으며, 위 사건에 진정인이 관여한 것은 전혀 없음에도 불구하고 피진정인이 이유도 없이 진정인을 공범으로 몰아가고 있어 답답할 뿐입니다.

2. 진정인은 최근 명예퇴직하여 특별히 하는 일이 없어 피진정인의 부동산사무실에 가끔 들러 바둑을 두면서 소일하곤 하였습니다. 그러던 중 진정인이 ○○○이란 사람을 사기죄로 고소한 일이 있어서 피진정인에게 상의한 결과 자신이 잘 알고 있는 법무사사무소에 가면 저렴한 비용으로 고소장을 잘 써 준다는 말을 듣고 피진정인과 함께 가서 고소장을 작성한 적이 있습니다.

3. 진정인이 피진정인과 함께 위 법무사사무소에 찾아 갔으나 당시 법무사는 외지로 출장이어서 그 사무원에게 부탁하여 고소장을 작성하였고 진정인으로서는 난생 처음 고소를 하는 것이어서 고소장을 어떻게 제출하는 것인지 조차도 몰랐으나 피진정인은 경험이 많았던지 검찰청 민원실을 동행해주어 편안하게 고소장을 접수하였습니다.

4. 그런데 피진정인은 위 사건으로 구속이 되자 피해자를 채무자로 한 허위의 차용증을 진정인과 함께 위 법무사사무소에 가서 작성한 것이라고 주장하였고, 참고인으로 나온 위 사무원도 피진정인에게 위 차용증을 작성해 줄 때에 진정인이 옆에 서 있어서 자신은 채무자가 진정인인 줄만 알고 피진정인에게 일방적으로 유리한 진술을 하는 것을 보고 진정인은 놀란 가슴으로 너무나 당황하여 말문이 막혔습니다.

5. 존경하는 검사님,
저는 너무나 억울합니다. 위 사무원은 진정인이 이전에 고소장을 작성할 때에 온 것을 착각하고 있는지 아니면 피진정인과 친한 관계로 거짓말을 하고 있는지는 모르겠으나 진정인은 위 차용증에 대해서는 전혀 아는 바가 없습니다.

6. 진정인의 추측으로는 진정인에게 어느 정도의 재산이 있음을 피진정인이 알고 있어서 진정인이 공범이 되면 피해자와의 합의를 보기에 좋을 것이라는 나쁜 마음을 먹고 있는지도 모르겠습니다. 검사님, 참고로 위 고소장 사본을 제출하오니 다시 한 번 위 법무사 사무원을 소환하는 등의 방법으로 진정인에게 아무런 혐의가 없음을 철저히 밝혀 주시기 바랍니다.

첨 부 서 류

1. 고소장 사본 1통

20 년 월 일

위 진정인 김 갑 동 (인)

○○지방검찰청 ○○○ 검사님 귀하

[사례 14] 교통사고처리특례법위반

진 정 서

진 정 인 김 갑 동 (○○○○○○-○○○○○○○)
○○시 ○○구 ○○로 ○○(○○동)
(전화 : ○○○-○○○○, 이메일 : rlarms@naver.com)

피진정인 홍 길 동 (○○○○○○-○○○○○○○)
○○시 ○○구 ○○로 ○○(○○동)

진 정 취 지

귀청의 20○○형제○○○호로 이미 공소권 없음으로 결정된 피진정인인 피의자에 대한 교통사고처리특례법위반 사건과 관련하여 피해자 ○○○의 친형인 진정인은 다음과 같은 사실로 피진정인을 진정하오니 철저히 조사하시어 처벌하여 주시기 바랍니다.

진 정 이 유

1. 피진정인에 대한 귀청 20○○형 제○○○호 사건에 의하면 피진정인이 승용차를 운전하고 20○○. 3. 10. 22:30경 서울 ○○구 ○○동 ○○마트 앞 횡단보도를 차량진행신호에 따라 진행하고 있는데 피해자가 술에 취한 상태로 갑자기 횡단보다 보행자 정지신호를 무시하며 뛰어 지나가는 바람에 충격하여 6개월간의 치료를 요하는 상해를 입게 하였으나 피진정인의 위 승용차가 자동차종합보험에 가입되어 있다는 이유로 20○○ 3. 25. 공소권 없음 결정을 한 바 있습니다.

2. 피해자는 사건 직후부터 2주일간 의식불명상태여서 위 사건과 관련하여 아무런 진술을 할 수 없는 상태였고, 피진정인은 피해자가 횡단보도 신호위반을 하였을 뿐만 아니라 횡단보도 바로 앞의 차로를 갑자기 뛰어 지나가는 바람에 사고가 발생한 것이고 자신은 교통신고를 위반한 사실이 없다고 변명하였으며 당시 피해자에 앞서서 위 횡단보도를 진행한 목격자들(40대 중반의 부부)이 한결같이 자신들이 횡단보도를 지난 후에 보행자신호가 바뀌는 것을 보았고 길을 지나다가 몇 초가 지난 후에 갑자기 승용차의 급브레이

크 소리를 들었고, 순간적으로 고개를 돌려 위 사고를 목격하게 되었다며 피의자의 변명과 같은 취지의 진술을 하였습니다.

3. 경찰은 이에 따라 피진정인이 종합보험에 가입한 것을 확인하고 검찰에 '공소권 없음' 의견으로 송치하였고 검찰에서는 추가적인 수사없이 경찰의견과 같이 피진정인을 불기소처분을 하였던 것입니다.

4. 피해자의 친형인 진정인은 위 사고소식을 사고발생 1주일 후에야 알게 되었습니다. 당시 피해자는 1년 전에 아내와 이혼하는 바람에 아이와도 떨어져 혼자 외롭게 생활하며 자주 술을 마시고 귀가하는 편이나 사고장소인 횡단보도는 피해자의 주거지 부근이고 매일 출퇴근시에 건너는 곳으로 편도 3차선의 넓은 도로이며 평소 밤늦게까지 차량 왕래가 많은 곳이라 아무리 피해자가 술에 취했다고 하여도 무단횡단을 하지는 않았을 것 같다는 의문을 가지게 되었고 피해자에게 의식이 돌아온 후에 피해자에게 물어보니 자신은 무단횡단을 한 사실이 없다는 것이었습니다.

5. 따라서 진정인은 친척들의 도움으로 사고현장 주변과 피진정인이 진행한 방향을 여러 차례 운전하면서 거리와 시간을 측정해 본 결과 피진정인이 사고 횡단보도 직전의 약 300미터 떨어진 사거리에서 차량신호를 기다렸다가 진행신호로 바뀌자마자 시속 약 70킬로미터로 진행해 오다가 횡단보도 앞에서 정지신호에 따라 속도를 줄이려고 하던 중 다시 차량진행신호로 바뀌어 그냥 진행 하려다가 사고가 발생한 것이라고 변명한 것은 이해하기 어렵고, 사고현장 주변에 스키드마크가 여러 있었는데 횡단보도 중앙지점부근에서 시작된 스키드마크가 더욱 선명하고 피진정인이 주장하는 차량속도에도 맞아 본 건 사고와 관련된 것으로 추측하고 있습니다.

6. 무엇보다 당시 목격자들을 다시 찾아가서 물어본 바 사건의 전모를 알 수 있었습니다. 목격자들인 두 부부는 이웃 주민들로서 쇼핑을 마치고 집에 가기 위하여 횡단보도를 거의 지날 무렵 승용차 급브레이크 소리를 듣고 사고를 목격하였는데 사고 직후 피진정인이 승용차에서 내려서 목격자들의 신원을 확인하고 피해자를 병원으로 후송한 후 자신들에게 목격자진술을 부탁하면서 "피해자는 생명에 지장이 없으나 의식불명이고 자신은 종합보험에 가입되어 있어 앞으로 충분한 위자료를 주어 보상할 테이니 피해자 걱정은 하지 않아도 된다. 피해자는 가족도 없는 부랑아인 반면 피진정인은 곧 결혼을 해야 할 사람인데 피진정인이 신호위반한 사실이 밝혀지면 구속될 것이 뻔

하다. 젊은 사람을 좀 살려달라."고 애원하여 인정상 허위진술을 하게 되었다는 것입니다.

7. 진정인이 목격자들에게 피해자는 오른쪽 다리가 영구적으로 불구가 될 전망이고 수사기관에서 피진정인을 처벌하지 않을 분위기가 되자 피진정인이 피해자를 거들떠보지도 않고 있다고 하니 자신들이 경찰에서 허위진술을 한 것을 사죄하고 앞으로 수사기관에서 추가조사를 해오면 사실대로 진술을 하겠다고 약속을 해주었습니다.

8. 피해자가 사고 직후 의식이 없음을 이용하여 범행을 부인하였을 뿐만 아니라 목격자들에게 허위진술을 부탁하는 등 사건을 조작하여 처벌을 모면한 피진정인의 죄질은 너무나 무겁다고 하겠습니다. 지금도 피해자는 여러 차례 수술을 받고도 다리를 절단해야 할 지경에 있습니다. 위 교통사고를 다시 철저히 재수사하시어 교통신호를 위반한 피진정인을 철저히 조사하시어 처벌하여 주시기 바랍니다.

첨 부 서 류

1. 목격자 ○○○ 확인서 1통
1. 목격자 ○○○ 확인서 1통

20 년 월 일

위 진정인 김 갑 동 (인)

○ ○ 지 방 검 찰 청 귀중

[사례 15] 사망원인이 불명확한 경우

진 정 서

진 정 인 이 미 녀 (○○○○○○－○○○○○○○)
○○시 ○○구 ○○로 ○○(○○동)
(전화 : ○○○－○○○○, 이메일 : dlalsu@naver.com)

진 정 취 지

귀청에서 사망자가 단순히 자살한 것으로 처리한 사건과 관련하여 사망자의 아내인 진정인은 다음과 같은 사실로 진정하오니 사망자의 사망원인을 분명히 밝혀 주시기 바랍니다.

진 정 이 유

1. 진정인의 남편인 김갑동은 20○○. 3. 10. 새벽에 남편이 근무하던 ○○은행 ○○지점의 옥상에서 국기게양대에 목을 맨 상태로 사망하였습니다.
남편은 사망 직전까지 자살을 할 만큼의 고민을 한다든지 하는 이상한 징조는 전혀 없었고 다만 은행 본점에서 사무감사가 나온다며 그 준비로 바쁘다며 진정인에게 며칠간 피곤함을 호소하였을 뿐이었습니다.

2. 그런데 사망 전날 밤 남편으로부터 야근을 해야 한다는 전화를 받았고 늦어지면 은행에서 일을 하다가 숙직실이 부근 여관에서 잘 수도 있으니 염려 말라고 하여 진정인으로서는 남편이 밤늦게까지 들어오지 않아도 사무감사 준비에 바빠서 그런 것으로만 알고 두 아이와 함께 잠을 잤는데 다음날 아침에 남편의 사망소식을 듣고 하늘이 무너져 내리는 것 같은 충격을 받았습니다.

3. 남편이 사망하였다는 소식을 접하고 너무나 정신없이 병원과 은행을 왔다갔다하면서 더욱 놀란 소식을 듣고 말았습니다. 남편은 그동안 은행자금을 3억원 이상 빼돌렸다가 사무감사 준비 중에 발각이 되었고 이 자금을 사무감사 전에 충당에 놓아야 되며 앞으로 징계는 물론 형사고소도 불가피하다는 지점장의 말에 고민을 하다가 위 3억원을 모두 충당하지 못하자 결국 유서를 남기로 자살을 하였다는 것이었습니다.

4. 은행 측에서는 남편의 죽음을 슬퍼하고 위로해 주기보다는 죄인 취급을 하는 분위기였고, 진정인으로서는 영문도 재대로 모른 채 은행 측의 주장만 믿을 수밖에 없었습니다.

5. 그런데 남편의 장례를 치르고 나서 점차 정신을 차린 후에 아무리 생각을 해도 남편의 자살을 믿을 수가 없었습니다. 남편과 진정인은 1남 2녀의 자녀를 두고 평범한 가운데 너무나 행복하게 살았습니다. 결혼생활 10년 동안 남편의 성격을 누구보다 잘 알고 있는 진정인으로는 남편이 은행 돈을 빼돌릴 사람이 아니라는 것입니다. 최근까지도 진정에게 3억원이란 큰돈이 절실히 필요한 것도 아니며 또한 남편이 그러한 돈의 일부나마 헤프게 사용하는 것을 보거나 눈치 채지도 못하였습니다.

6. 또한 남편의 유서를 사건 직후에는 전혀 경황이 없어 제대로 보지 못하였는데 나중에 은행에서 복사본으로 된 것을 보니 비슷하긴 하지만 남편의 필체는 아니었습니다. 따라서 남편의 수첩을 첨부하오니 남편의 필체와 남편의 유서라고 제출된 것과의 필체를 확인하여 주십시오. 이와 함께 은행에서 보관중인 남편이 기재한 각종 장부 등의 필체도 비교하여 주시기 바랍니다.

7. 진정인은 남편만을 의지하며 지금까지 살아왔으며 남편의 갑작스런 죽음으로 어린 자녀들과 함께 어떻게 살아갈지 암담하기만 합니다. 저의 생각으로는 남편이 3억원이란 돈을 빼돌릴 사람도 아닐 뿐만 아니라, 그렇다고 하여도 아내와 사랑하는 아이들을 버려두고 자살까지 할 사람은 더더욱 아니라고 확신하고 있습니다. 앞에서 본 바와 같이 남편의 필체로 보기에는 많은 의심이 있으니 철저히 재수사 하시어 남편의 억울한 죽음을 밝혀 주시기 바랍니다.

첨 부 서 류

1. 남편의 수첩 1부

20 년 월 일

위 진정인 이 미 녀 (인)

○ ○ 지 방 검 찰 청 귀중

[사례 16] 교통사고 피고인에 대한 엄벌 요구

진 정 서

진 정 인 김 갑 동 (○○○○○○－○○○○○○○)
○○시 ○○구 ○○로 ○○(○○동)
(전화 : ○○○－○○○○, 이메일 : rlarms@naver.com)

피진정인 홍 길 동 (○○○○○○－○○○○○○○)
○○시 ○○구 ○○로 ○○(○○동)

진 정 취 지

귀원 20○○고단 ○○○호로 현재 재판이 진행 중인 특정범죄범죄가중처벌법위반(도주차량) 사건과 관련하여 피해자 김영철의 부(父)인 진정인은 다음과 같은 사실로 진정하오니 피진정인을 엄히 처벌하여 주시기 바랍니다.

진 정 이 유

1. 피진정인에 대한 귀원 20○○고단 ○○○호 사건에 의하면 피진정인은 승용차를 운전하고 20○○. ○. ○. 15:30경 ○○시 ○○구 ○○동 ○○마트 앞 횡단보도를 차량진행신호를 무시하고 진행하는 바람에 마침 횡단보도 보행신고에 따라 횡단보도를 건너던 초등학교 1학년생인 피해자를 충격하여 피해자로 하여금 8주의 치료를 요하는 상해를 입히고도 즉시 정차하여 구호조치 함이 없이 도주한 자로 현재 구속된 상태에서 재판진행 중에 있습니다.

2. 피진정인은 경찰 수사과정에서 자신은 차량신고에 따라서 진행하였고 피해자의 신호위반 때문에 불가피하게 사고가 났으나 충격이 매우 약하였고 사고 직후에 차 안에서 피해자를 쳐다보니 횡단보도 바닥에 넘어졌던 피해자가 바로 일어나 걸어가는 것을 보고 별 문제가 없으리라 생각하고 계속 진행하였다고 변명하다가 목격자들의 진술에 따라 하는 수 없이 검찰에서 자신의 잘못을 인정하였다가 법정에서는 다시 경찰에서의 변명을 되풀이 하면서 자신은 자동차종합보험에 가입되어 있어 도주할 아무런 이유가 없었다고 주장하고 있습니다.

3. 또한 피진정인은 종합보험에 가입되어 있어 피해자 측이 보험회사로부터 치

료비는 물론 합의금까지 모두 받았음에도 불구하고 피해자의 부모가 너무나 무리하게 합의금을 요구하여 합의를 보지 못하고 있다는 주장을 하고 있으나 피해자는 수술과 입원치료를 받아야 하므로 두 달간이나 학교에 결석할 수밖에 없었고 지금까지도 교통사고 후유증으로 고생하고 있으며 사고 직후 피고인과 그 가족들이 2번 정도 병원에 찾아왔다가 피고인이 구속된 이후부터는 피고인의 가족들이 위로나 합의를 위하여 피해자를 방문한 적이 없습니다.

4. 더구나 20○○. ○. ○. 피고인에 대한 재판을 마치고 나오면서 진정인과 만난 피고인의 가족들은 진정인에게 "피고인이 저렇게 구속되어 고생하니 너희들 마음이 편하냐, 선고일자가 얼마 남지 않았는데 빨리 합의를 해주지 않으면 곤란할 것이다."라고 협박까지 하였습니다.

5. 진정인의 입장에서는 초등학교 1학년 밖에 되지 않는 피해자가 교통사고가 난지 4개월이 지났는데 계속해서 통근치료를 받아야 하고 친구들과 마음껏 뛰어 놀지도 못하는 것이 안타까울 뿐만 아니라 앞으로의 후유증도 매우 걱정되는 것입니다. 또한 진정인이 피해자의 교통사고로 인하여 돈을 벌어보자는 생각은 추호도 없지만 진정으로 자신의 잘못을 인정하지 못하고 구차한 변명한 급급한 채 협박까지 일삼는 피고인과 그 가족들은 보면 합의를 해주고 싶은 생각이 전혀 없습니다.

6. 존경하는 재판장님,
피해자나 목격자들의 진술뿐만 아니라 수사기관의 수사결과에 의하면 피고인은 횡단보도 보행자신호를 위반하여 피해자를 충격하였고 순간 목격자들이 없는 것 같고 피해자가 어린 학생인 것을 보고 급히 도주한 것이 분명하오니 진실을 밝혀주시고, 진심으로 피해자에게 사죄를 하지 않고 합의를 위한 노력도 하지 않은 상태로 법정에서 거짓말만 되풀이하는 피고인인 피진정인을 엄히 처벌하여 주시기 바랍니다.

20 년 월 일

위 진정인 김 갑 동 (인)

○○지방법원 형사 제○단독 귀중

[사례 17] 물품대금 사기

진 정 서

진 정 인 김 갑 동 (○○○○○○－○○○○○○○)
○○시 ○○구 ○○로 ○○(○○동)
(전화 : ○○○－○○○○, 이메일 : rlarms@naver.com)

피진정인 홍 길 동 (○○○○○○－○○○○○○○)
○○시 ○○구 ○○로 ○○(○○동)

진 정 취 지

진정인은 피진정인을 사기 등의 죄로 진정하오니 피진정인을 조사하시어 엄벌에 처하여 주시기 바랍니다.

진 정 이 유

1. 진정인은 ○○시 ○○구 ○○로 ○○(○○동) 소재 ○○군수협 지정중매인 제○○호 활선어 도소매업을 운영하는 자이고, 피진정인은 이 사건 당시 고소인과 유사한 업종을 운영하는 자입니다.

2. 피진정인은 20○○년도와 20○○년도 경에 피진정인에게 접근하여 자신에게 활선어를 공급하여 주면 틀림없이 위 거래대금을 곧 결제를 하겠다고 거짓말하여, 이를 믿는 진정인으로부터 수차에 걸쳐 금 27,100,000원 상당의 우럭, 상어 및 기타 잡어 등의 어류를 공급받고, 피진정인은 진정인에게 위 물품대금에 대하여 지급할 의사가 있는 것처럼 위 물품대금 중 금 14,100,000원에 대하여는 20○○. 1. 15. 지급하기로 한 약속어음을, 금 13,000,000원에 대하여는 20○○. 11. 28. 지급하기로 한 당좌수표를 각 발행, 교부하여 주었습니다.

3. 그런데, 피진정인이 교부한 위 약속어음과 수표는 진정인이 위 각 지급기일과 지급장소에 이를 각 제시하였으나, 예금부족 및 무거래란 이유로 각 지급거절되었습니다.

4. 따라서, 진정인은 피진정인에게 내용증명에 의한 통고서 등 여러 가지 방법

으로 위 거래대금을 지급할 것을 촉구하였으나 동 대금을 지급하지 않아, 진정인은 피진정인을 상대로 ○○지방법원 ○○지원에 매매매금 청구의 소(20○○가단○○○)를 제기하여 확정판결을 받았으나, 진정인이 조사한 바로는 피진정인은 위 대금을 처음부터 변제할 능력과 의사없이, 피진정인은 진정인과 거래를 끊고 연락처를 옮겨버리는 등 계획적이고 고의적인 수법으로 피진정인의 재물을 편취한 자입니다.

5. 그러므로, 피진정인은 위와 같은 수법으로 피진정인과 같은 영세민들로부터 자신의 영업세를 위장과시하여 이를 믿은 피해자들로부터 물품을 편취하여 착복하고는 자신이 가지는 재산이 없으니 실은 자신명의로 재산을 두지 않거나 타인명의로 돌려놓고 마음대로 하라는 수법으로 순박한 서민을 울리고 이로 인하여 지역경제를 피폐화시키는 지능적이고 계획적인 악질 경제사기범으로서 이러한 자를 사회정화차원에서 의법처단하지 않는다면 또다시 많은 피해자가 양산되어 가정과 사회가 혼란해지게 되므로 피진정인을 철저히 조사하시어 처벌하여 주시기 바랍니다.

입 증 방 법

1. 약속어음 사본 1통
1. 당좌수표 사본 1통

조사시 자세히 진술하겠습니다.

20 년 월 일

위 진정인 김 갑 동 (인)

○ ○ 경 찰 서 장 귀하

[사례 18] 직업소개소에서 소개비 등 명목으로 편취

진 정 서

진 정 인 김 ○ 택 (○○○○○○－○○○○○○○)
○○시 ○○구 ○○로 ○○(○○동)
(전화 : ○○○－○○○○, 이메일 : rlarms@naver.com)

피진정인 1. 조 ○ 근 (○○○○○○－○○○○○○○)
○○시 ○○구 ○○로 ○○(○○동)

2. 윤 ○ 찬 (○○○○○○－○○○○○○○)
○○시 ○○구 ○○로 ○○(○○동)

진 정 취 지

진정인은 피진정인들을 사기죄로 진정하오니 철저히 조사하시어 처벌하여 주시기 바랍니다.

진 정 이 유

1. 진정인은 위 주소지에서 다방업(휴게음식점)을 운영하고 있고, 피진정인 조○근은 위 주소지에 위치한 조○근 직업소개소의 소장이고, 피진정인 윤○찬은 위 직업소개소의 부장이란 직책으로 근무하는 자입니다.

2. 피진정인 윤○찬은 20○○. 8. 12. 진정인에게 진정외 다방종업원 2명을 소개해주겠다는 기화로 진정인으로부터 "소개비 등의 명목으로 금 2,300,000원을 송금해 주면 수원에서 일하고 있는 A급 아가씨들을 선불금 없이 20○○. 8. 25.까지 진정인이 운영하고 있는 다방에 틀림없이 종사하게 해주겠다"고 장담하여 진정인은 피진정인들에게 20○○. 8. 12. 금 2,300,000원을 (주) ○○은행 저축예금 계좌로(예금주 : 윤○찬, 계좌번호 : 123-456-7896123)로 송금한 사실이 있습니다.

3. 그 후 위 진정외 종업원 2명이 진정인의 다방에 오지 않아 진정인은 피진정인들에게 위 돈 2,300,000원을 돌려주던지, 아니면 2명의 다방종업원을 다시 소개하여 근무하게 할 것을 요구하였으나 아무런 의사표시를 하지 않고 있

습니다.

4. 따라서 피진정인들은 처음부터 다방종업원을 소개할 의사와 능력이 없음에도 불구하고 있는 것처럼 거짓말하여 이에 속은 진정인으로부터 위 돈을 편취하여 재산상 이득을 취득한 자들이므로, 진정인은 너무 억울하오니 피진정인들을 철저히 조사하시어 처벌하여 주시기 바랍니다.

입 증 방 법

1. 예금통장 사본 1통
1. 명함 사본 1통

조사시 자세히 진술하겠습니다.

20 년 월 일

위 진정인 김 ○ 택 (인)

○ ○ 경 찰 서 장 귀하

[사례 19] 다방업주가 윤락행위를 강요하고 선불금 편취

진 정 서

진 정 인 전 ○ 경 (○○○○○○－○○○○○○○)
○○시 ○○구 ○○로 ○○(○○동)
(전화 : ○○○－○○○○, 이메일 : rlarms@naver.com)

피진정인 1. 조 ○ 근 (○○○○○○－○○○○○○○)
○○시 ○○구 ○○로 ○○(○○동)

2. 윤 ○ 미 (○○○○○○－○○○○○○○)

○○시 ○○구 ○○로 ○○(○○동)

진 정 취 지

진정인은 피진정인들을 사기 등의 죄로 진정하오니 피진정인들을 철저히 조사하시어 처벌하여 주시기 바랍니다.

진 정 이 유

1. 피진정인 조○근은 위 주소지에서 "조○근 유료직업소개소"란 상호로 소개업을 운영하는 자이고, 피진정인 윤○미는 위 주소지에서 다방업(휴게음식점)을 운영하는 자입니다.

2. 진정인은 피진정인 조○근의 소개 하에 20○○. 8. 10. 진정인의 의사와 상관없이 피진정인 윤○미가 운영하는 위 다방에 종사하기로 한 조건으로 진정인이 다른 몇 군데 다방에서 종사하면서 지고 있는 선불금 7,000,000원과 피진정인 윤○미가 운영하고 있는 위 다방에 종사하기로 하고 선불금 명목으로 지기로 한 금 3,000,000원을 포함하여 합계금 10,000,000원을 처음에는 진정인이 부담하기로 하였으나, 이후 피진정인 조○근은 위 금 10,000,000원과 상관없이 선불금 명목으로 금 15,000,000원을 진정인이 부담하면 피진정인 조○근은 3개월 이내에 위 초과금 5,000,000원을 위 선불금 15,000,000원에서 공제할 의사가 없으면서 틀림없이 공제하겠다고 거짓말하여, 이에 속은 진정인은 아무런 증서 없이 이에 동의하고, 피진정인 조○근은 피진정인 윤○미로부터 금 15,000,000원을 교부받아 이중 금 5,000,000원을 편취하고, 진정인은 피진정인 윤○미가 운영하고 있는 위 다방에 근무하면서 주간에는 주로 차 배달을 하고, 야간에는 피진정인 윤○미의 강요에 못 이겨 진정인은 동인의 의사와 상관없이 속칭 시간을 나가게 되어 시간비(주로 후불제)를 못 받을 것을 두려워 주로 윤락행위를 하게 되는데, 진정인은 결국 버티지 못하고 10일간만 일하고 위 다방에서 그만두었고, 의복과 화장품 등은 피진정인 윤○미로부터 강취당했습니다.

3. 피진정인 조○근은 상당수 미성년자들을 두고 각 다방에 소개하면서 대부분 미성년자들을 법정대리인의 동의 없이 각 다방에 취업시키고, 이를 고용한 다방업주들은 미성년자들에게 주로 주간에는 차 배달을, 야간에는 시간을 나가게 하여 윤락행위를 방조하거나 조장하고 있습니다.

4. 이와 같이 진정인은 주로 피진정인 조○근이 소개하는 각 다방을 전전하며

하루 평균 16시간씩 장시간 근로하면서, 주간에는 주로 차 배달을 하고 야간에는 주로 다방업주의 눈치와 강요에 못 이겨 1시간에 금 25,000원으로 계산하여 보통 3시간 내지 10시간씩 속칭 시간비를 받고(후불제가 대부분) 시간을 나가게 되는데, 부득이 일부 손님들로부터 받지 못한 시간비와 부득이한 사정(병중 또는 가정사정으로 근로하지 않을 시에도 일부 다방에서는 선불금으로 일부 포함하는 경우가 있음)으로 발생한 채무에 대하여 1시간에 금 25,000원씩으로 계산한 돈을 입금케 하였고, 다방은 장시간 근로한 관계로 종업원들이 피로가 누적되면 부득이 매일 평균 3시간 정도 휴식을 취해야 다음 영업을 하는데 지장이 없게 되는데, 이러한 점을 감안하지 않고 일단 근무시간 중 배달외 시간에는 시간비란 명목으로 무조건 1시간에 금 25,000원씩으로 계산한 돈을 즉시 입금하지 않으면 모두 선불금으로 취급하여 가산하게 되었는데, 이러한 불합리한 계산방법으로 인하여 결국 진정인은 동인의 의사와 상관없이 금 15,000,000원의 빚만 누적되었습니다.

5. 피진정인 조○근은 같은 윤○미로부터 위 돈을 수령하였으나 3개월이 경과한 무렵, 진정인은 피진정인 조○근에게 위 돈 5,000,000원을 선불금에서 공제하여 줄 것을 간곡히 요구하였으나, 거절당하고 오히려 피진정인 조○근은 진정인의 집안에서는 다방업에 종사하는 줄 모르고 있다는 약점을 악용하여, 진정인의 집에 연락할 테니 알아서 하라는 식으로 오히려 큰소리 치고 있습니다.

6. 따라서 진정인은 정신적, 육체적으로 너무 힘든 실정이오니 하루빨리 가족품으로 돌아가 새로운 삶을 살아갈 수 있도록 피진정인들을 철저히 조사하시어 처벌하여 주시기 바랍니다.

입 증 방 법

조사시 자세히 진술하겠습니다.

20 년 월 일

위 진정인 전 ○ 경 (인)

○ ○ 경 찰 서 장 귀하

[사례 20] 주거침입 및 재물손괴 등

진 정 서

진 정 인 이 ○ 숙 (○○○○○○－○○○○○○○)
○○시 ○○구 ○○로 ○○(○○동)
(전화 : ○○○－○○○○, 이메일 : rlarms@naver.com)

피진정인 정 ○ 미 (○○○○○○－○○○○○○○)
○○시 ○○구 ○○로 ○○(○○동)

진 정 취 지

진정인은 피진정인을 주거침입 및 재물손괴 등의 죄로 진정하오니 철저히 조사하시어 처벌하여 주시기 바랍니다.

진 정 이 유

1. 진정인은 ○○시 ○○로 ○○동 ○○○ 지상 2층 건물에서 20○○. 11. 29.부터 임차하여 입주하여 거주하다가 현재는 서울에 거주하고 있는 자이고, 피진정인은 위 건물의 소유주로서 ○○시 ○○구 ○○로 ○○(○○동)에서 “○○○○○”란 상호로 음식점을 운영하는 자입니다.

2. 진정인은 20○○. 11. 29. 피진정인 소유의 ○○시 ○○구 ○○동 ○○○ 대 136㎡, 위 지상 2층 건물 전부에 대하여 전세금 30,000,000원을, 전세기간은 20○○. 11. 29.부터 20○○. 11. 28.까지(2년간)로 정하여 전세계약을 체결함과 동시 위 전세금을 일시불로 지급하였습니다.

3. 피진정인의 남편 진정외 박○철은 20○○. 10월초순경 진정인에게 찾아와 위 전세기간이 상당기간 남아있는데도 내용증명에 의한 계약해지없이 일방적으로 위 건물을 20○○. 10월 말일까지 비워달라고 하였습니다.

4. 그런데, 진정인인 중병으로 3개월 정도 서울에 있는 병원에 입원하여 위 건물에 없는 사이 피진정인은 진정인이 더 이상 생활할 수 없도록 함부로 위 건물에 무단 침입하여 진정인 소유의 기름보일러통 2개를 절단, 파손시켜 마당 한구석에 내버려 두었고, 건너편방에 설치된 에어컨 실외기를 절단하

여 사용할 수 없도록 창고 안에 방치하였고, 마당 항아리 안에 보관해 둔 소유의 곡식을 전부 못 먹도록 항아리 뚜껑을 파손시켰고, 세탁기를 부수어 한쪽에 치워 놓는 등 화장실문과 자질구레한 살림도구 등을 모두 시멘트를 발라서 사용할 수 없도록 한 자입니다.

5. 따라서, 진정인은 도저히 위 건물에서 생활할 수 없어 그날부터 거주지를 진정인의의 딸집에서 생활하고 있으며, 피진정인은 집주인이라는 이유하나 만으로 진정인에게 아무런 상의나 동의를 받지 않고 무단으로 진정인의 집에 침입하여 가재도구와 생활도구 등을 파손하는 등의 행위를 도저히 묵과할 수 없으므로, 피진정인을 귀서에 진정하오니 엄중히 조사하시어 처벌하여 주시기 바랍니다.

입 증 방 법

1. 사진 5매
   조사시 자세히 진술하겠습니다.

20 년 월 일

위 진정인 이 ○ 숙 (인)

○ ○ 경 찰 서 장 귀하

[사례 21] 물품거래대금 사기

진 정 서

진 정 인 이 ○ 진 (○○○○○○－○○○○○○○)
○○도 ○○군 ○○읍 ○○로 ○○
(전화 : ○○○－○○○○, 이메일 : rlarms@naver.com)

피진정인 1. 이 ○ 수 (○○○○○○－○○○○○○○)
○○시 ○○구 ○○로 ○○(○○동)

2. 신 ○ 현 (○○○○○○－○○○○○○○)
○○시 ○○구 ○○로 ○○(○○동)

진 정 취 지

진정인은 피진정인들을 사기죄로 진정하오니 철저히 조사하시어 처벌하여 주시기 바랍니다.

진 정 이 유

1. 진정인은 위 주소지에서 "○○○○"이란 상호로 수산물 도,소매업을 운영하는 자이고, 피진정인들은 공동으로 경기도 수원에서 수산물 유통 및 소매업을 운영하는 자들입니다.

2. 피진정인들은 20○○년 초순경 진정인에게 접근하여 자신은 위 장소에서 수산물 유통업 등을 하고 있으니 자신에서 낙지를 공급하여 주면 10일 결제를 하겠으며 앞으로도 계속하여 매수할 의향이 있는 것처럼 고소인을 속이고, 이를 믿는 고소인으로부터 외상대금 명목으로 금 28,000,000원 상당의 낙지를 편취하였습니다.

3. 그런데, 피진정인들은 위 대금을 10일이 경과하여도 지급하지 않아 진정인은 피진정인들에게 위 거래대금을 지급할 것을 수차 촉구하자 피진정인들은 진정인에게 위 거래대금을 변제할 의사가 전혀 없으면서 있는 것처럼 20○○년 말일까지는 틀림없이 갚겠다고 약속한 다음 피진정인 이○수는 20○○. 8. 6. 피진정인 신○현이 진정으로 연대보증한 것처럼 금 18,000,000원의 현금보관증을, 피진정인 신○현은 같은 날 피진정인 이○수가 진정으로 연대보증한 것처럼 금 10,000,000원의 현금보관증을 각 작성하여 고소인에게 교부하였습니다.

4. 그런데 피진정인들은 위 약속기일에 이르러 진정인에게 위 돈을 지급하지 않아, 진정인은 피진정인들에게 수차에 걸쳐 위 돈을 지급할 것을 촉구하자, 피진정인들은 위 돈의 지급을 회피하고 있을 뿐만 아니라 지급할 의사조차도 보이지 않고, 사업장은 폐쇄하고 도주하여 버리고, 소문에 의하면 피진정

인들은 다른 여러 사람들에게 까지도 계획적이고 고의적 수법으로 재산과 능력이 있는 것처럼 과시함으로써 진정인과 같은 사업이 생물(낙지)을 유통시키는 사업이므로 유통시한이 짧다는 약점을 이용하여 전량 매수한다는 미끼로 유혹하여 많은 사람들의 재물을 편취한 자들입니다.

5. 따라서, 진정인은 위와 같은 수법으로 산지 영세민들을 울리고 있는 피진정인들을 귀서에 진정하오니 다시는 선의의 피해자가 발생하지 않도록 철저히 조사하시어 엄벌하여 주시기 바랍니다.

입 증 방 법

1. 현금보관증 사본 2통
   조사시 자세히 진술하겠습니다.

20 년 월 일

위 진정인 이 ○ 진 (인)

○ ○ 경 찰 서 장 귀하

[사례 22] 허위의 재산목록 제출

진 정 서

진 정 인 김 ○ 철 (○○○○○○－○○○○○○○)
○○시 ○○구 ○○로 ○○(○○동)
(전화 : ○○○－○○○○, 이메일 : rlarms@naver.com)

피진정인 정 ○ 석 (○○○○○○－○○○○○○○)
○○시 ○○구 ○○로 ○○(○○동)

진 정 취 지

피진정인은 ○○지방법원 ○○지원에 허위의 재산목록을 제출한 자이므로 귀서에 진정하오니 철저히 조사하시어 처벌하여 주시기 바랍니다.

진 정 이 유

1. 진정인은 피진정인에 대하여 ○○지방법원 ○○지원 20○○가단 ○○○호 대여금 승소확정판결에 의한 집행권원을 가지고 있는 바, 피진정인이 위 채무를 이행하지 아니하여 강제집행을 실시하기 위하여 피진정인의 재산을 여러 가지로 탐색하여 보았으나 재산발견이 극히 어려워 위 법원에 재산명시신청서를 제출하여 20○○. 1. 10. 위 법원 20○○카명 ○○○호로 피진정인에 대한 재산관계명령결정을 득한 바 있습니다.

2. 그런데 피진정인은 위 법원으로부터 명시기일인 20○○. 2. 12.에 제출한 재산목록에는 사실과 달리 별첨과 같은 과세대장등재현황 및 부동산등기사항증명서상 피진정인 소유의 부동산이 있음에도 불구하고 이를 누락한 채, 허위의 재산목록을 작성하여 제출하였던 자로, 피진정인을 귀서에 진정하오니 엄중히 조사하시어 처벌하여 주시기 바랍니다.

입 증 방 법

1. 집행력있는 판결정본 사본 1통
1. 송달증명원 사본 1통
1. 재산관계명시기일통지서 1통
1. 재산관계명시명령결정 1통
1. 명시기일조서 등본 1통

조사시 자세히 진술하겠습니다.

20 년 월 일

위 진정인 김 ○ 철 (인)

○ ○ 경 찰 서 장 귀하

[사례 23] 공무상표시무효

진　　정　　서

진 정 인　이　○　준 (○○○○○○－○○○○○○○)
○○시 ○○구 ○○로 ○○(○○동)
(전화 : ○○○－○○○○, 이메일 : rlarms@naver.com)

피진정인　정　○　석 (○○○○○○－○○○○○○○)
○○시 ○○구 ○○로 ○○(○○동)

진　정　취　지

진정인은 피진정인을 공무상표시무효 등 죄로 진정하오니 철저히 조사하시어 처벌하여 주시기 바랍니다.

진　정　이　유

1. 진정인은 피진정인에 대하여 ○○지방법원 ○○지원 20○○카단 ○○○호 유체동산 가압류 결정에 따라 ○○지방법원 ○○지원 소속 집행관 김○현이 20○○. ○. ○. 15:30경 피진정인 소유의 ○○시 ○○구 ○○로 ○○(○○동)에 있는 유체동산을 채권자의 집행위임을 받아 위 법원 20○○카단 ○○○호 유체동산 가압류결정정본에 의하여 냉장고 1대 외 20점 시가 8,500,000만원 상당을 가압류하였으나, 피진정인은 위 유체동산 중 냉장고 1대와 텔레비젼 1대를 임의처분함과 동시에 그 물건에 부착한 가압류표시를 자기 마음대로 함부로 제거하여 그 효용을 해한 자입니다.

2. 따라서 위와 같은 사실로 피진정인을 진정하오니 철저히 조사하시어 처벌하여 주시기 바랍니다.

입　증　방　법

조사시 자세히 진술하겠습니다.

20　년　월　일

위 진정인 이 ○ 준 (인)

○ ○ 경 찰 서 장 귀하

[사례 24] 강제집행면탈 등

진 정 서

진 정 서 ○○○농업협동조합
○○시 ○○구 ○○로 ○○(○○동)
대표자 조합장 최 ○ 수
위 대리인 대리 지 ○ 준 (○○○○○○－○○○○○○○)
(전화 : ○○○－○○○○, 이메일 : rlarms@naver.com)

피진정인 1. 홍 ○ 진 (○○○○○○－○○○○○○○)
○○시 ○○구 ○○로 ○○(○○동)

2. 이 ○ 훈 (○○○○○○－○○○○○○○)
○○시 ○○구 ○○로 ○○(○○동)

진 정 취 지

진정인은 피진정인들을 강제집행면탈 등의 죄로 진정하오니 철저히 조사하시어 처벌하여 주시기 바랍니다.

고 발 사 실

1. 진정인은 피진정인 홍○진에게 20○○. ○. ○. 일반자금대출로 금 20,000,000원을 대여하면서, 대출기간만료일은 20○○. ○. ○. 이자는 연 12%, 연체이율은 연 18%로 정하여, 매월 20일마다 후취로 이자를 지급하기로 하되, 만약 대출기간만료일에 위 채무를 이행하지 않거나, 이자를 지급하여야 할 때

로부터 계속하여 1개월간 지체하는 등의 사유로 기한의 기익을 상실할 때에는 그때로부터 차용금잔액 전부에 대하여 일시에 지급하기로 대출거래약정을 하면서, 진정외 김○자와 같은 김○숙은 위 약정시 연대보증하였습니다.

2. 그런데, 피진정인 홍○진은 위 대출금에 관하여 20○○. ○. ○.까지의 이자만을 지급하고, 그 후 20○○. ○. ○. 불입하여야 할 이자를 계속하여 1개월 이상 지체하여, 피진정인 홍길동에게 위 채무를 변제하지 아니하면 법적 절차를 취하겠다는 최고장을 송부하였더니 급기야 피진정인 홍○진은 제3자인 피진정인 이○훈과 공모하여 피진정인 홍○진의 재산에 강제집행을 면할 수 있도록 채권자를 피진정인 이○훈으로 하여 허위로 작성한 약속어음 공정증서에 기한 금 100,000,000원의 채권액을 가지고 피진정인 홍○진이가 제3채무자인 진정외 ○○시(소관 : ○○시청)으로 지급받을 급료 및 퇴직금에 대하여 채권압류 및 전부명령 결정을 받아 놓았습니다.

3. 따라서, 피진정인들은 진정인이 피진정인 홍○진의 재산에 대하여 법적절차에 의한 강제집행에 임하여라도 그 실효를 거둘 수 없게끔 피진정인 홍○진의 재산에 대하여 허위의 채무를 부담함으로서 진정인에 대한 채무를 면탈하여 동인을 해한 자들이므로 피진정인들을 귀서에 진정하오니 철저히 조사하시어 처벌하여 주시기 바랍니다.

입 증 방 법

1. 최고장 사본 3통
1. 채권압류 및 전부명령결정정본 사본 1통

조사시 자세히 진술하겠습니다.

20 년 월 일

위 진정인 ○○○농업협동조합
조합장 최 ○ 수 (인)
위 대리인 지 ○ 준 (인)

○ ○ 경 찰 서 장 귀하

[사례 25] 불법 도축행위

진 정 서

진 정 인 김 ○ 윤 (○○○○○○－○○○○○○○)
○○시 ○○구 ○○로 ○○(○○동)
(전화 : ○○○－○○○○, 이메일 : rlarms@naver.com)

피진정인 박 ○ 인 (○○○○○○－○○○○○○○)
○○시 ○○구 ○○로 ○○(○○동)

진 정 취 지

피진정인은 불법으로 도축행위 등을 한 자인 바, 피진정인을 귀서에 진정하오니 철저히 조사하시어 처벌하여 주시기 바랍니다.

진 정 이 유

1. 진정인은 ○○시 ○○구 ○○로 ○○(○○동) 소재 ○○물산 주식회사의 대표이사이고, 피진정인은 ○○시 ○○구 ○○로 ○○(○○동)에 거주한 자입니다.

2. 누구나 가축을 도살하거나 해제할 시는 법률에 규정한 도축장이나 수육가공 공장을 갖추고 인가 등이 필요함에도 불구하고 피진정인을 이를 거치지 않고 불법으로 도축행위 등을 한 사실이 있습니다.

3. 진정인은 20○○. 7. 25. 오후 5시경 주민의 신고를 받고 위 피진정인의 주소지에 가보았는데 ○○시 ○○구 ○○로 ○○(○○동) 소재 정○석의 창고에서 불법으로 도축하여 이미 고기는 진정외 마을사람들에게 판 사실이 있습니다.

4. 따라서 위와 같은 사실로 피진정인을 진정하오니 철저히 조사하시어 처벌하여 주시기 바랍니다.

입 증 방 법

1. 소가죽 갈비 1짝

1. 자가도축허용범위 공문 1통
1. 밀도살에 관계된 법규 1통
조사시 자세히 진술하겠습니다.

20 년 월 일

위 진정인 김 ○ 윤 (인)

○ ○ 경 찰 서 장 귀하

[사례 26] 성추행자 처벌 요구

진 정 서

진 정 인 이 미 녀 (○○○○○○－○○○○○○○)
○○시 ○○구 ○○로 ○○(○○동)
(전화 : ○○○－○○○○, 이메일 : rlarms@naver.com)

피진정인 경찰청장

진 정 취 지

진정인의 딸을 성추행한 자를 진정하오니 처벌하여 주시기 바랍니다.

진 정 이 유

1. 진정인의 딸은 중학생으로서 학원에서 돌아오는 도중에 어떤 중학생쯤으로 보이는 남자가 서성이더니 지나가는 진정인의 딸을 붙잡고 가슴을 만졌다고 합니다.
위 남자는 모자를 썼으며 체구는 160정도에 마른체형으로 보인다고 합니다.

2. 매스컴을 통해 뉴스로만 들었지만 실제로 내 딸 아이가 당하니 정말 분통이 터집니다. 진정인의 딸처럼 또 다른 피해자가 생기지 않도록 철저히 수사하시어 처벌하여 주시기 바랍니다.

첨 부 서 류

1. 목격자 진술서 1부

20 년 월 일

위 진정인 이 미 녀 (인)

경 찰 청 장 귀하

[사례 27] 도박 등 질서문란자 처벌 요구

진 정 서

진 정 인 김 갑 동 (○○○○○○－○○○○○○○)
○○시 ○○구 ○○로 ○○(○○동)
(전화 : ○○○－○○○○, 이메일 : rlarms@naver.com)

피진정인 경찰청장

진 정 취 지

지하철 3호선 ○○역 만남의 광장에서 발생하고 있는 도박 등 질서문란자를 단속하여 주시기 바랍니다.

진 정 이 유

1. 만남의 광장 안쪽 예술무대에는 2, 3일 전부터 도박자들이 모여서 일명 짤짤

이 하고 있으며 수천만원이 오가는 윷놀이, 포커, 고스톱 등 화투판을 차려 놓고 도박을 일삼고 있으며 이들은 술 먹고 난동 부리고 아무데서나 괴성을 지르고 방뇨를 하고 있습니다. 이들은 경찰이 오는 길목에서 엿보는 사람들을 배치하거나 도박하는 장소와는 다른 곳에서 일부러 싸움을 해서 경찰의 시선을 피하고 있으며 특히 20:00-24:00분까지 가장 크게 도박을 하고 있고, 사기도박꾼들까지 전국적으로 모여들고 있습니다.

2. 위와 같이 법질서를 문란케 하는 도박 및 질서 문란자를 하루 빨리 단속하여 처벌하여 주시기 바랍니다.

첨 부 서 류

1. ○○○○○○○○ 1부
2. ○○○○○○○○ 1부

20 년 월 일

위 진정인 김 갑 동 (인)

경 찰 청 장 귀하

[사례 28] 전화폭력자 처벌 요구

진 정 서

진 정 인 이 미 녀 (○○○○○○－○○○○○○○)
○○시 ○○구 ○○로 ○○(○○동)
(전화 : ○○○－○○○○, 이메일 : rlarms@naver.com)

피진정인 경찰청장

진 정 취 지

진정인에게 전화폭력한 자를 처벌하여 주시기 바랍니다.

진 정 이 유

1. 진정인은 남편이 바람을 피워 현재 남편과 별거중인데 남편과 바람피운 여성이 진정인에게 1년 2개월 정도에 거쳐 계속하여 언어폭력을 하고 있습니다.

2. 그리고 며칠 전에는 위 여성이 진정인에게 "야 미친년아"라고 휴대폰 문자메시지를 보내왔습니다. 진정인의 휴대폰번호를 2달 전에 바꾸었는데 어떻게 알았는지 바꾼 번호도 알고 있습니다. 그런데 최근에는 언어폭력이 멈춘다 싶더니 사무실, 집, 핸드폰으로 전화를 걸어서 아무 말도 하지 않고 전화를 끊는 횟수가 하루에 20회가 넘습니다. 그런데 위 여자의 핸드폰으로 연락하는 게 아니고 공중전화를 이용해서 하기 때문에 입증할만한 증거자료가 충분하지 않는데 답답하기만 합니다.

3. 따라서 위와 같은 사실을 들어 진정하오니 철저히 수사하시어 처벌하여 주시기 바랍니다.

첨 부 서 류

1. ○○○○○○○ 1부
2. ○○○○○○○ 1부

20 년 월 일

위 진정인 이 미 녀 (인)

경 찰 청 장 귀하

[사례 29] 도난신고 후 진행상황 답변요청

진 정 서

진 정 인 김 갑 동 (○○○○○○－○○○○○○○)
○○시 ○○구 ○○로 ○○(○○동)
(전화 : ○○○－○○○○, 이메일 : rlarms@naver.com)

피진정인 경찰청장

진 정 취 지

도난사고신고 후 어이없는 사후조치에 관한 진행상황을 알고 싶습니다.

진 정 이 유

1. 진정인은 20○○. ○. ○. 도난신고를 한 후 어이없는 상항을 경험했습니다. 도난사고 후 13일이 경과할 무렵 담당형사가 정해졌고 담당형사는 누군지 알 수도 없고 15일이 지나서야 담당형사가 아닌 민원실 여직원이 전화 한통 해서는 민원신청되었다는 말과 사고사항에 대한 애기나 하고 신청한 민원이 경찰청에서 처리되었다는 문자나 오고 사건이 어떻게 되어 가는지 설명해주는 사람은 하나도 없습니다. 경찰관 분들이 힘들다는 건 알고 있지만 민원신청하는 진정인도 힘이 듭니다. 어떻게 되어가는 지도 모르고 마냥 기다리고만 있어야 하니 좀 화도 나고 실망만 늘어갑니다.

2. 따라서 위 사건에 관한 진행상황을 알 수 있도록 답변하여 주시기 바랍니다.

첨 부 서 류

1. ○○○○○○○ 1부
2. ○○○○○○○ 1부

20 년 월 일

위 진정인 김 갑 동 (인)

경 찰 청 장 귀하

[사례 30] PC방 이용대금 미납 후 도주

진 정 서

진 정 인 김 갑 동 (○○○○○○－○○○○○○○)
○○시 ○○구 ○○로 ○○(○○동)
(전화 : ○○○－○○○○, 이메일 : rlarms@naver.com)

피진정인 경찰청장

진 정 취 지

피민원인을 알 수 없어 신고하오니 처리하여 주시기 바랍니다.

진 정 이 유

1. 진정인은 ○○시 ○○구 ○○로 ○○(○○동)에서 PC방을 운영하고 있습니다. 중학생 정도로 보이는 미성년자 2명이 20○○년 2월 10일 오전 9시경부터 오후 5시경까지 PC를 사용하고 요금 ○○○원을 내지 않고 돌래 도망갔습니다.

2. 위 미성년자 중 1명이 넥슨사의 워록이라는 게임을 로그아웃하고 가지 않아서 게임사에 접속 중인 캐릭터명과 아이디 등을 알리고 연락처 등 개인정보를 받고자했지만 게임사측에서는 개인정보보호차원에서 알려줄 수가 없다고 합니다.
   게임사측에서 해당정보를 받기 위해서는 경찰서에 신고해서 협조공문을 받아야만 알려줄 수 있다고 해서 신고하게 되었으므로 조속히 처리하여 주시기 바랍니다.

첨 부 서 류

1. ○○○○○○○ 1부

2. ○○○○○○○ 1부

20 년 월 일

위 진정인 김 갑 동 (인)

경 찰 청 장 귀하

[사례 31] 횡단보도 설치 요망

진 정 서

진 정 인 김 갑 동 (○○○○○○－○○○○○○○)
○○시 ○○구 ○○로 ○○(○○동)
(전화 : ○○○－○○○○, 이메일 : rlarms@naver.com)

피진정인 경찰청장

진 정 취 지

횡단보도를 설치하여 주시기 바랍니다.

진 정 이 유

1. 인천시 ○○구 ○○구청부터 ○○역(1.9㎞거리)까지의 6~8차선 도로에 횡단보도는 단 세 개뿐입니다. 제가 장애인이 아닌 비장애인이기에 불편함을 잘 모르고 살았으나, 아이가 생겨 유모차를 끌고 다니다 보니. 동네를 돌아다니는 것조차 굉장히 힘들다는 사실을 깨달았습니다. 횡단보도가 있는 곳까지 가서 길을 돌아서 다니거나 아니면 혼자서는 못 가고 꼭 둘이서 유모차를 들고 지하도를 이용하는 방법만 있더군요. 구청도 있고 ○○구에서 ○○역을 중심으로 한 지역인데 그런 곳에 사람이 먼저가 아닌 차가 우선한

도로라고 하니 이해가 안됩니다.

2. 또한 ○○역 부근에 횡단보도 설치는 아마도 지하상가의 민원으로 힘들 수도 있겠지만(참고로 ○○역에 버스중앙차로로 인해 횡단보도가 생겼을 때 ○○지하상가의 민원으로 시끄러웠으나 결국은 사람들의 편의성이 우선시 되었습니다) 가장 우선이 되어야 하는 것은 사람들의 편의성이라고 생각합니다. 장애인, 비장애인, 어린 아이 모두가 편리한 ○○구를 만들어 주시기를 부탁드립니다.

첨 부 서 류

1. ○○○○○○○○ 1부
2. ○○○○○○○○ 1부

20 년 월 일

위 진정인 김 갑 동 (인)

경 찰 청 장 귀하

[사례 32] 불법 주정차한 차량 단속 요망

진 정 서

진 정 인 김 갑 동 (○○○○○○－○○○○○○○)
○○시 ○○구 ○○로 ○○(○○동)
(전화 : ○○○－○○○○, 이메일 : rlarms@naver.com)

피진정인 경찰청장

진 정 취 지

고속도로 갓길에 주정차 하고 있는 렉카차를 해결하여 주십시오.

진 정 이 유

1. 경부하행선에서 영동선 진입하던 중 중간 중간 갓길에 렉카차가 2~3대씩 정차하고 있었습니다. 그리고 고속도로 하행선 서울 톨게이트 나오자마자 우측갓길에는 많은 차량이 주정차 하고 있습니다.

2. 따라서 위와 같은 차량이 주정차 하지 않도록 대책을 강구하여 주시기 바랍니다.

첨 부 서 류

1. ○○○○○○○○ 1부
2. ○○○○○○○○ 1부

20 년 월 일

위 진정인 김 갑 동 (인)

경 찰 청 장 귀하

[사례 33] 장애인 등록 요청

진 정 서

진 정 인 이 미 녀 (○○○○○○－○○○○○○○)
○○시 ○○구 ○○로 ○○(○○동)
(전화 : ○○○－○○○○, 이메일 : rlarms@naver.com)

피진정인 보건복지부장관

진 정 취 지

장애인등록을 요청합니다.

진 정 이 유

1. 진정인은 화교 2세와 결혼한 한국 사람입니다. 저의 남편은 이곳에 영주권도 가지고 있고 의료보험카드도 있으며 세금도 내고 있습니다. 그런데 작년 8. 31. 하나뿐인 저의 아들이 교통사고를 당해 장애를 가지고 있습니다. 장해복지카드를 만들려고 동사무소와 구청을 찾아 다녔으나 해당이 되지 않는다고 합니다. 사고가 나서 아무런 보상도 받지도 못하고 의료보험카드로 병원비를 지불하고 있습니다. 이달 말이면 1년이 됩니다. 그 동안에 열심히 일해서 마련한 집도 은행에 저당 잡혀 병원비로 써왔습니다. 그런데 왜 세금도 내고 의료보험카드도 정부에서는 다 내주면서 왜 장애복지카드는 안되는지 궁금합니다.

2. 아무런 잘못도 없이 어처구니없이 당해야하는 17살의 아들을 생각하면 가슴이 쓰리고 아프지만 저희 아들에게도 장애인등록을 하여 장애인복지카드를 부여하여 주시기 바랍니다.

첨 부 서 류

1. ○○○○○○○○ 1부
2. ○○○○○○○○ 1부

20 년 월 일

위 진정인 이 미 녀 (인)

보 건 복 지 부 장 관 귀하

[사례 34] 산후조리원에서의 피해

진 정 서

진 정 인 이 미 녀 (○○○○○○－○○○○○○○)
○○시 ○○구 ○○로 ○○(○○동)
(전화 : ○○○－○○○○, 이메일 : rlarms@naver.com)

피진정인 보건복지부장관

진 정 취 지

산후조리원에서의 피해를 진정하오니 개선하여 주시기 바랍니다.

진 정 이 유

1. 저희 언니는 아이를 출산한 후 병원에서 소개해준 산후조리원에서 요양을 하였는데 이 산후조리원에서 많은 신체상의 피해를 입었습니다. 산후조리원 ○○점에서 저희 언니가 조리를 했습니다. 약 5일정도 조리 후 언니는 폐렴과 자궁 안에 피가 고이고 염증이 생기는 등 고열에 시달리다 병원으로 실려 갔습니다. 결국 의사들은 산후조리를 잘 못해서, 그리고 재대로 영양을 보충하지 못해서 병이 생겼다고 진단을 내렸습니다.

2. 따라서 위와 같은 사실로 진정하오니 조리원의 문제점을 조사하시어 개선하여 주시기 바랍니다.

첨 부 서 류

1. ○○○○○○○ 1부
2. ○○○○○○○ 1부

20 년 월 일

위 진정인 이 미 녀 (인)

보 건 복 지 부 장 관　　　귀하

[사례 35] 부당한 전직강요행위 방안

진　　정　　서

진 정 인　　이　　미　　녀 (○○○○○○－○○○○○○○)
　　　　　　○○시 ○○구 ○○로 ○○(○○동)
　　　　　　(전화 : ○○○－○○○○, 이메일 : rlarms@naver.com)

피진정인　　고용노동부장관

진　정　취　지

부당한 전직강요에 대한 피해를 해결하여 주시기 바랍니다.

진　정　이　유

1. 저는 노인전문요양원에서 간호조무사로 입사해서 1년 반쯤 근무 중인데 경영혁신을 내세워 갑자기 간호사로 대체한다며 요양보호사로 근무를 강요하며 1달 유예기간을 주었습니다. 그런데 저는 받아들일 수 없다고 현재 맞서고 있습니다.

2. 위 요양원은 군위탁으로 운영되는 곳인데 이 상황에서 대처할 수 있는 방안이 있는지요. 그리고 자진하여 그만 두게 되면 실업급여를 받을 수 있는지 궁금합니다.

첨　부　서　류

1. ○○○○○○○　　　　　　1부
2. ○○○○○○○　　　　　　1부

20　　년　　월　　일

위 진정인 이 미 녀 (인)

고 용 노 동 부 장 관 귀하

[사례 36] 실업급여 대상인지 답변 요망

진 정 서

진 정 인 이 미 녀 (○○○○○○－○○○○○○○)
○○시 ○○구 ○○로 ○○(○○동)
(전화 : ○○○－○○○○, 이메일 : rlarms@naver.com)

피진정인 고용노동부장관

진 정 취 지

실업급여 대상이 되는지 알고 싶습니다.

진 정 이 유

1. 저는 ○○공단 무역회사에 근무하고 있는 26세 된 여성입니다. 당사에서 근무한지는 만 2년 11개월쯤 되었습니다. 여기서 해외영업 업무를 하고 있는데 당사 해외 판권이 국내 다른 회사로 이관되면서 해외업무가 70% 정도 감소하였습니다. 제가 원하는 업무는 해외영업쪽 일을 하는 것인데 이제는 국내 영업관리의 일을 해야만 합니다. 해외업무가 아예 없어진 것은 아니고 해외업무가 15%, 국내업무가 75% 정도를 해야 하는 상황이라면 이것도 실업급여 대상이 되는지요. 이미 사직서를 쓴 상황이고 부서장으로부터 그나마 하고 있던 해외 업무 일 관련해서 오늘부로 해외업무에서 손을 떼라는 통보까지 받았습니다.

2. 그렇다면 저는 국내업무를 할 의사가 없으므로 더 이상 당사에 남아있을 이유가 없습니다. 이런 경우 실업급여 대상이 되는지 알고 싶습니다.

첨 부 서 류

1. ○○○○○○○ 1부
2. ○○○○○○○ 1부

20 년 월 일

위 진정인 이 미 녀 (인)

고 용 노 동 부 장 관 귀하

[사례 37] 유휴지 경작신청

진 정 서

진 정 인 김 갑 동 (○○○○○○－○○○○○○○)
○○시 ○○구 ○○로 ○○(○○동)
(전화 : ○○○－○○○○, 이메일 : rlarms@naver.com)

피진정인 국방부장관

진 정 취 지

유휴지 경작을 허락하여 주시기 바랍니다.

진 정 이 유

저는 경기도 ○○시에서 40년 이상 소작인으로써 농사를 직접 재배하면서 살고 있습니다. 그러면서도 남의 농사만 짓고 살아가는데 우연히 ○○시 ○○동 123-6 땅이 국방부 땅이 유휴지로 그대로 방치되어 있어 위 토지를 임대받아 농사를 짓고 싶어 임대를 신청합니다. 단, 군사목적에 필요하거나 원소유자에게 매각시 지체 없이 반환토록 하겠습니다.

첨 부 서 류

1. ○○○○○○○ 1부
2. ○○○○○○○ 1부

20 년 월 일

위 진정인 김 갑 동 (인)

국 방 부 장 관 귀하

[사례 38] 수산생물의 환경보전 건의

진 정 서

진 정 인 김 갑 동 (○○○○○○－○○○○○○○)
○○시 ○○구 ○○로 ○○(○○동)
(전화 : ○○○－○○○○, 이메일 : rlarms@naver.com)

피진정인 환경부장관

진 정 취 지

수상생물의 환경을 보전하여 주시기 바랍니다.

진 정 이 유

1. 현재 대다수 하천의 공사구조물이 콘크리트(시멘트) 구조물입니다. 콘크리트 구조물을 설치하면 콘크리트 본래의 유독물질과 미세입자 때문에 공사구

역과 하류의 생명체들이 대부분 죽게 되고 일정시간이 지나면 상류의 생명체들이 다시 와서 살게 되지만 방대하고 지속적인 콘크리트 공사로 대부분 수상생물이 사라졌고, 앞으로도 사라질 것입니다.

2. 그러므로 석조(돌, 흙) 구조물이 가능한 부분은 석조구조물이나 친환경 자재로 대체하여 주시기 바랍니다.

첨 부 서 류

1. ○○○○○○○ 1부
2. ○○○○○○○ 1부

20 년 월 일

위 진정인 김 갑 동 (인)

환 경 부 장 관 귀하

[사례 39] 불법폐기물의 무단매립행위 개선 요구

진 정 서

진 정 인 김 갑 동 (○○○○○○－○○○○○○○)
○○도 ○○군 ○○읍 ○○로 ○○
(전화 : ○○○－○○○○, 이메일 : rlarms@naver.com)

피진정인 환경부장관

진 정 취 지

불법폐기물의 무단매립행위 개선요청

진 정 이 유

1. 저는 전남 ○○군 ○○읍에 거주하는 평범한 주민입니다.
20○○년 3월 1일 가동을 시작한 ○○군 종합폐기물처리장이 1년이 지나 2년째로 접어들었으나 주민들의 요구가 받아들여지지 않고 있습니다. 이곳 ○○군폐기장은 석회암지대에 위치하고 있어 지반이 부실하고 동공을 내제하고 있어 침출수의 위험이 항상 도사리고 있는 곳임에도 시설가동 1여년이 지난 지금까지도 주변 영향지역 결정고시와 환경영향성 검토를 하지 않고 있으며 1년여 동안 분리되지 않은 생활폐기물과 사업장폐기물. 거기다가 건설폐기물, 병원성폐기물까지 무분별하게 반입되어 소각 매립되고 있습니다. 이러한 상황을 판단하여 담당공무원과 과장 및 부군수에게 까지 시정을 요구하였으나 이들은 묻고 넘어가자는 식으로 일관하고 있으며 비용과 주민들의 불편을 무기로 지역주민을 억누르고 있습니다. 시설을 반대하였던 주민들은 시설의 가동과 동시에 시설안전점검을 요구하였지만 이 또한 받아들이지 않고 있습니다.

2. 따라서 저와 주민들은 이 시설에 지난 1년 동안 매립되어있는 폐기물을 확인하여 잘못된 부분을 시정하려고 장비를 동원하여 파내려 하였지만 ○○군은 공권력을 동원하여 주민들을 범죄자로 만들었습니다. 제발 힘없는 주민들을 위하여 안전하게 살 수 있도록 도와주시기 바랍니다.

첨 부 서 류

1. ○○○○○○○ 1부
2. ○○○○○○○ 1부

20 년 월 일

위 진정인 김 갑 동 (인)

환 경 부 장 관 귀하

[사례 40] 곤충사육행위 허가 요청

진 정 서

진 정 인 김 갑 동 (○○○○○○－○○○○○○○)
○○도 ○○군 ○○읍 ○○로 ○○
(전화 : ○○○－○○○○, 이메일 : rlarms@naver.com)

피진정인 농림축산식품부장관

진 정 취 지

곤충사육을 법적으로 허가할 수 있도록 조치하여 주시기 바랍니다.

진 정 이 유

1. 저는 장수풍뎅이와 사슴벌레를 사육하고 있습니다. 곤충사육이 법적으로 보장되고 있지 않아 어려움이 많습니다.

2. 전남 함평이나 충남 예산에서는 지방자치단체에서 적극적으로 곤충산업을 추진 지원하고 있고, 그 외에도 전국 여러 지방자치단체에서 곤충산업을 지원하고 있는데 곤충사육이 법적으로는 보장되지 않고 있습니다.

3. 따라서 곤충사육이 친환경축산업이라면서 왜 법적으로 인정되지 아니한지 알고 싶습니다.

첨 부 서 류

1. ○○○○○○○ 1부
2. ○○○○○○○ 1부

20 년 월 일

위 진정인 김 갑 동 (인)

농림축산식품부장관 귀하

[사례 41] 부양비율에서 제외 요청

진 정 서

진 정 인 김 갑 동 (○○○○○○－○○○○○○○)
○○시 ○○구 ○○로 ○○(○○동)
(전화 : ○○○－○○○○, 이메일 : rlarms@naver.com)

피진정인 병무청장

진 정 취 지

연락이 안 되는 누나를 부양비에서 제외시켜 주십시오.

진 정 이 유

1. 저는 일찍 결혼을 했습니다. 20개월 된 아이가 2명 있습니다. 아버지는 일찍 돌아가시고 어머니는 다른 분과 재혼을 하셔서 살고 계십니다. 저의 형제로는 위로 누나 2분이 계시는 데 작은 누나가 연락이 되지 않습니다. 큰 누나는 시집을 갔기에 부양비율에서 제외되나 작은 누나가 있어 부양비율이 맞지 않는다고 하네요. 연락도 안 되는 누나로 인해 저희 가족들의 생계유지가 무척 어렵습니다.

2. 따라서 연락이 안 되는 누나를 부양비율에서 제외시켜 저희 가족들의 생계에 도움을 주었으면 합니다.

첨 부 서 류

1. 가족관계등록부 1부
2. ○○○○○○○ 1부

20 년 월 일

위 진정인 김 갑 동 (인)

병 무 청 장 귀하

[사례 42] 건축허가거부처분의 취소 요구

진 정 서

진 정 인 김 갑 동 (○○○○○○－○○○○○○○)
○○시 ○○구 ○○로 ○○(○○동)
(전화 : ○○○－○○○○, 이메일 : rlarms@naver.com)

피진정인 국토교통부장관

진 정 취 지

진정인의 도시형 실버타운 신축공사를 피신청인이 정당한 근거 없이 한 건축허가거부처분을 취소하여 주시기 바랍니다.

진 정 이 유

1. 진정인은 20○○. ○. ○. ○○시 ○○구 ○○로 ○○(○○동)에 소재한 부지에 도시형 실버타운을 신축하고자 ○○시청에 신축허가신청을 하였습니다. 그러나 ○○시청에서는 대규모 상수도시설이 되어 있지 않다는 이유로 허가를 내줄 수 없으니 대규모 상수도시설을 갖추면 허가를 내주겠다는 의사표시를 하였습니다.

2. 이에 진정인은 금 ○○○원이 들어가는 상수도 시설공사를 하여 도면설계까지 마쳐 20○○. ○. ○. ○○시청을 다시 찾았으나 ○○시청에서는 이번

에는 자연경관과 맞지 않는다는 이유로 허가를 거부하였습니다.

3. 진정인은 설계를 의뢰할 때 그곳의 자연경관을 모두 고려하여 조화를 이루도록 도면을 설계하도록 하여 설계하였음에도 ○○시청에서는 위 건축부지를 한 번로 가보지 않고 허가거부처분을 한 것입니다.
   그리고 위 지역은 준농림지역이므로 위 건축물이 들어서지 못할 이유가 없습니다.

4. 위와 같은 ○○시의 행정의 잘못으로 진정인은 재정이 악화되어 상당한 어려움을 겪고 있습니다.

5. 따라서 진정인의 허가신청을 재검토하시어 건축허가거부처분을 취소하여 주시기 바라며. 만약 이것이 불가능하다면 위 공사로 인하여 진정인이 입은 손해를 보상하여 주시기 바랍니다.

20 년 월 일

위 진정인 김 갑 동 (인)

국 토 교 통 부 장 관 귀하

[사례 43] 진정서 위임장

위 임 장

사 건 :

진 정 인 :

피진정인 :

위 사건에 관하여 홍○○은 아래와 같은 내용을 위임합니다.

아 래

1. 위임받은 사람
   성　　　명 : 김　○　○
   주민등록번호 : ○○○○○○－○○○○○○○
   주　　　소 : ○○시 ○○구 ○○로 ○○(○○동)
2. 위임하는 내용 : 진정서 제출과 진술 및 취소하는 행위
3. 첨 부 서 류 : 홍○○의 인감증명서 1부

20 년 월 일

위임인(고소인) 홍 ○ ○ (인)
(○○○○○○－○○○○○○○)
○○시 ○○구 ○○동 ○○(○○동)
전화 : ○○○－○○○○

○○지방법원 ○○지원 귀중

제4편

탄 원 서

| 제1장 탄원서 작성방법 |

1. 개 요

가. 탄원서의 의의

(1) 탄원서는 개인 또는 단체가 국가나 공공기관을 대상으로 억울한 사정을 진술하거나 선처해 줄 것을 바라는 의사표시이다.
탄원서는 특별히 규정되어진 형식이 있는 것은 아니며 기본적으로 탄원인 인적사항, 파탄원인 인적사항, 탄원취지, 탄원이유 등으로 구성하면 된다.

(2) 진정서가 불법행위에 대하여 불법행위자(기관) 또는 가해자에 대한 처벌을 요청하는 문서인 반면 탄원서는 개인 또는 단체가 국가나 공공기관에 대하여 억울한 사정이나 선처의 내용을 진술하여 도움을 호소하는 문서이다. 진정과 탄원은 고소·고발과 달리 대상에 대한 제한 규정이 없다.

(3) 탄원서 작성자는 사건에 대해 본인이 직접 탄원할 수 있으나, 제3자가 억울함을 호소하여 선처를 요청하는 것이 더욱 효과적이며, 탄원서는 행정심판위위원장, 판사, 검사, 각종 기관장 등 개인의 사건에 따라 도움을 받을 사람에게 보낸다.

나. 탄원서의 구성내용

탄원서 작성자는 6하 원칙에 따라 탄원인의 상황을 정확히 기술하는 것이 좋다. 혹시 거짓으로 작성하거나, 사실을 부풀려 기술할 경우, 당사자에게 오히려 불리하게 작용할 수도 있다.

2. 탄원서의 법적효과

탄원서는 말 그대로 국가나 공공기관을 대상으로 억울한 사정을 진술하거나, 선처를 바란다는 내용을 담은 글로써 사건을 작성하는 것보다. 제3자가 해당자의 억울함에 대해 선처를 요청하는 것이 더 효과적이다.

3. 탄원서 작성시 유의사항

탄원서는 특별히 정해진 형식은 없으나 특별한 행위를 요구하는 내용을 담아야 하므로 논리 정연하게 상황을 설명할 수 있어야 한다. 탄원서를 통해 행정기관에 정확한 조사나 수사를 재의뢰할 수 있기 때문에 육하원칙에 의해 사고 상황을 명확하게 서술하는 것이 중요하다. 적절한 행정처분을 유도하기 위해서는 전문 법무사의 조언을 받아 처리하는 것이 원하는 목적을 달성할 수 있다.

가. 핵심 사항을 전달해야 한다.

탄원서는 권리의무, 사실관계를 객관적이며 명확하게 입증해야 한다. 수신관청에서 확인하기 쉽도록 전달하고자 하는 내용의 핵심을 일목요연하게 정리하여 작성하는 것이 바람직하다.

나. 진실만을 기재해야 한다.

만약 자신의 억울함을 호소하기 위해 거짓된 사실을 기술하게 되면 허위의 사실을 탄원서에 적어 탄원을 하였다면, 오히려 당사자에게 불리하게 작용하게 된다. 문제 발생에 대한 사실관계나 사건의 진상을 명확하게 알리고 탄원서를 작성하게 된 이유를 일목요연하게 정리하여 문서화해야 한다.

다. 객관성을 지켜 사실관계를 작성해야 한다.

탄원인과 피탄원인의 인적사항, 탄원취지, 탄원이유, 탄원인의 서명을 빠짐없이 기재한다. 탄원취지나 탄원이유 항목을 기재할 때는 언제, 어디서, 누가, 어떻게 등 육하원칙에 의하여 작성하면 더욱 효과적이다. 자신이 억울하다는 내용을 장황하게 모두 쓰는 것보다는 구제를 요청하는 부분을 일목요연하게 기재하는 것이 더욱 효과적이다.

라. 증거가 될 수 있는 사항을 체크해야 한다.

본인의 구제활동을 입증할 수 있는 증거자료를 함께 제시하면 좋다. 탄원서의 재용에 신뢰를 줄 수 있는 내용이면 된다.

마. 최대한 정중하게 작성한다.

분량은 A4용지 1~2장 범위 이내로 하고 폰트 사이즈는 너무 작아서 불편하지 않도록 11~12포인트 정도로 하는 것이 적절하다. 감정에 호소하는 글이므로 최대한 예의 바르고 정중하게 작성해야 한다.

| 제2장 탄원서 서식 |

[사례 1] 업무상과실과 수뢰 및 배임혐의로 구속된 직장상사에 대한 선처 호소

탄 원 서

사 건 :

탄 원 인 : ○ ○ ○ (○○○○○○－○○○○○○○)
○○시 ○○동 ○○○
전화 : 010-3456-7890

피탄원인 : ○ ○ ○ (○○○○○○－○○○○○○○)
○○시 ○○동 ○○○

탄 원 내 용

오늘도 공정한 법 집행을 위해 애쓰시는 재판장님께 경의의 말씀을 드립니다.

저희들은 자랑스러운 충절의 고장 ○○에 살고 있으며, 또한 신용과 정직이 몸에 배어있는 ○○에 근무를 하고 있는 자들입니다. 우리가 오늘 탄원서를 올리게 된 연유는 저희들이 모시고 있던 ○○○과장께서 업무상 과실과 수뢰 및 배임혐의로 구속이 되어 피의자가 되었으나 평소 존경하던 상사 분 이었기에 직원들이 뜻을 모아 구명을 위하여 이 글을 작성하고 있습니다.

피의자 ○○○과장께서 받으신 ○○○만원은 저희들이 보기에는 대가성이 있는 것이 아닙니다. 그 돈을 받아서 무얼 해주겠다는 식으로 업무를 처리하는 분도 아니시고 그런 직접적인 실무자의 자리에 계신 분도 아니며

그 중에 ○○○만원은 아래 직원의 결혼식을 맞이하여 부조금으로 대신 받으셨는데 너무 과분한 금액을 받았기에 이래서는 안 된다고 생각을 하시고 그 중에서 ○○만원을 그분의 명의로 접수를 하시고 나머지는 돌려주려고 보관을

한다고 우리에게 말씀이 있었습니다.

법이 정한대로라면 과장의 직위에 있으면서 1원 한 장이라도 받아서는 안 되지만 법과 현실간에는 어그러져서 존재해야하는 괴리가 분명 있습니다. 저 막강하고 어둡던 시대의 중앙정보부장께서 말씀하신 '떡고물'이 아니라 우리 농협의 대들보로서 단체를 이끌어 가려면 ○○○과장께서는 부득불 비자금이라는 것이 있어야 했습니다.

자신의 월급으로도 할 수가 없고 ○○의 공식적인 비용으로 사용할 수도 없는, 상급기관의 접대와 기관운영과 여러 가지 잡비용을 이분이 거의 책임을 지시고 관리를 해주셨습니다. 피의자인 이분은 우리 농협의 봉사단체인 '○○○'의 대표로서 무의탁노인들을 위하여 매달 선두에 서서 봉사를 하셨고 지역방범대원으로 자진해서 치안유지에도 남다른 봉사를 해오셨으며 평소의 우리 ○○내에서도 맏형으로서 업무에 모범을 보이시었고, 농협을 찾으시는 농민여러분을 맞아 모든 문제를 상의 받는 그야말로 농협의 얼굴마담이었습니다. 사무실에서 늘 환하게 웃으시면서 어깨를 툭툭 쳐주시면서 우리들에게 격려도 해주시고 독려도 하였습니다. 이분이 그 돈으로 사리사욕을 채우는 그런 몰염치한 비인격자는 아니랍니다.

그래서 우리는 이분의 석방 또는 감형을 바라는 간절한 마음으로 연명으로 탄원서를 올리오니 부디 관대한 처분이 있으시기를 바랍니다.

20 년 월 일

위 탄원인 ○ ○ ○ (인)

○○지방법원 형사○단독 재판장님 귀하

[사례 2] 업무상 횡령죄에 대한 부당성 주장

탄 원 서

사 건 :

탄 원 인 : ○ ○ ○ (○○○○○○－○○○○○○○)
○○시 ○○동 ○○○
전화 : 010-3456-7890

피탄원인 : ○ ○ ○ (○○○○○○－○○○○○○○)
○○시 ○○동 ○○○

탄 원 내 용

존경하는 재판장님!

정의 구현을 위해 불철주야 애쓰고 계시는 판사님의 노고에 깊은 감사의 뜻을 표합니다.

소생의 여식, ○○○는 회사 공금 ○○만원을 횡령한 혐의로 징역 ○년을 선고받았습니다. 횡령이라는 죄를 짓고 파면까지 된 여식의 아버지가 무슨 면목으로 탄원서를 쓸까 생각했지만 아비된 입장으로서 지푸라기라도 잡는 심정으로 이 글을 올립니다.

제 여식은 비록 횡령죄로 판결 받았지만 절대 공금을 빼돌리지 않았습니다. 환경단체에 빌려준 돈을 뒤늦게 되돌려 받아 정치인 후원금 명목으로 사용한 것입니다. 그러나 이 나라의 법은 제 딸에게 업무상 횡령죄라는 판결을 내려 다시는 돌아올 수 없는 먼 길로 보내버렸습니다.

이유가 어떻든 간에 제 딸이 구치소에 갔으니 잘잘못을 따지기 전에 재판장님께 백배사죄 드리며 제 딸의 구명을 돕기 위해 사력을 다하고 있습니다.

자식을 구치소에 보낸 아비의 마음이 어떨지 재판장께서도 잘 알고 있으리라 생각합니다. 밥 한 숟가락 입에 넣는 것도 이부자리 펴고 누워있는 것도 사치스럽게 느껴질 정도로 지금 저의 가족의 생활은 말로 표현할 수 없을 정도입니다.

존경하는 재판장님, 피눈물 나는 심정으로 탄원합니다. 제 여식이 개인적인 사욕을 채우기 위해 공금을 횡령한 것이 아니므로 부디 형량을 감면하여 주시기 바랍니다.

70을 바라보는 이 늙은이의 간절한 소원을 저버리지 마시고 부디 넓으신 아량으로 선처하여 주시옵길 천만번 엎드려 기원하옵니다.

20 년 월 일

위 탄원인 ○ ○ ○ (인)

○○지방법원 형사○단독 재판장님 귀하

[사례 3] 운전 중 특수공무집행방해치사에 대한 선처 호소

탄 원 서

사 건 :

탄 원 인 : ○ ○ ○ (○○○○○○－○○○○○○○)
○○시 ○○동 ○○○
전화 : 010-3456-7890

피탄원인 : ○ ○ ○ (○○○○○○－○○○○○○○)
○○시 ○○동 ○○○

탄 원 내 용

존경하는 재판장님!

곳곳에 봄이 오는 소리가 들리고 있습니다. 날씨가 따뜻해지고, 점심시간에 햇살 아래 나서면 언제 겨울이 있었냐 싶을 만큼 성큼 봄이 다가와 있음을 느끼고 있습니다.

저는 피의자 ○○○과 같은 동네에서 오랫동안 기독교 목회 활동을 하며 지내온 사이로서 제가 알고 있는 ○○○에 대하여 가감 없이 진술하오니 존경하는 재판장님의 현명한 판단을 바라옵니다.

피의자 ○○○는 ○월 ○일 ○○구 ○○동 경부고속도로 하행선 경찰초소 앞길에서 검문중인 ○○경찰서 소속 ○○상경으로부터 신분증 제시를 요구받고 도주하는 과정에서 그를 차에 매달고 수십 미터를 질주해 숨지게 한 혐의로 기소되었습니다.

이유야 어떻게 되었든 현재 ○○○는 살인을 저지른 피의자 신분이지만 이 사건이 일어나기 전에는 하루하루 성실하게 살아가는 모범 가장이었습니다.

넓적하고 그을린 투박한 얼굴과는 달리 집에서는 아주 섬세하게 가족을 챙겼습니다. 길에서 아빠가 퇴근하고 돌아오는 것을 보면 맨발로 뛰쳐나와 소리를 지르며 아빠에게 안기는 모습을 여러 차례 목격하였습니다.

그는 주일날에도 빠짐없이 교회에 출석하여 차량 봉사를 하며 교인들에게 인간성 좋은 사람이라는 칭송을 받아온 사람입니다. 날씨가 궂은 날에도 지각 한 번 하는 일 없이 묵묵히 자신이 맡은 바 일을 해내는 그런 사람이었습니다. 가정에서 교회에서 심성 고운 사람으로 행복을 일구던 한 가장이 이렇게 극단적인 행동을 하게 된 것은 단순한 생각 때문이었습니다. ○○상경을 해하려는 목적이 있어서가 아니라 사업 실패로 채권자들을 피해 시골로 도피하는 과정에서 벌어진 일이었습니다. ○○상경으로부터 신분증 제시를 요구 받자 무조건 도망쳐야 한다는 생각에 앞뒤 생각할 거 없이 자동차의 엑셀을 밟아 버린 것입니다.

현재 그는 장기간 구금생활을 통해 잘못을 뼈저리게 뉘우치고 있고 숨진 의경을 대신해 유족을 가족처럼 보살피겠다고 다짐하고 있는 점 등을 감안하셔서 부디 ○○○의 형량을 줄여 주시기 바랍니다.

재판장님의 관용과 선처를 간절히 바라옵니다.

20 년 월 일

위 탄원인 ○ ○ ○ (인)

○○지방법원 형사○단독 재판장님 귀하

[사례 4] 폭행 등 사건 피의자인 아들이 환자이므로 어머니가 보석허가요청

탄 원 서

사 건 :

탄 원 인 : ○ ○ ○ (○○○○○○－○○○○○○○)
○○시 ○○동 ○○○
전화 : 010-3456-7890

피탄원인 : ○ ○ ○ (○○○○○○－○○○○○○○)
○○시 ○○동 ○○○

탄 원 내 용

존경하는 재판장님!

바쁘신 업무 중에 탄원인의 어려운 사정을 탄원하게 되어 죄송한 마음 금할 길 없습니다.

탄원인은 이번에 피해자 폭행 및 상해 혐의로 구속된 ○○○의 엄마입니다. 현재 제 아들의 상태가 위중하여 구치소 생활을 할 수 없으니 보석 신청을 허락하여 주시기 바랍니다.

제 아들은 선천성 척추 분리기형이라는 병을 앓고 있는 환자입니다. 척추 기형 환자는 체중이 불으면 디스크 또는 또 다른 척추 기형이 나타날 수 있는 질환으로 항상 체중관리에 신경을 써야 하는 환자입니다.

그런데 제 아들은 이번 구속 과정에서 체중 관리를 하지 못해 몸무게가 무려

○kg이 불었습니다. 이렇게 몸무게가 갑자기 불으니 허리디스크에 부담을 증가시켜 참기 힘든 심한 통증을 일으켰나 봅니다.

면회를 갈 때마다 제 아들은 통증을 호소하였는데 저는 대수롭지 않게 생각하고 건강관리 잘하라는 말만 남기고 떠났습니다. 그런데 이번 면회에서 아들이 제대로 걷지도 못하고 다른 사람의 부축을 받고 힘겹게 다리를 끄는 모습을 보고 탄원을 결심하게 되었습니다.

존경하는 재판장님,

제 아들은 젊은 혈기로 싸움판에 끼어들었다가 집단 폭행 및 상해의 주범으로 몰려 억울한 옥살이를 하고 있습니다. 그런데 여기에 척추 기형 병까지 발생하여 하루하루 이를 악물고 버틴다는 이야기를 들으니 부모의 마음은 갈기갈기 찢어집니다.

제 아들의 진단서를 첨부하오니 살펴보시고 부디 보석 결정을 내려주십시오. 적절한 운동 처방과 식이요법으로 정상적인 신체 상태를 유지할 수 있도록 할 것이니 제 아들을 믿어주시고 보석신청을 받아주시길 간절히 기원합니다.

20 년 월 일

위 탄원인 ○ ○ ○ (인)

○○지방법원 형사○단독 재판장님 귀하

[사례 5] 남편을 상해 치상한 베트남 이주여성에 대한 구명 요청

탄 원 서

사 건 :

탄 원 인 : ○ ○ ○ (○○○○○○－○○○○○○○)
○○시 ○○동 ○○○
전화 : 010-3456-7890

피탄원인 : ○ ○ ○ (○○○○○○－○○○○○○○)
○○시 ○○동 ○○○

탄 원 내 용

존경하는 재판장님!

법치구현을 위해 불철주야 헌신 노력하시는 재판장님께 경의를 표합니다.

저희가 이렇게 탄원을 드리는 것은 다름이 아니오라 20○○년 ○월 ○일 남편을 칼로 찔러 사망에 이르게 하여 상해치상 혐의로 입건된 베트남 이주여성에 대한 구명을 요청 드리기 위해서입니다.

사건의 피의자인 베트남 이주 여성 ○○○씨는 현재 임신 ○개월로 아기를 보호하기 위한 본능으로 인해 상해치상을 하게 되었음을 알려드립니다.

피해자인 남편은 전형적인 알코올중독자로 술을 마시면 집에서 자고 있는 피의자를 깨워 상습적으로 구타를 하였다고 합니다.

사건이 일어난 날도 술을 많이 마시고 잠든 아내를 깨워 머리와 얼굴을 마구 때렸다고 합니다. 이대로 계속 맞다가는 뱃속의 아기가 잘못될 것 같다는 생각에 부엌으로 달려가 칼을 들고 방어를 하였는데 술에 취한 남편이 비틀거리며 쓰러지는 바람에 왼쪽 배에 찔러 쓰러지게 되었다고 합니다.

따라서 이번 사건은 남편의 지속적인 구타로 인해 충동적으로 발생한 사고였음을 분명히 밝힙니다. 남편에게 칼을 휘두를 수밖에 없었던 당시 상황을 되짚어 보신다면 피의자에게 어떤 관용을 베풀어야 할지 답이 나올 것이라 생각합니다.

존경하는 재판장님, 죽음이라는 극단적 상황에 이르러서야 폭력에서 벗어날 수 있는 이주 여성의 눈물겨운 상황을 살피시어 부디 선처를 베풀어주십시오. 생명의 위협을 느낄 정도로 가정폭력에 시달리고 있는 이주 여성의 인간적인 권리를 지켜주십시오.

힘없고 나약한 이주 여성의 사정을 널리 살피시어 부디 좋은 결과가 나타나길 기원하며 두서없는 글을 마칩니다. 바쁘신 와중에 읽어 주셔서 감사합니다.

20 년 월 일

위 탄원인 ○ ○ ○ (인)

○○지방법원 형사○단독 재판장님 귀하

[사례 6] 아파트 하자보수관계로 변호사법 위반에 대한 선처 호소

탄 원 서

사 건 :

탄 원 인 : ○ ○ ○ (○○○○○○－○○○○○○○)
○○시 ○○동 ○○○
전화 : 010-3456-7890

피탄원인 : ○ ○ ○ (○○○○○○－○○○○○○○)
○○시 ○○동 ○○○

탄 원 내 용

존경하는 판사님!

이 땅에 법치주의의 구현을 위해 노력하시는 판사님의 노고에 깊은 존경과 감사의 뜻을 표합니다.

피고인 ○○○은 주식회사 ○○엔지니어링을 운영하고 있는 사장입니다.

피고인이 ○○아파트 등 아파트 입주자대표회의와 협의하여 하자보수에 관하여 설명하고, 하자보수비 상당의 손해배상액을 아파트 시공사로부터 받을 수 있다는 사실을 고지하고, 그 소송에 필요한 비용을 피고인이 선 부담하되 소송에서 승소하면 그 소송비용은 반환을 받고 아파트 하자보수공사를 수주 받는 형식으로 하자보수공사계약을 하였습니다.

그런데 지난 해 ○월 변호사가 아닌 자가 금품 기타 이익을 받을 것을 약속받고 소송사건 등 법률사건에 관하여 감정, 대리, 기타 법률사무를 취급하여 변호사법을 위반하였다고 하여 입건되었습니다.

변호사가 아닌 자가 법률사무 취급에 관여하는 것을 금하는 것이 변호사법 제109조 제1호의 규정 취지라고 알고 있습니다. 그러나 피고인은 실질적이던 형식적이던 변호사법에서 정한 대리행위를 수행한 사실이 없습니다.

다만 입주자대표에게 손해배상을 받을 수 있다는 사실만 고지하였을 뿐이고, 변호사를 수임한 것도 당사자들이 하였고, 소송을 수행한 것은 당연히 수임 받은 변호사가 수행하였습니다. 다만 변호사의 요구에 의하여 피고인이 운영하고 있던 회사가 하자감정업체이고 동 사건들에서 하자감정을 하였으므로 이에 대하여 변호사의 자문 요구에 응하여 조언 형식으로 설명한 사실밖에 없습니다.

또 법원의 명에 의하여 현장검증이 있을 경우 피고인 회사의 직원이 참석하여 판사의 필요한 질문에 답을 하여준 것 밖에 다른 행위를 한 사실이 없습니다.

따라서 피고인이 소송사건 등 법률사건에 관하여 감정, 대리 기타 법률사무를 취급하였다고 할 수 없어서 피고인에 대한 유죄판결은 부당하다고 생각합니다. 사건의 앞뒤 관계를 잘 살펴주시고 부디 선처를 부탁드립니다.

판사님의 고명하신 판결을 기다리겠습니다.

20 년 월 일

위 탄원인 ○ ○ ○ (인)

ㅇㅇ지방법원 형사ㅇ단독 판사님 귀하

[사례 7] 보험 사기로 구속된 남편에 대한 부인의 선처 호소

탄 원 서

사 건 :

탄 원 인 : ㅇ ㅇ ㅇ (ㅇㅇㅇㅇㅇㅇ－ㅇㅇㅇㅇㅇㅇㅇ)
ㅇㅇ시 ㅇㅇ동 ㅇㅇㅇ
전화 : 010-3456-7890

피탄원인 : ㅇ ㅇ ㅇ (ㅇㅇㅇㅇㅇㅇ－ㅇㅇㅇㅇㅇㅇㅇ)
ㅇㅇ시 ㅇㅇ동 ㅇㅇㅇ

탄 원 내 용

존경하는 재판장님!

다름 아니라 보험 사기죄로 현재 경찰서에 구속, 수감되어 있는 제 남편에 대한 선처를 부탁드리고자 이 글을 올립니다.

제 남편은 20ㅇㅇ년 ㅇ월경 ㅇㅇ시 ㅇㅇ구 ㅇㅇ동 사거리에서 교통사고를 당해 하반신이 마비되는 중상을 입고 1급 장애인 판정을 받은 뒤 ㅇㅇ보험회사에서 ㅇ억원의 보험금을 지급받았습니다. 그러나 보험회사에서는 제 남편이 고의적으로 사고를 내 보험금을 탄 것이라 주장하면서 사기 혐의로 고소해 구속되었습니다.

경찰과 보험회사에서는 제 남편이 억대의 보험금을 노린 보험사기범으로 몰아가고 있는데 어느 누가 하반신이 마비되는 고통을 겪으면서까지 돈을 받으려 할까요.

또한 허위진단서를 발급 받았다고 하는데 제 남편은 ㅇㅇ병원의 저명한 의사가 진단 후 하반신 마비를 의심한다는 판정을 내린 것입니다. 매스컴에도 몇 번 나오셨던 의사분인데 감히 있지도 않은 병을 만들어 허위로 진단서를 써주시겠습니까.

제 남편은 경찰에 연행되는 과정에 갈비뼈가 부러지고 손가락이 골절되는 등 중상을 입었습니다. 더구나 구속되어 있는 동안 운동이나 목욕, 의료 등의 기본적인 처우가 박탈된 상태로 지내서 온 몸이 욕창과 피부병으로 눈뜨고 볼 수 없을 정도입니다.

아무리 제 남편이 중죄를 저질렀다 한들 휠체어 없이는 움직일 수 없는 하반신 마비 1급 장애인을 그렇게 강압적으로 수사할 수 있는 건지 이해할 수 없습니다.

구체적 증거도 없이 무조건 제 남편을 사기범으로 모는 것은 법치국가에서 있을 수 없는 일입니다.

교도소 안에서 악몽 같은 시간을 보내고 있는 제 남편을 제발 살려주십시오. 하루라도 빨리 치료를 받지 않으면 제 남편은 하반신 마비 그 이상의 고통을 겪게 될 것입니다.

20　년　월　일

위 탄원인 ○　○　○ (인)

○○지방법원 형사○단독 재판장님　귀하

[사례 8] 판사에게 구속된 자식을 선처 호소

탄　원　서

사　건 :

탄 원 인 : 1. 김 ○ ○ (○○○○○○－○○○○○○○)
○○시 ○○동 ○○○
전화 : 010-1234－5678

2. 이 ○ ○ (○○○○○○－○○○○○○○)
○○시 ○○동 ○○○
전화 : 010－3456－7890

피탄원인 : 김 ○ ○ (○○○○○○－○○○○○○○)
○○시 ○○동 ○○○

탄 원 내 용

탄원인들은 부부지간으로 피탄원인의 부모입니다. 자식의 교육을 잘못시킨 부모로서 감히 자식에 대해 선처를 바라는 탄원서를 드리는 것이 과연 부모로서 할 도리인지도 잘 모르겠습니다.

탄원인 김○○은 회사원으로 일하고 있고, 피탄원인 이○○은 법원주변건물 청소원으로 일하면서 아들딸 두 남매를 두고 있습니다.

그런데 피탄원인은 친구들과 어울려 동료들로부터 돈 30,000원을 뺏은 것으로 하여 보호관찰 중에 또다시 이런 사건을 저질렀습니다. 그야말로 부끄럽고 몸 둘 바를 모르겠습니다. 그러나 자식이고 보니 어찌하겠습니까?

이번 사건은 정말 상상도 할 수 없는 사건이었습니다. 제자식이라고 해서 그런 것이 아니라 집에서도 말이 적고 부모에게 뿐만 아니라 할아버지한테도 효심이 지극한 손자입니다. 그리고 피탄원인 개인으로 보면 공업고등학교 3학년으로 대학수시합격통지를 받고 있고, 꼭 대학에 가서 인테리어를 전공하여 성공할 것이라고 입버릇처럼 말해오면서 부모에게 효도하겠다고 말해 왔습니다.

그러던 자식이 이 같은 범행을 저지르고 보니 저희 부모는 하늘이 무너지는 듯한 충격에서 헤어나지 못하고 있습니다. 이번 일은 용서받기 어려운 줄 알고 있으나 그나마 서로 합의를 하였고, 피해자는 처벌을 바라지 않고 있습니다.

존경하옵는 판사님!

부끄럽지만 이번 단 한 번의 기회를 주신다면 저희 부부는 자식의 교육에 배전의 노력을 다 할 것을 다짐 드리면서 피탄원인이 꿈을 이룰 수 있도록 꼭 한 번만 배려하여 주시기를 간절히 바라면서 이 탄원서를 드립니다.

안녕히 계십시오.

20 년 월 일

위 탄원인 : 김 ○ ○ (인)

이 ○ ○ (인)

○○지방법원 소년부 제○단독 판사님 귀하

[사례 9] 어머니가 구속된 아들 선처 호소

탄 원 서

사 건 :

탄 원 인 : ○ ○ ○ (○○○○○○－○○○○○○○)
○○시 ○○동 ○○○
전화 : 010-3456-7890

피탄원인 : ○ ○ ○ (○○○○○○－○○○○○○○)
○○시 ○○동 ○○○

탄 원 내 용

피탄원인 ○○○(31세)은 귀원 항소○부에서 재판계류 중인 수감자(수형번호 1234번)이고, 탄원인 ○○○(여)는 위 피탄원인의 어머니로서 현재 외롭게 홀로 살아가고 있습니다.

존경하는 재판장님!

피탄원인을 범법자로 만든 것은 한마디로 이 못난 어미에게 있다고 하겠습니다.

피탄원인은 아무런 잘못이 없으니 대신 못난 어미를 벌하여 주십시오!

피탄원인은 다른 집 자식들과 마찬가지로 예절바르고 착한 아들이었는데 이 모든 것이 이 못난 어미의 가정파탄과 무지가 그렇게 만들어 버리고 말았습니다.

존경하는 판사님!

잠시 피탄원인이 범법자가 되기까지의 경위를 말씀드릴까 합니다.

그러니까 피탄원인이 중학교 2학년 때 탄원인은 남편과 성격차이로 끝내 이혼을 하게 되었습니다. 한창 감수성이 예민하던 피탄원인은 그만 실의에 찬 시선으로 점점 말이 없는 아이로 변해가고 있었습니다.

그러나 이 어미 말은 누구보다도 착실하게 말대꾸 한 번 없이 착하게 자라왔는데 어느 날 범죄인이 되어 교도소에 들어가 있다는 사실을 뒤늦게 알게 되어 하늘이 무너져 내리는 충격으로 혼절한 몇 달 뒤, 사랑하는 아들로부터 때늦은 후회와 회한이 담긴 내용으로 한통의 편지가 날아들었습니다.

숱한 세월이 흐른 이제야 철이 들고 보니 그동안 불효로 살아왔던 지난날들이 원망스럽다며 구절구절 눈물로 얼룩진 사연들로 탄원인에게 마지막 효도를 하겠다고 하는 내용들이었습니다.

존경하는 재판장님!

자식 키우는 어미의 심정, 그 무엇으로 다 표현하리까마는 이렇듯 어미의 가슴 갈기갈기 찢는 아픔, 저려 오네요.

지난 세월 되돌릴 수만 있다면 우리 장남 어엿한 대한남아로서 기세당당 추앙받는 인물 만들겠지만… 어이 하리! 이내신제 지금당장 옥중에서 풀려나기만을 헤아려야 하니…

존경하는 판사님

탄원인은 고칠 수 없는 가슴앓이로 숱한 날을 지새우며 피탄원인이 돌아오기만을 학수고대하다 이제 바람 앞에 들불이 되었습니다. 탄원인이 마지막 소원이오니 이제 이 못난 어미의 품으로 돌려보내주십시오!

피탄원인도 맹세하였습니다. 언젠가는 출소하게 되면 자신의 저지른 피해금액에 애데 피해자에게 찾아가 백배사죄하면서 그 변제금을 다달이 갚아나갈 것이라고 이 어미에게 굳게 약속을 하였습니다.

피탄원인은 못 배운 것이 한이 되는 지 새 출발을 결의하면서 영어회화 책자를 보내달라는 내용이 곁들였습니다. 부디 그 뜻을 져버리지 마시기 바랍니다.

피탄원인은 자신이 지은 죄 값으로 이미 긴 세월을 교도소에서 복역을 하였는데 사회봉사명령을 이행치 않았다는 이유로 또다시 교도소에서 장구한 세월동안 수감생활을 한다는 것은 자신의 지은 죄 값에 비해 너무도 무거운 형벌이라 사료됩니다.

비록 가난하고 배우지 못한 탄원인의 장남으로 태어나 일시 방황을 하다 이제 마지막으로 효도를 하겠다며 굳은 결의로서 맹서하는 피탄원인의 갸륵한 효심을 참작하시어 최대한의 관용과 선처를 구하고자 이렇게 실낱같은 모정의 정으로 이 탄원서를 올리는 것입니다.

20 년 월 일

위 탄원인 : 이 ○ ○ (인)

○○지방법원 항소○재판부 재판장님 귀하

[사례 10] 교통사고를 낸 동생에 대한 석방촉구

탄 원 서

사 건 :

탄 원 인 : ○ ○ ○ (○○○○○○－○○○○○○○)
○○시 ○○동 ○○○
전화 : 010-3456-7890

피탄원인 : ○ ○ ○ (○○○○○○－○○○○○○○)
○○시 ○○동 ○○○
(현재 교도소 수감 중)

탄 원 내 용

피탄원인은 약 2개월 전 주거지인 ○○시 ○○동에서 오토바이를 무면허음주운전하다 단속되어 현재 ○○교도소에 수감 중인 자이고, 탄원인은 피탄원인의 누나로서 분가를 하여 현재 ○○에서 인쇄업을 하는 남편과 단란하게 살아가고 있습니다.

그런데 뜻하지 않게 남동생이 무면허음주운전을 하다 구속이 되었다는 소식을 듣고 지금까지 고향에 홀로 계시는 어머니의 뒷수발을 저희 여형제들이 어렵게 봉양을 해오고 있습니다.

존경하는 재판장님!

피탄원인은 어려서부터 다리를 다쳐 약 20년째 오른쪽다리를 의족을 끼워 생활하면서 보행을 불편을 느껴 ‘리드’라는 소형오토바이를 직접 운전해 들에 나가 농사를 짓고 있을 뿐만 아니라 74세된 노모 한 분을 모시고 성실하게 살아가고 있습니다.

그렇게 농촌을 지켜가다 사고가 난 그날 이웃 동네 들판에서 품앗이 일을 마치고 막걸리 몇 잔을 마신 뒤 위 오토바이를 혼자 운전하여 귀가하다 그만 도로 옆에 박혀 있는 것을 지나가는 자동차 운전사가 발견하고 경찰에 신고를 하였는데 피탄원인은 그 전 무면허운전을 한 집행유예기간이 발각되어 그만 구속이 되었답니다.

피탄원인은 시골에서 효자소리를 듣는 성실한 노총각으로서 여태껏 고향을 지키며 동네에서는 친찬이 자자한 그야말로 순박한 남동생입니다.

존경하는 재판장님!

피탄원인의 무면허음주운전을 한 행위는 당연히 처벌을 받아야한다고 탄원인도 그렇게 생각하고 있습니다. 그러나 불행 중 다행스럽게도 피해자가 없는 사고였음을 감안해 주시옵고 할 말은 태산 같이 많으나 재판장님의 시간을 줄이는 차원에서 이만 줄이옵고 하루 속히 피탄원인이 석방되어 사랑하는 고향 어머니 품으로 돌려 보내주시면 더 바랄 것이 없겠습니다.

두 번 다시 이번과 같은 불행이 닥치지 않도록 저희 모든 가족들은 노력을 아끼지 않을 것을 굳게 약속드리겠습니다.

끝으로 피탄원인이 조기 석방되기를 간곡히 기도드리며 귀 법원의 무궁한 발전을 기원하겠습니다.

20 년 월 일

위 탄원인 : ○ ○ ○ (인)

○○지방법원 형사○단독 재판장님 귀하

[사례 11] 아버지가 아들의 석방촉구

탄 원 서

사 건 :

탄 원 인 : ○ ○ ○ (○○○○○○－○○○○○○○)
○○시 ○○동 ○○○
전화 : 010-3456-7890

피탄원인 : ○ ○ ○ (○○○○○○－○○○○○○○)
○○시 ○○동 ○○○
(현재 교도소 수감 중)

탄 원 내 용

무례함을 무릎 쓰고 감히 이 글을 올립니다.

이 글을 올리는 저는 귀 교도소에 20○○. ○. ○. 수감되어 있는 수형번호 1234호인 ○○○(○○세)의 아버지입니다.

저의 5남매의 막내아들인 ○○○은 약 2년 전 그의 직장 동료 2명과 같이 술을 마신 뒤 ○○시 ○○읍 ○○리 소재 "○○마트"에 들어가 컵라면을 시켜 먹으려다 그 곳 종업원과 언쟁 끝에 직장 동료들이 종업원의 멱살을 잡고 폭행을 하자 아들이신 ○○○이는 이를 만류하였고, 그런 위 슈퍼를 나오다가 술에 만취한 나머지 동료들이 양주를 들고 나올 때 저의 아들도 그만 담배를 들고 나온 실수를 범하게 되어 그로 인해 경찰에 구속이 되었는데, 그 날의 범죄행위를 주도한 직장 동료들은 당시 불구속이 되었고 아들은 그전 음주 건으로 2년의 집행유예가 있었는데 그 사유로 구속이 되고 말았습니다.

아들의 죄 값에 대한 처벌은 당연하다고 하겠으나 직장동료들이 주도한 범죄행위에 아들은 싸움을 만류하면서 따라하게 된 행위가 위 음주도주의 집행유예 사유로 구속이 된 것으로 판단되고 보니 부모 된 입장으로서 너무도 억울한 생각이 들지만 지나간 일들은 그저 잊고 싶을 뿐입니다.

그 당시 아들의 소식을 접한 저는 그만 뇌졸중으로 쓰러져 부산 ○○병원에서 그 동안 치료를 받아왔으나 아직도 심장병에서 헤어나지를 못하고 있습니다.

현재 수감이 되어 있는 아들 ○○○이 위로는 모두 출가를 하여 그러다보니 수감 전에는 ○○이가 부모를 공양하면서 효행을 다하였고 또한 직장에서도 칭송이 자자했던 착실한 막내아들이었습니다.

저는 생업을 잃고 그동안 어렵게 병석에 몸져누워 아들이 들어오기만을 학수고대하고 있습니다.

아들이 지가 벌써 2년이란 세월이 흘렀군요. 아들이 지은 죗값에 비해 형벌이 너무 가혹하게만 느껴집니다.

존경하는 재판장님!

이에 사랑하는 아들을 부모의 품으로 돌려보내 주십시오. 간절히 원하옵니다.

20 년 월 일

위 탄원인 : ○ ○ ○ (인)

○○지방법원 형사○단독 재판장님 귀하

[사례 12] 음주교통사고에 대하여 피해자가 선처 호소

탄 원 서

사 건 :

탄 원 인 : ○ ○ ○ (○○○○○○－○○○○○○○)
○○시 ○○동 ○○○
전화 : 010-3456-7890

피탄원인 : ○ ○ ○ (○○○○○○－○○○○○○○)
○○시 ○○동 ○○○

탄 원 취 지

현재 음주교통사고 건으로 재판계류 중인 피탄원인에 대하여 다음과 같이 탄원하오니 선처하여 주시기 바랍니다.

탄 원 내 용

탄원인은 ○○운수소속 ○○바 ○○○호 영업용택시 운전기사로 종사하고 있습니다.

피탄원인은 자신의 승용차를 운전하여 당시 신호대기 중인 탄원인이 영업용 차량을 추돌하여 탄원인에게 경미한 인피, 물피를 입게 하였습니다.

탄원인은 사고당일 하루의 영업실적을 올리기 위해 열심히 운전에 임하고 있었는데 추돌사고를 당하고보니 화가 치밀어 항의하는 과정에서 술 냄새가 나 "술 마시고 운전을 하면 되느냐"고 소리치면서 피탄원인을 고발하게 되었던 것입니다.

그런데 나중에 자세히 알고 보니 피탄원인은 약 16년째 ○○시청 청경으로 근무를 해오면서 약 10년 전 오토바이를 운전하다 교통사고를 당해 그 때 머리를 다쳐 그로 인하여 부인과 이혼을 한 뒤 그때부터 현재 고2, 중1의 딸자식을 키워오면서 어렵게 살아가고 있다는 사실을 알게 되었습니다.

그리고 사고 후 피탄원인은 탄원인을 찾아와 백배사죄하면서 치료비일체와 합의금 300만원을 주어서 받고 합의를 해주어 그것으로 끝이 난줄 알았는데 피탄원인은 그 일이 아직도 끝이 나지 않고 법의 심판을 기다리고 있다는 소식을 듣게 되었습니다.

존경하는 재판장님!

피탄원인의 노모가 장애자로 노환에 시달리고 있다는 사실도 이번에 알았습니다. 그리고 합의금마저 피탄원인의 동생인 ○○시청 상수도사업소에 근무를 하고 있는 ○○○가 부담을 한 사실도 알게 되었습니다. 이러한 피탄원인의 가정사가 비단 그네들뿐만 아니라 탄원인 역시 어려운 여건 속에서 언제나 위험이 도사리고 있는 점을 감안하면 지금에 와서 생각을 하니 그때 왜 고발을 했을까? 라고 후회스러운 게 솔직한 탄원인의 심정입니다.

탄원인은 위 추돌사고로 인하여 당시 3일간 병원에 입원해 있다가 퇴원을 한 후 본래의 업무에 복귀하여 현재 정상적으로 운전기사로 종사하고 있습니다.

부디 탄원인은 피탄원인을 최대한 선처해 주실 것을 간곡히 원하오며 귀 법원의 무궁한 발전을 기원하겠습니다.

20 년 월 일

위 탄원인 : ○ ○ ○ (인)

○○지방법원 형사○단독 재판장님 귀하

[사례 13] 처가 구속된 남편을 석방해 달라고 호소

탄 원 서

사 건 :

탄 원 인 : ○ ○ ○ (○○○○○○－○○○○○○○)
○○시 ○○동 ○○○
전화 : 010-3456-7890

피탄원인 : ○ ○ ○ (○○○○○○－○○○○○○○)
○○시 ○○동 ○○○

탄 원 내 용

존경하는 재판장님!

탄원인은 ○○시 ○○동 ○○ 자택에서 생활하고 있는 피탄원인의 부인이며 피탄원인은 두 아이의 아버지이며 한 가정을 책임지고 있는 가장이기도 합니다.

피탄원인은 평소 가정에서 아이들과 잘 놀아주고 가장으로서의 책임을 다하는 따뜻한 아버지입니다.

피탄원인이 한가정의 가장으로서 현재 가정을 책임질 수 없게 되어 탄원인의 가정은 무척 힘이든 상황입니다. 그리고 또 모든 생활에 막대한 지장을 초래하고 있습니다.

경제적으로나 아이들의 정서적인 면에서 무척 큰 영향을 주고 있는 현실에서 두 아이의 아버지이자 한가정의 가장인 피탄원인은 많은 반성과 눈물로 호소한 바 있습니다. 죄를 뉘우치며 아이들을 걱정하고 있는 자세도 보였습니다.

하루라도 빠른 시일 내에 가정으로 돌아와 아이들이 아버지의 품에 안겼으면 합니다. 부인인 저도 가장인 ○○○씨가 돌아와 안정된 가정이 되었으면 하는 마음으로 간곡히 부탁드립니다.

20 년 월 일

위 탄원인 ○ ○ ○ (인)

○○지방법원 형사○단독 재판장님 귀하

[사례 14] 강제추행 공갈 및 금품 갈취를 한 피의자가 용서를 구함

탄 원 서

사 건 :

탄 원 인 : ○ ○ ○ (○○○○○○－○○○○○○○)
○○시 ○○동 ○○○
전화 : 010-3456-7890

탄 원 내 용

존경하는 재판장님께!

재판장님의 노고에 깊은 감사의 뜻을 표합니다.

저는 이번에 공갈 및 금품 갈취 혐의로 구속된 ○○○입니다. 저는 사우나 수면실에서 만난 ○○○씨에게 저의 신체 부위를 만지도록 유인한 뒤 이를 약점 잡아 금품을 갈취했습니다. 또 ○○○씨를 강제추행 혐의로 경찰에 신고한 뒤 그의 부모로부터 합의금 명목으로 ○○만원을 뜯어내는 등 지난 ○개월 동안 합의금으로 ○○만원을 받은 혐의가 있습니다.

술에 취한 사람들의 약점을 이용하여 돈을 가로챈 파렴치한이 무슨 낯으로 재판장님께 탄원을 드릴 까 고민도 해보았지만 제가 이대로 구속되면 저의 가족은 당장 먹을 쌀이 없어 굶어 죽을 것 같아 용기를 내어 이 글을 씁니다.

저는 당뇨로 거동이 불편하신 어머니와 알코올 중독자인 아버지, 그리고 장애를 가지고 태어난 남동생과 함께 생활하고 있습니다. 가족 모두 무직 상태이기에 제가 근근이 아르바이트를 하며 생활비를 대고 있습니다. 계속되는 궁핍한 생활 탓에 저는 쉽게 돈을 벌 수 있는 일이라 생각하고 고의로 이러한 범죄를 저질렀습니다. 공갈 협박으로 받은 합의금은 어머님의 치료비와 아버지 병원비로 충당하였습니다.

존경하는 재판장님,

백번 천번 생각해도 마땅히 죄 값을 치러야 할 범죄자이지만 제가 없으면 병든 아버지와 어머니는 누가 모시겠습니까. 현재 손발이 오그라드는 1급 장애인 남동생이 라면을 끓여가며 부모님의 식사 준비를 한다는 말을 들으니 지금이라도 당장 달려가서 부모님 밥상을 차리고 싶은 심정입니다. 가족의 생계를 혼자 책임지고 있는 가장의 안타까움을 헤아려 주셔서 제발 마지막 선처를 부탁드립니다.

제가 비록 용서받지 못할 중죄를 저질렀지만 한번만 다시 기회를 주신다면 노동의 참된 가치를 경험하며 정직하게 살아가겠습니다. 더욱 정성을 다해 부모님을 봉양하며 제 남동생과 같은 장애인들에게 봉사하며 살아가겠습니다.

잘못된 판단으로 돌이킬 수 없는 죄를 지었음에 무릎 꿇고 사죄드리며 재판장님의 선처를 간절히 기다리겠습니다.

20 년 월 일

위 탄원인 ○ ○ ○ (인)

○○지방법원 형사○단독 재판장님 귀하

[사례 15] 공금횡령 등으로 구속된 직장상사에 대하여 직원이 선처를 호소

탄 원 서

사 건 :

탄 원 인 : ○ ○ ○ (○○○○○○－○○○○○○○)
○○시 ○○동 ○○○
전화 : 010-3456-7890

피탄원인 : ○ ○ ○ (○○○○○○－○○○○○○○)
○○시 ○○동 ○○○

탄 원 내 용

오늘도 공정한 법 집행을 위해 애쓰시는 재판장님께 경의의 말씀을 드립니다.

저는 축산, 분뇨 폐수처리장에 근무하는 직원입니다.

제가 오늘 탄원서를 올리게 된 연유는 제가 모시고 있던 소장님께서 공금횡령 및 뇌물공여로 구속이 되어 피의자가 되었으나 평소 우리 직장 내에서 모든 업무에 항상 모범을 보이시었고, 사무실에서 늘 환하게 웃으시면서 어깨를 툭툭 쳐주시면서 우리들에게 격려도 해주시고 독려도 하시는 이분이 개인적인 사리사욕을 채우는 그런 몰염치한 비인격자는 아니며 평소 제가 무척이나 존경하던 상사분이자 가족 같은 분이었기에 구명을 위하여 이 글을 작성하고 있습니다.

피의자 ○○○ 소장님께서 받으신 돈은 저희들이 보기에는 대가성이 있는 것이 아닙니다. 그 돈을 받아서 무얼 해주겠다는 식으로 업무를 처리하는 분도 아니시고 그런 직접적인 실무자의 자리에 계신 분도 아니며 소장님께서는 거래업체에서 별 의미없이 받아서 2/3 이상을 저희들 추석, 구정 명절 또는 여름 휴가비로 챙겨주셨고 그 중 일부로 공무원과 식사하거나 술 마시는데 사용된 것으로 알고 있습니다.

지역사회에서 소장님에 대한 평은 말할 수 없이 좋은 사람으로 평이나 있으

며, 법 없이도 살 수 있다 할 정도로 마음이 푸근하신 분이십니다

특히 환경공무원으로 계시다 형님 보증을 섰다가 잘못되어 명퇴하신 후 개인회사에 입사하여 민간위탁사업 소장으로 다시 시에서 운영하던 축산분뇨 폐수처리장에 근무하게 되었고 아직도 공무원과 같은 사명감으로 일하시는 분이십니다.

공무원들과 식사하고 술 마신 것을 경찰은 뇌물공여로 보고 있으나 소장님과 마신 공무원들은 재직시절 옛 동료나 부하직원들이며 공무원으로 재직할 당시 오래 전부터 환경직 모임 회원으로 있었기에 그저 편한 친목으로 만나 대하였는데 경찰조서에서는 인정을 전혀 해주질 않으니 답답하기만 합니다.

다른 사람들이 더러워하는 축산폐수나 인분폐수를 깨끗이 처리하는 직업을 가진 저희들이 고생하는 것에 비해 임금이 너무 적고 사실 고도의 기술이 필요한 직업임에도 3D업종중의 하나가 되어 소장님께서는 평소 저희 동료직원들의 복지나 혜택이 미미한 것에 대해 늘 안타까워 하셨습니다.

평소 직장동료의 어려운 가정형편을 잘 알고 계시고 늘 안타까워하시던 소장님께서 모두가 꺼려하는 직업을 가진 저희 직원들의 아픈 마음을 부둥켜안으시고 헤아려 주시는 업체 사장님과 소장님께 항상 감사하는 마음을 가지고 있습니다.

업체사장님도 자기의 이익금을 조금만 가진다 생각하고 저희에게 보탬을 주신 걸로 알고 있으며 그렇다고 어떤 혜택이나 부정한 사실은 없었습니다.

이제 와서 보니 그 자체가 부정하다며, 횡령이란 죄목을 씌우니 너무도 황당할 뿐입니다.

그리고 부정행위를 하여 업체에 이익을 남기는 것을 눈감아 주는 대가로 공무원에게 향응을 접대하며, 돈을 주었다는 것은 더더욱 억울하여 제가 이분의 석방 또는 감형을 바라는 간절한 마음으로 연명으로 탄원서를 올리오니 부디 관대한 처분이 있으시기를 바랍니다.

20 년 월 일

위 탄원인 ○ ○ ○ (인)

○○지방법원 형사○단독 재판장님 귀하

[사례 16] 노래연습장에서 주류판매로 인한 영업정지처분의 선처 호소

탄 원 서

사 건 :

탄 원 인 : ○ ○ ○ (○○○○○○－○○○○○○○)
○○시 ○○동 ○○○
전화 : 010-3456-7890

피탄원인 : ○ ○ ○ (○○○○○○－○○○○○○○)
○○시 ○○동 ○○○

탄 원 내 용

존경하는 재판장님!

안타까운 심정으로 탄원합니다. 공정한 판결을 위해 애쓰시는 재판장님의 노고에 깊은 감사의 뜻을 표합니다.

탄원인은 20○○년 ○월 ○○일 ○○시 ○○구 ○○동 ○○번지에서 ○○이라는 상호의 노래연습장 영업자 지위승계를 하고 운영하던 중, 20○월 ○○일 ○○시경 손님에게 주류판매를 하였다 하여 ○○경찰서 소속 경찰관에게 적발되어 주류판매를 이유로 영업정지 ○○일 처분을 받았습니다.

탄원인은 4자녀를 키우며 살던 중 남편이 실직하여 가계에 어려움을 겪고 있던 중 주변의 권유로 집을 담보로 하여 이 업소를 인수하게 되었습니다.

그러나 장사를 처음 하다 보니 법 개념이 희박하여 그저 남이 하는 대로 따라하면 되겠구나 하는 생각이 이 번 사건을 초래하게 되었습니다.

본인은 당장 눈앞의 돈벌이에 급급하여 주류를 판매한 점을 깊게 뉘우치고

있습니다. 이번 사건은 본인이 장사를 시작한지 얼마 되지 않아 일어난 점과 이 건 처분으로 ○○개월간 영업을 하지 못하면 생활비, 임대료, 관리비는 고사하고 그 동안 확보한 손님이 다시 찾아줄 것인가 등을 생각하면 살아갈 의욕마저 생기지 않습니다.

부디 선처하여 이 건 처분을 경감하여 주시기 바랍니다.

재판장님께서 이번에 넓으신 아량을 베풀어 주신다면 속개하는 마음으로 열심히 살겠습니다. 송구하고 죄송한 심정으로 존귀하신 재판장님께 백배사죄를 드리면서 집 나간 아들을 기다리는 절박한 심정으로 선처를 기다리겠습니다.

20 년 월 일

위 탄원인 ○ ○ ○ (인)

○○행정법원 행정○부 재판장님 귀하

[사례 17] 단란주점에서 청소년고용으로 인한 영업허가취소의 선처 호소

탄 원 서

탄 원 인 : ○ ○ ○ (○○○○○○－○○○○○○○)
○○시 ○○동 ○○○
전화 : 010-3456-7890

피탄원인 : ○ ○ ○ (○○○○○○－○○○○○○○)
○○시 ○○동 ○○○

탄 원 내 용

존경하는 재판장님!

본인은 영업허가 취소 처분에 대한 선처를 호소하기 위하여 탄원서를 제출합니다.

탄원인은 ○○시 ○○구 ○○동 ○○대로 ○○에서 ○○라는 상호의 단란주점을 지위승계신고하고 운영하고 있었습니다.

20○○년 ○월 ○일 단란주점에서 청소년을 고용하여 유흥접객행위를 하였다는 이유로 영업허가 취소처분을 받았습니다.

사건 당일 아가씨가 부족하여 명함을 던지고 간 ○○라는 보도사무실에 처음 콜을 하게 되었으며, 그래서 온 아가씨가 어려 보여서 주민등록증을 확인하려 하였더니 가방을 사무실에 두고 왔다하여 몇 살이냐고 물으니까 21살이라고 하였고 외모를 보니 키가 크고 화장을 한 상태였으며 보도사무실을 통해서 들어온 아가씨라 별 의심 없이 손님접대를 하도록 하였습니다.

탄원인의 가게는 아가씨 고용이 안 되는 가게라는 것을 알고 있으나 손님들이 아가씨를 원하고 가게 매상에 큰 차이가 있어 먹고살기 위해서 어쩔 수 없이 접객을 하도록 하였습니다.

탄원인의 그릇된 생각으로 불법행위를 저지른 점 깊이 사죄하고 있으며 앞으로는 한 번 더 주위를 살피겠으니 선처하여 주시기 바랍니다.

탄원인의 남편은 현재 무직으로 알코올중독으로 2년 간 입원치료를 하였고 현재는 간경화에 허리 협착으로 다리가 아파 허리수술을 해야 할 상황이며 아들이 대학교 1학년 재학 중에 있는 실정이므로 가게 운영이 되지 않으면 남편 병원비, 아들 등록금, 생활비 등 눈앞에 닥친 생활이 너무 힘이 듭니다.

부디 저의 딱한 사정을 참작하시어 선처해 주시길 간절히 탄원 드립니다.

20 년 월 일

위 탄원인 ○ ○ ○ (인)

○○행정법원 행정○부 재판장님 귀하

[사례 18] 부득이한 사유로 음주운전을 하여 면허취소가 된데 대한 선처 호소

탄 원 서

사 건 :

탄 원 인 : ○ ○ ○ (○○○○○○－○○○○○○○)
○○시 ○○동 ○○○
전화 : 010-3456-7890

피탄원인 : ○ ○ ○ (○○○○○○－○○○○○○○)
○○시 ○○동 ○○○

탄 원 내 용

존경하는 검사님!

바쁜 업무 일정에도 국가와 국민의 근간과 기본권을 지킨다는 긍지와 명예로 사시는 검사님께 다시 한 번 존경의 마음을 담아서 감사의 인사를 드립니다.

저는 20○○년 ○월 ○일 ○○구 ○○동 ○○사거리에서 발생한 교통사고로 면허가 취소된 ○○○의 어머니입니다.

모친상을 당한 친구의 상갓집에서 술을 마시고 대리운전을 부르려고 기다리던 제 아들 ○○○은 ○시경 갑자기 골목 끝에서 ○○○씨가 울면서 달려오는 것을 보았습니다.

한 동네에 살고 있는 ○○○씨는 머리에 피가 뚝뚝 흐르고 있는 사내아이를 안고 맨발로 달려오고 있었습니다. 그 당시 골목에는 제 아들 혼자 밖에 없었고 워낙 다급한 상황이라 본인이 조금 전 술을 마신 사실도 잊고 승용차에 아이를 태우고 병원으로 향했습니다.

○○병원 응급실은 차로 ○분 거리 밖에 되지 않아 빨리 가면 아이를 살릴 수 있다고 생각한 제 아들은 급하게 차를 몰고 가던 중 음주단속 중이던 경찰관의 심문을 받게 되었고 결국 음주운전 혐의(도로교통법 위반)로 면허가 취소 되었습니다.

존경하는 검사님, 비록 제 아들이 음주운전이라는 반사회적 행동을 했지만 피 흘리고 죽어가는 아이의 생명을 구하기 위해 부득이하게 운전대를 잡은 것이니 면허취소처분을 재고하여 주시기 바랍니다.

세상이 각박해져 가고 있는 요즘, 남의 자식이 다쳤다고 해서 직접 병원으로 데리고 갈 수 있는 사람이 몇이나 되겠습니까. 평소 저의 아들은 어렵고 불쌍한 사람들을 보면 그냥 지나치지 못하는 심성이 고운 아이입니다. ○년 동안 장애인 복지시설에서 목욕봉사를 하며 선행을 베푸는 착한 아이입니다. 법 없이도 살 만큼 착한 아들이므로 제 아들의 면허가 유지될 수 있도록 넓은 아량으로 선처해 주시길 간절히 바랍니다.

바쁘신 와중에도 길지 않은 글 읽어주셔서 감사드립니다. 항상 건강하시길 기원합니다.

20 년 월 일

위 탄원인 ○ ○ ○ (인)

○○지방검찰청 ○○○ 검사님 귀하

[사례 19] 공무집행방해죄로 구속된 직장동료의 석방을 호소

탄 원 서

사 건 :

탄 원 인 : ○ ○ ○ (○○○○○○－○○○○○○○)
○○시 ○○동 ○○○
전화 : 010-3456-7890

피탄원인 : ○ ○ ○ (○○○○○○－○○○○○○○)

○○시 ○○동 ○○○

탄 원 내 용

존경하는 검사님!

저는 현재 공무집행 방해죄로 구속, 수감되어 있는 ○○○에 대한 선처를 부탁드리기 위해서입니다. 저와 그는 ○○에서 ○년째 함께 일을 하고 있는 동료 사이입니다.

피의자 ○○○는 사명감과 책임감이 투철하며 지역발전 및 주민의 복지증진에 솔선수범할 뿐 아니라 타의 모범이 되는 열심히 근무하는 공무원입니다. 그런데 회식 후 집에 돌아가는 길에 불미스러운 일로 경찰관과 시비가 붙어 경찰관에게 폭력을 행사하였고 그 후 공무집행방해죄로 구속되었습니다.

제가 지금까지 알고 있는 ○○○는 경찰 공무원에게 폭력을 휘두를 위인이 절대 아닙니다. 시골의 가난한 집에서 자란 그는 혈혈단신으로 상경하고 서울과 대전 등지를 떠돌며 20가지가 넘는 직업을 전전했습니다. 14살에 중국집 배달부로 일할 때는 남들이 먹다 남은 짜장면을 설거지하듯이 먹어치우며 허기를 채웠다고 합니다. 구두닦이, 제과점 사환, 일식집 주방 보조, 현장 잡부를 거쳐 공무원이 되기까지 험난한 삶을 꾸려나가면서도 그는 한 번의 탈선 없이 성장했습니다.

제가 그의 불우한 어린 시절이며 살아온 이야기를 한 것은 그가 비겁하게 도주하지 않을 것이며, 재판을 성실하게 받고 진실을 밝히려 애쓸 사람이라는 것을 검사님께서 알아주시길 바라기 때문입니다.

죄를 지었다 하더라도 불구속 수사와 재판으로도 얼마든지 죄를 물을 수 있습니다. 죄가 있다고 상당히 의심되지도 않거니와 증거인멸과 도주의 우려가 없는 공무원을 구속하는 것은 부당하고 억울합니다.

구속이 필요하다고 의심되는 사안이 없으므로 ○○○을 풀어주시기 바랍니다. 부디 그가 행한 범죄에 대한 실체적 사실관계를 밝혀 주십시오.

존경하는 검사님의 현명한 판단을 바라옵니다.

20 년 월 일

위 탄원인 ○ ○ ○ (인)

○○지방검찰청 ○○○ 검사님 귀하

[사례 20] **특수절도를 한 소년에 대한 선처 호소**

탄 원 서

사 건 :

탄 원 인 : ○ ○ ○ (○○○○○○－○○○○○○○)
○○시 ○○동 ○○○
전화 : 010-3456-7890

피탄원인 : ○ ○ ○ (○○○○○○－○○○○○○○)
○○시 ○○동 ○○○

탄 원 내 용

존경하는 검사님,

본인은 공무원으로 20여년 재직한 직장을 퇴직한 후, 상기 특수절도사건 피의자(성명 : ○○○)를 20○○년 ○월 ○일 우연한 기회에 만나, 많은 시간을 함께 보내며 피의자를 선도하고자 노력하고 있는 한 사람의 독지가로서 먼저 피의자가 죄를 저질러 물의를 일으킨 점에 대하여 진심으로 사과를 드립니다.

현재 피의자 ○○○는 본인을 친부 이상으로 의지하고 있을 뿐만 아니라 이전의 불규칙한 생활습관에서 탈피하려고 애쓰고 있으며, 본인이 적절한 방안을 물색해 주면 그대로 이행할 것을 약속하는 등, 피의자 스스로가 절실히 반성하고 있는 이 시기에 또다시 과오를 저지른 점에 대하여 본인으로서는 정말 안타깝기 그지없게 생각하고 있습니다. 피의자 ○○○는 독자로 부모들이 초등학교 ○학년(만 ○○세)때 이혼한 이후, 아버지는 ○번 재혼하였고 어머니 역시 재가한 환경에서, 아버지는 때로는 피의자인 아들을 어머니에게 맡기고, 어머니는 다시 아버지에게 보내는 등, 어린 시절을 계모 및 계부 밑에서 평범한 생활을 할 수 없는 불우한 가정환경 속에서 반복되는 가출과 불량한 행동으로 가족들에게 완전히 버림을 받고 살아왔습니다.

검사님의 이해를 돕고자 한 사례를 설명 드리고자 합니다.

지난달 ○월 ○일 오전 ○시경, 본인 아파트 입구에 피의자가 쓰러져 있는 것을 아파트 경비원이 발견하여 "누구냐?"고 묻자, "여기가 우리 집이다."라 하며 아버지 이름으로 본인 성명을 대답하는 피의자에게 경비원은 "이 집에는 너 같은 아들이 없다."고 하였지만, 옷에 피가 많이 묻어 있고 신체 여러 부위 상처에서 피가 흐르는 것을 불쌍히 여기고 이 사실을 본인에게 알려주어 본인이 밖에 있는 피의자 ○○○에게 사고 경위를 물으니 "친구 오토바이 뒷좌석에 타고 가다 전복 사고가 발생, 의식을 잃고 병원으로 가던 중 깨어나 몸이 무척 아파, 여기로 온 것이다."라고 대답하였습니다.

본인이 피의자의 몸 상태를 확인한 결과, 상처가 매우 심하여 이 사실을 피의자 가족에게 알려 줄 필요가 있을 것으로 판단하여 피의자를 집으로 데려가 피의자 부친과 할머니께 사고 경위를 대충 설명 드렸습니다만, 피의자 아버지는 "지금은 내 코가 석자이기 때문에 나는 저놈(피의자)을 돌 볼 수 없다."고 하면서 오히려 "나가서 죽었으면 좋겠다."고 하여, 「오늘이 마침 아들(피의자) 생일날입니다.」라고 거듭 말씀 드렸으나 "몸이 아프고 춥다."고 괴로워하는 아들은 거들떠보지도 않았습니다.

어쩔 수 없이 본인이 피의자를 데리고 와 상처를 치료한 후, 잠에서 깨어난 피의자를 당일 오후 ○시경 다시 집으로 데려갔으나, 피의자 고모(여동생) 역시 "얘(피의자)를 왜 여기에 데리고 왔느냐?"하면서 본인과 조카에게 핀잔만 주는 것이었습니다.

본인이 가출한 피의자를 처음 만난 며칠 후, 피의자를 설득하여 집으로 함께 갔을 때에도 조모께서는 "추후에 달라고 하지 않을 것이니 가져가라!"고 피의자가 어떤 쓸모없는 물건인 것처럼 말씀하였습니다.

그 동안 가출과 불량한 행위를 반복하여 부모 및 가족들에게 많은 실망을 안겨 준 사실을 참작하더라도 큰 사고를 당한 아들(피의자)을 대하는 피의자 가족들의 태도는 너무 냉정하기 이루 말 할 수 없었습니다.

그러나 이처럼 냉대 받는 가정환경 속에서 자란 피의자는 가출 중에도 어버이날에는 문밖에 카네이션을 놓아두는 것을 잊지 않았고, 길에 쓰러져 갈증에 시달리는 노인에게 물을 사 드리고 파출소까지 모셔다 주는 선행으로 피의자가 재학 중이던 인천 선인 중학교에서 선행 상을 받을 수도 있었으나 불량 학생으로 분류되어 표창을 받지 못하였다.는 사실을 피의자 복학문제를 상의하기 위하여 학교를 방문하였을 때, 1학년 담임선생이었던 ○○○ 선생님으로부터 전해 들었습니다. 또한 피의자는 아직까지 부모나 가족 등 그 누구도 미워하거나 원망하지 않는 여린 마음을 가지고 있는 소년입니다.

존경하는 검사님!

본인은 이 소년을 평생 친아들처럼 생각하여 선도하며 교화시켜 보겠습니다. 또한 피의자도 제3자들이 오해할 정도로 친자식 이상으로 본인을 잘 따르고 있습니다. 이는 그 동안 본인과 피의자간에 서로 마음의 문을 열고 나눠 온 대화 속에서 맺어진 깊은 신뢰와 애정이 뿌리를 이루고 있기 때문이라고 확신하고 있습니다.

피의자를 만난 지 이제 ○○여일 정도 밖에 지나지 않았지만 피의자에게 심적으로 많은 변화가 오고 있음을 본인 주위에 있는 여러 사람들도 이를 인정하고 있습니다.

본인은 피의자에게 열과 성을 다하여 평범한 소년으로 성장할 수 있도록 최선의 노력을 다 할 것임을 약속드립니다.

또한 피의자 역시 지금까지의 잘못을 절실히 뉘우치고 크게 후회할 뿐만 아니라 머리를 삭발하고 절에 들어가라고 하면 절에라도 들어가겠다는 비장한 마음으로 새로운 생활을 다짐하고 있으며, 또한 본인과 절친한 친구인 ○○○(○○세, ○○패션회장 및 서울 서부 ○○부총재) 및 ○○○(○○세, 주식회사 ○○○○ 대표이사)는 본인을 협조하여 피의자를 자신의 회사에 지난 ○○월 ○○일 입사시킬 예정이었으나 인천 서부경찰서 소년계 ○○○ 형사가 피의자 계류 사건으로 인한 가정법원 심리를 ○월 ○일(○요일)이나 ○월 ○일(○요일)중에 받을 것을 통보하여 현재 입사를 보류 중에 있으며, ○○○(○○세, ○○유선방송 및 CATV방송) 회장도 피의자 선도를 위한 후원을 적극 약속하고 있습니다.

이런 현실에 비추어 피의자를 사회적으로 격리시키는 것보다는 본인과 주위 사람들이 애정을 가지고 선도하는 것이 피의자에게 더욱 효과적인 교화 방안이라고 생각하고 있습니다.

존경하는 검사님.

이번 사건이 이제 만○○세(20○○. ○. ○일생)가 불과 10여일 밖에 지나지 않은 어린 피의자에게 전화위복의 기회가 될 수 있도록 너그러우신 온정을 간곡히 당부 드리고자 합니다.

이와 같은 반성의 기회를 주신다면 본인은 피의자를 가슴에 묻고 살면서 부끄러움 없는 소년으로 성장할 수 있도록 있는 힘껏 노력할 것을 거듭 약속드립니다. 부디 현명하신 ○○○ 검사님의 선처가 있기를 두 손 모아 기대합니다.

끝으로 검사님의 건강과 가정에 행운과 축복이 함께 하시기를 간절히 기원합니다.

감사합니다.

20 년 월 일

위 탄원인 ○ ○ ○ (인)

○○지방검찰청 ○○○ 검사님 귀하

[사례 21] 차용금 사기사건의 경우, 피해자가 선처 호소

탄 원 서

사 건 :

탄 원 인 : ○ ○ ○ (○○○○○○－○○○○○○○)
○○시 ○○동 ○○○
전화 : 010-3456-7890

피탄원인 : ○ ○ ○ (○○○○○○－○○○○○○○)
○○시 ○○동 ○○○

탄 원 내 용

존경하는 재판장님께,

탄원인은 ○○시 ○○구 ○○동에서 ○○제조업을 하고 있으며 피탄원인은 탄원인 처의 친구입니다.

20○○. ○. ○. 탄원인의 처가 피탄원인이 금 ○○○ 원을 빌려달라고 애원하면서 전화가 왔다 하여 얼굴도 한 번도 본 적 없는 피탄원인에게 제 처만 믿고 금 ○○○원을 내놓은 것입니다. 하지만 1주일만 쓰고 돌려주겠다는 당초 약속과는 달리 1년이 지난 기간까지 감감 무소식이고 피탄원인이 기거하는 ○○시 ○○구 ○○동에 탄원인의 처가 찾아갔는데 헛걸음만 하고 피탄원인을 만나지 못하였고, 탄원인이 몇 차례 전화를 했는데도 통화가 되지 않자 탄원인도 처의 친구인 관계로 참으려 하였으나 지금 경영하고 있는 사업의 부진으로 돈 한 푼이 아쉬운 실정이므로 피탄원인을 관할 경찰서에 고소하여, 현재 피탄원인은 ○○구치소에 수감 중입니다.

존경하는 재판장님

피탄원인은 지금 무일푼으로 남편과도 별거 중에 있으며, 두 자녀까지 책임지고 있는 실정이며 게다가 시누이의 집에서 얹혀살고 있는 참으로 딱한 사정입니다.

피탄원인이 울면서 사죄하고, 또 앞으로 자신이 일하여 번 돈의 일부를 다달이 갚는 식으로 빌려간 돈 ○○○원을 차차 갚겠다고 약속하였습니다.

재판장님 피탄원인을 선처하시어 어린 두 자녀에게 하루 속히 돌아가 안정을 찾을 수 있도록 해 주십시오.

20 년 월 일

위 탄원인 ○ ○ ○ (인)

○○지방법원 형사○단독 재판장님 귀하

[사례 22] 토지분할경계측정의 방해로 인하여 업무방해죄로 구속

탄 원 서

사 건 :

탄 원 인 : ○ ○ ○ (○○○○○○－○○○○○○○)
○○시 ○○동 ○○○
전화 : 010-3456-7890

피탄원인 : ○ ○ ○ (○○○○○○－○○○○○○○)
○○시 ○○동 ○○○

탄 원 내 용

존경하는 검사님!

곳곳에 봄이 오는 소리가 들리고 있으나 아침저녁으로는 쌀쌀한 기운이 남아 일교차가 큽니다. 환절기에 검사님의 건강을 기원합니다.

저는 ○○협회 회장직을 맡고 있는 ○○○라고 합니다. 언제 얼굴을 뵌 적도 없고, 성함조차도 모르는 검사님을 향해 이렇게 글을 쓰게 된 것은 재판을 받고 있는 피의자가 하루라도 빨리 가족의 품으로, 그리고 회사의 품으로 돌아올 수 있기를 기원하면서 검사님의 관용과 선처를 바라는 마음에서입니다.

지난 ○일 토지분할 경계측정을 하는 과정에 불미스런 사건으로 업무 방해죄가 적용되어 피의자가 수사를 받고 있습니다. 피의자야말로 사회에서 '법 없이도 살 수 있는 사람'으로 인정받고 있는 사람입니다. 그가 무슨 죄를 지을 것이라고 우리는 상상도 할 수 없습니다. 그런 그의 성격과 소신이 자신들의 생존권을 위해 싸우는 노동자들을 외면하지 못하고, 함께 싸웠다는 것이 큰 죄가 되고 말았습니다.

저는 ○○협회를 대표하여 피의자가 ○○지역을 사랑하고 ○○회사의 노동자를 대변하는 충정에서 우발적인 행동을 한 것이라고 생각하고 있습니다.

피의자를 깊이 배려하시어 새로운 마음으로 노동자를 대변할 수 있는 기회를 가질 수 있도록 건의하오니 선처해 주시기를 간곡히 바랍니다.

한 가정의 가장으로서, 노부모를 극진히 모시는 효자로서 사랑하는 가족 품으로 돌아갈 수 있도록, 그리고 그가 사랑하는 노동자들의 품으로 돌아갈 수 있도록 검사님의 선처를 다시 한 번 호소합니다.

검사님의 건승을 기원하면서 이만 줄입니다.

20 년 월 일

위 탄원인 ○ ○ ○ (인)

○○지방검찰청 ○○○ 검사님 귀하

[사례 23] 동생의 폭행사건에 대하여 형이 선처 호소

탄 원 서

사 건 :

탄 원 인 : ○ ○ ○ (○○○○○○-○○○○○○○)
○○시 ○○동 ○○○
전화 : 010-3456-7890

피탄원인 : ○ ○ ○ (○○○○○○-○○○○○○○)
○○시 ○○동 ○○○

탄 원 내 용

존경하는 검사님께

오늘도 공정한 법 집행을 위해 애쓰시는 검사님께 경의의 말씀을 드립니다.

다름이 아니라 사건번호 위 폭행사건(고소인 : ○○○, 피고소인 : ○○○)과 관련하여 피의자 ○○○에 대한 관대한 처분을 간곡히 부탁드리고자 이 글을 드리게 되었습니다.

간단히 제 소개를 드리자면, 저는 피의자의 형으로서 현재 ○○에서 근무를 하고 있습니다.

이번에 피의자가 이번 사건 때문에 무척 고통스러워하기에 이를 지켜보는 형으로서 마음이 편치 않습니다.

피의자는 평소 마음이 여리고 가족으로서 지금까지 지켜본 바로는 남을 악의적으로 해칠만한 사람이 아닙니다. 일시적인 흥분상태로 화를 낼지도 몰라도 누구한테 함부로 상처를 주거나 남을 다치게 할 사람도 아니며 제가 그동안 줄곧 피의자를 지켜 보아온 형으로서 그런 일도 없었습니다.

이번 사건이 터진 이후로 줄곧 피의자는 식사도 제대로 먹지 못하고 있으며 참회의 눈물로 반성을 하고 있습니다. 얼마 전에는 함께 식사를 하는데 1인분 분량의 식사를 반 이상을 남기고 그 날의 상처와 후회로 하루하루를 지내고 있었습니다. 식사도 제대로 하지 못하고 얼굴도 창백해지고 차츰 야위어 가고 있습니다. 이러다가 정말 큰 병이라도 얻지 않을까 걱정이 됩니다.

아직 피의자에 대한 처벌수위가 결정된 상태는 아니라고 들었습니다. 이미 피의자는 자신이 저지른 실수에 대한 지금까지의 잘못을 절실히 뉘우치고 크게 후회하고 있습니다.

이와 같은 반성의 기회를 주신다면 본인은 피의자를 가슴에 묻고 살면서 두 번 다시 이와 같은 사건이 일어나지 않도록 있는 힘껏 노력할 것을 거듭 약속드립니다. 부디 현명하신 ○○○ 검사님의 선처가 있기를 두 손 모아 기대합니다.

끝으로 검사님의 건강과 가정에 행운과 축복이 함께 하시기를 간절히 기원합니다.

감사합니다.

20 년 월 일

위 탄원인 ○ ○ ○ (인)

ㅇㅇ지방검찰청 ㅇㅇㅇ 검사님 귀하

[사례 24] 분위기에 이끌려 도박한 경우

탄 원 서

사 건 :

탄 원 인 : ○ ○ ○ (○○○○○○－○○○○○○○)
○○시 ○○동 ○○○
전화 : 010-3456-7890

피탄원인 : ○ ○ ○ (○○○○○○－○○○○○○○)
○○시 ○○동 ○○○

탄 원 내 용

존경하는 재판장님께

탄원인은 피탄원인의 처로서 현재 결혼 10년째에 접어들어 슬하에 자녀 ○과 ○을 두고 단란한 가정을 꾸려하고 있습니다.

그런데 얼마 전 남편이 도박사건에 연루되어 현재 ○○구치소에 수감 중입니다. 제 남편은 여태까지 도박이라곤 손에 대지 않는 성실할 가장입니다. 이번 일도 친구들로 어울려 혼자 사는 ○○○이라는 친구의 집에서 술 한 잔 마시고 그곳에서 판이 벌어져 어쩔 수 없이 어울려 화투를 치다가 세 들어 사는 피탄원인의 친구 ○○○이 상습적으로 사람들을 데리고 와 술을 마시고 도박을 일삼은데 분개하여 집주인이 그날 밤 경찰서에 도박판이 벌어졌다고 제보하여 도박 등 특별단속기간에 구속된 것입니다.

존경하는 재판장님

피탄원인은 평소 술도 잘 마시지 않고 도박 같은 것을 일절하지 않는 모범적인 가장입니다. 피탄원인의 성실성은 가정뿐만 아니라 주위 사람들도 다 알고 있습니다.

이런 피탄원인이 어쩌다 만난 친구들과 어울려 재미삼아 낀 도박에 연루되어 이러한 불미스러운 일이 일어난 것입니다.

피탄원인의 평소 생활상을 참작하시어 피탄원인을 법이 허용하는 범위 내에서 최대한의 관용을 베풀어 주시어 하루속히 사랑하는 가족들의 품으로 돌아올 수 있기를 부탁드립니다.

20 년 월 일

위 탄원인 ○ ○ ○ (인)

○○지방법원 형사○단독 재판장님 귀하

[사례 25] 여자친구가 남자친구의 죄에 대하여 형기를 감면 호소

탄 원 서

사 건 :

탄 원 인 : ○ ○ ○ (○○○○○○－○○○○○○○)
○○시 ○○동 ○○○
전화 : 010-3456-7890

피탄원인 : ○ ○ ○ (○○○○○○－○○○○○○○)
○○시 ○○동 ○○○

탄 원 내 용

존경하는 검사님.

본인은 피의자 ○○○의 여자친구로서 많은 시간을 함께 보내며 피의자를 선도하고자 노력하고 있으며 먼저 피의자가 죄를 저질러 물의를 일으킨 점에 대하여 진심으로 사과를 드립니다.

현재 피의자 ○○○는 본인을 의지하고 있을 뿐만 아니라 이전의 불규칙한 생활습관에서 탈피하려고 애쓰고 있으며, 본인이 적절한 방안을 물색해 주면 그대로 이행할 것을 약속하는 등, 피의자 스스로가 절실히 반성하고 있습니다.

본인이 피의자의 몸 상태를 확인한 결과, 상처가 매우 심하여 몇 년 전에 교도소에 있다가 병으로 인해 가출소하였습니다. 그 후 큰 수술도 받고 아무 문제도 없이 열심히 생활했는데 남은 형을 살아야 한다고 다시 교도소로 들어갔습니다.

이번 사건이 피의자에게 전화위복의 기회가 될 수 있도록 남아있는 피의자 ○○○의 남아있는 형기가 감면될 수 있도록 담당 검사님의 너그러우신 온정을 간곡히 당부 드리고자 합니다.

이와 같은 피의자 ○○○의 남아있는 형기가 감면될 수 있도록 도와주신다면 본인은 피의자를 가슴에 묻고 살면서 부끄러움 없는 사회인으로 성장할 수 있도록 있는 힘껏 노력할 것을 거듭 약속드립니다. 부디 현명하신 검사님의 선처가 있기를 두 손 모아 기대합니다.

끝으로 검사님의 건강과 가정에 행운과 축복이 함께 하시기를 간절히 기원합니다.

감사합니다.

20 년 월 일

위 탄원인 ○ ○ ○ (인)

○○지방검찰청 ○○○ 검사님 귀하

[사례 26] 교통사고를 낸 형에 대한 선처 호소

탄 원 서

사 건 :

탄 원 인 : ○ ○ ○ (○○○○○○－○○○○○○○)
○○시 ○○동 ○○○
전화 : 010-3456-7890

피탄원인 : ○ ○ ○ (○○○○○○－○○○○○○○)
○○시 ○○동 ○○○

탄 원 내 용

탄원인은 ○○시청 상하수도사업소 업무과에서 요금업무를 담당하는 공무원이고, 피탄원인 ○○○은 ○○시청 청경으로 근무 중인자로 피탄원인과 탄원인은 형제기간이며 6남매 중 피탄원인은 장남입니다.

탄원인이 이 탄원서를 올림은 다름이 아니오라 피탄원인이 음주 교통사고를 내어 피해자와 원만히 합의를 하였으나 향후 처벌관계에 있어서 법의관용을 호소하기 위해 이 글을 올립니다.

피탄원인은 20○○. ○. ○. ○○:○○경 ○○사격장에서 ○○○, ○○○, ○○○ 고향지인들과 체육대회를 마치고 그곳에서 약간의 음주를 한 후 자가운전을 하여 귀가 중 신호대기 중인 영업용 차량을 후미에서 경미하게 접촉사고를 내었다는 사실을 탄원인은 뒤늦게 들어 알게 되었습니다.

그래서 민원인은 동생 된 입장에서 피해운전사를 만나 백배사죄하고 어려운 살림살이에 합의금을 지불한 뒤 서로 원만하게 해결을 보았습니다.

그런데 피탄원인의 위 교통사고는 이미 경찰서에 접수가 되어 처벌문제를 남겨놓고 있습니다.

피탄원인은 약 10년 전 오토바이를 운전하다 교통사고를 당하여 그 때 머리를 다쳐 그로 인하여 부인과 이혼을 한 뒤 그때부터 현재 고2, 중1의 여식을 키워오면서 용기를 잃지 않고 어렵게 살아가고 있습니다.

금번 이 사고 후 피탄원인이 정상적인 사람이었다면 사과 말 한마디만 하였더라면 아무 일 없이 끝났을 문제를 가지고 일이 확대되었다는 것을 피해운전사로부터 들었는바, 이를 미뤄보더라도 형인 피탄원인은 아직도 정상적인 정신상태가 아님을 짐작할 수 있을 것입니다.

이미 때 늦은 후회를 해본들 무슨 소용이 있겠으며 이후 이와 같은 일이 재발되지 않도록 마음을 고쳐먹는데 최선을 다하도록 탄원인과 아울러 노력하겠습니다.

피탄원인의 노모는 장애자로 노환에 시달리고 있으며 나름대로 숱한 세월이 흐르는 동한 딸자식을 위해 혼신의 노력을 다해 온 피탄원인의 정성을 저희 형제들은 물론 이웃들도 잘 알고 있습니다.

존경하는 서장님!

어미 없이 딸자식을 키우는 아버지의 심정 그 무엇으로 다 표현하리까마는 탄원인도 딸자식도 키우는 아버지로서 문득 눈물이 앞을 가리네요.

이제 피탄원인은 맹세를 하였습니다. 다시는 형제와 딸자식에게 걱정 끼치는 일이 두 번 다시 발생하지 않도록 하겠다고 굳게 약속을 하였습니다.

비록 가난한 농촌의 집안에서 장남으로 태어난 피탄원인은 한때나마 단란한 가정을 꾸려오다 불의의 오토바이 사고로 인해 처와 헤어진 뒤 일시 방황하다 이제 마지막으로 딸자식이라도 훌륭하게 키우려고 노력하는 모습들이 너무나 안쓰럽습니다.

이러한 피탄원인의 어려운 사정을 참작하시어 법의 최대한 관용과 선처를 구하고자 이렇게 실낱같은 형제간의 정의로 이 탄원서를 올리오니 한번만 용서해 주시기 바랍니다.

20 년 월 일

위 탄원인 : ○ ○ ○ (인)

○ ○ 경 찰 서 장 님 귀하

[사례 27] 강제추행으로 인한 상해의 경우, 피해자가 선처 호소

탄 원 서

사 건 :

탄 원 인 : ○ ○ ○ (○○○○○○－○○○○○○○)
○○시 ○○동 ○○○
전화 : 010-3456-7890

피탄원인 : ○ ○ ○ (○○○○○○－○○○○○○○)
○○시 ○○동 ○○○

탄 원 내 용

탄원인과 피탄원인은 친구의 소개로 몇 번 만나 서로 사귀면서 가까워진 사이로 서로 나이도 결혼할 만큼 되서 만나서인지 결혼까지 생각하게 되었습니다.

하지만 차츰 가까워지면서 피탄원인은 탄원인을 소유하려 하였고 그 강도가 점점 강해져 20○○. ○. ○. ○○:○○경에는 저녁식사 후 드라이브를 갔다가 탄원인의 의사와 무관하게 강제로 추행하려 하며 이를 저지하는 과정에서 탄원인에게 상해를 입게 하였습니다.

탄원인은 그 후론 남자 기피증이 생길 정도로 심한 정신적 충격을 받아 피탄원인을 경찰서에 고소하게 된 것입니다.

피탄원인은 재판 중 탄원인에게 진심으로 사과하였으며, 피탄원인의 노쇠하신 부모님까지도 탄원인에게 울면서 사죄하였습니다.

여자로서 힘든 일이지만 피탄원인의 부모님을 보면서 저는 피탄원인을 용서하기로 마음먹었습니다.

그동안 구금생활을 통하여 피탄원인은 자신의 잘못을 뉘우쳤으리라 생각되며, 피탄원인이 석방되어 노쇠하신 부모님 곁으로 돌아가 부모님을 편히 모실 수 있도록 존경하는 재판장님의 선처를 바랍니다.

20 년 월 일

위 탄원인 : ○ ○ ○ (인)

○○ 지방법원 형사○단독 재판장님 귀하

[사례 28] 거주자 우선주차 구민 피해

탄 원 서

탄 원 인 : ○ ○ ○ (○○○○○○－○○○○○○○)
○○시 ○○동 ○○○
전화 : 010-3456-7890

탄 원 내 용

중구를 위해 불철주야 노고하심을 시장님께 충심으로 감사드립니다.

다름이 아니오라 거주자 우선주차구역에 주차를 하고 있는 구민으로서 거주자 우선주차구역에 주차하지 말아야 할 비거주자 차량주차들로 인한 피해가 막심하여 이렇게 탄원서를 아래와 같이 제출하오니 시정 될 수 있도록 선처하여 주시기 바랍니다.

아 래

1. 비거주자 차량단속의 소홀성 : 경고장 부착만으로는 단속이 곤란하다고 사료되온 바, 바로 견인조치 할 수 있도록 개정하여 주시기 바라며, 주차위반 차량에 대한 신고전화를 하여도 연결이 되지 않는 상황이 빈번히 발생하고 있어 효율적인 단속이 곤란한 실정이라고 사료됩니다.

2. 또한 이로 인한 거주자 차량은 비거주자 주차로 인하여 부득이 다른 곳에 주차를 해야 하는 경우가 왕왕 있어 온데, 지역 내 특성상 구역이외에는 타

차량의 통행에 불편을 끼칠까봐 달리 주차 할 곳이 없어 인근(10M 이내) 도로 주변에 주차를 할 수밖에 없는 실정이나, 구에서 나온 주차단속에 걸려 주차위반 및 견인조치로 인한 금전적, 시간적 피해가 막심한 실정입니다.

3. 그런 반면에 현실적으론 비거주자 차량에는 경고장만이 부착되고 아무런 조치가 이루어지지 아니 한다는 것은 백번 천번 부당한 행정 조치라고 사료되온 바 조속한 시일 내에 개선하여 주시기를 기원합니다.

20 년 월 일

위 탄원인 ○ ○ ○ (인)

○ ○ 시 장 귀하

[사례 29] 무고사건의 경우

탄 원 서

사 건 :

탄 원 인 : ○ ○ ○ (○○○○○○－○○○○○○○)
○○시 ○○동 ○○○
전화 : 010-3456-7890

피탄원인 : ○ ○ ○ (○○○○○○－○○○○○○○)
○○시 ○○동 ○○○

탄 원 내 용

탄원인과 일간지 ○○신문의 편집국장이고, 피탄원인은 본 신문의 사회부 기자로 20○○. ○. ○. 상해치사사건 관련기가를 사건에 충실하여 진실 그대로 기재하였음에도 불구하고 기사와 관련된 사건의 ○○○이 그 기사는 사건 외 ○○○을 형사처분을 받게 할 목적으로 허위로 기재하였다고 피탄원인을 무고 혐의로 고소하였습니다.

존경하는 재판장님

피탄원인은 항상 국민의 알권리를 충족시켜주기 위해 진실에 부합되는 사실만을 기사화 하는 모범적인 기자이며 기자상도 몇 번 받은 적이 있는 성실한 직업인입니다.

이런 피탄원인이 무고 혐의로 고소를 당하여 재판중이라니 참으로 믿어지지 않고 이해가 가지 않습니다.

부디 진실을 밝히시어 죄 없는 피탄원인을 하루속히 석방하여 주십시오.

20 년 월 일

위 탄원인 : ○ ○ ○ (인)

○○ 지방법원 형사○단독 재판장님 귀하

[사례 30] 행인의 지갑을 훔친 경우

탄 원 서

사 건 :

탄 원 인 : ○ ○ ○ (○○○○○○－○○○○○○○)
○○시 ○○동 ○○○
전화 : 010-3456-7890

피탄원인 : ○ ○ ○ (○○○○○○－○○○○○○○)

○○시 ○○동 ○○○

탄 원 내 용

탄원인은 피해자 ○○○(9세)의 어머니입니다.

20○○. ○. ○. ○○:○○경 그날은 마침 어린이 날이라 피해자 ○○○이 가족들에게 받은 용돈으로 평소 사고 싶어 하던 책들을 사러 동네 서점으로 가는 길에 피탄원인 ○○○이 뒤에서 다가오더니 피해자를 밀쳐 넘어뜨리고 피해자의 지갑을 훔쳐 달아나는 것을 그곳을 지나던 대학생 사건외 ○○○이 붙잡았습니다.

탄원인의 딸인 피해자는 그때의 충격으로 지금도 깜짝깜짝 놀라고 잘 때는 식은땀을 흘리곤 합니다.

탄원인은 딸의 그런 모습을 보고 너무 안쓰럽고 화가나 피탄원인을 고소하여 현재 ○○경찰서에 수감 중입니다.

존경하는 재판장님

한참 티 없이 맑아야 할 나이에 위와 같은 일을 저지른 피탄원인의 죄가 가벼운 것은 아닙니다만. 그 후로 매일같이 저를 찾아와 사죄하며 눈물을 흘리는 피탄원인의 부모를 볼 때마다 탄원인도 자식을 키우는 입장에서 가슴 아프지 않을 수 없습니다. 그래서 피탄원인의 행동은 밉지만 피탄원인을 용서하기로 마음먹었습니다.

재판장님 피탄원인을 선처하시어 피탄원인이 하루속이 가정과 학교에 돌아가 열심히 살아갈 수 있도록 석방의 은전을 베풀어 주시기 바랍니다.

20 년 월 일

위 탄원인 : ○ ○ ○ (인)

○○ 지방법원 형사○단독 재판장님 귀하

부 록

1 형법 죄명별 공소시효 일람표

1. 공소시효의 의의

공소시효란 확정판결 전에 일정한 사건의 경과에 의하여 형벌권이 소멸되는 것을 말한다. 공소시효도 형의 시효와 같이 형사시효의 하나이나, 확정판결 전에 발생한 실체법상의 형벌권을 소멸케 하는 점에서 확정판결 후의 형벌권을 소멸케 하는 형의 시효와 구별된다.

또한 공소시효는 미확정의 형벌권의 소멸이라는 실체법상의 사유가 소송법에 반영되어 소극적 공소조건으로 된다. 따라서 이 소송조건은 실체적 소송조건이고, 공소시효가 완성되어 있음에도 불구하고 공소의 제기가 있으면 면소의 판결이 선고된다.

2. 공소시효의 기간 [형사소송법(일부개정 2007.12.21 법률 제8730호) 제249조~제252조)]

가. 공소시효는 다음의 기간을 경과함으로서 완성한다(형사소송법 제249조 제1항).

(1) 사형에 해당하는 범죄에는 25년

(2) 무기징역 또는 무기금고에 해당하는 범죄에는 15년

(3) 장기 10년 이상의 징역 또는 금고에 해당하는 범죄에는 10년

(4) 장기 10년 미만의 징역 또는 금고에 해당하는 범죄에는 7년

(5) 장기 5년 미만의 징역 또는 금고, 장기 10년 이상의 자격정지 또는 벌금에 해당하는 범죄에는 5년

(6) 장기 5년 이상의 자격정지에 해당하는 범죄에는 3년

(7) 장기 5년 미만의 자격정지, 구류, 과료 또는 몰수에 해당하는 범죄에는 1년

나. 공소가 제기된 범죄는 판결의 확정이 없이 공소를 제기한 때로부터 25년을 경과하면 공소시효가 완성된 것으로 본다(형사소송법 제249조 제2항).

다. 개정 형사소송법(일부개정 2007.12.21 법률 제8730호)은 2007.12.21.에 시행되었는바, 부칙 제3조에는 '이 법 시행 전에 범한 죄에 대하여는 종전의 규정을 적용한다.'를 불소급함을 명시하고 있다.

라. 공소시효기간의 기준이 되는 형은 처단형이 아니라 법정형이다. 2개 이상의 형을 병과하거나 2개 이상의 형에서 그 1개를 과(科)할 범죄에는 중한 형을 기준으로 하고, 형법에 의하여 형을 가중 또는 감경할 경우에는 가중 또는 감경하지 아니한 형을 기준으로 한다.

시효는 범죄행위가 종료한 때로부터 진행하며, 공범의 경우에는 최종행위가 종료한 때로부터 공범 전체에 대한 시효기간을 기산한다. 여기서 '범죄행위가 종료한 때'라 함은 구성요건에 해당하는 행위와 시(행위시설)가 아니라 구성요건에 해당하는 결과발생의 시를 의미한다(결과시설). 시효기간의 계산에 관하여는 초일은 시간을 계산함이 없이 1일로 산정하고, 기간의 말일이 공휴일이라도 기간에 산입한다(형사소송법 제66조).

3. 공소시효의 정지

현행법은 공소시효의 정지만을 인정하고 있고 공소시효의 중단은 인정하고 있지 않다. 시효의 중단의 경우에는 중단하면 중단한 때로부터 다시 새로이 시효의 전체기간이 진행된다. 이에 대하여 시효의 정지는 일시 시효기간의 진행을 정지한다. 즉, 정지의 기간이 종료되면 그때부터 남은 기간이 진행된다. 다만, 중단의 사유는 즉시적인 것이고 정지의 사유는 계속적인 것이어서 소송진행 중에는 시효의 진행이 정지된다.

따라서 법원이 사건을 심리하지 않고 몇 년간 방치하더라도 시효가 완성되지 아니할 것이다. 이는 시효의 취지에 반하므로 현행 형사소송법은 제249조 제2항에서 "공소가 제기된 범죄는 판결의 확정 없이 공소를 제기한 때로부터 25년을 경과하면 공소시효가 완성된 것으로 간주한다"라고 규정하고 있다.

시효는 공소의 제기로 진행이 정지되고 공소기각 또는 관할위반의 재판이 확정된 때로부터 진행한다(형사소송법 제253조 제1항).

공소시효정지의 효력은 공소제기된 피고인에 대하여만 미친다. 따라서 진범이 아닌 자에 대한 공소제기는 진범에 대한 공소시효의 진행을 정지하지 않는다. 그러나 공범의 1인에 대한 시효정지는 다른 공범자에게 대하여 효력이 미치고, 당해 사건의 재판이 확정된 때로부터 진행한다. 한편 범인이 형사처분을 면할 목적으로 국외에 있는 경우 그 기간 동안 공소시효가 정지된다(형사소송법 제253조 제3항). 또한 준기소절차에 의한 재정신청이 있을 때에는 고등법원의 재정결정이 있을 때까지 공소시효의 진행을 정지한다. 그리고 소년보호사건에 대하여 소년부 판사가 심리개시의 결정을 한 때에는 그 사건에 대한 보호처분의 결정이 확정될 때까지 공소시효의 진행이 정지된다.

4. 공소제기의 효과

공소제기의 효과로서는 공소계속, 사건범위의 한정 및 공소시효진행의 정지를 들 수 있다. 공소의 제기에 의하여 종래 검사의 지배 아래에 있던 사건은 법원의 지배 아래로 옮겨지게 되며 사건이 법원에서 실제로 심리될 수 있는 사실상태를 소송계속이라고 한다. 공소의 제기에 의하여 사건의 범위는 한정된다. 즉, 공소장에 기재된 피고인과 공소사실에 대하여 사건의 단일성·동일성이 있는 한 그 전부에 대하여 불가분적으로 미치고, 그 이외에 대하여는 미치지 아니한다. 이를 공소불가분의 원칙이라고 한다. 공소는 검사가 지정한 피고인 이외의 다른 사람에게는 그 효력이 미치지 아니한다. 이점에서 고소의 효력과는 다르다. 고소에 있어서는 원칙적으로 주관적 불가분을 인정하고 있기 때문이다. 공소에 있어서는 설령 지정된 피고인과 공범관계에 있는 자라도 이에 대하여는 효력이 미치지 아니한다. 따라서 공소사실 중에 공범자의 성명이 기재되어있더라도 그 자가 피고인으로서 적시되어 있지 아니하는 한 이를 재판할 수는 없고, 이러한 공범자를 처벌하기 위하여는 별도로 피고인으로서 기소함을 요한다. 다만, 공소시효정지의 효력은 공범자에게도 미친다.

공소의 효력은 공소장에 기재한 공소사실 및 이와 단일성·동일성 있는 사실의 전부에 대하여 불가분적으로 미치고 그 이외에는 미치지 아니한다. 따라서 1개의 범죄에 대하여 그 일부만의 공소는 인정되지 아니한다. 다만, 범죄사실의 일부에 대한 공소는 그 효력이 전부에 미친다. 이를 공소불가분의 원칙이라고 한다. 그러나 이 경우에는 법원의 현실적 심판대상은 공소장에 기재된 1죄의 일부에 한정되며 나머지 부분은 공소장변경 등에 의해서만 현실적 심판대상으로 되기 때문에 공소의 효력이 미치지 아니하는 사건에 대하여는 법원은 심판할 수 없다. 이 원칙을 불고불리의 원칙이라고 한다.

5. 형법 죄명별 공소시효 일람표

※ 공소시효의 기간(형사소송법 제249조~제252조)

죄 명	공소시효	조 문	죄 명	공소시효	조 문
◇ 내란의 죄 ◇			외교사절에 대한 폭행, 협박죄	7년	108조1항
내란수괴죄	25년	87조1호	외교사절에 대한 모욕, 명예훼손죄	5년	108조2항
내란(모의참여, 중요임무종사, 실행)	25년	87조2호	외국의 국기, 국장의 모독죄	5년	109조
내란부화수행죄	7년	87조3호	외국에 대한 사전죄	10년	111조1,2항
내란목적의 살인죄	25년	88조	동 예비음모죄	5년	111조3항
내란죄의 미수범	제87-8조 적용	89조	중립명령위반죄	5년	112조
내란죄의 예비, 음모, 선동, 선전죄	10년	90조	외교상기밀의 누설죄	7년	113조
◇ 외환의 죄 ◇			◇ 공안을 해하는 죄 ◇		
외환유치죄	25년	92조	범죄단체의 조직죄	목적한 죄의 공소시효	114조1항
여적죄	25년	93조	병역 또는 납세의무 거부목적의 범죄단체조직죄	10년	114조2항
모병이적죄	25년	94조1항	소요죄	10년	115조
모병이적에 응한 죄	15년	94조2항	다중불해산죄	5년	116조
시설제공이적죄	25년	95조	전시공수계약불이행죄	5년	117조
시설파괴이적죄	25년	96조	공무원자격의 사칭죄	5년	118조
물건제공이적죄	15년	97조	◇ 폭발물에 관한 죄 ◇		
간첩죄	25년	98조	폭발물사용죄	25년	119조
일반이적죄	15년	99조	폭발물사용죄의 예비, 음모, 선동죄	10년	120조
외환죄의 미수범	제92-99조	100조	전시폭발물제조 등 죄	10년	121조
외환죄의 예비, 음모, 선동, 선전죄	10년	101조	◇ 공무원의 직무에 관한 죄 ◇		
전시군수계약불이행죄	10년	103조	직무유기죄	5년	122조
◇ 국기에 관한죄 ◇			직권남용죄	7년	123조
국기, 국장의 모독죄	7년	105조	불법체포감금죄	7년	124조

죄 명	공소시효	조 문	죄 명	공소시효	조 문
국기, 국장의 비방죄	5년	106조	특수공무원의 폭행가혹 행위죄	7년	125조
◇ 국교에 관한 죄 ◇			피의사실공표죄	5년	126조
외국원수에 대한 폭행등 죄	7년	107조	공무상비밀누설죄	5년	127조
선거방해죄	10년	128조	허위의 감정·통역·번역죄	7년	154조, 152조2항
단순수뢰죄	7년	129조1항	모해 허위의 감정·통역·번역죄	10년	154조, 152조1항
사전수뢰죄	5년	129조2항	협의의 증거인멸죄	7년	155조1항
제3자뇌물제공죄	7년	130조	증인은닉죄	7년	155조2항
수뢰후부정처사죄	10년	131조1,2항	모해증거인멸죄	10년	155조3항
사후수뢰죄	7년	131조3항	**◇ 무고의 죄 ◇**		
알선수뢰죄	5년	132조	무고죄	10년	156조
뇌물공여죄	7년	133조	**◇ 신앙에 관한 죄 ◇**		
◇ 공무방해에 관한 죄 ◇			장례식등의 방해죄	5년	158조
공무집행방해죄	7년	136조	사체등의 오욕죄	5년	159조
위계에 의한 공무집행방해죄	7년	137조	분묘의 발굴죄	7년	160조
법정 또는 국회의장 모욕죄	5년	138조	사체등의 영득죄	7년	161조1항
인권옹호직무방해죄	7년	139조	분묘발굴 사체등의 영득죄	10년	161조2항
공무상비밀표시무효죄	7년	140조	변사체검시방해죄	5년	163조
부동산강제집행효용침해죄	7년	140의2	**◇ 방화와 실화의 죄 ◇**		
공용서류등의 무효죄	7년	141조1항	현주건조물등에의 방화죄	15년	164조1항
공용물의 파괴죄	10년	141조2항	현주건조물방화치상죄	15년	164조2항
공무상보관물의 무효죄	7년	142조	현주건조물방화치사죄	25년	164조2항
특수공무방해치상죄	10년	144조2항	공용건조물등에의 방화죄	15년	165조
특수공무방해치사죄	15년	144조2항	일반건조물등에의 방화죄	10년	166조1항
◇ 도주와 범인은닉의 죄 ◇			자기소유일반건조물등에의 방화죄	7년	166조2항
도주, 집합명령위반죄	5년	145조	일반물건에의 방화죄	10년	167조1항
특수도주죄	7년	146조	자기소유일반물건에의 방화죄	5년	167조2항
도주원조죄	10년	147조	연소죄	10년	168조1항
간수자의 도주원조죄	10년	148조	연소죄	7년	168조2항
도주원조죄의 예비음모죄	5년	150조	진화방해죄	10년	169조
범인은닉죄	5년	151조	실화죄	5년	170조
◇ 위증과 증거인멸의 죄 ◇			업무상실화중실화죄	5년	171조

죄 명	공소시효	조 문	죄 명	공소시효	조 문
위증죄	7년	152조1항	폭발성물건파열죄	10년	172조1항
모해위증죄	10년	152조2항	폭발성물건파열치사상죄	15년	172조2항
가스·전기등 방류죄	10년	172조의2 1항	수도음용수의 사용방해죄	10년	193조
가스·전기등 방류치사상죄	15년	172조의2 2항	음용수혼독치사상죄	15년	194조
가스·전기등 공급방해죄	10년	173조1항, 2항	수도불통죄	10년	195조
가스·전기등 공급방해치상죄	10년	173조3항 전단	음용수에 관한 죄의 예비음모죄	5년	197조
가스·전기등 공급방해치사죄	15년	173조3항 후단	**◇ 아편에 관한 죄 ◇**		
과실폭발물폭발등 죄	7년	173조의2 1항	아편등의 제조등 죄	10년	198조
방화죄등의 예비음모죄	7년	175조	아편흡식기의제조등죄	7년	199조
◇ 일수와 수리에 관한 죄 ◇			세관공무원의 아편등의 수입죄	10년	200조
현주건조물등에의 일수죄	15년	177조1항	아편흡식등 동 장소제공죄	7년	201조
현주건조물등에의 일수치상죄	15년	177조2항	아편등의 소지죄	5년	205조
공용건조물등에의 일수죄	15년	178조	**◇ 통화에 관한 죄 ◇**		
일반건조물등에의 일수죄	10년	179조1항	내국통화위조등 및 동행사, 수입등 죄	15년	207조1항, 4항
자기소유일반건조물등에의 일수죄	5년	179조2항	외국통화위조등 및 동행사, 수입등 죄	10년	207조2항, 3항, 4항
방수방해죄	10년	180조	위조통화의 취득죄	7년	208조
과실일수죄	5년	181조	위조통화취득후의 지정행사죄	5년	210조
일수죄의 예비음모죄	5년	183조	통화유사물의제조등죄	5년	211조
수리방해죄	7년	184조	통화에 관한 죄의 예비음모죄	7년	213조
◇ 교통방해의 죄 ◇			**◇ 유가증권, 우표와 인지에 관한 죄 ◇**		
일반교통방해의 죄	10년	185조	유가증권의 위조등 죄	10년	214조
기차·선박등의 교통방해죄	10년	186조	자격모용에 의한 유가증권의 작성죄	10년	215조
기차등의 전복등 죄	15년	187조	허위유가증권의 작성등죄	7년	216조
교통방해치사상죄	15년	188조	우표, 인지의위조등 죄	10년	218조
과실, 업무상과실, 중과실에 의한 교통방해죄	5년	189조	위조우표, 인지등의 취득죄	5년	219조
교통방해죄의 예비음모죄	5년	191조	소인의 말소죄	5년	221조

죄 명	공소시효	조 문	죄 명	공소시효	조 문
◇ 음용수에 관한 죄 ◇			인지, 우표, 유사물의 제조 등 죄	5년	222조
음용수의 사용방해죄	5년	192조1항	유가증권, 우표와 인지에 관한 죄의 예비음모죄	5년	224조
독물등 혼입에 의한 음용수 사용방해죄	10년	192조2항	**◇ 문서에 관한 죄 ◇**		
공문서등의 위조, 변조, 및 동행사죄	10년	225조, 229조	**◇ 살인의 죄 ◇**		
자격모용에 의한 공문서 등의 작성 및 동행사죄	10년	226조, 229조	살인, 존속살해죄	25년	250조
허위공문서등의 작성 및 동행사죄	7년	227조, 229조	영아살해죄	10년	251조
공전자기록위작·변작죄 및 동행사죄	10년	227조의2, 229조	촉탁 승낙에 의한 살인 등 죄	10년	252조
공정증서원본등의 불실기재 및 동행사죄	7년	228조1항, 229조	위계등에 의한 촉탁살인 등 죄	25년	253조
공정증서원본등의 불실기재 및 동행사죄	5년	228조2항, 229조	살인죄의 예비음모죄	10년	255조
공문서등의 부정행사죄	5년	230조	**◇ 상해와 폭행의 죄 ◇**		
허위진단서등의 작성 및 동행사죄	7년	231조, 234조	상해죄	7년	257조1항
자격모용에 의한 사문서의 작성 및 동행사죄	7년	232조, 234조	존속상해죄	10년	257조2항
사전자기록위작·변작죄 및 동행사죄	7년	232조의2, 234조	(존속)중상해죄	10년	258조
허위진단서등의작성 및 동행사죄	5년	233조, 234조	상해치사죄	10년	259조1항
사문서의 부정행사죄	5년	236조	존속상해치사죄	15년	259조2항
◇ 인장에 관한 죄 ◇			폭행죄	5년	260조1항
공인 등의 위조, 부정사용 및 동행사죄	7년	238조	존속폭행죄	7년	260조2항
사인 등의 위조, 부정사용 및 동행사죄	5년	239조	특수폭행죄	7년	261조
◇ 성풍속에 관한 죄 ◇			폭행치상죄	7년	262조 257조1항
간통죄	5년	241조	폭행중상해, 존속폭행중상해죄	10년	262조 258조
음행매개죄	5년	242조	폭행치사죄	10년	262조 259조1항
음화반포등 죄	5년	243조	존속폭행치사죄	15년	262조 259조2항
음화제조등 죄	5년	244조	**◇ 과실치사상의 죄 ◇**		

죄 명	공소시효	조 문	죄 명	공소시효	조 문
공연음란죄	5년	245조	과실치상죄	5년	266조
◇ 도박과 복표에 관한 죄 ◇			과실치사죄	5년	267조
도박, 상습도박죄	5년	246조	업무상과실, 중과실에 의한 치사상죄	7년	268조
도박개장죄	5년	247조	◇ 낙태의 죄 ◇		
복표의 발매등 죄	5년	248조	낙태죄	5년	269조1항, 2항
촉탁·승낙낙태치상죄	5년	269조3항, 전단	특수중체포감금죄	7년	278조, 277조1항
촉탁·승낙낙태치상죄	7년	269조3항, 후단	존속특수중체포감금죄	10년	278조, 277조2항
의사등의 낙태, 부동의 낙태죄	5년	270조1항, 2항	체포감금치상죄	10년	281조1항, 276조1항
의사등의 낙태, 부동의 낙태치상죄	7년	270조3항, 전단	존속체포감금치상죄	10년	281조2항, 276조 2항
의사등의 낙태, 부동의 낙태치사죄	10년	270조3항, 후단	체포감금치사죄	10년	281조1항, 276조1항
◇ 유기와 학대의 죄 ◇			존속체포감금치사죄	15년	281조2항, 276조2항
유기죄	5년	271조1항	◇ 협박의 죄 ◇		
존속유기죄 및 존속유기로 인한 생명에 위험을 초래한 죄	10년	271조2항, 4항	협박죄	5년	283조1항
단순유기로 인한 생명 에 위험을 초래한 죄	7년	271조3항	존속협박죄	7년	283조2항
영아유기죄	5년	272조	특수협박죄	7년	284조
학대죄	5년	273조1항	◇ 약취와 유인의 죄 ◇		
존속학대죄	7년	273조2항	미성년자의 약취유인죄	10년	287조
영아혹사죄	7년	274조	영리등을 위한 약취, 유인, 매매등 죄	10년	288조
(제271조 내지 제273조) 유기등 치상죄	7년	275조1항, 전단	국외이송을 위한 약취, 유인, 매매등 죄	10년	289조
(제271조 내지 제273조) 유기등 치사죄	10년	275조1항, 후단	국외이송을 위한 약취, 유인, 매매등 죄의 예비음모죄	5년	290조
존속(제271조 내지 제273조) 유기등 치상죄	10년	275조2항, 전단	결혼을 위한 약취, 유인죄	7년	291조
존속(제271조 내지 제273조) 유기등 치사죄	15년	275조2항, 후단	약취, 유인, 매매된 자의 수수 또는 은닉죄	7년	292조

죄 명	공소시효	조 문	죄 명	공소시효	조 문
◇ 체포와 감금의 죄 ◇			상습으로 약취, 유인, 매매된 자의 수수 또는 은닉 및 추행, 간음 또는 영리목적으로 약취, 유인, 매매된 자의 수수 또는 은닉죄	10년	293조1항, 2항
체포감금죄	7년	276조1항	◇ 강간과 추행의 죄 ◇		
존속체포감금죄	10년	276조2항	강간죄	10년	297조
중체포, 중감금죄	7년	277조1항	강제추행죄	10년	298조
존속중체포, 존속중감금죄	10년	277조2항	준강간, 준강제추행죄	10년	299조
특수체포, 감금죄	7년	278조, 276조1항	강간등에 의한 상해·치상죄	15년	301조
존속특수체포, 감금죄	10년	278조, 276조2항	강간등 살인죄	25년	301조의2전단
강간등 치사죄	15년	301조의2 후단	강요죄	7년	324조
미성년자에 대한 간음죄	7년	302조	인질강요죄	10년	324조의2
업무상위력등에 의한 간음죄	7년	303조	인질상해·치상죄	15년	324조의3
혼인빙자 등에 의한 간음죄	5년	304조	인질살해죄	25년	324조의4 전단
미성년자(13세 미만)에 대한 간음, 추행죄	10년	305조, 297조	인질치사죄	15년	324조의4 후단
미성년자(13세 미만)에 대한 간음, 추행상해, 치상죄	15년	305조, 301조	점유강취, 준점유강취	7년	325조
◇ 명예에 관한 죄 ◇			중권리행사방해죄	10년	326조
명예훼손죄	5년	307조1항	강제집행면탈죄	5년	327조
허위사실적시명예훼손죄	7년	307조2항	◇ 절도와 강도의 죄 ◇		
사자의 명예훼손죄	5년	308조	절도죄	7년	329조
출판물등에 의한 명예훼손죄	5년	309조1항	야간주거침입절도죄	10년	330조
허위사실적시출판물등에 의한 명예훼손죄	7년	309조2항	특수절도죄	10년	331조
모욕죄	5년	311조	자동차등 불법사용죄	5년	331조의2
◇ 신용, 업무와 경매에 관한 죄 ◇			강도죄	10년	333조
신용훼손죄	7년	313조	특수강도죄	15년	334조
업무방해죄	7년	314조	준강도죄	10년	335조, 333조
경매입찰방해죄	5년	315조	준특수강도죄	15년	335조, 334조
◇ 비밀침해의 죄 ◇			인질강도죄	10년	336조
비밀침해죄	5년	316조	강도상해, 치상죄	15년	337조

죄 명	공소시효	조 문	죄 명	공소시효	조 문
업무상비밀누설죄	5년	317조	강도살인죄	25년	338조 전단
◇ 주거침입의 죄 ◇			강도치사죄	15년	338조 후단
주거침입, 퇴거불응죄	5년	319조	강도강간죄	15년	339조
특수주거침입죄	7년	320조	해상강도, 해상강도상해 치상죄	15년	340조1항, 2항
주거·신체수색죄	5년	321조	해상강도살인, 치사죄	25년	340조3항
◇ 권리행사를 방해하는 죄 ◇			상습강도, 상습특수절도, 상습인질강도, 상습해상강도 등 죄	15년	341조
권리행사방해죄	7년	323조	강도죄의 예비음모죄	7년	343조
◇ 사기와 공갈의 죄 ◇			**◇ 장물에 관한 죄 ◇**		
사기죄	10년	347조	장물의 취득, 알선등 죄	7년	362조
컴퓨터등 사용사기죄	10년	347조의2	상습장물의 취득, 알선등 죄	10년	363조
준사기죄	10년	348조	업무상과실, 중과실로 인한 장물취득등 죄	5년	364조
편의시설부정이용죄	5년	348조의2	**◇ 손괴의 죄 ◇**		
부당이득죄	5년	349조	재물 또는 문서의 손괴죄	5년	336조
공갈죄	10년	350조	공익건조물 파괴죄	10년	367조
◇ 횡령과 배임의 죄 ◇			중손괴죄	10년	368조1항
횡령, 배임죄	7년	355조	재물손괴등 치상죄	10년	368조2항
업무상의 횡령과 배임 죄	10년	356조	재물손괴등 치사죄	10년	368조2항
배임수뢰죄	7년	357조 1항	특수손괴죄	7년	369조1항
배임증뢰죄	5년	357조 2항	특수손괴죄	10년	369조2항
점유이탈물횡령죄	5년	360조	경계침범죄	5년	370조

2 주택임대차보호법

개정 2013. 08. 13. 법률 제12043호
개정 2015. 01. 06. 법률 제12989호
개정 2018. 10. 16. 법률 제15791호

제1조(목적) 이 법은 주거용 건물의 임대차에 관하여 「민법」에 대한 특례를 규정함으로써 국민 주거생활의 안정을 보장함을 목적으로 한다.
[전문개정 2008.3.21]

제2조(적용 범위) 이 법은 주거용 건물(이하 "주택"이라 한다)의 전부 또는 일부의 임대차에 관하여 적용한다. 그 임차주택의 일부가 주거 외의 목적으로 사용되는 경우에도 또한 같다. [전문개정 2008.3.21]

제3조(대항력 등)
① 임대차는 그 등기가 없는 경우에도 임차인이 주택의 인도와 주민등록을 마친 때에는 그 다음 날부터 제삼자에 대하여 효력이 생긴다. 이 경우 전입신고를 한 때에 주민등록이 된 것으로 본다.
② 주택도시기금을 재원으로 하여 저소득층 무주택자에게 주거생활 안정을 목적으로 전세임대주택을 지원하는 법인이 주택을 임차한 후 지방자치단체의 장 또는 그 법인이 선정한 입주자가 그 주택을 인도받고 주민등록을 마쳤을 때에는 제1항을 준용한다. 이 경우 대항력이 인정되는 법인은 대통령령으로 정한다. 〈개정 2015.1.6〉
③ 「중소기업기본법」 제2조에 따른 중소기업에 해당하는 법인이 소속 직원의 주거용으로 주택을 임차한 후 그 법인이 선정한 직원이 해당 주택을 인도받고 주민등록을 마쳤을 때에는 제1항을 준용한다. 임대차가 끝나기 전에 그 직원이 변경된 경우에는 그 법인이 선정한 새로운 직원이 주택을 인도받고 주민등록을 마친 다음 날부터 제삼자에 대하여 효력이 생긴다. 〈신설 2013.8.13〉
④ 임차주택의 양수인(그 밖에 임대할 권리를 승계한 자를 포함한다)은 임대인의 지위를 승계한 것으로 본다. 〈개정 2013.8.13〉
⑤ 이 법에 따라 임대차의 목적이 된 주택이 매매나 경매의 목적물이 된 경우에는 「민법」 제575조 제1항·제3항 및 같은 법 제578조를 준용한다. 〈개정 2013.8.13〉
⑥ 제5항의 경우에는 동시이행의 항변권에 관한 「민법」 제536조를 준용한다. 〈개정 2013.8.13〉
[전문개정 2008.3.21]

제3조의2(보증금의 회수)
① 임차인(제3조제2항 및 제3항의 법인을 포함한다. 이하 같다)이 임차주택에 대하여 보증금반환청구소송의 확정판결이나 그 밖에 이에 준하는 집행권원에 따라서 경매를 신청하는 경우에는 집행개시요건에 관한 「민사집행법」 제41조에도 불구하고 반대의무

의 이행이나 이행의 제공을 집행개시의 요건으로 하지 아니한다. 〈개정 2013.8.13〉
② 제3조 제1·제2항 또는 제3항의 대항요건과 임대차계약증서(제3조 제2항 및 제3항의 경우에는 법인과 임대인 사이의 임대차계약증서를 말한다)상의 확정일자를 갖춘 임차인은 「민사집행법」에 따른 경매 또는 「국세징수법」에 따른 공매를 할 때에 임차주택(대지를 포함한다)의 환가대금에서 후순위권리자나 그 밖의 채권자보다 우선하여 보증금을 변제받을 권리가 있다. 〈개정 2013.8.13〉
③ 임차인은 임차주택을 양수인에게 인도하지 아니하면 제2항에 따른 보증금을 받을 수 없다.
④ 제2항 또는 제7항에 따른 우선변제의 순위와 보증금에 대하여 이의가 있는 이해관계인은 경매법원이나 체납처분청에 이의를 신청할 수 있다. 〈개정 2013.8.13〉
⑤ 제4항에 따라 경매법원에 이의를 신청하는 경우에는 「민사집행법」 제152조부터 제161조까지의 규정을 준용한다.
⑥ 제4항에 따라 이의신청을 받은 체납처분청은 이해관계인이 이의신청일부터 7일 이내에 임차인 또는 제7항에 따라 우선변제권을 승계한 금융기관 등을 상대로 소를 제기한 것을 증명하면 해당 소송이 끝날 때까지 이의가 신청된 범위에서 임차인 또는 제7항에 따라 우선변제권을 승계한 금융기관 등에 대한 보증금의 변제를 유보하고 남은 금액을 배분하여야 한다. 이 경우 유보된 보증금은 소송의 결과에 따라 배분한다. 〈개정 2013.8.13〉
⑦ 다음 각 호의 금융기관 등이 제2항, 제3조의3제5항, 제3조의4제1항에 따른 우선변제권을 취득한 임차인의 보증금반환채권을 계약으로 양수한 경우에는 양수한 금액의 범위에서 우선변제권을 승계한다. 〈신설 2013.8.13, 2016.1. 6〉

1. 「은행법」에 따른 은행
2. 「중소기업은행법」에 따른 중소기업은행
3. 「한국산업은행법」에 따른 한국산업은행
4. 「농업협동조합법」에 따른 농협은행
5. 「수산업협동조합법」에 따른 수산업협동조합중앙회
6. 「우체국예금·보험에 관한 법률」에 따른 체신관서
7. 「한국주택금융공사법」에 따른 한국주택금융공사
8. 「보험업법」 제4조제1항제2호라목의 보증보험을 보험종목으로 허가받은 보험회사
9. 「주택도시기금법」에 따른 주택도시보증공사
10. 그 밖에 제1호부터 제9호까지에 준하는 것으로서 대통령령으로 정하는 기관

⑧ 제7항에 따라 우선변제권을 승계한 금융기관 등(이하 "금융기관등"이라 한다)은 다음 각 호의 어느 하나에 해당하는 경우에는 우선변제권을 행사할 수 없다. 〈신설 2013.8.13〉

1. 임차인이 제3조제1항·제2항 또는 제3항의 대항요건을 상실한 경우
2. 제3조의3제5항에 따른 임차권등기가 말소된 경우
3. 「민법」 제621조에 따른 임대차등기가 말소된 경우

⑨ 금융기관등은 우선변제권을 행사하기 위하여 임차인을 대리하거나 대위하여 임대차를 해지할 수 없다. 〈신설 2013.8.13〉
[전문개정 2008.3.21]

제3조의3(임차권등기명령)

① 임대차가 끝난 후 보증금이 반환되지 아니한 경우 임차인은 임차주택의 소재지를 관할하는 지방법원·지방법원지원 또는 시·군 법원에 임차권등기명령을 신청할 수 있다. 〈개정 2013.8.13〉

② 임차권등기명령의 신청서에는 다음 각 호의 사항을 적어야 하며, 신청의 이유와 임차권등기의 원인이 된 사실을 소명하여야 한다. 〈개정 2013.8.13〉

1. 신청의 취지 및 이유
2. 임대차의 목적인 주택(임대차의 목적이 주택의 일부분인 경우에는 해당 부분의 도면을 첨부한다)
3. 임차권등기의 원인이 된 사실(임차인이 제3조제1항 제항 또는 제3항에 따른 대항력을 취득하였거나 제3조의2 제2항에 따른 우선변제권을 취득한 경우에는 그 사실)
4. 그 밖에 대법원규칙으로 정하는 사항

③ 다음 각 호의 사항 등에 관하여는 「민사집행법」 제280조 제1항, 제281조, 제283조, 제285조, 제286조, 제288조 제1항·제2항 본문, 제289조, 제290조 제2항 중 제288조 제1항에 대한 부분, 제291조 및 제293조를 준용한다. 이 경우 "가압류"는 "임차권등기"로, "채권자"는 "임차인"으로, "채무자"는 "임대인"으로 본다.

1. 임차권등기명령의 신청에 대한 재판
2. 임차권등기명령의 결정에 대한 임대인의 이의신청 및 그에 대한 재판
3. 임차권등기명령의 취소신청 및 그에 대한 재판
4. 임차권등기명령의 집행

④ 임차권등기명령의 신청을 기각하는 결정에 대하여 임차인은 항고할 수 있다.

⑤ 임차인은 임차권등기명령의 집행에 따른 임차권등기를 마치면 제3조 제1항·제2항 또는 제3항에 따른 대항력과 제3조의2 제2항에 따른 우선변제권을 취득한다. 다만, 임차인이 임차권등기 이전에 이미 대항력이나 우선변제권을 취득한 경우에는 그 대항력이나 우선변제권은 그대로 유지되며, 임차권등기 이후에는 제3조 제1항·제2항 또는 제3항의 대항요건을 상실하더라도 이미 취득한 대항력이나 우선변제권을 상실하지 아니한다. 〈개정 2013.8.13〉

⑥ 임차권등기명령의 집행에 따른 임차권등기가 끝난 주택(임대차의 목적이 주택의 일부분인 경우에는 해당 부분으로 한정한다)을 그 이후에 임차한 임차인은 제8조에 따른 우선변제를 받을 권리가 없다.

⑦ 임차권등기의 촉탁, 등기관의 임차권등기 기입 등 임차권등기명령을 시행하는 데에 필요한 사항은 대법원규칙으로 정한다. 〈개정 2011.4.12.〉

⑧ 임차인은 제1항에 따른 임차권등기명령의 신청과 그에 따른 임차권등기와 관련하여 든 비용을 임대인에게 청구할 수 있다.

⑨ 금융기관등은 임차인을 대위하여 제1항의 임차권등기명령을 신청할 수 있다. 이 경우 제3항 제4항 및 제8항의 "임차인"은 금융기관등"으로 본다. 〈개정 2013.8.13〉

[전문개정 2008.3.21.]

제3조의4(「민법」에 따른 주택임대차등기의 효력 등)

① 「민법」 제621조에 따른 주택임대차등기의 효력에 관하여는 제3조의3 제5항 및 제6항을 준용한다.

② 임차인이 대항력이나 우선변제권을 갖추고 「민법」 제621조 제1항에 따라 임대인의 협력을 얻어 임대차등기를 신청하는 경우에는 신청서에 「부동산등기법」 제74조 제1호부터 제5호까지의 사항 외에 다음 각 호의 사항을 적어야 하며, 이를 증명할 수 있는 서면(임대차의 목적이 주택의 일부분인 경우에는 해당 부분의 도면을 포함한다)을 첨부하여야 한다. 〈개정 2011.4.12.〉

1. 주민등록을 마친 날
2. 임차주택을 점유한 날
3. 임대차계약증서상의 확정일자를 받은 날

[전문개정 2008.3.21]

제3조의5(경매에 의한 임차권의 소멸) 임차권은 임차주택에 대하여 「민사집행법」에 따른 경매가 행하여진 경우에는 그 임차주택의 경락에 따라 소멸한다. 다만, 보증금이 모두 변제되지 아니한, 대항력이 있는 임차권은 그러하지 아니하다. [전문개정 2008.3.21.]

제3조의6(확정일자 부여 및 임대차 정보제공 등)

① 제3조의2제2항의 확정일자는 주택 소재지의 읍·면사무소, 동 주민센터 또는 시(특별시·광역시·특별자치시는 제외하고, 특별자치도는 포함한다)·군·구(자치구를 말한다)의 출장소, 지방법원 및 그 지원과 등기소 또는「공증인법」에 따른 공증인(이하 이 조에서 "확정일자부여기관"이라 한다)이 부여한다.

② 확정일자부여기관은 해당 주택의 소재지, 확정일자 부여일, 차임 및 보증금 등을 기재한 확정일자부를 작성하여야 한다. 이 경우 전산처리정보조직을 이용할 수 있다.

③ 주택의 임대차에 이해관계가 있는 자는 확정일자부여기관에 해당 주택의 확정일자 부여일, 차임 및 보증금 등 정보의 제공을 요청할 수 있다. 이 경우 요청을 받은 확정일자부여기관은 정당한 사유 없이 이를 거부할 수 없다.

④ 임대차계약을 체결하려는 자는 임대인의 동의를 받아 확정일자부여기관에 제3항에 따른 정보제공을 요청할 수 있다.

⑤ 제1항·제3항 또는 제4항에 따라 확정일자를 부여받거나 정보를 제공받으려는 자는 수수료를 내야 한다.

⑥ 확정일자부에 기재하여야 할 사항, 주택의 임대차에 이해관계가 있는 자의 범위, 확정일자부여기관에 요청할 수 있는 정보의 범위 및 수수료, 그 밖에 확정일자부여사무와 정보제공 등에 필요한 사항은 대통령령 또는 대법원규칙으로 정한다.

[본조신설 2013.8.13]

제4조(임대차기간 등)

① 기간을 정하지 아니하거나 2년 미만으로 정한 임대차는 그 기간을 2년으로 본다. 다만, 임차인은 2년 미만으로 정한 기간이 유효함을 주장할 수 있다.

② 임대차기간이 끝난 경우에도 임차인이 보증금을 반환받을 때까지는 임대차관계가 존속되는 것으로 본다. [전문개정 2008.3.21]

제5조 삭제 〈1989.12.30〉

제6조(계약의 갱신)

① 임대인이 임대차기간이 끝나기 6개월 전부터 1개월 전까지의 기간에 임차인에게 갱신거절의 통지를 하지 아니하거나 계약조건을 변경하지 아니하면 갱신하지 아니한다는

뜻의 통지를 하지 아니한 경우에는 그 기간이 끝난 때에 전 임대차와 동일한 조건으로 다시 임대차한 것으로 본다. 임차인이 임대차기간이 끝나기 1개월 전까지 통지하지 아니한 경우에도 또한 같다.

② 제1항의 경우 임대차의 존속기간은 2년으로 본다. 〈개정 2009.5.8〉

③ 2기의 차임액에 달하도록 연체하거나 그 밖에 임차인으로서의 의무를 현저히 위반한 임차인에 대하여는 제1항을 적용하지 아니한다.

[전문개정 2008.3.21]

제6조의2(묵시적 갱신의 경우 계약의 해지)

① 제6조 제1항에 따라 계약이 갱신된 경우 같은 조 제2항에도 불구하고 임차인은 언제든지 임대인에게 계약해지를 통지할 수 있다. 〈개정 2009.5.8〉

② 제1항에 따른 해지는 임대인이 그 통지를 받은 날부터 3개월이 지나면 그 효력이 발생한다.

[전문개정 2008.3.21]

제7조(차임 등의 증감청구권) 당사자는 약정한 차임이나 보증금이 임차주택에 관한 조세, 공과금, 그 밖의 부담의 증감이나 경제사정의 변동으로 인하여 적절하지 아니하게 된 때에는 장래에 대하여 그 증감을 청구할 수 있다. 다만, 증액의 경우에는 대통령령으로 정하는 기준에 따른 비율을 초과하지 못한다. [전문개정 2008.3.21]

제7조의2(월차임 전환 시 산정률의 제한) 보증금의 전부 또는 일부를 월 단위의 차임으로 전환하는 경우에는 그 전환되는 금액에 다음 각 호 중 낮은 비율을 곱한 월차임의 범위를 초과할 수 없다. 〈개정 2010.5.17., 2013.8.13, 2016.5.29〉

1. 「은행법」에 따른 은행에서 적용하는 대출금리와 해당 지역의 경제 여건 등을 고려하여 대통령령으로 정하는 비율
2. 한국은행에서 공시한 기준금리에 대통령령으로 정하는 이율을 더한 비율

[전문개정 2008.3.21]

제8조(보증금 중 일정액의 보호)

① 임차인은 보증금 중 일정액을 다른 담보물권자보다 우선하여 변제받을 권리가 있다. 이 경우 임차인은 주택에 대한 경매신청의 등기 전에 제3조제1항의 요건을 갖추어야 한다.

② 제1항의 경우에는 제3조의2 제4항부터 제6항까지의 규정을 준용한다.

③ 제1항에 따라 우선변제를 받을 임차인 및 보증금 중 일정액의 범위와 기준은 제8조의2에 따른 주택임대차위원회의 심의를 거쳐 대통령령으로 정한다. 다만, 보증금 중 일정액의 범위와 기준은 주택가액(대지의 가액을 포함한다)의 2분의 1을 넘지 못한다. 〈개정 2009.5.8.〉 [전문개정 2008.3.21]

제8조의2(주택임대차위원회)

① 제8조에 따라 우선변제를 받을 임차인 및 보증금 중 일정액의 범위와 기준을 심의하기 위하여 법무부에 주택임대차위원회(이하 "위원회"라 한다)를 둔다.

② 위원회는 위원장 1명을 포함한 9명 이상 15명 이하의 위원으로 구성한다.

③ 위원회의 위원장은 법무부차관이 된다.

④ 위원회의 위원은 다음 각 호의 어느 하나에 해당하는 사람 중에서 위원장이 위촉하

되, 다음 제1호부터 제5호까지에 해당하는 위원을 각각 1명 이상 위촉하여야 하고, 위원 중 2분의 1 이상은 제1호·제2호 또는 제6호에 해당하는 사람을 위촉하여야 한다. 〈개정 2013.3.23〉

1. 법학·경제학 또는 부동산학 등을 전공하고 주택임대차 관련 전문지식을 갖춘 사람으로서 공인된 연구기관에서 조교수 이상 또는 이에 상당하는 직에 5년 이상 재직한 사람
2. 변호사·감정평가사·공인회계사·세무사 또는 공인중개사로서 5년 이상 해당 분야에서 종사하고 주택임대차 관련 업무경험이 풍부한 사람
3. 기획재정부에서 물가 관련 업무를 담당하는 고위공무원단에 속하는 공무원
4. 법무부에서 주택임대차 관련 업무를 담당하는 고위공무원단에 속하는 공무원(이에 상당하는 특정직 공무원을 포함한다)
5. 국토교통부에서 주택사업 또는 주거복지 관련 업무를 담당하는 고위공무원단에 속하는 공무원
6. 그 밖에 주택임대차 관련 학식과 경험이 풍부한 사람으로서 대통령령으로 정하는 사람

⑤ 그 밖에 위원회의 구성 및 운영 등에 필요한 사항은 대통령령으로 정한다.
[본조신설 2009.5.8]

제9조(주택 임차권의 승계)
① 임차인이 상속인 없이 사망한 경우에는 그 주택에서 가정공동생활을 하던 사실상의 혼인 관계에 있는 자가 임차인의 권리와 의무를 승계한다.
② 임차인이 사망한 때에 사망 당시 상속인이 그 주택에서 가정공동생활을 하고 있지 아니한 경우에는 그 주택에서 가정공동생활을 하던 사실상의 혼인 관계에 있는 자와 2촌 이내의 친족이 공동으로 임차인의 권리와 의무를 승계한다.
③ 제1항과 제2항의 경우에 임차인이 사망한 후 1개월 이내에 임대인에게 제1항과 제2항에 따른 승계 대상자가 반대의사를 표시한 경우에는 그러하지 아니하다.
④ 제1항과 제2항의 경우에 임대차 관계에서 생긴 채권·채무는 임차인의 권리의무를 승계한 자에게 귀속된다.
[전문개정 2008.3.21]

제10조(강행규정) 이 법에 위반된 약정으로서 임차인에게 불리한 것은 그 효력이 없다.
[전문개정 2008.3.21]

제10조의2(초과 차임 등의 반환청구) 임차인이 제7조에 따른 증액비율을 초과하여 차임 또는 보증금을 지급하거나 제7조의2에 따른 월차임 산정률을 초과하여 차임을 지급한 경우에는 초과 지급된 차임 또는 보증금 상당금액의 반환을 청구할 수 있다.
[본조신설 2013.8.13]

제11조(일시사용을 위한 임대차) 이 법은 일시사용하기 위한 임대차임이 명백한 경우에는 적용하지 아니한다.
[전문개정 2008.3.21]

제12조(미등기 전세에의 준용) 주택의 등기를 하지 아니한 전세계약에 관하여는 이 법을 준용한다. 이 경우 "전세금"은 "임대차의 보증금"으로 본다.

[전문개정 2008.3.21]

제13조(「소액사건심판법」의 준용) 임차인이 임대인에 대하여 제기하는 보증금반환청구소송에 관하여는 「소액사건심판법」 제6조, 제7조, 제10조 및 제11조의2를 준용한다.

[전문개정 2008.3.21]

제14조(주택임대차분쟁조정위원회)

① 이 법의 적용을 받는 주택임대차와 관련된 분쟁을 심의·조정하기 위하여 대통령령으로 정하는 바에 따라 「법률구조법」 제8조에 따른 대한법률구조공단(이하 "공단"이라 한다)의 지부에 주택임대차분쟁조정위원회(이하 "조정위원회"라 한다)를 둔다. 특별시·광역시·특별자치시·도 및 특별자치도(이하 "시·도"라 한다)는 그 지방자치단체의 실정을 고려하여 조정위원회를 둘 수 있다.

② 조정위원회는 다음 각 호의 사항을 심의·조정한다.

1. 차임 또는 보증금의 증감에 관한 분쟁
2. 임대차 기간에 관한 분쟁
3. 보증금 또는 임차주택의 반환에 관한 분쟁
4. 임차주택의 유지·수선 의무에 관한 분쟁
5. 그 밖에 대통령령으로 정하는 주택임대차에 관한 분쟁

③ 조정위원회의 사무를 처리하기 위하여 조정위원회에 사무국을 두고, 사무국의 조직 및 인력 등에 필요한 사항은 대통령령으로 정한다.

④ 사무국의 조정위원회 업무담당자는 「상가건물 임대차보호법」 제20조에 따른 상가건물임대차분쟁조정위원회 사무국의 업무를 제외하고 다른 직위의 업무를 겸직하여서는 아니 된다. 〈개정 2018.10.16.〉

[본조신설 2016.5.29]

제15조(예산의 지원) 국가는 조정위원회의 설치·운영에 필요한 예산을 지원할 수 있다. [본조신설 2016.5.29]

제16조(조정위원회의 구성 및 운영)

① 조정위원회는 위원장 1명을 포함하여 5명 이상 30명 이하의 위원으로 구성한다.

② 공단 조정위원회 위원은 공단 이사장이 임명 또는 위촉하고, 시·도 조정위원회 위원은 해당 지방자치단체의 장이 임명하거나 위촉한다.

③ 조정위원회의 위원은 주택임대차에 관한 학식과 경험이 풍부한 사람으로서 다음 각 호의 어느 하나에 해당하는 사람으로 한다. 이 경우 제1호부터 제4호까지에 해당하는 위원을 각 1명 이상 위촉하여야 하고, 위원 중 5분의 2 이상은 제2호에 해당하는 사람이어야 한다.

1. 법학·경제학 또는 부동산학 등을 전공하고 대학이나 공인된 연구기관에서 부교수 이상 또는 이에 상당하는 직에 재직한 사람
2. 판사·검사 또는 변호사로 6년 이상 재직한 사람
3. 감정평가사·공인회계사·법무사 또는 공인중개사로서 주택임대차 관계 업무에 6년 이상 종사한 사람
4. 「사회복지사업법」에 따른 사회복지법인과 그 밖의 비영리법인에서 주택임대차분쟁에 관한 상담에 6년 이상 종사한 경력이 있는 사람

5. 해당 지방자치단체에서 주택임대차 관련 업무를 담당하는 4급 이상의 공무원
6. 그 밖에 주택임대차 관련 학식과 경험이 풍부한 사람으로서 대통령령으로 정하는 사람

④ 조정위원회의 위원장은 제3항제2호에 해당하는 위원 중에서 위원들이 호선한다.

⑤ 조정위원회위원장은 조정위원회를 대표하여 그 직무를 총괄한다.

⑥ 조정위원회위원장이 부득이한 사유로 직무를 수행할 수 없는 경우에는 조정위원회위원장이 미리 지명한 조정위원이 그 직무를 대행한다.

⑦ 조정위원의 임기는 3년으로 하되 연임할 수 있으며, 보궐위원의 임기는 전임자의 남은 임기로 한다.

⑧ 조정위원회는 조정위원회위원장 또는 제3항제2호에 해당하는 조정위원 1명 이상을 포함한 재적위원 과반수의 출석과 출석위원 과반수의 찬성으로 의결한다.

⑨ 그 밖에 조정위원회의 설치, 구성 및 운영 등에 필요한 사항은 대통령령으로 정한다.

[본조신설 2016.5.29]

제17조(조정부의 구성 및 운영)

① 조정위원회는 분쟁의 효율적 해결을 위하여 3명의 조정위원으로 구성된 조정부를 둘 수 있다.

② 조정부에는 제16조제3항제2호에 해당하는 사람이 1명 이상 포함되어야 하며, 그 중에서 조정위원회위원장이 조정부의 장을 지명한다.

③ 조정부는 다음 각 호의 사항을 심의·조정한다.

1. 제14조제2항에 따른 주택임대차분쟁 중 대통령령으로 정하는 금액 이하의 분쟁
2. 조정위원회가 사건을 특정하여 조정부에 심의·조정을 위임한 분쟁

④ 조정부는 조정부의 장을 포함한 재적위원 과반수의 출석과 출석위원 과반수의 찬성으로 의결한다.

⑤ 제4항에 따라 조정부가 내린 결정은 조정위원회가 결정한 것으로 본다.

⑥ 그 밖에 조정부의 설치, 구성 및 운영 등에 필요한 사항은 대통령령으로 정한다.

[본조신설 2016.5.29]

제18조(조정위원의 결격사유) 「국가공무원법」 제33조 각 호의 어느 하나에 해당하는 사람은 조정위원이 될 수 없다.

[본조신설 2016.5.29]

제19조(조정위원의 신분보장)

① 조정위원은 자신의 직무를 독립적으로 수행하고 주택임대차분쟁의 심리 및 판단에 관하여 어떠한 지시에도 구속되지 아니한다.

② 조정위원은 다음 각 호의 어느 하나에 해당하는 경우를 제외하고는 그 의사에 반하여 해임 또는 해촉되지 아니한다.

1. 제18조에 해당하는 경우
2. 신체상 또는 정신상의 장애로 직무를 수행할 수 없게 된 경우

[본조신설 2016.5.29]

제20조(조정위원의 제척 등)

① 조정위원이 다음 각 호의 어느 하나에 해당하는 경우 그 직무의 집행에서 제척된다.

1. 조정위원 또는 그 배우자나 배우자이었던 사람이 해당 분쟁사건의 당사자가 되는 경우
2. 조정위원이 해당 분쟁사건의 당사자와 친족관계에 있거나 있었던 경우
3. 조정위원이 해당 분쟁사건에 관하여 진술, 감정 또는 법률자문을 한 경우
4. 조정위원이 해당 분쟁사건에 관하여 당사자의 대리인으로서 관여하거나 관여하였던 경우

② 사건을 담당한 조정위원에게 제척의 원인이 있는 경우에는 조정위원회는 직권 또는 당사자의 신청에 따라 제척의 결정을 한다.

③ 당사자는 사건을 담당한 조정위원에게 공정한 직무집행을 기대하기 어려운 사정이 있는 경우 조정위원회에 기피신청을 할 수 있다.

④ 기피신청에 관한 결정은 조정위원회가 하고, 해당 조정위원 및 당사자 쌍방은 그 결정에 불복하지 못한다.

⑤ 제3항에 따른 기피신청이 있는 때에는 조정위원회는 그 신청에 대한 결정이 있을 때까지 조정절차를 정지하여야 한다.

⑥ 조정위원은 제1항 또는 제3항에 해당하는 경우 조정위원회의 허가를 받지 아니하고 해당 분쟁사건의 직무집행에서 회피할 수 있다.

[본조신설 2016.5.29]

제21조(조정의 신청 등)

① 제14조제2항 각 호의 어느 하나에 해당하는 주택임대차분쟁의 당사자는 해당 주택이 소재하는 공단 또는 시·도 조정위원회에 분쟁의 조정을 신청할 수 있다.

② 조정위원회는 신청인이 조정을 신청할 때 조정 절차 및 조정의 효력 등 분쟁조정에 관하여 대통령령으로 정하는 사항을 안내하여야 한다.

③ 조정위원회의 위원장은 다음 각 호의 어느 하나에 해당하는 경우 신청을 각하한다. 이 경우 그 사유를 신청인에게 통지하여야 한다.

1. 이미 해당 분쟁조정사항에 대하여 법원에 소가 제기되거나 조정 신청이 있은 후 소가 제기된 경우
2. 이미 해당 분쟁조정사항에 대하여 「민사조정법」에 따른 조정이 신청된 경우나 조정신청이 있은 후 같은 법에 따른 조정이 신청된 경우
3. 이미 해당 분쟁조정사항에 대하여 이 법에 따른 조정위원회에 조정이 신청된 경우나 조정신청이 있은 후 조정이 성립된 경우
4. 조정신청 자체로 주택임대차에 관한 분쟁이 아님이 명백한 경우
5. 피신청인이 조정절차에 응하지 아니한다는 의사를 통지하거나 조정신청서를 송달받은 날부터 7일 이내에 아무런 의사를 통지하지 아니한 경우
6. 신청인이 정당한 사유 없이 조사에 응하지 아니하거나 2회 이상 출석요구에 응하지 아니한 경우

[본조신설 2016.5.29]

제22조(조정절차)

① 조정위원회의 위원장은 조정신청을 접수하면 피신청인에게 조정신청서를 송달하여야 한다. 이 경우 제21조제2항을 준용한다.

② 제1항에 따라 조정신청서를 송달받은 피신청인이 조정에 응하고자 하는 의사를 조

정위원회에 통지하면 조정절차가 개시된다.
③ 조정서류의 송달 등 조정절차에 관하여 필요한 사항은 대통령령으로 정한다.
[본조신설 2016.5.29]

제23조(처리기간)
① 조정위원회는 분쟁의 조정신청을 받은 날부터 60일 이내에 그 분쟁조정을 마쳐야 한다. 다만, 부득이한 사정이 있는 경우에는 조정위원회의 의결을 거쳐 30일의 범위에서 그 기간을 연장할 수 있다.
② 조정위원회는 제1항 단서에 따라 기간을 연장한 경우에는 기간 연장의 사유와 그 밖에 기간 연장에 관한 사항을 당사자에게 통보하여야 한다.
[본조신설 2016.5.29]

제24조(조사 등)
① 조정위원회는 조정을 위하여 필요하다고 인정하는 경우 신청인, 피신청인, 분쟁 관련 이해관계인 또는 참고인에게 출석하여 진술하게 하거나 조정에 필요한 자료나 물건 등을 제출하도록 요구할 수 있다.
② 조정위원회는 조정을 위하여 필요하다고 인정하는 경우 조정위원 또는 사무국의 직원으로 하여금 조정 대상물 및 관련 자료에 대하여 조사하게 하거나 자료를 수집하게 할 수 있다. 이 경우 조정위원이나 사무국의 직원은 그 권한을 표시하는 증표를 지니고 이를 관계인에게 내보여야 한다.
③ 조정위원회위원장은 특별시장, 광역시장, 특별자치시장, 도지사 및 특별자치도지사(이하 "시·도지사"라 한다)에게 해당 조정업무에 참고하기 위하여 인근지역의 확정일자 자료, 보증금의 월차임 전환율 등 적정 수준의 임대료 산정을 위한 자료를 요청할 수 있다. 이 경우 시·도지사는 정당한 사유가 없으면 조정위원회위원장의 요청에 따라야 한다.
[본조신설 2016.5.29]

제25조(조정을 하지 아니하는 결정)
① 조정위원회는 해당 분쟁이 그 성질상 조정을 하기에 적당하지 아니하다고 인정하거나 당사자가 부당한 목적으로 조정을 신청한 것으로 인정할 때에는 조정을 하지 아니할 수 있다.
② 조정위원회는 제1항에 따라 조정을 하지 아니하기로 결정하였을 때에는 그 사실을 당사자에게 통지하여야 한다.
[본조신설 2016.5.29]

제26조(조정의 성립)
① 조정위원회가 조정안을 작성한 경우에는 그 조정안을 지체 없이 각 당사자에게 통지하여야 한다.
② 제1항에 따라 조정안을 통지받은 당사자가 통지받은 날부터 7일 이내에 수락의 의사를 서면으로 표시하지 아니한 경우에는 조정을 거부한 것으로 본다.
③ 제2항에 따라 각 당사자가 조정안을 수락한 경우에는 조정안과 동일한 내용의 합의가 성립된 것으로 본다.
④ 제3항에 따른 합의가 성립한 경우 조정위원회위원장은 조정안의 내용을 조정서로

작성한다. 조정위원회위원장은 각 당사자 간에 금전, 그 밖의 대체물의 지급 또는 부동산의 인도에 관하여 강제집행을 승낙하는 취지의 합의가 있는 경우에는 그 내용을 조정서에 기재하여야 한다.

[본조신설 2016.5.29]

제27조(집행력의 부여) 제26조제4항 후단에 따라 강제집행을 승낙하는 취지의 내용이 기재된 조정서의 정본은 「민사집행법」 제56조에도 불구하고 집행력 있는 집행권원과 같은 효력을 가진다. 다만, 청구에 관한 이의의 주장에 대하여는 같은 법 제44조제2항을 적용하지 아니한다.

[본조신설 2016.5.29]

제28조(비밀유지의무) 조정위원, 사무국의 직원 또는 그 직에 있었던 자는 다른 법률에 특별한 규정이 있는 경우를 제외하고는 직무상 알게 된 정보를 타인에게 누설하거나 직무상 목적 외에 사용하여서는 아니 된다.

[본조신설 2016.5.29]

제29조(다른 법률의 준용) 조정위원회의 운영 및 조정절차에 관하여 이 법에서 규정하지 아니한 사항에 대하여는 「민사조정법」을 준용한다.

[본조신설 2016.5.29]

제30조(주택임대차표준계약서 사용) 주택임대차계약을 서면으로 체결할 때에는 법무부장관이 서식을 정하여 권고하는 주택임대차표준계약서를 우선적으로 사용한다. 다만, 당사자가 다른 서식을 사용하기로 합의한 경우에는 그러하지 아니하다.

[본조신설 2016.5.29]

제31조(벌칙 적용에서 공무원 의제) 공무원이 아닌 주택임대차위원회의 위원 및 주택임대차분쟁조정위원회의 위원은 「형법」 제127조, 제129조부터 제132조까지의 규정을 적용할 때에는 공무원으로 본다. [본조신설 2016.5.29]

[시행일:2017.5.30] 제31조(주택임대차분쟁조정위원회에 관한 부분만 해당한다)

부 칙 〈법률 제10580호, 2011.4.12.〉 (부동산등기법)

제1조(시행일) 이 법은 공포 후 6개월이 경과한 날부터 시행한다. 〈단서생략〉

제2조 및 제3조 생략

제4조(다른 법률의 개정) ①부터 〈30〉까지 생략

〈31〉 주택임대차보호법 일부를 다음과 같이 개정한다.

제3조의3 제7항 중 "등기공무원"을 "등기관"으로 한다.

제3조의4 제2항 각 호 외의 부분 중 "「부동산등기법」 제156조의 사항 외에"를 "「부동산등기법」 제74조 제1호부터 제5호까지의 사항 외에"로 한다.

〈32〉부터 〈42〉까지 생략

제5조 생략

부 칙 〈제11690호, 2013.3.23.〉 (정부조직법)

제1조(시행일)

① 이 법은 공포한 날부터 시행한다.

② 생략

제2조부터 제5조까지 생략

제6조(다른 법률의 개정)

①부터 〈130〉까지 생략

〈131〉 주택임대차보호법 일부를 다음과 같이 개정한다.

제8조의2제4항제5호 중 "국토해양부"를 "국토교통부"로 한다.

〈132〉부터 〈710〉까지 생략

제7조 생략

부 칙 〈제12043호,2013.8.13〉

제1조(시행일) 이 법은 2014년 1월 1일부터 시행한다. 다만, 제3조의2제4항, 제6항부터 제9항까지, 제3조의3제1항 및 제9항, 제10조의2의 개정규정은 공포한 날부터 시행한다.

제2조(일반적 적용례) 이 법은 이 법 시행 후 최초로 체결되거나 갱신되는 임대차부터 적용한다.

제3조(중소기업 법인의 대항력에 관한· 적용례 및 경과조치)

① 제3조제3항의 개정규정은 법인(「중소기업은행법」제2조에 따른 중소기업인 법인에 한정한다)이 임차인인 이 법 시행 당시 존속 중인 임대차에 대하여도 적용하되, 이 법 시행 전에 물권을 취득한 제3자에 대하여는 그 효력이 없다.

② 제1항에도 불구하고 이 법 시행 당시 존속 중인 임대차의 기간에 대하여는 종전의 규정에 따른다.

제4조(금융기관등의 우선변제권에 관한 적용례) 제3조의2제4항, 제6항부터 제9항까지, 제3조의3제1항 및 제9항의 개정규정은 같은 개정규정 시행 당시 존속 중인 임대차에 대하여도 적용하되, 이 법 시행 후 최초로 보증금반환채권을 양수한 경우부터 적용한다.

제5조(월차임 전환 시 산정률의 제한에 관한 적용례) 제7조의2의 개정규정은 이 법 시행 당시 존속 중인 임대차에 대하여도 적용하되, 이 법 시행 후 최초로 보증금의 전부 또는 일부를 월 단위 차임으로 전환하는 경우부터 적용한다

부 칙 〈제12989호, 2015.1.6.〉 (주택도시기금법)

제1조(시행일) 이 법은 2015년 7월 1일부터 시행한다.

제2조부터 제4조까지 생략

제2조(다른 법률의 개정) ①부터 〈26〉까지 생략

〈27〉 주택임대차보호법 일부를 다음과 같이 개정한다.

제3조제2항 전단 중 "국민주택기금"을 "주택도시기금"으로 한다.

제3조제2항 전단 중 "「주택법」에 따른 대한주택주식회사"를 「주택도시기금법」에 따른 주택도시보증공사"로 한다.

〈28〉부터 〈32〉까지 생략

제6조 생략

부 칙 〈제14175호, 2016.5.29〉

제1조(시행일) 이 법은 공포 후 6개월이 경과한 날부터 시행한다. 다만, 제14조부터 제29조까지 및 제31조(주택임대차분쟁조정위원회에 관한 부분만 해당한다)의 개정규정은 공포 후 1년이 경과한 날부터 시행한다.

제2조(월차임전환율에 관한 적용례) ① 제7조의2의 개정규정은 이 법 시행당시 존속 중인 임대차에 대하여도 적용하되, 이 법 시행 후 최초로 보증금의 전부 또는 일부를 월 단위 차임으로 전환하는 경우부터 적용한다.

부 칙 〈제14242호, 2016.5.29〉 (수산업협동조합법)

제1조(시행일) 이 법은 2010년 12월 1일부터 시행한다. 〈단서 생략〉

제2조부터 제20조까지 생략

제21조(다른 법률의 개정) ①부터 〈22〉까지 생략

〈23〉 주택임대차보호법 일부를 다음과 같이 개정한다.

제3조의2제7항제5호 중 "수산업협동조합중앙회"를 "수협은행"으로 한다.

〈24〉부터 〈27〉까지 생략

제22조 생략

부 칙 〈제15791호, 2018.10.16.〉 (상가건물 임대차보호법)

제1조(시행일) 이 법은 공포한 날부터 시행한다. 〈단서 생략〉

제2조부터 제4조까지 생략

제3조(다른 법률의 개정) 주택임대차보호법 일부를 다음과 같이 개정한다.

제14조 제4항 중 "다른 직위의 업무를 겸직하여서는 아니 된다"를 "「상가건물 임대차보호법」 제20조에 따른 상가건물임대차분쟁조정위원회 사무국의 업무를 제외하고 다른 직위의 업무를 겸직하여서는 아니 된다"로 한다.

3 주택임대차보호법 시행령

개정 2013. 12. 30. 대통령령 제25035호
개정 2016. 03. 31. 대통령령 제27078호
개정 2018. 09. 18. 대통령령 제29162호

제1조(목적) 이 영은 「주택임대차보호법」에서 위임된 사항과 그 시행에 관하여 필요한 사항을 정함을 목적으로 한다.

[전문개정 2008.8.21]

제2조(대항력이 인정되는 법인) 「주택임대차보호법」(이하 "법"이라 한다) 제3조제2항 후단에서 "대항력이 인정되는 법인"이란 다음 각 호의 법인을 말한다. 〈개정 2009.9.21〉

1. 「한국토지주택공사법」에 따른 한국토지주택공사
2. 「지방공기업법」 제49조에 따라 주택사업을 목적으로 설립된 지방공사[전문개정 2008.8.21] [제1조의2에서 이동, 종전 제2조는 제8조로 이동 〈개정 2013.12.30〉]

제2조의2

[제9조로 이동 〈개정 2013.12.30〉]

제3조(고유식별정보의 처리) 다음 각 호의 어느 하나에 해당하는 자는 법 제3조의6에 따른 확정일자 부여 및 임대차 정보제공 등에 관한 사무를 수행하기 위하여 불가피한 경우 「개인정보 보호법 시행령」 제19조제1호 및 제4호에 따른 주민등록번호 및 외국인등록번호를 처리할 수 있다. 〈개정 2016.1.22〉

1. 시장(「제주특별자치도 설치 및 국제자유도시 조성을 위한 특별법」 제11조에 따른 행정시장을 포함하며, 특별시장·광역시장·특별차지시장을 제외한다), 군수 또는 구청장(자치구의 구청장을 말한다)
2. 읍·면·동의 장
3. 「공증인법」에 따른 공증인

[전문개정 2013.12.30]

[제1조의3에서 이동, 종전 제3조는 제10조로 이동 〈2013.12.30.〉]

제4조(확정일자부 기재사항 등)

① 법 제3조의6 제1항에 따른 확정일자부여기관(지방법원 및 그 지원과 등기소는 제외하며, 이하 "확정일자부여기관"이라 한다)이 같은 조 제2항에 따라 작성하는 확정일자부에 기재하여야 할 사항은 다음 각 호와 같다.

1. 확정일자번호
2. 확정일자 부여일
3. 임대인·임차인의 인적사항
   가. 자연인인 경우 성명, 주소, 주민등록번호(외국인은 외국인등록번호)
   나. 법인이거나 법인 아닌 단체인 경우 법인명·단체명, 법인등록번호·부동산등기용

등록번호, 본점·주사무소 소재지
4. 주택 소재지
5. 임대차 목적물
6. 임대차 기간
7. 차임·보증금
8. 신청인의 성명과 주민등록번호 앞 6자리(외국인은 외국인등록번호 앞 6자리)

② 확정일자는 확정일자번호, 확정일자 부여일 및 확정일자부여기관을 주택임대차계약증서에 표시하는 방법으로 부여한다.

③ 제1항 및 제2항에서 규정한 사항 외에 확정일자부 작성방법 및 확정일자 부여 시 확인사항 등 확정일자 부여 사무에 관하여 필요한 사항은 법무부령으로 정한다.

[본조신설 2013.12.30] [종전 제4조는 제11조로 이동 〈2013.12.30〉]

제5조(주택의 임대차에 이해관계가 있는 자의 범위) 법 제3조의6제3항에 따라 정보제공을 요청할 수 있는 주택의 임대차에 이해관계가 있는 자(이하 "이해관계인"이라 한다)는 다음 각 호의 어느 하나에 해당하는 자로 한다.

1. 해당 주택의 임대인·임차인
2. 해당 주택의 소유자
3. 해당 주택 또는 그 대지의 등기기록에 기록된 권리자 중 법무부령으로 정하는 자
4. 법 제3조의2제7항에 따라 우선변제권을 승계한 금융기관
5. 제1호부터 제4호까지에 준하는 지위 또는 권리를 가지는 자로서 법무부령으로 정하는 자 [본조신설 2013.12.30]

[종전 제5조는 제12조로 이동 〈2013.12.30〉]

제6조(요청할 수 있는 정보의 범위 및 제공방법)

① 임대차계약의 당사자는 법 제3조의6제3항에 따라 확정일자부여기관에 해당 임대차계약에 관한 다음 각 호의 사항의 열람 또는 그 내용을 기록한 서면의 교부를 요청할 수 있다.

1. 임대차목적물
2. 임대인·임차인의 인적사항
3. 확정일자 부여일
4. 차임·보증금
5. 임대차기간

② 임대차계약의 당사자가 아닌 이해관계인 또는 임대차계약을 체결하려는 자는 법 제3조의6제3항 또는 제4항에 따라 확정일자부여기관에 다음 각 호의 사항의 열람 또는 그 내용을 기록한 서면의 교부를 요청할 수 있다.

1. 임대차목적물
2. 확정일자 부여일
3. 차임·보증금
4. 임대차기간

③ 제1항 및 제2항에서 규정한 사항 외에 정보제공 요청에 필요한 사항은 법무부령으로 정한다.

[본조신설 2013.12.30]

[종전 제6조는 제13조로 이동 〈2013.12.30〉]

제7조(수수료)

① 법 제3조의6제5항에 따라 확정일자부여기관에 내야 하는 수수료는 확정일자 부여에 관한 수수료와 정보제공에 관한 수수료로 구분하며, 그 구체적인 금액은 법무부령으로 정한다.

② 「국민기초생활 보장법」에 따른 수급자 등 법무부령으로 정하는 사람에 대해서는 제1항에 따른 수수료를 면제할 수 있다.

[본조신설 2013.12.30] [종전 제7조는 제14조로 이동 〈2013.12.30〉]

제8조(차임 등 증액청구의 기준 등)

① 법 제7조에 따른 차임이나 보증금(이하 "차임등"이라 한다)의 증액청구는 약정한 차임등의 20분의 1의 금액을 초과하지 못한다.

② 제1항에 따른 증액청구는 임대차계약 또는 약정한 차임등의 증액이 있은 후 1년 이내에는 하지 못한다.

[전문개정 2008.8.21]

[제2조에서 이동, 종전 제8조는 제15조로 이동 〈2013.12.30〉]

제9조(월차임 전환 시 산정률)

① 법 제7조의2 제1호에서 "대통령령으로 정하는 비율"이란 연 1할을 말한다.

② 법 제7조의2 제1호에서 "대통령령으로 정하는 이율"이란 연 3.5퍼센트를 말한다. 〈개정 2016.11.29〉

[전문개정 2013.12.30]

[제2조에서 이동, 종전 제9조는 제16조로 이동 〈2013.12.30〉]

제10조(보증금 중 일정액의 범위 등)

① 법 제8조에 따라 우선변제를 받을 보증금 중 일정액의 범위는 다음 각 호의 구분에 의한 금액 이하로 한다. 〈개정 2010.7.21, 2013.12.30, 2016.3.31, 2018.9.18〉

1. 서울특별시: 3천 7백만원
2. 「수도권정비계획법」에 따른 과밀억제권역(서울특별시는 제외한다), 세종특별자치시, 용인시 및 화성시: 3천 4백만원
3. 광역시(「수도권정비계획법」에 따른 과밀억제권역에 포함된 지역과 군지역은 제외한다), 안산시, 김포시, 광주시 및 파주시: 2천만원
4. 그 밖의 지역: 1천 7백만원

② 임차인의 보증금 중 일정액이 주택가액의 2분의 1을 초과하는 경우에는 주택가액의 2분의 1에 해당하는 금액까지만 우선변제권이 있다.

③ 하나의 주택에 임차인이 2명 이상이고, 그 각 보증금 중 일정액을 모두 합한 금액이 주택가액의 2분의 1을 초과하는 경우에는 그 각 보증금 중 일정액을 모두 합한 금액에 대한 각 임차인의 보증금 중 일정액의 비율로 그 주택가액의 2분의 1에 해당하는 금액을 분할한 금액을 각 임차인의 보증금 중 일정액으로 본다.

④ 하나의 주택에 임차인이 2명 이상이고 이들이 그 주택에서 가정공동생활을 하는 경우에는 이들을 1명의 임차인으로 보아 이들의 각 보증금을 합산한다.

[전문개정 2008.8.21]

[제3조에서 이동, 종전 제10조는 제17조로 이동 <2013.12.30>]

제11조(우선변제를 받을 임차인의 범위) 법 제8조에 따라 우선변제를 받을 임차인은 보증금이 다음 각 호의 구분에 의한 금액 이하인 임차인으로 한다. <개정 2010.7.21, 2013.12. 30, 2016.3.31, 2018.9.18>

1. 서울특별시: 1억 1천만원
2. 「수도권정비계획법」에 따른 과밀억제권역(서울특별시는 제외한다), 세종특별자치시, 용인시 및 화성시: 1억 1천만원
3. 광역시(「수도권정비계획법」에 따른 과밀억제권역에 포함된 지역과 군지역은 제외한다), 안산시, 김포시, 광주시 및 파주시: 6천만원
4. 그 밖의 지역: 5천만원

[전문개정 2008.8.21]

[제4조에서 이동, 종전 제11조는 제18조로 이동 <2013.12.30>]

제12조(주택임대차위원회의 구성) 법 제8조의2제4항제6호에서 "대통령령으로 정하는 사람"이란 다음 각 호의 어느 하나에 해당하는 사람을 말한다. <개정 2017.5.29.>

1. 특별시·광역시·특별자치시·도 및 특별자치도(이하 "시·도"라 한다)에서 주택정책 또는 부동산 관련 업무를 담당하는 주무부서의 실·국장
2. 법무사로서 5년 이상 해당 분야에서 종사하고 주택임대차 관련 업무 경험이 풍부한 사람

[본조신설 2009.7.30]

[제5조에서 이동, 종전 제12조는 제19조로 이동 <2013.12.30>]

제13조(위원의 임기 등)

① 법 제8조의2에 따른 주택임대차위원회(이하 "위원회"라 한다)의 위원의 임기는 2년으로 한다. 한 차례만 연임할 수 있다. 다만, 공무원인 위원의 임기는 그 직위에 재직하는 기간으로 한다. <개정 2016.3.31>

② 위원장은 위촉된 위원이 다음 각 호의 어느 하나에 해당하는 경우에는 해당 위원을 해촉할 수 있다.<개정 2016.3.31>

1. 심신장애로 인하여 직무를 수행할 수 없게 된 경우
2. 직무와 관련한 형사사건으로 기소된 경우
3. 직무태만, 품위손상, 그 밖의 사유로 인하여 위원으로 적합하지 아니하다고 인정되는 경우
4. 위원 스스로 직무를 수행하는 것이 곤란하다고 의사를 밝히는 경우

[본조신설 2009.7.30]

[제6조에서 이동, 종전 제13조는 제20조로 이동 <2013.12.30>]

제14조(위원장의 직무)

① 위원장은 위원회를 대표하고, 위원회의 업무를 총괄한다.

② 위원장이 부득이한 사유로 인하여 직무를 수행할 수 없을 때에는 위원장이 미리 지명한 위원이 그 직무를 대행한다.

[본조신설 2009.7.30]

[제7조에서 이동 <2013.12.30>]

제15조(간사)

① 위원회에 간사 1명을 두되, 간사는 주택임대차 관련 업무에 종사하는 법무부 소속의 고위공무원단에 속하는 일반직 공무원(이에 상당하는 특정직·별정직 공무원을 포함한다) 중에서 위원회의 위원장이 지명한다.

② 간사는 위원회의 운영을 지원하고, 위원회의 회의에 관한 기록과 그 밖에 서류의 작성과 보관에 관한 사무를 처리한다.

③ 간사는 위원회에 참석하여 심의사항을 설명하거나 그 밖에 필요한 발언을 할 수 있다.

[본조신설 2009.7.30]

[제8조에서 이동 〈2013.12.30〉]

제16조(위원회의 회의)

① 위원회의 회의는 매년 1회 개최되는 정기회의와 위원장이 필요하다고 인정하거나 위원 3분의 1 이상이 요구할 경우에 개최되는 임시회의로 구분하여 운영한다.

② 위원장은 위원회의 회의를 소집하고, 그 의장이 된다.

③ 위원회의 회의는 재적위원 과반수의 출석으로 개의하고, 출석위원 과반수의 찬성으로 의결한다.

④ 위원회의 회의는 비공개로 한다.

⑤ 위원장은 위원이 아닌 자를 회의에 참석하게 하여 의견을 듣거나 관계 기관·단체 등에게 필요한 자료, 의견 제출 등 협조를 요청할 수 있다.

[본조신설 2009.7.30]

[제9조에서 이동 〈2013.12.30〉]

제17조(실무위원회)

① 위원회에서 심의할 안건의 협의를 효율적으로 지원하기 위하여 위원회에 실무위원회를 둔다.

② 실무위원회는 다음 각 호의 사항을 협의·조정한다.

1. 심의안건 및 이와 관련하여 위원회가 위임한 사항
2. 그 밖에 위원장 및 위원이 실무협의를 요구하는 사항

③ 실무위원회의 위원장은 위원회의 간사가 되고, 실무위원회의 위원은 다음 각 호의 사람 중에서 그 소속기관의 장이 지명하는 사람으로 한다. 〈개정 2013.3.23〉

1. 기획재정부에서 물가 관련 업무를 담당하는 5급 이상의 국가공무원
2. 법무부에서 주택임대차 관련 업무를 담당하는 5급 이상의 국가공무원
3. 국토교통부에서 주택사업 또는 주거복지 관련 업무를 담당하는 5급 이상의 국가공무원
4. 시·도에서 주택정책 또는 부동산 관련 업무를 담당하는 5급 이상의 지방공무원

[본조신설 2009.7.30]

[제10조에서 이동 〈2013.12.30〉]

제18조(전문위원)

① 위원회의 심의사항에 관한 전문적인 조사·연구업무를 수행하기 위하여 5명 이내의 전문위원을 둘 수 있다.

② 전문위원은 법학, 경제학 또는 부동산학 등에 학식과 경험을 갖춘 사람 중에서 법무부장관이 위촉하고, 임기는 2년으로 한다.
[본조신설 2009.7.30]
[제11조에서 이동 〈2013.12.30〉]

제19조(수당) 위원회 또는 실무위원회 위원에 대해서는 예산의 범위에서 수당을 지급할 수 있다. 다만, 공무원인 위원이 그 소관 업무와 직접적으로 관련되어 위원회에 출석하는 경우에는 그러하지 아니하다.
[본조신설 2009.7.30]
[제12조에서 이동 〈2013.12.30〉]

제20조(운영세칙) 이 영에서 규정한 사항 외에 위원회의 운영에 필요한 사항은 법무부장관이 정한다.
[본조신설 2009.7.30]
[제13조에서 이동 〈2013.12.30.〉]

제21조(주택임대차분쟁조정위원회의 설치)
①「법률구조법」 제8조에 따른 대한법률구조공단(이하 "공단"이라 한다)의 다음 각 호의 지부에 법 제14조제1항에 따른 주택임대차분쟁조정위원회(이하 "조정위원회"라 한다)를 둔다.
1. 서울중앙지부
2. 수원지부
3. 대전지부
4. 대구지부
5. 부산지부
6. 광주지부

② 제1항에 따라 공단의 지부에 두는 각 조정위원회의 관할구역은 별표 1와 같다.
[본조신설 2017.5.29.]

제22조(조정위원회의 심의·조정 사항) 법 제14조제2항제5호에서 "대통령으로 정하는 주택임대차에 관한 분쟁"이란 다음 각 호의 분쟁을 말한다.
1. 임대차계약의 이행 및 임대차계약 내용의 해석에 관한 분쟁
2. 임대차계약 갱신 및 종료에 관한 분쟁
3. 임대차계약의 불이행 등에 따른 손해배상청구에 관한 분쟁
4. 공인중개사 보수 등 비용부담에 관한 분쟁
5. 주택임대차표준계약서 사용에 관한 분쟁
6. 그 밖에 제1호부터 제5호까지의 규정에 준하는 분쟁으로서 조정위원회의 위원장(이하 "위원장"이라 한다)이 조정이 필요하다고 인정하는 분쟁

[본조신설 2017.5.29]

제23조(공단의 지부에 두는 조정위원회 사무국)
① 법 제14조제3항에 따라 공단의 지부에 두는 조정위원회의 사무국(이하 "사무국"이라 한다)에는 사무국장 1명을 구며, 사무국장 밑에 심사관 및 조사관을 둔다.
② 사무국장은 공단의 이사장이 임명하며, 조정위원회의 위원(이하 "조정위원"이라 한

다)을 겸직할 수 있다.

③ 심사관 및 조사관은 공단의 이사장이 임명한다.

④ 사무국장은 사무국의 업무를 총괄하고, 소속 직원을 지휘 · 감독한다.

⑤ 심사관은 다음 각 호의 업무를 담당한다.

1. 분쟁조정 신청 사건에 대한 쟁점정리 및 법률적 검토
2. 조사관이 담당하는 업무에 대한 지휘 · 감독
3. 그 밖에 위원장이 조정위원회의 사무 처리를 위하여 필요하다고 인정하는 경우

⑥ 조사관은 다음 각 호의 업무를 담당한다.

1. 조정신청의 접수
2. 분쟁조정 신청에 관한 민원의 안내
3. 조정당사자에 대한 송달 및 통지
4. 분쟁의 조정에 필요한 사실조사
5. 그 밖에 위원장이 조정위원회의 사무 처리를 위하여 필요하다고 인정하는 업무

⑦ 사무국장 및 심사관은 변호사의 자격이 있는 사람으로 한다.

[본조신설 2017.5.29]

제24조(시·도의 조정위원회 사무국) 시·도가 법 제14조제1항에 따라 조정위원회를 두는 경우 사무국의 조직 및 운영 등에 관한 사항은 그 지방자치단체의 실정을 고려하여 시·도 조례로 정한다. [본조신설 2017.5.29.]

제25조(조정위원회 구성) 법 제16조제3항제6호에서 "대통령령으로 정하는 사람"이란 세무사·주택관리사·건축사로서 주택임대차 관계 업무에 6년 이상 종사한 사람을 말한다. [본조신설 2017.5.29.]

제26조(조정위원회 운영)

① 조정위원회는 효율적인 운영을 위하여 필요한 경우에는 분쟁조정사건을 분리하거나 병합하여 심의·조정할 수 있다. 이 경우 당사자에게 지체 없이 그 사실을 통보하여야 한다.

② 조정위원회 회의는 공개하지 아니한다. 다만, 필요하다고 인정되는 경우에는 조정위원회의 의결로 당사자 또는 이해관계인에게 방청을 허가할 수 있다.

③ 조정위원회에 간사를 두며, 사무국의 직원 중에서 위원장이 지명한다.

④ 조정위원회는 회의록을 작성하고, 참여한 조정위원으로 하여금 서명 또는 기명날인하게 하여야 한다.

[본조신설 2017.5.29.]

제27조(조정위원에 대한 수당 등) 조정위원회 또는 조정부에 출석한 조정위원에 대해서는 예산의 범위에서 수당, 여비 및 그 밖에 필요한 경비를 지급할 수 있다. [본조신설 2017.5.29.]

제28조(조정부에서 심의·조정할 사항) 법 제17조제3항제1호에서 "대통령령으로 정하는 금액 이하의 분쟁"이란 다음 각 호의 어느 하나에 해당하는 분쟁을 말한다.

1. 임대차계약의 보증금이 다음 각 목에서 정하는 금액 이하의 분쟁
   가. 「수도권정비계획법」 제2조제1호에 따른 수도권 지역: 5억원
   나. 가목에 따른 지역 외의 지역: 3억원

2. 조정으로 주장하는 이익의 값(이사 "조정목적의 값"이라 한다)이 2억원 이하의 분쟁, 이 경우 조정목적의 값 산정은 「민사소송 등 인지법」에 따른 소송목적의 값에 관한 산정 방식을 준용한다.

[본조신설 2017.5.29]

제29조(조정부의 구성 및 운영)

① 조정부의 위원은 조정위원 중에서 위원장이 지명한다.

② 둘 이상의 조정부를 두는 경우에는 위원장이 분쟁조정 신청사건을 담당할 조정부를 지정할 수 있다.

③ 조정부의 운영에 관하여는 제26조를 준용한다. 이 경우 "조정위원회"는 "조정부"로, "위원장"은 "조정부의 장"으로 본다.

[본조신설 2017.5.29]

제30조(조정의 신청)

① 조정의 신청은 서면(「전자문서 및 전자거래 기본법」 제2조제1호에 따른 전자문서를 포함한다. 이하 같다) 또는 구두로 할 수 있다.

② 구두로 조정을 신청하는 경우 조정신청인은 심사관 또는 조사관에게 진술하여야한다. 이 경우 조정신청을 받은 심사관 또는 조사관은 조정신청조서를 작성하고 신청인으로 하여금 서명 또는 기명날인하도록 하여야 한다.

③ 조정신청서 또는 조정신청조서에는 당사자, 대리인, 신청의 취지와 분쟁의 내용 등을 기재하여야 한다. 이 경우 증거서류 또는 증거물이 있는 경우에는 이를 첨부하거나 제출하여야 한다.

[본조신설 2017.5.29]

제31조(조정신청인에게 안내하여야 할 사항)

① 법 제21조제2항에서 "대통령으로 정하는 사항"이란 다음 각 호의 사항을 말한다.

1. 법 제21조제3항 각 호에 따른 조정 신청의 각하 사유
2. 법 제22조제2항에 따른 조정절차의 개시 요건
3. 법 제23조의 처리기간
4. 법 제24조에 따라 필요한 경우 신청인, 피신청인 분쟁 관련 이해관계인 또는 참고인에게 출석하여 진술하게 하거나 필요한 자료나 물건 등의 제출을 요구할 수 있다는 사실
5, 조정성립의 요건 및 효력
6. 당사자가 부담하는 비용

② 제1항에 따른 안내는 안내할 사항이 기재된 서면을 교부 또는 송달하는 방법으로 할 수 있다.

[본조신설 2017.5.29]

제32조(조정서류의 송달 등)

① 위원장은 조정신청을 접수하면 지체 없이 조정신청서 또는 조정신청조서 부본 (이하 조정에서 "조정신청서등"이라 한다)을 피신청인에게 송달하여야 한다.

② 피신청인은 조정에 응할 의사가 있는 경우에는 조정신청서등을 송달받은 날부터 7일 이내에 그 의사를 조정위원회에 통지하여야 한다.

③ 위원장은 제2항에 따른 통지를 받은 경우 피신청인에게 기간을 정하여 신청내용에 대한 답변서를 제출할 것을 요구할 수 있다.

[본조신설 2017.5.29]

제33조(수수료)

① 법 제21조제1항에 따라 조정을 신청하는 자는 별표 2에서 정하는 수수료를 내야 한다.

② 신청인이 다음 각 호의 어느 하나에 해당하는 경우에는 제1항에 따른 수수료를 면제할 수 있다.

1. 법 제8조에 따라 우선변제를 받을 수 있는 임차인
2. 「국민기초생활 보장법」 제2조제2호에 따른 수급자
3. 「독립유공자예우에 관한 법률」 제6조에 따라 등록된 독립유공자 또는 그 유족(선순위자 1명만 해당된다. 이하 이 조에서 같다)
4, 「국가유공자 등 예우 및 지원에 관한 법률」 제6조에 따라 등록된 국가유공자 도는 그 유족
5. 「고엽제후유의증 등 환자지원 및 단체설립에 관한 법률」 제4조에 따라 등록된 고엽제후유증환자, 고엽제후유의증환자 또는 고엽제후유증 2세환자
6. 「참전유공자 예우 및 단체설립에 관한 법률」 제5조에 따라 등록된 참전유공자
7, 「5·18민주유공자예우에 관한 법률」 제7조에 따라 등록 결정된 5·18민주유공자 또는 그 유족
8. 「특수임무유공자 예우 및 단체설립에 관한 법률」 제6조에 따라 등록된 특수임무유공자 또는 그 유족
9. 「의사상자 등 예우 및및 지원에 관한 법률」 제5조에 따라 인정된 의상자 또는 의사자유족
10, 「한부보가족지원법」 제5조에 따른 지원대상자
11. 그 밖에 제1호부터 제10호까지의 규정에 준하는 사람으로서 규칙 또는 시·도 조례로 정하는 사람

③ 신청인은 다음 각 호의 어느 하나에 해당하는 경우에는 수수료의 환급을 청구할 수 있다.

1. 법 제21조제3항제1호 및 제2호에 따라 조정신청이 각하된 경우, 다만, 조정신청 있은 후 신청인이 법원에 소를 제기하거나 「민사조정법」에 따른 조정을 신청한 경우에는 제외한다.
2. 법 제21조제3항제3호 및 제5호에 따라 조정신청이 각하된 경우
3. 신청인이 조정위원회 또는 조정부의 회의가 소집되기 전에 조정신청을 취하한 경우, 이 경우 환급 금액은 납부한 수수료의 2분의 1에 해당하는 금액으로 한다.

④ 제1항에 따른 수수료의 납부방법 및 제3항에 따른 수수료의 환급절차 등에 관하여 필요한 사항은 공단 규칙 또는 시·도의 조례로 정한다.

[본조신설 2017.5.29]

제34조(조정서의 작성) 법 제26조제4항에 따른 조정서에는 다음 각 호의 사항을 기재하고, 위원장 및 조정에 참여한 조정위원이 서명 또는 기명날인하여야 한다.

1. 사건번호 및 사건명

2. 당사자의 성명, 생년월일 및 주소(법인의 경우 명칭, 법인등록번호 및 본점의 소재지를 말한다)
3. 임차주택 소재지
4. 신청의 취지 및 이유
5. 조정내용(법 제26조제4항에 따라 강제집행을 승낙하는 취지의 합의를 포함한다)
6. 작성일

[본조신설 2017.5.29]

제35조(조정결과의 통지)

① 조정위원회는 조정절차가 종료되면 그 결과를 당사자에게 통지하여야 한다.

② 조정위원회는 법 제26조제4항에 따른 조정서가 작성된 경우 조정서 정본을 지체 없이 당사자에게 교부 또는 송달하여야 한다.

[본조신설 2017.5.29.]

부 칙 〈제25035호, 2013.12.30〉

제1조(시행일) 이 영은 2014년 1월 1일부터 시행한다.

제2조(확정일자부여기관의 정보제공 범위에 관한 적용례) 제6조의 개정규정은 이 영 시행 후 작성된 확정일자부에 기재된 사항(다른 확정일자부여기관이 보유한 정보 중 전산처리정보조직을 이용하여 제공할 수 있는 정보를 포함한다)부터 적용한다.

제3조(월차임 전환 시 산정률의 제한에 관한 적용례) 제9조의 개정규정은 이 영 시행 당시 존속 중인 임대차계약에 대해서도 적용하되, 이 영 시행 후 보증금의 전부 또는 일부를 월 단위 차임으로 전환하는 경우부터 적용한다.

제4조(소액보증금 보호에 관한 적용례) 제10조 및 제11조의 개정규정은 이 영 시행 당시 존속 중인 임대차계약에 대해서도 적용하되, 이 영 시행 전에 임차주택에 대하여 담보물권을 취득한 자에 대해서는 종전의 규정에 따른다.

제5조(다른 법령의 개정)

① 임대주택법 시행령 일부를 다음과 같이 개정한다.

제13조의2제2항 중 "「주택 임대차보호법 시행령」 제2조제1항"을 "「주택임대차보호법 시행령」 제8조제1항"으로 한다.

② 채무자 회생 및 파산에 관한 법률 시행령 일부를 다음과 같이 개정한다.

제16조제1항 중 "「주택임대차보호법 시행령」 제3조제1항"을 "「주택임대차보호법 시행령」 제10조제1항"으로 한다.

③ 토지임대부 분양주택 공급촉진을 위한 특별조치법 시행령 일부를 다음과 같이 개정한다.

제2조제2항 중 "「주택임대차보호법 시행령」 제2조제1항"을 "「주택임대차보호법 시행령」 제8조제1항"으로 한다.

부 칙 〈제26922호, 2016.1.22.〉
(제주특별자치도 설치 및 국제자유도시 조성을 위한 특별법 시행령)

제1조(시행일) 이 영은 2016년 1월 26일부터 시행한다.

제2조 및 제3조 생략

제4조(다른 법령의 개정) ①부터 〈29〉까지 생략
〈40〉주택임대차보호법 시행령 일부를 다음과 같이 개정한다.

제3조제1호 중 "「제주특별자치도 설치 및 국제자유도시 조성을 위한 특별법」 제17조"를 "「제주특별자치도 설치 및 국제자유도시 조성을 위한 특별법」 제11조"로 한다.
〈41〉부터 〈46〉까지 생략

제5조 및 제6조 생략

부 칙 〈제27078호, 2016.3.31〉

제1조(시행일) 이 영은 공포한 날부터 시행한다.

제2조(소액보증금 보호에 관한 적용례) 제10조 및 제11조의 개정규정은 이 영 시행 당시 존속 중인 임대차계약에 대해서도 적용하되, 이 영 시행 전에 임차주택에 대하여 담보물권을 취득한 자에 대해서는 종전의 규정에 따른다.

제1조(주택임대차위원회 위촉위원의 연임에 관한 적용예)
① 제13조제1항의 개정규정은 이 영 시행 이후 주택임대차위원회의 위원으로 위촉되는 사람부터 적용한다.
② 제1항에 따라 제13조제1항의 개정규정을 적용하는 경우에 이 영 시행 전에 최초로 위촉되어 임기 중에 있는 위원은 그 임기 만료 후 한 차례 연임할 수 있고, 이 영 시행 전에 한 차례 이상 연임되어 임기 중에 있는 위원은 그 임기 만료 후에는 연임할 수 없다.

부 칙 〈제27614호, 2016.11.29〉

이 영은 2016년 11월 30일부터 시행한다.

부 칙 〈제28053호, 2017.5.29〉

이 영은 2017년 5월 30일부터 시행한다.

부 칙 〈제29162호, 2018.9.18〉

제1조(시행일) 이 영은 공포한 날부터 시행한다.

제2조(소액보증금 보호에 관한 적용례 등) 제10조제1항 및 제11조의 개정규정은 이 영 시행 당시 존속 중인 임대차계약에 대해서도 적용하되, 이 영 시행 전에 임차주택에 대하여 담보물권을 취득한 자에 대해서는 종전의 규정에 따른다.

4 상가건물 임대차보호법

개정 2011. 04. 12. 법률 제10580호
개정 2015. 05. 13. 법률 제13284호
개정 2019. 10. 16. 법률 제15791호

제1조(목적) 이 법은 상가건물 임대차에 관하여 「민법」에 대한 특례를 규정하여 국민 경제생활의 안정을 보장함을 목적으로 한다.
[전문개정 2009.1.30]

제2조(적용범위)
① 이 법은 상가건물(제3조제1항에 따른 사업자등록의 대상이 되는 건물을 말한다)의 임대차(임대차 목적물의 주된 부분을 영업용으로 사용하는 경우를 포함한다)에 대하여 적용한다. 다만, 대통령령으로 정하는 보증금액을 초과하는 임대차에 대하여는 그러하지 아니하다.
② 제1항 단서에 따른 보증금액을 정할 때에는 해당 지역의 경제 여건 및 임대차 목적물의 규모 등을 고려하여 지역별로 구분하여 규정하되, 보증금 외에 차임이 있는 경우에는 그 차임액에 「은행법」에 따른 은행의 대출금리 등을 고려하여 대통령령으로 정하는 비율을 곱하여 환산한 금액을 포함하여야 한다. 〈개정 2010.5.17〉
③ 제1항 단서에도 불구하고 제3조, 제10조의제1항, 제2항, 제3항 본문, 제10조의2부터 제10조의8까지의 규정 및 제19조는 제1항 단서에 따른 보증금액을 초과하는 임대차에 대하여도 적용한다. 〈신설 2013.8.13., 2015.5.13〉 [전문개정 2009.1.30]

제3조(대항력 등)
① 임대차는 그 등기가 없는 경우에도 임차인이 건물의 인도와 「부가가치세법」 제8조, 「소득세법」 제168조 또는 「법인세법」 제111조에 따른 사업자등록을 신청하면 그 다음 날부터 제3자에 대하여 효력이 생긴다. 〈개정 2013.6.7,〉
② 임차건물의 양수인(그 밖에 임대할 권리를 승계한 자를 포함한다)은 임대인의 지위를 승계한 것으로 본다.
③ 이 법에 따라 임대차의 목적이 된 건물이 매매 또는 경매의 목적물이 된 경우에는 「민법」 제575조 제1항·제3항 및 제578조를 준용한다.
④ 제3항의 경우에는 「민법」 제536조를 준용한다.
[전문개정 2009.1.30]

제4조(확정일자 부여 및 임대차정보의 제공 등)
① 제5조제2항의 확정일자는 상가건물의 소재지 관할 세무서장이 부여한다.
② 관할 세무서장은 해당 상가건물의 소재지, 확정일자 부여일, 차임 및 보증금 등을 기재한 확정일자부를 작성하여야 한다. 이 경우 전산정보처리조직을 이용할 수 있다.
③ 상가건물의 임대차에 이해관계가 있는 자는 관할 세무서장에게 해당 상가건물의 확

정일자 부여일, 차임 및 보증금 등 정보의 제공을 요청할 수 있다. 이 경우 요청을 받은 관할 세무서장은 정당한 사유 없이 이를 거부할 수 없다.

④ 임대차계약을 체결하려는 자는 임대인의 동의를 받아 관할 세무서장에게 제3항에 따른 정보제공을 요청할 수 있다.

⑤ 확정일자부에 기재하여야 할 사항, 상가건물의 임대차에 이해관계가 있는 자의 범위, 관할 세무서장에게 요청할 수 있는 정보의 범위 및 그 밖에 확정일자 부여사무와 정보제공 등에 필요한 사항은 대통령령으로 정한다.

[전문개정 2015.5.13]

제5조(보증금의 회수)

① 임차인이 임차건물에 대하여 보증금반환청구소송의 확정판결, 그 밖에 이에 준하는 집행권원에 의하여 경매를 신청하는 경우에는 「민사집행법」 제41조에도 불구하고 반대의무의 이행이나 이행의 제공을 집행개시의 요건으로 하지 아니한다.

② 제3조제1항의 대항요건을 갖추고 관할 세무서장으로부터 임대차계약서상의 확정일자를 받은 임차인은 「민사집행법」에 따른 경매 또는 「국세징수법」에 따른 공매 시 임차건물(임대인 소유의 대지를 포함한다)의 환가대금에서 후순위권리자나 그 밖의 채권자보다 우선하여 보증금을 변제받을 권리가 있다.

③ 임차인은 임차건물을 양수인에게 인도하지 아니하면 제2항에 따른 보증금을 받을 수 없다.

④ 제2항 또는 제7항에 따른 우선변제의 순위와 보증금에 대하여 이의가 있는 이해관계인은 경매법원 또는 체납처분청에 이의를 신청할 수 있다. 〈개정 2013.8.13〉

⑤ 제4항에 따라 경매법원에 이의를 신청하는 경우에는 「민사집행법」 제152조부터 제161조까지의 규정을 준용한다.

⑥ 제4항에 따라 이의신청을 받은 체납처분청은 이해관계인이 이의신청일부터 7일 이내에 임차인 또는 제7항에 따라 우선변제권을 승계한 금융기관 등을 상대로 소(소)를 제기한 것을 증명한 때에는 그 소송이 종결될 때까지 이의가 신청된 범위에서 임차인 또는 제7항에 따라 우선변제권을 승계한 금융기관 등에 대한 보증금의 변제를 유보(유보)하고 남은 금액을 배분하여야 한다. 이 경우 유보된 보증금은 소송 결과에 따라 배분한다. 〈개정 2013.8.13〉

⑦ 다음 각 호의 금융기관 등이 제2항, 제6조제5항 또는 제7조제1항에 따른 우선변제권을 취득한 임차인의 보증금반환채권을 계약으로 양수한 경우에는 양수한 금액의 범위에서 우선변제권을 승계한다. 〈신설 2013.8.13.〉 〈신설 2016.5.29.〉

1. 「은행법」에 따른 은행
2. 「중소기업은행법」에 따른 중소기업은행
3. 「한국산업은행법」에 따른 한국산업은행
4. 「농업협동조합법」에 따른 농협은행
5. 「수산업협동조합법」에 따른 수협은행
6. 「우체국예금·보험에 관한 법률」에 따른 체신관서
7. 「보험업법」 제4조제1항제2호라목의 보증보험을 보험종목으로 허가받은 보험회사
8. 그 밖에 제1호부터 제7호까지에 준하는 것으로서 대통령령으로 정하는 기관

⑧ 제7항에 따라 우선변제권을 승계한 금융기관 등(이하 "금융기관등"이라 한다)은 다

음 각 호의 어느 하나에 해당하는 경우에는 우선변제권을 행사할 수 없다. 〈신설 2013.8.13〉

1. 임차인이 제3조제1항의 대항요건을 상실한 경우
2. 제6조제5항에 따른 임차권등기가 말소된 경우
3. 「민법」 제621조에 따른 임대차등기가 말소된 경우

⑨ 금융기관등은 우선변제권을 행사하기 위하여 임차인을 대리하거나 대위하여 임대차를 해지할 수 없다. 〈신설 2013.8.13〉

[전문개정 2009.1.30]

제6조(임차권등기명령)

① 임대차가 종료된 후 보증금이 반환되지 아니한 경우 임차인은 임차건물의 소재지를 관할하는 지방법원, 지방법원지원 또는 시·군법원에 임차권등기명령을 신청할 수 있다. 〈개정 2013.8.13〉

② 임차권등기명령을 신청할 때에는 다음 각 호의 사항을 기재하여야 하며, 신청 이유 및 임차권등기의 원인이 된 사실을 소명하여야 한다.

1. 신청 취지 및 이유
2. 임대차의 목적인 건물(임대차의 목적이 건물의 일부분인 경우에는 그 부분의 도면을 첨부한다)
3. 임차권등기의 원인이 된 사실(임차인이 제3조제1항에 따른 대항력을 취득하였거나 제5조제2항에 따른 우선변제권을 취득한 경우에는 그 사실)
4. 그 밖에 대법원규칙으로 정하는 사항

③ 임차권등기명령의 신청에 대한 재판, 임차권등기명령의 결정에 대한 임대인의 이의신청 및 그에 대한 재판, 임차권등기명령의 취소신청 및 그에 대한 재판 또는 임차권등기명령의 집행 등에 관하여는 「민사집행법」 제280조제1항, 제281조, 제283조, 제285조, 제286조, 제288조제1항·제2항 본문, 제289조, 제290조제2항 중 제288조제1항에 대한 부분, 제291조, 제293조를 준용한다. 이 경우 "가압류"는 "임차권등기"로, "채권자"는 "임차인"으로, "채무자"는 "임대인"으로 본다.

④ 임차권등기명령신청을 기각하는 결정에 대하여 임차인은 항고할 수 있다.

⑤ 임차권등기명령의 집행에 따른 임차권등기를 마치면 임차인은 제3조제1항에 따른 대항력과 제5조제2항에 따른 우선변제권을 취득한다. 다만, 임차인이 임차권등기 이전에 이미 대항력 또는 우선변제권을 취득한 경우에는 그 대항력 또는 우선변제권이 그대로 유지되며, 임차권등기 이후에는 제3조제1항의 대항요건을 상실하더라도 이미 취득한 대항력 또는 우선변제권을 상실하지 아니한다.

⑥ 임차권등기명령의 집행에 따른 임차권등기를 마친 건물(임대차의 목적이 건물의 일부분인 경우에는 그 부분으로 한정한다)을 그 이후에 임차한 임차인은 제14조에 따른 우선변제를 받을 권리가 없다.

⑦ 임차권등기의 촉탁, 등기관의 임차권등기 기입 등 임차권등기명령의 시행에 관하여 필요한 사항은 대법원규칙으로 정한다.

⑧ 임차인은 제1항에 따른 임차권등기명령의 신청 및 그에 따른 임차권등기와 관련하여 든 비용을 임대인에게 청구할 수 있다.

⑨ 금융기관등은 임차인을 대위하여 제1항의 임차권등기명령을 신청할 수 있다. 이 경

우 제3항·제4항 및 제8항의 "임차인"은 "금융기관등"으로 본다. 〈신설 2013.8.13〉
[전문개정 2009.1.30]

제7조(「민법」에 따른 임대차등기의 효력 등)
① 「민법」 제621조에 따른 건물임대차등기의 효력에 관하여는 제6조제5항 및 제6항을 준용한다.
② 임차인이 대항력 또는 우선변제권을 갖추고 「민법」 제621조제1항에 따라 임대인의 협력을 얻어 임대차등기를 신청하는 경우에는 신청서에 「부동산등기법」 제74조제1호부터 제5호까지의 사항 외에 다음 각 호의 사항을 기재하여야 하며, 이를 증명할 수 있는 서면(임대차의 목적이 건물의 일부분인 경우에는 그 부분의 도면을 포함한다)을 첨부하여야 한다. 〈개정 2011.4.12〉

1. 사업자등록을 신청한 날
2. 임차건물을 점유한 날
3. 임대차계약서상의 확정일자를 받은 날

[전문개정 2009.1.30]

제8조(경매에 의한 임차권의 소멸) 임차권은 임차건물에 대하여 「민사집행법」에 따른 경매가 실시된 경우에는 그 임차건물이 매각되면 소멸한다. 다만, 보증금이 전액 변제되지 아니한 대항력이 있는 임차권은 그러하지 아니하다.
[전문개정 2009.1.30]

제9조(임대차기간 등)
① 기간을 정하지 아니하거나 기간을 1년 미만으로 정한 임대차는 그 기간을 1년으로 본다. 다만, 임차인은 1년 미만으로 정한 기간이 유효함을 주장할 수 있다.
② 임대차가 종료한 경우에도 임차인이 보증금을 돌려받을 때까지는 임대차 관계는 존속하는 것으로 본다.
[전문개정 2009.1.30]

제10조(계약갱신 요구 등)
① 임대인은 임차인이 임대차기간이 만료되기 6개월 전부터 1개월 전까지 사이에 계약갱신을 요구할 경우 정당한 사유 없이 거절하지 못한다. 다만, 다음 각 호의 어느 하나의 경우에는 그러하지 아니하다. 〈개정 2013.8.13〉

1. 임차인이 3기의 차임액에 해당하는 금액에 이르도록 차임을 연체한 사실이 있는 경우
2. 임차인이 거짓이나 그 밖의 부정한 방법으로 임차한 경우
3. 서로 합의하여 임대인이 임차인에게 상당한 보상을 제공한 경우
4. 임차인이 임대인의 동의 없이 목적 건물의 전부 또는 일부를 전대(전대)한 경우
5. 임차인이 임차한 건물의 전부 또는 일부를 고의나 중대한 과실로 파손한 경우
6. 임차한 건물의 전부 또는 일부가 멸실되어 임대차의 목적을 달성하지 못할 경우
7. 임대인이 다음 각 목의 어느 하나에 해당하는 사유로 목적 건물의 전부 또는 대부분을 철거하거나 재건축하기 위하여 목적 건물의 점유를 회복할 필요가 있는 경우
   가. 임대차계약 체결 당시 공사시기 및 소요기간 등을 포함한 철거 또는 재건축 계획을 임차인에게 구체적으로 고지하고 그 계획에 따르는 경우

나. 건물이 노후·훼손 또는 일부 멸실되는 등 안전사고의 우려가 있는 경우
다. 다른 법령에 따라 철거 또는 재건축이 이루어지는 경우

8. 그 밖에 임차인이 임차인으로서의 의무를 현저히 위반하거나 임대차를 계속하기 어려운 중대한 사유가 있는 경우

② 임차인의 계약갱신요구권은 최초의 임대차기간을 포함한 전체 임대차기간이 10년을 초과하지 아니하는 범위에서만 행사할 수 있다. 〈개정 2018.10.16〉

③ 갱신되는 임대차는 전 임대차와 동일한 조건으로 다시 계약된 것으로 본다. 다만, 차임과 보증금은 제11조에 따른 범위에서 증감할 수 있다.

④ 임대인이 제1항의 기간 이내에 임차인에게 갱신 거절의 통지 또는 조건 변경의 통지를 하지 아니한 경우에는 그 기간이 만료된 때에 전 임대차와 동일한 조건으로 다시 임대차한 것으로 본다. 이 경우에 임대차의 존속기간은 1년으로 본다. 〈개정 2009.5.8〉

⑤ 제4항의 경우 임차인은 언제든지 임대인에게 계약해지의 통고를 할 수 있고, 임대인이 통고를 받은 날부터 3개월이 지나면 효력이 발생한다.

[전문개정 2009.1.30]

제10조의2(계약갱신의 특례) 제2조제1항 단서에 따른 보증금액을 초과하는 임대차의 계약갱신의 경우에는 당사자는 상가건물에 관한 조세, 공과금, 주변 상가건물의 차임 및 보증금, 그 밖의 부담이나 경제사정의 변동 등을 고려하여 차임과 보증금의 증감을 청구할 수 있다.

[본조신설 2013.8.13]

제10조의3(권리금의 정의 등)

① 권리금이란 임대차 목적물인 상가건물에서 영업을 하는 자 또는 영업을 하려는 자가 영업시설·비품, 거래처, 신용, 영업상의 노하우, 상가건물의 위치에 따른 영업상의 이점 등 유형·무형의 재산적 가치의 양도 또는 이용대가로서 임대인, 임차인에게 보증금과 차임 이외에 지급하는 금전 등의 대가를 말한다.

② 권리금 계약이란 신규임차인이 되려는 자가 임차인에게 권리금을 지급하기로 하는 계약을 말한다.

[본조신설 2015.5.13]

제10조의4(권리금 회수기회 보호 등)

① 임대인은 임대차기간이 끝나기 6개월 전부터 임대차 종료 시까지 다음 각 호의 어느 하나에 해당하는 행위를 함으로써 권리금 계약에 따라 임차인이 주선한 신규임차인이 되려는 자로부터 권리금을 지급받는 것을 방해하여서는 아니 된다. 다만, 제10조제1항 각 호의 어느 하나에 해당하는 사유가 있는 경우에는 그러하지 아니하다. 〈개정 2018.10.16〉

1. 임차인이 주선한 신규임차인이 되려는 자에게 권리금을 요구하거나 임차인이 주선한 신규임차인이 되려는 자로부터 권리금을 수수하는 행위
2. 임차인이 주선한 신규임차인이 되려는 자로 하여금 임차인에게 권리금을 지급하지 못하게 하는 행위
3. 임차인이 주선한 신규임차인이 되려는 자에게 상가건물에 관한 조세, 공과금, 주변 상가건물의 차임 및 보증금, 그 밖의 부담에 따른 금액에 비추어 현저히 고액의 차

임과 보증금을 요구하는 행위
4. 그 밖에 정당한 사유 없이 임대인이 임차인이 주선한 신규임차인이 되려는 자와 임대차계약의 체결을 거절하는 행위

② 다음 각 호의 어느 하나에 해당하는 경우에는 제1항제4호의 정당한 사유가 있는 것으로 본다.
1. 임차인이 주선한 신규임차인이 되려는 자가 보증금 또는 차임을 지급할 자력이 없는 경우
2. 임차인이 주선한 신규임차인이 되려는 자가 임차인으로서의 의무를 위반할 우려가 있거나 그 밖에 임대차를 유지하기 어려운 상당한 사유가 있는 경우
3. 임대차 목적물인 상가건물을 1년 6개월 이상 영리목적으로 사용하지 아니한 경우
4. 임대인이 선택한 신규임차인이 임차인과 권리금 계약을 체결하고 그 권리금을 지급한 경우

③ 임대인이 제1항을 위반하여 임차인에게 손해를 발생하게 한 때에는 그 손해를 배상할 책임이 있다. 이 경우 그 손해배상액은 신규임차인이 임차인에게 지급하기로 한 권리금과 임대차 종료 당시의 권리금 중 낮은 금액을 넘지 못한다.

④ 제3항에 따라 임대인에게 손해배상을 청구할 권리는 임대차가 종료한 날부터 3년 이내에 행사하지 아니하면 시효의 완성으로 소멸한다.

⑤ 임차인은 임대인에게 임차인이 주선한 신규임차인이 되려는 자의 보증금 및 차임을 지급할 자력 또는 그 밖에 임차인으로서의 의무를 이행할 의사 및 능력에 관하여 자신이 알고 있는 정보를 제공하여야 한다.

[본조신설 2015.5.13]

제10조의5(권리금 적용 제외) 제10조의4는 다음 각 호의 어느 하나에 해당하는 상가건물 임대차의 경우에는 적용하지 아니한다. 〈개정 2018.10.16〉
1. 임대차 목적물인 상가건물이 「유통산업발전법」 제2조에 따른 대규모점포 또는 준대규모점포의 일부인 경우(다만, 「전통시장 및 상점가 육성을 위한 특별법」 제2조제1호에 따른 전통시장은 제외한다.
2. 임대차 목적물인 상가건물이 「국유재산법」에 따른 국유재산 또는 「공유재산 및 물품 관리법」에 따른 공유재산인 경우

[본조신설 2015.5.13]

제10조의6(표준권리금계약서의 작성 등) 국토교통부장관은 임차인과 신규임차인이 되려는 자가 권리금 계약을 체결하기 위한 표준권리금계약서를 정하여 그 사용을 권장할 수 있다.

[본조신설 2015.5.13]

제10조의7(권리금 평가기준의 고시) 국토교통부장관은 권리금에 대한 감정평가의 절차와 방법 등에 관한 기준을 고시할 수 있다.

[본조신설 2015.5.13]

제10조의8(차임연체와 해지) 임차인의 차임연체액이 3기의 차임액에 달하는 때에는 임대인은 계약을 해지할 수 있다

[본조신설 2015.5.13]

제11조(차임 등의 증감청구권)

① 차임 또는 보증금이 임차건물에 관한 조세, 공과금, 그 밖의 부담의 증감이나 경제 사정의 변동으로 인하여 상당하지 아니하게 된 경우에는 당사자는 장래의 차임 또는 보증금에 대하여 증감을 청구할 수 있다. 그러나 증액의 경우에는 대통령령으로 정하는 기준에 따른 비율을 초과하지 못한다.

② 제1항에 따른 증액 청구는 임대차계약 또는 약정한 차임 등의 증액이 있은 후 1년 이내에는 하지 못한다.

[전문개정 2009.1.30]

제12조(월 차임 전환 시 산정률의 제한) 보증금의 전부 또는 일부를 월 단위의 차임으로 전환하는 경우에는 그 전환되는 금액에 다음 각 호 중 낮은 비율을 곱한 월 차임의 범위를 초과할 수 없다. 〈개정 2010.5.17, 2013.8.13〉

1. 「은행법」에 따른 은행의 대출금리 및 해당 지역의 경제 여건 등을 고려하여 대통령령으로 정하는 비율
2. 한국은행에서 공시한 기준금리에 대통령령으로 정하는 배수를 곱한 비율

[전문개정 2009.1.30]

제13조(전대차관계에 대한 적용 등)

① 제10조, 제10조의2, 제10조의8, 제11조 및 제12조는 전대인(전대인)과 전차인(전차인)의 전대차관계에 적용한다. 〈개정 2015.5.13〉

② 임대인의 동의를 받고 전대차계약을 체결한 전차인은 임차인의 계약갱신요구권 행사기간 이내에 임차인을 대위(대위)하여 임대인에게 계약갱신요구권을 행사할 수 있다.

[전문개정 2009.1.30]

제14조(보증금 중 일정액의 보호)

① 임차인은 보증금 중 일정액을 다른 담보물권자보다 우선하여 변제받을 권리가 있다. 이 경우 임차인은 건물에 대한 경매신청의 등기 전에 제3조제1항의 요건을 갖추어야 한다.

② 제1항의 경우에 제5조제4항부터 제6항까지의 규정을 준용한다.

③ 제1항에 따라 우선변제를 받을 임차인 및 보증금 중 일정액의 범위와 기준은 임대건물가액(임대인 소유의 대지가액을 포함한다)의 2분의 1 범위에서 해당 지역의 경제 여건, 보증금 및 차임 등을 고려하여 대통령령으로 정한다. 〈개정 2013.8.13〉

[전문개정 2009.1.30]

제15조(강행규정) 이 법의 규정에 위반된 약정으로서 임차인에게 불리한 것은 효력이 없다.

[전문개정 2009.1.30]

제16조(일시사용을 위한 임대차) 이 법은 일시사용을 위한 임대차임이 명백한 경우에는 적용하지 아니한다.

[전문개정 2009.1.30]

제17조(미등기전세에의 준용) 목적건물을 등기하지 아니한 전세계약에 관하여 이 법을 준용한다. 이 경우 "전세금"은 "임대차의 보증금"으로 본다.

[전문개정 2009.1.30]

제18조(「소액사건심판법」의 준용) 임차인이 임대인에게 제기하는 보증금반환청구소송에 관

하여는 「소액사건심판법」 제6조·제7조·제10조 및 제11조의2를 준용한다.
[전문개정 2009.1.30]

제19조(표준계약서의 작성 등) 법무부장관은 보증금, 차임액, 임대차기간, 수선비 분담 등의 내용이 기재된 상가건물임대차표준계약서를 정하여 그 사용을 권장할 수 있다.
[본조신설 2015.5.13]

제20조(상가건물임대차분쟁조정위원회)
① 이 법의 적용을 받는 상가건물 임대차와 관련된 분쟁을 심의·조정하기 위하여 대통령령으로 정하는 바에 따라 「법률구조법」 제8조에 따른 대한법률구조공단의 지부에 상가건물임대차분쟁조정위원회(이하 "조정위원회"라 한다)를 둔다. 특별시·광역시·특별자치시·도 및 특별자치도는 그 지방자치단체의 실정을 고려하여 조정위원회를 둘 수 있다.
② 조정위원회는 다음 각 호의 사항을 심의·조정한다.
1. 차임 또는 보증금의 증감에 관한 분쟁
2. 임대차 기간에 관한 분쟁
3. 보증금 또는 임차상가건물의 반환에 관한 분쟁
4. 임차상가건물의 유지·수선 의무에 관한 분쟁
5. 권리금에 관한 분쟁
6. 그 밖에 대통령령으로 정하는 상가건물 임대차에 관한 분쟁
③ 조정위원회의 사무를 처리하기 위하여 조정위원회에 사무국을 주고, 사무국의 조직 및 인력 등에 필요한 사항은 대통령령으로 정한다.
④ 사무국의 조정위원회의 업무담당자는 「주택임대차보호법」 제14조에 따른 주택임대차분쟁조정위원회 사무국의 업무를 제외하고 다른 직위의 업무를 정지하여서는 아니된다.
[본조신설 2018.10.16]

제21조(주택임대차분쟁조정위원회 준용) 조정위원회에 대하여는 이 법이 규정한 사항 외에는 주택임대차분쟁조정위회원회에 관한 「주택임대차보호법」 제14조부터 제29조까지의 규정을 준용한다. 이 경우 "주택임대차분쟁조정위원회"는 "상가건물임대차분쟁조정위원회"로 본다.
[본조신설 2018.10.16]

제22조(벌칙 적용에서 공무원 의제) 공무원이 아닌 상가건물임대차분쟁조정위원회의 위원은 「형법」 제127조, 제129조부터 제132조까지의 규정을 적용할 때에는 공무원으로 본다.
[본조신설 2018.10.16]

부 칙 〈법률 제10580호, 2011.4.12.〉 (부동산등기법)

제1조(시행일) 이 법은 공포 후 6개월이 경과한 날부터 시행한다. 〈단서생략〉

제2조 및 제3조 생략

제4조(다른 법률의 개정) ①부터 〈22〉까지 생략
〈23〉 상가건물 임대차보호법 일부를 다음과 같이 개정한다.

제7조 제2항 각 호 외의 부분 중 "「부동산등기법」 제156조에 규정된 사항 외에"를 "「부동산등기법」 제74조 제1호부터 제5호까지의 사항 외에"로 한다.
〈24〉부터 〈42〉까지 생략

제5조 생략

부 칙 〈법률 제11873호, 2013.6.7.〉

제1조(시행일) 이 법은 2013년 7월 1일부터 시행한다.

제2조부터 제17조까지 생략

제18조(다른 법률의 개정) ①부터 ⑨까지 생략
⑩ 상가건물 임대차보호법 일부를 다음과 같이 개정한다.

제3조제1항 중 "「부가가치세법」 제5조"를 "「부가가치세법」 제8조"로 한다.
⑪부터 ⑭까지 생략

제19조 생략

부 칙 〈법률 제12042호, 2013.8.13.〉

제1조(시행일) 이 법은 공포한 날부터 시행한다. 다만, 제12조, 제14조제3항의 개정규정은 2014년 1월 1일부터 시행한다.

제2조(일반적인 적용례) 이 법은 이 법 시행 후 최초로 체결되거나 갱신되는 임대차부터 적용한다.

제3조(금융기관등의 우선변제권에 관한 적용례) 제5조제4항, 같은 조 제6항부터 제9항까지, 제6조제1항 및 제9항의 개정규정은 이 법 시행 당시 존속 중인 임대차에 대하여도 적용하되, 이 법 시행 후 최초로 보증금반환채권을 양수한 경우부터 적용한다.

제4조(월 차임 전환시 산정율의 제한에 관한 적용례) 제12조의 개정규정은 같은 개정규정 시행 당시 존속 중인 임대차에 대하여도 적용하되, 같은 개정규정 시행 후 최초로 보증금의 전부 또는 일부를 월 단위 차임으로 전환하는 경우부터 적용한다.

제5조(소액보증금 보호에 관한 적용례) 제14조제3항의 개정규정은 같은 개정규정 시행 당시 존속 중인 임대차에 대하여도 이를 적용하되, 같은 개정규정 시행 전에 물권을 취득한 제3자에 대하여는 그 효력이 없다.

부 칙 〈법률 제13284호, 2015.5.13.〉

제1조(시행일) 이 법은 공포한 날부터 시행한다. 다만, 제4조의 개정규정은 공포 후 6개월이 경과한 날부터 시행한다.

제2조(대항력에 관한 적용례) 제2조제3항의 개정규정 중 제3조 대항력에 관한 규정은 이 법 시행 후 최초로 계약이 체결되거나 갱신되는 임대차부터 적용한다.

제3조(권리금 회수기회 보호 등에 관한 적용례) 제10조4의 개정규정은 이 법 시행 당시 존숙 중인 임대차부터 적용한다.

부　칙 〈법률 제14242호, 2016.5.29.〉 (수산업협동조합법)

제1조(시행일) 이 법은 2016년 12월 1일부터 시행한다. 〈단서 생략〉

제2조부터 제20조까지 생략

제4조(다른 법률의 개정) ①부터 ⑪까지 생략

⑫ 상가건물 임대차보호법 일부를 다음과 같이 개정한다.

제5조제7항제5호 중 "수산업협동조합중앙회"를 "수협은행"으로 한다.

⑬부터 〈27〉까지 생략

제22조 생략

부　칙 〈법률 제15791호, 2018.10.16〉

제1조(시행일) 이 법은 공포한 날부터 시행한다. 다만, 제20조부터 제22조까지의 개정규정은 공퐁 후 6개월이 경과한 날부터 시행한다.

제2조(개약갱신요구 기간의 적용례) 제10조제2항의 개정규정은 이 법 시행 후 최초로 체결되거나 갱신되는 임대차부터 적용한다.

제3조(권리금 회수기외 보호 등에 관한 적용례) 제10조의4제1항의 개정규정은 이 법 시행 당시 존속 중인 임대차에 대하여도 적용한다.

제4조(권리금 적용 제외에 관한 적용례) 제10조의5제1호의 개정규정은 이 법 시행 당시 존속 중인 임대차에 대하여도 적용한다.

제14조제4항 중 "다른 직위의 업무를 겸직하여서는 아니된다"를 "「상가건물 임대차보호법」 제20조에 따른 상가건물임대차분쟁조정위원회 사무국의 업무를 제외하고 다른 직위의 업무를 겸직하여서는 아니 된다"로 한다.

5 상가건물 임대차보호법 시행령

개정 2013. 12. 30. 대통령령 제25036호
개정 2015. 11. 13. 대통령령 제26637호
개정 2019. 04. 02. 대통령령 제29671호

제1조(목적) 이 영은 「상가건물 임대차보호법」에서 위임된 사항과 그 시행에 관하여 필요한 사항을 정하는 것을 목적으로 한다.
〈개정 2008.8.21, 2010.7.21〉

제2조(적용범위)

① 「상가건물 임대차보호법」(이하 "법"이라 한다) 제2조 제1항 단서에서 "대통령령으로 정하는 보증금액"이라 함은 다음 각 호의 구분에 의한 금액을 말한다. 〈개정 2008.8.21, 2010.7.21. 2013.12.30. 2019.4.2〉

1. 서울특별시 : 9억원
2. 「수도권정비계획법」에 따른 과밀억제권역(서울특별시는 제외한다): 및 부산광역시 : 6억 9천만원
3. 광역시 (「수도권정비계획법」에 따른 과밀억제권역에 포함된 지역과 군지역, 부산광역시는 제외한다), 세종특별자치시, 파주시, 화성시, 안산시, 용인시, 김포시 및 광주시 : 5억 4천만원
4. 그 밖의 지역 : 3억 7천만원

② 법 제2조 제2항의 규정에 의하여 보증금 외에 차임이 있는 경우의 차임액은 월 단위의 차임액으로 한다.

③ 법 제2조 제2항에서 "대통령령으로 정하는 비율"이라 함은 1분의 100을 말한다.
〈개정 2010.7.21〉

제3조(확정일자부 기재사항 등)

① 상가건물 임대차 계약증서 원본을 소지한 임차인은 법 제4조제1항에 따라 상가건물의 소재지 관할 세무서장에게 확정일자 부여를 신청할 수 있다. 다만, 「부가가치세법」 제8조제3항에 따라 사업자 단위 과세가 적용되는 사업자의 경우 해당 사업자의 본점 또는 주사무소 관할 세무서장에게 확정일자 부여를 신청할 수 있다.

② 확정일자는 제1항에 따라 확정일자 부여의 신청을 받은 세무서장(이하 "관할 세무서장"이라 한다)이 확정일자 번호, 확정일자 부여일 및 관할 세무서장을 상가건물 임대차 계약증서 원본에 표시하고 관인을 찍는 방법으로 부여한다.

③ 관할 세무서장은 임대차계약이 변경되거나 갱신된 경우 임차인의 신청에 따라 새로운 확정일자를 부여한다.

④ 관할 세무서장이 법 제4조제2항에 따라 작성하는 확정일자부에 기재하여야 할 사항은 다음 각 호와 같다.

1. 확정일자 번호
2. 확정일자 부여일
3. 임대인·임차인의 인적사항
   가. 자연인인 경우: 성명, 주민등록번호(외국인은 외국인등록번호)
   나. 법인인 경우: 법인명, 대표자 성명, 법인등록번호
   다. 법인 아닌 단체인 경우: 단체명, 대표자 성명, 사업자등록번호·고유번호
4. 임차인의 상호 및 법 제3조제1항에 따른 사업자등록 번호
5. 상가건물의 소재지, 임대차 목적물 및 면적
6. 임대차기간
7. 보증금·차임

⑤ 제1항부터 제4항까지에서 규정한 사항 외에 확정일자 부여 사무에 관하여 필요한 사항은 법무부령으로 정한다.

[전문개정 2015.11.13]

제3조의2(이해관계인의 범위) 법 제4조제3항에 따라 정보의 제공을 요청할 수 있는 상가건물의 임대차에 이해관계가 있는 자(이하 "이해관계인"이라 한다)는 다음 각 호의 어느 하나에 해당하는 자로 한다.

1. 해당 상가건물 임대차계약의 임대인·임차인
2. 해당 상가건물의 소유자
3. 해당 상가건물 또는 그 대지의 등기부에 기록된 권리자 중 법무부령으로 정하는 자
4. 법 제5조제7항에 따라 우선변제권을 승계한 금융기관 등
5. 제1호부터 제4호까지에서 규정한 자에 준하는 지위 또는 권리를 가지는 자로서 임대차 정보의 제공에 관하여 법원의 판결을 받은 자

[본조신설 2015.11.13]

제3조의3(이해관계인 등이 요청할 수 있는 정보의 범위)

① 제3조의2제1호에 따른 임대차계약의 당사자는 관할 세무서장에게 다음 각 호의 사항이 기재된 서면의 열람 또는 교부를 요청할 수 있다.

1. 임대인·임차인의 인적사항(제3조제4항제3호에 따른 정보를 말한다. 다만, 주민등록번호 및 외국인등록번호의 경우에는 앞 6자리에 한정한다)
2. 상가건물의 소재지, 임대차 목적물 및 면적
3. 사업자등록 신청일
4. 보증금·차임 및 임대차기간
5. 확정일자 부여일
6. 임대차계약이 변경되거나 갱신된 경우에는 변경·갱신된 날짜, 새로운 확정일자 부여일, 변경된 보증금·차임 및 임대차기간
7. 그 밖에 법무부령으로 정하는 사항

② 임대차계약의 당사자가 아닌 이해관계인 또는 임대차계약을 체결하려는 자는 관할 세무서장에게 다음 각 호의 사항이 기재된 서면의 열람 또는 교부를 요청할 수 있다.

1. 상가건물의 소재지, 임대차 목적물 및 면적
2. 사업자등록 신청일
3. 보증금 및 차임, 임대차기간

4. 확정일자 부여일
5. 임대차계약이 변경되거나 갱신된 경우에는 변경·갱신된 날짜, 새로운 확정일자 부여일, 변경된 보증금·차임 및 임대차기간
6. 그 밖에 법무부령으로 정하는 사항

③ 제1항 및 제2항에서 규정한 사항 외에 임대차 정보의 제공 등에 필요한 사항은 법무부령으로 정한다.

[본조신설 2015.11.13]

제4조(차임 등 증액청구의 기준) 법 제11조제1항의 규정에 의한 차임 또는 보증금의 증액청구는 청구당시의 차임 또는 보증금의 100분의 5의 금액을 초과하지 못한다. 〈개정 2008.8.21., 2018.1.26〉

제5조(월차임 전환 시 산정률)

① 법 제12조제1호에서 "대통령령으로 정하는 비율"이란 연 1할2푼을 말한다.

② 법 제12조제2호에서 "대통령령으로 정하는 배수"란 4.5배를 말한다.

[전문개정 2013.12.30]

제6조(우선변제를 받을 임차인의 범위) 법 제14조의 규정에 의하여 우선변제를 받을 임차인은 보증금과 차임이 있는 경우 법 제2조 제2항의 규정에 의하여 환산한 금액의 합계가 다음 각호의 구분에 의한 금액 이하인 임차인으로 한다. 〈개정 2008.8.21., 2010. 7.21, 2013.12.20〉

1. 서울특별시 : 6천 5백만원
2. 「수도권정비계획법」에 따른 과밀억제권역(서울특별시는 제외한다): 5천 5백만원
3. 광역시(「수도권정비계획법」에 따른 과밀억제권역에 포함된 지역과 군지역은 제외한다), 안산시, 용인시, 김포시 및 광주시: 3천 8백만원
4. 그 밖의 지역 : 3천만원

제7조(우선변제를 받을 보증금의 범위 등)

① 법 제14조의 규정에 의하여 우선변제를 받을 보증금중 일정액의 범위는 다 음 각호의 구분에 의한 금액 이하로 한다. 〈개정 2008.8.21, 2010.7.21, 2013.12.30〉

1. 서울특별시 : 2천 2백만원
2. 「수도권정비계획법」에 따른 과밀억제권역(서울특별시는 제외한다) : 1천 9백만원
3. 광역시(「수도권정비계획법」에 따른 과밀억제권역에 포함된 지역과 군지역은 제외한다), 안산시, 용인시, 김포시 및 광주시 : 1천 3백만원
4. 그 밖의 지역 : 1천만원

② 임차인의 보증금중 일정액이 상가건물의 가액의 2분의 1을 초과하는 경우에는 상가건물의 가액의 2분의 1에 해당하는 금액에 한하여 우선변제권이 있다. 〈개정 2013. 12.30〉

③ 하나의 상가건물에 임차인이 2인 이상이고, 그 각 보증금중 일정액의 합산액이 상가건물의 가액의 2분의 1을 초과하는 경우에는 그 각 보증금중 일정액의 합산액에 대한 각 임차인의 보증금중 일정액의 비율로 그 상가건물의 가액의 2분의 1에 해당하는 금액을 분할한 금액을 각 임차인의 보증금중 일정액으로 본다. 〈개정 2013.12.30.〉

제8조(상가건물임대차분쟁조정위회의 설치)

① 법 제20조제1항 전단에 따라 「법률구조법」 제8조에 따른 대한법률구조공단(이하

"공단"이라 한다)의 다음 각 호의 지부에 법 제20조제1항 전단에 따른 상가건물임대차 분쟁조정위원회(이하 "조정위원회"라 한다)를 둔다.

1. 서울중앙지부
2. 수원지부
3. 대전지부
4. 대구지부
5. 부산지부
6. 광주지부

② 제1항에 따라 공단의 지부에 두는 각 조정위원회의 관할구역은 별표 와 같다.

[본조신설 2019.4.2]

[종전 제8조는 제12조로 이동 〈2019.4.2〉]

제9조(조정위원회의 심의·조정 사항) 법 제20조제2항제6호에서 "대통령으로 정하는 상가건물 임대차에 관한 분쟁"이란 다음 각 호의 분쟁을 말한다.

1. 임대차계약의 이행 및 임대차계약 내용의 해석에 관한 분쟁
2. 임대차계약 갱신 및 종료에 관한 분쟁
3. 임대차계약의 불이행 등에 따른 손해배상청구에 관한 분쟁
4. 공인중개사 보수 등 비용부담에 관한 분쟁
5. 법 제19조에 따른 상가건물임대차표준계약서의 사용에 관한 분쟁
6. 그 밖에 제1호부터 제5호까지의 규정에 준하는 분쟁으로서 조정위원회의 위원장(이하 "위원장"이라 한다)이 조정이 필요하다고 인정하는 분쟁

[본조신설 2019.4.2]

제10조(공단의 지부에 두는 조정위원회의 사무국)

① 법 제20조제3항에 따라 공단의 지부에 두는 조정위원회의 사무국 (이하 "사무국"이라 한다)에는 사무국장 1명을 구며, 사무국장 밑에 심사관 및 조사관을 둔다.

② 사무국장은 공단의 이사장이 임명하며, 조정위원회의 위원을 겸직할 수 있다.

③ 심사관 및 조사관은 공단의 이사장이 임명한다.

④ 사무국장은 사무국의 업무를 총괄하고, 소속 직원을 지휘 · 감독한다.

⑤ 심사관은 다음 각 호의 업무를 담당한다.

1. 분쟁조정 신청 사건에 대한 쟁점정리 및 법률적 검토
2. 조사관이 담당하는 업무에 대한 지휘 · 감독
3. 그 밖에 위원장이 조정위원회의 사무 처리를 위하여 필요하다고 인정하는 경우

⑥ 조사관은 다음 각 호의 업무를 담당한다.

1. 분쟁조정 신청의 접수
2. 분쟁조정 신청에 관한 민원의 안내
3. 조정당사자에 대한 송달 및 통지
4. 분쟁의 조정에 필요한 사실조사
5. 그 밖에 위원장이 조정위원회의 사무 처리를 위하여 필요하다고 인정하는 업무

⑦ 사무국장 및 심사관은 변호사의 자격이 있는 사람으로 한다.

[본조신설 2019.4.2]

제11조(시·도의 조정위원회 사무국) 특별시·광역시·특별자치시·도 및 특별자치도가 법 제20조제1항 후단에 따라 조정위원회를 두는 경우 사무국의 조직 및 운영 등에 관한 사항은 그 지방자치단체의 실정을 고려하여 해당 지방자치단체의 조례로 정한다. [본조신설 2019.4.2.]

제12조(고유식별정보의 처리) 관할 세무서장은 법 제4조에 따른 확정일자 부여에 관한 사무를 수행하기 위하여 불가피한 경우 「개인정보 보호법 시행령」 제19조제1호 및 제4호에 따른 주민등록번호 및 외국인등록번호가 포함된 자료를 처리할 수 있다. 〈개정 2013.12.30, 2015.11.13〉

[본조신설 2012.1.6.] [제8조에서 이동 〈2019.4.2.〉]

부　칙 〈대통령령 제25036호, 2013.12.30〉

제1조(시행일) 이 영은 2014년 1월 1일부터 시행한다.

제2조(적용범위에 관한 적용례) 제2조의 개정규정은 이 영 시행 후 체결되거나 갱신되는 상가건물 임대차계약부터 적용한다.

제3조(월차임 전환 시 산정률의 제한에 관한 적용예) 제5조의 개정규정은 이 영 시행 당시 존속 중인 상가건물 임대차계약에 대해서도 적용하되, 이 영 시행 후 보증금의 전부 또는 일부를 월 단위 차임으로 전환하는 경우부터 적용한다.

제4조(소액보증금보호에 관한 적용례) 제6조 및 제7조의 개정규정은 이 영 시행 당시 존속 중인 상가건물 임대차계약에 대해서도 적용하되, 이 영 시행 전에 담보물권을 취득한 자에 대해서는 종전의 규정에 따른다.

부　칙 〈대통령령 제26637호, 2015.11.13〉

이 영은 2015년 11월 14일부터 시행한다.

부　칙 〈대통령령 제28611호, 2018.1.26〉

제1조(시행일) 이 영은 공포한 날부터 시행한다.

제2조(적용범위에 관한 적용례) 제2조의 개정규정은 이 영 시행 이후 체결하거나 갱신되는 상가건물 임대차계약부터 적용한다.

제3조(차임 등 증액청구 기준에 대한 적용례) 7개정규정은 이 영 시행 당시 존속 중인 상가건물 임대차계약에 대해서도 적용한다.

부　칙 〈대통령령 제29671호, 2019.4.2〉

제1조(시행일) 이 영은 공포한 날부터 시행한다. 다만, 제8조부터 제11조까지의 개정규정은 2919년 4월 17일부터 시행한다.

제2조(적용범위에 관한 적용례) 제2조제1항의 개정규정은 이 영 시행 이후 체결하거나 갱신되는 상가건물 임대차계약부터 적용한다.

6 우편법 시행규칙

일부개정 2019. 02. 08. 과학기술정보통신부령 제22호

제5관 증 명 취 급 〈개정 1997.12.31〉

제46조(내용증명)

① 제25조제1항제4호가목의 규정에 따른 내용증명우편물은 한글, 한자 또는 그 밖의 외국어로 자획을 명료하게 기재한 문서(첨부물을 포함한다. 이하 같다)인 경우에 한하여 취급하며, 공공의 질서 또는 선량한 풍속에 반하는 내용의 문서 또는 문서의 원본(사본을 포함한다. 이하 같다)과 등본이 같은 내용임을 일반인이 쉽게 식별할 수 없는 문서는 이를 취급하지 아니한다. 〈개정 1997.12.31, 2018.2.19〉

② 제1항의 규정에 의한 문서(이하 "내용문서"라 한다)에는 숫자·괄호·구두점이나 그 밖에 일반적으로 사용하는 단위등의 기호를 함께 기재할 수 있다.
〈개정 1997.12.31, 2018.2.19〉

제47조(동문내용증명) 2인이상의 수취인에게 발송하는 내용증명우편물로서 그 내용문서가 동일한 것은 이를 동문내용증명으로 할 수 있다.

제48조(내용문서 원본 및 등본의 제출등)

① 내용증명우편물을 발송하고자 하는 자는 내용문서 원본 및 그 등본 2통을 제출하여야 한다.

② 동문내용증명 우편물인 경우에는 각 수취인별·내용문서 원본과 수취인 전부의 성명 및 주소를 기재한 등본 2통을 제출하여야 한다.

③ 제1항 및 제2항의 규정에 의하여 제출받은 등본 중 한통은 우체국에서 발송한 다음날부터 3년간 보관하고 나머지 한통은 발송인에게 이를 되돌려 준다. 다만, 발송인이 등본을 필요로 하지 아니하는 때에는 제1항 및 제2항의 등본은 한통을 제출할 수 있다.
〈개정 2018.2.19〉

제49조(내용문서 원본 및 등본의 규격등)

① 내용문서의 원본 및 등본은 「행정 효율화 협업 촉진에 관한 규정」 제7조제6항에 따라 가로 210밀리미터, 세로 297밀리미터의 용지(이하 "기준용지"라 한다)를 사용하여 작성하되, 등본은 내용문서의 원본을 복사한 것이어야 한다.
〈개정 1997.12.31, 2005.8.4, 2018.2.19〉

② 삭제 〈2001.4.20〉

제50조(문자의 정정등)

① 내용문서의 원본 또는 등본의 문자나 기호를 정정·삽입 또는 삭제한 때에는 "정정"·"삽입" 또는 "삭제"의 문자 및 자수를 난외 또는 말미여백에 기재하고 그 곳에 발송인의 인장 또는 지장을 찍거나 서명을 하여야 한다. 〈개정 2018.2.19〉

② 제1항의 경우 정정 또는 삭제된 문자나 기호는 명료하게 판독할 수 있도록 남겨두어야 한다.

③ 내용증명우편물을 접수한 후에는 발송인 및 수취인의 성명·주소의 변경, 내용문서 원본 또는 등본의 문자나 기호의 정정등을 청구할 수 없다.

제51조(발송인 및 수취인등의 성명·주소)

① 내용증명우편물의 내용문서 원본, 그 등본 및 우편물의 봉투에 기재하는 발송인 및 수취인의 성명·주소는 동일하여야 한다.

② 제1항의 규정에 불구하고 다수인이 연명하여 동일인에게 내용증명우편물을 발송하는 때에는 연명자중 1인의 성명·주소만을 우편물의 봉투에 기재하여야 한다.

〈신설 1997.12.31〉

제52조(내용문서의 증명)

① 내용증명우편물을 접수할 때에는 접수우체국에서 내용문서 원본과 등본을 대조하여 서로 부합함을 확인한 후 내용문서 원본과 등본의 각통에 발송연월일 및 그 우편물을 내용증명우편물로 발송한다는 뜻과 우체국명을 기재하고 우편날짜도장을 찍는다.

〈개정 2014.12.4〉

② 수취인에게 발송할 내용문서의 원본, 우체국에서 보관할 등본 및 발송인에게 교부할 등본 상호간에는 우편날짜도장을 찍는다. 〈개정 2014.12.4〉

③ 내용문서의 원본 또는 등본이 2매 이상 합철되는 곳에는 우편날짜도장을 찍거나 천공방식 등으로 간인하여야 하며, 제50조제1항의 규정에 따라 내용문서의 원본 또는 등본의 정정·삽입 또는 삭제한 곳에는 우편날짜도장을 찍어야 한다. 〈개정 2014.12.4〉

④ 제1항부터 제3항까지의 규정에 따라 증명한 내용문서의 원본은 우체국의 취급직원이 보는 곳에서 발송인이 수취인 및 발송인의 성명·주소를 기재한 봉투에 넣고 이를 봉함하여야 한다. 〈개정 2014.12.4〉

제53조(내용증명 취급수수료의 계산방법)

① 내용증명 취급수수료는 기준용지의 규격을 기준으로 내용문서의 매수에 따라 계산하되, 양면에 기재한 경우에는 이를 2매로 본다. 〈개정 1997.12.31〉

② 내용증명 취급수수료의 계산에 있어서 내용문서의 규격이 기준용지보다 큰 것은 기준용지의 규격으로 접어서 매수를 계산하고, 기준용지보다 작은 것은 기준용지로 매수를 계산한다.

제54조(발송후의 내용증명 청구)

① 내용증명우편물의 발송인 또는 수취인은 내용증명우편물을 발송한 다음 날부터 3년까지는 우체국에 특수우편물수령증·주민등록증등의 관계자료를 내보여 동 우편물의 발송인 또는 수취인임을 입증하고 내용증명의 재증명을 청구할 수 있다.

〈개정 2018.2.19〉

② 제1항의 규정에 따른 재증명 청구인은 우체국에서 보관중인 최초의 내용문서 등본과 같은 등본을 우체국에 제출하여야 하며, 제증명 청구를 받은 우체국은 청구인이 제출한 내용문서를 재증명 하에 내주어야 한다. 다만, 청구인이 분실 응의 사유로 내용문서를 제출하기 어려운 경우에는 우체국에서 보관 중인 내용문서를 복사한 후 재증명하에 내줄 수 있다. 〈개정 2018.2.19〉

③ 제49조·제50조·제52조제1항 내지 제3항 및 제53조의 규정은 제1항의 규정에 의한 재증명의 청구에 관하여 이를 준용한다.

제55조(등본의 열람청구) 내용증명우편물의 발송인 또는 수취인은 우편물을 발송한 다음 날부터 3년까지는 발송우체국에 특수우편물수령증·주민등록증등의 관계자료를 내보여 동 우편물의 발송인 또는 수취인임을 입증하고 내용문서 등본의 열람을 청구할 수 있다.

제56조 삭제 〈2014.12.4〉

제57조(배달증명의 표시) 제25조제1항제4호 다목의 규정에 의한 배달증명우편물에는 발송인이 그 표면의 보기 쉬운 곳에 "배달증명"의 표시를 하여야 한다. 〈개정 1997.12.31〉

제58조(배달증명서의 송부) 배달증명우편물을 배달한 때에는 발송인에게 배달증명서를 우편으로 송부한다. 다만, 발송인이 원하는 경우에는 정보통신망을 통한 전자적 방법으로 송부할 수 있다. 〈개정 2005.8.4〉

제59조(발송후 배달증명 청구) 등기우편물의 발송인 또는 수취인은 우편물을 발송한 다음 날부터 1년까지는 우체국에 당해 특수우편물수령증·주민등록증등의 관계자료를 내보여 동 우편물의 발송인 또는 수취인임을 입증하고 그 배달증명을 청구할 수 있다. 다만, 내용증명우편물에 대한 배달증명의 청구기간은 우편물을 발송한 다음 날부터 3년까지로 한다. 〈개정 1999.1.21, 2001.4.20〉

부 칙 〈제7호, 2018.2.18〉

제1조(시행일) 이 규칙은 공포한 날부터 시행한다. 다만, 제25조제2항제1호의2, 제2관의2(제28조의2부터 제28조의4까지) 및 제135조의2제1항제21호의 개정규정은 공포 후 6개월이 경과한 날부터 시행하고, 제25조제1항제2호 및 제29조의 개정규정은 공포 후 1개월이 경과한 날부터 시행한다.

제2조(내용증명의 재증명 청구에 관한 적용례) 제54조제1항 및 제2항의 개정규정은 이 영 시행 전에 내용증명우편물을 발송하여 이 영 시행 이후 내용증명의 재증명을 청구하는 경우에도 적용한다.

제3조(통화등기에 관한 경과조치) 부칙 제1조 단서에 따른 시행일 전에 종전의 제29조에 따라 통화등기로 통화를 발송한 경우에는 제29조의 개정규정에도 불구하고 종정의 규정에 따른다.

부 칙 〈제22호, 2019.2.8〉

이 규칙은 공포한 날부터 시행한다. 다만, 제98조부터 제102조까지의 개정규정은 공포 후 3개월이 경과한 날부터 시행한다.

서·식·색·인

[ㄱ]

[ㄴ]

[ㄷ]

[ㅁ]

[ㅂ]

[ㅅ]

[ㅇ]

[ㅈ]

[ㅊ]

[ㅋ]

[ㅌ]

[ㅍ]

[ㅎ]

편 저 약 력

■ 김 덕 원(이메일 kdb9004@naver.com)

- 광주지방법원 완도등기소 근무
- 광주지방법원 해남지원 근무
- 법무사 유재룡사무소 외 사무장(11년)
- 법률사무소 율산 사무장
- 변호사 이철원 법률사무소 사무장
- 법무법인 빛고을 종합법률사무소(해남) 사무장

[주요논저]

- 금융기관 민사사건 실무(법률미디어)
- 유형별 답변서·준비서면 총서(진원사)
- 소가·인지산정 사례집(진원사)
- 계약서·내용증명·고소(발)장(진원사)
- 청구·신청취지 작성방법(진원사)
- 가사소송 서식대전(진원사)
- 신 민사집행 서식대전(진원사) 1, 2
- 신 행정소송 서식대전(진원사)
- 주택·상가건물 임대차보호법(진원사)
- 유형별 소장의 정리(진원사)
- 신 형사소송서식대전(진원사)
- 종합법률실무핸드북(진원사)
- 행정소송과 행정심판(진원사)
- 법인등기 실무총람(진원사)
- 법률실무가를 위한 공탁법 실무(진원사)
- 법인등기 실무총람(진원사)
- 신종합법률실무대전 Ⅰ·Ⅱ·Ⅲ(진원사)
- 알기쉽게 풀이한 주택·상가건물임대차보호법(진원사)
- 법률실무가를 위한 가압류·가처분 실무(진원사)
- 부동산등기실무총람(진원사)
- 민사소송 & 전자소송(진원사)
- 내용증명·고소(발)장·진정서·탄원서 서식(진원사)
- 나홀로 소송도우미 형사소송절차실무(진원사)
- 법률사무원을 위한 법인등기(진원사)
- 나홀로 하는 행정소송과 행정심판(진원사)
- 나홀로 하는 부동산등기실무(진원사)

[제4판] 내용증명·고소(발)장·진정서·탄원서 서식

저　　자 김 덕 원
발 행 인 양 진 수
발 행 처 진 원 사

2012년 11월 9일 초 판 발행
2014년 10월 2일 제2판 발행
2018년 1월 2일 제3판 발행
2019년 12월 23일 제4판 인쇄
2020년 1월 2일 제4판 발행

서울시 서초구 법원로2길 17-6(서초3동, 형덕빌딩 1층)
전화 : 02) 916-1850 / 팩스 : 02) 916-3442
신고번호 제321-2512007002호
http://www.jinwonsa.co.kr
http://www.lawbookstore.co.kr
e-mail: hhansin@hanmail.net

ISBN : 978-89-6346-564-7 93360 정가 47,000 원